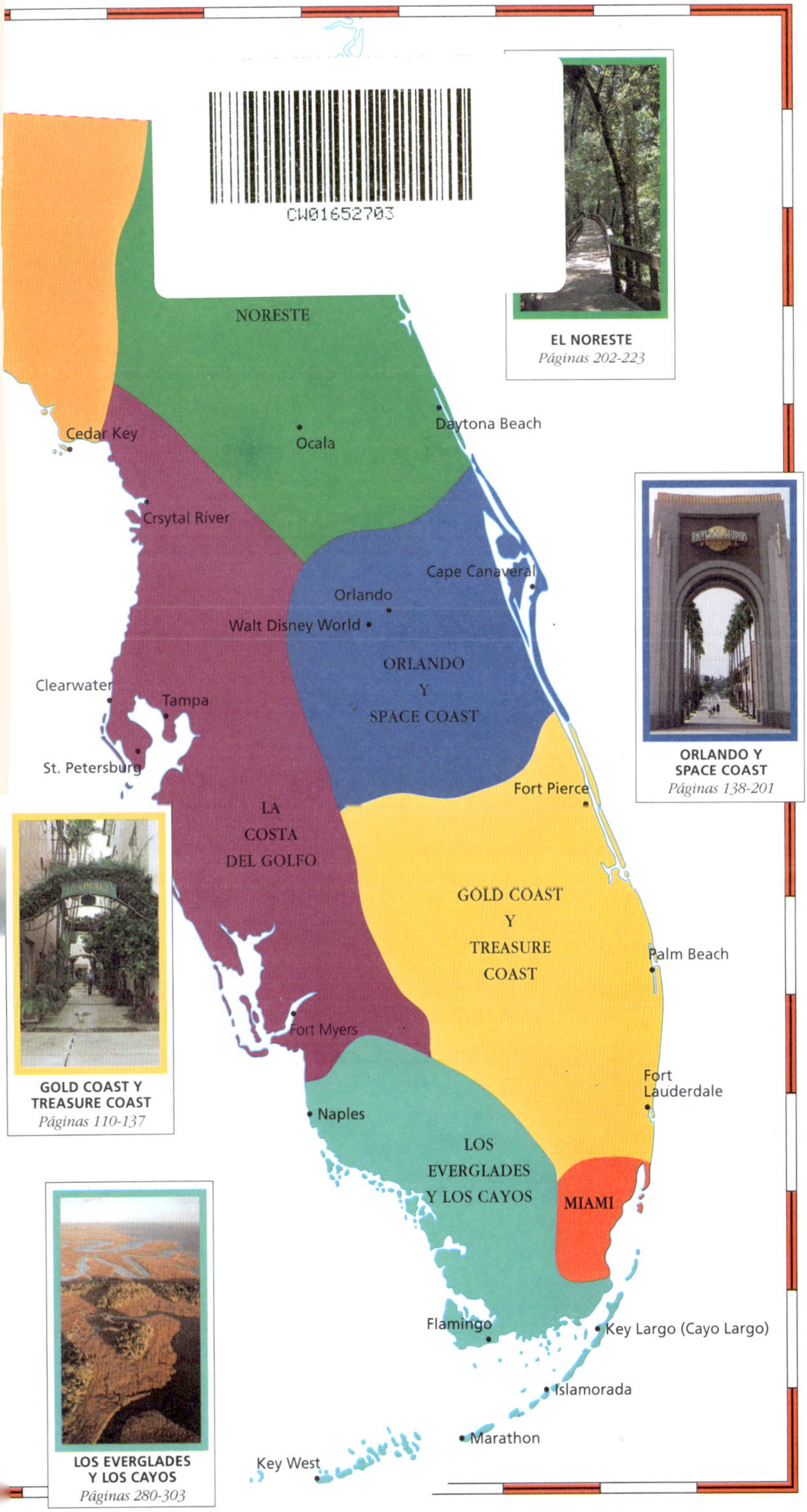

EL NORESTE
Páginas 202-223

ORLANDO Y SPACE COAST
Páginas 138-201

GOLD COAST Y TREASURE COAST
Páginas 110-137

LOS EVERGLADES Y LOS CAYOS
Páginas 280-303

GUÍAS VISUALES

EL PAIS AGUILAR

FLORIDA

GEORGIA
OCÉANO ATLÁNTICO
Fernandina Beach
Amelia Island
JACKSONVILLE
Jacksonville Beach
Mandarin
ST AUGUSTINE
Marineland
Flagler Beach
Ormond Beach
DAYTONA BEACH
Ponce Inlet
New Smyrna Beach
Titusville
John F Kennedy Space Center
Cape Canaveral
Cocoa
Cocoa Beach
Indian River
MELBOURNE
Sebastian Inlet
Sebastian
Vero Beach
Fort Pierce
Hutchinson Island
Stuart
Jupiter Island
Jupiter
WEST PALM BEACH
Palm Beach
Lake Worth
Delray Beach
BOCA RATON
FORT LAUDERDALE
Davie
Dania
Hollywood
MIAMI
Biscayne Bay
BISCAYNE NATIONAL PARK
Homestead
Florida City
Key Largo
Tavernier
Islamorada
Florida Bay
FLORIDA KEYS
Marathon
Bahia Honda
Big Pine Key
KEY WEST
Dry Tortugas
Flamingo
THE EVERGLADES
Ten Thousand Islands
Everglades City
Ochopee
Marco Island
Naples
ALLIGATOR ALLEY
Bonita Springs
Immokalee
Sanibel Island
Captiva Island
Cayo Costa
Boca Grande
FORT MYERS
Caloosahatchee
Clewiston
Belle Glade
Pahokee
Lake Okeechobee
St Lucie Canal
FLORIDA'S TPK
Okeechobee
Port Charlotte
Venice
Myakka
Arcadia
SARASOTA
Bradenton
Anna Maria
St Petersburg Beach
ST PETERSBURG
Tampa Bay
Gibsonton
CLEARWATER
Dunedin
TAMPA
Tarpon Springs
Lakeland
Winter Haven
Bartow
Lake Wales
Yeehaw Junction
Sebring
FLORIDA'S TURNPIKE
Kissimmee
Walt Disney World
ORLANDO
Clermont
Dade City
Weeki Wachee
Homosassa Springs
Crystal River
Withlacoochee
Mount Dora
Sanford
De Land
Lake George
OCALA NATIONAL FOREST
Silver Springs
OCALA
Micanopy
GAINESVILLE
Palatka
Cross Creek
St Johns
Cedar Key
Suwannee
Cross City
Steinhatchee
Perry
Live Oak
Suwannee
Lake City
Olustee
SIMBOLOGÍA
Aeropuerto internacional
Puerto
Estación de trenes Amtrak
Autopista
Carretera principal
Carretera secundaria
Líneas férreas
1
2
3
4
5
D
E
F

Miami

La metrópoli, que con frecuencia recibe sencillamente el nombre de Miami, o Gran Miami, se llama en realidad Dade County. Tiene una superficie de 3.220 km² y se compone de numerosos distritos y varias ciudades. En este libro se ha dividido Miami en tres zonas de interés: Miami Beach, que incluye la turística South Beach; el centro y Little Havana, las zonas tradicionalmente más urbanas, y los verdes barrios residenciales de Coral Gables y Coconut Grove.

Coral Gables: la zona residencial de Miami, construida a orillas de un grupo de canales

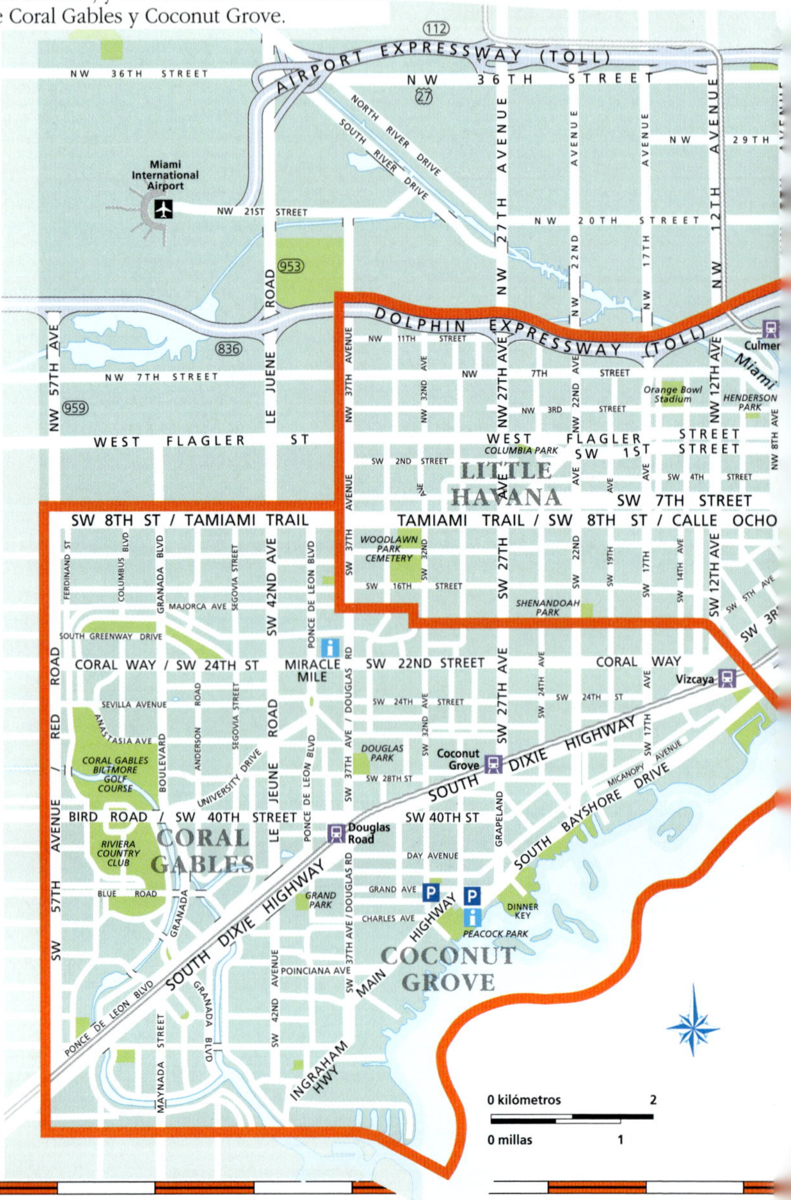

Miami Beach: una ciudad unida a tierra firme mediante carreteras elevadas

SIMBOLOGÍA

- Aeropuerto internacional
- Estación de Metrorail
- Embarcadero de cruceros
- Aparcamiento
- Información
- Autopista
- Líneas de Metrorail

El centro: zona comercial y de negocios, donde los rascacielos dominan el río Miami

RETRATOS DE FLORIDA

Para los más de 40 millones de personas que visitan Florida cada año, las imágenes de los carteles turísticos –sol, mar, arena y el ratón Mickey– son motivo más que suficiente para subirse al primer avión. Florida hace honor a su reputación de perfecto destino vacacional, pero es mucho más rica en cultura, paisaje y carácter de lo que sugiere su imagen estereotipada.

La zona interior de Florida suele pasar desapercibida para la mayor parte de los visitantes, que acuden atraídos por las numerosas playas del Estado y por su cielo siempre azul. No obstante, a quienes se decidan a aventurarse por el interior les aguardan grandes sorpresas.

***Buggie* en Daytona Beach**

Los frondosos bosques, las suaves colinas del norte y el colorido de las buganvillas y las azaleas en primavera echan por tierra el mito de la monotonía paisajística de Florida. Desde cualquier lugar del Estado es corta la distancia entre la civilización y las zonas agrestes como los Everglades, que albergan una extraordinaria diversidad de flora y fauna, y donde los caimanes y las serpientes constituyen un recuerdo vivo del carácter inhóspito de estas tierras hasta hace poco más de 100 años. Aunque este Estado se urbanizó muy tarde (la mayoría de sus zonas históricas tan sólo datan de principios de este siglo), cuenta con la ciudad más antigua del país, St. Augustine, cuyo inusual conjunto de bien conservados edificios proyecta una fugaz visión de la vida en el siglo XVIII.

Tanto climática como culturalmente hablando, Florida sirve de puente entre la *templada* Norteamérica, el Caribe y la Latinoamérica tropical.

En el norte, los majestuosos robles bordean las carreteras y la gente habla con acento sureño, mientras que,

Paisaje virgen cerca de Flamingo, en Everglades National Park

◁ Escena típica de South Beach (Miami), donde son habituales los patinadores ligeros de ropa

Vecino de Naples disfrutando de la pesca en la costa del golfo de México

en el sur, las palmeras protegen del sol tropical y se oye hablar indistintamente en inglés y en español.

POBLACIÓN Y SOCIEDAD

Florida siempre ha sido un crisol cultural. Los indios semínolas, que llegaron en el siglo XVII, son el grupo que más tiempo lleva en la región. Viven, en su mayoría, en reservas, y en algunas zonas del sur se les puede ver en las márgenes de las carreteras vendiendo objetos de artesanía. Los mejores candidatos al título de "nativos de Florida" son los granjeros *cracker*, cuyos antepasados se asentaron en el Estado a principios del siglo XIX. Al parecer, su nombre procede del sonido producido por los látigos para el ganado *(crack)* o del ruido del maíz al triturarlo para elaborar sémola. Salvo que explore el interior, no es probable que se tropiece con ellos; entre la adinerada y densísima población costera se codeará generalmente con personas que tienen sus raíces en estados más septentrionales.

Ropa confeccionada por los indios semínolas

Los norteamericanos llevan veraneando en Florida desde la II Guerra Mundial. En 1950 era el vigésimo Estado más poblado del país, mientras que en la actualidad ocupa el cuarto puesto. El grupo más numeroso de cuantos se han mudado al sur es el de los jubilados, que encuentran en el clima y la relajada vida de Florida, además de sus ventajas fiscales, las condiciones perfectas para disfrutar tras toda una vida trabajando. Aunque algunas zonas acaudaladas como Palm Beach se corresponden con la imagen conservadora y seria que muchos siguen teniendo de Florida, la realidad es bien diferente. Cada vez más, los recién llegados son jóvenes para quienes ésta es la tierra de la oportunidad,

Cubanos de Miami y el dominó

el lugar para divertirse y disfrutar de la vida. Precisamente es esa joven generación la que ha contribuido a transformar South Beach (Miami) en uno de los lugares turísticos más de moda de Estados Unidos.

Atracción de uno de los parques acuáticos de Florida

Florida también ha sido el destino de una considerable inmigración procedente de América Latina, y Miami cuenta con una numerosa población cubana. Aquí, los ritmos de la salsa y el merengue impregnan el aire, y el calendario está repleto de animadas fiestas. La diversidad étnica también se refleja en la comida: además de las recreaciones genuinamente caribeñas y de otros platos étnicos, podrá disfrutar de las especialidades que ha traído la locura por la cocina intercultural.

La naranja, producto típico de Florida

ECONOMÍA Y TURISMO

En términos económicos, Florida está bien situada, en comparación con otros estados. Durante la mayor parte de su historia, la principal fuente de ingresos ha sido el ganado y la agricultura, en particular, los cítricos, las verduras y el azúcar. La industria tecnológica también es de destacar, mientras que la proximidad de Miami con Latinoamérica y el Caribe ha convertido a esta ciudad en ruta natural del comercio de Estados Unidos con toda esa zona. El buen clima también ha originado lucrativos y exclusivos negocios: los entrenamientos de primavera de los equipos de béisbol atraen al sur tanto a los jugadores como a sus seguidores, y el mundo de la moda hace que cientos de modelos lleguen a Miami.

Los flamencos son todo un símbolo del Estado

No obstante, el turismo es lo que llena las arcas del Estado. Quizás parezca que Walt Disney World constituye el epicentro de la industria del ocio, pero Florida aprovecha al máximo todos sus activos: excelentes playas, una situación geográfica privilegiada (la industria de los cruceros al Caribe y las Bahamas marcha viento en popa) y maravillosos hábitats naturales. Tras décadas de urbanización incontrolada, las autoridades se han dado cuenta de la importancia de preservar su patrimonio natural. Ya han desaparecido vastas superficies de terreno bajo fábricas, urbanizaciones y campos de coles, pero en la actualidad los agricultores y empresarios están actuando de forma más responsable, y se controla rigurosamente el consumo de agua. Los tesoros naturales de la región, desde sus ciénagas hasta los últimos ejemplares de panteras, están siendo protegidos para la posteridad.

Paisaje

El paisaje de Florida es, por lo general, llano. El punto más alto del Estado alcanza tan sólo 105 m sobre el nivel del mar. Son excepción las suaves colinas del Panhandle, que ofrecen algunos de los entornos más hermosos del Estado, en cuya península, por el contrario, predominan los prados y las ciénagas, salpicadas de bosques y miles de lagos. Grandes extensiones naturales han tenido que rendirse a las agresiones del desarrollo urbanístico y la agricultura (el segundo recurso económico después del turismo). Sin embargo, todavía se pueden encontrar zonas agrestes y despobladas.

Los humedales *son ciénagas cubiertas de árboles (como ésta de cipreses) y zonas pantanosas repletas de hierba.*

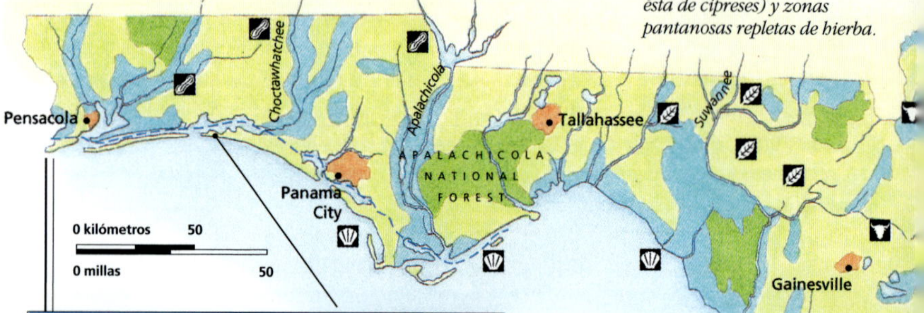

Las playas *cubren más de 1.600 km de la costa de Florida. A diferencia de la arena coralina del Atlántico, la fina arena de cuarzo del Panhandle es tan blanca que, según cuenta la leyenda, comerciantes sin escrúpulos la vendían como azúcar durante la II Guerra Mundial.*

Una barrera de islas costeras, formadas por la acumulación de arena arrastrada por la corriente, rodea gran parte del litoral de Florida.

SIMBOLOGÍA

- Principales zonas urbanas
- Principales humedales
- Principales zonas boscosas
- Intracoastal Waterway
- Ganado
- Pescado y marisco
- Cítricos
- Caña de azúcar
- Tabaco
- Cacahuetes

LAS DOLINAS DE FLORIDA

Muchos de los 30.000 lagos y charcas de Florida comenzaron siendo dolinas o depresiones. Este fenómeno, característico del norte de Florida, es el resultado de la erosión natural de la piedra caliza que forma el subsuelo de gran parte del Estado. La mayoría de las dolinas se forma gradualmente con un lento hundimiento del suelo, que se convierte en depresión. Otras aparecen de forma mucho más repentina, al desplomarse el techo de una cueva subterránea por el peso del terreno. La mayor dolina que se conoce tuvo lugar en Winter Park en 1981; se tragó seis coches y una casa, y abrió un cráter de más de 90 m de diámetro. No existe ningún medio fiable de anticipar su aparición, por lo que muchas personas aseguran sus viviendas contra este siniestro.

Operarios municipales examinando una dolina o socavón en la carretera

La Intracoastal Waterway es un canal natural cuyo tramo principal, que recorre la costa oriental, es la continuación de una ruta que comienza más al norte, en el Estado de Maryland; algunos de los trechos de Florida se dragaron en el siglo XIX. Es un concurrido itinerario de las embarcaciones de recreo *(ver p. 374)*.

Los bosques, principalmente pinares, cubren el 50% de la tierra firme del Estado, pero más de la mitad se cultivan para uso comercial.

El ganado, *durante la dominación española, se comercializaba en Cuba. Actualmente, Florida es el segundo de los estados sureños, después de Kentucky, en la cría de vacuno. La base de esta actividad son las reses de raza brahma, unos robustos ejemplares oriundos de la India. La principal zona ganadera se sitúa en las márgenes del río Kissimmee. La ciudad del mismo nombre se conoce como la "capital ganadera de Florida"* (ver p. 191).

La industria cítrica *produce más del 70% de las piezas consumidas en EE UU. Las naranjas se cultivan principalmente por su zumo, por el cual es famoso este Estado.*

La caña de azúcar *crece en el rico suelo del sur del lago Okeechobee (ver p. 128). Esta industria, que antaño empleaba a trabajadores emigrantes del Caribe, está ahora muy mecanizada.*

El crecimiento urbanístico *es el resultado inevitable de la constante afluencia de inmigrantes extranjeros y de otros estados, así como de la emigración general de la población rural a las ciudades. La costa suroriental de Florida está edificada casi en su totalidad, como se observa en Delray Beach, que recorre la Intracoastal Waterway en la Gold Coast.*

Los cayos de Florida son una cadena de islas coralinas, la mayoría de ellas diminutas y prácticamente despobladas.

Flora, fauna y hábitats naturales

La gran variedad de hábitats de Florida se debe a la confluencia del templado norte con el subtropical sur. También influyen la humedad, los suelos arenosos, la escasa elevación del terreno y la proximidad del mar. Algunas plantas y animales pueden vivir en varias zonas, pero otras especies sólo sobreviven en una. Las aves son numerosas en invierno, cuando huyen del frío de los estados más septentrionales.

Hammock **de árboles tropicales en el sur de Florida**

ZONAS COSTERAS

Las costas de Florida poseen una gran riqueza vegetal y animal. Aparte de las zancudas, hay muchos animales que permanecen ocultos durante el día. Algunos se entierran en la arena mientras otros, como las tortugas, sólo salen del mar por la noche. Las lagunas y zonas lacustres salobres, protegidas del mar por dunas, constituyen un hábitat especialmente rico.

Los cangrejos xifosuros *salen del mar en grupos, normalmente en primavera, y se acercan a las playas para desovar.*

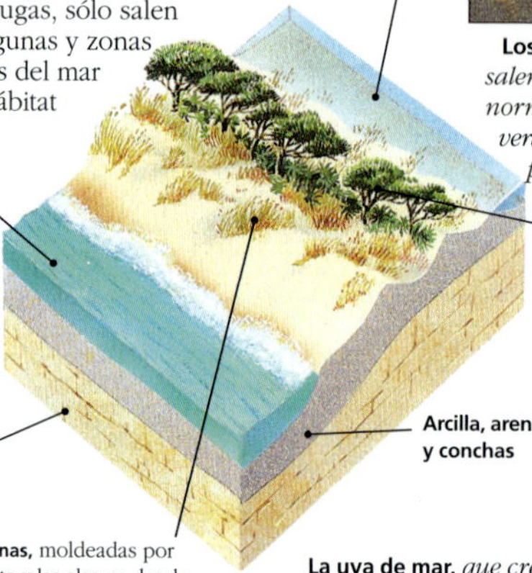

El águila de cabeza blanca, *que vive junto al mar y en algunas zonas del interior, tiene una envergadura de 2 m.*

La uva de mar, *que crece en las dunas del sureste de Florida, debe su nombre a la fruta ovalada que nace de ella en racimos.*

PINARES DE LA LLANURA

Estos bosques cubren alrededor de la mitad de Florida, entremezclándose con frecuencia con ciénagas y otros hábitats. Los incendios periódicos sirven para fortalecerlos, y tanto los animales como las plantas que en ellos subsisten se han adaptado a las difíciles condiciones.

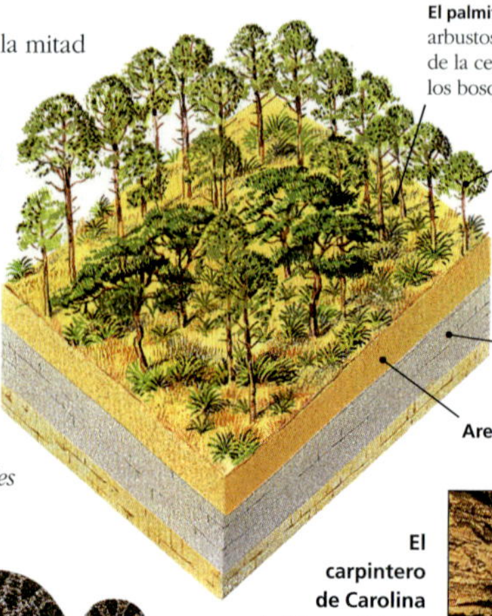

Los ciervos de Virginia *son animales solitarios. Los ejemplares de Florida son más pequeños que los de las zonas más septentrionales de EE UU.*

Las serpientes de cascabel enanas *se camuflan fácilmente entre la hierba y la maleza.*

El carpintero de Carolina *habita en árboles secos y puede utilizar el mismo nido varios años.*

CIÉNAGAS DE AGUA DULCE

Aunque muchas han sido drenadas en favor de la agricultura y la construcción, en Florida todavía quedan ciénagas. A menudo predominan en ellas los cipreses, que se adaptan bien a la humedad y necesitan poca tierra para crecer. El ciprés enano es la especie más común, mientras que el grandioso ciprés meridional o rojo escasea cada vez más.

La ibis blanca *encuentra alimento en los pantanos y ciénagas de agua dulce. Anida en grandes colonias, en árboles altos o entre los juncos.*

Los cipreses suelen formar una cúpula con sus copas, pues los árboles del perímetro son más bajos que los centrales.

Los neumatóforos proporcionan oxígeno al ciprés para evitar que muera en el terreno encharcado.

El lince rojo *se diferencia por su corta cola y su pelaje moteado.*

Los lagartos anolis *son verdes, pero pueden adquirir un tono marrón según la temperatura corporal o la tensión que tengan.*

Los nenúfares *son las flores más espectaculares de agua dulce. En sus hojas descansan las ranas.*

BOSQUES FRONDOSOS

Los *hammocks,* bosques en los que abundan las especies frondosas, constituyen uno de los hábitats más verdes del Estado. A diferencia de los *hammocks* tropicales del sur de Florida, en los del norte predomina el espléndido roble, entremezclado con otras especies como el nogal americano y el magnolio.

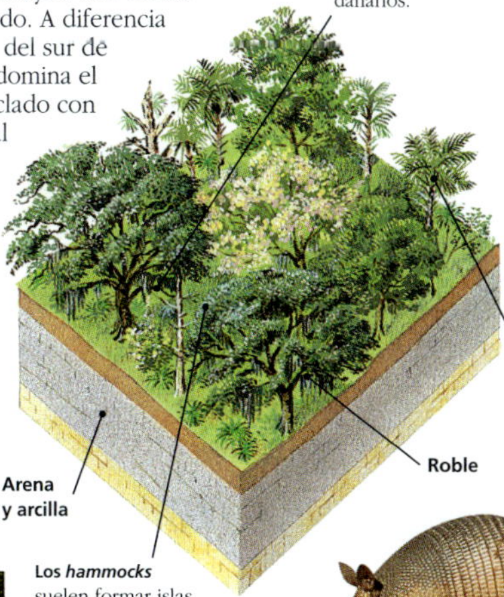

El liquen, al igual que otras epifitas, crece sobre los árboles sin dañarlos.

Los *hammocks* suelen formar islas o estrechas franjas a lo largo de los ríos.

Los pavos silvestres *se reconocen fácilmente por su barba y por el colorido de su plumaje.*

El magnolio, *una de las plantas más antiguas que se conoce, se caracteriza por sus llamativas flores y su corteza aromática.*

La zarigüeya *utiliza las manos, los pies y la cola para agarrarse a las ramas más finas.*

El armadillo *es un animal nocturno. Cuando se siente en peligro, se hace una bola y su caparazón le protege de los depredadores.*

Huracanes

Logotipo de los *cazahuracanes*

Un huracán es un ciclón tropical en el que el viento alcanza una velocidad mínima de 119 km/h. Uno de cada 10 huracanes del norte del Atlántico azota Florida, lo que significa una media de uno cada dos años. Suelen producirse entre el 1 de junio y el 30 de noviembre, aunque los meses más peligrosos son de agosto a octubre. La escala Saffir-Simpson, que mide los vientos y el movimiento del mar, divide los huracanes en cinco categorías; la quinta es la peor, pues los vientos alcanzan más de 249 km/h. Los nombres de los huracanes proceden de una lista alfabética oficial que cambia cada seis años. En principio sólo se empleaban nombres de mujer pero, desde 1979, se alternan con los de hombre.

Monumento al huracán de 1935 ***(ver p. 294)***

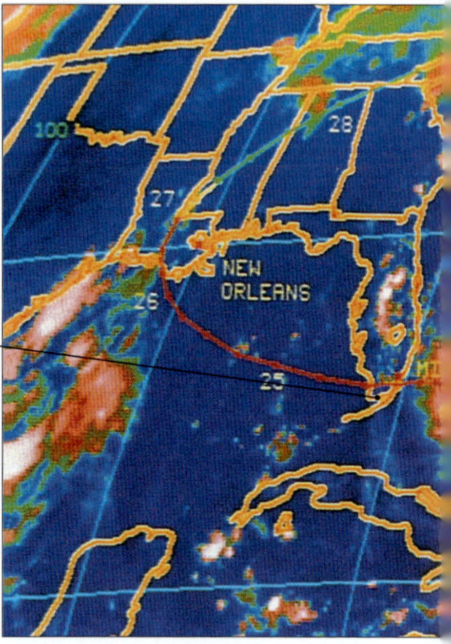

Las zonas de Florida con más probabilidades de verse azotadas por un huracán son la costa suroriental, incluidos los cayos, la costa occidental de los Everglades y la parte occidental del Panhandle.

LA VIDA DE UN HURACÁN

En el nacimiento de un huracán influyen diversos factores, principalmente el calor y el viento. El sol debe calentar lo suficiente la superficie del mar como para que el agua se evapore, se eleve y se condense hasta crear nubes de tormenta, que giran debido a la rotación de la Tierra. El avance del huracán se puede seguir con imágenes de satélite como ésta. Al llegar a tierra firme, la tempestad pierde fuerza porque queda aislada de su fuente de energía: el mar.

Barco depositado en la Rickenbacker Causeway de Miami por la fuerza de un huracán

Los fortísimos vientos del huracán *Andrew* arrancaron la fachada de este edificio de viviendas

Campamento instalado para acoger a las personas que perdieron sus casas tras el paso de *Andrew*

EL HURACÁN 'ANDREW'

El 24 de agosto de 1992 el huracán *Andrew* devastó el sur de Florida. Alcanzó el número cuatro en la escala de Saffir-Simpson (menos que el huracán de 1935 que azotó los cayos de Florida), pero causó daños por valor de 25.000 millones de dólares. Sorprendentemente, en Florida sólo murieron 15 personas –y 23 en todo el país– por los efectos directos de *Andrew*.

El ojo del huracán
Aunque rodeado de intensos vientos, el ojo del huracán es una zona de calma. Una vez que ha pasado, el viento recupera su fuerza.

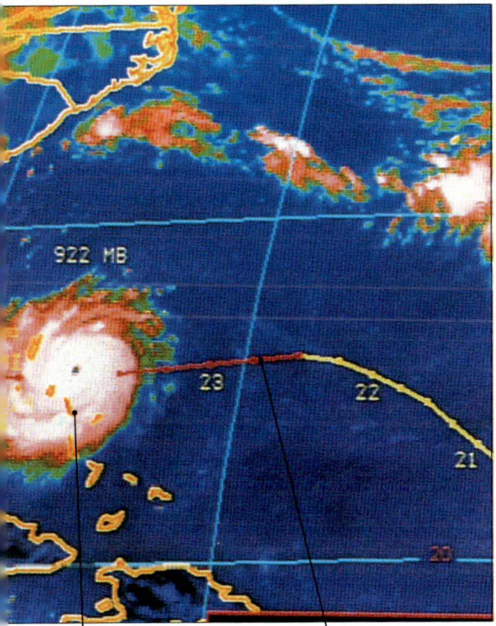

Un huracán normalmente mide 480 km de ancho, se eleva entre 15.250 y 18.300 m sobre el nivel del mar y avanza a una velocidad de entre 15 y 70 km/h.

Muchos huracanes, incluido *Andrew,* se forman junto a la costa africana y se desplazan hacia el oeste por el Atlántico.

LA OLA CICLÓNICA

La mayoría de los destrozos y las muertes que produce un huracán se deben a las inundaciones que causa la ola ciclónica, una masa de agua levantada por los fuertes vientos próximos al ojo de la tormenta y lanzada contra la costa. Puede medir hasta 80 km y alcanzar una altura de más de 6 m.

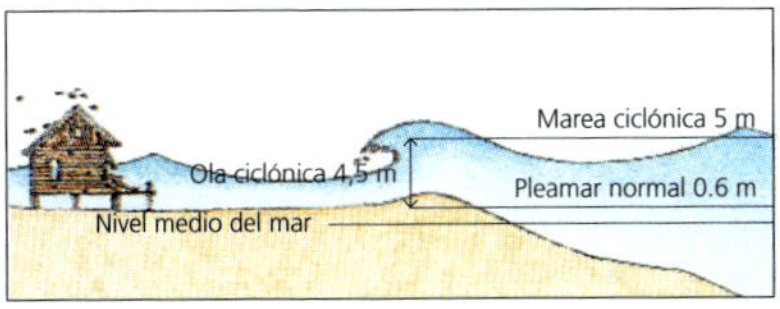

CÓMO CONTROLAR UN HURACÁN

Con la ayuda de satélites, reproducciones a escala por ordenador y radares, el National Hurricane Center de Miami puede detectar un huracán mucho antes de que llegue a Florida. Sin embargo, la información más concreta la facilitan los pilotos denominados *cazahuracanes,* que con su avión se introducen en la tormenta para recoger datos.

Los daños que origina un huracán se reducen enormemente si se está preparado para recibirlo: la radio y la televisión mantienen informados a los habitantes.

Fuertes vientos huracanados

1. Alerta: huracanes
La emisión de un aviso de huracán a través de los medios informativos indica que éste puede llegar en un plazo de 36-48 horas. En cambio, la alerta de huracán anuncia su llegada en 24 horas. Los aeropuertos suelen permanecer cerrados mientras dura la situación de alerta.

Bandera de alerta de huracanes

2. Evacuación
Las autoridades pueden dar órdenes de evacuación a través de los medios informativos locales antes de que llegue el huracán. Las personas que viven en rascacielos, caravanas y zonas bajas son especialmente vulnerables. Las señales de evacuación conducen a la gente por las carreteras más seguras.

Señal de evacuación

3. Fin de la alerta
Cuando el huracán se disipa se pone fin a la situación de alerta. No obstante, continúa habiendo peligro debido a la caída de tendidos eléctricos, inundaciones y accidentes durante las labores de limpieza.

Naufragios y búsqueda de tesoros

Las aguas de Florida albergan miles de barcos hundidos hace cientos de años. Muchos naufragaron durante una tormenta; otros se estrellaron contra los arrecifes de los cayos. Los navíos rescatados que figuran en el mapa son aquellos cuyo cargamento se ha recuperado en su mayor parte. Los buques españoles son los más valorados por los *buscatesoros*. En los museos del Estado de Florida, los objetos de uso diario encontrados en los barcos ofrecen una visión de la vida y la riqueza de los españoles en aquella época.

Faros
Desde principios del siglo XIX, faros como éste de Jupiter han guiado a los barcos.

El *Atocha*
El barco español más famoso de Florida, hundido en 1622, fue localizado por Mel Fisher (ver p. 114) *en 1985 tras 16 años de búsqueda. El tesoro, cuyo valor ronda los 300 millones de dólares, contenía monedas, lingotes de oro y joyas.*

Recuperación de tesoros
Este dibujo de 1623 muestra una técnica española inventada para recuperar la riqueza de los barcos hundidos cerca de los cayos.

Los cayos de Florida eran el lugar ideal de los *wreckers* (*ver p. 303*), que recuperaban y vendían el cargamento de los barcos que naufragaban en el arrecife.

La Habana, capital de Cuba, era el principal punto de reunión de las flotas españolas antes de su regreso a casa.

Los barcos españoles que partían del Nuevo Mundo se servían de la corriente del golfo y los vientos alisios para cruzar el Atlántico.

BUSCADORES DE TESOROS

Fisher asistió a más de 100 vistas judiciales para establecer su derecho a conservar los tesoros del *Atocha*. La ley estipula que los barcos hundidos que distan hasta 5 km de la costa pertenecen al Estado en cuyas aguas se encuentran, pero no deja claro lo que ocurre con los situados más allá de ese límite. Los aficionados que encuentren monedas en tierra firme pueden conservarlas, pero Florida exige un permiso para llevarse cualquier objeto de un barco hundido situado dentro de su jurisdicción.

Buscador de tesoros

DÓNDE VER LOS TESOROS ESPAÑOLES EN FLORIDA

McLarty Treasure Museum
ver p. 114

Mel Fisher's Maritime Museum
ver p. 302

Mel Fisher's Treasure Museum
ver p. 114

Museum of Man in the Sea
ver p. 238

St. Lucie County Historical Museum
ver p. 115

Los tesoros de la flota española que se hundió aquí en 1715 *(ver p. 114)* todavía se están recuperando. Los aficionados rastrean las playas en busca de las monedas que, a veces, salen a la superficie.

Barcos españoles
Las carabelas y galeones que transportaban los tesoros a España tenían capacidad para una tripulación de 200 hombres. Normalmente, los cofres de oro y plata se custodiaban en una habitación situada bajo la cubierta inferior.

Barbanegra
Famoso por su crueldad y por la costumbre de prender fuego a unas cuerdas de canamo que ataba a su sombrero para intimidar a las víctimas, Barbanegra se dedicó a abordar barcos españoles hasta principios del siglo XVIII. La Armada británica acabó con él en 1718.

La Española y Tortuga eran la guarida preferida de los piratas franceses e ingleses, que atacaban desde aquí a los buques españoles.

Arquitectura

Los edificios de Florida constituyen un reflejo de la forma en que se pobló este Estado. Los primeros colonos construyeron casas sencillas, pero sus aspiraciones aumentaron con la aparición del ferrocarril. Los empresarios, ansiosos de atraer a la gente al sur, imitaban unos estilos que resultaban familiares a los norteños, lo que sumado a la rápida colonización del territorio supuso que Florida nunca desarrollara un estilo propio. Sin embargo, posee algunos ejemplos arquitectónicos peculiares, inspirados en la necesidad de adaptación al clima cálido.

Rascacielos en el centro de Jacksonville

ESTILO ORIGINAL DE FLORIDA

Los primeros colonos del siglo XIX construyeron casas cuyo diseño respondía a los dictados del clima y la situación geográfica: los elementos comunes eran los mecanismos destinados a aprovechar al máximo la ventilación natural. Se empleaban materiales de la zona, generalmente madera. Apenas quedan viviendas *crackers* originales *(ver p. 20),* pero este estilo vernáculo nunca ha dejado de influir en la arquitectura de Florida.

Un *chickee*, la morada tradicional de los indios de Florida

La chimenea de ladrillo sustituyó a la original, que era de barro y tablones de madera.

Se añadía un *dog trot*, o pasillo abierto, cuando se ampliaba la casa original.

El tejado, que en este caso es de madera de ciprés, solía ser bastante inclinado.

Los aleros resguardan del sol tanto el porche como las ventanas.

McMullen Log House, *una cabaña de madera de pino construida en 1852, es un ejemplo de vivienda* cracker. *Se conserva en el Pinellas County Heritage Village* (ver p. 252).

LA ÉPOCA DORADA

Desde finales del siglo XIX, el ferrocarril y el turismo trajeron riqueza y nuevas ideas. También comenzó la utilización del estilo mediterráneo, que ha dejado su impronta en los hoteles de ladrillo de Flagler, en St. Augustine. Sin embargo, la madera continuaba siendo el material preferido; el ejemplo más famoso es Key West. Otras concentraciones de casas victorianas son las de Fernandina Beach *(ver p. 206)* y Mount Dora *(ver p. 220).*

Torre morisca en Tampa Bay Hotel

La torre desempeñaba una función más decorativa que práctica.

La ventilación continuaba siendo prioritaria, de ahí el gran número de ventanas.

Las galerías que rodeaban la casa eran bastante habituales.

Los tejados a dos aguas eran muy comunes y normalmente albergaban un desván.

McCreary House, *que data de principios del siglo XX, muestra el refinamiento de los estilos vernáculos durante la época victoriana* (ver p. 231).

LA FANTASÍA DE LOS AÑOS DE PROSPERIDAD

Los edificios del periodo 1920-1950 inspiran románticas imágenes de lugares lejanos, por lo que Florida está salpicada de estilos arquitectónicos que van desde el morisco hasta el *art déco,* este último en el distrito de South Beach, de Miami *(ver pp. 60-65).* No obstante, predominaba el estilo mediterráneo, cuyos máximos exponentes fueron Addison Mizner, en Palm Beach *(ver pp. 118-125),* y George Merrick, en Coral Gables *(ver pp. 80-83).*

El Greystone Hotel, de estilo *art déco,* en South Beach

Las tejas de barro cocido evocan los colores del Mediterráneo.

La ornamentación a base de piedra, terracota y otros materiales suele concentrarse alrededor de las puertas y ventanas.

Los balcones, torreones y tejados a varias alturas son rasgos recurrentes de este estilo.

Las mansiones de Palm Beach *pertenecen fundamentalmente al estilo español. Ésta de South Ocean Boulevard fue construida por Julius Jacobs, uno de los diseñadores de Mizner, en 1929.*

ARQUITECTURA DE LA POSGUERRA

Muchas de las construcciones modernas más sorprendentes de Florida son centros comerciales o edificios públicos, que a menudo impresionan por sus dimensiones y su diseño. Más curiosas resultan las nuevas ciudades de Seaside y Celebration Florida *(ver p. 156),* que responden a la nostalgia por las pequeñas localidades y a una reacción contra la naturaleza impersonal de la gran ciudad moderna.

Van Wezel Performing Arts Hall, en Sarasota *(ver p. 268)*

Las ventanas de guillotina dejan pasar la luz del sol y la brisa marina a raudales.

La galería del primer piso es un lugar ideal para disfrutar de la vista marítima.

La madera, característica de la arquitectura de Florida, es el material más usado en Seaside.

Seaside, *una hermosa urbanización del Panhandle, tiene casas con vallas de estacas y otras pintorescas características pseudovictorianas* (ver p. 236).

Luces de neón en International Drive, Orlando

LAS AUTOPISTAS

La oleada de vehículos que recorren las autopistas de Florida ha originado la aparición de unos edificios típicos de carretera. Junto a los bancos y restaurantes donde uno puede ser atendido sin salir del coche, se alzan construcciones diseñadas para llamar la atención del conductor. Esta extravagancia, acompañada por carteles de neón, rompe la monotonía en la hilera de moteles y restaurantes de comida rápida que inundan las autopistas.

Espectáculos deportivos

Florida ofrece una amplia variedad de espectáculos deportivos. En todo el Estado se puede ver y disfrutar del fútbol, béisbol, baloncesto, hípica, carreras de galgos y automovilismo. Todos estos deportes más el *jai alai* son especialmente populares en Miami *(ver p. 96)*. Por otra parte, el soleado clima de Florida invita a la práctica de deportes al aire libre como tenis o golf, y, en concreto, los deportes acuáticos son populares durante todo el año *(ver pp. 372-375)*. El fútbol, el baloncesto y el hockey son deportes de invierno.

Partido de fútbol americano en la Gator Bowl de Jacksonville

FÚTBOL AMERICANO

En Florida, el equipo Miami Dolphins forma parte de la Liga Nacional de Fútbol Americano (NFL), como los Buccaneers y los Jaguars. El Miami Dolphins ha participado cinco veces en la Super Bowl, de las cuales ha ganado dos competiciones.

La temporada de fútbol americano abarca de septiembre a diciembre *(ver p. 96)*.

Entre los mejores equipos figuran los Seminoles de Tallahassee, los Hurricanes de Miami y los Gators de Gainesville; su rivalidad es encarnizada.

Florida celebra más competiciones universitarias que ningún otro Estado.

En torno a Año Nuevo se celebran innumerables competiciones universitarias. Las tres preferidas son la Citrus Bowl de Orlando, la Orange Bowl Classic de Miami y el encuentro anual Gator Bowl, en Jacksonville.

BÉISBOL

Fundado en 1993, el Florida Marlins fue el primer equipo de béisbol profesional de este Estado. Pese al poco tiempo que lleva participando en la Liga Nacional, los Marlins han ganado dos campeonatos mundiales. El segundo equipo profesional de Florida fue el Tampa Bay Devil Rays, que tiene su sede en el estadio Tropicana Field de St. Petersburg *(ver p. 369)*. La temporada de béisbol se celebra de abril a octubre. Dieciocho equipos más de béisbol profesional entrenan en Florida. En marzo los equipos participan en partidos amistosos en diferentes ciudades dentro de la **Grapefruit League.** Estos encuentros, que se desarrollan durante toda la semana, atraen a miles de seguidores que, con frecuencia, llegan de otros Estados. Si desea información sobre las fechas y la venta de entradas, póngase en contacto con el estadio. La lista de los equipos, las ciudades y los números de teléfono están disponibles en Florida Sports Foundation *(ver p. 375)*.

GRAPEFRUIT LEAGUE: QUIÉN JUEGA Y DÓNDE

Atlanta Braves
Walt Disney World.
Tel *(407) 939-4263.*

Baltimore Orioles
Fort Lauderdale.
Tel *(954) 776-1921, (800) 236-8908.*

Boston Red Sox
Fort Myers. ***Tel*** *(877) 733-7699.*

Houston Astros
Kissimmee. ***Tel*** *(407) 839-3900.*

L.A. Dodgers
Vero Beach.
Tel *(772) 569-6858.*

Minnesota Twins
Fort Myers. ***Tel*** *(800) 338-9467.*

New York Yankees
Tampa. ***Tel*** *(813) 879-2244.*

Philadelphia Phillies
Clearwater. ***Tel*** *(727) 442-8496.*

St. Louis Cardinals
Jupiter. ***Tel*** *(561) 775-1818.*

Puede solicitar una lista completa en Florida Sports Foundation (ver p. 373).
www.flasports.com

HÍPICA Y CARRERAS DE GALGOS

Florida presume de tener la segunda mayor explotación de purasangres de EE UU, cuyo centro neurálgico es Ocala *(ver p. 222)*. Gulfstream Park, en Allanadle, celebra carreras desde enero hasta abril. Ésta es la sede del prestigioso Florida Derby de un millón

Entrenamiento del equipo de béisbol L.A. Dodgers, en Vero Beach

de dólares, que se celebra en marzo o a primeros de abril. La famosa Copa Breeder también se celebra en Gulfstream. Desde mayo hasta diciembre las carreras se trasladan al hipódromo Calder en Miami. The Summit of Speed, en julio, y el Festival of the Sun, en octubre, son dos días de carreras de apuestas en Calder. Las carreras de purasangres también tienen lugar en el Tampa Bay Downs de Tampa, de diciembre a mayo. En el Pampano Park, en Pompano Beach, hay carreras de crianzas todo el año. Asimismo, las carreras de galgos son muy populares en Florida y se celebran en 16 canódromos.

Carrera en Gulfstream Park, el principal hipódromo de Florida

HOCKEY

Aunque el hockey es considerado deporte de invierno, dos equipos participan en la Liga Nacional de Hockey. Los Florida Panthers juegan en el BankAtlantic Center en Sunrise, y la sede del Tampa Bay Lightning, campeones de la Stanley Cup en 2004, es el St. Pete Times Forum en Tampa. Actualmente, miles de habitantes de Florida se han aficionado a este deporte. La temporada va de octubre a abril.

'JAI ALAI'

El *jai alai,* juego de pelota originario de Euskadi, en América es prácticamente exclusivo de Florida *(ver p. 137).*

El *jai alai* es, según su público, el juego más antiguo y rápido del mundo

Los partidos se disputan en una cancha con tres paredes, donde los jugadores recogen y lanzan la pelota con una cesta curva de mimbre, llegando a alcanzar velocidades superiores a 240 km/h.

Las competiciones suelen enfrentar a ocho equipos de uno o dos jugadores. Tras ganar el primer punto, los vencedores permanecen en la cancha para recibir al siguiente contrincante. Este procedimiento se repite hasta que uno de los equipos alcanza siete puntos.

El *jai alai* se practica en canchas cerradas, denominadas frontones. Las apuestas mueven todos los años millones de dólares.

CARRERAS DE MOTOR

El automovilismo y el motociclismo son todo un acontecimiento en Florida. La temporada comienza en febrero en el Daytona International Speedway *(ver p. 218),* uno de los circuitos más rápidos del mundo. En la Rolex 24, al igual que en Le Mans, se corre durante todo el día y toda la noche, y la Daytona 500 es uno de los platos fuertes de la National Association of Stock Car Auto Racing (NASCAR).

La primera Daytona 500 se celebró en 1959

También se celebran importantes competiciones en Homestead, Pensacola y Sebring (cerca de Orlando). En marzo, los pilotos acuden a Gainesville para participar en la Gatornationals, la principal carrera de velocidad.

BALONCESTO

Orlando en acción

Tanto el baloncesto profesional como el universitario tienen muchísimos seguidores en Florida. El Miami Heat, con base en el American Airlines Arena, y el Orlando Magic, cuya cancha está en el TD Waterhouse Centre, proporcionan el mejor juego dentro de la emocionante Liga Nacional de Baloncesto (NBA). La temporada deportiva es de octubre a abril.

GOLF Y TENIS

Los torneos de golf abundan en Florida, cuna del rey del golf Jack Nicklaus. Cabe destacar el Bay Hill Invitational de Orlando y el PGA Tournament Players Championship de Ponte Vedra Beach, cerca de Jacksonville; ambos se celebran a finales de marzo.

El tenis también goza de gran popularidad. Por ejemplo, Crandon Park, en Key Biscayne, es famoso por el torneo anual Open Sony Ericsson, que se celebra en marzo.

FLORIDA MES A MES

El cálido clima de Florida convierte a este Estado en destino turístico durante todo el año, pero la diferencia entre el norte y el sur da lugar a dos temporadas bien diferenciadas. Desde octubre hasta abril, muchos estadounidenses acuden al sur (Orlando incluido) a disfrutar de sus inviernos suaves. La mayoría se marcha antes de que llegue el verano, que puede resultar demasiado caluroso.

Justa en Sarasota

Los parques temáticos de Orlando atraen a familias con niños durante las vacaciones escolares, pero el Panhandle es la zona más concurrida en la época estival. En temporada alta, los precios pueden ser más caros que el resto del año. Sea cual sea el momento en que visite Florida, siempre encontrará alguna fiesta especial aunque, aparte de los días festivos nacionales *(ver p. 37)*, pocas más se celebran en el Estado.

PRIMAVERA

A finales de febrero, los universitarios invaden Florida para disfrutar de sus vacaciones de primavera. Llegan desde todos los puntos del país y, durante las seis semanas siguientes, las poblaciones costeras son un hervidero de estudiantes, lo que hace subir los precios del alojamiento, especialmente en Daytona Beach y Panama City Beach.

Los entrenamientos de béisbol *(ver p. 32)* también constituyen una gran atracción.

Daytona Beach, un hervidero durante las vacaciones de primavera

MARZO

Medieval Fair *(último fin de semana feb)*, Sarasota. Celebraciones y comidas que recrean la Edad Media.

Sanibel Shell Fair *(1ª semana)*. Los coleccionistas de conchas se reúnen en Sanibel Island *(ver pp. 278-279)*.

Florida Strawberry Festival *(1ª semana)*, Plant City, cerca de Tampa. Fiesta del pastel de fresas y la música *country*.

La calle Ocho, en Little Havana, eje del carnaval de Miami

Carreras de motocicletas *(principios mar)*, Daytona Beach *(ver pp. 218-219)*. Aquí se dan cita los *moteros* de todo el país.

Carnaval de Miami *(2º do)*. 9 días de diversión en el barrio latino de Miami *(ver pp. 76-77)*.

St. Augustine Arts and Crafts Festival *(último fin de semana)*. Los artesanos exponen sus objetos en los lugares históricos de la ciudad.

Festival of the States *(fin mar-principios abr)*, St. Petersburg. Tres semanas de diversión con desfiles, bailes de coronación y fuegos artificiales.

Winter Park Art Festival *(med mar)*. Feria de artes y oficios en el pintoresco centro Winter Park de Orlando.

ABRIL

Antique Boat Festival *(1er fin de semana)*, Mount Dora *(ver p. 220)*. Regata de barcos antiguos por el lago; los visitantes acuden a los museos de esta bella ciudad.

Springtime Tallahassee *(todo el mes)*. Uno de los mayores festivales del sur, con desfiles, carreras de globos, excelente comida y música en directo.

Pascua *(abr)*. Asista al amanecer a los oficios religiosos del castillo de San Marcos *(ver pp. 214-215)* y pasee en carruaje por St. Augustine.

Conch Republic Celebration *(fin abr-principios may)*, Key West. Toda una semana de desfiles, bailes y actos en honor de los padres fundadores de la ciudad.

MAYO

Emblema de la República de la Concha

SunFest *(1ª semana)*, West Palm Beach. Actos culturales y deportivos.

Isle of Eight Flags Shrimp Festival *(1er fin de semana)*, Fernandina Beach. Exquisitas gambas y otros mariscos.

Destin Mayfest *(3er fin de semana)*. En Destin Harborwalk, jazz en directo.

Orlando International Fringe Festival *(fin may)*. Son 10 días de teatro, danza, mímica y musicales.

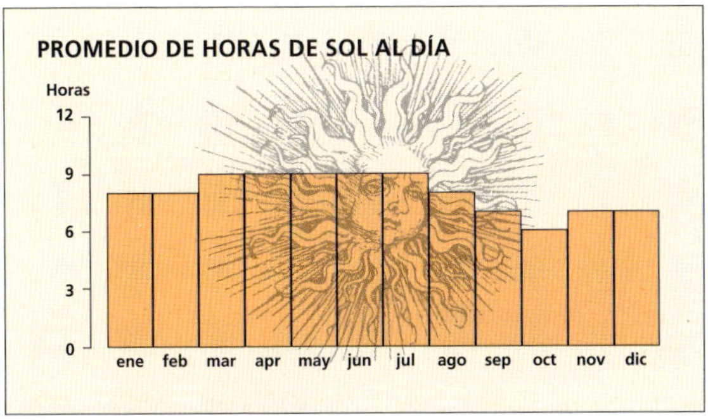

Días de sol
Este gráfico recoge las cifras de todo el Estado. La costa occidental, cerca de St. Petersburg, disfruta de un promedio de 361 días de sol anuales, pero los cielos azules son una constante generalizada. Incluso en los meses estivales del sur de Florida, más húmedos, las nubes suelen dispersarse con rapidez.

Niño ataviado para la celebración del 4 de julio

VERANO

A medida que avanza el verano, las temperaturas y la humedad se elevan y sólo son mitigadas por la brisa del Atlántico y las tormentas vespertinas diarias. La época de huracanes *(ver pp. 26-27)* también se aproxima. Las personas con un presupuesto ajustado que viajen al sur de Florida pueden aprovechar los precios de temporada baja.

La gran fiesta del verano es el 4 de julio, Día de la Independencia, que se celebra con cabalgatas y fuegos artificiales.

JUNIO

Monticello Watermelon Festival *(todo el mes)*, Monticello *(ver p. 243)*. Celebración de la cosecha de melones.
Festival de Goombay *(1er fin de semana)*, Coconut Grove, Miami *(ver p. 84)*. Los inmigrantes de las Bahamas celebran su festividad con un desfile, comida y música caribeña.
Fiesta of Five Flags *(principios jun)*, Pensacola. Dos semanas de festejos, con desfiles, maratones, concursos de pesca y una representación del desembarco de Tristán de Luna en 1559.
Festival de artesanía de Venice Street *(mediados jun)*. La tranquila y romántica Venice adorna sus calles más céntricas para acoger este popular bazar de artesanía.

JULIO

America Birthday Bash *(4 jul)*, Miami. A medianoche, los fuegos artificiales inundan la ciudad en la mayor celebración del Día de la Independencia al sur de Florida.
Silver Spurs Rodeo *(principios jul)*, Kissimmee *(ver p. 191)*. Asómbrese ante la destreza de los jinetes en el rodeo más antiguo del Estado (se está reformando).
Hemingway Days Festival *(mediados jul)*, Key West. Durante una semana los autores firman sus libros y se celebran certámenes de cuentos, producciones teatrales y un divertido concurso de dobles de Hemingway.
Florida International Festival *(fin jul-principios ago)*, Daytona Beach. Festival de pop, jazz y música clásica.

AGOSTO

Boca Festival Days *(todo el mes)*, Boca Raton. Feria de artesanía, interpretaciones de cuartetos masculinos que cantan *a capella* y un concurso de castillos de arena.
Annual Wausau Possum Festival *(1er do)*, Wausau. Esta ciudad, situada al norte de Panama Beach City, rinde homenaje a la zarigüeya, con cucañas, elaboración de pan de maíz y la oportunidad de degustar platos a base de este marsupial.
Carrollwood Twilight Arts and Crafts Festival *(1er fin de semana)*, Tampa. El ritmo de la ciudad se ralentiza durante esta gran exposición artística.

Participantes en el concurso de dobles de Hemingway

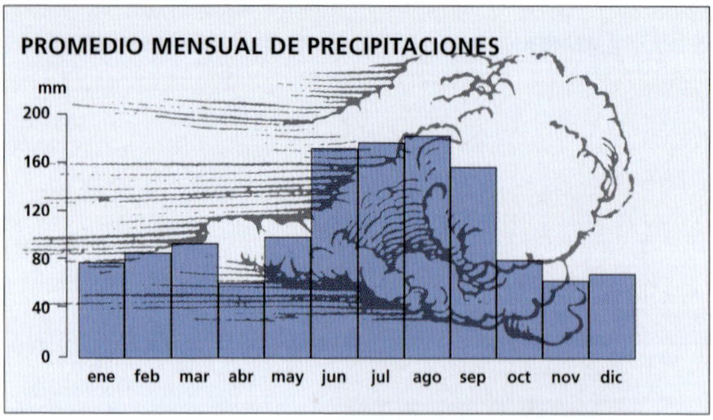

Índice de precipitaciones
La diferencia climática entre el norte y el sur del Estado implica, por ejemplo, que octubre sea el mes más seco del Panhandle pero el más húmedo de los cayos. Por lo general, en verano, el sur de Florida es más húmedo que el norte, mientras que en invierno sucede lo contrario.

OTOÑO

Las temperaturas comienzan a suavizarse y, aunque persiste el riesgo de tormentas, el tiempo es agradable. Los meses de otoño suelen ser tranquilos: las playas, atracciones y autopistas están mucho menos concurridas.

El Día de Acción de Gracias, cuarto jueves de noviembre, es para muchos el más destacado de esta estación, pues es cuando las familias se reúnen para comer pavo y tarta de calabaza.

SEPTIEMBRE

Las Olas Art Fair *(principios sep)*, Fort Lauderdale. Las Olas Boulevard constituye el eje de esta feria callejera que ofrece exposiciones de arte, comida y música.
Aniversario de la fundación de St. Augustine *(sá más próximo al 8 sep)*. Cerca del lugar donde desembarcaron los primeros colonos, se celebra la llegada de los españoles en 1565.

Exposición de embarcaciones, en Fort Lauderdale

OCTUBRE

Destin Fishing Rodeo *(todo el mes)*. Destin recibe a miles de visitantes que participan en esta competición de pesca con caña, en cuya primera semana se celebra un festival del marisco.
Jacksonville Jazz Festival *(mediados oct)*. Inusual combinación de exposiciones artísticas con tres días de concursos e interpretaciones de estrellas internacionales del jazz.
Boggy Bayou Mullet Festival *(mediados oct)*, Valparaiso y Niceville. Estas ciudades celebran la pesca local con comida, arte y espectáculos.
Fort Lauderdale Boat Show *(fin oct)*. El mayor salón náutico del mundo (que se celebra en las aguas) atrae a los aficionados a esta ciudad.
Fantasy Fest *(última semana)*, Key West. Original celebración de Halloween con una semana de fiestas gays, bailes, concursos de disfraces y procesiones callejeras.
Johns Pass Seafood Festival *(último fin de semana)*, Madeira Beach. Este festival atrae a los amantes del marisco a Johns Pass Village *(ver p. 252)*.
Guavaween *(último sá)*, Tampa. Desfile de Halloween que ridiculiza la vida y la historia de la ciudad, especialmente su antiguo intento de cultivar guayabas en la zona.

NOVIEMBRE

Apalachicola Seafood Festival *(1er fin de semana)*. En la más grande y antigua festividad del marisco se bendice la flota pesquera, se imparten clases de confección de redes y se celebran concursos de abrir e ingerir ostras.
Orange Bowl Festival *(principios nov-finales feb)*, Miami. Festival que presenta más de 20 actos deportivos y culturales.
Festival of the Masters *(2º fin de semana)*, Walt Disney World. Artistas de todo el país muestran su obra en Downtown Disney *(ver p. 172)*.
Miami Book Fair International *(mediados nov)*. Editores, autores y lectores habituales se congregan en Miami para esta gran feria del libro.

Disfraces en las calles durante la Fiesta de la Fantasía de Key West

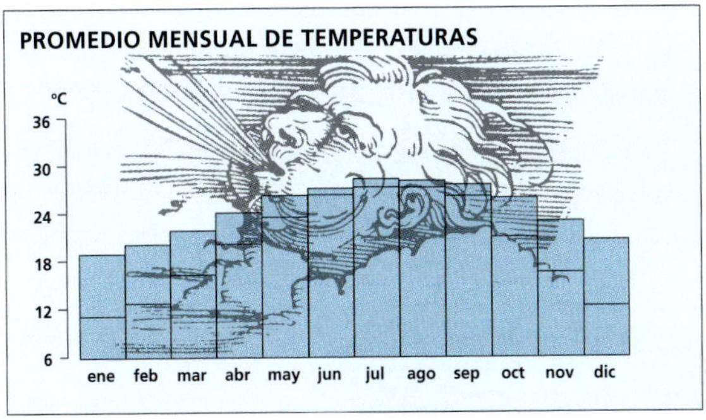

Temperaturas
Aquí se indica la temperatura media de Miami y Jacksonville; el nivel superior corresponde a Miami. En el norte, incluso en invierno, las tardes son frescas y la nieve es muy poco frecuente, si bien hace demasiado frío para bañarse. En el sur, las altas temperaturas estivales se ven exacerbadas por la enorme humedad.

INVIERNO

Durante los meses de invierno, la afluencia de visitantes procedentes del norte se intensifica. También van llegando las celebridades, unas para descansar y otras para actuar durante la más intensa temporada de espectáculos del Estado. El público se multiplica en Walt Disney World, y el Reino Mágico muestra todo su colorido.

DICIEMBRE

Winterfest Boat Parade *(principio dic)*, Fort Lauderdale. Los barcos iluminados navegan por la Intracoastal Waterway y crean un mágico escaparate nocturno.
King Orange Jamboree Parade *(31 dic)*, Miami. Formidable acto que anuncia el Año Nuevo.

Santa Claus en la Intracoastal Waterway durante la Navidad

ENERO

Orange Bowl *(Día de Año Nuevo)*, Miami. El partido de fútbol americano más importante *(ver p. 96)*.
Día de la Epifanía griega *(6 ene)*, Tarpon Springs. En la catedral ortodoxa griega *(ver p. 251)* se celebran ceremonias y fiestas religiosas.

Recreación de una invasión pirata en el Festival anual de Gasparilla

Art Deco Weekend *(mediados ene)*, Miami Beach. Fiesta del barrio *art déco (ver pp. 60-68)*.
Winter Equestrian Festival *(ene-mar)*, Wellington. Siete grandes eventos de hípica.

FEBRERO

Gasparilla Festival *(2º lu)*, Tampa. Bullicioso festejo en memoria de los piratas que saquearon la costa *(ver p. 263)*.
Carreras de coches *(tres primeras semanas)*, Daytona Beach. Estas competiciones automovilísticas culminan el último domingo con la carrera Daytona 500 *(ver pp. 218-219)*.
Florida Citrus Festival *(mediados feb)*, Winter Haven, cerca de Orlando. En esta feria rural se rinde homenaje a la cosecha de cítricos.
Coconut Grove Arts Festival *(mediados feb)*, Miami *(ver p. 84)*. Una de las mayores exposiciones de arte de vanguardia.
Florida State Fair *(mediados feb)*, Tampa. Aquí podrá disfrutar de los desfiles de carnaval y las peleas de caimanes.
Miami Film Festival *(mediados feb)*. La Film Society of America programa un amplio abanico de películas durante 10 días *(ver p. 367)*.
Swamp Cabagge Festival *(último fin de semana)*, La Belle, al este de Fort Myers. Rodeos, bailes y degustaciones de palmito, el fruto comestible del árbol más venerado del Estado.

DÍAS FESTIVOS

Año Nuevo (1 ene)
Día de Martin Luther King (3er lu, ene)
Día del Presidente (3er lu, feb)
Memorial Day (último lu, may)
Día de la Independencia (4 jul)
Día del Trabajo (1er lu, sep)
Día de Colón (2º lu, oct)
Elecciones (1º ma, nov)
Veteran's Day (11 nov)
Acción de Gracias (4º ju, nov)
Navidad (25 dic)

RAIL ~ STEAMER ~ AIR ~ HIGHWAY
ALL LEAD TO MIAMI
LAKE CITY
JACKSONVILLE
GAINESVILLE
St. AUGUSTINE
PALATKA
ORMOND
DAYTONA
OCALA
NEW SMYRNA
DeLAND
SANFORD
ORLANDO
TITUSVILLE
KISSIMMEE
COCOA
LAKELAND
TAMPA
St. PETERSBURG
MELBOURNE
ATLANTIC CITY
SEBRING
SARASOTA
Ft. PIERCE
TROPICAL ZONE
TROPICAL ZONE
OKEECHOBEE
DIXIE HIGHWAY
ARCADIA
LAKE OKEECHOBEE
PUNTA GORDA
WEST PALM BEACH
PALM BEACH
Ft. MEYERS
IMMOKALEE
ESTERO
GULF OF MEXICO
OCEAN
NAPLES
Ft. LAUDERDALE
SUGAR FIELDS
SUGAR MILL
EVERGLADE
DRAINED FARM LAND
MIAMI
HOMESTEAD
BIMINI
ROYAL PALM STATE PARK
CAPE SABLE
KEY WEST
HAVANA
CUBA
441 N.E. 1ST AVE.
MIAMI FLA.
J.B. Vouldaris
MIAMI
IN THE TROPICAL ZONE
of FLORIDA
WHERE WINTER IS TURNED TO SUMMER
World's Greatest Playground
The Land of Opportunity

HISTORIA DE FLORIDA

Hasta el siglo XVI, Florida contaba con una numerosa población indígena. Muchas tribus poseían complejos sistemas políticos y religiosos que demostraban un alto grado de organización social. En 1513, fecha en que Ponce de León avistó por primera vez "la Florida", se inició un proceso de colonización que vino a diezmar a los indios como consecuencia de la guerra y de enfermedades hasta entonces por ellos desconocidas.

Henry Flagler

Durante los 250 años siguientes la región no fue más que un puesto fronterizo para otras colonias españolas del Caribe, además de refugio de los esclavos e indios semínolas *(ver p. 271)* que huían del yugo británico del norte. Con el tratado de París de 1763 España cedió Florida a Inglaterra, hasta que, tras 60 años de disputas, se convirtió en territorio norteamericano en 1821.

Los intentos por expulsar a los semínolas originaron graves conflictos que se prolongaron durante más de 65 años. Poco después de las luchas con los indios estalló la guerra civil. Al finalizar ésta, en 1865, el Estado se encontraba prácticamente en ruinas. Sin embargo, pronto se iniciaría su recuperación: empresarios como Henry Flagler llevaron el ferrocarril a la región y edificaron lujosos hoteles que atrajeron a los adinerados visitantes del norte. El turismo despegó durante el primer tercio del siglo XX para convertirse en los años 50 en la principal fuente de ingresos del Estado. Con esta prosperidad económica, la agricultura también empezó a desarrollarse, llegando oleadas de inmigrantes para trabajar en el sector. La recesión de los años 20 y 30 no fue más que una breve interrupción en su crecimiento y, entre 1940 y 1990, la población se multiplicó por seis.

Hoy en día, Florida acoge a una numerosa comunidad hispana, en la que destaca la presencia cubana. Pese a que las desigualdades económicas han originado problemas sociales y la imparable urbanización del Estado ha supuesto una amenaza para el medio ambiente, Florida vive actualmente una época de prosperidad.

Mapa de Florida de Theodore de Bry del siglo XVI, uno de los más antiguos que existen

◁ Antigua postal de Florida, afamado destino turístico de la década de 1920

La Florida prehistórica

Útil de piedra

Florida formaba parte de la cadena volcánica que originó las islas del Caribe y que, tras millones de años de erosión, quedó sumergida bajo las aguas. Cuando volvió a emerger, estaba comunicada con Norteamérica. Los primeros humanos que llegaron aquí formaron diversas tribus. Algunas abandonaron la vida nómada para convertirse en grupos sedentarios con asentamientos permanentes en las riberas de los ríos y en el rico litoral de Florida. Antes del año 1000 d.C., muchos grupos contaban con una compleja organización religiosa y política que se manifestaba en la construcción de túmulos funerarios y de culto.

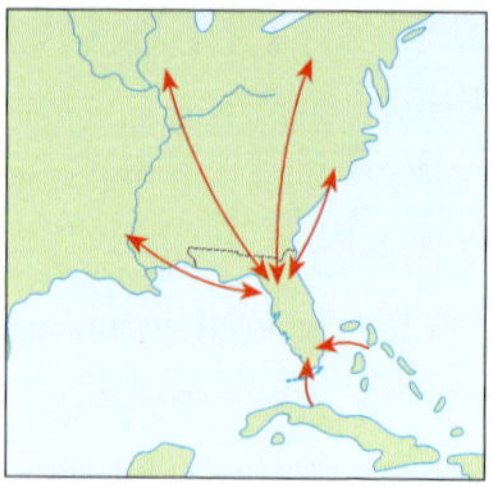

PRIMEROS CONTACTOS TRIBALES

— *Zonas en contacto*

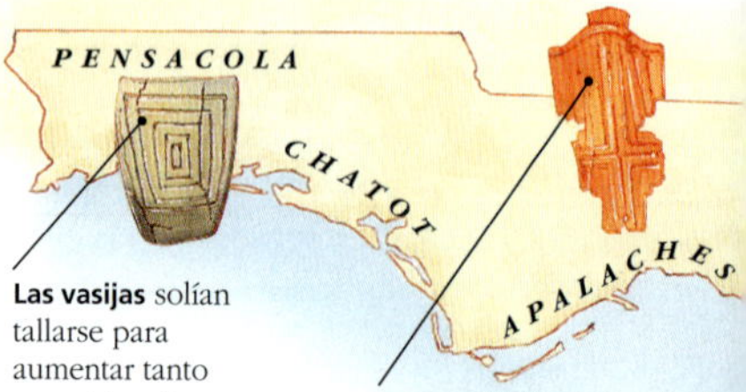

Las vasijas solían tallarse para aumentar tanto su resistencia al calor como su valor decorativo.

Los tocados se confeccionaban con cobre forjado procedente de lugares tan lejanos como los Grandes Lagos.

Vasija con efigie humana

Urna funeraria de cerámica pintada del año 400-600 d.C. Estas vasijas solían estar decoradas y representaban aves y animales. Con frecuencia se practicaba en ellas un orificio para que el alma de la figura pudiera acompañar a la del difunto.

TRIBUS PREHISTÓRICAS

La agricultura y los túmulos funerarios eran rasgos típicos de los timucua y otras tribus del norte de Florida. Las comunidades del sur, como los calusa y los tequesta, dejaron un legado de tallas de madera y túmulos con restos orgánicos, que sugieren una dieta a base de pescado y marisco.

Talla de madera calusa

EL SECRETO DE MARCO ISLAND

En 1896 se produjo un descubrimiento único en Marco Island *(ver p. 284)*: en un terreno pantanoso se hallaron, en perfecto estado de conservación, numerosos objetos elaborados con materia orgánica perecedera pertenecientes a los indios calusa. Por desgracia, una vez fuera del lodo de mangle que los protegía, los objetos se desintegraron con rapidez.

Cuenco cocido

Esta cerámica del año 800 d.C. tenía un uso ceremonial. Los trazos ayudan a los arqueólogos a identificar a sus creadores.

CRONOLOGÍA

c.10000 Los primeros habitantes de Florida fabrican herramientas paleoindias de piedra

Los atlatls*, o bastones arrojadizos, son herramientas posteriores al 6000 a.C.*

10000 a.C. | **9000 a.C.** | **8000 a.C.** | **7000 a.C.** | **6000 a.C.** | **5000 a.C.**

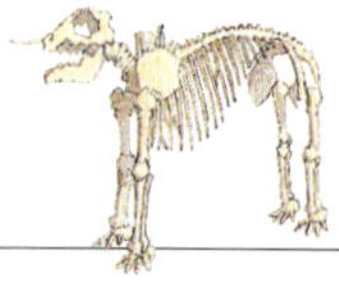

Mastodonte, animal de la glaciación que habitó en Florida

c.7500 Sube la temperatura, se empiezan a cazar animales más pequeños, como el ciervo, y se incluyen alimentos vegetales en la dieta humana

c.5000 Se construyen los primeros asentamientos semipermantentes junto al río St. Johns, que crean grandes túmulos de restos orgánicos

India timucua
Las primeras representaciones de los indios de Florida muestran su profusión de tatuajes. Los pendientes de madera y las joyas de concha tenían un uso generalizado, y las vestiduras eran mínimas.

Pipa de arcilla
Los antiguos habitantes de Florida consumían un fortísimo tabaco en sus rituales, que bebido en infusión, mascado o fumado en pipas de arcilla o piedra producía fuertes alucinaciones.

DÓNDE VER LA FLORIDA PREHISTÓRICA

Los museos de historia contienen objetos prehistóricos hallados en el Estado de Florida. Cabe destacar el Natural History Museum de Gainesville *(ver p. 223)*. Los túmulos de Crystal River y Fort Walton Beach cuentan con sendos museos; el primero *(ver p. 250)* reviste un atractivo especial.

En Crystal River *hay túmulos indios con restos orgánicos muy bien conservados.*

Esta cabeza de ave de cerámica tiene más de 1.600 años y fue hallada en la tumba de un sacerdote.

Tótem de un búho astado, en madera de pino, extraído del río St. Johns. Data aproximadamente del año 1350 d.C.

La decoración de las vasijas es común a todo el sureste de EE UU.

Las máscaras de Marco Island eran de madera tallada y se pintaban con vivos colores.

Este colgante de concha fue descubierto en un túmulo de restos orgánicos. El tipo de decoración tallada sugiere una conexión con las tribus caribeñas.

Objetos de cobre
Este peto de cobre, descubierto en el norte de Florida, data del 1300 d.C. y se asemeja mucho a uno de Georgia. Florida no tenía reservas de cobre, por lo que la presencia de estos objetos parece indicar que se vendían como artículos de prestigio.

c.1000 En el norte de Florida, la economía pasa de la caza y la recolección al cultivo. Los grupos sedentarios desarrollan sociedades más complejas y se construyen los primeros túmulos funerarios

c.1000 Surgen los sistemas políticos y la práctica religiosa, y se construyen túmulos para templos. Mayor contacto con tribus de fuera de Florida

4000 a.C.	3000 a.C.	2000 a.C.	1000 a.C.	1 d.C.	1000 d.C.

c.3000 A partir de esa fecha, Florida disfruta de un clima semejante al actual

c.2000 Aparece la primera cerámica de Florida

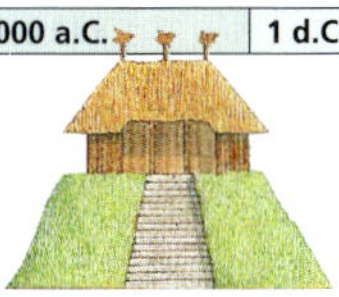

Templo construido sobre un túmulo funerario

c.800 Primeros indicios del cultivo del maíz en el norte de Florida

La Florida española

Crucifijo español

Después de que Juan Ponce de León avistara Florida en 1513, diversos conquistadores trataron de colonizar la región. En 1564, los franceses fueron los primeros en erigir un fuerte, que no tardaría en ser destruido por los españoles: la corriente del golfo obligaba a costear Florida a los barcos cargados de tesoros que habían partido de otras colonias del Nuevo Mundo, por lo que resultaba fundamental que Florida no cayera en manos enemigas. Los españoles introdujeron el cristianismo, los caballos y el ganado. Las enfermedades europeas y las brutales confrontaciones mermaron la población india. Gran Bretaña realizó diversas incursiones en Florida a principios del siglo XVIII tratando de tomar el relevo de los españoles.

RUTAS DE LAS FLOTAS ESPAÑOLAS

— *Rutas marítimas*

Juan Ponce de León
En su búsqueda de oro, Ponce de León descubrió una tierra a la que bautizó como Pascua Florida.

La columna de Ribault, de 1562 marcaba las pretensiones francesas sobre el norte de Florida.

El maíz era el alimento básico de los indios de Florida.

PRIMER ASENTAMIENTO DE FLORIDA

En 1564, René de Laudonnière fundó La Caroline, el primer asentamiento europeo en Florida. Le Moyne pintó a los indios saludando a los colonizadores.

FORT MOSE

Los esclavos que huían de las duras condiciones de las Carolinas británicas se dirigían a Florida, donde disfrutaban de ciertos derechos. Los españoles creyeron ventajoso ayudar a los enemigos de los británicos y, en 1738, crearon para ellos Fort Mose, cerca de la guarnición de St. Augustine. El fuerte, que contaba con milicia y economía propias, se considera el primer enclave independiente de la población negra norteamericana.

Miliciano negro de las colonias españolas

CRONOLOGÍA

1513 Ponce de León descubre Florida. Ocho años después fracasa en su intento de establecer una colonia española

Firma de Hernando de Soto

c.1609 El inca Garcilaso de la Vega publica *La Florida del Inca*

1622 Los barcos españoles *Atocha* y *Santa Margarita* naufragan durante un huracán

1520 | 1540 | 1560 | 1580 | 1600 | 1620

1528 Pánfilo de Narváez desembarca en Tampa Bay en busca de El Dorado, la tierra del oro

1539 Hernando de Soto llega a Tampa Bay con 600 hombres, pero muere junto al río Misisipí tres años después

1565 Pedro Menéndez de Avilés funda San Agustín (St. Augustine) tras derrotar a los franceses

1566 Los jesuitas llegan a Florida

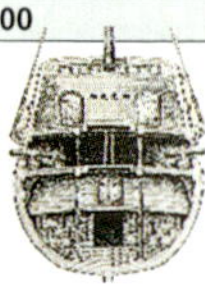

Corte transversal del Atocha

Hernando de Soto
De Soto fue el más implacable de los conquistadores y provocó la matanza de numerosos indios. Asimismo, sólo sobrevivió un tercio de sus hombres.

Adorno de oro y plata para el cabello
Los valiosos objetos indios alimentaron el mito de El Dorado. En realidad, los materiales procedían de los naufragios españoles.

René de Laudonnière observa las ofrendas de los indios.

Athore, jefe timucua, muestra a los colonizadores franceses la veneración de su tribu ante la columna de Ribault.

DÓNDE VER LA FLORIDA ESPAÑOLA

En St. Petersburg, el De Soto National Memorial marca el lugar de desembarco del colonizador *(ver p. 267)*. A las afueras de Jacksonville hay una reproducción de Fort Caroline *(p. 207)*. Con todo, el mejor lugar para ver el legado español es St. Augustine *(pp. 210-211)* y su imponente castillo de San Marcos *(pp. 214-215)*.

Nuestra Señora de la Leche
es una ermita de St. Augustine fundada por Avilés en 1565.

Sir Francis Drake
El poder español en el Nuevo Mundo estuvo amenazado por la piratería inglesa. Drake incendió St. Augustine en 1586.

Códice Osuna
Manuscrito del siglo XVI que representa la expedición de Tristán de Luna a Florida. En 1559, un huracán destruyó su campamento de Pensacola Bay, acabando con sus intentos de colonización.

c.1670 El tratado de Madrid recoge la reivindicación española del Nuevo Mundo

Bandera del pirata Barbanegra

1718 Barbanegra, terror de la costa oriental de Florida, muere en el mar de Carolina del Norte

1740 Desde su base en Georgia, los británicos asedian el castillo de San Marcos

1763 En virtud del primer tratado de París, Gran Bretaña consigue Florida y devuelve Cuba a España

1640 | 1660 | 1680 | 1700 | 1720 | 1740 | 1760

1687 Llegan a Florida los primeros ocho esclavos huidos de las plantaciones británicas de las Carolinas

1693 Los españoles se establecen en Pensacola, que cinco años después se convertirá en una colonia permanente

1702 Los británicos arrasan St. Augustine

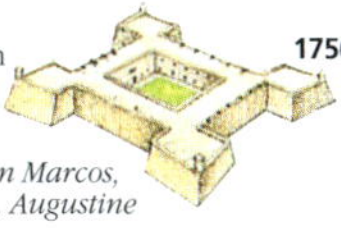

Castillo de San Marcos, St. Augustine

1756 Concluye la construcción del castillo de San Marcos

La lucha por Florida

Bota de cuero

La abundancia de piel y cuero y la oportunidad de extender la superficie de plantaciones atrajeron a los británicos a esta zona. Tras hacerse con el poder en 1763, dividieron en dos la colonia y, gracias a las subvenciones que proporcionaban a este Estado, se aseguraron su lealtad durante la guerra de la independencia. Sin embargo, en 1781, España recuperó la parte occidental y en 1783 le fue devuelta la oriental. Los esclavos negros refugiados en Florida provocaron el antagonismo entre España y EE UU, rivalidad que proporcionó a EE UU un pretexto para invadir la colonia. El general Andrew Jackson ocupó la parte occidental, provocando la primera guerra semínola.

FLORIDA BRITÁNICA 1764-1783

- *Florida oriental*
- *Florida occidental*

Sistema español de castas
La escasez de mujeres en las colonias empujó a los hombres a casarse con negras o indias, lo que originó un sistema jerárquico de castas coronado por quienes eran de sangre puramente española.

Fort George era la principal fortificación británica de Pensacola.

El tamborilero marcaba el ritmo de la marcha, empujando a los soldados a la batalla.

LA TOMA DE PENSACOLA
En 1781, tras un mes de asedio, el español Bernardo de Gálvez derrotó a los británicos y tomó Pensacola. Sin duda su victoria contribuyó a la apuesta de independencia de las colonias norteamericanas.

Brasero
El brasero mitigaba los fríos inviernos del norte de Florida y espantaba a los mosquitos en verano.

CRONOLOGÍA

1765	1770	1775	1780	1785	179

1776 La guerra de la independencia mermó fuertemente las reservas británicas y muchos ingleses abandonaron Florida

1781 Al mando de Gálvez, los españoles desembarcan en Pensacola y ocupan la Florida occidental

1782 El Congreso estadounidense elige el águila de cabeza blanca como emblema nacional

1783 En virtud del segundo tratado de París, el Reino Unido reconoce la independencia norteamericana, obtiene las Bahamas y Gibraltar y devuelve Florida a España

1785-1821 Disputas fronterizas entre norteamericanos y españoles

Soldado británico de la guerra de la independencia

Emblema de EE UU

General Jackson
El ambicioso Andrew Jackson dirigió incursiones no autorizadas a Florida y acabó conquistándola. Sus triunfos le valieron el cargo de primer gobernador de Florida en 1821 y, posteriormente, el de séptimo presidente de EE UU.

DÓNDE VER LA LUCHA POR FLORIDA

La plantación Kingsley *(ver p. 207)*, próxima a Jacksonville, es la más antigua que se conserva en el Estado. El histórico Seville District de Pensacola *(p. 230)* fue diseñado por los británicos durante su ocupación, y St. Augustine *(pp. 210-213)* contiene varios edificios de la época, como la British Government House y la encantadora casa Ximénez-Fatio, de la segunda época de dominio español.

La plantación de Kingsley *disfruta de un bello entorno en la desembocadura del río St. Johns.*

Ilustraciones de William Bartram
El botánico británico William Bartram estudió y documentó la flora y fauna de Florida, así como la vida de los pueblos indígenas.

Bernardo de Gálvez, gobernador español de Luisiana, resultó herido en la batalla de Pensacola cuando contaba 27 años de edad.

Cartel político
Esta ilustración muestra al caballo América *derribando a su amo. Los británicos, consternados por la pérdida de las colonias en 1783, abandonaron la Florida oriental.*

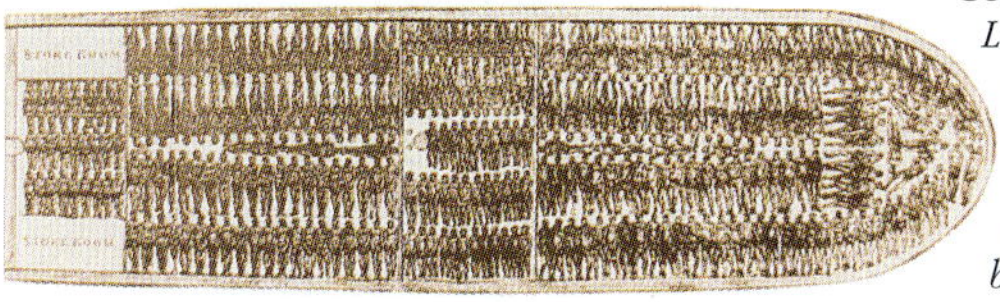

Comercio de esclavos
La esclavitud abastecía de mano de obra a las plantaciones. El viaje de África a América duraba meses y muchos esclavos, hacinados en los barcos, morían por el camino.

1795 España cede a EE UU los territorios situados al norte del paralelo 31

Bandera de los patriotas de la Florida oriental

1800 España cede a Francia los territorios de la Florida occidental (Luisiana)

1803 EE UU compra Luisiana, avanza hacia el este creando la actual frontera occidental de Florida, y reclama la Florida occidental

1808 El Congreso estadounidense prohíbe el comercio de esclavos a través de una ley que apenas es acatada

1812 Los estadounidenses ocupan Amelia Island y reclaman la anexión de la Florida oriental. Fracasan en su intento pero propagan el sentimiento de que este Estado no debe pertenecer a los españoles

Esposas para esclavos

1817 Comienza la primera guerra seminola

1819 Para zanjar su deuda de 5 millones de dólares con EE UU, España cede todos los territorios situados al este del Misisipí (incluido Florida)

1795 | 1800 | 1805 | 1810 | 1815

Florida antes de la guerra de secesión

Pelícano, de J. J. Audubon

Tras la incorporación de Florida a EE UU en 1821, la colonización del territorio se desarrolló con rapidez, consolidándose en el norte del Estado el sistema de plantaciones. Los colonos reclamaban las mejores tierras, lo que impulsó al Gobierno federal a desplazar a los indios hacia el oeste del Misisipí. Los conflictos resultantes desembocaron en la segunda y la tercera guerra seminola. En 1860, tras la elección del abolicionista Abraham Lincoln como presidente, Florida se segregó de la Unión. Su participación en la guerra de secesión consistió en abastecer de alimentos a los confederados.

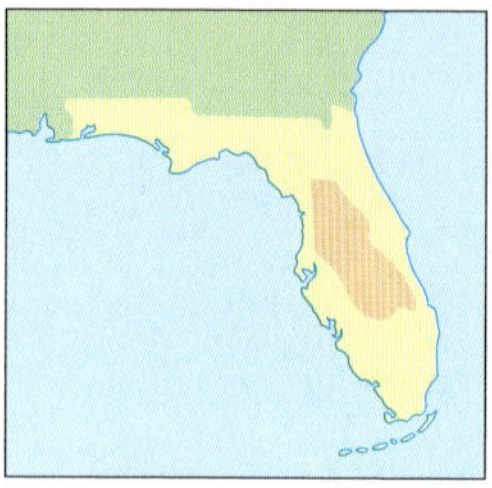

TERRITORIOS INDIOS 1823-1832

Territorio de reservas indias

Osceola
El jefe indio Osceola se negó a marcharse de Florida con su tribu. En 1835 inició la segunda guerra seminola, durante la cual muchas plantaciones quedaron destruidas.

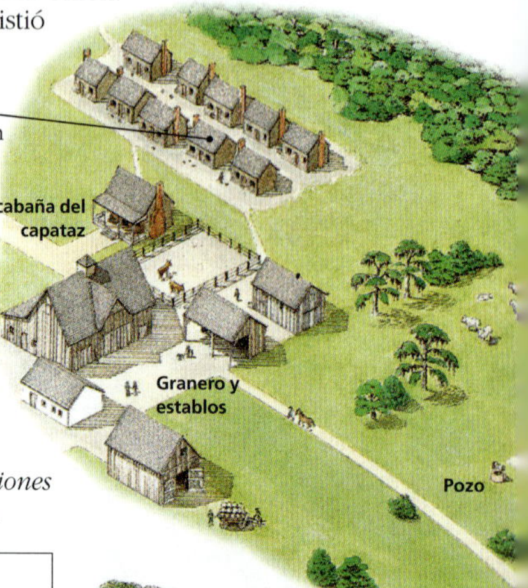

Las cabañas de los esclavos se construían lejos de la residencia principal.

'LA CABAÑA DEL TÍO TOM'

En 1852, Harriet Beecher Stowe publicó una novela que contribuyó a cambiar el rostro de América. *La cabaña del tío Tom* narra la historia de un esclavo que, después de rescatar a un niño blanco, es vendido a un amo sádico y termina muriendo azotado. Su éxito fue arrollador y dio alas a la causa del abolicionismo. Durante la guerra de secesión, Lincoln afirmó entre bromas que la señora Stowe era la "mujercita que había comenzado esta gran guerra".

Cartel de *La cabaña del tío Tom*

Algodón
Éste era el cultivo más lucrativo de las plantaciones. Requería numerosa mano de obra y el trabajo era penoso, especialmente la recogida del algodón de las matas espinosas.

CRONOLOGÍA

1821 Jackson es nombrado gobernador del territorio de Florida

1823 El tratado de Moultrie Creek exige que los seminolas se trasladen del norte al centro de Florida

1832 En virtud del tratado de Payne's Creek, 15 jefes seminolas acuerdan ceder su territorio a EE UU y trasladarse hacia el oeste

1835 Comienza la segunda guerra seminola

Tren tirado por caballos

1820 | 1825 | 1830 | 1835 | 1840

Osceola se niega a firmar el tratado de 1832

c.1824 La nueva capital del Estado se instala en el poblado indio de Talasi, rebautizado con el nombre de Tallahassee

1829 El general Jackson es nombrado presidente de EE UU

1832 El naturalista J. J. Audubon visita Key West

1836 Comienzan a funcionar los primeros ferrocarriles de Florida

1842 Finaliza la segunda guerra seminola

Barcos de vapor
Durante las guerras semínolas y de secesión se utilizaban para transportar tropas y provisiones al interior.

Jefe Billy Bowlegs
En 1855, un grupo de avistadores saqueó un territorio indio. Las represalias de Billy Bowlegs originaron la tercera guerra semínola. Aunque él se rindió en 1858, otros indios se replegaron hacia los Everglades.

Goodwood House fue construida en un estilo grandioso, acorde con su opulencia e importancia en la zona.

La cocina se instalaba en un edificio aparte para evitar incendios.

LA VIDA EN UNA PLANTACIÓN

Las plantaciones anteriores a la guerra de secesión, como ésta de Goodwood *(ver p. 243)*, eran casi autónomas. Tenían sus propias leyes y algunas albergaban a más de 200 esclavos, que cultivaban algodón.

DÓNDE VER LA FLORIDA ANTERIOR A LA GUERRA DE SECESIÓN

Gamble Plantation *(ver p. 266)* da a conocer la vida en una plantación, mientras que en Bulow Plantation *(p. 216)* e Indian Key *(p. 294)* se conservan las ruinas de los pueblos destruidos por los semínolas. El Museum of Science and History *(p. 208)* de Jacksonville alberga artefactos de la guerra de secesión, algunos procedentes del barco del ejército norteamericano *Maple Leaf*. East Martello Tower *(p. 300)*, Fort Zachary *(p. 302)* y Fort Clinch *(p. 206)* son fuertes construidos durante el siglo XIX.

La **East Martello Tower** *fue construida por el ejército de la Unión para defender la costa.*

Batalla de Olustee
En febrero de 1864, el ejército de la Unión fue derrotado por las tropas confederadas. En seis horas de batalla lucharon unos 10.000 hombres: 2.000 resultaron heridos y 300 muertos.

1845 El 4 de julio, Florida se incorpora a los Estados Unidos de América. Concluye la construcción del Capitolio de Tallahassee

1848 John Gorrie inventa la máquina de fabricar hielo

1855 Comienza la tercera guerra semínola; tres años después, 163 indios se rinden (incluido Billy Bowlegs) y son obligados a abandonar Florida

1861 Estalla la guerra de secesión

1865 El ejército norteño es derrotado en la batalla de Natural Bridge. Este mismo año finaliza la guerra de secesión

1845 | **1850** | **1855** | **1860** | **1865**

Primer sello del Estado de Florida

1852 Harriet Beecher Stowe publica la novela abolicionista *La cabaña del tío Tom*

1860 Comerciantes escoceses descubren Dunedin, en la costa occidental de Florida

Billete confederado de la guerra de secesión

La época dorada de Florida

José Martí, héroe cubano

Al terminar la Guerra de Secesión, Florida estaba sumida en la devastación, pero su clima y su baja densidad demográfica hacían de ella una tierra perfecta para invertir. Los magnates del ferrocarril Henry Flagler y Henry Plant tendieron vías férreas durante la última década del siglo XIX, abriendo las puertas al creciente número de turistas que estimularía la economía. Además, la diversificación agrícola protegió a Florida de la depresión de fin de siglo. Se amasaron grandes fortunas y se construyeron elegantes mansiones. Los negros perdieron el derecho a voto, se desató la violencia del Ku Klux Klan y se implantó la segregación.

EXPANSIÓN DEL FERROCARRIL

— *Líneas férreas de 1860*

— *Líneas férreas de 1890*

— *Ferrocarril marítimo de 1912*

Turismo en barcos de vapor
Antes de la llegada del ferrocarril, los turistas exploraban el interior de Florida en barcos de vapor, que navegaban por bellos ríos como el Oklawaha y el St. Johns.

Las vitolas eran obras de arte en miniatura, cuyo diseño ilustraba a menudo un lugar geográfico. La industria de los puros prosperó en Florida durante el siglo XIX.

Jacob Summerlin
Tras la guerra de secesión, el rey de los crackers (ver p. 20) *hizo fortuna vendiendo carne a Cuba. Irónicamente, su ganado descendía del que había sido introducido en Florida por los conquistadores españoles.*

GRANDES HOTELES

Tanto Plant como Flagler construyeron palacios para los turistas adinerados que, huyendo del frío del norte, se desplazaban en ferrocarril hasta Tampa o St. Augustine, donde pasaban el invierno.

CRONOLOGÍA

1868 Derecho a voto para todos los varones mayores de 21 años, incluidos los negros

1869 El primer ministro de color de la historia es nombrado secretario del Estado de Florida

1870 El Ku Klux Klan asesina a más de 100 negros en County Jackson

1870 Los vapores comienzan a llevar turistas y mercancías al interior de Florida

Número del circo Ringling

1884 Los hermanos Ringling inauguran su circo ambulante

1885 Vicente Ybor traslada su industria tabaquera a Tampa

1886 Flagler inicia la construcción del ferrocarril de la costa oriental de Florida

1891 El cubano José Martí pronuncia un discurdo en Tampa con el fin de conseguir apoyo para el movimiento independentista

1892 En las elecciones, sólo el 11% de los negros figura en las listas de votantes

1870 | 1875 | 1880 | 1885 | 1890

El ferrocarril *Los turistas más ricos poseían un vagón privado. El de Henry Flagler se conserva aún en su casa de Palm Beach* (ver p. 124).

Guerra de Cuba *Cuando EE UU se unió a Cuba en su lucha contra España en 1898, Florida experimentó un gran auge. Las tropas se daban cita en Tampa, Miami y Key West, y el dinero de las arcas del país viajaba hasta aquí para apoyar el esfuerzo bélico.*

El Tampa Bay Hotel, construido por Henry Plant en 1891, funcionó hasta 1932. Con sus 511 habitaciones, fue residencia de oficiales durante la guerra de Cuba.

El río Hillsborough y la bahía de Tampa contribuyeron a hacer de Tampa una de las tres ciudades más importantes del golfo de México hacia 1900.

Mecedora dorada *Exponente de la resurgida ornamentación del siglo XIX, esta mecedora del Lightner Museum* (ver p. 213) *está decorada con volutas y cisnes.*

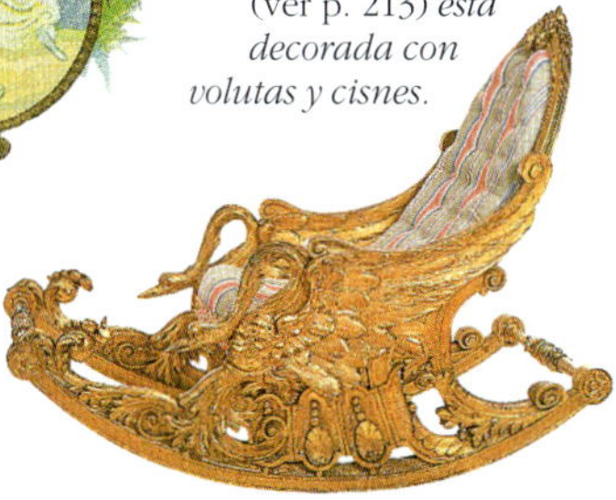

DÓNDE VER LA ÉPOCA DORADA

St. Augustine *(ver pp. 210-213)* alberga varios edificios de Flagler, como el Lightner Museum y el Henry B. Plant Museum *(p. 258)*, y Fernandina contiene ejemplos de la arquitectura de la época *(p. 206)*. En Pigeon Key *(p. 296)*, podrá visitar la base de operaciones desde la que Flagler construyó el ferrocarril marítimo.

Flagler College, *en St. Augustine, fue el magnífico hotel Ponce de León de Henry Flagler.*

El nacimiento de una nación *Estrenada en 1915, esta película provocó el resurgimiento del Ku Klux Klan.*

1895 Una gran helada sacude los campos de cítricos recién florecidos. Julia Tuttle envía flores de naranjo a Flagler para instarle a continuar el ferrocarril hasta Miami

1905 Se inaugura la Universidad de Florida en Gainsville

Automovilismo en las playas de Daytona Beach

1918 Entra en vigor la ley seca

1895	1900	1905	1910	1915

Flor de naranjo

1898 Teddy Roosevelt y su regimiento de voluntarios hacen escala en Tampa en su camino hacia la guerra de Cuba

1912 Flagler tiende una línea férrea hasta Key West

1903 Alexander Winton establece un récord de velocidad terrestre de 109 km/h en dura arena de Doytona Beatch

1915 Las dragas duplican el tamaño de Miami Beach

1916 El gorgojo arrasa la cosecha de algodón de Florida

Auge, declive y recuperación

Cartel antiguo de Pan Am

Al igual que otros estados, en la primera mitad del siglo XX Florida tuvo épocas tanto de rápido crecimiento como de depresión económica. Estimulados por el frenesí del auge urbanístico de los años 20, los norteños llegaban a Florida en tropel. Sin embargo, en 1926, tres años antes del *crack* de Wall Street, la crisis inmobiliaria arruinó a medio Estado. Pero la recuperación económica llegó gracias al crecimiento del turismo y a la implantación de planes federales. Muchos parados de los estados del norte emigraron a Florida en busca de trabajo. Durante los años 50, el lanzamiento del programa espacial de la NASA dio un nuevo impulso a la economía del Estado.

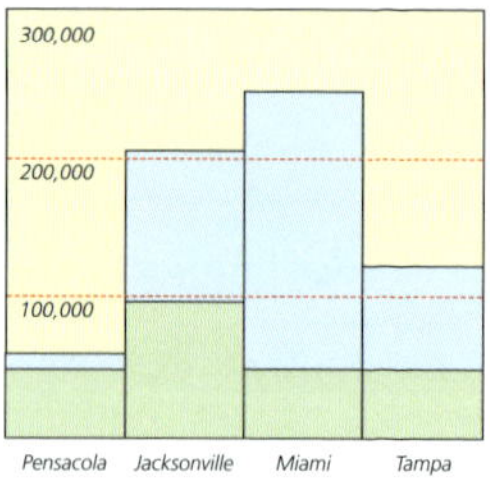

CIFRAS DEMOGRÁFICAS

1920 *1950*

Auge urbanístico
Durante la época de esplendor, los mejores terrenos se llegaron a valorar en 11.600 dólares por hectárea. Numerosos inversores de otros estados se arruinaron tras invertir inconscientemente en cenagales.

El huracán de 1926
El 18 de septiembre, un huracán azotó el sur de Florida y destruyó 5.000 viviendas.

EL 'SUEÑO AMERICANO' EN FLORIDA
Los inviernos benignos y la pujanza económica atrajeron a Florida a oleadas de norteños. Muchos de los que antes habían ido como turistas regresaron para quedarse, y los inmigrantes extranjeros también contribuyeron al despegue de la economía del Estado. Era una tierra de oportunidades y de rápido crecimiento urbanístico.

CRONOLOGÍA

1920 | 1925 | 1930 | 1935 | 1940

1926 Caen los precios del terreno en Florida, quiebran dos bancos y un huracán azota el sureste y los Everglades, devastando Miami

1928 Se inaugura la línea férrea Tamiami Trail entre Tampa y Miami

1929 La compañía Pan American realiza el primer vuelo comercial entre Miami y La Habana

1931 Se inaugura el hipódromo Hialeah Park tras la legalización de las apuestas mutuas (ver p. 137)

1931 Ernest Hemingway adquiere una casa en Key West

1935 Un huracán destruye el ferrocarril marítimo de Flagler

Carrera de caballos en Hialeah Park

1939 El gánster Al Capone se retira a su mansión de Palm Island, en Miami

Turistas de *lata de conservas*
Todos los inviernos, los turistas se dirigían en sus coches al sur, donde se agolpaban en los cámpings, compartían la comida enlatada y disfrutaban del sol de Florida.

DÓNDE VER LA FLORIDA DEL AUGE ECONÓMICO

De obligada visita son el Wolfsonian Foundation *(ver p. 67)* y los edificios *art déco* de Miami Beach *(pp. 60-66)*. También el legado de Mizner en Palm Beach *(pp. 118-223)*; la Universidad de Frank Lloyd Wright en Lakeland *(p. 266)* y, en Fort Myers, la residencia de invierno de Henry Ford *(p. 276)*.

Miami Beach *posee una asombrosa colección de edificios* art déco *restaurados.*

Zora Neale Hurston
Zora escribió sobre la vida de los negros en la Florida rural. Su novela más conocida, Their Eyes Were Watching God, *data de 1937.*

El *New Deal* de Roosevelt
Los préstamos concedidos a los agricultores gracias a las medidas adoptadas por Roosevelt facilitaron que Florida se recuperase de la gran depresión.

II Guerra Mundial
De 1941 a 1945, Florida fue campo de instrucción de las tropas. Se redujo el turismo, pero la presencia militar sostuvo la economía.

Los cítricos
Florida era el mayor productor de cítricos del país, lo que le ayudó a sobrevivir a la depresión.

1947 El presidente Truman inaugura el Everglades National Park

Automóvil de la carrera Daytona 200

1954 Se inaugura el primer tramo del puente Sunshine Skyway en Tampa Bay

1959 Lee Petty gana la primera carrera Daytona 200 en el Daytona Speedway

1945	1950	1955	1960

1945 El 5 de diciembre, la desaparición del *Vuelo 19* da origen al mito del Triángulo de las Bermudas

1942 En febrero, y ante las miradas de los bañistas, los submarinos alemanes torpedean un petrolero junto a las costas de Florida

1958 Se lanza desde Florida el primer satélite terrestre, el *Explorer I*, tras elegir la NASA Cabo Cañaveral como sede de sus programas de lanzamiento de satélites y cohetes

NASA

Logotipo de la NASA

A partir de la década de 1960

Delfín de un parque temático

Desde 1960, Florida no ha dejado de prosperar. Los parques temáticos, como Walt Disney World, y el Kennedy Space Center, sede del programa espacial de la NASA, le han valido al *Estado del sol* su fama mundial y los miles de visitantes que acuden cada año. La población también ha crecido con rapidez gracias a la inmigración, procedente tanto de otros estados como del extranjero. La Florida moderna presenta una gran variedad étnica. La situación de los afroamericanos mejoró gracias al movimiento pro derechos humanos de los años 60, pero actualmente tienen grandes tensiones con la numerosa comunidad hispana, que contiene la mayor población de cubanos fuera de Cuba. Los daños causados por el desarrollo urbanístico han multiplicado las medidas de protección del medio ambiente, cuya conservación es la máxima prioridad.

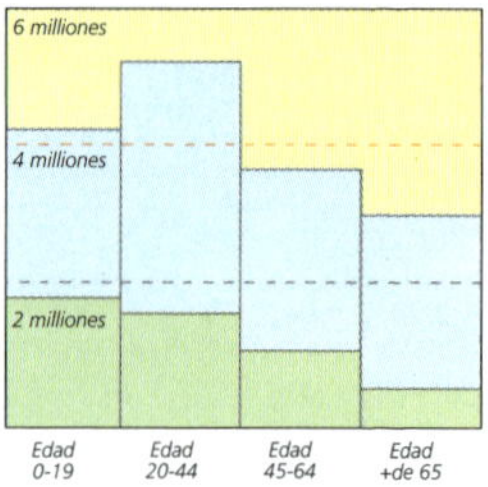

POBLACIÓN DEL ESTADO

1960 *2000*

Conservación
Los habitantes de Florida pueden apoyar al movimiento de conservación de la naturaleza adquiriendo chapas de matrículas especiales.

El éxodo cubano
Desde que Fidel Castro subió al poder en 1959, más de 300.000 cubanos han huido a Florida. Los primeros llegaron en los llamados "vuelos a la libertad".

El vapor se forma cuando el agua anega la plataforma de lanzamiento en el despegue.

Martin Luther King
El movimiento a favor de los derechos humanos llegó a Florida en los años 60. Martin Luther King Jr. fue detenido en una marcha celebrada en St. Augustine en 1964.

TRANSBORDADOR ESPACIAL

Para sustituir a los cohetes empleados en las misiones del *Apollo,* la NASA diseñó un transbordador termoprotegido que no se incendiaba al entrar en la atmósfera terrestre. El primero fue lanzado en 1981 *(ver pp. 200-201).*

CRONOLOGÍA

1964 Martin Luther King Jr. es detenido y encarcelado en St. Augustine

Alan Shepherd, astronauta de la NASA

1969 Se lanza el *Apollo II* desde Cabo Cañaveral. Buzz Aldrin y Neil Armstrong son los primeros hombres que pisan la luna

1973 Dade County se declara oficialmente bilingüe y se instalan señales viales en inglés y español

1977 Nieva en Miami en el mes de enero

1980 125.000 cubanos llegan a Florida durante los cinco meses de apertura de las fronteras estadounidenses a la inmigración cubana

1970

1980

1962 Crisis de los misiles cubanos

1961 Alan Shephard, primer norteamericano en el espacio

1967 El zumo de naranja se convierte en la bebida del Estado de Florida

1971 Se inaugura en Orlando Magic Kingdom, la primera aventura de Walt Disney en Florida, con un coste de 700 millones de dólares

Castillo de Cenicienta, en Magic Kingdom

1976 Florida es el primer Estado del país que reinstaura la pena de muerte

1982 Key West se declara la República de la Concha durante una semana

1981 Primer lanzamiento del transbordador espacial

El tanque externo es la única parte del transbordador que no se reutiliza.

Al despegar, el transbordador entra en órbita. Se produce un empuje de 3,3 millones de kilogramos.

Corrupción en Miami
En Miami hay un alto índice de delincuencia y criminalidad, tal como recreaba la serie televisiva de los años 80 Corrupción en Miami.

Nacionalización
Ser ciudadano estadounidense es el sueño de muchos inmigrantes. En los actos de nacionalización, miles de ellos juran su lealtad al unísono.

Ancianos de Florida
Algo menos del 20% de la población de Florida es mayor de 65 años. A muchos jubilados les atrae la escasa presión fiscal y la sencillez de la vida al aire libre.

DÓNDE VER LA FLORIDA MODERNA

Florida posee bellos ejemplos de arquitectura moderna, desde los rascacielos de Miami *(ver pp. 70-75)* y Jacksonville *(ver p. 208)* hasta el Florida Aquarium de Tampa *(ver p. 262)*. Si desea un enfoque más nostálgico, visite Seaside, en el Panhandle *(ver p. 236)*.

En el centro de Miami, *los modernos rascacielos configuran el perfil urbano.*

Cruceros por el Caribe
El turismo es el gran negocio de Florida y los modernísimos cruceros son el destino vacacional con más aceptación.

1986 Explota el transbordador espacial *Challenger* y mueren sus siete tripulantes

1992 El huracán *Andrew* causa estragos en el sur de Florida

1993 Se crea la comisión para la seguridad del turista

George W. Bush

2000 George Bush gana de forma controvertida las elecciones presidenciales

2003 El transbordador espacial *Columbia* explota a su llegada a la atmósfera y fallecen todos sus tripulantes

1990 | **2000** | **2010**

ímbolo de la Repú-
blica de la Concha

1990 El general Noriega, anterior dirigente de Panamá, es acusado de narcotráfico en Miami

1994 Llega a Florida otra oleada de cubanos

1998 El peor tornado de la historia de Florida mata a 42 personas y hiere a más de 250

2002 Jimmy Carter se convierte en el 1er presidente de EE UU que visita Cuba desde el embargo económico

2004 Uno de los peores huracanes de la historia causa pérdidas de 40 billones de dólares

ITINERARIOS POR MIAMI

Miami de un vistazo

A Miami se le ha llamado *ciudad mágica* porque lo que antes era un destacamento comercial tiene en la actualidad una superficie de 5.200 km² y una población de dos millones de personas. Los visitantes acuden a Miami por su alegre South Beach, sus bellas playas y la cultura latina y caribeña que impregna la vida diaria. El Gran Miami acoge a más de dos millones de residentes, y es visitado por nueve millones de personas cada año. Como en toda gran ciudad, conviene tomar las medidas de seguridad pertinentes.

Little Havana, *el corazón del barrio cubano, es el vecindario más hospitalario de Miami. Sus calles están llenas de vida y abundan las partidas de dominó y los bulliciosos cafés* (ver p. 76-77).

El hotel Biltmore *es el símbolo de Coral Gables, la exclusiva miniciudad construida durante el auge inmobiliario de los años 20. Los relatos sobre clientes célebres y asesinatos de la mafia alimentan el misterio de este lujoso hotel* (ver pp. 80-83).

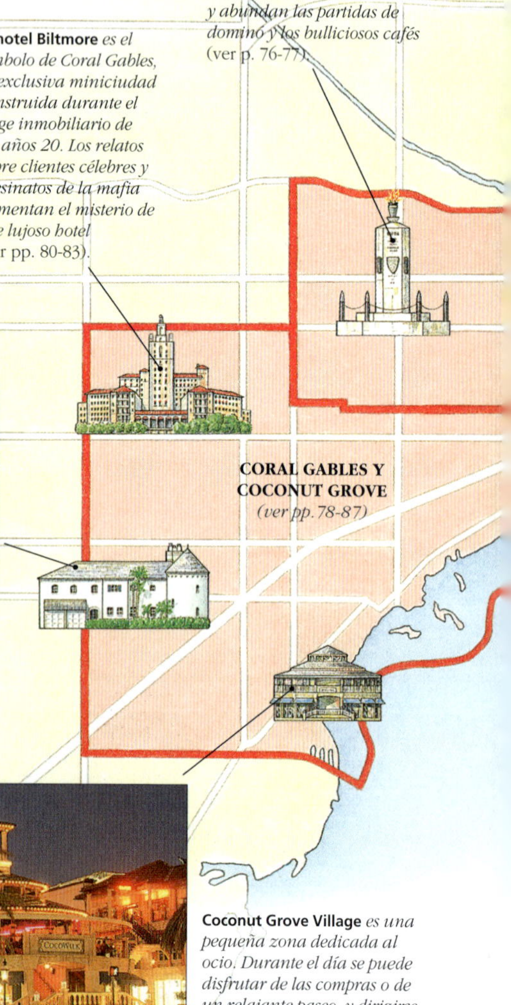

Los pueblos internacionales *son conjuntos arquitectónicos de diversas procedencias difuminados entre las sombreadas calles de Coral Gables. Recorrerlos permitirá contemplar la zona residencial más bella de Miami* (ver pp. 80-81).

Coconut Grove Village *es una pequeña zona dedicada al ocio. Durante el día se puede disfrutar de las compras o de un relajante paseo, y dirigirse después a los bares y restaurantes, que cobran vida al atardecer* (ver p. 84).

◁ **Bayside Marketplace de noche**

El centro de Miami *es el núcleo comercial de la ciudad. Su atractivo reside en los llamativos rascacielos, como éste de Wachovia Financial Center, y en el bullicio hispano de las calles* (ver pp. 72-75).

En el barrio *art déco* *de South Beach se alzan numerosos edificios de los años 30, cuyos rasgos decorativos son exclusivos de Florida* (ver pp. 60-67).

South Beach *es el lugar ideal para participar de la diversión de la zona. Durante el día, el visitante puede relajarse en la fabulosa playa de arena* (ver pp. 64-65).

Vizcaya *es el lugar más interesante de Miami. Esta mansión italiana de principios de siglo posee estancias de todos los estilos imaginables, y los jardines están salpicados de estatuas y edificios pintorescos, como este romántico salón de té* (ver pp. 86-87).

MARLIN
1200

MIAMI BEACH

Miami Beach, denominada con frecuencia la Riviera norteamericana, era hace un siglo un banco de arena al que sólo se podía acceder por barco. La construcción, en 1913, de un puente que la unía a tierra firme, permitió urbanizar la isla a los inversores inmobiliarios, como el millonario Carl Fisher. El complejo turístico que crearon de la nada tuvo su apogeo en los años 20, época en la que se puso de moda entre la gente adinerada para pasar el invierno. El devastador huracán de 1926 y el *crack* de Wall Street marcaron el fin de su apogeo, pero la zona resurgió en los años 30 con la construcción de cientos de edificios *art déco,* para volver a decaer tras la II Guerra Mundial. Actualmente, Miami Beach vuelve a estar en la brecha. Como resultado de una ardiente campaña de conservación, South Beach (la parte meridional de Miami Beach) está reapareciendo con fuerzas renovadas. Posee la mayor concentración mundial de edificios *art déco,* cuyos colores son tan llamativos como la fauna de culturistas, modelos y *drag queens* que habitan en la zona. Todo vale en South Beach, donde el ambiente oscila entre lo elegante y lo bohemio; de ahí su apodo de SoBe, tomado a imagen del Soho neoyorquino. Los hoteles *art déco* que se alzan en Ocean Drive son los más frecuentados, y el visitante podrá encontrar aquí desde tiendas elegantes hasta los más trascendentes museos de arte.

Caballito de mar en la fachada del hotel Surfcomber

LUGARES DE INTERÉS

Museos y galerías
Bass Museum of Art ❾
Jewish Museum of Florida ❸
Wolfsonian Museum-FIU ❺

Calles y barrios
Central Miami Beach ❿
Collins y Washington Avenues ❹
Española Way ❻
Lincoln Road Mall ❼
Ocean Drive ❶

Playas
La playa ❷

Monumentos
Holocaust Memorial ❽

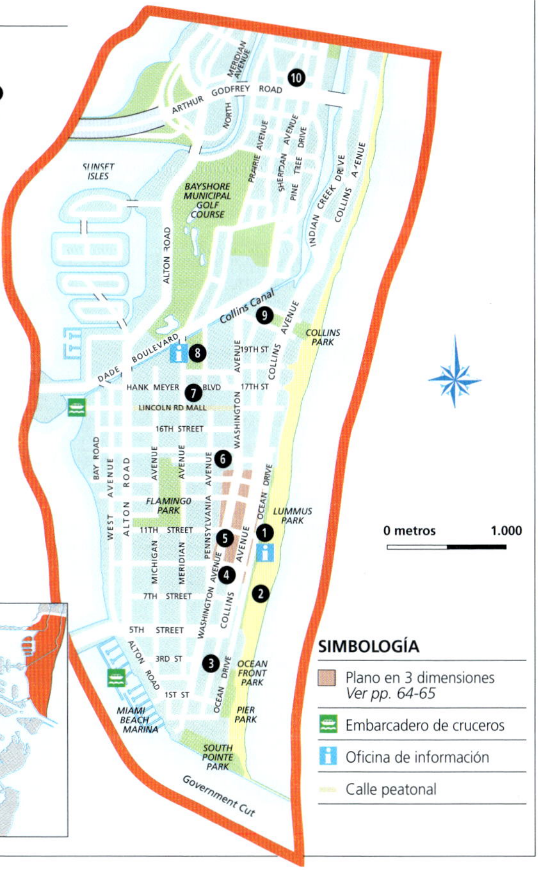

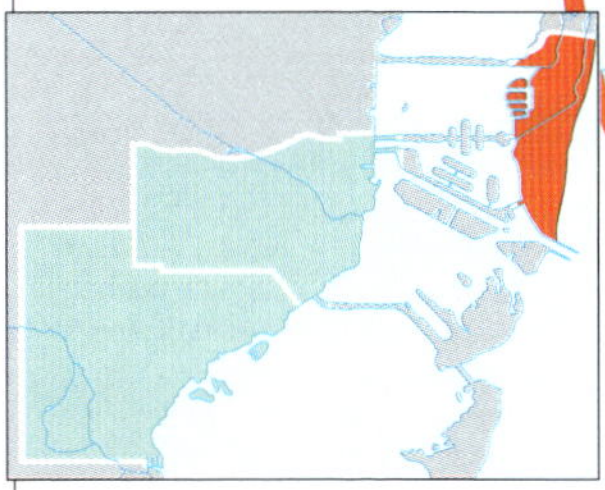

SIMBOLOGÍA
- Plano en 3 dimensiones *Ver pp. 64-65*
- Embarcadero de cruceros
- Oficina de información
- Calle peatonal

◁ **El Marlin Hotel, un clásico de South Beach, bajo el colorido de las luces de neón**

Ocean Drive: 'art déco' (I)

Detalle *déco*, South Beach

Lo más destacado del estilo *art déco* de South Beach está en Ocean Drive, una zona que consta de unos 800 edificios bien conservados, que ilustra la exclusiva interpretación que Miami ha dado de esta tendencia estética que conquistó el mundo en las décadas de 1920 y 1930. La versión de Florida, denominada a veces *tropical déco,* resulta alegre y desenfadada. Abundan los motivos como flamencos y soles, y la condición costera de South Beach inspiró rasgos más apropiados de un transatlántico que de una vivienda. Con materiales asequibles, los arquitectos se las ingeniaron para dar la sensación de elegancia en lo que no eran más que modestos hoteles. Los mejores edificios de Ocean Drive figuran aquí y en las páginas 62-63.

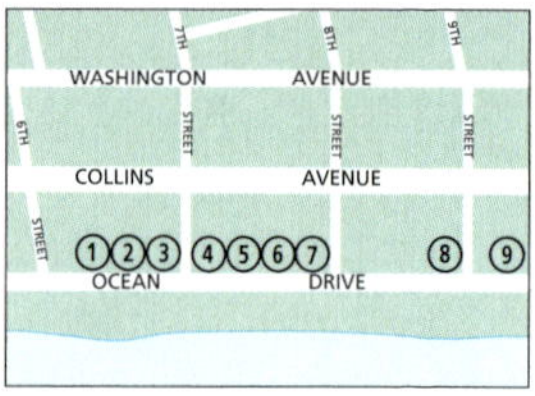

OCEAN DRIVE: CALLES 6 A 9

Imagen de Ocean Drive

Las ventanas, con frecuencia, hacen esquina.

El blanco, el azul y el verde, muy en boga en los años 30 y 40, rememoran la vegetación tropical y el mar de Miami.

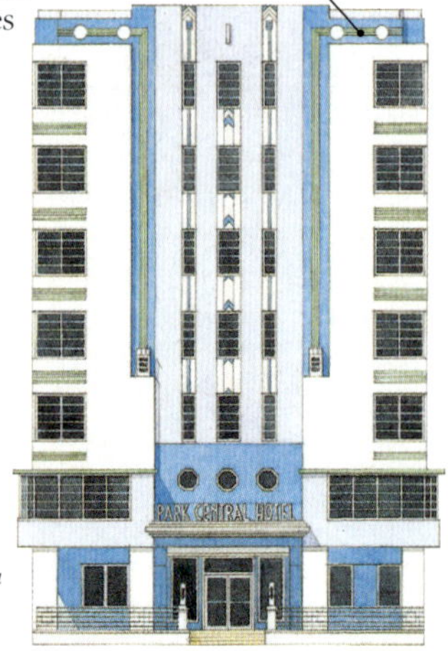

① **Park Central** *(1937)*
Este hotel, diseñado por Henry Hohauser, destaca por sus ventanas grabadas al aguafuerte.

Los remates angulares reflejan la influencia del cubismo.

Las hileras de ventanas proporcionan mucha luz y, abiertas, permiten la entrada de la refrescante brisa marina.

Flamenco grabado en las puertas del vestíbulo del hotel Beacon.

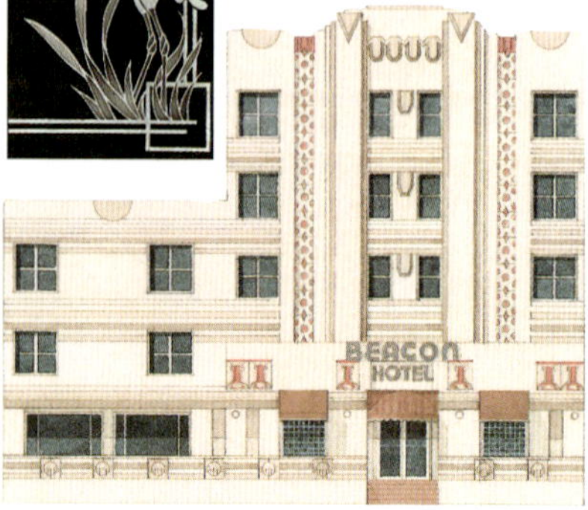

④ **Avalon** *(1941)*
El Avalon constituye un buen ejemplo de estilo streamline moderne. *Son típicas la ausencia de ornamentación y la asimetría, al igual que la preferencia por las líneas horizontales.*

⑤ **Beacon** *(1936)*
La tradicional decoración abstracta que recorre la parte superior de las ventanas de la planta baja contrasta con la moderna combinación de colores, un ejemplo del déco dazzle *de Leonard Horowitz* (ver p. 67).

EL 'ART DÉCO': DE PARÍS A MIAMI

El estilo *art déco* nació en París en 1925. Aunaba toda clase de influencias, desde las formas florales del *art nouveau* y la imaginería egipcia hasta las pautas geométricas del cubismo. En la Norteamérica de la década de 1930, los edificios *art déco,* reflejo de la creencia de que la tecnología era el futuro, adoptaron rasgos que personificaban la nueva era industrial y las fantasías de la ciencia-ficción, lo que dio lugar al estilo denominado *streamline moderne,* que es el predominante en Ocean Drive. Con todo, casi ningún edificio de South Beach se ajusta a un solo estilo. Precisamente es la mezcla creativa de detalles del *art déco* clásico con motivos *streamline* o tropicales lo que convierte en única la arquitectura de Ocean Drive.

Postal *art déco* del Avalon Hotel

Berkley Shore, en Collins Avenue, detrás de Ocean Drive, posee rasgos típicos del *streamline moderne,* como este elemento escalonado.

Los círculos decorativos o conformando ventanas fueron inspirados por los ojos de buey de los barcos.

② **Imperial** *(1939)*
El diseño del hotel Imperial imita al del contiguo Park Central, de construcción anterior.

Los baiorrelieves se repiten en la decoración de las fachadas de Ocean Drive.

El vestíbulo del Majestic posee unas espléndidas puertas de latón en los ascensores.

El color se ha utilizado para dar la sensación de acanalamiento.

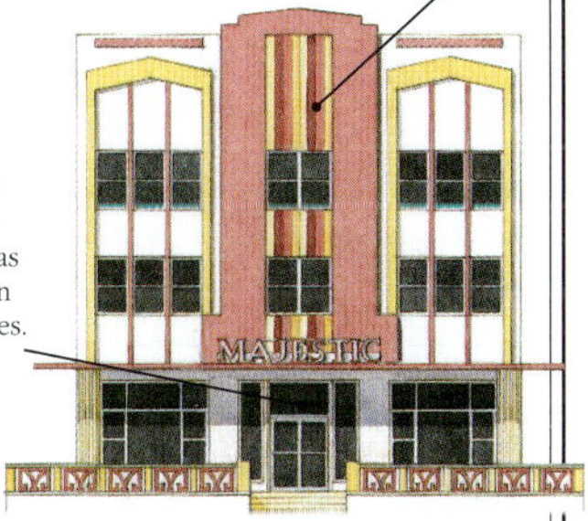

③ **Majestic** *(1940)*
Este hotel es obra de Albert Anis, el arquitecto responsable de los cercanos hoteles Avalon y Waldorf.

Las luces de neón se solían utilizar para destacar los carteles de los hoteles y sus rasgos arquitectónicos.

Las franjas de colores son típicas del *streamline moderne.*

Ojo de buey

⑥ **Colony** *(1935)*
Uno de los mejores hoteles de Henry Hohauser posee el cartel de neón más famoso de Ocean Drive y un interesante mural en el vestíbulo.

Los repechos planos, situados sobre las ventanas, servían para proteger del implacable sol de Miami.

Este faro decorativo es uno de los ejemplos más gráficos de la arquitectura marítima de Ocean Drive.

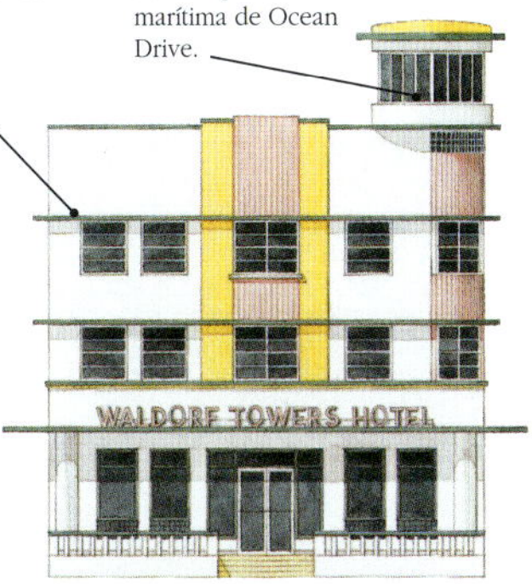

⑦ **Waldorf Towers** *(1937)*
La influencia marítima, patente en el diseño del Waldorf y otros hoteles, dio pie al nacimiento de la expresión nautical moderne.

Ocean Drive: 'art déco' (y II)

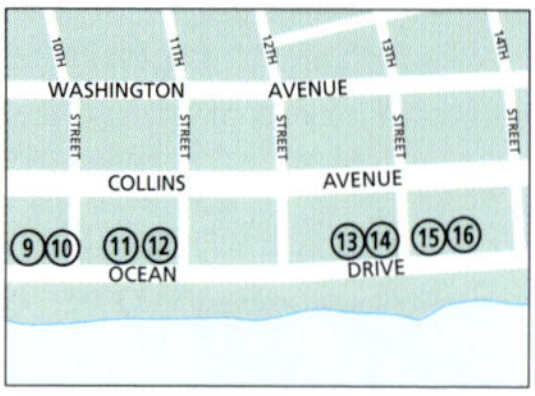

OCEAN DRIVE: CALLES 9 A 13

En South Beach se observan tres tipos fundamentales de *art déco:* el tradicional, el más futurista *streamline moderne* y el estilo mediterráneo, derivado de la arquitectura francesa, italiana y española. La poco habitual mezcla de influencias mediterráneas de Ocean Drive se observa fundamentalmente entre las calles 9 y 13. Con todo, también encontrará aquí algunos de los edificios *art déco* más clásicos de South Beach.

La torre central recuerda tanto la chimenea de un barco como los tótems de los indios norteamericanos.

Las franjas de colores dan la sensación de velocidad y movimiento.

La barandilla que corona el tejado imita la cubierta de un barco.

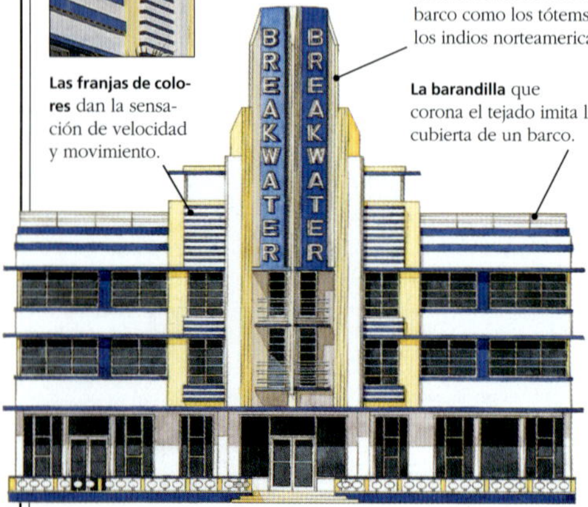

Los arcos de las ventanas y el porche porticado evocan la arquitectura mediterránea.

⑧ **Breakwater** *(1939)*
Este hotel de Anton Skislewicz es un clásico del streamline moderne, *como demuestran sus franjas de colores y su asombrosa torre central. También posee uno de los mejores interiores de Ocean Drive.*

⑨ **Edison** *(1935)*
Sirvió a Hohauser (ver p. 60) *para experimentar con el estilo mediterráneo, aunque ya se le había adelantado el arquitecto del Adrian.*

El cartel del hotel Leslie es igual de sencillo que el edificio, a diferencia del colindante Carlyle.

Las cubiertas planas, generalizadas en Ocean Drive, quedan rotas a veces por una torre u otro elemento vertical.

Ventanas de esquina

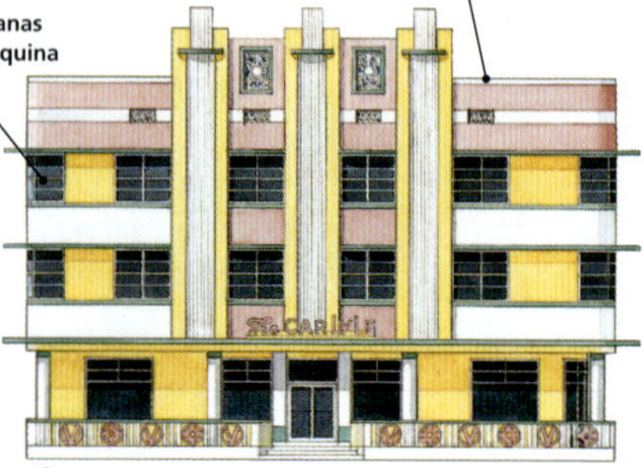

⑫ **Leslie** *(1937)*
El color amarillo que decora este clásico hotel art déco *es típico de las combinaciones cromáticas de moda en Ocean Drive* (ver p. 66).

⑬ **Carlyle** *(1941)*
Con tres plantas y tres columnas verticales, el Carlyle hace suyas las divisiones del art déco *clásico. La mayoría de los hoteles de Ocean Drive son de tres pisos.*

La salamandra de estuco situada sobre la puerta principal del Abbey Hotel, en la calle 21, da un toque de color a la fachada del edificio.

LA CONSERVACIÓN DE SOUTH BEACH

La campaña para preservar la arquitectura *art déco* de South Beach se inició en 1976, cuando Barbara Capitman (1920-1990) fundó la Miami Design Preservation League, en un momento en que la mayor parte de la zona estaba destinada a desaparecer por diversos motivos. Tres años después, unos 2,5 km² de South Beach se convirtieron en el primer lugar construido en el siglo XX que fue declarado monumento histórico de EE UU. La campaña por la conservación del patrimonio sigue hoy vigente.

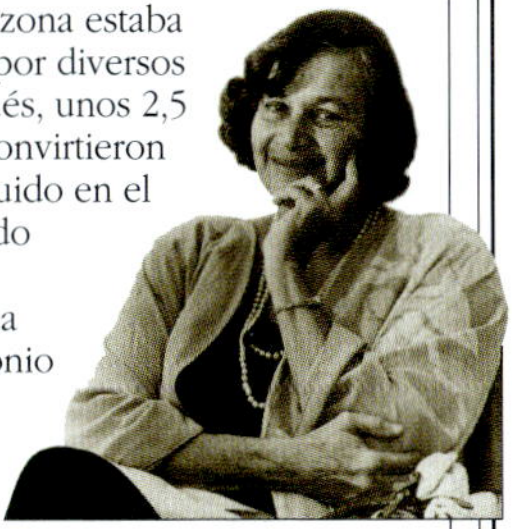

Barbara Capitman en 1981

Las acanaladuras verticales son frecuentes en Ocean Drive.

Las cejas proporcionan sombra a las ventanas.

⑩ **Clevelander** *(1938)*
Albert Anis empleó materiales del art déco *clásico en el bar de este hotel, hoy uno de los principales locales nocturnos.*

Tejas de terracota

El hormigón armado era el material más utilizado en Ocean Drive, donde las paredes solían recubrirse de estuco.

La terraza es un requisito ineludible en la mayoría de los hoteles de Ocean Drive.

⑪ **Adrian***(1934)*
Sus pálidos colores y su inspiración mediterránea logran que el Adrian destaque entre los edificios colindantes.

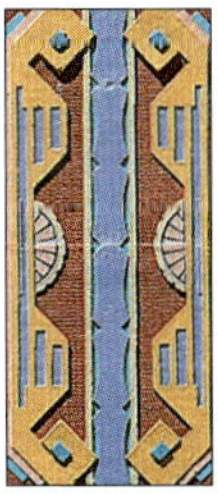

El friso recuerda los diseños abstractos de los aztecas.

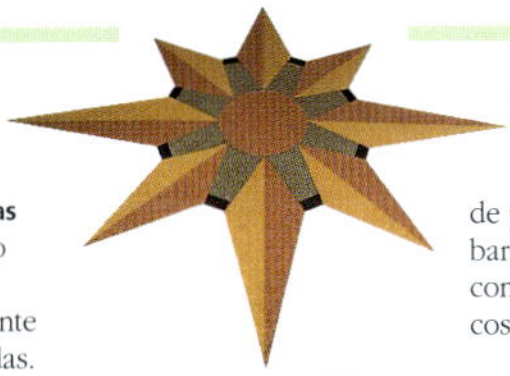

El suelo de terrazo del bar es una mezcla de argamasa y esquirlas de piedra, una versión barata del mármol, que confiere elegancia con un coste mínimo.

Las esquinas del edificio aparecen estéticamente redondeadas.

⑭ **Cardozo** *(1939)*
Este hotel de la última época de Hohauser es una obra de arte del streamline*, donde los detalles del* art déco *tradicional son sustituidos por laterales curvos y otras expresiones de la modernidad.*

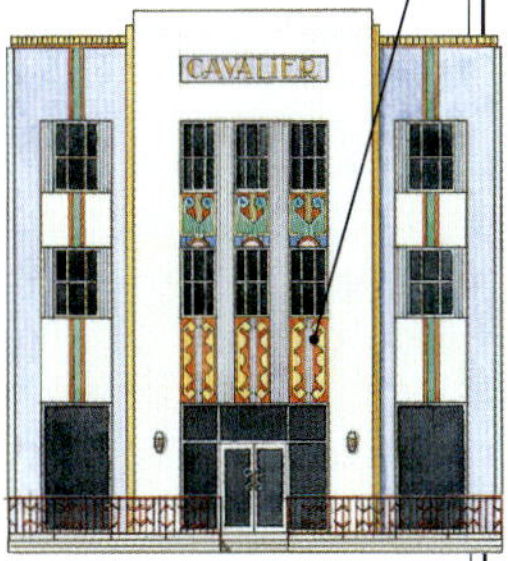

⑮ **Cavalier** *(1936)*
Las esquinas angulosas de este hotel art déco *contrastan con las líneas más modernas del vecino Cardozo.*

South Beach en 3 dimensiones

Detalle del Netherlands Hotel

El barrio *art déco* de South Beach, situado entre las calles 6 y 23, entre Lenox Avenue y Ocean Drive, lleva atrayendo a innumerables visitantes desde la década de 1980. Gracias al interés mostrado por celebridades como Gloria Estefan o Michael Caine, esta zona se ha convertido en uno de los lugares más de moda de Estados Unidos. Para muchas personas, los edificios *art déco* no son más que el telón de fondo de un barrio hedonista, donde los días son para dormir, estar en la playa o acudir al gimnasio, y las noches para bailar hasta altas horas de la madrugada. Sean sus pasiones sociales o culturales, podrá disfrutar de esta ruta tanto de día como de noche, cuando las luces de neón avivan el ambiente.

El Old City Hall, edificio de estilo mediterráneo de los años 20, dejó de albergar el Ayuntamiento en 1977, aunque continúa siendo uno de los puntos de referencia de South Beach al destacar sobre los edificios colindantes.

Wolfsonian Museum-FIU
Con un asombroso relieve barroco sobre la puerta principal, la fundación Wolfsonian alberga una excelente colección de obras artísticas y artes decorativas ❺

El Essex House Hotel de Henry Hohauser *(ver p. 60)* posee rasgos típicos del *art déco,* como las esquinas redondeadas de la puerta de entrada.

El News Café, uno de los preferidos de los habitantes de South Beach *(ver p. 356),* abre las 24 horas y siempre está animado. Su terraza lo hace perfecto para observar a los transeúntes.

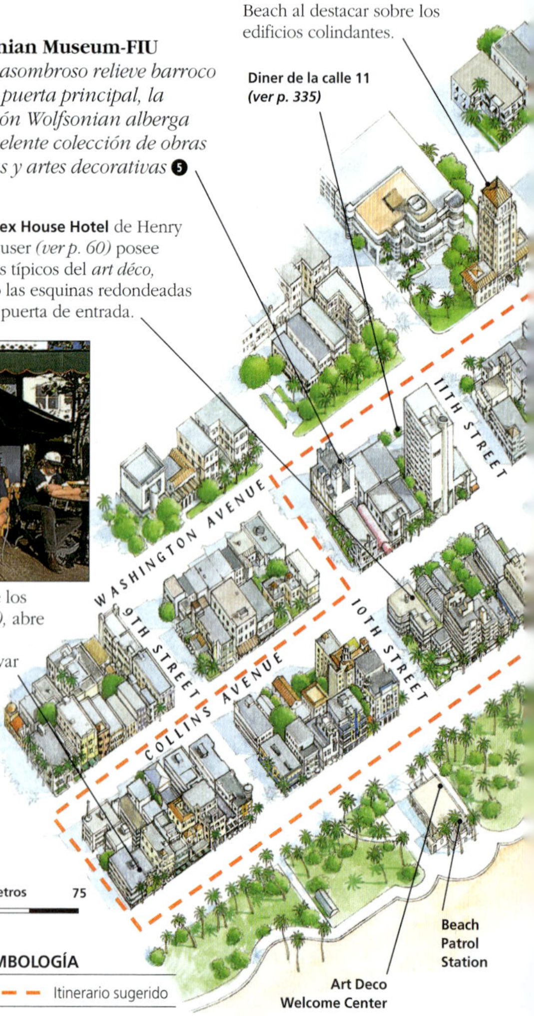

0 metros 75

SIMBOLOGÍA

– – – Itinerario sugerido

RECORRIDOS 'ART DÉCO'

Miami Design Preservation League organiza paseos a pie, que parten del Art Deco Welcome Center (1001 Ocean Drive), miércoles, viernes, sábado y domingo a las 10.30; jueves a las 18.30. Hay visitas con audioguía todos los días. Además, ofrece el "Fin de semana del art déco" (ver p. 37). *Para más información, llame al Art Deco Welcome Center: (305) 531-3484.*

★ Bares y discotecas
La visita a South Beach no será completa hasta que no entre en uno de sus bares o discotecas de moda, como el Marlin Hotel, en Collins Avenue.

PLANO DE SITUACIÓN
Ver Callejero, plano 2

★ Ocean Drive
Ocean Drive es la principal atracción de South Beach por sus numerosos hoteles elegantes y por el animado desfile de patinadores y demás transeúntes que salen para ser vistos ❶

El Netherlands Hotel (1935), en el extremo más tranquilo de Ocean Drive, posee bellos estucos llenos de color. Es hoy un condominio.

El Cardozo Hotel, uno de los máximos exponentes del *art déco* de Ocean Drive, marcó el comienzo del resurgimiento de South Beach cuando volvió a abrir sus puertas en 1982.

Amsterdam Palace, conocida como Casa Casuarina, es una curiosa mansión privada de Ocean Drive *(ver p. 66).*

Lummus Park

★ La playa
La arena se extiende durante más de 16 km de costa, y el ambiente cambia en función de la zona, siendo el tramo de South Beach el punto más animado ❷

RECOMENDAMOS

★ Bares y discotecas

★ Ocean Drive

★ La playa

South Beach

Ocean Drive posee los edificios *art déco* más conocidos de South Beach, pero en las avenidas Collins y Washington también podrá descubrir auténticas maravillas, al igual que en Lenox Avenue, donde encontrará puertas de cristal grabadas con flamencos y otros detalles art *déco*.

Lo mejor es explorar la zona a pie, pues resulta difícil aparcar. Si no desea andar, siga el ejemplo local y alquile unos patines o una bicicleta.

El Amsterdam Palace, un edificio de Ocean Drive que no es *art déco*

Ocean Drive ❶

Plano 2 F3, F4. *M, S, C, H, G, L, F, M, Night Owl, Airport Owl.* *1001 Ocean Drive, (305) 672-2014; Art Deco Welcome Center, (305) 531-3484.* **www**.mdpl.org

Sin lugar a dudas, lo mejor de Ocean Drive es sentarse un rato en uno de los bares o cafés que dan al mar y observar la constante procesión de cuerpos esculpidos y atuendos vanguardistas; los policías patrullan en bicicleta de montaña vestidos con pantalones de ciclista. Sin embargo, basta con darse un paseo para apreciar los mejores exponentes del diseño *art déco*.

Uno de los edificios donde no se puede entrar, situado en el nº 1114, es el Amsterdam Palace, construido en 1930 y adquirido en 1993 por el fallecido diseñador Gianni Versace por la cifra de 3,7 millones de dólares. Cerca de allí, detrás del Art Deco Welcome Center, se alza la Beach Patrol Station, un clásico del estilo *nautical moderne (ver p. 61)*, con sus barandillas de cubierta de barco y sus ojos de buey, que continúa albergando la sede de los socorristas de la localidad.

Al sur de la calle 6 no hay mucho que ver, pero desde South Pointe Park a veces se obtiene una visión de los cruceros que entran en Government Cut *(ver p. 75)*.

La playa ❷

Plano 2. *M, S, C, H, G, L, W, Night Owl, Airport Owl, FM.*

Gran parte de la arena que rodea Miami Beach fue importada hace varias décadas y continúa siendo repuesta para contrarrestar los efectos del mar. Aún así, en temporada alta esta playa se convierte en un hervidero de gente.

Hasta la calle 5, la zona está rebosante de surfistas. El resto del inmenso arenal es una prolongación de South Beach por el colorido de los puestos de socorro y los numerosos bañistas que acuden a ser vistos. A lo largo de este tramo discurre Lummus Park, donde aún encontrará ancianos judíos charlando en *yiddish*.

Puesto de socorro en South Beach, cuyos colores y estilo son una continuación de Ocean Drive

Jewish Museum of Florida ❸

301 Washington Ave. **Plano** 2 E4. ***Tel*** *(305) 672-5044.* *W, M, H.* *10.00-17.00 ma-do.* *festivos judíos.*
www.jewishmuseum.com

Este museo ocupa la primera sinagoga, que se construyó en Miami Beach en 1936. Cuando los primeros grupos de judíos llegaron en la década de 1930 se encontraron con un fuerte antisemitismo; los hoteles colgaban carteles como "Prohibida la entrada a judíos y perros". Sin embargo, esta comunidad es hoy una parte fundamental, del vecindario de Miami Beach.

La sinagoga volvió a abrir sus puertas en 1995 como museo y centro de investigación de la vida judía en Florida. Este edificio *art déco* es casi tan memorable como las exposiciones que alberga.

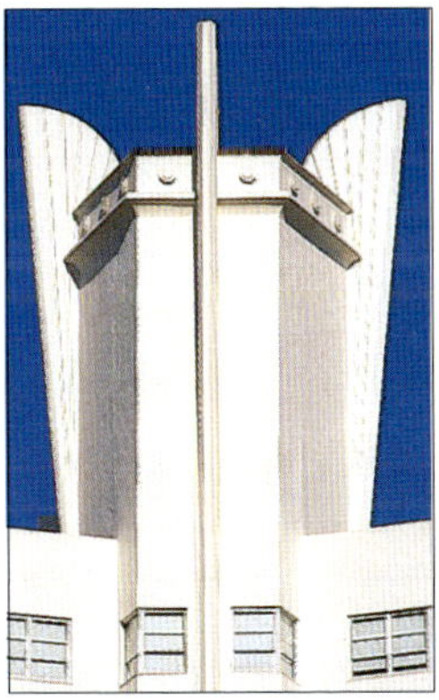

La inconfundible torre del hotel Delano, en Collins Avenue

Collins y Washington Avenues ❹

Plano 2. *W, K, C, H, M, S, G, L, F M, Night Owl.* *1920 Meridian Avenue (Miami Beach Visitor Center) (305) 672-1270.*
www.miamibeachchamber.com

Estas avenidas están mucho menos cuidadas que Ocean Drive: las tiendas venden ropa original y hacen tatuajes, y el sabor es, en general, más hispano. Sin embargo, aquí están algunas de las mejores discotecas de South Beach *(ver p. 97)* y son abundantes las construcciones *art déco* que merece la pena ver. El Marlin Hotel, en 1200 Collins Avenue, es uno de los mejores ejemplos del estilo *streamline* de la zona. Ha sido remodelado por Christopher Blackwell, fundador de Island Records y propietario de varios de los más famosos edificios de Ocean Drive. Detrás, en 1300 Washington Avenue, está la Oficina de Correos de Miami Beach, una de las creaciones más puramente déco de South Beach; en el interior, un mural muestra la llegada de Ponce de León *(ver p. 42)* y su batalla con los aborígenes.

Más al norte de Collins Avenue, pasada Lincoln Road, los edificios son interesantes pero no muy llamativos. Los altísimos hoteles de los años 40, como el Delano y el Ritz Plaza, todavía presentan rasgos *art déco*, especialmente en sus torres, inspiradas en las fantasías futuristas de cómics como *Flash Gordon*. Merece la pena ver el sorprendente interior del lujoso Delano Hotel *(ver p. 312)*, con sus cortinajes blancos y su mobiliario original de Gaudí y Dalí.

Wolfsonian Museum – Florida International University ❺

1001 Washington Ave.
Plano 2 E3. ***Tel*** *(305) 531-1001.* *C, H, K, W.* *12.00–18.00 sá-ma, 12.00-21.00 ju-vi.* *mi.* **www**.wolfsonian.org

Este sólido edificio de los años 20 *(ver p. 64)* fue sede de la Washington Storage Company, donde los ricos de Miami guardaban sus objetos de valor cuando viajaban al norte. Ahora alberga una excelente colección de obras artísticas y decorativas norteamericanas y europeas del periodo 1885-1945. Entre los 80.000 objetos que muestra se encuentran muebles, carteles y esculturas. Las exposiciones se centran en la significación social, política y estética del diseño.

Tetera eléctrica (1909) de la fundación Wolfsonian

CAMBIO DE COLORES EN SOUTH BEACH

Los edificios *art déco* originales eran muy sencillos, normalmente blancos, con tan sólo los remates pintados en colores vivos; la pintura jamás llegaba a la parte posterior de los edificios, pues los presupuestos de los años 30 sólo alcanzaban para decorar la fachada. En los 80, el diseñador Leonard Horowitz creó el *déco dazzle* al cubrir de color unos 150 edificios. Los puristas se escandalizaron ante esta reinvención del aspecto de South Beach, pero sus defensores aducen que los detalles *art déco* resaltan ahora más que antes.

Retoque cromático del hotel Cardozo, en Ocean Drive

Española Way, una calle comercial de estilo mediterráneo

Española Way ❻

Plano 2 E2. 🚌 *C, K, H, Night Owl.*

Entre las avenidas Washington y Drexel se alza este bello enclave de edificios de estilo mediterráneo, donde los arcos, capiteles y balcones adornan las fachadas de estuco de color salmón. Construido en 1922-1925, se dice que en él se inspiró Addison Mizner para diseñar la Worth Avenue de Palm Beach *(ver pp. 118-119).*

Española Way fue concebida como una colonia para artistas, pero se convirtió en un barrio de mala fama. No obstante, durante las dos últimas décadas, la concepción inicial ha resucitado en sus numerosas boutiques y excéntricas galerías de arte *(ver p. 95).*

Lincoln Road Mall ❼

Plano 2 E2. 🚌 *C, K, H, W, M, S, G, L, Night Owl.* **Art Center South Florida** *800 Lincoln Road Mall.* ***Tel*** *(305) 538-7887.* 🕐 *11.00-22.00 lu-mi, 11.00-23.00 ju-do.* ● *Día de Acción de Gracias, 25 dic, 1 ene.* ♿

La que en la actualidad es la esquina cultural más prometedora de South Beach ha tenido una historia repleta de altibajos. Cuando Carl Fisher *(ver p. 59)* la proyectó en los años 20, la ideó como la "Quinta Avenida del sur"; de hecho, sus tiendas se convirtieron en el centro de la moda. Cuatro décadas después, Morris Lapidus (diseñador del hotel Fontainebleau) convirtió la calle en uno de los primeros centros comerciales peatonales del país, lo que no evitó el declive de Lincoln Road en la década de 1960.

El resurgimiento de la calle se inició en 1984 con la construcción del Art Center South Florida. Además de otras galerías independientes *(ver p. 95)*, entre las avenidas Lenox y Meridian hay tres zonas de exposiciones y unos doce estudios que cumplen una doble función como lugares de trabajo y puntos de venta. Puede que para muchos el arte sea demasiado experimental para el entorno.

Las galerías suelen abrir por las tardes, momento en que el centro comercial se anima con los espectadores que acuden a los restaurados teatros *art déco* Lincoln y Colony *(ver p. 96).*

Quienes buscan una alternativa menos concurrida a Ocean Drive pueden dejarse caer por los restaurantes y cafés de moda, como el Van Dyke del nº 846, respuesta de Lincoln Road al News Café *(ver p. 64)* y el Sterling Building del nº 927, de estilo *streamline moderne*.

Terraza del Van Dyke Café, en Lincoln Road Mall

Holocaust Memorial ❽

1933–45 Meridian Ave. **Plano** 2 E1. ***Tel*** *(305) 538-1663.* 🚌 *A, FM, G, L, W.* 🕐 *9.00-21.00 todos los días.* ♿

Miami Beach cuenta con una de las mayores poblaciones del mundo de supervivientes del holocausto, de ahí lo apropiado del monumento conmemorativo de Kenneth Treister, terminado en 1990. La pieza central es una enorme mano de bronce extendida hacia el cielo, que representa el último grito de socorro de un moribundo. Lleva grabado un número de Auschwitz y está cubierta por casi 100 estatuas de bronce, de tamaño real, que representan a hombres, mujeres y niños embargados por el dolor. A su alrededor discurre una galería revestida en su interior con el nombre de los campos de concentración europeos, una representación pictórica del holocausto y un muro con los nombres de miles de víctimas grabados.

Holocaust Memorial

Coronación de la Virgen (c.1492), de Domenico Ghirlandaio

Bass Museum of Art ⑨

2121 Park Ave. **Plano** 2 F1. ***Tel*** *(305) 673-7530. M, S, C, H, G, L. 11.00-17.00 ma-sá (hasta 21.00 2° ju de cada mes), 13.00-17.00 do. festivos. gratis 2° ju de cada mes.* **www**.bassmuseum.org

Este edificio *art déco* de influencia maya fue construido en 1930 para albergar la librería municipal y un centro artístico. Su condición de museo la adquirió en 1964, cuando los filántropos John y Johanna Bass donaron su colección de arte, compuesta principalmente por pinturas, esculturas y tapices europeos datados entre los siglos XV-XVII.

El interior del museo lo comparten las obras permanentes y las exposiciones temporales. Destacan las obras renacentistas las pinturas de las escuelas del norte de Europa, con obras pictóricas de Rubens, y los tapices flamencos del siglo XVI.

REPORTAJES DE MODA EN MIAMI BEACH

Gracias a su combinación de edificios *art déco*, palmeras, playas y buen clima, South Beach es uno de los lugares más fotografiados del mundo en los reportajes del ámbito de la moda. En South Beach viven unas 1.500 modelos, sin contar las miles que acuden en tropel durante la temporada para lucir su palmito por los bares y la playa en busca de un contrato. La temporada va de octubre a marzo, cuando en Europa y el norte de América el tiempo no acompaña para las tomas de exteriores.

Paseando por SoBe a primeras horas de la mañana es imposible no ver a los equipos de directores, fotógrafos, maquilladoras y ayudantes y, por supuesto, a las modelos. En Ocean Drive puede encontrarse con un equipo de fotógrafos incluso en las tranquilas calles secundarias.

Un fotógrafo fotografía a una modelo en Miami Beach

Central Miami Beach ⑩

Plano 2 F1. *C, M, T, J, 6Z, S, H, G, L, Night Owl, Airport Owl.*

La zona de Miami Beach situada al norte de la calle 23, denominada a veces Central Miami Beach, es en general poco atractiva, y sus interminables rascacielos de apartamentos de los años 50 y 60 separan el Atlántico de la bulliciosa Collins Avenue.

El paseo marítimo comprendido entre las calles 23 y 46 recorre una estrecha playa frecuentada principalmente por familias.

El lugar más interesante de la zona es el **hotel Fontainebleau.** Ha tenido famosos clientes como Frank Sinatra, Elvis Presley, Bob Hope, Sammy Davis Jr. y Lucille Ball. Actualmente sigue siendo uno de los mejores lugares de Central Miami Beach para celebraciones.

Este curvilíneo hotel, terminado en 1954, fue, al parecer, todo lo que el arquitecto Morris Lapidus (1902-2001) logró aproximarse a los deseos de su cliente, que quería un edificio al estilo de los *château* franceses. Su anticuada grandeza aún impresiona, en particular el vestíbulo, con la firma de Lapidus sobre las baldosas, y la piscina, decorada con una cascada. En los años 60, el hotel sirvió de escenario para la película de James Bond *Goldfinger*.

Desde el Bayside Marketplace *(ver p. 74)* parte un recorrido marítimo en distintas embarcaciones de crucero por las mansiones de residentes millonarios de la bahía Biscayne *(ver p. 73)*. Sin embargo, no hay taxis acuáticos en Miami ni en Miami Beach.

Vista del hotel Fontainebleau, en Central Miami Beach

Occidental
Plaza

EL CENTRO Y LITTLE HAVANA

Cuando, en 1896, la construcción del ferrocarril de la costa oriental desató el desarrollo urbanístico de Miami, la ciudad primitiva se concentraba en 2,5 km² a orillas del río Miami, sede del actual centro urbano. Los ricos industriales del norte de EE UU abrieron bancos y edificaron mansiones de invierno a lo largo de Brickell Avenue, actual eje del distrito financiero de Miami, que se vio espoleado por el auge de la banca en los años 80. Los rascacielos futuristas del centro demuestran que la ciudad es uno de los principales centros financieros y comerciales del mundo.

Sello de latón del Estado

Hasta después de la II Guerra Mundial, Miami era poco más que una población turística. En gran medida, lo que la convirtió en una metrópoli fue la llegada de los exiliados cubanos desde 1959 en adelante *(ver p. 52)*. Los efectos de esa afluencia resultan especialmente patentes en las calles del centro y de Little Havana, al otro lado del río. La cháchara, los rostros, los carteles de las tiendas y la comida hacen que estos barrios se asemejen más a una ciudad hispana con sabor norteamericano que al revés.

En el centro se encuentra el Miami-Dade Cultural Center, sede de uno de los mejores museos históricos de Florida, pero el gran atractivo para los turistas es el centro comercial y de ocio Bayside Marketplace, que constituye también el punto de partida de las travesías por la bahía Biscayne.

LUGARES DE INTERÉS

Museos y galerías
Miami-Dade Cultural Center ❷

Edificios históricos
US Federal Courthouse ❶

Arquitectura moderna
Brickell Avenue ❺

Barrios
Little Havana ❻

Tiendas y restaurantes
Bayside Marketplace ❸

Paseos en barco
Excursiones en barco por Biscayne Bay ❹

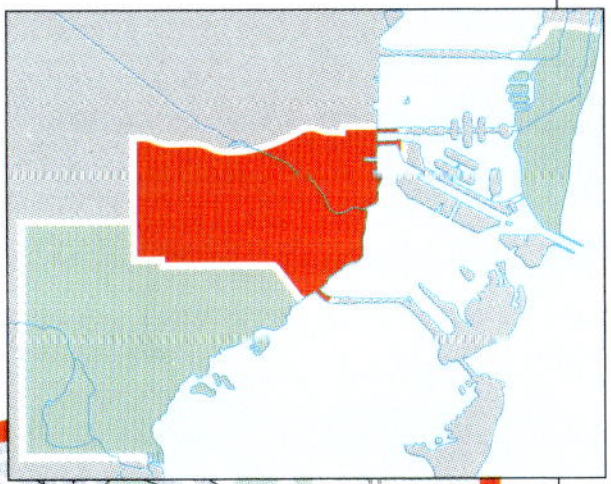

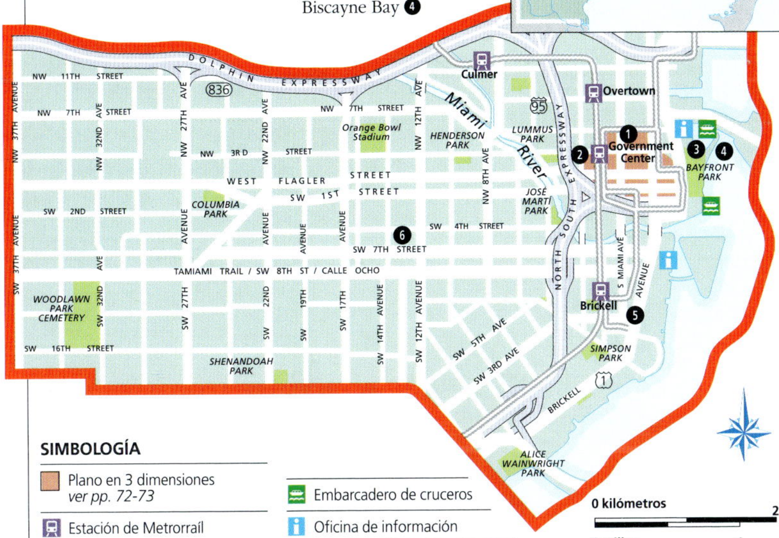

SIMBOLOGÍA

- Plano en 3 dimensiones *ver pp. 72-73*
- Estación de Metrorraíl
- Embarcadero de cruceros
- Oficina de información

◁ **Formidable edificio del Bank of America sobre el río Miami, en el centro**

El centro en 3 dimensiones

El perfil urbano del centro es sublime. Se ve mejor desde la lejanía, especialmente por la noche, pero su arquitectura también se puede disfrutar de cerca. La vía elevada del Metromover ofrece una buena visión de los edificios, aunque explorar el barrio a pie permite curiosear los bellos interiores de algunos edificios públicos.

La zona comercial sorprende por la total ausencia de productos de lujo y la abundancia de tiendas baratas. Pero en las calles reina la animación; la especialidad de los bares es el café cubano y los vendedores ambulantes ofrecen naranjas recién peladas al estilo caribeño. Flagler Street, la principal arteria del centro, es el sitio ideal para conocer el bullicio hispano, aunque de noche puede resultar peligroso.

El perfil urbano del centro es un homenaje al *boom* de la banca en los años 80. Desde MacArthur Causeway se obtiene una vista excelente.

US Federal Courthouse
Detalle de un mural del interior del edificio, que representa la transformación de Miami en una ciudad moderna ❶

El Dade County Courthouse posee un impresionante vestíbulo; en el mosaico del techo aparece esta reproducción de la primera versión del sello del Estado de Florida.

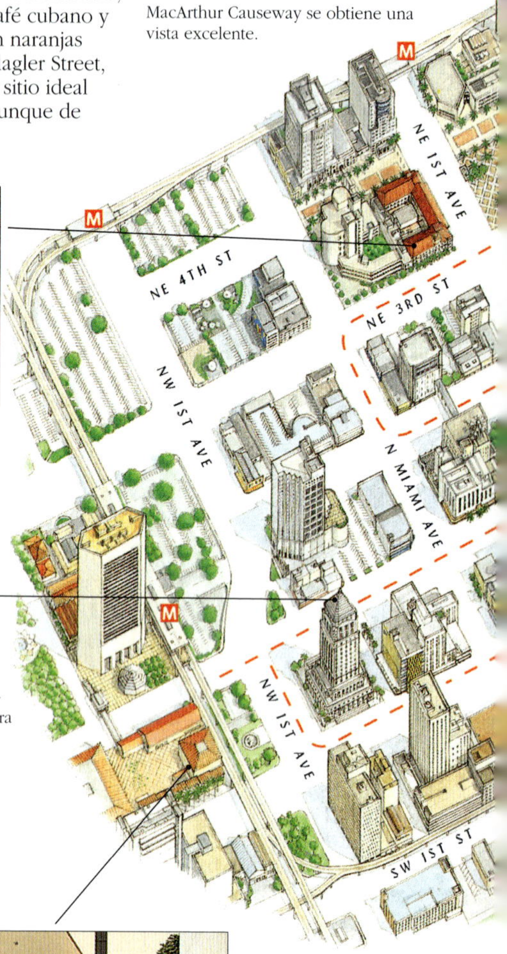

0 metros 150

SIMBOLOGÍA

– – – Itinerario sugerido

RECOMENDAMOS

★ Miami-Dade Cultural Center

★ Bank of America Tower

★ Miami-Dade Cultural Center
Este vasto complejo, con un patio central y fuentes de estilo mediterráneo, contiene el único museo del centro de Miami ❷

Gesu Church, sede de la parroquia católica más antigua de Miami, fue construida en 1922. Destaca por sus vidrieras, fabricadas en Múnich (Alemania).

PLANO DE SITUACIÓN

Ver Callejero, plano 4

El edificio Alfred I DuPont (1938), sede del Florida National Bank, conserva muchos elementos originales, entre ellos las bellas puertas de latón de los ascensores, decoradas con palmeras y flamencos.

El Ingraham Building (1927) mezcla los estilos neoclásico y neorrenacentista. El techo del vestíbulo, profusamente decorado con pan de oro, contiene una insignia del edificio grabada en latón.

★ Bank of America

El rascacielos más llamativo de la ciudad es famoso por su iluminación nocturna. Construido en 1983, este edificio de oficinas se llamó originalmente Centrust Tower, pero ahora recibe el nombre de su principal inquilino.

El Metromover, inaugurado en 1986, es un vehículo sin conductor que recorre un trayecto circular de 4 km por el centro de Miami *(ver p. 394)*. Aunque la visión general que ofrecen los 10 minutos de trayecto es rápida, merece la pena montar en él.

El centro

Dos grandiosos edificios de principios del siglo XX evocan con nitidez la confianza de los años de auge económico. Los estilos de moda eran el mediterráneo y el neoclásico. Un buen ejemplo de este último es la Freedom Tower (1925) de Biscayne Boulevard, inspirada en la Giralda de Sevilla. Originariamente sede del desaparecido periódico *Miami News,* cambió de función y de nombre en los años 60 al convertirse en centro de acogida de los cubanos que huían de la revolución castrista *(ver p. 52).*

La zona centro acoge algunos edificios *art déco,* como los almacenes Macy's (formalmente Burdines), en Flagler Street *(ver p. 94).*

Freedom Tower (1925)

US Federal Courthouse ❶

301 N Miami Ave. **Plano** 4 E1. ***Tel*** *(305) 523-5100.* Ⓜ *Arena/State Plaza.* ◯ *8.00-17.00 lu-vi.* ● *festivos.* ♿

Este imponente edificio neoclásico de 1931 ha sido sede de numerosos y célebres juicios, entre ellos el del ex presidente panameño Manuel Noriega, celebrado en 1990. Posee un agradable patio al más puro estilo mediterráneo, pero su principal atractivo es el mural titulado *La ley guía el progreso de Florida (ver p. 72).* Situado en el segundo piso, fue diseñado por Denman Fink, famoso por su obra de Coral Gables *(ver p. 82).* Con frecuencia está prohibido el acceso del público al edificio, especialmente durante los casos importantes.

Miami-Dade Cultural Center ❷

101 West Flagler St. **Plano** 4 E1. Ⓜ *Government Center.* 🚌 *todos los autobuses a Miami Av.* **Historical Museum of Southern Florida** ***Tel*** *(305) 375-1492.* ◯ *10.00-17.00 lu-mi, vi, sá y 12.00-17.00 do.* ♿ **www**.historical-museum.org **Miami Art Museum** ***Tel*** *(305) 375-3000.* ◯ *10.00-17.00 ma-vi (hasta 21.00 el 3er ju de mes), 12.00-17.00 sá y do.* *gratis para familias el 2° sá de mes.* ♿ **www**.miamiartmuseum.org

Diseñado por Philip Johnson en 1982, el Miami-Dade Cultural Center es galería de arte, museo y librería en uno.

El Historical Museum of Southern Florida se centra en el Miami anterior a 1945. Contiene murales informativos sobre la colonización española y la cultura seminola, pero lo que realmente da vida a la historia de Miami son las fotografías antiguas, que captan desde las dificultades atravesadas por los primeros colonos hasta la diversión y los juegos de los locos años 20.

Bañistas en el Miami de los años veinte, en el Museo Histórico

El Miami Art Museum of Dade County, situado frente al Museo Histórico, expone arte norteamericano posterior a 1945.

Bayside Marketplace ❸

401 Biscayne Blvd. **Plano** 4 F1. ***Tel*** *(305) 577-3344.* Ⓜ *Bayside.* 🚌 *16, 3, C 95, BM, S, FM, Night Owl.* ◯ *10.00-22.00 lu-ju, 10.00-23.00 vi y sá, 11.00-21.00 do.* ● *Día de Acción de Gracias, 25 dic.* ♿

El lugar del centro más visitado por los turistas, Bayside Marketplace, es un complejo lleno de animación. Bordea Miamarina, un puerto con infinidad de barcos amarrados, de donde parten las excursiones por la bahía Biscayne.

Con sus numerosos bares y restaurantes –entre ellos, el sorprendente Hard Rock Café de cuyo tejado emerge una guitarra–, Bayside constituye un buen lugar para comer y comprar. La zona de restaurantes del primer piso no ofrece alta cocina, pero resulta cómoda para tomar algo sobre la marcha. En el patio delantero, junto al puerto, con frecuencia actúa una orquesta.

El vecino Bayfront Park presenta en su parte central la Antorcha de la Amistad –que conmemora al presidente John F. Kennedy– rodeada por los escudos de armas de los países de Centroamérica y Suramérica; una placa de la comunidad de exiliados cubanos de la ciudad agradece a los Estados Unidos su acogida.

Barcos atracados en Miamarina, ante el Bayside Marketplace

Excursiones en barco por Biscayne Bay ❹

Bayside Marketplace. **Plano** 4 F1. Ⓜ *College/Bayside.* 🚌 *16, 3, C, 95, BM, S, FM, Night Owl.* **Island Queen Cruises** *y* **Gondola Tours** *(305) 379-5119.* **Floridian Cruises** *(305) 445-8456.* **Duck Tours** *(786) 276-8300.*

La bahía Biscayne, entre el centro y Miami Beach, alberga el puerto de cruceros más concurrido del mundo y un reducido número de exclusivas urbanizaciones particulares. Aunque la velocidad con que se circula por MacArthur Causeway sólo permite echar una rápida ojeada a la zona, los cruceros que parten de Bayside Marketplace permiten disfrutar más y mejor de la vista. Las excursio-es por las mansiones de los ricos y famosos, que ofrecen Island Queen Cruises y otras empresas, tienen salidas programadas durante todo el día, y duran unos 90 minutos.

El puerto, situado en las islas Dodge y Lummus, ingresa más de 5.000 millones de dólares anuales en la economía local y por él pasan todos los años más de tres millones de pasajeros.

Cerca del extremo oriental de MacArthur Causeway, los barcos pasan junto a la flota de lanchas rápidas de la guardia costera de EE UU. Enfrente se alza Fisher Island, una isla separada de South Beach por Government Cut, un profundo canal de agua dragado en 1905. Esta isla, la playa de los negros en la década de 1920, paradójicamente se ha convertido en un exclusivo enclave residencial cuyas viviendas rara vez cuestan menos de 500.000 dólares. La travesía continúa hacia el norte, bordeando las islas Star, Palm e Hibiscus.

Cartel de barco turístico de Biscayne

Tras la frondosa vegetación tropical se ocultan mansiones de todos los estilos arquitectónicos imaginables, entre ellas las antiguas casas de Frank Sinatra y Al Capone, así como las actuales moradas de celebridades como Gloria Estefan y Julio Iglesias.

Bayside Marketplace es el punto de partida de cruceros nocturnos, excursiones de pesca en alta mar e, incluso, paseos en góndola. Un recorrido recomendado es el que realiza Duck Tours en un barco que sale, varias veces al día, de South Beach y recorre Biscayne Bay para admirar las mansiones.

El Atlantis, el edificio más famoso de Brickell Avenue

Una de las lujosas mansiones que se ven desde la bahía Biscayne

Brickell Avenue ❺

Plano 4 E2– E4. Ⓜ *varias estaciones.* 🚉 *Metrorail (Brickell).* 🚌 *95, B, 48, 24, BS.* ℹ *Greater Miami Beaches Convention and Visitors Bureau, 701 Brickell Ave, Suite 2700, (305) 539-3000.* **www**.miamiandbeaches.com

A principios del siglo XX, la edificación de mansiones palaciegas a lo largo de sus aceras le valió a Brickell Avenue el nombre de "la calle de los millonarios". Hoy en día, su tramo septentrional es la versión de la neoyorquina Wall Street en Miami, por los numerosos bancos internacionales cuyos relucientes edificios de cristal reflejan la imagen de los inmuebles contiguos y el azul del cielo. Al sur de la curva que traza Brickell a la altura de Southwest 15th Road comienza el conjunto de increíbles viviendas que se vislumbra en los títulos de crédito iniciales de la serie televisiva *Corrupción en Miami*. Los edificios, creados a principios de la década de 1980 por un iconoclasta estudio de arquitectura llamado Arquitectonica, quizás ya no estén de moda, pero siguen resultando impresionantes.

El más notable, el Atlantis (en el n° 2025) contiene una palmera y un *jacuzzi*. Arquitectonica también diseñó el Palace, en el n° 1541, y el Imperial, en el n 1627. Descritas como "arquitectura para ver a 90 km/h", estas exclusivas residencias fueron diseñadas para ser admiradas desde lejos.

Little Havana 6

Plano 3 C2. 🚌 *8 desde el centro, 17, 12 y 6.* **El Crédito Cigar Factory** 1106 SW 8th St. ***Tel*** *(305) 858-4162.* ◯ *8.00-18.00 lu-vi, 8.00-16.00 sá.* ● *festivos.* **El Águila Vidente** 1122 SW 8th St. **Plano** 3 C2. ***Tel*** *(305) 854-4086.* ◯ *10.30-17.30 lu-sá.* ● *do y festivos.*

Aunque los cubanos habitan en diferentes partes de la ciudad, son los 9 km^2 de Little Havana los que constituyen su hogar de adopción desde que comenzaron a salir de su país en la década de 1960 *(ver p. 52)*. En este barrio también se han instalado ya otros grupos de hispanos.

Lo mejor de Little Havana es pasear por sus calles para empaparse del bullicioso ambiente de la vida cotidiana. De todas las tiendas brotan ritmos de salsa, algunos carteles abogan por la lucha armada contra Castro, en las bodegas se preparan especialidades cubanas como los *moros y cristianos (ver p. 334)*, mientras que los ancianos beben de un trago tacitas de café cubano.

La principal arteria comercial de Little Havana, y su corazón sentimental, es la Southwest 8th Street, más conocida como la calle Ocho. Su tramo más animado, entre las avenidas 11 y 17, se disfruta mejor recorriéndolo a pie, pero otros lugares de interés resultan más fáciles de explorar en coche.

Cerca de la confluencia entre la calle Ocho y la 11ª Avenida se alza la fábrica de puros **El Crédito Cigar Factory,** fundada en La Habana en 1907 y trasladada a Miami en 1968, donde le invitarán a observar a los empleados liando los cigarros. Las hojas se cultivan en la República Dominicana con semillas de tabaco cubano, el mejor del mundo. Esta fábrica tiene venta al público y ofrece gran variedad de puros *(ver p. 95)*.

Muy próximo a El Crédito se halla **El Águila Vidente,** una tienda especializada en objetos de rituales afrocubanos y de santería. Se venden hierbas, pociones y figuras de santos.

Al sur de la calle Ocho, la Southwest 13th Avenue se denomina **Cuban Memorial Boulevard** y es el corazón nacionalista del barrio.

Camarera del Versailles

La llama eterna del Brigade 2506 Memorial recuerda a los caídos en la invasión de bahía de Cochinos en 1961, promovida por EE UU. Todos los años, los cubanos se reúnen aquí para rememorar el desastroso intento de derrocar el régimen castrista. Más allá, otros monumentos recuerdan a los héroes Antonio Maceo y José Martí, que lucharon por la independencia de su país a principios del siglo XIX *(ver pp. 48-49)*. A lo largo de la calle Ocho, entre las avenidas 12 y 17, unas estrellas grabadas en la acera rinden homenaje a otros personajes populares entre los hispanos, como Julio Iglesias y Gloria Estefan, en remedo del Paseo de la Fama de Hollywood.

Cubanos jugando al dominó en Máximo Gómez Park

La llama perenne conmemora la invasión de bahía de Cochinos

En la esquina de la 15ª Avenida, los cubanos de más edad juegan al dominó en el diminuto **Máximo Gómez Park.** Los jugadores pueden ser expulsados por escupir, gritar o emplear palabras malsonantes.

Al norte de la calle Ocho, en la esquina de West Flagler Street y Southwest 17th Avenue, la **plaza de la Cubanidad** exhibe un mapa de Cuba esculpido en bronce; al lado, las enigmáticas palabras de José Martí: "Las palmeras son novias que esperan". Detrás, el ondear de banderas y estandartes anuncia la sede del Alpha 66, el grupo anticastrista más radical de Miami, cuyos militantes participan en ejercicios militares en los Everglades, aunque la mayoría sabe que nunca se volverá a producir un intento de invasión armada en Cuba.

Más hacia el oeste, en el 3260 de la calle Ocho, se encuentra el **Woodlawn Cemetery.** Pregunte por los monumentos al combatiente desconocido de la libertad cubana, en la parcela 31, bordeados de banderas cubanas y estadounidenses, o por la discreta tumba de Gerardo Machado, dictador cubano de los años 30.

Concluya el recorrido por Little Havana con un aperitivo o un almuerzo en el cercano restaurante **Versailles** *(ver p. 338)*. Siempre animado, constituye el bastión cultural y culinario de la comunidad cubana de Miami.

La comunidad cubana de Miami

Gloria Estefan

Gracias a la pasión compartida por su tierra natal y al odio común por Fidel Castro y su dictadura, la comunidad cubana de Miami se encuentra sorprendentemente unida. Los exiliados proceden de las más diversas capas sociales. Los primeros inmigrantes eran en su mayoría profesionales de raza blanca que ahora ocupan altos cargos en algunas de las grandes empresas de Miami y residen en los barrios acomodados de la ciudad. Los llamados *marielitos* pertenecían a la clase trabajadora, al igual que muchos de los que han ido llegando después. Algunos cubanos de segunda generación, como la cantante Gloria Estefan, han cosechado un gran éxito en su trabajo. Con frecuencia, estos profesionales son apodados *yucas*, que significa "jóvenes cubanoamericanos prometedores". La presencia cubana se respira en todos los estratos de la sociedad de Miami y se observa por doquier, desde la comida hasta el español que se habla en las calles.

Imágenes de la antigua Cuba
Murales como éste, que representa la turística localidad de Varadero, simbolizan la nostalgia y el amor por la patria que sienten los cubanos de todas las generaciones. Muchos esperan regresar algún día a la isla.

Movimiento político
Los cubanos de Miami siguen muy de cerca los acontecimientos de su tierra. A menudo salen a la calle para manifestarse contra el régimen castrista y protestar por la política del gobierno norteamericano.

La salsa es la música de mayor aceptación en Miami

LA CULTURA CUBANA EN MIAMI

Los cubanos han llevado a Miami su música, su religión y su forma de vida. Se declaran católicos, pero muchos se adhieren a la santería, una extraña mezcla de creencias católicas y cultos animistas introducidos en Cuba por los esclavos africanos durante el periodo colonial.

Bar de estilo cubano, donde el café, los aperitivos y la conversación se disfrutan de pie

Tienda religiosa, o *botánica*, donde se vende toda la parafernalia de la santería

CORAL GABLES Y COCONUT GROVE

Busto de bombero, Salzedo Street

Coral Gables, una de las zonas más acaudaladas de EE UU, es una auténtica población independiente dentro de Miami. Denominada la "ciudad de la belleza", muchas de sus elegantes viviendas dan a canales ocultos, donde fondean embarcaciones privadas. Las estrictas normativas exigen que las nuevas edificaciones respeten los rasgos arquitectónicos defendidos por George Merrick cuando proyectó Coral Gables en los años 20 *(ver p. 82)*. Coconut Grove es el barrio más antiguo. Los *wreckers (ver p. 303)* llegaron aquí a principios del siglo XIX, pero la zona se mantuvo poco poblada hasta finales de ese siglo, cuando Ralph Monroe *(ver p. 84)* persuadió a unos amigos para inaugurar un hotel que, atendido por nativos de las Bahamas, sería frecuentado por intelectuales. Desde entonces, el barrio ha tenido un sabor mixto, pues las distinguidas mansiones se alzan a un paso de la deprimida zona denominada "el Coconut Grove negro". La presencia de restaurantes y comercios asequibles atrae a una gran multitud por la noche y los fines de semana, lo que convierte a Coconut Grove en el barrio más animado de Miami después de South Beach.

LUGARES DE INTERÉS

Museos y galerías
Lowe Art Museum 6
Miami Museum of Science and Planetarium 11

Calles y barrios
Coconut Grove Village 7
Miracle Mile 1

Edificios históricos
Biltmore Hotel 5
Coral Gables City Hall 2
Coral Gables Merrick House 3
The Barnacle 8
Venetian Pool 4
Vizcaya, pp. 86-87 12

Iglesias
Ermita de la Caridad 10

Puertos deportivos
Dinner Key 9

◁ Torre del hotel Biltmore, de visita obligada en Coral Gables

Ruta en coche por Coral Gables

Esta ruta recorre las tranquilas calles de Coral Gables que unen los principales puntos de la ciudad proyectada por George Merrick en los años 20 *(ver pp. 82-83)*. Además de los conocidos edificios públicos como el Biltmore Hotel, este trayecto visita dos de las cuatro grandiosas entradas originales y seis de los pueblos internacionales de Merrick.

Si se aprovecha el tiempo, se pueden ver todos los lugares del recorrido en un día. Es fácil perderse: el trazado de Coral Gables resulta bastante complicado. Los nombres de las calles, que rememoran lugares españoles, al parecer fueron sacados por Merrick de un diccionario.

Depósito de agua Alhambra ③
Esta extravagancia de 1925 es obra de Denman Fink (ver p. 82).

La Venetian Pool ⑥
es una bella piscina pública rodeada de edificaciones de estilo veneciano.

Coral Gables Congregational Church ⑦
La primera iglesia de Coral Gables, construida por Merrick en estilo barroco español, posee un campanario y un pórtico elaborados.

Biltmore Hotel ⑧
Es uno de los hoteles más sorprendentes del país; su restauración le ha devuelto la grandiosidad de los años 20.

El Lowe Art Museum ⑩
alberga una excelente colección de arte europeo y autóctono.

Ciudad francesa ⑪
Es uno de los siete pueblos internacionales construidos para aportar pluralidad a esta ciudad de estilo mediterráneo.

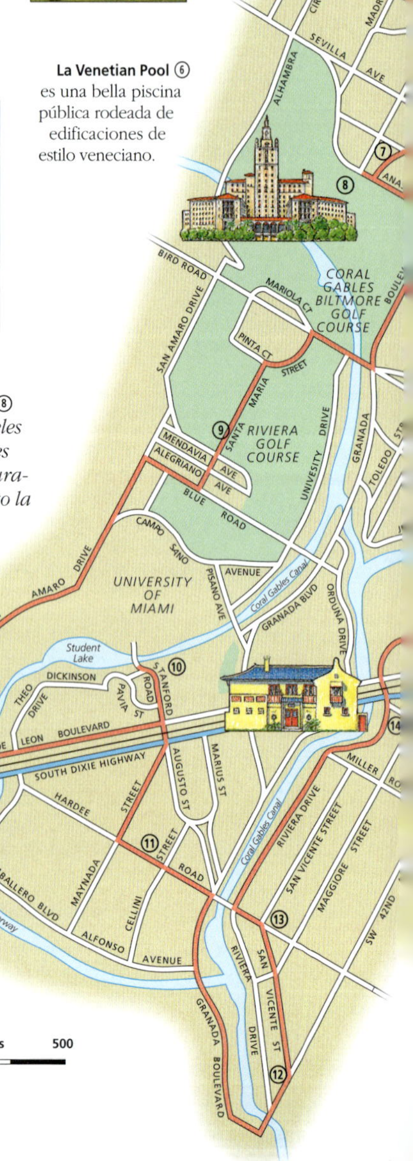

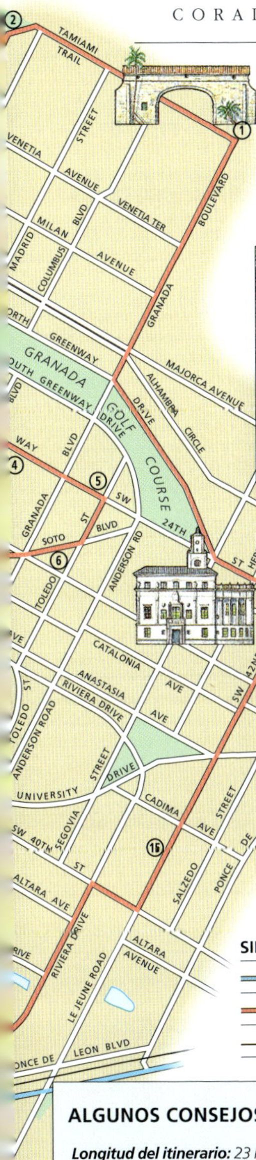

La entrada de Granada ① es una copia de la puerta de Granada, en España.

La entrada Country Club Prado ② es, con sus pilares ornamentales, el más elegante de todos los accesos.

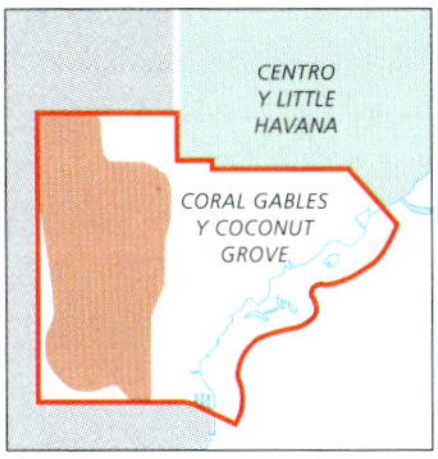

PLANO DE SITUACIÓN
Ver Callejero, plano 5

Coral Way ④
Los robles y las casas de estilo español bordean una de las calles con más encanto de Coral Gables.

Coral Gables Merrick House ⑤, la antigua morada de George Merrick, es ahora un museo.

El Ayuntamiento de Coral Gables ⑯ guarda en su interior murales pintados en las décadas de 1920 y 1950.

Miracle Mile ⑰
Establecimientos clásicos como éste marcan el carácter de la calle comercial más importante de la zona.

SIMBOLOGÍA
- Autopista
- Itinerario
- Línea de Metrorraíl

ALGUNOS CONSEJOS

Longitud del itinerario: *23 km.*
Punto de partida: *cualquiera.*
Paradas: *junto a Miracle Mile hay algunos restaurantes de categoría (ver p. 80), y en el Biltmore se puede disfrutar de un té al estilo inglés. Otra posibilidad es darse un chapuzón en la Venetian Pool.*
Cuándo ir: *los mejores días son los miércoles y domingos, por el horario de la Coral Gables Merrick House, el Lowe Art Museum y las visitas del Biltmore (ver pp. 82-83). Evite las horas punta (7.00-9.30, 16.30-18.30).*

Embarcación atracada en uno de los canales de Coral Gables

LUGARES DE INTERÉS

① Entrada de Granada
② Entrada de Country Club Prado
③ Depósito de agua Alhambra
④ Coral Way
⑤ Coral Gables Merrick House
⑥ Venetian Pool
⑦ Coral Gables Congregational Church
⑧ Biltmore Hotel
⑨ Pueblo colonial
⑩ Lowe Art Museum
⑪ Ciudad francesa
⑫ Pueblo surafricano holandés
⑬ Pueblo rural francés
⑭ Pueblo chino
⑮ Pueblo de Normandía
⑯ Ayuntamiento de Coral Gables
⑰ Miracle Mile

Rotonda porticada del edificio Colonnade, en Miracle Mile

Miracle Mile ❶

Coral Way entre Douglas Rd y Le Jeune Road. **Plano** 5 C1. *Metrorrail (Douglas Rd) y luego bus J 40, 42 y el 24 desde el centro.*

En 1940, un promotor urbanístico bautizó la principal calle comercial de Coral Gables con el nombre de Miracle Mile (la milla milagro). El colorido de los toldos adorna unas tiendas tan estiradas como su clientela *(ver p. 94)*. Debido a los elevados precios y a la competencia de los centros comerciales del extrarradio, la calle rara vez está concurrida.

El edificio Colonnade, en el nº 169, fue construido en 1926 por George Merrick para las oficinas de ventas de su negocio inmobiliario. Su excepcional rotonda es ahora el vestíbulo del impresionante Colonnade Hotel. El restaurante italiano Tula *(ver p. 330)* exhibe fotografías de la época dorada de Coral Gables. Cerca, en la esquina de la calle Salzedo y la avenida de Aragón, el antiguo edificio de la policía y los bomberos, de 1939, contiene una maravillosa escultura.

Coral Gables City Hall ❷

405 Biltmore Way. **Plano** 5 C1. ***Tel*** *(305) 446-6800. Metrorrail (Douglas Rd), después bus J, 42 o 40. 24. 8.00-17.00 lu-vi. festivos* **www**.coralgables.com

Construido en 1928, el Ayuntamiento de Coral Gables simboliza el estilo renacentista español promulgado por Merrick y sus colegas. Su fachada semicircular exhibe un escudo de armas diseñado para la nueva ciudad de Coral Gables por el tío de George Merrick, Denman Fink, autor del mural de las cuatro estaciones que decora la bóveda del campanario: el invierno lo encarna un anciano, mientras que las demás estaciones son jóvenes mujeres. Sobre las escaleras, el mural que ilustra la primera época de Coral Gables, *Hitos de los años veinte*, fue creado en los años 50 por John St. John, que lo envejeció artificialmente exhalando humo de cigarrillos sobre la pintura mientras se secaba.

Escudo de armas del Coral Gables City Hall

Coral Gables Merrick House ❸

907 Coral Way. **Plano** 5 B1. ***Tel*** *(305) 460-5361. 24. 13.00-16.00 mi y do.*

Merece la pena adaptarse al limitado horario de la casa de los Merrick para apreciar la morada del creador de Coral Gables.

Cuando el reverendo Solomon Merrick y su familia se trasladaron a Florida desde Nueva Inglaterra en 1899, se instalaron en una cabaña de madera situada al sur de la ciudad de Miami. Posteriormente realizaron una gran ampliación de la casa y la bautizaron como Coral Gables, creyendo que la piedra caliza que emplearon para construirla era coral, debido a los fósiles marinos que contenía. Ahora es un museo cuyo tema central es tanto la familia como el famoso hijo de Solomon, George. Parte del mobiliario era propiedad de los Merrick, y hay retratos y cuadros de la familia pintados por la madre y el tío de George. El pequeño jardín, muy inferior en tamaño al original, está lleno de árboles y plantas tropicales.

LA CIUDAD SOÑADA POR GEORGE MERRICK

El sueño de George Merrick era construir una ciudad nueva. Con la ayuda de Denman Fink como asesor artístico, de Frank Button como paisajista y de Phineas Paist como director de arquitectura, ideó esta maravilla estética cuya arquitectura debía ser en parte española y en parte italiana; en palabras de Merrick, "una combinación de lo mejor de ambas, con un toque de alegría que refleje el espíritu de Florida". El sueño se convirtió en la mayor empresa inmobiliaria de los años 20, con un coste cercano a los 100 millones de dólares. Sólo en publicidad se invirtieron tres millones anuales. Los carteles mostraban idílicos paisajes de canales que aún estaban sobre el papel. El huracán de 1926 *(ver p. 48)* y el *crack* de Wall Street dejaron incompleta la ciudad de Merrick, pero lo que queda –junto con sus imitaciones posteriores– es testimonio de su gran imaginación.

Retrato de George Merrick expuesto en la casa familiar

La Venetian Pool, creada en los años 20 a partir de una antigua cantera de coral

Venetian Pool ❹

2701 De Soto Blvd. **Plano** 5 B2.
Tel *(305) 460-5356.* *Metrorraíl (S Miami) y luego bus 72.*
mediados jun-mediados ago: 11.00-19.30 lu-vi; abr-may y sep-oct: 11.00-17.30; nov-mar: 10.00-16.30; todo el año: 10.00-16.30 sá y do.
lu sep-may, Día de Acción de Gracias, 24-25 dic, 1 ene.
www.venetianpool.com

Quizás sea una de las piscinas más bellas del mundo. Fue creada a partir de una cantera de coral por Denman Fink y Phineas Paist en 1923. Torres y galerías rosas de estuco, postes venecianos, un puente adoquinado, cuevas y cascadas rodean las aguas claras. Esta piscina fue originalmente uno de los lugares de moda de la vida social de Coral Gables: en el recibidor, eche un vistazo a las fotografías de los concursos de belleza que se celebraron aquí durante los años 20.

Biltmore Hotel ❺

1200 Anastasia Ave. **Plano** 5 A2.
Tel *(305) 445-1926.* *Metrorraíl (S Miami) y luego bus 72.*
www.biltmorehotel.com

El edificio más sobresaliente de Coral Gables data de 1926. En su época dorada, cuando en él se alojaban personajes como Al Capone (que tenía allí un despacho de bebidas clandestino), Judy Garland y los duques de Windsor, los huéspedes cazaban zorros en los extensos terrenos (ahora un campo de golf) y paseaban en góndola por los canales. Durante la II Guerra Mundial, el Biltmore fue un hospital militar que cubrió de linóleo sus suelos de mármol y, hasta 1968, siguió siendo un sanatorio de excombatientes. Tras su restauración en 1986, con un coste de 55 millones de dólares, el hotel quebró en 1990 para volver a abrir sus puertas en 1992.

En su imponente fachada se eleva una fiel réplica de la Giralda de Sevilla, que también sirvió de modelo para la Freedom Tower de Miami *(ver p. 74)*. En el interior, las columnas hercúleas rodean el grandioso vestíbulo, mientras que desde la terraza posterior se domina la mayor piscina de todos los hoteles del país. El más famoso instructor de natación del Biltmore, Johnny Weismuller, alma de *Tarzán*, estableció aquí un récord mundial en los años 30.

Las visitas semanales del hotel salen de recepción.

Caballo de la dinastía Han

Lowe Art Museum ❻

1301 Stanford Drive. **Plano** 5 A5.
Tel *(305) 284-3535.* *Metrorraíl (University).* *52, 56, 72.* *10.00-17.00 ma-sá, 12.00-17.00 do, 12.00-19.00 ju.* *lu y festivos.*
www.lowemuseum.org

Este museo se encuentra situado en el centro del campus de la Universidad de Miami, fundada en 1925 gracias a una donación de cinco millones de dólares realizada por George Merrick.

Entre las 8.000 obras del Lowe figuran impresionantes cuadros renacentistas y barrocos, así como una de las mejores colecciones de arte aborigen de Estados Unidos.

También posee piezas egipcias, algunas obras del siglo XVII y de arte contemporáneo de Europa y América, objetos de personajes históricos y de tradición afrocubana. Se exhiben también arte antiguo de América Latina y Asia, y fotografías del siglo XX.

Vista sur del hotel Biltmore, el edificio más famoso de Coral Gables

Coconut Grove Village ❼

Plano 6 E4, F4. *Metrorrail (Coconut Grove).* *42 desde Coral Gables, 48 desde el centro, 6, 27, 22.*

Centro comercial CocoWalk, en Coconut Grove Village

El legendario lugar de reunión de los *hippies* de la década de 1960 presenta hoy en día un ambiente más cultivado. Las parejas jóvenes y los elegantes ejecutivos que cenan a la luz de las antiguas farolas son ahora el símbolo de lo que a menudo se conoce como el *village*. Sólo el estrafalario encantador de serpientes, además de algunas tiendas *new age*, dejan vislumbrar una forma de vida alternativa. Para apreciar el ambiente en plena efervescencia, conviene ir por la noche o durante el fin de semana.

El punto central del *village* es la confluencia de Grand Avenue, McFarlane Avenue y Main Highway, donde se encuentran Johnny Rockets, una hamburguesería decorada al estilo de los años 50, y el sobrevalorado **CocoWalk,** un centro comercial al aire libre *(ver p. 94)* que es el lugar más animado de Coconut Grove. Tiene un patio repleto de cafés y puestos de recuerdos; en las plantas superiores suelen actuar orquestas y también hay restaurantes *(ver p. 339)*, un cine y una discoteca.

No muy lejos, hacia el este en dirección a Grand Avenue, vale la pena visitar el centro comercial **Streets of Mayfair** *(ver p. 94)* tanto por su asombroso conjunto de azulejos españoles, cascadas y vegetación, como por sus tiendas. Pero para apreciar mejor el pausado ritmo de vida de Coconut Grove, hay que visitar los cafés de Commodore Plaza o Fuller Street.

Si busca un ambiente distinto, recorra los puestos de comida del **Farmers' Market,** que se celebra los sábados en el cruce de McDonald Street y Grand Avenue, donde se alzan las sencillas casas de los inmigrantes de las Bahamas. Este barrio se llena de vida durante el Festival de Goombay *(ver p. 35)*, pero el resto del tiempo conviene tener cuidado.

Paseando hacia el sur por Main Highway se llega a un adinerado vecindario donde las palmeras, las buganvillas y los hibiscos ocultan bellos chalets de tablillas. En el 3400 de Devon Road se encuentra la pintoresca **iglesia Congregacional de Plymouth,** cuyo principal atractivo es su entorno y su fachada tapizada de una frondosa hiedra.

Monroe, diseñador del Barnacle, retratado por Lewis Benton en 1931

The Barnacle ❽

3485 Main Highway, Coconut Grove. **Plano** 6 E4. ***Tel*** *(305) 442-6866.* *42, 48.* *9.00-16.00 vi-do.* *Día de Acción de Gracias, 25 dic, 1 ene.* **www**.floridastateparks.org/thebarnacle

Oculta tras los árboles tropicales, el Barnacle es la casa más antigua de Dade County. Fue diseñada y habitada por Ralph Monroe, un hombre que vivió de la construcción de barcos y de la venta de restos de naufragios *(ver p. 303)*. Además de botánico y fotógrafo, fue un gran defensor del medio ambiente.

En 1891, la casa era un *bungalow* construido con la madera recuperada de los naufragios, e ingeniosamente dispuesto para permitir la

MIAMI: LA REALIDAD SUPERA LA FICCIÓN

En los años 80, los norteamericanos pensaban que Miami era la capital de la delincuencia y las drogas. A esa reputación contribuyó la popular serie *Corrupción en Miami (ver p. 53)*. Las mejores novelas sobre la ciudad escritas en los años 90 también se han inspirado en su cara más sórdida. Los dos autores más famosos son Edna Buchanan, ganadora del premio Pulitzer por sus noticias en el *Miami Herald*, y Carl Hiaasen, columnista de ese mismo periódico. Por muy imaginativas que parezcan sus tramas (inspectores de obra que practican el vudú o presentadores televisivos que se hacen la cirugía estética en directo), Carl Hiaasen afirma que las ideas proceden de las páginas de sucesos del *Herald*. La primera de sus novelas llevada al cine fue *Striptease*.

Bestsellers de Hiaasen

circulación del aire (fundamental en aquella época en que no había aire acondicionado). Más tarde, en 1908, Monroe levantó una altura más para dar cabida a su numerosa familia.

En el interior, los visitantes pueden explorar las habitaciones repletas de reliquias y de maravillosos y anticuados artilugios, como una nevera antigua. La visita a las propiedades, que dura una hora, también comprende el cobertizo de Monroe, donde se conservan sus herramientas. Al lado se pueden ver las vías que Monroe utilizaba para sacar los barcos del mar.

Dinner Key ❾

S Bayshore Drive. **Plano** 6 F4. *Metrorrail (Coconut Grove).* *48.*

En los años 30, la compañía Pan American convirtió Dinner Key en la base de hidroaviones con más actividad de EE UU. También fue el punto de partida del funesto vuelo de Amelia Earhart alrededor del mundo en 1937. Todavía se conserva la impecable terminal de la compañía aérea, de estilo *streamline moderne* *(ver p. 61)*, que actualmente alberga el Ayuntamiento de Miami, mientras que los hangares donde antaño se guardaban los hidroaviones son ahora un astillero de pequeñas embarcaciones.

Detalle de la fachada del Ayuntamiento de Miami

El Planetarium, sede de espectáculos estelares y de láser

Ermita de la Caridad ❿

3609 S Miami Ave. **Plano** 3 C5. ***Tel*** *(305) 854-2404.* *Metrorrail (Vizcaya).* *12, 48.* *9.00-21.00 todos los días.*

Este peculiar templo cónico, erigido en 1966, es para los exiliados cubanos el santuario de su patrona, la Virgen de la Caridad. El mural situado sobre el altar (orientado hacia Cuba más que hacia el este) ilustra la historia de la iglesia católica y representa a la Virgen y su santuario en la isla. Es muy fácil encontrar la ermita de la Caridad: gire a la derecha por la primera calle al norte del Mercy Hospital.

Miami Museum of Science and Planetarium ⓫

3280 S Miami Ave. **Plano** 3 C5. ***Tel*** *(305) 646-4200.* *Metrorrail (Vizcaya).* *12.* *10.00-18.00 todos los días.* *Día de Acción de Gracias, 25 dic.* **www**.miamisci.org

El museo de ciencia y planetario de Miami organiza exposiciones interactivas de ciencias permanentes y temporales. Están diseñadas para educar y formar a un público de todas las edades en temas que abarcan desde la astronomía hasta la zoología. En el Wildlife Center viven algunos animales, como los reptiles, y acoge el Falcon Batchelor Bird of Prey Center, unas instalaciones dedicadas al cuidado y puesta en libertad de las aves de rapiña heridas. El Planetarium muestra, todos los primeros viernes del mes, una programación informativa sobre las estrellas y los planetas.

La Ermita de la Caridad, en un extremo de la bahía Biscayne, atrae a muchos cubanos devotos

Vizcaya ⓬

Farol

La mansión más grandiosa de Florida, terminada en 1916, era el refugio invernal del millonario industrial James Deering, cuyo deseo fue construir una réplica de una mansión italiana del siglo XVI. Por ello, Vizcaya y sus estancias opulentas presentan una mezcla de estilos que van desde el renacentista hasta el neoclásico, cuyo mobiliario fue fruto de las compras que Deering realizó por Europa. Los jardines aúnan a la perfección los rasgos de los jardines italianos y franceses con la vegetación tropical de Florida.

Deering siempre interpelaba a su ambicioso arquitecto: "¿Tiene que ser tan grandiosa?", temiendo que Vizcaya resultara demasiado cara de mantener. Y así fue tras su muerte en 1925, hasta que en 1952 fue adquirida por el Dade County. La casa y los jardines fueron abiertos al público poco después.

★ Cuarto de baño de Deering
El cuarto de aseo presenta las paredes de mármol con remates de plata, y su techo entoldado recuerda una tienda de campaña napoleónica.

Veleta con caballo

Pulcinella
Esta estatua británica del siglo XVIII es una de las numerosas esculturas europeas que salpican los jardines de la mansión.

El comedor, con tapices y una mesa de refectorio del siglo XVI, recuerda un salón de banquetes renacentista.

La galería este, utilizada para las reuniones informales, contiene una carabela en miniatura, uno de los motivos preferidos de Deering.

★ Sala de música
Esta estancia rococó, indiscutiblemente la más deliciosa de la casa, está iluminada por una llamativa araña de flores multicolores de cristal.

RECOMENDAMOS

- ★ Cuarto de baño de Deering
- ★ Jardines
- ★ Sala de música

★ Jardines
Jardines tan cuidados como el de Vizcaya no abundan en Florida. Desde el montículo, la vista de la simétrica isla central y la terraza sur de la casa resulta formidable.

INFORMACIÓN ESENCIAL

3251 S Miami Ave. **Plano** 3 C5.
Tel *(305) 250-9133.*
Metrorrail (Vizcaya). 48.
9.30-17.00, jardines hasta 17.30 todos los días. *25 dic.*
limitado.
www.vizcayamuseum.org

Dormitorio Cathay
Presidido por una lujosa cama con dosel, este cuarto está decorado con motivos chinescos, tan populares en la Europa del siglo XVIII.

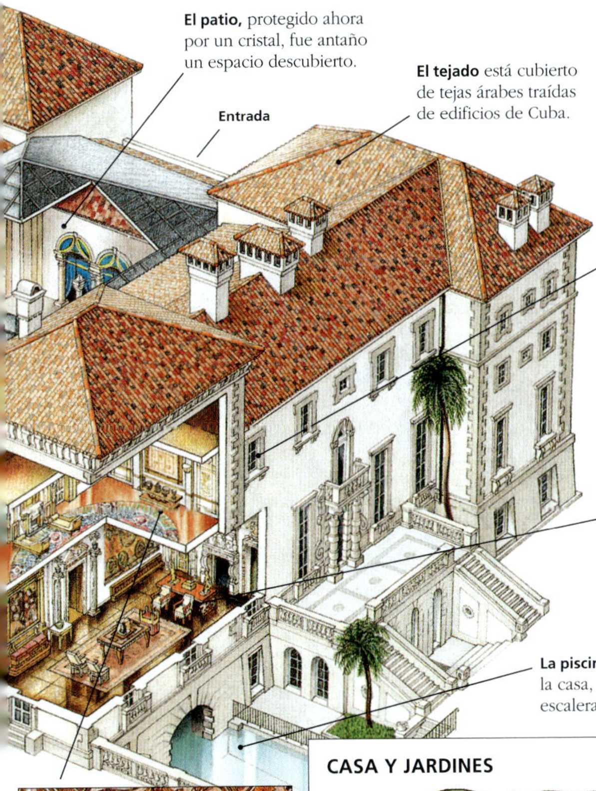

Salón de Deering
La decoración del techo de esta sala neoclásica muestra un caballo, otro de los motivos recurrentes de Vizcaya.

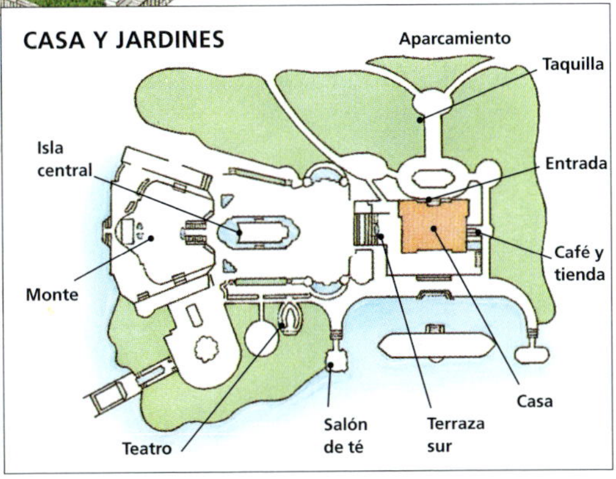

LAS AFUERAS

Las zonas situadas al norte de Miami Beach y del centro, y al sur de Coral Gables, no ofrecen un paisaje muy espectacular, si bien merece la pena recorrerlas por sus grandes playas y sus diversiones para la familia.

Palmeras del Fairchild Tropical Garden

Gran parte del norte de Miami tiene fama de pobre y peligroso, especialmente Liberty City y Overtown. Evite estas zonas y observe las normas de seguridad de la página 380. Tenga cuidado también si viaja en coche por Hialeah o si visita Opa-Locka o Little Haiti, unos barrios con ambiente pero que quizás sólo resulten atractivos a los turistas más audaces.

El monótono y anodino extrarradio del sur de Miami no es más que una interminable sucesión de viveros y huertos de cítricos. En esta llanura se situó el epicentro del huracán *Andrew* en 1992 *(ver p. 26)*, cuyo paso ha dejado huella en algunos lugares del paisaje. Muchos de los atractivos de esta zona, principalmente zoos, parques y jardines, sufrieron graves desperfectos. La mayoría de ellos ha vuelto a abrir sus puertas, aunque en muchos casos continúan las tareas de restauración.

LUGARES DE INTERÉS

Edificios históricos
- Ancient Spanish Monastery ❷
- Coral Castle ⓮

Museos y galerías
- Gold Coast Railroad Museum ⓫
- Wings Over Miami ❿

Parques, jardines y zoos
- Charles Deering Estate ❽
- Fairchild Tropical Garden ❼
- Miami Metrozoo ⓬
- Miami Seaquarium ❺
- Monkey Jungle ⓭
- Parrot Jungle ❾

Playas
- Key Biscayne ❻
- Playas del norte ❶

Barrios
- Little Haiti ❹
- Opa-Locka ❸

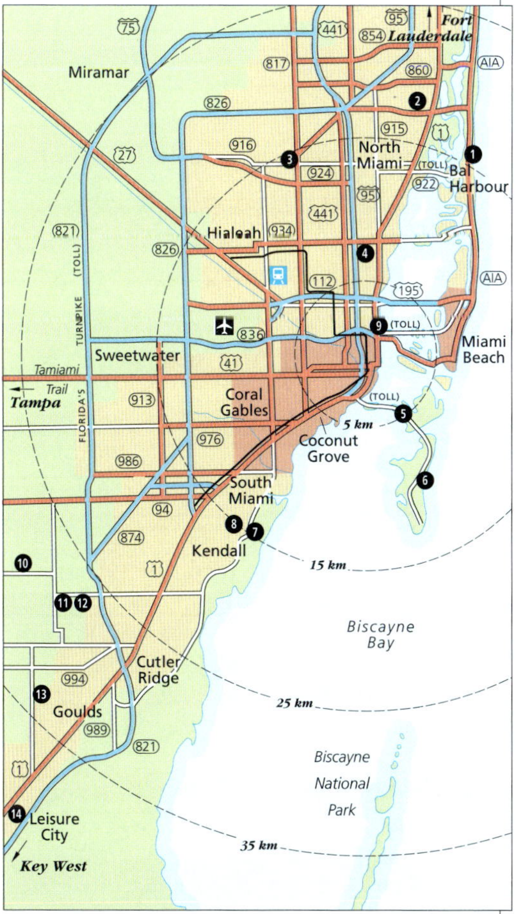

SIMBOLOGÍA

- Principales zonas turísticas
- Zona urbana
- Autopista
- Carretera principal
- Carretera secundaria
- Líneas férreas
- Estación de Amtrak
- Aeropuerto

◁ **Claustros del siglo XII del Ancient Spanish Monastery, al norte de Miami**

Playas del norte ❶

Collins Avenue. *K, S o T desde South Beach o el centro.*

El cordón litoral situado al norte de Miami Beach se caracteriza en general por las lujosas y poco atractivas zonas residenciales y complejos turísticos que se extienden a lo largo de Collins Avenue. Las agencias de viajes mandan aquí a muchos turistas que, probablemente, preferirían ir a South Beach. Con todo, cuenta con cientos de alojamientos baratos y una larga playa.

Una franja de arena entre las calles 79 y 87 separa Miami Beach de **Surfside,** una sencilla población muy visitada por canadienses francófonos. En la calle 96, Surfside se funde con **Bal Harbour,** un lugar de moda conocido por un par de afamados hoteles y un centro comercial muy ostentoso *(ver p. 94).* Más al norte, el agradable **Haulover Park** posee un puerto deportivo y una playa con dunas.

Playa de Haulover Park, bajo la atenta mirada de un socorrista

Ancient Spanish Monastery ❷

16711 W Dixie Hwy, N Miami Beach. ***Tel*** *(305) 945-1462. H desde South Beach, 3 desde el centro.* *9.00-17.00 do-vi, 10.00-17.00 sá.* *algunos fines de semana (llamar para confirmar), festivos.* **www**.spanishmonastery.org

Los claustros de este monasterio tienen una historia poco común. Construidos entre 1133 y 1141 en España, en 1925 fueron adquiridos por el magnate de la prensa William Randolph Hearst, quien hizo embalar en cajas sus 35.000 piedras. Una epidemia de fiebre aftosa obligó a abrir las cajas (para comprobar la paja del embalaje) y las piedras fueron guardadas incorrectamente. Una vez en Nueva York, permanecieron almacenadas hasta que, en 1952, se decidió montar "el mayor y más caro rompecabezas del mundo" en Florida. Los claustros se asemejan a la versión original, pero sigue habiendo piedras sin identificar.

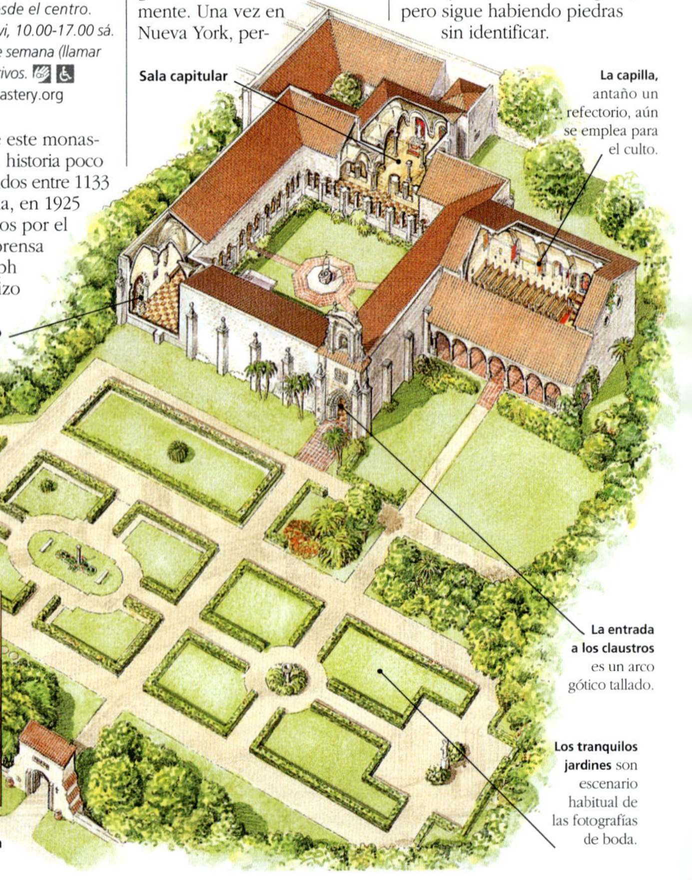

Campana en la puerta de la capilla

Opa-Locka ❸

Cruce de NW 27th Ave y NW 135th St, 16 km al NO del centro.
28, 21, 27, 27r, Max.

Apodada la *Bagdad de Dade County,* Opa-Locka fue ideada por el aviador Glenn Curtiss. Inspirándose en los cuentos de *Las mil y una noches,* creó la ciudad de sus sueños financiando la construcción de más de 90 edificios moriscos durante el auge de los años 20 *(ver pp. 50-51).*

Hoy en día, Opa-Locka es una zona deprimida en la que no conviene alejarse del restaurado Ayuntamiento *(city hall),* en el cruce de Opa-Locka y Sharasad Boulevard. Este edificio rosa es, con sus minaretes, cúpulas y arcos de herradura, el mejor ejemplo de arquitectura morisca que se conserva. Por lo demás, la fantasía de Opa-Locka sólo pervive en tiendas con nombres como Electrodomésticos Alí Babá o en calles denominadas Califa o Sultán.

Cúpula arabesca del Ayuntamiento de Opa-Locka

Little Haiti ❹

Calles 46 a 79, al E de I-95.
9 o 10 desde el centro.

Desde la década de 1980 son muchos los refugiados haitianos que se han instalado en este barrio de Miami, visiblemente depauperado pero lleno de color, en el que no conviene alejarse de las vías principales, la calle 54 y la NE 2nd Avenue.

El **mercado caribeño,** en el cruce de NE 2nd Avenue y la calle 60, contiene algunos puestos de artesanía, pero resultan más interesantes las tiendas circundantes, pintadas de vivos colores. En algunas resuena a todo volumen la música haitiana, otras son *botánicas* que venden pócimas de hierbas y reliquias de santos *(ver p. 77),* y la mayoría ofrecen pollo y plátanos al estilo caribeño.

Mural que anuncia una *botánica* (tienda religiosa) de Little Haiti

Miami Seaquarium ❺

4400 Rickenbacker Cswy, Virginia Key. ***Tel*** *(305) 361-5705.*
B desde Brickell Ave.
9.30-18.00 todos los días.
www.miamiseaquarium.com

Si va a visitar el Sea World de Orlando *(ver pp. 176-177),* quizás no le interese el Miami Seaquarium, que se queda pequeño a su lado. No obstante, las piruetas del león marino, la orca y los dos delfines no suelen defraudar. El espectáculo Swim with the Dolphins atrae a un amplio público dos veces al día; pero los participantes que quieran meterse en el agua deben entender y leer el inglés o llevar un traductor consigo. Otros atractivos son los tiburones, los hábitats de los manatíes, el manglar repleto de pelícanos y el arrecife de coral.

Key Biscayne ❻

11 km al SE del centro.
B. **Bill Baggs Cape Florida State Park** ***Tel*** *(305) 361-5811.*
todos los días.
www.floridastateparks.org

La vista del centro desde la Rickenbacker Causeway, que enlaza el continente con Virginia Key y Key Biscayne, es una de las más espectaculares de Miami. Key Biscayne cuenta con algunas de las mejores playas de la ciudad. La más impresionante es **Crandon Park,** en la mitad superior del cayo, de 5 km de longitud, bordeada de palmeras. En el extremo meridional de Key Biscayne, la **Bill Baggs Cape Florida State Park Area** posee una playa más corta, con pasillos de madera que atraviesan las dunas. El faro próximo a la punta del cayo, construido en 1825, es el edificio más antiguo del sur de Florida.

Entre ambos parques, una mezcolanza de pequeños centros comerciales y apartamentos bordea Crandon Boulevard, así como un centro que imparte clases de golf y tenis, abierto al público.

Los delfines del Atlántico son las estrellas del Miami Seaquarium

Fairchild Tropical Garden ❼

10901 Old Cutler Rd. *(305) 667-1651.* *65 desde Coconut Grove.* *9.30-16.30 todos los días.* *25 dic.* **www**.fairchildgarden.org **Mattheson Hammock Park** ***Tel*** *(305) 665-5475.* *6.00-anochecer todos los días.* **www**.miamidade.gov/parks

Este inmenso jardín tropical, fundado en 1938, es también un importante centro de investigación botánica. Alrededor de una serie de lagos artificiales se eleva uno de los mayores conjuntos de palmeras del mundo (550 ejemplares de las 2.500 especies conocidas) y un impresionante grupo de cicadinas (parientes de las palmeras y los helechos) que dan unas gigantescas piñas rojas. Otra de las maravillosas especies es la curiosa *kigelia pinnata* (popularmente, el "árbol de las salchichas").

Durante la visita en tranvía, que dura 40 minutos, el guía explica la utilización de las plantas para la fabricación de medicinas y perfumes (las flores del ylang-ylang, por ejemplo, se emplean en el Channel nº 5). Cuente con dos horas más para explorar por su cuenta.

Junto al Fairchild Tropical Garden está el Mattheson Hammock Park . Bellos son los recorridos a pie o en bicicleta por los manglares, pero la mayoría de los visitantes se decantan por el Atoll Pool, una piscina artificial de agua salada, rodeada de arena y palmeras, y situada junto a la bahía Biscayne. Hay también un puerto deportivo con una escuela de navegación y un buen restaurante frente a la playa.

Charles Deering Estate ❽

16701 SW 72nd Ave. *(305) 235-1668.* *10.00-17.00 todos los días.* *Día de acción de gracias, 25 dic.* **www**.miamidade.gov/parks

Mientras su hermano James disfrutaba del esplendor de Vizcaya *(ver pp. 86-87)*, entre 1916 y 1927 Charles Deering se retiraba con frecuencia a su elegante refugio invernal de la bahía Biscayne. Esta finca de 162 hectáreas, en la que se alza una mansión de estilo mediterráneo, fue adquirida por el Estado de Florida en 1985.

Varias de las edificaciones de la finca, incluida la casa principal y una posada del siglo XIX denominada Richmond Cottage, quedaron gravemente deterioradas tras el paso del huracán *Andrew*, si bien han sido restauradas y abiertas al público.

No obstante, el principal atractivo son los terrenos en los que crecen manglares y pinares rocosos, una marisma salada y el que se supone último *hammock* costero de árboles tropicales que queda virgen en la parte continental de Estados Unidos. Los fines de semana se pueden realizar interesantes recorridos en canoa con guía.

La propiedad de Charles Deering, devastada por el huracán *Andrew*

Parrot Jungle ❾

1111 Parrot Jungle Trail, Watson Island. ***Tel*** *(305) 400-7000.* *10.00-18.00 todos los días.* **www**.parrotjungle.com

Más de 1.100 aves pueblan este magnífico jardín tropical, unas enjauladas, otras en libertad y algunas actuando en el popular espectáculo de aves amaestradas. También se puede dar de comer a los flamencos o ver a las serpientes de cerca. Hay un centro educativo que organiza actividades para niños y adultos por igual.

Los tranquilos lagos rodeados de palmeras del Fairchild Tropical Garden

Tigre de bengala ante la réplica de un templo jemer en el Miami Metrozoo

Wings Over Miami ⑩

14710 SW 128th ST, junto a Tamiami Airport. (305) 233-5197. 10.00-17.00 ju-do. festivos. www.wingsovermiami.com

Este museo está dedicado a la conservación de aviones antiguos. Sus hangares acogen una magnífica colección de aviones de operaciones como el US F-86 Sabre y un Douglas B-23 *Dragon*, así como una torreta con ametralladora.

Estos aviones vuelan durante un fin de semana conmemorativo. En febrero se unen a los bombarderos B-17 y B-24 en el acto Wings of Freedom.

Gold Coast Railroad Museum ⑪

12450 SW 152nd St, Miami. *(305) 253-0063. Metrorrail (Dadeland North), después Zoo Bus. 10.00-16.00 lu-vi, 11.00-16.00 sá-do.* www.goldcoast-railroad.org

Cerca del Miami Metrozoo, este museo es indispensable para los aficionados a los trenes. Destacan el tren presidencial *Ferdinand Magellan* y tres viejos *Florida East Coast Railway*. Hay incluso un tren para niños los fines de semana.

Miami Metrozoo ⑫

12400 SW 152nd St, Miami. *(305) 251-0400. Metrorrail (Dadeland North) y luego el Zoo Bus. 9.30-17.30 todos los días.* www.miamimetrozoo.com

Este gigantesco y magnífico zoológico es uno de los mejores del país. Los animales viven en espaciosos hábitats naturales, separados del hombre por fosos. Destacan los gorilas de las tierras bajas, los osos malayos y los tigres de bengala blancos. El Petting Zoo es interesante para los pequeños, mientras que en el Wildlife Show se muestra la agilidad de los felinos.

Lo mejor es obtener primero una visión general del recinto desde el monorraíl, cuyo trayecto dura 20 minutos, y después visitar lo que se prefiera.

Monkey Jungle ⑬

14805 SW 216th St, Miami. *(305) 235-1611. Metrorrail (Dadeland South) y luego bus 1, 52 o Busway Max hasta Cutler Ridge Mall, y luego en taxi. 9.30-17.00 todos los días.* www.monkeyjungle.com

Esta simpática atracción continúa a cargo de la familia que la fundó en 1933 para estudiar la conducta de los pri mates. Las labores de cría e investigación siguen siendo una de sus funciones. Lo exclusivo de Monkey Jungle es que los humanos son encerrados, mientras que los animales deambulan en libertad. Los visitantes caminan por una zona enjaulada por la que trepan los macacos de Java y desde donde se puede observar de cerca a los monos de Suramérica, que habitan en una selva simulada. Otros primates, como los gorilas, orangutanes, monos araña y gibones viven en jaulas convencionales.

Durante todo el día se celebran demostraciones de las habilidades de los animales.

El macaco, uno de los primates más activos de Monkey Jungle

Medialuna, esculpida en roca, en Coral Castle

Coral Castle ⑭

28655 S Dixie Hwy, Homestead. *(305) 248-6345. Metrorrail (Dadeland South) y luego bus Busway Max. 7.00-20.00 todos los días. 25 dic.* www.coralcastle.com

Entre 1920 y 1940, un letón llamado Edward Leedskalnin talló, sin ninguna clase de ayuda, un grupo de esculturas gigantes de roca coralina, sirviéndose para ello de herramientas confeccionadas con piezas de automóvil. La mayoría las esculpió a 16 km de distancia, en Florida City, y las trasladó él solo hasta su ubicación actual. Algunas, como un telescopio que funciona, indican la pasión de su autor por la astrología. Otras recuerdan a una chica que rehusó ser su mujer.

COMPRAS

En las tiendas de Miami se puede encontrar de todo, como fiel reflejo de la naturaleza de la ciudad, cuyos numerosos barrios ofrecen un amplio abanico de zonas comerciales. Los grandes compradores probablemente acudirán a los centros comerciales, que atraen a los visitantes de Hispanoamérica y el Caribe. Algunos también hacen las veces de lugares de ocio *(ver p. 356)*, permaneciendo abiertos hasta las 23.00. Si sus gustos son más excéntricos, puede ir a Coconut Grove o a South Beach, donde las tiendas tienen un público muy diferente. Aquí podrá encontrar monopatines motorizados, prendas de cuero y diseños en cartón, además de divertidos *souvenirs*. En Coconut Grove, la mayoría de las tiendas abren hasta muy tarde, sobre todo los fines de semana. Las de South Beach tienen un horario irregular; muchas suelen abrir tarde por la mañana, y algunas incluso no se ponen en marcha hasta las 11.00 o las 12.00.

Logotipo de Gucci

DÓNDE COMPRAR

South Beach resulta divertido para ir de compras, aunque la zona comercial más relajada es Coconut Grove, que cuenta con numerosas boutiques y dos centros comerciales *(ver p. 84)*: el **CocoWalk,** con veintitantas tiendas de joyas, regalos y ropa, y el **Streets of Mayfair.**

Bayside Marketplace *(ver p. 74)* posee un amplio surtido de tiendas de regalos y moda. Otra opción es ir al centro, pero sólo si se buscan aparatos electrónicos o joyas a buen precio, aunque los grandes almacenes **Macy's,** fundados en 1898, son de interés general.

Coral Gables, con sus remilgados comercios de Miracle Mile *(ver p. 82)* y sus elegantes galerías de arte, se ajusta a un estilo completamente diferente. El **Village of Merrick Park** otorga un nuevo espacio comercial a Coral Gables. Posee tiendas lujosas y ofrece también otros servicios de ocio.

Los compradores impulsivos deben apostar por los famosos centros comerciales *(malls)* de Miami. El entorno del fascinantemente esnob **Bal Harbour Shops** es un jardín tropical que se caracteriza por la presencia de ancianas adineradas y guardias de seguridad uniformados. **Aventura Mall,** también en North Miami, da cabida a más de 200 establecimientos, incluidos cuatro grandes almacenes, uno de los cuales es Macy's.

Decoración típica de un escaparate de South Beach

MODA Y JOYAS

Miami tiene de todo en moda, desde grandes diseñadores hasta rastrillos. En Bal Harbour Shops, joyerías y establecimientos con nombres como Tiffany & Co, Gucci y Cartier se codean con tiendas como J.W. Cooper, especializada en artículos del oeste. **Loehmann's,** en el cercano Aventura, se dedica a las prendas de marca rebajadas. También se encuentran chollos en las más de 100 tiendas-descuento del barrio de la moda, en la 5ª Avenida, entre las calles 24 y 29. El **Seybold Building** es famoso por los buenos precios del oro, los diamantes y los relojes.

En South Beach, los establecimientos de Lincoln Road y Washington Avenue se dedican sobre todo al cuero y la ropa moderna, pero también hay tiendas más elegantes. Las boutiques de Miracle Mile, en Coral Gables, son en general más distinguidas; es típica **J. Bolado,** de confección a medida.

REGALOS Y RECUERDOS

Bayside Marketplace es el lugar perfecto para comprar regalos, con tiendas como **CandleTime** y la **Disney Store,** además de un sinfín de puestos repletos de alpargatas,

La tienda de Warner Brothers Studio, donde los niños son los reyes

Cigarrero de El Crédito Factory

corbatas y otros artículos. En Coconut Grove, junto a los numerosos comercios de camisetas y gafas de sol, hay tiendas con una oferta de lo más variopinta, desde artesanía oriental hasta preservativos. En el norte de Miami Beach visite **Edwin Watts Golf Shop;** tienda de golf con descuentos para los socios de clubs. En **Macy's** se descubren a veces cosas insólitas, como objetos procedentes del naufragio del *Atocha*, recuperados por Mel Fisher *(ver p. 28)*. **Intermix** es una *boutique* de Miami Beach especializada en ropa *sexy*.

Probablemente, el mejor sitio para buscar recuerdos y obsequios es South Beach. El **Art Deco Welcome Center,** en Ocean Drive, ofrece un surtido reducido pero muy completo, que incluye camisetas, pósters y maquetas de edificios de Ocean Drive, además de algunas antigüedades *art déco*. Impresionante es su selección de libros sobre este estilo.

El mejor lugar para comprar puros es **El Crédito Cigar Factory,** en Little Havana *(ver p. 76)*. Turistas y elegantes ejecutivos acuden allí a comprar los puros elaborados a mano en la propia fábrica; la mejor marca es La Gloria Cubana.

Macabi Cigars también posee una excelente selección.

Un buen lugar para comprar artículos de alimentación como las gelatinas y las salsas de Florida es el supermercado para *gourmets* **Epicure,** en South Beach, aunque no sea especialmente turístico.

En Española Way *(ver p. 68)* instalan los fines de semana puestos de artesanía, si bien Miami no destaca por este tipo de objetos. El arte es otra cosa. En la propia Española Way hay algunas galerías de vanguardia, aunque la mayor concentración de arte de calidad la encontrará en Lincoln Road. La mayoría de sus galerías, entre ellas el South Florida Art Center *(ver p. 68)*, exponen pintura contemporánea, escultura, cerámica y muebles de estilo provocativo o *pop art*.

LIBROS Y MÚSICA

Si Miami le despierta el interés por la música latina, en **Casino Records,** en Little Havana, tienen un buen surtido de todos los principales artistas de este género musical.

Books & Books, en Coral Gables, es la mejor librería. Las estanterías que tapizan sus paredes contienen un buen surtido de títulos de arte y viajes. Si busca libros sobre Florida, no se pierda la tienda de regalos Indies Company, en el Historical Museum of Southern Florida *(ver p. 74)*, cuya oferta comprende todos los temas imaginables referentes a la historia y tradiciones que se han fraguado en este Estado.

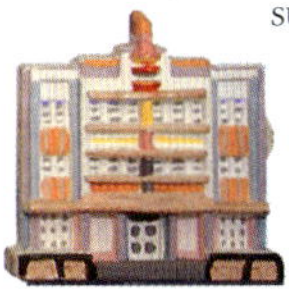

Hotel *art déco* de cerámica

INFORMACIÓN GENERAL

CENTROS COMERCIALES Y GRANDES ALMACENES

Aventura Mall
Biscayne Blvd esq. 197th St. ***Tel*** *(305) 935-1110.*

Bal Harbour Shops
9700 Collins Ave.
Tel *(305) 866-0311.*

Bayside Marketplace
401 Biscayne Blvd. **Plano** 4 F1. ***Tel*** *(305) 577-3344.*

CocoWalk
3015 Grand Ave.
Plano 6 E4.
Tel *(305) 444-0777.*

Macy's
22 E Flagler St. **Plano** 4 E1. ***Tel*** *(305) 577-1500.*

Streets of Mayfair
2911 Grand Ave.
Plano 6 F4.
Tel *(305) 448-1700.*

Village of Merrick Park
358 San Lorenzo Ave.
Plano 3 C3.
Tel *(305) 529-0200.*

MODA Y JOYAS

J. Bolado
336 Miracle Mile.
Plano 5 C1.
Tel *(305) 448-2507.*

Loehmann's
18701 Biscayne Blvd.
Tel *(305) 932-4207.*

Seybold Building
36 NE 1st St. **Plano** 4 E1.
Tel *(305) 374-7922.*

REGALOS Y RECUERDOS

Art Deco Welcome Center
1001 Ocean Drive. **Plano** 2 F3. ***Tel*** *(305) 672-2014.*

CandleTime
Bayside Marketplace.
Plano 4 F1.
Tel *(305) 373-0334.*

Disney Store
Bayside Marketplace.
Plano 4 F1.
Tel *(305) 371-7621.*

Edwin Watts Golf Shop
15100 N. Biscayne Blvd.
Tel *(305) 944-2925.*

El Crédito Cigar Factory
1106 SW 8th St. **Plano** 3 B2. ***Tel*** *(305) 858-4162.*

Epicure
1656 Alton Rd.
Plano 2 D2.
Tel *(305) 672-1861.*

Intermix
634 Collins Avenue.
Plano 2 E4.
Tel *(305) 531-5950.*

Macabi Cigars
3475 SW 8th St.
Plano 2 E4.
Tel *(305) 446-2606.*

LIBROS Y MÚSICA

Books & Books
265 Aragon Ave.
Plano 5 C1.
Tel *(305) 442-4408.*

Casino Records
1208 SW 8th St.
Plano 3 B2.
Tel *(305) 642-7522.*

TIEMPO DE OCIO

South Beach (SoBe) es uno de los lugares más de moda del planeta. Para mucha gente, la oportunidad de divertirse con elegancia es uno de los principales atractivos de esta ciudad. La mayoría de los visitantes acude a los clubes, pero también existen estupendos locales para escuchar música en directo. Quienes no deseen encontrarse con famosos ni bailar pueden disfrutar de la amplia oferta cultural y deportiva de Miami. Esta ciudad era considerada un desierto cultural, pero actualmente ofrece multitud de espectáculos. La temporada invernal es la más interesante, pues es cuando acuden a Miami numerosos artistas de fama internacional. Con suerte, la visita a la ciudad puede coincidir con uno de sus vistosos y multitudinarios festivales. La forma más sencilla de adquirir las entradas para la mayoría de estos eventos culturales y deportivos es llamar a Ticketmaster *(ver p. 369)*. También se puede contactar directamente con el estadio o teatro.

Jugador del Miami Dolphins

INFORMACIÓN

El suplemento de ocio que incluye la edición del viernes del *Miami Herald* y el *New Times*, una guía gratis y más completa que se publica cada miércoles, son las dos principales fuentes de información.

Para descubrir los locales más modernos y atractivos de la ciudad, conviene consultar la web de **NightGuide Miami.** Hay varias revistas gratuitas dedicadas a la animada vida nocturna de South Beach para homosexuales.

ARTES ESCÉNICAS

Las principales compañías de gira suelen actuar en el **Carnival Center for the Performing Arts,** compuesto por el Ziff Ballet Opera House y el Knight Concert Hall; en el **Miami/ Dade County Auditorium;** en el **Jackie Gleason Theater of the Performing Arts** (conocido como TOPA) en South Beach, y en el **Gusman Center for the Performing Arts,** un teatro de los años veinte con interior de estilo árabe en el Downtown.

Las Broadway Series (de noviembre a abril) del Ziff Ballet Opera House encabezan la oferta dramática de Miami. Existen locales más íntimos como el **Miami Shores Performing Arts Theater, Gable Stage,** y el **Actors' Playhouse** de Coral Gables, que ofrece espectáculos nuevos y éxitos de antaño.

Miami City Ballet ofrece trabajos clásicos y contemporáneos, a menudo en el Jackie Gleason Theater, y se puede ver a sus bailarines ensayando en la sede de la compañía, en Lincoln Road. También en South Beach, merece la pena ver al Ballet Flamenco La Rosa, que forma parte del grupo de compañías de danza **Performing Arts Network;** suelen actuar en el **Colony Theatre.**

La orquesta clásica más aclamada es la Michael Tilson Thomas's New World Symphony, que cuenta con algunos de los mejores músicos del país. Actúa en el **New World Symphony Theater** de octubre a mayo. La Concert Association of Florida *(ver p. 367)* organiza la mayoría de los principales conciertos de Miami.

Carnival Center for the Performing Arts, inaugurado en 2006

Espectadores en el Gulfstream Park Racetrack

ESPECTÁCULOS DEPORTIVOS

El equipo de fútbol Miami Dolphins y el de béisbol, Florida Marlins, juegan en el **Dolphins Stadium.** Los Hurricanes de la Universidad de Miami, de fútbol universitario, tiene casi tantos seguidores como los anteriores; juegan en el **Orange Bowl Stadium.** El equipo de baloncesto Miami Heat juega en el **American Airlines Arena.**

Para disfrutar de un deporte más típico de Florida, se recomienda acudir a un partido de *jai alai (ver p. 33)*. Uno de los principales lugares para ver esta versión de la pelota vasca es el **Miami Jai Alai Fronton.** Aquí las apuestas son habituales, al igual que en el **Gulfstream Park Racetrack,** en el **Calder Racecourse** y en el **Flagler Greyhound Track.**

RITMOS LATINOS

Mango's Tropical Café es un local con música latina alta y

Interior del Ziff Ballet Opera House

estridente que se encuentra en Ocean Drive, en South Beach. Suele ser habitual que los camareros bailen sobre las barras. Es tan turístico como divertido. **Tapas & Tintos.** también en la zona de South Beach, es un lugar estupendo para acudir los sábados a tomar unas copas y unas tapas acompañadas de flamenco en directo.
Restaurant (antiguo Club Millennium) es un lugar muy frecuentado por los amantes de la música latina. Buenas bebidas a precios razonables y, para muchos, el mejor local de baile en Miami. Los latinos, todos a la última moda, van en masa entre el jueves y el domingo desde las 22.00 hasta las 4.00. Tiene una zona exclusiva y, en las tardes de semana, hora feliz. Los viernes y los sábados la popular radio latina El Sol (95.7 FM) emite en directo desde aquí.

Si no se baila muy bien, se puede recibir una clase gratuita con alguno de los mejores bailarines de Miami. Hay profesores los jueves en **Café Mystique** y los viernes y sábados en **Bongo's Cuban Café,** en el American Airlines Arena.

MÚSICA EN DIRECTO

La mayoría de los bares de Ocean Drive ofrece música en directo, normalmente latina, jazz, reggae o salsa. A unas manzanas de distancia se encuentra **Jazid,** donde se puede escuchar jazz, blues y funk en directo; en la planta baja, actúan grupos latinos y el DJ de la planta alta pincha fusion y trance. En Lincoln Road Mall se halla **Upstairs at the Van Dyke Café.** Los músicos de jazz de la zona actúan en este local.

Al sur del Downtown está **Tobacco Road,** el club más antiguo de Miami. El grupo residente Iko Iko tiene un sonido de inspiración *bayou* que le ha proporcionado un contrato con un prestigioso sello discográfico.

En Coral Gables se encuentra **The Globe Café & Bar,** donde se puede escuchar jazz en directo los sábados por la noche.

BARES

Para disfrutar de un toque de sofisticación, conviene visitar **The Bar at 1220.** Se recomienda su martini de caramelo al final de la tarde, durante la hora feliz. Si se quiere jugar al billar, se puede acudir a **Felt** en SoBe, que ofrece bebidas especiales cada noche. Muy cerca se encuentra el moderno **Marlin Bar. Skybar,** uno de los destinos favoritos entre los famosos, tiene tres zonas distintas en la azotea y es uno de los locales más frecuentados de SoBe.

One of the four bars at The Clevelander on Ocean Drive

Rose Bar sirve carísimos martinis, mientras que el bar con piscina del **Raleigh Hotel** ofrece legendarias veladas dominicales. En el extremo opuesto del espectro, los bares con piscina del **The Clevelander** ofrecen un típico ambiente festivo.

A las afueras de SoBe, se sitúa el elegante **Noir Bar.** Los viernes de 18.00 a 21.00 se sirven bebidas singulares. Se puede disfrutar de sabrosos aperitivos y una encantadora vista.

El elegante club nocturno Mansion, en el Opium Garden Complex de South Beach *(ver p. 98)*

CLUBES NOCTURNOS

Miami es considerada, desde hace mucho tiempo, una ciudad para divertirse. En muchos de los principales locales de la ciudad se ven largas colas de gente esperando junto a la entrada.

Para conseguir acceder a ellos, es conveniente vestir de forma adecuada. Los grupos de hombres que quieran franquear la entrada tendrán más oportunidades si van acompañados de algunas amigas.

La mayoría de los clubes prefiere que la clientela femenina supere en número a la masculina.

El Gran Miami cuenta con tres zonas que despiertan al llegar la noche: la moderna South Beach; el Downtown, que está viviendo un completo resurgimiento, y la más sobria Coconut Grove, con los mejores locales para comer y beber.

En SoBe, los bares que flanquean Ocean Drive y las calles cercanas están llenos durante todo el día, pero los clubes nocturnos no se animan hasta pasada la medianoche. Es habitual ver a gente saliendo de los locales al amanecer del día siguiente.

En el modernísimo **Penrod's Complex** se encuentra Nikki Beach and Pearl, un restaurante donde suelen acudir modelos y famosos. Se recomienda asistir a sus fiestas de los domingos, que empiezan a mediodía y se prolongan hasta la madrugada.

A una manzana de distancia está **Opium Garden Complex,** que cuenta con el salón Privé y el cavernoso club nocturno Mansion, donde se reúnen los famosos. Resulta casi imposible entrar los viernes y sábados, pero si se consigue, se estará entre la flor y nata de South Beach.

Club Deep, en Washington Avenue, atrae a una clientela más hip hop que de club e invita a multitud de raperos a sus eventos especiales.

Más al norte, cerca de Delano, se sitúa **Mynt Lounge,** que se anuncia como el club más caliente de SoBe. Es un local muy exclusivo y su acceso resulta complicado.

Rivalizando con SoBe, el Downtown se está convirtiendo rápidamente en una atractiva zona de clubes donde se encuentra **Nocturnal,** un local de reciente apertura que ha costado 12 millones de dólares. Este edificio incluye tres clubes, con un ambiente muy diferente en cada una de sus plantas. En el ecléctico **Pawn Shop,** albergado en una antigua casa de empeños de los años treinta, se escucha desde house hasta indie rock, dependiendo de la temática de cada noche; también ofrece actuaciones de grupos en directo. La decoración destaca por sus zonas más exclusivas construidas en un autobús escolar y el salón rodeado por el fuselaje de un avión 727.

A tres manzanas de distancia se encuentra el famoso **Area 51** (antes Metropolis Downtown Complex) se enorgullece de tener cinco discotecas en un sólo edificio.

Se reivindica como el mayor local nocturno compuesto del mundo. Area 51 es en sí mismo el mayor y más importante en lo que a espectáculos en directo se refiere, con actuaciones de grupos y pinchadiscos.

Los otros clubes son Allure (el antiguo The Nile), con decoración egipcia y el club de ambiente Discotekka. Whiskey, con una gran zona *lounge,* es probablemente el más tranquilo de todos estos locales. Area 51 está abierto de jueves a domingo. Cada club alterna entre música en directo y pinchadiscos. La entrada permite acceder a todo el complejo

El quinto es Adrenalin, el más escandaloso de todo el complejo, que atrae a jóvenes universitarios. En él destaca una ducha acristalada a disposición de los clientes.

En Coconut Grove, zona más refinada, el principal local es **Oxygen Lounge,** que funciona como restaurante por el día y como club por la noche; los restaurantes que se transforman en salones después de las 22.00 están adquiriendo popularidad también en SoBe. **B.E.B. Miami** es un local con camas en vez de sofás. Los espectáculos nocturnos suelen ser relajantes y tranquilos, en consonancia con su decoración lujosa pero informal. Lógicamente, en este elegante club restaurante es necesario reservar. El club de baile **Rain** tiene un patio y un enorme techo de cristal de 32,5 metros que proporciona un ambiente realmente tranquilo y tropical. El cercano **Tantra** es un popular y elegante club restaurante con temática oriental y suelo de césped natural. A tres manzanas de distancia está **Sushi Samba;** sus martes Wasabi son de visita obligada para los amantes del *sushi,* el *sake* y el karaoke.

Más allá de SoBe se sitúa **Grass Lounge,** ubicado en el elegantísimo Design District del centro de Miami. Se trata de un atractivo local con zonas a cubierto y al aire libre que ofrece un excelente menú; su pinchadiscos pone música variada, desde música house hasta acid jazz.

Muchos clubes organizan noches de ambiente homosexual, mientras que otros están dirigidos exclusivamente a este público. La mayoría de los locales, sin embargo, suele atraer a una clientela heterogénea.

Twist, con su terraza estilo Key West, es un bar para gays muy popular que dispone también de una pista de baile. Los sábados por la noche acuden muchos homosexuales al cavernoso edificio de **Club Space,** mientras que los viernes por la noche la clientela es muy variada.

FESTIVALES

Si se tiene suerte, la visita a la ciudad puede coincidir con alguno de sus coloridos y multitudinarios festivales *(ver pp. 34-37)*. Dos de los más conocidos son el Winter Music Festival, que se celebra en marzo en South Beach y al que acuden miles de DJ y aficionados a los clubes, y el South Beach Food & Wine Festival, que cada mayo ofrece la oportunidad de conocer a cocineros famosos. Ambos festivales atraen a multitud de visitantes a la popular zona de SoBe, por lo que resulta incluso más difícil acceder a los abarrotados clubes. Durante estos festivales es muy probable encontrarse con personajes famosos.

INFORMACIÓN GENERAL

INFORMACIÓN

NightGuide Miami
www.miami.nightguide.com

ARTES ESCÉNICAS

Actors' Playhouse
1300 Biscayne Blvd.
Plano 4 1F.
Tel *(305) 949-6722.*

Carnival Center for the Performing Arts
3500 Main Hwy.
Plano 6 E4.
Tel *(305) 442-4000.*

Colony Theatre
1040 Lincoln Rd.
Plano 2 D2.
Tel *(305) 674-1026.*

Gable Stage
1200 Anastasia Ave, Coral Gables. **Plano** 5 A2.
Tel *Tel (305) 445-1119.*

Gusman Center for the Performing Arts
174 E Flagler St.
Plano 4 E1.
Tel *(305) 374-2444.*

Jackie Gleason Theater of the Performing Arts
1700 Washington Ave.
Plano 2 E2.
Tel *(305) 673-7300.*

Miami City Ballet
905 Lincoln Rd.
Plano 2 E2.
Tel *(305) 929-7010.*

Miami/Dade County Auditorium
2901 W Flagler St.
Tel *(305) 547-5414.*

Miami Shores Performing Arts Theater
9806 NE 2nd Ave.
Plano 4 E2.
Tel *305) 751-9550.*

New World Symphony Theater
541 Lincoln Rd.
Plano 2 E2.
Tel *(305) 673-3330.*

Performing Arts Network
555 17th St.
Plano 2 E2.
Tel *(305) 899-7730.*

ESPECTÁCULOS DEPORTIVOS

American Airlines Arena
721 NW 1st Ave.
Tel *(786) 777-4328.*

Calder Racecourse
21001 NW 27th Ave.
Tel *(305) 625-1311.*

Dolphins Stadium
2269 NW Dan Marino Blvd.
Tel *(305) 623-6100.*

Flagler Greyhound Track
1401 NW 38th Court.
Tel *(305) 649-3000.*

Gulfstream Park Racetrack
901 S Federal Hwy.
Tel *(954) 454-7000.*

Miami Jai Alai Fronton
3500 NW 37th Ave.
Tel *(305) 633-6400.*

Orange Bowl Stadium
1400 NW 4th St.
Plano 3 1B.
Tel *(305) 284-2263.*

RITMOS LATINOS

Atarazana
F7335 NW 36th St.
Tel *(305) 591-3000.*

Bongo's Cuban Café
601 Biscayne Blvd.
Tel *(786) 777-2100.*

Café Mystique
7250 NW 11th St.
Tel *(305) 262-9500.*

Mango's Tropical Café
900 Ocean Drive.
Plano 2 E5.
Tel *(305) 673-4422.*

Tapas & Tintos
448 Española Way.
Plano 2 E2.
Tel *(305) 538-8272.*

MÚSICA EN DIRECTO

The Globe Café & Bar
377 Alhambra Circle, Coral Gables. **Plano** 5 C1.
Tel *(305) 445-3555.*

Jazid
1342 Washington Ave.
Plano 2 E2.
Tel *(305) 673-9372.*

Tobacco Road
626 S Miami Ave.
Plano 4 E2.
Tel *(305) 374-1198.*

Upstairs at the Van Dyke Café
846 Lincoln Rd.
Plano 2 E2.
Tel *(305) 534-3600.*

BARES

The Bar at 1220
The Tides Hotel, 1220 Ocean Drive.
Plano 2 F3. **Tel** *(305) 604-5070.*

The Clevelander
1020 Ocean Drive.
Plano 2 F3.
Tel *(786) 276-1414.*

Felt
1242 Washington Ave.
Plano 2 E3.
Tel *(305) 531-2114.*

Marlin Bar
1200 Collins Ave.
Plano 2 E3.
Tel *(305) 604-3595.*

Noir Bar
Conrad Miami Hotel, 1395 Brickell Ave.
Plano 4 E2.
Tel *(305) 503-6560.*

Raleigh Hotel
1775 Collins Ave.
Plano 2 F1.
Tel *(305) 534-6300.*

Rose Bar
The Delano Hotel, 1685 Collins Ave.
Plano 2 F1.
Tel *(305) 672-2000.*

Skybar
The Shore Club Hotel, 1901 Collins Ave.
Plano 2 F1.
Tel *(305) 695-3100.*

CLUBES NOCTURNOS

Area 51
950 NE 2nd Ave.
Tel *(305) 358-5655.*

B.E.D. Miami
929 Washington Ave.
Plano 2 E2.
Tel *(305) 532-9070.*

Club Deep
621 Washington Ave.
Plano 2 E4.
Tel *(305) 532-1509.*

Club Space
142 NE 11th St.
Tel *(305) 375-0001.*

Grass Lounge
28 NE 40th St.
Tel *(305) 573-3355.*

Mynt Lounge
1921 Collins Ave.
Plano 2 F1.
Tel *(786) 276-6132.*

Nocturnal
50 NE 11th St.
Tel *(877) 258-2847.*

Opium Garden Compex
136 Collins Ave.
Plano 2 E5.
Tel *(305) 531-7181.*

Oxygen Lounge
2911 Grand Ave, Coconut Grove.
Plano 6 F4.
Tel *(786) 276-6132.*

Pawn Shop
1222 NE 2nd Ave.
Tel *(305) 373-3511.*

Penrod's Complex
1 Ocean Drive. **Plano** 2 E5.
Tel *(305) 538-1111.*

Rain
323 23rd St. **Plano** 2 F1.
Tel *(305) 674-7447.*

Sushi Samba
600 Lincoln Rd.
Plano 2 E2.
Tel *(305) 673-5337.*

Tantra
1445 Pennsylvania Ave.
Plano 2 E3.
Tel *(305) 672-4765.*

Twist
1057 Washington Ave.
Plano 2 E3.
Tel *(305) 538-9478.*

CALLEJERO DE MIAMI

Los mapas de referencia que aparecen junto a los lugares de interés de Miami remiten a los planos de esta sección. El mapa adjunto indica el área de la ciudad que cubren las cinco páginas de este callejero; las tres principales zonas turísticas aparecen coloreadas. En los planos están marcadas las visitas mencionadas en el libro, además de las paradas de los transportes públicos, las oficinas de información y las estafetas de correos. También aparecen situados los hoteles recomendados *(ver pp. 310-314)*, restaurantes *(ver pp. 335-339)*, bares y cafés *(ver pp. 356)* de Miami que recoge la sección *Vivir Florida*

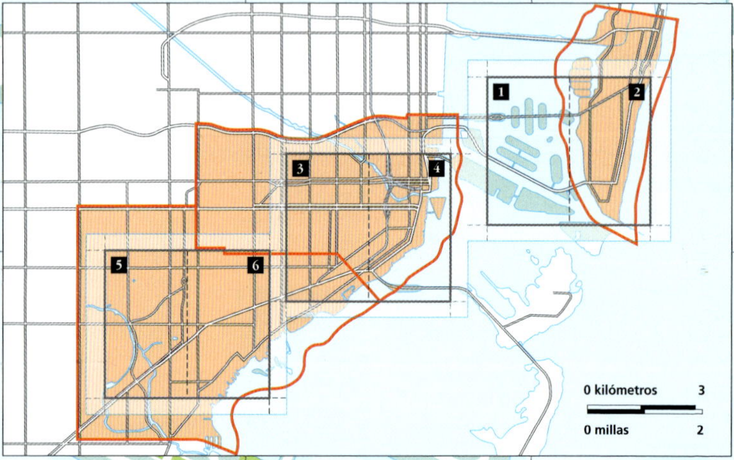

SIMBOLOGÍA

- Principales lugares de interés
- Otros lugares de interés
- Estación de Metrorraíl
- Estación de Metromover
- Paradas de cruceros
- Aparcamiento
- Oficina de información
- Hospital de urgencias
- Comisaría de policía
- Oficina de correos
- Iglesia
- Sinagoga
- Mezquita
- Campo de golf
- Línea de Metrorraíl
- Autopista
- Calle peatonal

ESCALA DE LOS PLANOS

0 metros 500

2
D
E
F
1
2
3
4
5
BAYSHORE MUNICIPAL GOLF COURSE
Sunset Lake
Lake Pancoast
ISLAND VIEW PARK
COLLINS PARK
FLAMINGO PARK
MEMORIAL FIELD
LUMMUS PARK
OCEAN FRONT PARK
PIER PARK
SOUTH POINTE PARK
MIAMI BEACH
Holocaust Memorial
Miami Beach Convention Center
Bass Museum of Art
City Hall
Jackie Gleason Theater
Delano Hotel
New World Symphony Theatre
Colony Theater
South Florida Art Center
Miami Beach Post Office
Cardozo Hotel
Marlin Hotel
Amsterdam Palace
Clevelander Hotel
Old City Hall
Wolfsonian Foundation
Art Deco Welcome Center
News Café
Park Central Hotel
South Shore Hospital
Jewish Museum of Florida
US Coast Guard Base
Miami Beach Marina
Joe's Stone Crab Restaurant
W 25TH STREET
W 23RD ST
W 21ST ST
WEST 24TH STREET
WEST 23RD STREET
WEST 22ND ST
WEST 21ST ST
SUNSET DR
LAKE AV
BAY AVE
NORTH BAY ROAD
ALTON ROAD
MICHIGAN AVENUE
NORTH MERIDIAN AVENUE
PRAIRIE AVENUE
CONVENTION CENTER DRIVE
MERIDIAN CT
PINE TREE DRIVE
WASHINGTON COURT
WASHINGTON AVENUE
COLLINS AVENUE
MIAMI BEACH DRIVE
LIBERTY AVENUE
PARK AVENUE
JAMES AVENUE
DADE BOULEVARD
(TOLL)
PURDY AVENUE
WEST AVENUE
BAY ROAD
LINCOLN COURT
LINCOLN TERRACE
LINCOLN ROAD MALL
17TH STREET
HANK MEYER BOULEVARD
LENOX AVENUE
JEFFERSON AVENUE
EUCLID AVENUE
DREXEL AVENUE
PENNSYLVANIA AVENUE
OCEAN DRIVE
ESPANOLA WAY
FLAMINGO WAY
14TH COURT
14TH TER
14TH PLACE
13TH TER
MONAD TER
5TH STREET
COMMERCE STREET
BISCAYNE STREET
HARLEY STREET
SOUTH POINTE DRIVE
PROMENADE DRIVE
FLAMINGO DRIVE

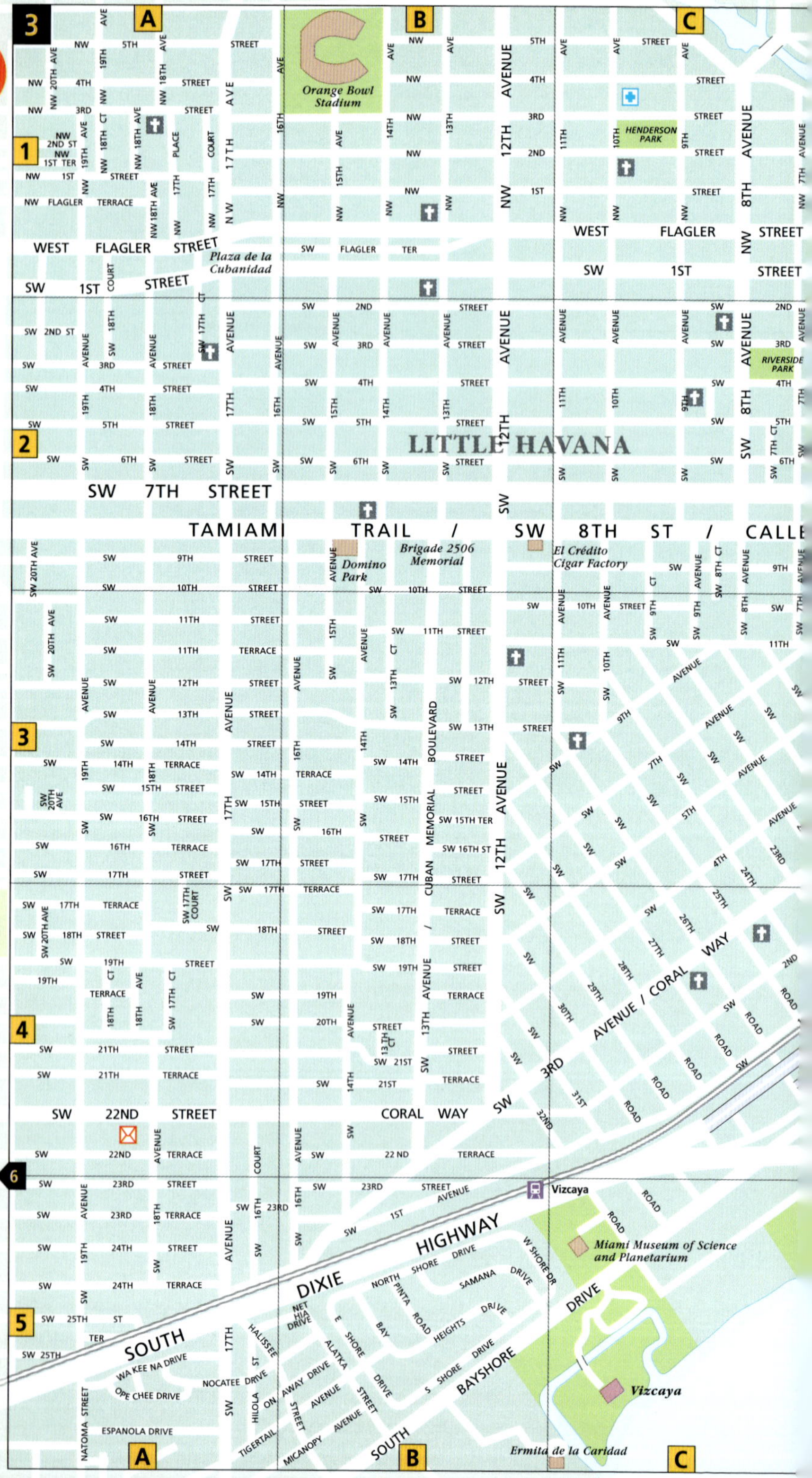
3
A
B
C
1
2
3
4
5
6
Orange Bowl Stadium
HENDERSON PARK
RIVERSIDE PARK
LITTLE HAVANA
WEST FLAGLER STREET
SW 1ST STREET
Plaza de la Cubanidad
SW FLAGLER TER
SW 7TH STREET
TAMIAMI TRAIL / SW 8TH ST / CALLE
Domino Park
Brigade 2506 Memorial
El Crédito Cigar Factory
NW 17TH AVE
NW 12TH AVENUE
NW 8TH AVENUE
SW 12TH AVENUE
SW 17TH AVENUE
CUBAN MEMORIAL BOULEVARD
SW 13TH AVENUE
SW 22ND STREET
CORAL WAY
SW 3RD AVENUE / CORAL WAY
SOUTH DIXIE HIGHWAY
Vizcaya
Miami Museum of Science and Planetarium
S BAYSHORE DRIVE
SOUTH BAYSHORE DRIVE
Ermita de la Caridad
NATOMA STREET
ESPANOLA DRIVE
OPE CHEE DRIVE
WA KEE NA DRIVE
NOCATEE DRIVE
HILOLA ST
TIGERTAIL AVENUE
MICANOPY AVENUE
HALISSEE ST
ALATKA ST
E SHORE DRIVE
NORTH SHORE DRIVE
SAMANA DRIVE
PINTA ROAD
BAY HEIGHTS DRIVE
W SHORE DR

4
D
E
F
Miami River
LUMMUS PARK
Government Center
Arena/State Plaza
College North
Federal Courthouse
College/ Bayside
Miamarina
Bayside Marketplace
Hard Rock Café
Bayside Amphitheatre
BAYFRONT PARK
1st Street
Miami-Dade Cultural Center
Dade County Courthouse
DuPont Building
EAST FLAGLER STREET
Macy©s
Wachovia Financial Center
Bayfront
CHOPIN PLAZA
Miami Ave
Bank of America Tower
Inter-Continental Hotel
Fort Dallas Park
River Walk
JOSÉ MARTÍ PARK
Brickell Point
5th Street
CLAUGHTON ISLAND
BRICKELL PARK
Greater Miami Convention and Visitor©s Center
SW 7TH STREET
OCHO
8th Street
Brickell
10th Street
BRICKELL AVENUE
SW 13TH STREET
Financial District
SIMPSON PARK
Point View
The Palace
The Imperial
NORTH - SOUTH EXPRESSWAY
The Atlantis
SOUTH MIAMI AVENUE
BRICKELL
ALICE WAINWRIGHT PARK
RICKENBACKER CAUSEWAY (TOLL)
BISCAYNE BLVD
SOUTH BAYSHORE DRIVE
1
2
3
4
5

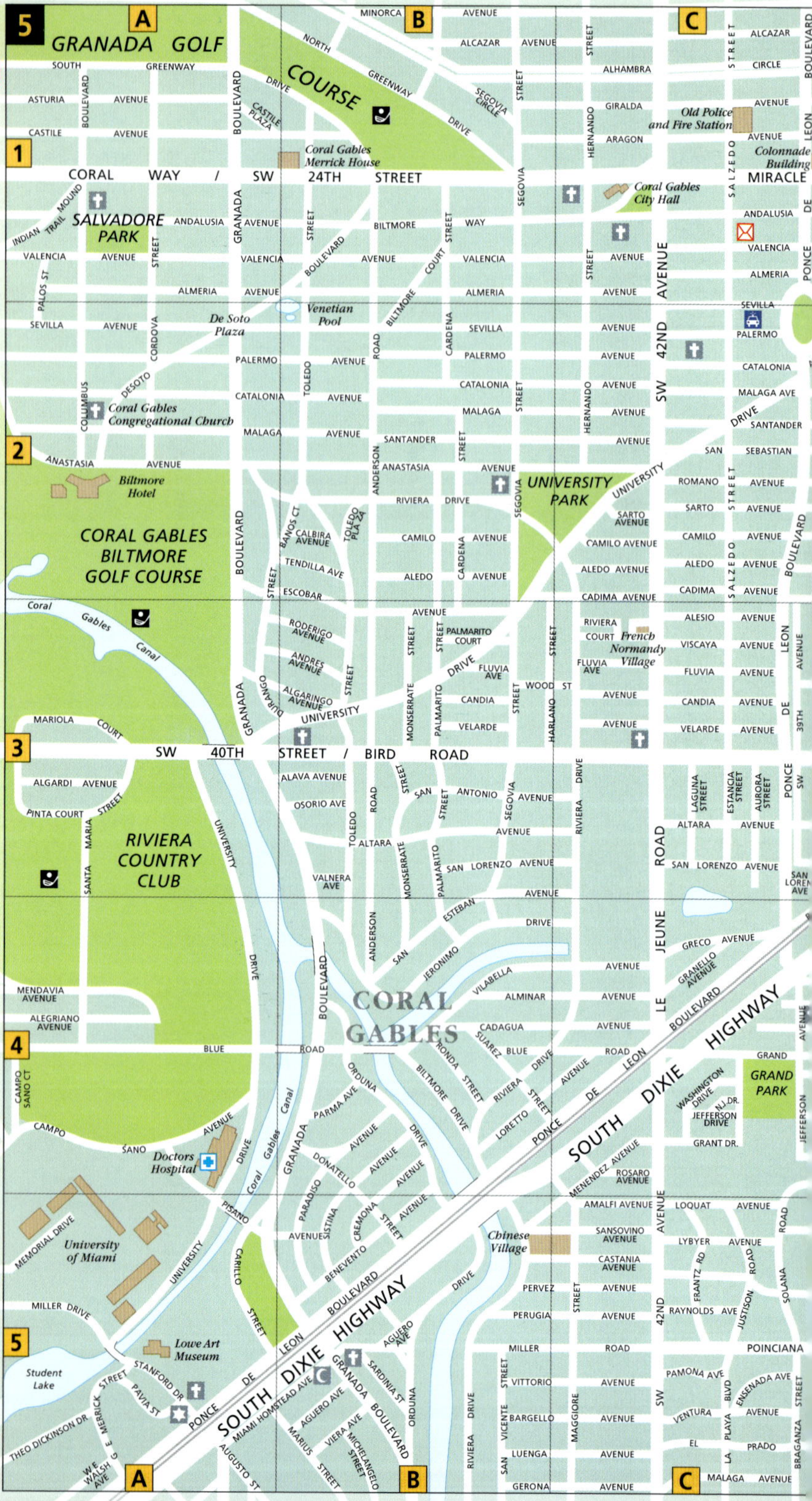
5
A
B
C
1
2
3
4
5
GRANADA GOLF COURSE
Coral Gables Merrick House
Old Police and Fire Station
Colonnade Building
CORAL WAY / SW 24TH STREET
MIRACLE
SALVADORE PARK
Coral Gables City Hall
Venetian Pool
De Soto Plaza
Coral Gables Congregational Church
Biltmore Hotel
CORAL GABLES BILTMORE GOLF COURSE
UNIVERSITY PARK
French Normandy Village
Coral Gables Canal
SW 40TH STREET / BIRD ROAD
RIVIERA COUNTRY CLUB
CORAL GABLES
Doctors Hospital
University of Miami
Lowe Art Museum
Student Lake
Chinese Village
GRAND PARK
SOUTH DIXIE HIGHWAY
PONCE DE LEON BOULEVARD
SW 42ND AVENUE
LE JEUNE ROAD
GRANADA BOULEVARD
UNIVERSITY DRIVE
BLUE ROAD
MILLER ROAD
SEGOVIA STREET
SALZEDO STREET
ALCAZAR
ALHAMBRA CIRCLE
GIRALDA
ARAGON
ANDALUSIA AVENUE
BILTMORE WAY
VALENCIA AVENUE
ALMERIA AVENUE
SEVILLA AVENUE
PALERMO AVENUE
CATALONIA AVENUE
MALAGA AVENUE
SANTANDER
ANASTASIA AVENUE
SAN SEBASTIAN
ROMANO AVENUE
SARTO AVENUE
CAMILO AVENUE
ALEDO AVENUE
CADIMA AVENUE
ESCOBAR
ALESIO AVENUE
VISCAYA AVENUE
FLUVIA AVENUE
CANDIA AVENUE
VELARDE AVENUE
ALAVA AVENUE
OSORIO AVE
ALTARA AVENUE
SAN LORENZO AVENUE
MENDAVIA AVENUE
ALEGRIANO AVENUE
CAMPO SANO
PISANO
MEMORIAL DRIVE
MILLER DRIVE
STANFORD DR
THEO DICKINSON DR.
AMALFI AVENUE
SANSOVINO AVENUE
CASTANIA AVENUE
PERVEZ AVENUE
PERUGIA AVENUE
VITTORIO AVENUE
BARGELLO AVENUE
LUENGA AVENUE
GERONA AVENUE
LOQUAT AVENUE
LYBYER AVENUE
RAYNOLDS AVE
POINCIANA
PAMONA AVE
ENSENADA AVE
VENTURA AVENUE
EL PRADO
MALAGA AVENUE
WASHINGTON DRIVE
JEFFERSON DRIVE
GRANT DR.
ROSARO AVENUE
MENENDEZ AVENUE

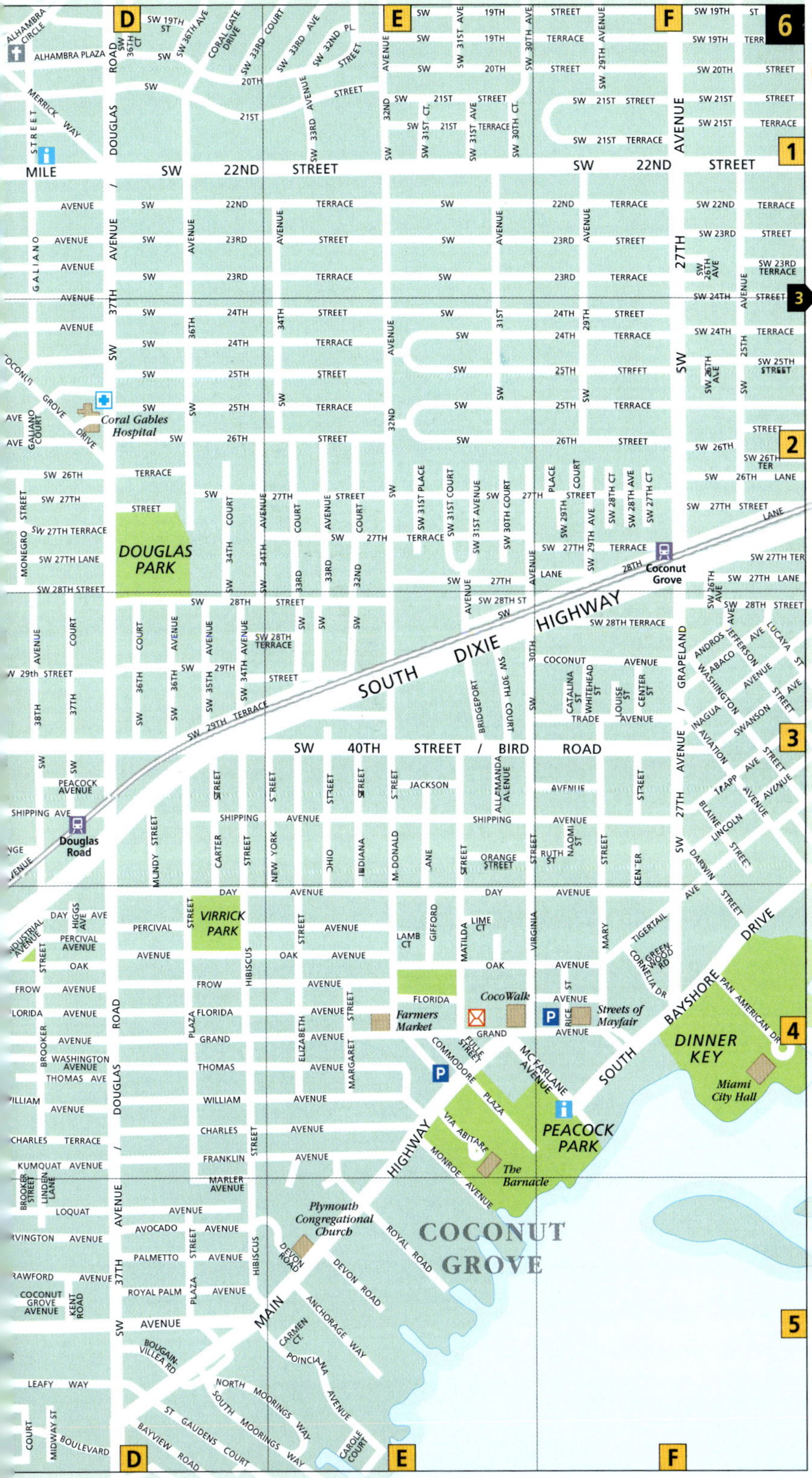

6
D
E
F
1
2
3
4
5
SW 22ND STREET
SW 40TH STREET / BIRD ROAD
SOUTH DIXIE HIGHWAY
SW 27TH AVENUE
SW 37TH AVENUE
DOUGLAS ROAD
GALIANO
COCONUT GROVE DRIVE
ALHAMBRA CIRCLE
ALHAMBRA PLAZA
MERRICK WAY
MILE
Coral Gables Hospital
DOUGLAS PARK
VIRRICK PARK
GRAPELAND
Coconut Grove
Douglas Road
MAIN HIGHWAY
SOUTH BAYSHORE DRIVE
PAN AMERICAN DR
DINNER KEY
Miami City Hall
PEACOCK PARK
The Barnacle
CocoWalk
Farmers Market
Streets of Mayfair
Plymouth Congregational Church
COCONUT GROVE
GRAND AVENUE
COMMODORE PLAZA
MCFARLANE AVENUE
VIA ABITARE
MONROE AVENUE
ROYAL ROAD
DEVON ROAD
ANCHORAGE WAY
POINCIANA AVENUE
NORTH MOORINGS WAY
SOUTH MOORINGS WAY
ST GAUDENS COURT
BAYVIEW ROAD
BOUGAINVILLEA RD
CAROLE COURT
CARMEN CT.

ITINERARIOS POR FLORIDA

Florida de un vistazo

Aparte de Walt Disney World, lo que más distingue a Florida son sus playas, variadas y para todos los gustos. La costa ofrece todas las atracciones turísticas de rigor, desde museos modernos hasta ciudades históricas. Sin embargo, lo bueno de Florida es que la proximidad de los destinos del interior hace que valga la pena alejarse de la algarabía de la costa para explorar algunos de los paisajes más ricos del Estado y empaparse de todo su sabor.

Los paseos en canoa *son típicos del Panhandle, donde ríos como el Suwannee hacen gala de una frondosa vegetación* (ver p. 244).

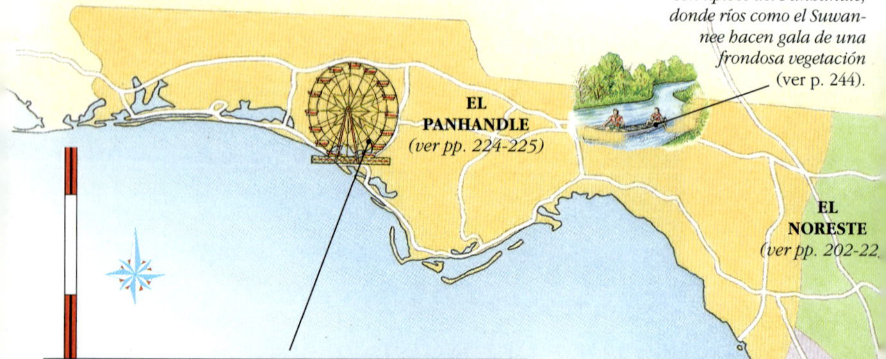

Las playas *del Panhandle, bañadas por las cálidas aguas del golfo de México, tienen la mejor arena de Florida. En verano, las localidades turísticas como Panama City Beach son un hervidero de gente* (ver pp. 236-237).

Busch Gardens, *que combina un safari park con montañas rusas y otras atracciones, es el centro de diversión familiar fuera de Orlando* (ver pp. 264-265).

El Ringling Museum of Art *alberga una de las mejores colecciones de arte del Estado; el patio acoge réplicas de esculturas clásicas, como ésta de* Ligia y el toro (ver pp. 270-273).

◁ **Bosque pantanoso en los Everglades**

El castillo de San Marcos *es una fortificación española del siglo XVII situada en St. Augustine, la ciudad más antigua de Florida. Su excelente estado de conservación se debe a su diseño y al grosor de sus muros* (ver pp. 214-215).

Los parques temáticos de Orlando, *principal atractivo del interior de Florida, son mundos de fantasía creados por el hombre, donde la diversión corre a cargo de numerosos espectáculos y atracciones. El más famoso es Walt Disney World* (ver pp. 142-157), *aunque Universal Studios* (ver pp. 180-185), *en la imagen, y SeaWorld* (ver pp. 176-177) *no le quedan a la zaga.*

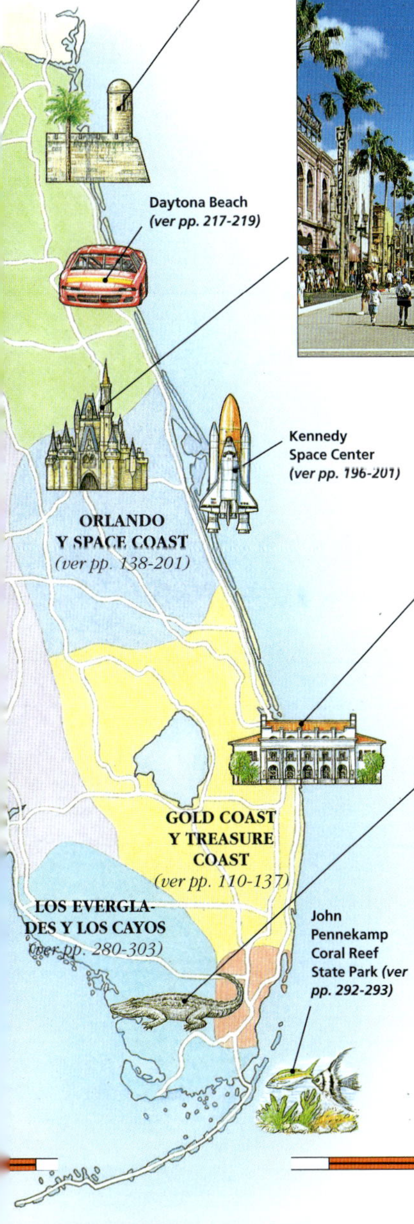

La Gold Coast *rebosa de edificaciones opulentas. En Palm Beach puede visitar la casa de Henry Flagler, de la década de 1920, y maravillarse ante las mansiones y los yates de la Intracoastal Waterway* (ver pp. 118-125).

Everglades National Park, *una vasta extensión de praderas, ciénagas y manglares repletos de vida, se encuentra a corta distancia de Miami* (ver pp. 286-291).

VIA PARIGI

GOLD COAST Y TREASURE COAST

Estas dos zonas deben su nombre a las riquezas rescatadas de los galeones españoles naufragados en el litoral. Los cálidos inviernos, que antaño disfrutaban sólo los más pudientes, atraen hoy a millones de visitantes.

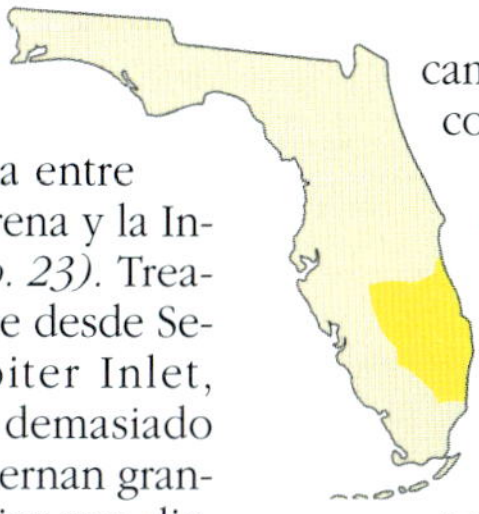

El turismo se concentra en el estrecho cordón de islas que recorren la costa entre las excelentes playas de arena y la Intracoastal Waterway *(ver p. 23)*. Treasure Coast, que se extiende desde Sebastian Inlet hasta Jupiter Inlet, afortunadamente no está demasiado urbanizada, y en ella se alternan grandes zonas de playas salvajes con discretas poblaciones.

Entre el Atlántico y los Everglades, los 97 kilómetros de la Gold Coast se extienden desde el norte de West Palm Beach hasta Miami.

Hasta que Flagler construyó el ferrocarril de la costa oriental, éste era un territorio salvaje, sólo habitado por indios y por un escaso número de colonos de raza blanca. Hoy en día, exceptuando los parques y los cientos de campos de golf, se encuentra construido en su totalidad.

La Gold Coast está dividida en dos condados: en Palm Beach County, los norteños ricos disfrutan de su privilegiada forma de vida en carísimas mansiones y en los campos de críquet o polo. Las localidades de Palm Beach y Boca Raton resultan perfectas para ver cómo invierten su tiempo y su dinero los norteamericanos acaudalados. Broward County es una inmensa metrópoli, cuya imparable urbanización se ve aligerada por canales y playas. De ella forma parte Fort Lauderdale, una de las localidades cuya saturación es aún mayor que la de las ciudades de Palm Beach County.

Vista del Atlántico desde el faro de Jupiter Inlet

◁ **Uno de los callejones de Worth Avenue, la exclusiva calle comercial de Palm Beach**

Explorando Gold Coast y Treasure Coast

Al norte de Palm Beach se extiende un litoral virgen y solitario, mientras que en el sur abundan las urbanizaciones y las aglomeraciones de gente, especialmente en temporada alta. Los parques costeros, ricos en aves, constituyen un recuerdo vivo del estado original de este territorio. El turismo cultural apenas existe, pero el excelente Norton Museum of Art y la exclusiva ciudad de Palm Beach son visitas obligadas. Los más activos pueden jugar al golf, ir de compras o pescar en el lago Okeechobee. A lo largo de la costa, de diciembre a abril, resulta difícil encontrar alojamiento y los precios se duplican; En cambio, en verano, los visitantes pueden aprovechar los precios más bajos.

El antiguo Ayuntamiento de Boca Raton, obra de Addison Mizner *(ver p. 120)*

LUGARES DE INTERÉS

- Boca Raton 19
- Butterfly World 18
- Dania 21
- Davie 23
- Delray Beach 15
- Flamingo Gardens 24
- *Fort Lauderdale pp. 132-135* 20
- Fort Pierce 4
- Hollywood 22
- Hutchinson Island 5
- Juno Beach 9
- Jupiter 8
- Jupiter Island 7
- Lake Okeechobee 13
- Lake Worth 14
- Lion Country Safari 12
- Loxahatchee Wildlife Refuge 16
- Mel Fisher's Treasure Museum 2
- Morikami Museum and Japanese Gardens 17
- *Palm Beach pp. 118-125* 10
- Sebastian Inlet 1
- Stuart 6
- Vero Beach 3
- West Palm Beach 11

Establecimientos y coches de marca en Palm Beach

CÓMO DESPLAZARSE

El coche es imprescindible, pues el transporte público es limitado y a veces inexistente. Amtrak sólo ofrece formas de llegar a esta zona (no de moverse por ella), aunque algunas líneas de TriRail *(ver p. 392)* paran en ciudades y aeropuertos de Miami y West Palm Beach. Tres autopistas recorren la costa. Para distancias largas, la mejor es la I-95, rápida y de varios carriles. Evite la US1 siempre que pueda: es lenta y atraviesa todo tipo de núcleos urbanos carentes de atractivo. La A1A puede resultar más lenta, pero suele tener menos tráfico y, con frecuencia, las vistas son pintorescas. Evite viajar en horas punta (días laborables de 7.30 a 9.30 y de 16.30 a 19.00) por las principales carreteras que recorren la Gold Coast y por las que rodean los grandes centros urbanos de Treasure Coast.

VER TAMBIÉN

- ***Alojamiento*** pp. 314-317
- ***Restaurantes y bares*** pp. 340-343 y 356

La playa de Fort Lauderdale es ideal para practicar los deportes náuticos

Sebastian Inlet ❶

Mapa de carreteras F3. Indian River Co. *Sebastian.* *00 Main St, (772) 589-5969.* **www**.sebastianchamber.com

En Sebastian Inlet, el Atlántico se funde con las salobres aguas del tramo del río Indian que coincide con la Intracoastal Waterway *(ver p. 23)*.

La **Sebastian Inlet State Park,** que bordea este canal, es, con sus 5 km de playas salvajes, uno de los parques más populares de Florida.

El lugar perfecto para bañarse es una tranquila cueva situada en su extremo norte y resguardada de las olas que convierten las playas del sur en uno de los enclaves surfistas de la costa oriental de Florida. El parque también es famoso por la pesca, y la entrada de mar siempre está atestada de barcos. Los dos malecones, que se adentran en el Atlántico, suelen estar llenos de pescadores, que tampoco faltan en las limpias aguas del río Indian.

En el extremo sur del parque, el **McLarty Treasure Museum** ahonda en la historia que rodea al naufragio de una flota española en 1715. El 31 de julio, un huracán hundió 11 galeones en los arrecifes de la costa, entre Sebastian Inlet y Fort Pierce. Los barcos, procedentes de La Habana y cargados de riquezas de las colonias españolas en el Nuevo Mundo, se dirigían hacia España siguiendo la corriente del golfo. En el naufragio pereció la tercera parte de los 2.100 marineros que componían la tripulación, mientras que los supervivientes instalaron un campamento en el lugar que ahora ocupa el museo.

Después de la tragedia, el 80% del cargamento fue recuperado por los sobrevivientes con la ayuda de los indios ais. Posteriormente, nadie profanó los navíos hundidos hasta que fueron descubiertos en 1928.

Plato español, McLarty Museum

La recuperación de los restos se reinició a principios de los años 60; desde entonces, se han rescatado tesoros por valor de millones de dólares. El museo tiene expuestos algunos objetos, como monedas de oro y plata, pero la mayoría son artículos domésticos: anillos, botones y cubiertos.

Sebastian Inlet State Park
9700 S A1A, Melbourne Beach.
Tel *(321) 984-4852.* *todos los días.*
www.floridastateparks.com

McLarty Treasure Museum
13180 N Highway A1A. ***Tel*** *(772) 589-2147.* *0.00-16.30 todos los días.*

Mel Fisher's Treasure Museum ❷

Mapa de carreteras F3. Indian River Co. 1322 US 1, Sebastian. ***Tel*** *(772) 589-9875.* *Sebastian.* *10.00-17.00 lu-sá (desde 12.00 do).* *Pascua, Día de Acción de Gracias, 25 dic, 1 ene.* **www**.melfishers.com

Este asombroso museo retrata la historia de un pobre convertido en rico. Se trata del famoso buscador de tesoros Mel Fisher, fallecido en 1998, pero cuyo equipo de buceadores Golden Crew continúa trabajando.

El fallecido Mel Fisher, buscador de tesoros y fundador del museo

Su museo, situado en el centro de Sebastian, contiene riquezas procedentes de diversos naufragios, incluido el de la flota de 1715, así como artículos del *Atocha (ver p. 29),* entre ellos relucientes joyas, un lingote de oro y otros objetos de uso cotidiano. En la sala Bounty se pueden comprar reales españoles originales o réplicas de joyas históricas.

Surf en Sebastian Inlet

Vero Beach ❸

Mapa de carreteras F3. Indian River Co. *18.000.* *1216 21st St, (772) 567-3491.* **www**.indianriverchamber.com

La ciudad principal de Indian River County, Vero Beach, y, en particular, la zona turística de Orchid Island, es un lugar atractivo. Los robles recorren las calles residenciales y los edificios tienen una altura máxima de cuatro pisos. Las bellas casas de Ocean Drive albergan galerías, *boutiques* y anticuarios.

El **Vero Beach Museum of Art,** en el Riverside Park de Orchid Island, celebra grandes exposiciones, pero la ciudad es más famosa por sus playas y sus dos hoteles. El Driftwood Resort, en pleno paseo marítimo de Vero Beach, fue construido en 1935 como residencia de verano de un excéntrico vecino que empleó para ello madera recuperada del mar y de derribo. Llenó la casa de un sinfín de sorprendentes baratijas. A 11 km al norte, en Wabasso Beach, una de las mejores playas de conchas que bordean Orchid Island, se encuentra el Vero Beach Resort el primer hotel construido por Disney fuera de Orlando.

El **Indian River Citrus Museum,** dedicado al típico producto agrícola de la zona, muestra todos los objetos imaginables relacionados con los cítricos, desde antiguas fotografías hasta cosechadoras, pasando por etiquetas.

Vero Beach Museum of Art
3001 Riverside Park Drive.
Tel *(772) 231-0707* *Día de Acción de Gracias, 25 dic, 1 ene.*
www.vbmuseum.org

Indian River Citrus Museum
2140 14th Ave. **Tel** *(772) 770-2263.* *10.00-16.00 ma-vi.* *festivos.*

El Driftwood Resort de Vero Beach, construido con madera de derribo

Fort Pierce ❹

Mapa de carreteras F3. St. Lucie Co. *39.500.* *2300 Virginia Ave, (772) 462-1535.*
www.visitstluciefla.com

El principal atractivo de esta localidad, que toma su nombre de un destacamento militar construido durante la segunda guerra seminola *(ver pp. 46-47),* es su barrera de islas, a la que se llega por dos carreteras elevadas que cruzan la Intracoastal Waterway.

Si toma la North Beach Causeway, llegará a North Hutchinson Island, cuyo extremo meridional lo ocupa la **Fort Pierce Inlet State Park,** donde se encuentra la mejor playa de la ciudad. Justo al norte, en un antiguo centro de instrucción de la II Guerra Mundial, se alza el **UDT-SEAL Museum.** Entre 1943 y 1946 pasaron por aquí más de 3.000 hombres rana de la marina norteamericana pertenecientes a los Equipos de Demolición Submarina (UDT), que aprendían a desactivar minas y a realizar defensas antidesembarco y que, en los años 60, se habían convertido en una fuerza de élite denominada SEAL (comandos de tierra, mar y aire). El museo explica la función de los hombres rana en la II Guerra Mundial, así como en Corea, Vietnam y Kuwait. En el exterior se exhiben diversos submarinos, semejantes a torpedos, que se utilizaban para transportar efectivos militares.

Deportes acuáticos

A 0,8 km de distancia se encuentra Jack Island, una península que se adentra en el río Indian. Un corto sendero que lleva a una torre de observación cruza esta reserva, tapizada de manglares y paraíso de las aves. En la carretera elevada del sur, que une Fort Pierce con Hutchinson Island, se encuentra el **St. Lucie County Historical Museum,** cuya ecléctica exposición contiene desde objetos de los naufragios de 1715 hasta reproducciones de un campamento seminola y de un almacén de suministros de principios de siglo. También se puede visitar la contigua casa *cracker (ver p. 30),* construida en 1907.

Fort Pierce Inlet State Park
905 Shorewinds Drive, N Hutchinson Island. **Tel** *(772) 468-3985.* *limitada.*

UDT-SEAL Museum
3300 N State Road A1A. **Tel** *(772) 595-5845.* *ene-abr: todos los días; May-Dic: ma-do.* *festivos.*

St. Lucie County Historical Museum
414 Seaway Drive. **Tel** *(772) 462-1795.* *10.00-16.00 ma-Sá (desde 12.00 do).* *festivos.* *limitada.*

Etiqueta de 1937 de los cítricos de Indian River

LA INDUSTRIA CÍTRICA DE INDIAN RIVER

Los españoles trajeron los cítricos a este Estado en el siglo XVI. Cada barco debía salir de España con 100 semillas, que se plantaban en las nuevas colonias. Las condiciones de Florida resultaron perfectas para los árboles frutales, especialmente a lo largo del río Indian, entre Daytona y West Palm Beach, región que se convertiría en la más importante del cultivo de cítricos de todo el Estado. En 1931, los agricultores de la zona crearon la Asociación de Cítricos de Indian River para impedir que la fruta de otras regiones pudiera recibir la denominación de "Indian River". Una tercera parte de los cítricos y el 75% de la producción de pomelos de Florida salen de aquí. Las naranjas, dulces y jugosas por el clima cálido, la riqueza del suelo y la adecuada pluviosidad, se emplean para zumo.

Gilbert's Bar House of Refuge Museum, en la costa atlántica de Hutchinson Island

Hutchinson Island ❺

Mapa de carreteras F3. St. Lucie Co/Martin Co. *5,000. 1900 Ricou Jensen Beach, (772) 334-3444.* **www**.jensenbeachchamber.org

Lo más famoso de esta isla de 32 km son sus impresionantes playas. En el sur, los bañistas acuden a Sea Turtle Beach y al vecino Jensen Beach Park, próximo a la confluencia de las carreteras 707 y A1A.

Al lado de Stuart Beach se alza el **Elliott Museum,** creado en 1961 en honor del inventor Sterling Elliott. El museo exhibe algunas de sus extrañas invenciones, aunque dedica más espacio a una colección de coches antiguos, reproducciones de habitaciones del siglo XIX y principios del XX, y motivos de la historia local.

A 1,6 km hacia el sur se encuentra el **Gilbert's Bar House of Refuge Museum,** construido en 1875. Se trata de uno de los 10 refugios colocados a lo largo de la costa oriental por el Lifesaving Service (antecesores de los guardacostas norteamericanos) para acoger a las víctimas de los naufragios. Las estancias de esta preciosa casa de madera muestran la dureza de la vida de los antiguos vigilantes, que solían permanecer en ella sólo un año. En el exterior se muestra una réplica del barco empleado en las misiones de rescate. En las proximidades se encuentra **Bathtub Beach,** una de las mejores playas de la isla. La piscina natural que forma el arrecife de arenisca la convierte en un lugar seguro para el baño.

Elliott Museum
825 NE Ocean Blvd. ***Tel*** *(772) 225-1961. 10.00-16.00 ma-sá (desde 13.00 do). Semana Santa, Dia de Accón de Gracias, 25 dic, 1 ene.*

Gilbert's Bar House of Refuge Museum
301 SE MacArthur Blvd. ***Tel*** *(772) 225-1875. 10.00-16.00 ma-sá (desde 13.00 do). Semana Santa, Dia de Acción de Gracias, 25 dic, 1 ene.*

Stuart ❻

Mapa de carreteras F3. Martin Co. *17,000. 1650 S Kanner Highway, (772) 287-1088.* **www**.goodnature.org

La carretera elevada que cruza el río Indian desde Hutchinson Island es una bella puerta de entrada a la principal localidad de Martin County. Rodeado de urbanizaciones que se asoman al mar y a los campos de golf, el atractivo y moderno casco urbano de Stuart es circunvalado por el tráfico de las autopistas costeras. Al sur del Roosevelt Bridge, a lo largo de la avenida Flagler y la calle Osceola, hay un paseo fluvial de madera, un pequeño conjunto de bellas edificaciones de ladrillo y estuco de los años veinte y numerosas galerías de arte. Por las tardes, los bares y restaurantes ofrecen música en directo.

El Riverwalk Café, en St. Lucie Street, en el centro de Stuart

El arrendajo de Florida se avista frecuentemente en Jupiter Island

Jupiter Island ❼

Mapa de carreteras F4. Martin Co. *200. 800 N US 1, (561) 746-7111.* **www**.jupiterfl.org

Gran parte de esta isla larga y estrecha la ocupa una acomodada zona residencial.

En el extremo septentrional, el **Hobe Sound National Wildlife Refuge** destaca por sus más de 5 km de playas, manglares y magníficas dunas vírgenes. La otra mitad del parque, donde crecen árboles y arbustos, es un paraíso de las aves, entre ellas el arrendajo de Florida. En el cruce de la US1 y la A1A hay un centro de la naturaleza.

Blowing Rock Preserve, un poco más hacia el sur, posee una pintoresca playa de arena. Durante las tormentas, sale despedido un chorro de agua de los orificios existentes en la piedra caliza de la orilla; de ahí el nombre de esta reserva.

Hobe Sound National Wildlife Refuge
13640 SE Federal Hwy.
Tel *(772) 546-6141. para la playa* **Playa** *todos los días.*
Centro de la naturaleza ***Tel*** *(772) 546-2067. lu-vi. festivos.*

Alrededores

El **Jonathan Dickinson State Park,** bautizado así en honor de un hombre que naufragó en 1696 en las proximidades, comprende ciénagas de manglares, llanuras de pinares y un tramo del río Loxahatchee cubierto de cipreses. Además de pasear a pie y a caballo, se puede alquilar una canoa o hacer una excursión en barco por el río; en el trayecto es fácil ver manatíes, caimanes, quebrantahuesos y garzas.

El faro de Jupiter Inlet, visto desde Jupiter Beach Park

Jonathan Dickinson State Park
16450 SE Federal Hwy. ***Tel*** *(772) 546-2771.* *todos los días.* *limitada.*

Jupiter 8

Mapa de carreteras F4. Palm Beach Co. *35,000.* *800 N US 1, (561) 746-7111.* **www**.jupiterfl.org

La pequeña localidad de Jupiter es famosa por sus impecables playas y por sus campos de entrenamiento del Florida Marlins y el St. Louis Cardinals.

El **John D. MacArthur Beach State Park.** en Singer Island, es un magnífico parque natural *(ver p. 127)*. El **Loxahatchee River Historical Society and Museum** exhibe objetos tanto de los primitivos habitantes de la zona, los indios hobe, como de los colonizadores ingleses que poblaron la región durante el siglo XVIII.

Loxahatchee River Historical Society and Museum
805 N US 1. ***Tel*** *(561) 747-6639.* *10.00-17.00 ma-vi, 12.00-17.00 sá y do.* *festivos.*

John D. MacArthur Beach State Park
Singer Island (cruzar Intracostal Waterway en Blue Heron Blvd. y girar hacia el norte en Ocean Blvd). *todos los días.*

Alrededores

Al sur de Jupiter Inlet se extiende **Jupiter Beach Park,** una formidable playa de arena marrón que es la meca de pescadores y pelícanos. Si desea obtener una perspectiva más amplia de la zona, suba al **faro de Jupiter Inlet,** la estructura más antigua de este condado, que data de 1860. El pequeño almacén de fuel situado a su lado es ahora un museo. Además del faro, por una cantidad extra los visitantes dominicales pueden ver el Dubois House Museum, de 1896. Gestionada por la Loxahatchee Histori cal Society, la casa está decorada al estilo de los primeros colonizadores. Muy cerca se encuentra **Carlin Park,** parque dirigido por el Parks and Recreation Department of Palm Beach County. Posee campos de juego, lugares para almorzar al aire libre, pistas de tenis, restaurantes y una playa.

Faro de Jupiter Inlet
Beach Rd at US 1. ***Tel*** *(561) 747-8380.* *10.00-16.00 sá-mi.* *festivos.*

Carlin Park
400 South State Road, A1A. *(561) 966-6600.* *todos los días. Socorrista de 9.00 a 17.20.*

LAS TORTUGAS MARINAS DE FLORIDA

El centro de la costa oriental de Florida es la principal zona de desove de tortugas en Estados Unidos. De mayo a septiembre, las hembras salen a la playa al anochecer para poner alrededor de 100 huevos cada una. Dos meses después nacen las crías, que se precipitan hacia el mar protegidas por la oscuridad de la noche; pero las luces de los edificios pueden desorientarlas.

Para ver a las tortugas desovando, lo mejor es unirse a una de las numerosas expediciones de observación que se organizan por toda la costa: solicite información en las cámaras de comercio de la zona, como la de Juno Beach.

Primer encuentro con el mar de una cría de tortuga

Juno Beach 9

Mapa de carreteras F4. Palm Beach Co. *2,700.* *1555. Palm Beach Lakes Blvd, Suite 800, (561) 471-3995.*

Las arenas vírgenes de Juno Beach, una pequeña población de elevados edificios de apartamentos, y la playa que se extiende al norte de Jupiter Inlet conforman uno de los lugares de desove de las tortugas marinas más prolíficas del mundo. En Loggerhead Park, entre la US1 y la Route A1A, el fascinante **Marinelife Center** es un centro de la naturaleza.

Además, aquí se recuperan los ejemplares heridos por las hélices de los barcos y por los anzuelos de los pescadores.

Marinelife Center
14200 US 1. ***Tel*** *(561) 627-8280.* *10.00-16.00 lu-sá, 12.00-15.00 do.* *25 dic.* **www**.marinelife.org

Palm Beach ⑩

Reloj de Tiffany & Co.

Esta localidad ha acogido desde siempre a las grandes fortunas norteamericanas. Henry Flagler, pionero en la urbanización del sur de Florida *(ver p. 125)*, creó este retiro invernal para ricos a finales del siglo XIX. En los años 20, el arquitecto Addison Mizner *(ver p. 120)* dio un nuevo impulso a la ciudad con la construcción de ostentosas mansiones de estilo español para sus residentes estacionales. Hasta los años 60, la población prácticamente cerraba en verano; incluso se desmontaban los semáforos. Hoy en día, Palm Beach permanece abierta todo el año, pero su gran temporada turística son los meses de invierno. En la que se supone la ciudad más rica de Estados Unidos, los visitantes pueden observar a la *gente guapa* pasando el tiempo en algunas de las tiendas y restaurantes más elegantes del Estado o acudiendo a clubes privados y distinguidas fiestas benéficas.

La puerta de Via Roma precede a este bello callejón

Worth Avenue, meca de las compras de los ricos

Worth Avenue

Para comprender el estilo de vida de Palm Beach es necesario visitar Worth Avenue, donde los chóferes mantienen encendido el aire acondicionado de los Rolls Royce mientras sus propietarios adquieren un vestido de Armani o un icono ruso antiguo. La arteria más famosa de la ciudad se extiende desde Lake Worth hasta el Atlántico.

Worth Avenue y la arquitectura de Addison Mizner se pusieron de moda tras la construcción, en 1918, del exclusivo Everglades Club, que fue el resultado de la colaboración de Mizner con Paris Singer, heredero de la fortuna de las máquinas de coser y anfitrión del arquitecto en su primera visita a Florida. Diseñado originalmente como hospital militar de oficiales durante la I Guerra Mundial, jamás acogió un sólo paciente, sino que se convirtió en centro de la vida social de la ciudad. Hoy en día, las galerías y los patios de estilo español de este edificio continúan siendo un punto de reunión de sus socios de alcurnia.

Al otro lado de la calle, y en claro contraste con el sobrio exterior del club, Via Mizner y Via Parigi exhiben el colorido de sus tiendas y restaurantes. Estos callejones peatonales, comunicados entre sí, fueron creados en los años 20 por Mizner y constituyen el núcleo estético de Worth Avenue. Inspirados en las callejuelas de los pueblos españoles, son una amalgama de arcos, serpenteantes escaleras, buganvillas, fuentes y patios. Su entrada la dominan la torre de oficinas y la mansión que Mizner diseñó para sí mismo. La planta baja de la torre, que albergaba la exposición de su negocio de cerámica, fue el primer local comercial de esta calle. Ambos edificios están conectados por una pasarela que conforma la puerta de entrada de la zona comercial de Via Mizner. Las otras callejuelas que parten de Worth Avenue son más modernas pero, al ser del mismo estilo y estar decoradas con flores y llamativos escaparates, también tienen encanto. No se pierda Via Roma ni los patios que unen Via de Lela con Via Flora.

Fuente de Via Mizner

Worth Avenue en 1939, fotografiada por Bert Morgan

Compras en Worth Avenue

Gargantilla de Lindsay Brattan

El símbolo de Palm Beach, Worth Avenue, contiene unas 250 tiendas de moda, galerías de arte y anticuarios. Sus fachadas, cuyos estilos van desde el español propugnado por Mizner hasta el *art déco*, conforman un conjunto ecléctico, aunque homogéneo y agradable. La iluminación nocturna confiere su mejor momento a los artísticos escaparates de la vía comercial más famosa de Florida. Algunos exhiben símbolos de riqueza, como falsas tostadas de caviar o un mayordomo de cartón de tamaño natural. En 1979, un Rolls Royce provisto de una pala excavadora inauguró las obras de The Esplanade, un centro comercial al aire libre situado en el extremo oriental de la avenida. Este tipo de espectáculos, típicos de Worth Avenue, es lo que la distinguen de otras prestigiosas zonas comerciales.

LAS TIENDAS DE WORTH AVENUE

La variedad de establecimientos resulta espectacular en Worth Avenue, donde abundan las joyerías, incluso las especializadas en bisutería de calidad. También encontrará elegantes casas de moda, tiendas de regalos y boutiques de marca.

Cartier *ofrece lo último en regalos y recuerdos. Se puede elegir entre joyas de oro, plumas y, por supuesto, relojes.*

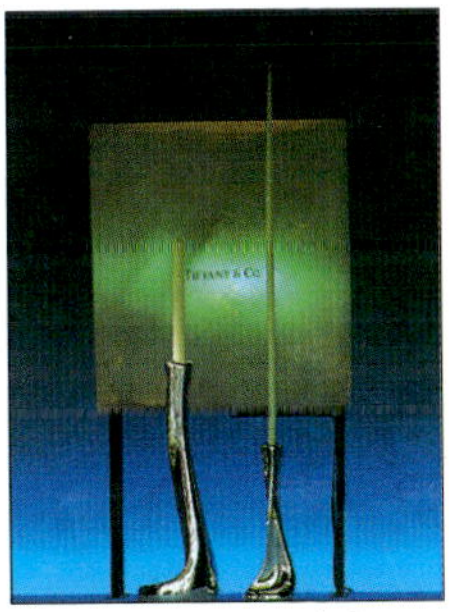

Tiffany & Co *es una de las tiendas más famosas de Worth Avenue. Más conocida por sus joyas (entre ellas los exclusivos diseños de Paloma Picasso), también vende perfumes y artículos de piel.*

Saks Fifth Avenue *consta de dos plantas en las que se vende desde lencería hasta prendas masculinas de marca.*

La joyería Greenleaf and Crosby *fue inaugurada en 1896.*

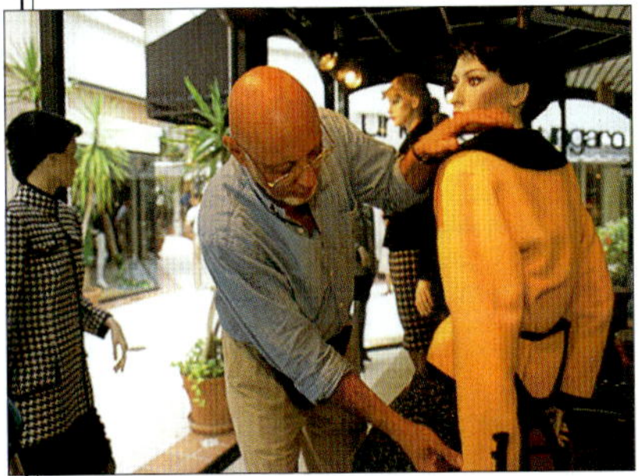

Emanuel Ungaro *es una de las* boutiques *de Worth Avenue. Sus prendas femeninas suelen ser atrevidas y con clase. Durante la temporada de invierno cambian los escaparates todas las semanas.*

The Meissen Shop *posee la mayor colección de porcelana antigua Meissen del mundo.*

Explorando Palm Beach

El espíritu y la imaginación de Addison Mizner se respira en todo Palm Beach. Su arquitectura, descrita por un biógrafo como un "estilo español-morisco-románico-gótico-renacentista del mercado alcista donde el coste importa un comino", proporcionó a sus coetáneos infinidad de ideas con las que trabajar. Palm Beach está repleta de espléndidas creaciones de hombres como Marion Wyeth, Maurice Fatio y Howard Major, todos ellos de la década de 1920, así como de otras imitaciones más recientes. Recrearse viendo las lujosas mansiones de los ricos y famosos es una de las principales actividades de Palm Beach.

Excursiones por la ciudad de Palm Beach

Tras la opulencia de Worth Avenue, el ambiente de las calles residenciales situadas al norte resulta más discreto. Cocoanut Row tiene algunas viviendas particulares lujosas pero la influencia de Mizner es más visible en la ecléctica arquitectura de la paralela South County Road, en ejemplos como el Ayuntamiento, construido en 1926. En las proximidades se encuentra el Mizner Memorial Park, cuyos elementos centrales son una fuente y un estanque rodeado de palmeras, y la Phipps Plaza, un recinto tranquilo y sombreado al que se asoman deliciosos edificios con alféizares de azulejo y portalones engalanados con flores.

Mizner Memorial Fountain

La casa de coral del n° 264 es obra del propio Mizner. También memorable es el chalet tropical de Howard Major (1939).

Si dispone de tiempo, merece la pena pasear por las calles situadas al oeste de South County Road, donde hallará una mezcla de casas de estilo Mizner y bungalós de principios de siglo rodeados de jardines. La calle más imponente de esta zona es Royal Palm Way, cuya hilera de palmeras constituye una buena preparación para el Royal Palm Bridge, un excelente punto para contemplar los lujosos yates de Lake Worth. Merece la pena especialmente en diciembre, cuando los engalanan con bombillas de colores para el desfile marítimo anual.

Mural de la biblioteca Society of the Four Arts

Society of the Four Arts

2 Four Arts Plaza. ***Tel*** *(561) 655-7226.* **Galería y jardines** *10.00-17.00 lu-sá, 14.00-17.00 do.* *do (may-oct), festivos.* **Biblioteca** *10.00-17.00 lu-vi, 9.00-13.00 sá.* *sá (may-oct), do, festivos.*

Fundada en 1936, la Society of the Four Arts está formada por dos bibliotecas, una sala de exposiciones y un auditorio.

La galería y el auditorio pertenecieron originalmente a un club privado diseñado por Mizner, pero la biblioteca Four Arts Library, de Maurice Fatio, resulta mucho más sorprendente. Los murales clásicos de su galería representan escenas de arte, música, teatro y literatura. Los deliciosos jardines posteriores contienen un jardín chino y una pradera salpicada de esculturas.

Via Mizner *(ver p. 118)*, ejemplo típico de la obra de Mizner

LA FANTASÍA ESPAÑOLA DE MIZNER

Mizner a mediados de los años veinte

En 1918, Addison Mizner (1872-1933) llegó a Palm Beach desde Nueva York para recuperarse de un accidente. Arquitecto de profesión, pronto comenzó a diseñar casas y, en ese proceso, cambió la imagen de Florida *(ver p. 31)*. Adaptando al entorno el diseño de los edificios españoles antiguos, creó un nuevo estilo arquitectónico en el que introdujo galerías y escalinatas exteriores, muy apropiadas para las elevadas temperaturas de la región. Sus albañiles cubrían los muros de leche condensada y los frotaban con estropajo para recrear la suciedad acumulada a lo largo de los siglos.

Mizner amasó una gran fortuna y triunfó tanto por su visión arquitectónica como por su capacidad de entrar en el círculo de amistades de sus posibles clientes. Más tarde volvió la vista a Boca Raton *(ver pp. 130-131)*, pero la crisis inmobiliaria que sufrió Florida a finales de los años veinte le atestó un duro golpe y, en sus últimos años, acudió a sus amigos para poder hacer frente a sus gastos.

Hibel Museum of Art

5353 Parkside Drive, Jupiter.
Tel *(561) 622-5560.* *11.00-17.00 ma-sá (desde 13.00 do).* *festivos.*
www.hibelmuseum.org

La obra de Edna Hibel, nacida en Boston en 1917 y residente de la vecina Singer Island *(ver p. 127)*, se compone de retratos de madres de todo el mundo con sus hijos. Pinta sobre diversas superficies, desde madera y seda hasta cristal y porcelana.

Este museo, fundado en 1977 conserva más de 1.500 creaciones de la artista.

Britanny and Child **(1994), de Edna Hibel (óleo, yeso y oro sobre seda)**

The Breakers

1 South County Rd. **Tel** *(561) 655-6611.* *mi tardes.*
www.thebreakers.com

Este hotel de estilo renacentista italiano, que se eleva sobre el campo de golf más antiguo de Florida, es el tercero que se construye: el primer Breakers, edificado en 1895, fue pasto de las llamas en 1903. Su sustituto siguió el mismo camino en 1925, destruido en un incendio originado por las tenacillas de rizar el cabello de una huésped.

El actual Breakers fue levantado en menos de un año. Ha sido siempre el centro de atención de la vida social de la ciudad y ha celebrado numerosas fiestas en sus magníficos salones.

Aunque no se aloje en él, no dude en contemplar un partido de críquet, saborear un batido en el bar o husmear por el vestíbulo (fíjese en el techo pintado a mano) y por los salones palaciegos. Si no le basta con eso, apúntese a la visita semanal guiada.

Limusinas a la espera de clientes en la puerta del Breakers Hotel

Al sur del hotel se alzan tres magníficas mansiones de madera del siglo XIX, todo lo que queda del **Breakers Row,** unos chalets con vistas al mar que se alquilaban a los huéspedes más adinerados durante la temporada de invierno.

Alrededores Palm Beach

La alta sociedad de Palm Beach suele ocultar tras altos setos sus carísimas mansiones, algunas de las cuales fueron construidas por Mizner y sus imitadores en la década de 1920. Desde entonces, han proliferado las edificaciones de todos los estilos arquitectónicos, desde el neoclásico hasta el *art deco*.

Las construcciones lujosas más fáciles de ver se pueden observar desde la loma de South Ocean Boulevard. La vivienda georgiana del n° 125 pertenece a Estée Lauder. Construida por Mizner para sí mismo en 1919, fue durante un tiempo propiedad de John Lennon. Ocho manzanas más abajo está Mar-a-Lago (n° 1100), la residencia más grandiosa de Palm Beach, que cuenta con 58 dormitorios, 33 cuartos de baño y 3 refugios antinucleares. Construida por Joseph Urban y Marion Wyeth en 1927, fue adquirida en 1985 por el millonario Donald Trump, quien la convirtió en un club privado cuya cuota de entrada era una cantidad de dinero muy elevada.

La North County Road pasa por la mayor vivienda de Palm Beach, en el n° 513. Detrás, la mansión del n° 1095 de North Ocean Boulevard fue utilizada por la familia Kennedy como retiro invernal hasta 1995.

El límite mínimo de velocidad, 40 km/h, impide ver cómo viven estas familias privilegiadas, por lo que la bicicleta constituye una atractiva posibilidad. Alquilarlas resulta fácil *(ver p. 123)* y el mejor recorrido, de 5 km, es el Lake Trail, empleado también por los habitantes de la zona para hacer deporte. Va desde Worth Avenue hasta prácticamente el extremo norte de la isla, bordeando el lago Worth y rozando la espalda de las mansiones; el tramo más bonito es el de Dubar Road.

Mar-a-Lago, la vivienda más grande de Palm Beach

Un paseo por Palm Beach

Circunscrito por las grandes arterias South County Road y Cocoanut Row, este recorrido une los principales puntos del centro de Palm Beach, incluida la impresionante casa de Henry Flagler, Whitehall. El tramo del itinerario que bordea Lake Drive South forma parte del sendero panorámico de Palm Beach *(ver p. 121)*. Aunque está pensado para recorrerlo en coche, también se puede atravesar en bicicleta, a pie o, incluso, patinando. Estas alternativas evitan el problema de los guardas de tráfico, a veces con cierto exceso de celo, que patrullan las calles en carritos de golf motorizados.

Flagler Museum ①
Whitehall, antigua residencia de invierno de Flagler, abrió sus puertas al público en 1959. Perfectamente restaurada, conserva la mayor parte del mobiliario original.

Sea Gull Cottage ②
Esta edificación de 1816 es la más antigua de Palm Beach. Fue la primera casa de invierno de Flagler.

Royal Poinciana Chapel ③ fue construida por Flagler en 1896.

Casa de Leoni ⑤
El nº 450 de Worth Avenue, uno de los edificios más encantadores de Mizner, marcó la tendencia del estilo gótico veneciano.

SIMBOLOGÍA

Itinerario sugerido

Public Beach ⑦
Esta playa no es nada espectacular, pero está abierta a todo el mundo.

El Ayuntamiento ⑧, diseñado en 1926, es uno de los puntos destacados de Palm Beach.

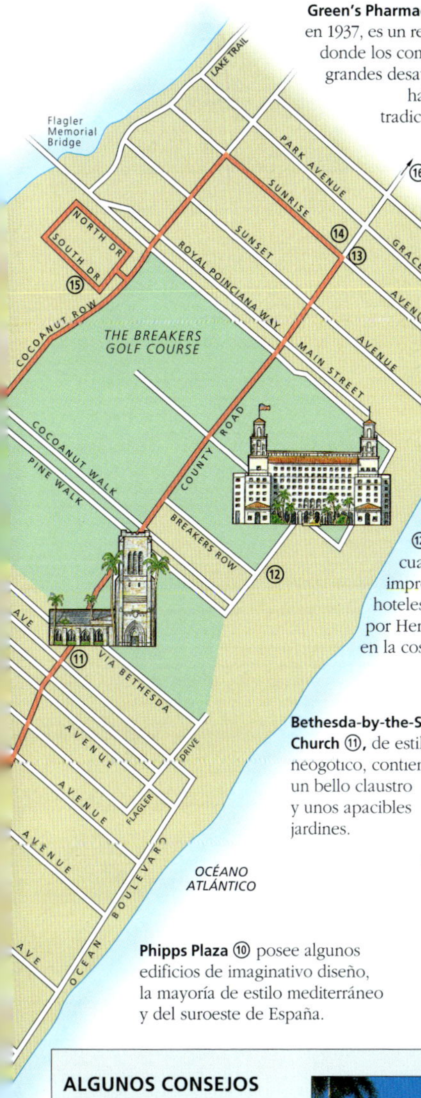

Green's Pharmacy ⑬, inaugurado en 1937, es un restaurante informal donde los comensales degustan grandes desayunos, magníficas hamburguesas y las tradicionales sodas con helado, todo ello servido en un animado ambiente.

The Breakers ⑫ fue el cuarto de los impresionantes hoteles construidos por Henry Flagler en la costa oriental.

Bethesda-by-the-Sea Church ⑪, de estilo neogótico, contiene un bello claustro y unos apacibles jardines.

Phipps Plaza ⑩ posee algunos edificios de imaginativo diseño, la mayoría de estilo mediterráneo y del suroeste de España.

INFORMACIÓN ESENCIAL

Mapa De Carreteras F4. Palm Beach Co. *10.000.* *5 km al oeste.* *Amtrak y Tri-Rail, 201 S Tamarind Ave, West Palm Beach, (800) 231-2222.* *201 S Tama-rind Ave, West Palm Beach, (800) 231-2222.* *41, 42 desde West Palm Beach.* *45 Cocoanut Row, (561) 655-3282.* *Artigras (feb).*

Old Royal Poinciana Hotel ⑮ *Este lujoso hotel de madera, de 2.000 habitaciones, fue retiro de invierno de personajes acaudalados. En 1935 sufrió un incendio al que sólo sobrevivió la cúpula del invernadero.*

St. Edward's Church ⑭ *Construida en 1927 al estilo mediterráneo, el campanario y la portada, de piedra esculpida, son barrocos.*

ALGUNOS CONSEJOS

Recorrido: *7 km.*
Punto de partida: *cualquiera. Es mejor seguir el sentido de las agujas del reloj, pues Worth Avenue es de dirección única. La Palm Beach Bicycle Trail Shop, en 223 Sunrise Ave, Tel. (561) 659-4583, es un buen punto de partida si quiere alquilar una bicicleta, un tándem, o unos patines.*
Aparcamiento: *haga acopio de quarters (monedas de 25 centavos) para los parquímetros. También hay aparcamientos gratis durante una hora, pero no rebase ese tiempo.*

La fuente del Memorial Park, en el centro de Palm Beach ⑨

LUGARES DE INTERÉS

① Flager Museum *(ver pp. 124-125)*
② Sea Gull Cottage
③ Royal Poinciana Chapel
④ Society of Four Arts *(ver p. 120)*
⑤ Casa de Leoni
⑥ Worth Avenue *(ver pp. 118-119)*
⑦ Public Beach
⑧ Ayuntamiento *(ver p. 120)*
⑨ Memorial Park *(ver p. 120)*
⑩ Phipps Plaza *(ver p. 120)*
⑪ Bethesda-by-the-Sea Church
⑫ The Breakers *(ver p. 121)*
⑬ Green's Pharmacy
⑭ St Edward's Church
⑮ Old Royal Poinciana Hotel
⑯ Hibel Museum of Art *(ver p. 121)*

Flagler Museum

Detalle de la puerta principal

Esta mansión de 55 habitaciones, denominada Whitehall, fue concebida como los grandes palacios de Europa, cuando en 1902 la construyó Henry Flagler como regalo de boda para su tercera esposa, Mary Lily Kenan. Por sorprendente que parezca, esta casa de cuatro millones de dólares fue diseñada como residencia de invierno. A ella viajaban todos los años los Flagler en uno de sus vagones de tren privados *(ver p. 49)*; el vagón nº 91 se exhibe en el Flager Kenan Pavilion, al sur del recinto.

En 1925, 12 años después de morir Flagler, se le adosó una torre de 10 pisos a la fachada posterior y Whitehall se convirtió en hotel. Jean Flagler Matthews adquirió la mansión de su abuelo en 1959 y, tras una carísima restauración, la convirtió en museo.

Salón de baile
De todos los bailes celebrados en este suntuoso salón, el Bal Poudré de 1903 fue el más ostentoso.

El dormitorio de las rosas amarillas tenía el papel pintado y el mobiliario a juego: una novedad en aquella época.

Sala de billar

Flagler Kenan Pavilion

El dormitorio principal está decorado con seda adamascada amarilla, fiel copia del tejido original rococó.

★ Aseo principal
Además de una bañera a ras de suelo, un retrete y una maravillosa ducha independiente, el baño privado de los Flagler presenta este precioso lavabo doble de ónice.

Biblioteca
Las encuadernaciones de piel, así como los objetos y detalles decorativos, confieren un ambiente íntimo a esta biblioteca de paredes de madera.

RECOMENDAMOS

- ★ Aseo principal
- ★ Vestíbulo
- ★ Cuarto colonial

Salón

Paredes tapizadas de seda y grandes cortinajes decoran esta habitación estilo Luis XVI.

INFORMACIÓN ESENCIAL

Cocoanut Row & Whitehall Way. ***Tel*** *(561) 655-2833.* *10.00-17.00 ma-sá, 12.00-17.00 do.* *Acción de Gracias, 25 dic, 1 ene.* *limitada.* *habitualmente.* **www**.flaglermuseum.us

★ Vestíbulo

Esta grandiosa entrada de mármol presenta frescos en el techo, así como sillas y marcos de oropel, como éste del retrato de Jean Flagler Matthews.

El pórtico este descansa sobre columnas estriadas, y unas vasijas enormes decoran las escaleras de entrada.

★ Cuarto colonial

A principios del siglo XX, la afluencia de huéspedes a Whitehall era constante. Los más insignes se alojaban en esta habitación, decorada en colores crema y rojo.

La escalera, que arranca del vestíbulo, fue construida con mármoles diversos y rematada con una historiada barandilla de bronce.

EL PALM BEACH DE FLAGLER

Cuando el navío español *Providencia* naufragó en 1878, su cargamento de cocos quedó esparcido por una playa próxima a Lake Worth, y pronto echó raíces. Henry Flagler, atareado con la urbanización de la costa oriental de Florida *(ver pp. 48-49)*, divisó esta hermosa playa rodeada de palmeras hacia 1890. Cautivado por la belleza de la zona, adquirió el terreno sin dilación. En 1894 inauguró el Royal Poinciana Hotel *(ver p. 128)*, sentando así las bases del nacimiento de la exclusiva localidad de Palm Beach.

Henry Flagler y su tercera esposa, Mary Lily, en 1910

Los rascacielos se ciernen sobre las apacibles aguas de Lake Worth, en West Palm Beach

West Palm Beach ⓫

Mapa de carreteras F4. Palm Beach Co. *78,000.* *Amtrak y Tri-Rail.* *1555 Palm Beach Lakes Blvd, (561) 233-3000.* **www**.palmbeachfl.com

A finales del siglo XIX, Henry Flagler *(ver p. 125)* decidió trasladar las antiestéticas viviendas de los trabajadores y las empresas de servicios de Palm Beach lejos de la vista de los turistas, lo que dio origen a West Palm Beach que, a partir de entonces, se convirtió en el núcleo comercial de Palm Beach County.

La localidad ha logrado forjarse una sólida identidad du rante las últimas décadas, pero continúa desempeñando un papel secundario frente a su vecina, infinitamente más elegante y bastante más pequeña. Los impecables rascacielos del centro de West Palm Beach sólo atraen a hombres de negocios y, más al norte, se extiende el histórico pero deprimido barrio del noroeste; las afueras de la ciudad se componen, en general, de urbanizaciones residenciales y campos de golf sin mucho carácter.

West Palm Beach disfruta del bello entorno de Worth Lake y ofrece un puñado de atracciones que merece la pena ver, en particular el excelente Norton Museum of Art, calificado como el mejor museo del sureste de EE UU por *The New York Times*.

TORNEOS DE POLO

El polo goza de una extraordinaria popularidad en el selecto condado de Palm Beach. La temporada va de diciembre a abril y tiene lugar en los clubes de Wellington, Boca Raton y Worth Lake. Las entradas para asistir a las competiciones son bastante asequibles, y durante los partidos el ambiente es amistoso y desenfadado, como lo demuestra el champán que con frecuencia suele degustarse en las gradas.

Si desea conseguir más información puede dirigirse a Wellington *(561) 204-5687*, Boca Raton (561) 994-1876 o Lake Worth (561) 965-2057.

Partido de polo, deporte muy popular en el condado de Palm Beach

South Florida Science Museum

4801 Dreher Trail N. ***Tel*** *(561) 832-1988.* *todos los días.* *Día de Acción de Gracias, 25 dic.* **www**.sfsm.org

El Museo de Ciencias Naturales está pensado para que los niños adquieran conocimientos sobre la luz, el sonido, el color y el tiempo de una manera práctica. En él podrán crear sus propias nubes o, incluso, tocar un tornado en miniatura. Sin duda alguna, el mejor momento para visitarlo es el viernes por la tarde, cuando también se puede mirar por el telescopio gigante del observatorio y contemplar los espectáculos de rayos láser en el planetario Aldrin.

Norton Museum of Art

1451 South Olive Ave. ***Tel*** *(561) 832-5196.* *dic-ma: lu-do.* *abr-nov: lu, festivos.* **www**.norton.org

La colección de arte de este museo es, probablemente, la mejor del Estado.

Fue fundado en 1941 con unos 100 lienzos propiedad de Ralph Norton, un magnate del acero de Chicago que se había retirado a West Palm Beach dos años antes.

La colección abarca tres campos principales. El más sorprendente de todos es el del impresionismo y el posimpresionismo francés, que contiene pinturas de Cézanne, Braque, Picasso, Matisse y Gauguin, cuyo cuadro *Agonía en el jardín* es el más famoso del museo. Otra de las joyas expuestas es la obra de Jackson Pollock titulada *Night Mist* (1945), perteneciente a una impresionante muestra de arte norteamericano del siglo XX, de la que también forman parte algunas obras de Winslow Homer, Georgia O'Keeffe, Edward Hopper y Andy Warhol.

***Agonía en el jardín*, de Paul Gauguin (1889)**

El tercer grupo lo compone una excelente colección de objetos chinos, entre ellos unos jades funerarios que datan de alrededor del 1500 a.C. y unas cerámicas de animales y cortesanos de la dinastía Tang (siglos IV-IX d.C.).

El museo también exhibe numerosas tallas budistas y otras esculturas, más modernas, de Brancusi, Degas y Rodin.

Una pantera de Florida, en el Dreher Park Zoo

Palm Beach Zoo en Dreher Park

1301 Summit Blvd. *(561) 547-9453.* *todos los días.* *Día de Acción de Gracias.*
www.palmbeachzoo.org

Este pequeño zoo también está pensado para los niños, como el cercano Museo de Ciencias. De las más de 100 especies representadas, destacan la pantera de Florida, en peligro de extinción, y las tortugas gigantes, que llegan a vivir hasta 200 años. Se recrea una llanura suramericana, donde las llamas, ñandúes y tapires deambulan bajo una plataforma de observación; recorrer un sendero rodeado de vegetación exótica o navegar por un lago repleto de pelícanos.

Alrededores

Una alternativa más agradable y económica que permanecer en West Palm Beach es buscar alojamiento más al norte, en las tranquilas poblaciones de **Singer Island o Palm Beach Shores**.

La navegación y la pesca son actividades muy típicas de esta zona. En Palm Beach Shores se alquilan numerosas embarcaciones deportivas, además de ofrecer paseos por el lago Worth. El *Manatee Queen* es un catamarán *(ver p. 368)* que ofrece travesías por el Intracoastal Waterway para ver las mansiones.

En el extremo norte de Singer Island se encuentra **John D. MacArthur Beach State Park,** donde un bello puente de madera cruza un lago rodeado de manglares, para desembocar en un *hammock* de árboles frondosos y una hermosa playa. Los folletos del centro de la naturaleza destacan las principales plantas y aves zancudas y, en verano, se organizan paseos nocturnos con guía para ver el desove de las tortugas marinas *(ver p. 117).*

Otra opción es visitar el centro comercial **The Gardens,** a 3 km hacia el interior, en Palm Beach Gardens, donde las pasarelas y ascensores de cristal unen las casi 200 tiendas.

John D. MacArthur Beach State Park

A1A, 3 km al N de Riviera Bridge. ***Tel*** *(561) 624-6950.* *todos los días; centro de la naturaleza.* *ma.*
www.macarthurbeach.org

The Gardens

3101 PGA Blvd. ***Tel*** *(561) 622-2115.* *todos los días.* *do de Resurrección, Día de Acción de Gracias, 25 dic.*

Lion Country Safari ⓬

Mapa de carreteras F4. Palm Beach Co. Southern Blvd W, Loxahatchee. ***Tel*** *(561) 793-1084.* *West Palm Beach.* *West Palm Beach.* *todos los días.*
www.lioncountrysafari.com

A 32 km de West Palm Beach hacia el interior, junto a la US 441, se encuentra este parque, principal entretenimiento familiar de la zona.

Consta de dos partes: primero se recorre en coche un recinto de 200 hectáreas para observar de cerca a los leones, jirafas, rinocerontes y otros animales salvajes. Después se visita una mezcla de zoológico y parque de atracciones que, además de jaulas de aves, zonas de contacto directo con los animales e islas habitadas por monos, ofrece atracciones de feria, paseos en barco y un parque poblado por dinosaurios de plástico. Destaca su zona de acampada.

Muy concurrido los fines de semana y en vacaciones.

Antílopes en el Lion Country Safari

Pescador disfrutando de una tarde de pesca en el lago Okeechobee

Lake Okeechobee ⓭

Mapa de carreteras E4, F4. *Bus de Palm Trans hasta Pahokee, (561) 841-4200.* *115 E Main St, Pahokee, (561) 924-5579.* **www**.pahokee.com **Roland Martin** *9203 Delmonte Ave, Clewiston.* ***Tel*** *(863) 983-3151.* **www**.rolandmartinmarina.com

El Okeechobee, que en la lengua semínola significa "agua grande", es el segundo lago de agua dulce más grande de Estados Unidos, con una superficie de 1.942 km^2. El *Big O*, como a veces se le denomina, es famoso por su abundante y variada pesca, sobre todo de percas. Los numerosos puertos como Roland Martin cuentan con tiendas de aparejos y barcos de alquiler con guía.

Población azucarera de Lake Okeechobee

Clewiston, con sus tres puertos y diversos moteles de calidad aceptable, ofrece las mejores instalaciones.

Pahokee es uno de los pocos lugares desde donde se accede fácilmente a las riberas del lago, además de disfrutar de las mejores puestas de sol después de la costa del golfo de México. También es el punto de partida de los paseos, de cinco o seis horas de duración, que ofrece Captain JP Boat Cruises.

Las poblaciones situadas en el extremo sur del lago viven del azúcar. La mitad de la caña de azúcar que produce Estados Unidos se cultiva en las planicies que rodean Belle Glade y Clewiston ("el pueblo más dulce de Norteamérica").

El Estado de Florida proyecta volver a convertir en zona pantanosa 40.500 hectáreas de terreno de caña de azúcar situadas al sur del lago Okeechobee, con el fin de limpiar y aumentar el volumen de agua de las zonas pantanosas.

Lógicamente, el proyecto no ha sido bien acogido.

Lake Worth ⓮

Mapa de carreteras F4. Palm Beach Co. *30.000.* *807 Lucerne Ave, (561) 582-4401.* **www**.lwchamber.com

Lake Worth es una sencilla y apacible población, en cuya parte continental más de una decena de anticuarios marcan la pauta de las avenidas Lake y Lucerne, el corazón de su discreto centro urbano.

En esta misma zona el visitante podrá encontrar un cine *art déco* transformado en sala de exposiciones y el **Museum of the City of Lake Worth,** un museo repleto de fotografías antiguas y objetos de uso cotidiano que van desde tostadores hasta cámaras fotográficas, además de otras exposiciones reflejo de la cultura de algunos inmigrantes locales.

Museum of the City of Lake Worth
414 Lake Ave. ***Tel*** *(561) 586-1700.*
lu, mi, ju, vi. *festivos.*

Delray Beach ⓯

Mapa de carreteras F4. Palm Beach Co. *50.000.* *Amtrak y Tri-Rail.* *64 SE 5th Ave, (561) 278-0424.* **Pilgrim Belle** ***Tel*** *(561) 243-0686.* **www**.delraybeach.com

Delray Beach, situado entre Palm Beach y Boca Ratón, es un pueblo acogedor. Las banderas norteamericanas que ondean por doquier celebran su galardón nacional al civismo.

La extensa playa, que cuenta con accesos directos y buenas instalaciones, es espléndida y, entre noviembre y abril, la empresa náutica Pilgrim Belle ofrece excursiones diarias por la Intracoastal Waterway, y en barcos de pesca.

El centro de Delray está en el interior, en Atlantic Avenue, una calle seductora bordeada de palmeras, con elegantes cafés, anticuarios y galerías de arte. Junto a ella se alzan los bellos edificios de los años 20 de la Old School Square. No muy lejos, la agradable **Cason Cottage** ha sido restaurada meticulosamente para devolverle el aspecto que tenía cuando fue construida en el año 1915.

Cason Cottage
5 NE 1st St. ***Tel*** *(561) 243-0223.*
previa cita. *festivos.*

Apacible imagen de Delray Beach en primavera

Loxahatchee Wildlife Refuge ⓰

Mapa de carreteras F4. Palm Beach Co. 10216 Lee Rd. ***Tel*** *(561) 734-8303.* *Delray Beach.* *Delray Beach.* **Reserva** *todos los días.* *25 dic.* **Visitor's Center** *nov-abr: todos los días; may-oct: mi-do.* *25 dic.* **http:**//loxahatchee.fws.gov

Los 572 km² de esta reserva, que abarca la parte más septentrional de los Everglades, poseen una riquísima flora y fauna. El mejor momento para visitarla es al principio o al final del día y, a ser posible, en invierno, cuando muchas aves migratorias

Garza azul en la reserva natural de Loxahatchee

procedentes del norte se instalan aquí.

El centro de recepción de visitantes, situado junto a la Route 441, en la parte oriental de la reserva y 16 km al oeste de Delray Beach, ofrece información sobre la ecología de los Everglades, además de ser el punto de partida de dos magníficos senderos. El Cypress Swamp Boardwalk, de 800 m de longitud, muestra un mágico mundo natural donde los guayabos, los árboles de la cera y numerosas epifitas *(ver p. 290)* crecen bajo una bóveda de cipreses. El recorrido llamado Marsh Trail, de mayor longitud, atraviesa una zona pantanosa cuyo nivel de agua ha sido manipulado con el fin de crear un entorno óptimo para las zancudas y aves acuáticas y que, las tardes de invierno, se convierte en el paraíso de los ornitólogos con la estridencia de garzas, colimbos, ibis y otras aves. También se pueden ver tortugas y caimanes.

Dormitorio de un escolar japonés en el Museo Morikami

Morikami Museum and Japanese Gardens ⓱

Mapa de carreteras F4. Palm Beach Co. 4000 Morikami Park Rd, ***Tel*** *(561) 495-0233.* *Delray Beach.* *Delray Beach.* *10.00-17.00 ma-do.* *festivos.* **www**.morikami.org

El único museo del país dedicado a la cultura japonesa se encuentra situado en unos terrenos donados por un agricultor llamado George Morikami, que fue uno de los pioneros nipones que fundaron la colonia Yamato (nombre del antiguo Japón) en el extremo septentrional de Boca Ratón en 1905. Con ayuda del dinero que les facilitó una promotora propiedad de Henry Flagler *(ver pp. 124-125)* esperaban cultivar arroz, té y seda. Sin embargo, el proyecto jamás se llevó a cabo y la colonia desapareció en los años veinte.

Los objetos expuestos en la casa Yamato-kan, construida sobre una isla rodeada por un lago, ahondan en la cultura japonesa del pasado y el presente. La casa contiene curiosas reconstrucciones de un cuarto de baño y el dormitorio de un escolar actual, así como bellas maquetas de restaurantes de anguila y sake. Destacan sus jardines.

En la otra orilla del lago, un edificio alberga sorprendentes exposiciones sobre temas nipones, un restaurante de comida japonesa y un salón de té tradicional donde todos los meses se celebra la ceremonia del té. También contiene aulas para talleres de *origami*.

Butterfly World ⓲

Mapa de carreteras F4. Broward Co. 3600 W Sample Rd, Coconut Creek. *(954) 977-4400.* *Deerfield Beach (Amtrak y Tri-Rail).* *Pompano Beach.* *todos los días.* *Semana Santa, Día de Acción de Gracias, 25 dic.* **www**.butterflyworld.com

En el interior de un recinto rebosante de flores tropicales revolotean miles de mariposas de todo el mundo que a menudo se posan sobre los hombros de los visitantes. Como reciben energía del sol, muestran más actividad los días de calor, por lo que es conveniente proyectar la visita en consecuencia. También podrá contemplar la eclosión de las crisálidas una fascinante colección de insectos de la que forman parte las mariposas de alas de color azul metálico o los escarabajos y saltamontes del tamaño de la mano de un adulto. Se puede pasear por los jardines.

Mariposa azul de Butterfly World

Boca Raton ⓳

En 1925, un anuncio de Boca Raton rezaba: "Soy el mayor centro turístico del mundo". Aunque el arquitecto Addison Mizner *(ver p. 120)* no viera materializarse la ciudad que ideó, Boca Raton se ha convertido hoy en una de las localidades con más dinero de Florida. Acoge sedes de empresas y compañías de tecnología avanzada y, en una encuesta nacional, los directivos la han juzgado el lugar más atractivo de Florida para vivir. Lo que debe atraerles son los clubes de campo, los lujosos centros comerciales y los bellos parques situados frente a las playas, sin olvidar las casas inspiradas, si no construidas, por Mizner.

Mizner Park, centro comercial de Boca Raton

Explorando Boca Raton

Tras emprender la urbanización de Palm Beach, Mizner fijó su atención en una adormecida población del sur dedicada al cultivo de la piña. Pero de la obra maestra del urbanismo que él proyectó sólo se habían construido unos cuantos edificios cuando, en 1926, se desató la crisis inmobiliaria *(ver p. 50)*. Boca, como hoy se la denomina, continuó siendo poco más que una aldea hasta finales de la década de 1940.

El núcleo del proyecto de Mizner era el lujosísimo Cloister Inn, terminado en 1926. De estilo marcadamente hispánico, se alza junto al extremo oriental de Camino Real, una calle proyectada como arteria principal de la ciudad y que, incluso, contaba con un canal central para góndolas. El hotel pertenece ahora a la urbanización **Boca Raton Resort and Club** *(ver p. 314)*. Los no residentes sólo pueden admirarla en una visita semanal organizada por Boca Raton Historical Society, con sede en el **Ayuntamiento,** en Palmetto Park Road, donde un par de salas albergan una sencilla exposición sobre la historia local.

Justo enfrente se encuentra **Mizner Park,** una galería comercial construida al estilo de Mizner y que quizás sea el centro comercial más impresionante de Boca y el que mejor ilustra el refinado estilo de vida de la ciudad. En el cercano **Royal Palm Plaza,** las elegantes boutiques se ocultan en recónditos patios.

El distrito histórico de **Old Floresta,** situado 1,6 km al oeste del Ayuntamiento, contiene 29 casas de estilo mediterráneo construidas por Mizner para los consejeros de su empresa.

Boca Raton Museum of Art

501 Plaza Real, Mizner Park. ***Tel*** *(561) 392-2500.* *ma-do.* *festivos.* **www**.bocamuseum.org

Ubicado en un magnífico emplazamiento en Mizner Park, en el centro de Boca Raton, este museo posee un amplio espacio destinado a toda clase de exposiciones, especialmente de arte contemporáneo.

Joven violinista tocando en el Lynn University Conservatory

Lynn University Conservatory of Music

3601 N Military Trail. ***Tel*** *(561) 237-9001.* *ma-do.* *25 dic, 1 ene.* **www**.lynn.edu/music

El conservatorio de música de la Lynn University admite a un grupo de estudiantes altamente cualificados de distintas nacionalidades para realizar sus estudios de solistas, músicos de cámara y de orquesta. Como sala de conciertos, el conservatorio atrae a miles de melómanos para escuchar a los estudiantes, profesores y músicos célebres, así como para asistir a algunos cursos y conferencias.

Sports Immortals Museum

6830 N Federal Hwy. ***Tel*** *(561) 997-2575.* *lu-sá, algunos fines de semana.* *25 dic, 1 ene.* **www**.sportsimmortals.com

Entre los recuerdos de este museo figuran un bate de béisbol de Babe Ruth y unos guantes de boxeo de Muhammad Ali, además de un cromo

El Ayuntamiento, diseñado por Addison Mizner y construido en 1927

Deerfield Beach, tranquila población turística cercana a Boca Raton

INFORMACIÓN ESENCIAL

Mapa de carreteras F4. Palm Beach Co. *80.000.* *Tri-Rail, Yamato Rd, (800) 874-7245.* *1300 W. Hillsboro Blvd, Deerfield Beach (800) 872-7245.* *1555 Palm Beach Lakes Blvd, (561) 233-3000.*
Boca Raton Historical Society ***Tel*** *(561) 395-6766 for tours.* *Boca Festival (ago); Meet Me Downtown (mar).*

cuyo valor asciende a un millón de dólares. Fue retirado del mercado porque el jugador representado en él se negó a que le asociaran con el consumo de tabaco.

Las playas

Al norte de Boca Raton se extiende una playa virgen bordeada de dunas a la que se llega desde los parques colindantes. El más septentrional de ellos, el **Spanish River Park,** es también el más atractivo gracias a sus zonas de *picnic* protegidas del sol por pinos y palmeras. El lugar más bello es una laguna de la Intracoastal Waterway, situada junto a una torre de observación. En el **Red Reef Park** se puede pasear por el sendero de madera que recorre las dunas o bucear en un arrecife artificial *(ver p. 372).*

Gumbo Limbo Nature Center

1801 North Ocean Blvd. ***Tel*** *(561) 338-1473.* *todos los días.* *25 dic.* **www**.gumbolimbo.org
Este magnífico centro de información se encuentra junto a la Intracoastal Waterway, en el interior de Red Reef Park. Un sendero hecho de tablas atraviesa los manglares y un *hammock* de árboles tropicales hasta llegar a una torre que ofrece unas vistas formidables.

Alrededores

Hacia el sur, por la Route A1A, las construcciones elevadas se suceden sin interrupción. **Deerfield Beach** es la población más seductora de la zona, gracias a su muelle de pesca y a su bonita playa salpicada de conchas y dominada por un paseo bordeado de palmeras. A 8 km al sur, **Pompano** corrobora su condición de "capital mundial del pez espada" con fotografías de capturas gigantes expuestas en el muelle.

Fort Lauderdale ⓴

Durante la segunda guerra seminola *(ver p. 46)*, Fort Lauderdale apenas constaba de tres fuertes. En 1900 se había convertido ya en un bullicioso núcleo comercial situado a orillas del New River.

Actualmente es un importante centro comercial y cultural, un conocido núcleo turístico y un gigantesco puerto de cruceros. Pero sus canales siguen siendo lo que marca el carácter único de esta localidad *(ver p. 135)*.

***Big bird with child*, de Appel, en el Museum of Art**

Explorando el centro de Fort Lauderdale

Con sus modernos edificios de oficinas, el centro de Fort Lauderdale es la zona comercial de la localidad. **Riverwalk,** que recorre 2,4 km la orilla norte del New River, enlaza los principales lugares históricos e instituciones culturales de la ciudad. Este pantalán arranca de un lugar próximo a la Stranahan House y atraviesa un parque para desembocar junto al Broward Center for the Performing Arts *(ver p. 366)*.

El antiguo Fort Lauderdale se extiende por Southwest 2nd Avenue. Es un conjunto de edificios de principios del siglo XIX, administrados por la Fort Lauderdale Historical Society, que tiene su sede en el Fort Lauderdale Historical Museum. La King-Cromartie House, construida en 1907 en la orilla meridional del río, fue transportada en barcaza hasta su ubicación actual en 1971. Su modesto mobiliario refleja la austeridad con que vivían los primeros habitantes de Florida. Detrás de la casa se alza una réplica de la primera escuela de la ciudad, inaugurada en 1899.

Los cafés y restaurantes que recorren la cercana Southwest 2nd Street suelen estar a rebosar a la hora del almuerzo y por las tardes.

Para conocer el corazón de la ciudad, lo mejor es realizar un recorrido comentado en tranvía, que enlaza el centro de Fort Lauderdale con la playa, deteniéndose en los lugares de interés.

Old Fort Lauderdale Museum of History

231 SW 2nd Ave. ***Tel*** *(954) 463-4431.* *ma-do.* *4 jul, 25 dic, 1 ene.* **www.**oldfortlauderdale.org

New River Inn, en el antiguo Fort Lauderdale, fue construido en 1905. Ahora alberga el Museo Histórico, cuyas salas recorren la historia de la zona y el crecimiento de la ciudad hasta los años 40. Un pequeño cine proyecta divertidas películas mudas que fueron rodadas durante la época dorada de la industria cinematográfica del sur de Florida.

LUGARES DE INTERÉS

Bonnet House ⑦
Broward Center for the Performing Arts ②
Old Fort Lauderdale Museum of History ③
Hugh Taylor Birch State Park ⑧
International Swimming Hall of Fame ⑥
Museum of Art ④
Museum of Discovery and Science ①
Stranahan House ⑤

Riverwalk recorre la orilla septentrional del New River

Museum of Art

1 E Las Olas Blvd. *(954) 525-5500.* *11.00-19.00 mi-lu.* *festivos.*
www.museumofart.org

Este museo, situado en un impresionante edificio posmoderno, es famoso por su gran colección de obras de arte CoBrA. El nombre procede de las iniciales de Copenhague, Bruselas y Amsterdam, capitales de los países de origen de un grupo de expresionistas que experimentó con una fantástica imaginería entre 1948 y 1951. El museo tiene expuestas obras de Karel Appel, Pierre Alechinsky y Asger Jorn. En la sala William Glackens se exponen las obras de artistas impresionistas americanos.

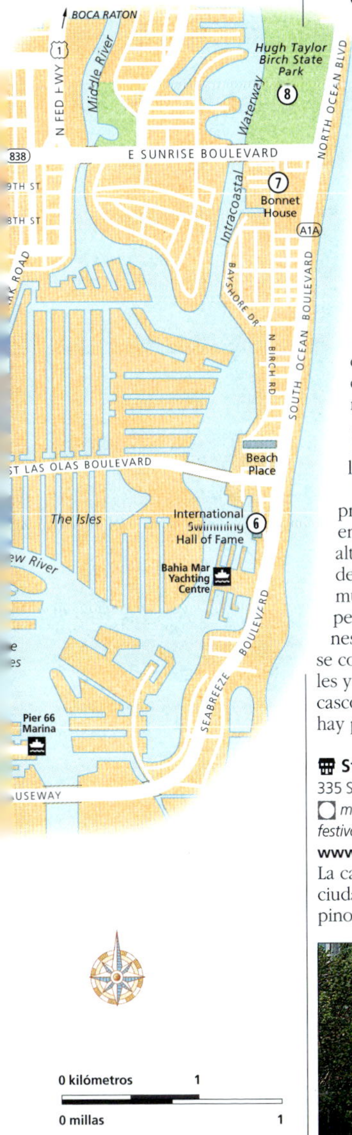

Simbología
ver solapa trasera

Museum of Discovery and Science

401 SW 2nd St. *(954) 467-6637.* *todos los días.* *Día de Acción de Gracias 25 dic.*
www.mods.org

Recoge la mayor cifra de afluencia de visitantes de todo el Estado, y es uno de los mayores y mejores museos de Florida en su categoría. En él, animales de todo tipo aparecen representados en *ecopaisajes,* y se puede hacer un viaje simulado a la luna.

En el teatro IMAX se proyectan muchas películas en una pantalla de 18 m de altura. Se trata de uno de los pocos lugares del mundo donde muestran películas en tres dimensiones, en las que el público se coloca unas gafas especiales y unos auriculares de casco. Los fines de semana hay proyecciones de tarde.

Stranahan House

335 SE 6th Ave. ***Tel*** *(954) 524-4736.* *mi-do.* *jul-ago algunas horas; festivos.* *limitada*
www.stranahanhouse.org

La casa más antigua de la ciudad es un bello edificio de pino y roble, construido por el pionero Frank Stranahan en 1901. En su época fue el centro de la vida de Fort Lauderdale, pues hacía las veces de mercado, salón de actos, oficina de correos y banco. Aún más evocadoras que el mobiliario son las antiguas fotos de Stranahan comerciando con los seminolas de la zona *(ver p. 285).* Desde los cercanos Everglades, los indios llevaban en sus canoas pieles de caimán o nutria y plumas de garceta entre otras mercancías, artículos de gran demanda en aquella época.

Las Olas Boulevard

A pesar de su continuo tráfico, el tramo de Las Olas situado entre las avenidas 6 y 11 es la zona más pintoresca de Fort Lauderdale. Una mezcolanza de boutiques elegantes, informales y de última moda, así como restaurantes y bares, se asoman a esta arteria donde se puede comprar de todo, desde un abrigo de piel hasta arte haitiano moderno.

Si no le atraen las compras, visite esta zona por la noche para cenar o tomar una copa, o bien dése un paseo en coche de caballos.

En su camino hacia la playa, esta calle atraviesa islas donde se puede observar más de cerca la ostentosa forma de vida de Fort Lauderdale *(ver p. 135).*

INFORMACIÓN ESENCIAL

Mapa de carreteras F4. Broward Co. *150,000.* *8 km S.* *200 SW 21st Terrace, (800) 872-7245.* *515 NE 3rd St, (800) 231-2222.* *1850 Eller Dr., (954) 523-3404.* *100 East Broward Blvd, (954) 765-4466.* **Paseos en tranvía** ***Tel*** *(954) 429-3100.* *Winter Fest Boat Parade (dic).*

Stranahan House, la casa más antigua de Broward County

Explorando otras zonas de Fort Lauderdale

Aunque no vea los carteles de "Bienvenido a Fort Lauderdale, la capital mundial de los yates", no tardará en averiguar cuál es el verdadero núcleo de la ciudad. Tanto para los turistas como para los vecinos de la localidad, el atractivo de Fort Lauderdale reside sobre todo en sus animadas playas y en los canales que arrancan del New River.

Ciclistas y transeúntes en el paseo marítimo

La playa

Hasta mediados de los años 80, fecha en que las autoridades locales comenzaron a desanimarles, los estudiantes acudían en tropel a Fort Lauderdale para pasar sus vacaciones de primavera. Hoy en día, la ciudad ha recuperado su imagen, y su excelente playa sigue siendo la más animada de la Gold Coast, especialmente al final de Las Olas Boulevard, donde los patinadores desfilan ante algunos bares y tiendas de *souvenirs*.

Por lo demás, el Fort Lauderdale costero se asemeja más al centro turístico familiar que anuncia la publicidad, cuya franja más agradable es la de South Beach Park.

Descanso tras un entrenamiento en el Swimming Hall of Fame

International Swimming Hall of Fame

1 Hall of Fame Drive. ***Tel*** *(954) 462-6536.* *todos los días.*

Si le interesa la historia de los deportes acuáticos, no deje de visitar este museo y su extraña pero divertida mezcolanza de objetos, que van de antiguos trajes de baño de algodón a curiosos maniquíes de estrellas como Johnny Weismuller, *Tarzán*, que batió 57 récords mundiales de natación.

Bonnet House Museum and Gardens

900 N Birch Rd. *(954) 563-5393.* *obligatoria; dic-abr: 10.00-16.00 ma-sá (desde 12.00 do), may-nov: 10.00-15.00 mi-vi (a 16.00 sá, desde 12.00 do).* *festivos.*

www.bonnethouse.org

Esta casa, situada cerca del mar, es la más atractiva del antiguo Fort Lauderdale. Se encuentra rodeada de idílicos jardines tropicales donde antaño crecía el nenúfar *(bonnet water lily)* del que la casa tomó su nombre.

En 1920, el artista Frederic Bartlett edificó personalmente esta acogedora mansión de invierno al estilo de las viviendas de las plantaciones; de sus paredes cuelgan ejemplos de su obra, especialmente murales. Cisnes y monos pueblan los jardines.

Sawgrass Mills Mall

12801 W Sunrise Blvd. ***Tel*** *(954) 846-2300.* *10.00-21.30 lu-sá, 11.00-20.00 do.* *25 dic.*

www.sawgrassmillsmall.com

El centro comercial de *outlets* más grande de Florida y el segundo lugar más visitado después de Disneyworld en Orlando. Posee más de 300 tiendas, así como cines y restaurantes. Además, hay un parque temático para niños, el Wannado City.

Hugh Taylor Birch State Park

3109 E Sunrise Blvd. ***Tel*** *(954) 564-4521.* *todos los días.*

Estas 73 hectáreas, pertenecientes a los 5 km de la isla que el abogado de Chicago Hugh Taylor Birch adquirió en 1894, constituyen uno de los pocos oasis verdes que quedan sin urbanizar en la Gold Coast. Los visitantes pueden alquilar canoas en el lago, pasear por un sendero que recorre un *hammock* tropical y, sobre todo, practicar algún deporte.

Puesto de joyas en la Swap Shop de Fort Lauderdale

Alrededores

A los amantes de las rebajas les encantará la **Swap Shop of Fort Lauderdale,** que cubre 30 hectáreas de terreno. Esta versión de un bazar oriental ofrece gran cantidad de puestos de joyas, gafas de sol y otras baratijas. Muchos de los 12 millones de visitantes anuales acuden atraídos por los productos frescos y los viveros de planta de interior y de exterior. Por las tardes, el aparcamiento se convierte en un inmenso cine al aire libre.

Swap Shop of Fort Lauderdale

3291 W Sunrise Blvd. ***Tel*** *(954) 791-7927.* *todos los días.*

El *Jungle Queen*, el barco de paseo más famoso de Fort Lauderdale

Los canales

De la desembocadura del New River arrancan decenas de estrechos canales paralelos. La zona recibe el nombre de **The Isles,** debido a las hileras de estrechas islas peninsulares originadas por el barro dragado de los canales en los años 20. Se trata del mejor sitio de la ciudad para vivir: tras la frondosa vegetación y los lujosos yates se ocultan mansiones de precios astronómicos. Sus moradores, como Wayne Huzienga, propietario del imperio Blockbuster Video y del equipo de fútbol Miami Dolphins, son en general empresarios adinerados.

Las islas flanquean la Intracoastal Waterway, que también atraviesa el **Port Everglades.** Este fascinante puerto deportivo es el segundo más grande del mundo, después del de Miami, además de ser destino de buques de carga, petroleros, destructores y submarinos.

Taxi acuático en el New River

En tierra, la mejor vista de los canales se obtiene desde el bar giratorio situado en la cúspide de la torre del Hyatt Regency Pier 66 Hotel, en South East 17th Street. Pero las mansiones, los yates y el puerto sólo se ven bien desde el agua. El ***Jungle Queen*** es un antiguo barco fluvial que navega por el New River hasta una isla privada en la que se ha recreado un poblado indio; se puede optar por una excursión de tres horas a la luz del día o por un paseo nocturno que incluye un espectáculo de variedades y una cena.

La excursión fluvial del ***Carrie B,*** de 90 minutos de duración, zarpa de Riverwalk, pasa ante varias mansiones, curiosea por el puerto y visita las cálidas aguas que emana una central eléctrica, donde se reúnen numerosos manatíes *(ver p. 250).*

Los **taxis acuáticos** ascienden por el New River hasta el centro urbano o cualquier punto situado entre el puerto norte y Commercial Boulevard. Debe llamar con 10 minutos de antelación y puede utilizar billetes de un viaje o bonos de un día, más económicos. En el Bahia Mar Yatching Center y en Pier 66 Marina se pueden alquilar embarcaciones sin patrón.

Por último, compañías como **SeaEscape Cruises** organizan excursiones de un día a las Bahamas por la mañana o al atardecer *(ver pp. 368-369).* Las principales distracciones a bordo suelen ser los casinos y los espectáculos de cabaré.

DIRECCIONES ÚTILES

Carrie B
Las Olas Boulevard at SE 5th Avenue.
Tel *(954) 768-9920.*

Jungle Queen
Bahia Mar Yachting Center,
A1A, Fort Lauderdale Beach.
Tel *(954) 462-5596.*

SeaEscape Cruises
Port Everglades Terminal 1.
Tel *(954) 453-3333.*

Water Taxi
651 Seabreeze Boulevard,
A1A, Fort Lauderdale Beach.
Tel *(954) 467-6677.*

Vista de los canales de Fort Lauderdale desde el Hyatt Regency Pier 66 Hotel

Escultura de pez espada en el IGFA Fishing Hall of Fame and Museum

Dania 21

Mapa de carreteras F4. Broward Co. *13.000.* *Hollywood.* *Hollywood.* *Dania, (954) 926-2323.* **www**.greaterdania.org

Algunos residentes de la zona sólo visitan esta ciudad para asistir a un partido de *jai alai,* pero también resulta interesante la **John U. Lloyd Beach State Park,** un área virgen que contrasta fuertemente con el cercano Port Everglades *(ver p. 135).* Desde el extremo septentrional del parque se contempla el ir y venir de los barcos, mientras que por el sur hay una de las mejores playas de la Gold Coast: más de 3 km de arena bordeados de pinares. Se puede alquilar una canoa para explorar el riachuelo rodeado de manglares que fluye por el corazón del parque.

El **IGFA (International Game Fishing Association) Fishing Hall of Fame and Museum** resulta interesante para todas las edades. Dispone de siete galerías con especies marinas, una sala de descubrimientos para niños, una muestra virtual de pesca y una zona de humedales.

A lo largo de la parte norte de la US 1 se agrupan unas 150 tiendas de antigüedades a las que, a pesar de su anodina ubicación junto a la autopista US 1, resultan interesantes.

John U. Lloyd Beach State Park
6503 N Ocean Drive. ***Tel*** *(954) 923-2833.* *todos los días.*

IGFA Fishing Hall of Fame and Museum
300 Gulf Stream Way, Dania Beach. *(954) 927-2628.* *10.00-18.00 todos los días.* *Día de Acción de Gracias, 25 dic.* **www**.igfa.org

Hollywood 22

Mapa de carreteras F4. Broward Co. *126.000.* *Amtrak and Tri-Rail.* *330 N Federal Hwy, (954) 923-4000.* **www**.hollywoodchamber.org

Fundada por un californiano en los años veinte, esta vasta y modesta población turística es el destino de la mayoría de los 300.000 canadienses francófonos que todos los inviernos emigran a Fort Lauderdale.

En los últimos años, el desarrollo de Hollywood se ha concentrado en el centro histórico artístico, en torno a Young Circle. En esta zona, con muchos restaurantes, se sitúa el **Art and Culture Center of Hollywood,** donde se organizan exposiciones, y espectáculos. El **Anne Kolb Nature Center** posee un paseo marítimo para la observación de pesca, dos senderos en la naturaleza, un anfiteatro al aire libre y una sala de exposiciones.

Art and Culture Center of Hollywood
1650 Harrison Street. *(954) 921-3274.* *lu.* **www**.artandculturecenter.org

Anne Kolb Nature Center
751 Sheridian. *(954) 926-2480.* **www**.hollywoodfl.org/visiting_hollywood.htm

Alrededores
En el cruce de las Routes 7 y 448, en el extremo occidental de Hollywood, se encuentra la **Seminole Indian Hollywood Reservation,** la reserva india más pequeña de Florida (194 hectáreas) que, como otras de este Estado, disfruta de bastante autonomía *(ver p. 285).* Las vallas publicitarias que anuncian cigarrillos a bajo precio son un ejemplo claro de la exención del impuesto estatal sobre el tabaco.

Bañistas disfrutando de las límpidas arenas de Hollywood Beach

Interior del gran Seminole Hard Rock Hotel and Casino

Quizás prefiera dejar de lado el **poblado indio** con sus puestos de artesanía para turistas y visitar el gran **Seminole Casino in Hollywood** abierto las 24 horas, que se halla al otro lado de la carretera. En las reservas tampoco se aplican las leyes del juego y, en el bingo, hasta 1.400 jugadores compiten por los premios. Asómese también a la frenética *sala del rayo*.

Una nueva atracción es el **Seminole Hard Rock Hotel and Casino.**

Este complejo con hotel dispone de un gran casino, así como de una zona de piscinas de estilo tropical y un auditorio.

Poblado indio
3551 N State Rd 7. ***Tel*** *(954) 961-4519.* *todos los días.* *25 dic.*

Seminole Casino in Hollywood
4150 N State Rd 7. ***Tel*** *(954) 961-3220.* *24 horas.* *25 dic.*
www.seminolehardrock.com

Seminole Hard Rock Hotel and Casino
1 Seminole Way. ***Tel*** *(866) 502-7529, (800) 937-0010.* *24 horas.*
www.seminolehardrockhollywood.com

Davie 23

Mapa de carreteras F4. Broward Co. *70.000.* *Fort Lauderdale.* *Fort Lauderdale.* *4185 Davie Rd, (954) 581-0790.*
www.davie-coopercity.org

En el cruce de Orange Drive y Davie Road, rodeada de picaderos y establos, la extraña ciudad de Davie parece un auténtico pueblo del antiguo oeste. Delante de las cabañas de madera que albergan el Ayuntamiento crecen los cactus. Entre en Grif's Western Wear, el supermercado para *cowboys* situado en el nº 6211 de South West 45th Street, para aprovisionarse de sillas de montar, sombreros de vaquero y botas. Sin embargo, la única manera de probar el auténtico sabor de esta localidad es asistir a las domas de potros, montas de toros y derribo de reses

Sombreros tejanos de Grif's, la tienda del oeste de Davie

en **Davie Rodeo Arena**. Estas exhibiciones de destreza suelen celebrarse los miércoles por la tarde a eso de las 19.30; también se celebran rodeos profesionales todos los meses.

Davie Arena
6591 Orange Drive. *(954) 797-1166.* *sólo para los rodeos.*
www.davie-fl.gov

Flamingo Gardens 24

Mapa de carreteras F4. Broward Co. 3750 South Flamingo Rd, Davie. ***Tel*** *(954) 473-2955.* *Fort Lauderdale.* *Fort Lauderdale.* *todos los días.* *lu (jun-oct), Día de Acción de Gracias, 25 dic.*
www.flamingogardens.org

Estos bellos jardines nacieron en 1927 como retiro de fin de semana de los Wray, una familia de cultivadores de cítricos. Se puede visitar la bella casa de los años 30, y un tranvía realiza un recorrido por los huertos de limoneros, naranjos, robles, higueras bengalíes y otras especies.

Los jardines acogen también un sinfín de aves de Florida, entre ellas el águila de cabeza blanca *(ver p. 24)* y, cómo no, los flamencos. Numerosas especies de ánades, gaviotas, palomas y zancudas, incluida la curiosa espátula rosada *(ver p. 289)*, residen en un espléndido recinto que se encuentra dividido en hábitats, con bosques de cipreses y manglares.

'JAI ALAI': UN DEPORTE VASCO

Este juego se originó hace unos 300 años en el País Vasco *(jai alai* significa en euskera "fiesta alegre") y fue importado a EE UU a principios de siglo a través de Cuba. Florida cuenta con ocho de los diez frontones de todo el país.

Un partido de *jai alai* permite disfrutar de una velada barata, si no se apuesta. El programa explica tanto la puntuación como los entresijos de las apuestas mutuas. La gente grita y anima con fuerza a los jugadores, pues está en juego su dinero. En Dania se celebran competiciones cinco días a la semana: solicite información en el (954) 927-2841. Las reglas del juego se explican en la página 33 de esta guía.

Jugador de *jai alai*

UNIVERSAL STUDIOS
FLORIDA

ORLANDO Y SPACE COAST

En Orlando hay de todo, desde montañas rusas hasta espectáculos de delfines y orcas, pasando por un famoso ratón de grandes orejas, lo que convierte a esta ciudad en un mundo de fantasía, indiscutible capital mundial de los parques temáticos.

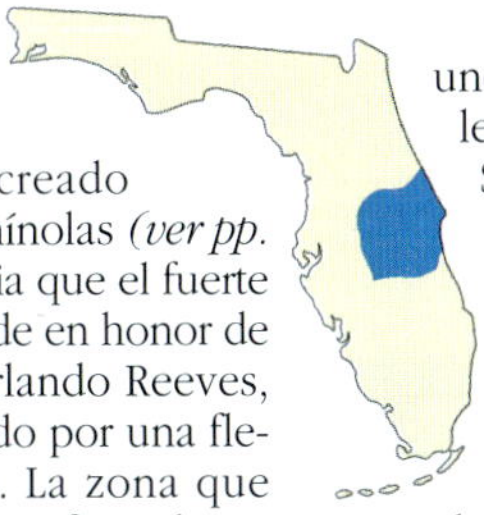

Orlando fue originalmente Fort Gatlin, un destacamento militar creado durante las guerras semínolas *(ver pp. 46-47)*. Cuenta la historia que el fuerte fue rebautizado más tarde en honor de un soldado llamado Orlando Reeves, que había sido alcanzado por una flecha semínola en 1835. La zona que ocupaba la fortificación se fue urbanizando pero, incluso durante la primera mitad del siglo XX, Orlando y otras localidades próximas, como Kissimmee, no eran más que pequeños pueblos que vivían del ganado y los cítricos.

En los años 60 todo cambió. Primero llegaron las oportunidades laborales que brindaba el programa espacial de Cabo Cañaveral. Luego empezó a tomar forma Walt Disney World: en 1971 se inauguraba su primer parque temático, Magic Kingdom. Desde entonces, unos 500 millones de visitantes han peregrinado hasta lo que se considera uno de los destinos vacacionales más populares del mundo. Su éxito ha originado una próspera industria del ocio en Orlando y sus alrededores, donde cada vez aparecen más atracciones. La región, exceptuando sus numerosos lagos, ofrece un paisaje bastante llano, donde el extrarradio de Orlando va ocupando lo que antes eran tierras de cultivo. A lo largo de la denominada "Costa Espacial", las poblaciones presentan escaso atractivo. Sin embargo, el cordón litoral situado al otro lado del río Indian posee 116 km de formidables playas de arena, además de dos grandes reservas naturales con abundancia de aves. Junto a todo esto, en una enorme zona pantanosa se alza el Kennedy Space Center, desde donde se lanzan los transbordadores espaciales que atraviesan la atmósfera terrestre.

Paisaje virgen de Merritt Island, en la Costa Espacial

◁ **Imponente entrada de los Universal Studios Florida, uno de los grandes parques temáticos de Orlando**

Explorando Orlando y Space Coast

El motivo por el que Orlando atrae a tantos turistas son sus parques temáticos, especialmente Walt Disney World, SeaWorld y los Estudios Universal. Se dice que en los alrededores de los parques temáticos, la zona de International Drive y Kissimmee, hay más de 80.000 plazas hoteleras, más que en toda Nueva York. Si dispone de tiempo, visite Cypress Gardens Adventure Park y el Historic Bok Sanctuary, que habitualmente se pasan por alto y, sin embargo, son unos de sus grandes atractivos. Por la noche, participe del colorido de los complejos de ocio de Church Street Station y Pleasure Island. Si desea conocer la cara más elegante de Orlando, dedique algún tiempo al barrio de Winter Park.

A tan sólo 80 km de distancia de Orlando se encuentra la Costa Espacial, donde podrá encontrar desde desiertas playas vírgenes hasta la bulliciosa meca del surf, Cocoa Beach.

SIMBOLOGÍA

- Autopista
- Carretera principal
- Carretera secundaria
- Carretera local
- Carretera panorámica
- Línea férrea principal

0 kilómetros 20

0 millas 20

Espectáculo de orcas en SeaWorld

Kennedy Space Center

CÓMO DESPLAZARSE

Gracias a la extensa red de carreteras de doble calzada, la conducción es relajada y rápida: desde Walt Disney World al centro de Orlando se tarda 30 minutos, y a Cypress Gardens Adventure Park, una hora. Si no se va a mover de Disney, consulte en la página 143 las posibilidades de transporte. Muchos hoteles ofrecen un servicio gratuito de autocares a los parques temáticos, y los autobuses Lynx *(ver p. 395)* tienen líneas a la mayoría de los puntos turísticos. La Costa Espacial se encuentra a una hora de Orlando hacia el este por la Route 528 (Bee Line Expressway). La I-95 es la principal vía que recorre la costa de norte a sur, mientras que la Route A1A conduce a las playas del litoral.

LUGARES DE INTERÉS

American Police Hall of Fame 16
Canaveral National Seashore y Merritt Island 17
Cocoa 21
Cocoa Beach 22
Cypress Gardens Adventure Park 13
Disney Wilderness Preserve 11
Fantasy of Flight 12
Gatorland 8
Historic Bok Sanctuary 14
International Drive 7
Kennedy Space Center pp. 196-201 18
Kissimmee 9
Lake Toho 10
Orlando 5
SeaWorld y Discovery Cove pp. 176-179 2
Universal Orlando pp. 180-185 3
US Astronaut Hall of Fame 19
Valiant Air Command Warbird Air Museum 20
Walt Disney World ® Resort pp. 142-175 1
Wet 'n Wild pp. 186-187 4
Winter Park 6
Yeehaw Junction 15

VER TAMBIÉN

- ***Alojamiento*** pp. 317-319
- ***Restaurantes y bares*** pp. 343-346 y 356

Walt Disney World® Resort ❶

La imaginación vuela en este complejo de ocio internacionalmente famoso con diversión para todas las edades. Conviene dedicar al menos un día a cada uno de los cuatro parques temáticos principales: Magic Kingdom, Epcot, Disney-MGM Studios y Disney's Animal Kingdom. Tampoco hay que olvidar refrescarse en los dos parques acuáticos: Blizzard Beach y Typhoon Lagoon, aunque tal vez se prefiera relajarse en el complejo deportivo Disney's Wide World Sports, los campos de golf, los senderos para caminar y montar a caballo, o las piscinas y lagos donde se puede nadar, remar, practicar esquí acuático y mucho más. Existen más de 31 alojamientos en el complejo, lo que permite regresar al hotel a descansar antes de volver a cualquiera de los parques para disfrutar de los fuegos artificiales o un espectáculo en Downtown Disney.

Magic Kingdom®
Siete zonas de fantasía y aventura rodean el hermoso castillo de Blancanieves.

LUGARES DE INTERÉS

Blizzard Beach *p. 168* ⑤
Disney-MGM Studios *pp. 162-165* ③
Disney's Animal Kingdom® *pp. 166-167* ④
Downtown Disney® *pp. 172-173* ⑧
Epcot® *pp. 152-157* ②
Fort Wilderness Resort & Campground *p. 171* ⑦
Magic Kingdom® *pp. 146-147* ①
Typhoon Lagoon *p. 169* ⑥

0 metros 500

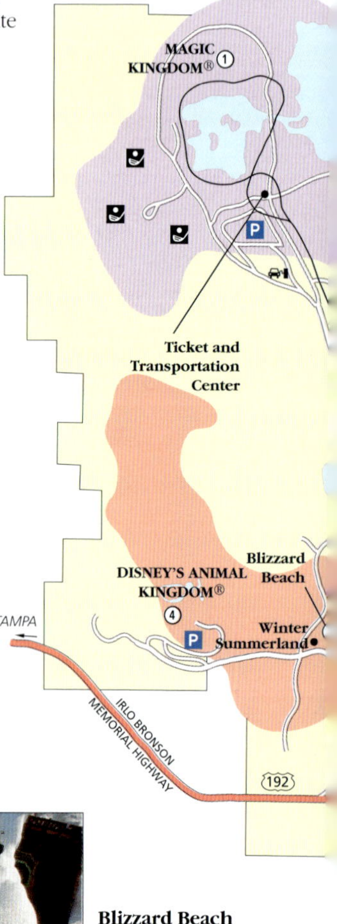

Disney's Animal Kingdom®
En este parque, además de contemplar animales salvajes, se puede disfrutar de safaris, descenso de ríos, senderismo y algunas estupendas atracciones.

SIMBOLOGÍA

- Aparcamiento
- Gasolinera
- Campo de golf
- Monorraíl
- Autopista interestatal
- Autopista
- Carretera secundaria

Blizzard Beach
En este parque acuático de 27 hectáreas se sitúan divertidas atracciones y grandes toboganes de agua.

Epcot®

Este parque ofrece la oportunidad de visitar diversos continentes, viajar en cohete hasta Marte, embarcarse en una aventura subacuática y contemplar el futuro a través de impresionantes descubrimientos e inventos.

Disney-MGM Studios

No hay nada tan fantástico como el mundo del espectáculo de Disney-MGM Studios, donde visitantes de todas las edades quedan cautivados por el glamour *y la magia de Hollywood.*

CÓMO DESPLAZARSE

Una media de 200.000 visitantes al día utiliza la amplia y eficaz red de transportes del parque. La central de transportes de Walt Disney World es el Ticket and Transportation Center (TTC). Los servicios de monorraíl, transbordador y autobús funcionan a diario. Los hoteles situados fuera del complejo ofrecen servicios de enlace gratuitos hasta los parques. Para más información, consultar la página 174.

SIMBOLOGÍA

- Hoteles de Magic Kingdom
- Hoteles de Epcot
- Disney-MGM Studios
- Hoteles de Disney's Animal Kingdom
- Hoteles de Downtown Disney

Downtown Disney®

En este complejo de ocio y compras se sitúan, entre otras muchas atracciones, restaurantes temáticos, clubes nocturnos, espectáculos y la mayor tienda de productos Disney.

Magic Kingdom®

Con réplicas similares en California, Japón y Francia, Magic Kingdom® es el parque temático esencial de Disney. Personajes de las películas y visiones nostálgicas de cómo el mundo (y, particularmente, Estados Unidos) fue en una época pasada, habitan sus 43 hectáreas llenas de diversión. El parque está compuesto por siete países de la fantasía que evocan un tema o época específico, como el Salvaje Oeste, la América Colonial y el Futuro. Unos impresionantes desfiles, comparsas musicales callejeras y personajes Disney en tres dimensiones dispuestos a hacer felices a sus clientes, se encargan de mantener la animación del parque.

El famoso castillo de Fantasyland

CÓMO ORGANIZAR LA VISITA

Los clientes del hotel Disney tienen privilegios para entrar antes a las atracciones dos días a la semana (jueves y domingo), por lo que es recomendable evitar la visita esos días a no ser que se aloje en un hotel Disney. Es aconsejable llegar a la entrada hora y media antes de la apertura oficial. Esto permite disfrutar de Fantasyland y Tomorrowland durante hora y media antes de que abra el resto del parque. Un panel informativo en lo alto de Main Street muestra esa misma información y ofrece una lista con los tiempos de espera de varias atracciones. Moverse por el parque resulta fácil, ya que los países se distribuyen en forma radial desde el centro neurálgico, situado frente al Cinderella' Castle (castillo de Cenicienta).

También existen otras formas más modernas de transporte. Main Street® cuenta con una serie de vehículos que, fieles al ideal de cuentacuentos de Disney, narran la historia del transporte desde el tranvía tirado por caballos hasta el vehículo a motor. Un tren a vapor recorre un circuito de 20 minutos por el parque, con paradas en Main Street®, Frontierland® y Mickey's Toontown Fair.

CONSEJOS

- *Los visitantes que acuden temprano tienen al menos que esperar en la barrera de entrada cercana a Peter Pan e It's a Small World cerca de 15-20 minutos antes de la apertura.*
- *En caso de querer visitar Splash Mountain primero, hay que subirse al tren en Main Street antes de que abra el parque. Una vez abierto, el tren se pondrá en funcionamiento parando en Frontierland unos 7 minutos después. La estación se encuentra cerca de Splash Mountain y Big Thunder.*
- *El mejor lugar para ver todos los desfiles es Frontierland, aunque durante las temporadas altas hay que llegar al menos 45 minutos antes del desfile.*
- *Los desfiles diurnos salen de la zona de Splash Mountain hacia Town Square, mientras que los nocturnos se celebran en sentido contrario.*

COMIDA Y BEBIDA

La comida es, por lo general, de servicio rápido. En The Liberty Tree Tavern o el Cristal Palace se puede disfrutar de una cena tranquila. El lugar más bonito para degustar un sándwich es Aunt Polly's, en Tom Sawyer Island.

MAIN STREET, USA®

Es una reproducción fantástica Disney de una pequeña ciudad idílica de América en época victoriana. Al entrar en Main Street® se pasa bajo la Main Street Station, desde donde se puede tomar el tren que recorre el parque y que sale cada diez minutos. Bajo la estación hay una serie de taquillas en las que, a bajo precio, se pueden guardar los objetos valiosos y las bolsas. Al entrar en la plaza mayor se sitúa el City Hall, a la izquierda, edificio al que conviene acudir en primer lugar para obtener cualquier información sobre espectáculos y acontecimientos que se desarrollan en esa temporada. La propia Main Street® es una magnífica mezcla de colores, formas y música. Town Square Exposition Hall, a la derecha cuando se entra en la plaza, resuelve cualquier problema que se pueda tener con las películas de fotos, aunque las tiendas principales se encuentran a lo largo de Main Street. Por la noche esta zona adquiere un aire mágico cuando miles de luces bañan el pavimento. También es un lugar magnífico para ver el Spectromagic Parade, un brillante desfile lleno de música, animación callejera y haces de luz.

ADVENTURELAND®

Una vegetación exhuberante, evocadores toque de tambor y edificios coloniales se combinan para formar imágenes de África y el Caribe. Cruzando un puente de madera desde el centro neurálgico, Adventureland es una excitante y entretenida fusión entre lo exótico y lo tropical. El recorrido en barco **The Jungle Cruise,** transcurre por unos parajes animados mecánicamente de los interiores de África, India y Sudamérica. La recientemente reformada **Enchanted Tiki Room Under New Management** constituye una agradable for-

◁ **Visitantes en las alfombras mágicas de Aladino, Adventureland**

ITINERARIO DE UN DÍA

Si se desea recorrer Magic Kingdom en un solo día, puede resultar agotador, especialmente en verano.

1. *Tras cruzar los tornos de entrada hay que dirigirse directamente al centro neurálgico. Si el parque está abierto en su totalidad, se puede girar a la derecha y dirigirse a* ***Space Mountain.*** *Si por el contrario existen barreras a lo largo de la zona que rodea el centro, espere en la entrada a Tomorrowland y luego diríjase hacia Space Mountain siguiendo las cuerdas de la barrera. Ésta es una atracción ideal para los que les gusten las emociones fuertes; los demás pueden dirigirse a* ***Lightyear's Space Ranger Spin.***
2. *Tras Space Mountain, diríjase a* ***Fantasyland*** *a través de Tomorrowland (dejando la carretera a la derecha y girando a la izquierda en Mad Hatter's Teacups) y suba a las numerosas* ***Adventures of Winnie the Pooh.***
3. *Tras Winnie, gire a la izquierda y diríjase hacia* ***Peter Pan's Flight*** *y monte también en* ***It's a small world.***
4. *Saliendo a la izquierda hay que dirigirse hacia Liberty Square para visitar* ***Haunted Mansion.***
5. *Saliendo de Haunted Mansión por la derecha, hay que seguir hasta* ***Splash Mountain.*** *Si la espera supera la media hora, pida un FASTPASS, gire a la derecha y cruce hacia* ***Big Thunder Mountain Railroad.***
6. *Saliendo de Big Thunder y cruzando el puente se llega a* ***Pirates of the Caribbean.*** *Suba a la atracción.*
7. *Regrese a Splash Mountain y súbase a ella, luego retroceda hasta* ***The Jungle Cruise.*** *Si el tiempo de espera es corto, súbase, si no es así vaya a ver* ***The Enchanted Tiki Room Under New Management.***
8. *Es el momento de comer algo ligero y rápido.*
9. *Llévese la comida a la* ***Swiss Family Treehouse*** *en Adventureland.*
10. *Cruce la central hacia Tomorrowland y obtenga una entrada FASTPASS para* ***Buzz Lightyear.***
11. *Visite el* ***Monsters, Inc. Laugh Floor Comedy Club*** *y el* ***Stitch's Great Escape!,*** *y escoja entre el* ***Astro Orbiter*** *y el* ***Carousel of Progress.***
12. *Regrese al Lightyear's Space y suba en él.*
13. *Cruce la central hacia* ***Frontierland*** *y busque un sitio para admirar el* ***desfile de la tarde.***
14. *En este momento habrá visto y montado en las principales atracciones de Magic Kingdom. Es una buena ocasión para descansar antes del* ***Spectromagic Parade.*** *Si el parque cierra pronto, observe el desfile desde Town Square. Si abre hasta tarde es mejor verlo desde Main Street desde el lado de Tomorrowland. Se puede regresar a las atracciones de Tomorrowland, Mickey's Toontown Fair y Fantasyland.*
15. *Por último, busque el banco que hay frente a la casa de Mickey y Minnie en Mickey's Toontown para ver cómodamente los* ***fuegos artificiales.***

ma de pasar unos 20 minutos alejado del calor, con personajes que van desde Aladino al Rey León.

Pirates of the Caribbean es una de las atracciones que más visitantes recibe. Las dimensiones y el detalle de las figuras animadas de este paseo de 10 minutos sobrepasa cualquier otra atracción. Se trata de un viaje muy entretenido y detallado en el que un barco pasa a través de prisiones subterráneas en ruinas, junto a galeones de guerra del siglo XVI y escenas de francachela y crimen. Se ve a los piratas bebiendo y divirtiéndose en el puerto. De cerca se puede distinguir hasta la suciedad de los pies y el vello de las piernas de los bucaneros. Aunque se dice que no está tan conseguida como la versión de Disneyland París, los efectos audio-animatronic® son de gran calidad y el recorrido es uno de los favoritos entre los visitantes. En la salida se encuentra una de las tiendas más sugerentes del parque, donde se venden los principales accesorios de Disneyland.

FRONTIERLAND®

Con un decorado inspirado en el salvaje Oeste de Hollywood, este país está lleno de paseos elevados y almacenes. El **Frontierland Shootin' Arcade** está inspirado tanto en el Salvaje Oeste como en las fiestas de los pueblos del país, mientras que **Country Bear Jamboree** ofrece un espectáculo de grandes osos automatizados.

Frente a Big Thunder Mountain se encuentra la salida de la balsa hacia Tom Sawyer's Island. Con un fuerte, puentes colgantes, cascadas y túneles añadidos, es el parque de aventuras soñado por los niños.

Una jornada a través del salvaje Oeste americano, magníficamente planificada y desarrollada a partir de un tren minero, el ***Big Thunder Mountain Railroad,*** sigue siendo una de las atracciones clásicas.

En lo que se refiere al recorrido, constituye una experiencia tranquila. Pero es otra de las atracciones en las que se forman largas colas enseguida, por lo que conviene realizar esta excursión lo más pronto posible.

ESPECTÁCULOS Y DESFILES

No hay que perderse estos increíbles espectáculos. Mickey's PhilharMagic Orchestra, una película en 3-D y el Enchanted Tiki Room Under New Management son magníficas actuaciones en directo, tanto por su música como por sus únicos desfiles. Unas carrozas de enormes proporciones rodeadas de una multitud de actores y bailarines recorren una ruta establecida entre Frontierland® y The Town Square en Main Street®. Cada tarde se celebra un desfile y durante la temporada alta dos desfiles Spectromagic Parade, por lo general, a las 20.30 y a las 22.30. Cada noche se ofrece también Wishes, una extravagante muestra de fuegos artificiales y música dirigida por Tinkerbell.

Splash Mountain® es una estupenda atracción donde hay que estar dispuesto a mojarse. Es una buena muestra de lo que Disney hace mejor, una perfecta integración de música, efectos especiales y creación de hermosos personajes. Esto, combinado con una multitud de instalaciones previas a otra más grande, lo convierten en uno de los mejores recorridos de caída por barrancos acuáticos del mundo. En esta atracción, donde la gente sube una y otra vez, se forman largas colas desde primera hora hasta la hora del cierre.

COMPRAS

En Magic Kingdom se pueden encontrar tiendas por todas partes que venden ropa, golosinas (salvo chicles) y artículos con insignias. Cada uno de los países cuenta con sus propios artículos relacionados con su tema y con la atracción más próxima (en la tienda cercana a Pirates of the Caribbean, por ejemplo, se encuentra una gran cantidad de objetos sobre piratas). No obstante, algunas de las mejores tiendas están en Downtown Disney, donde se puede curiosear en la tienda Disney más grande del mundo.

LIBERTY SQUARE

Liberty Square, el más pequeño de todos los países, refleja la América poscolonial y contiene tres atracciones: **Liberty Square Riverboat, Hall of Presidents** y **The Haunted Mansion.** Esta última conduce a través de una mansión y cementerio poblados por fantasmas mientras una evocadora melodía flota a través de las ramas de un árbol muerto y perros fantasma. Más entretenido que espeluznante, este recorrido se llena enseguida y no suele contar con largas colas. La travesía en el *Liberty Square Riverboat* conduce suavemente hacia el pasado estadounidense del siglo XIX, mientras que Hall of Presidents, una animación mecanizada, ofrece un refugio de las multitudes y el calor.

FANTASYLAND®

Este país dominado por las agujas del castillo de Cenicienta constituye el corazón de Magic Kingdom. Sus atracciones de delicado diseño conmueven a la mayoría de los visitantes y suele ser el primer destino para los niños. **Dumbo the Flying Elephant** es una atracción probada entre los más jóvenes mientras que el **Cinderella's Golden Carousel** (una restauración de un auténtico carrusel de 1917) parece seducir tanto a mayores como a niños con sus caballitos.

Snow White's Scary Adventures es un recorrido donde se relata una historia que puede asustar a los pequeños. **Peter Pan's Flight** es una atracción muy popular que combina la sensación de volar con la perfecta unión de música y movimiento.

Enfrente se encuentra **It's a Small World,** quizá la atracción más visitada por los niños pequeños. Una jornada acuática a través de una serie de decorados animados acompañados de una melodía persistente y pegadiza.

La atracción más reciente **The Many Adventures of Winnie the Poo** incorpora la última tecnología en iluminación y efectos sonoros, tan atractivos que bien merecen su condición de FASTPASS.

El único espectáculo, **Mickey's PhilharMagic,** ofrece una película en 3-D y es una de las atracciones más nuevas de Fantasyland.

Ariel's Grotto posee una interesante fuente interactiva y una zona de encuentro. Aquí los niños pueden jugar en un entorno acuático, encontrarse con la Sirenita y remojarse.

MICKEY'S TOONTOWN FAIR®

Este país atrae principalmente a los niños. Aquí se hallan las casas de Mickey y Minnie y se tiene la oportunidad de fotografiarse con el propio Mickey. Aunque ambas casas se sitúan en el paseo hacia las atracciones, la de Mickey es actualmente una zona de espera para Judge's Tent, donde puede aparecer el propio Mickey Mouse. Otra alternativa para encontrarse con los personajes es el **Toontown Hall of Fame Tent.** Aunque cuenta con tres entradas, se forman unas larguísimas colas y se pierde mucho tiempo mientras se espera ver a algún personaje.

El **Barnstormer** en **Goofy's Wiseacre Farm** es un recorrido emocionante. **Donald's Boat** es un parque infantil con una fuente, donde, de nuevo, se ofrece a los pequeños la oportunidad de mojarse.

TOMORROWLAND®

Aunque su éxito se cuestiona, Tomorrowland sigue ofreciendo mucha diversión. **Space Mountain** es la atracción más rápida en la que se sale lanzado por curvas cerradas y fuertes pendientes en una tenebrosa oscuridad sobre una proyección de asteroides. El efecto de viajar por el espacio está magníficamente logrado, pero el recorrido, más impresionante que el de Big Thunder Mountain, puede parecer suave a los amantes de las emociones fuertes más experimentados.

Stitch's Great Escape!, ubicada en el Interplanetary Convention Center de Tomorrowland, es un recorrido inspirado en la película *Lilo y Stitch*. El paseo proporciona una aventura agradable y muestra cómo el travieso Stitch descubre la Galactic Federation.

Walt Disney's Carousel of Progress es una atracción para disfrutar sentado, en la que el auditorio va rotando alrededor de un escenario central y que atrae a grandes masas. Muestra la vida cotidiana a través de la historia y es una de las atracciones más apreciadas, sobre todo a última hora de la tarde.

En **Monsters, Inc. Laugh Floor Comedy Club** el visitante descubre el poder de las carcajadas en una aventura interactiva al poner a prueba su ingenio con el protagonista, el tuerto Mike Wazowsky, y con sus dos amigos imitadores.

The Tomorrowland Transit Authority es un tranquilo recorrido que emplea vehículos de inducción lineal. Este paseo a través de Tomorrowland ofrece algunas de las mejores vistas del parque, además de la oportunidad de relajarse tras una larga caminata. Casi nunca repleto, viaja a través de la Space Mountain y ofrece vistas del interior de muchas otras atracciones.

Una de las últimas innovaciones de Tomorrowland es **Buzz Lightyear's Space Ranger Spin.** Este magnífico recorrido a través de los cómics se realiza en un coche de dos asientos equipado con cañones láser, marcadores electrónicos y un control que permite rotar el coche rápidamente para una mejor puntería. Este rápido pistolero es una de las mejores atracciones del parque, en la que disparando a los objetivos con un rayo láser rojo, que reproduce los tiros, choques y silbidos de bala, se van aumentando puntos en el marcador. Se ha convertido en una de las pocas atracciones en las que los niños no pueden despegar a sus padres, de ahí su gran popularidad.

CONSEJOS

- *Las colas de las atracciones son más cortas durante los desfiles.*
- *Si se ven los fuegos artificiales desde lo alto de Main Street (cerca de la central), luego se puede disfrutar de las atracciones hasta la hora del último desfile de la tarde, cuando por lo general hay menos gente.*
- *Un paseo en tren a lo largo de Magic Kingdom para ver todo lo que hay.*
- *Existe un atajo poco conocido desde Mickey's Toontown Fair hasta Tomorrowland que sale a la derecha de la estación del tren.*
- *Si se va con niños pequeños, conviene alquilar una silla de paseo a la entrada.*

INFORMACIÓN SOBRE ATRACCIONES Y ESPECTÁCULOS

Este cuadro ayudará a organizar la visita a Magic Kingdom. Las atracciones y espectáculos están ordenados por países de fantasía.

		TIEMPOS DE ESPERA	LÍMITES DE EDAD/ ALTURA	HORAS PUNTA	FASTPASS	VELOCIDAD DE LA ATRACCIÓN	PUEDE CAUSAR MAREOS	ACEPTACIÓN
	ADVENTURELAND®							
A	JUNGLE CRUISE	●		11.00-17.00	➡	❷		▼
A	PIRATES OF THE CARRIBBEAN	❍		12.00-16.00		❶		◆
E	ENCHANTED TIKI ROOM	❍				❶		▼
	FRONTIERLAND®							
A	BIG THUNDER MOUNTAIN RAILROAD	●	1.02 m	10.00-19.00	➡	❶	✓	★
A	SPLASH MOUNTAIN	●	1.02 m	10.00-19.00	➡	❶		★
E	COUNTRY BEAR JAMBOREE	❍				❶		▼
E	FRONTIERLAND SHOOTIN' ARCADE	◗				❶		◆
	LIBERTY SQUARE							
A	HALL OF PRESIDENTS	❍				❶		▼
A	HAUNTED MANSION	◗				❶		◆
A	LIBERTY SQUARE RIVERBOAT	❍				❶		▼
	FANTASYLAND®							
A	DUMBO THE FLYING ELEPHANT	◗		9.00-19.00		❸		▼
A	IT'S A SMALL WORLD	❍				❶		▼
A	THE MANY ADVENTURES OF WINNIE THE POOH	●		10.00-18.00	➡	❸		★
A	PETER PAN'S FLIGHT	●		9.00-21.00	➡	❸		★
A	SNOW WHITE'S SCARY ADVENTURES	◗		9.00-17.00		❸		▼
E	MAD TEA PARTY	❍				❶	✓	▼
	MICKEY'S TOONTOWN FAIR®							
A	THE BARNSTORMER AT GOOFY'S WISEACRE FARM	❍	0.9 m			❷	✓	◆
	TOMORROWLAND®							
A	BUZZ LIGHTYEAR'S SPACE RANGER SPIN	◗		10.00-18.00	➡	❶		◆
A	SPACE MOUNTAIN®	●	1.2 m	9.00-19.00	➡	❷		
A	STITCH'S GREAT ESCAPE!®	◗		10.00-18.00	➡	❶		◆
E	MONSTERS, INC. LAUGH FLOOR COMEDY CLUB	❍						▼

Clave: A (atracción). E (espectáculo). Tiempo de espera: ❍ poco; ◗ normal; ● bastante.
Nivel de aceptación: ▼ bueno; ◆ excelente; ★ inmejorable.
Velocidad de la atracción: ❶ rápida; ❷ tranquila; ❸ lenta.

Epcot®

Epcot, las siglas de Experimental Prototype Community of Tomorrow, refleja el sueño de Walt Disney de una vida comunitaria avanzada tecnológicamente. Este intento de representar una visión utópica del futuro ha sufrido numerosos cambios desde su inauguración en 1982, y en la actualidad Epcot constituye un centro educativo y una feria mundial permanente. Este parque de 101 hectáreas está dividido en dos diferentes zonas: Future World, enfocada hacia la educación y el entretenimiento, y World Showcase, que representa un escaparate del arte, la cultura y las especialidades culinarias de distintos países del globo.

El pabellón de Francia en World Showcase

CÓMO ORGANIZAR LA VISITA

Epcot® tiene una extensión dos veces y media más grande que la de Magic Kingdom®, lo que significa que se necesitan al menos dos días y medio para ver el parque entero. World Showcase no suele estar abierto antes de las 11.00, por lo que los visitantes más madrugadores acuden a Future World y luego se trasladan gradualmente a la barrera que separa los dos parques a la espera de que abran World Showcase. Llegar temprano es la clave del éxito de la visita. Si se disponen de privilegios de entrada, hay que llegar una hora y cuarenta minutos antes de la apertura oficial. Aunque Future World cuenta con un pequeño número de atracciones, dos de éstas, Test Track y Mission: SPACE son las más deseadas. Para llegar a Test Track hay que girar a la izquierda a través del enorme edificio Innovations East. Para situarse resulta útil imaginar Future World como si fuese la esfera de un reloj; si las manecillas marcan las seis en punto, entonces Mission: SPACE está a las nueve en punto y Test Track se encuentra a las once en punto; el paseo equivalente desde la entrada a Magic Kingdom hacia Splash Mountain.

Tras dejar la zona de Mission: SPACE y Test Track, hay que volver sobre nuestros pasos a través de Innovations East y cruzar inmediatamente por Innovations West para salir a ver Honey, I Shrunk the Audience a la izquierda, a la una en punto. Después se puede regresar a Spaceship Eartht (a las seis en punto) y subir a la atracción. Aunque esto parezca ir hacia atrás, merece la pena hacerlo para evitar las colas que serpentean en el exterior de las entradas a última hora del día. Se pueden visitar Soarin' y The Seas with Nemo & Friends más tarde, tras pasar por World Showcase.

World Showcase resulta mucho más interesante para los adultos que para los niños. No obstante cuenta con Kidcot Fun Spots en varios pabellones en los que los niños pueden comprar un pasaporte que le sellarán. En algunos pabellones existen pequeñas atracciones, por lo general en barco, mientras en otros se proyectan películas.

CONSEJOS

- *Conviene estar en los tornos de entrada al menos 50 minutos antes de que abran.*
- *Test Track y Mission: SPACE son increíblemente populares. Esto hace que se formen largas colas desde el exterior. Hay que intentar subirse a estas atracciones en primer lugar y luego, al salir, comprar un FastPass para otra instalación.*
- *Existe un servicio de barcos bastante regular que cruza World Showcase Lagoon. Al disponer de aire acondicionado, ofrecen un respiro en las horas calurosas del mediodía.*
- *La mayoría de la gente sube a Spaceship Earth nada más llegar a Epcot, por lo que las esperas suelen ser largas. Sin embargo, por las tardes se puede visitar sin tener apenas que esperar a la entrada.*

REFLEJOS DE LA TIERRA

El espectáculo de Epcot al que hay que asistir es el IllumiNations. Esta representación, que se produce poco antes de la hora de cierre alrededor de World Showcase Lagoon, es un espectáculo de luz y sonido de gran originalidad que destaca lo más importante de las once naciones representadas. Los mejores lugares para disfrutar del espectáculo son la terraza de la Cantina de San Ángel en México, el balcón del restaurante de Japón y el puente International Gateway cercano a United Kingdom.

◁ **La inconfundible esfera de Spaceship Earth, centro neurálgico de Future World**

Ciertos pabellones ofrecen además una comida excelente y se puede reservar mesa para cenar con antelación desde el hotel. Se recomienda llevar un calzado cómodo y algún sombrero.

FUTURE WORLD

El mundo futuro es la primera zona con que se encuentran los visitantes que llegan a los tornos de entrada principales y comprende una serie de inmensos edificios modernistas, que rodean el exterior y a los que se accede a través de Innovations East y West. Algunos de estos edificios contienen una única atracción mientras otros muestran varias exposiciones, en su mayoría interactivas. En el interior del pabellón principal se disponen las atracciones de menor tamaño.

Venta de insignias

Cuando Disney se enteró de que las insignias de solapa que había producido para actos especiales se estaban revendiendo a un precio muy superior al original, decidió intensificar su producción. En un momento de inspiración crearon las Pin Stations, unas pequeñas cabinas en cada parque en las que únicamente se vendían cientos de insignias diferentes producidas por Disney, que ahora tienen un precio aproximado de 6 dólares a 15 dólares. Siguiendo esta misma idea se crearon los Pin Traders, unos socios a los que se les pidió que intercambiasen sus insignias con los clientes. Esta idea enseguida captó la imaginación de los niños y adolescentes que pasaban alegremente varias horas buscando la insignia que les faltaba e intercambiándola por otra. El sistema ha tenido tanto éxito que tanto los socios de Disney como los visitantes están encantados con las insignias. Dependiendo de la modalidad de alojamiento que se haya reservado en el hotel, se obsequia al cliente con una colección de insignias para que pueda empezar los intercambios.

LAS 10 ATRACCIONES
① TEST TRACK
② MISSION: SPACE
③ SPACESHIP EARTH
④ THE SEAS WITH NEMO
⑤ SOARIN'
⑥ ELLEN'S ENERGY ADVENTURE
⑦ MAELSTROM
⑧ REFLECTIONS OF CHINA
⑨ IMPRESSIONS DE FRANCE
⑩ ILLUMINATIONS

Test Track, una de las atracciones más populares de Epcot

Spaceship Earth

Esta atracción, situada bajo una inmensa esfera geodésica de 7.500 toneladas, constituye un recorrido a través de unas reproducciones y escenarios mecanizados maravillosamente construidos que representan la evolución y desarrollo tecnológico. Igual de interesante resulta la cúpula que conduce sutilmente el agua de lluvia al interior de la World Showcase Lagoon.

Innovations

Ambos edificios, East y West, conforman una exposición interactiva sobre el futuro y que, gracias a los lazos que le unen a los consumidores de objetos electrónicos está en constante renovación. Se necesita bastante tiempo para recorrer la mayor parte de Innovations, y muchos de sus juegos han sido trasladados a Downtown Disney, lo que ha hecho que se convierta en un parque temático más dedicado a los adultos.

Epcot: Mission: SPACE

Mission: SPACE, la atracción más reciente de Epcot, embarca a los visitantes en un viaje espacial que termina con un aterrizaje forzoso en Marte. Esta atracción muy popular utiliza la tecnología de simulación más moderna, en la que se combinan giros a gran velocidad para recrear las fuerzas-g, un simulador y una línea narrativa en tres dimensiones. El resultado es un despegue en cohete fascinante y convincente y un viaje a gran velocidad hasta Marte, que también incluye una vuelta alrededor de la Luna. Las estupendas recreaciones del despegue y el complicado aterrizaje resultan especialmente emocionantes. Esta atracción, la más avanzada tecnológicamente del parque, es fruto de la imaginación de Disney, pero está basada en hechos científicos y datos proporcionados por astronautas, investigadores e ingenieros.

RECOMENDAMOS

★ Despegue

★ Aterrizaje en Marte

INTERNACIONAL SPACE TRAINING CENTER

La trama se desarrolla en el International Space Training Center (ISTC) en el año 2036. En este momento futuro de la exploración del espacio, muchos países se han unido para entrenar a una nueva generación de viajeros espaciales. Los participantes de Mission: SPACE se convierten en candidatos a astronautas en su primera misión de entrenamiento.

El ISTC se encuentra ubicado en un edificio metálico y brillante con paredes curvas y aspecto vanguardista de la era espacial. El exterior de acero rodea un patio llamado **Planetary Plaza;** desde el momento en que acceden a este patio, los visitantes se sumergen en un mundo futurista. Unas enormes réplicas de la Tierra, Júpiter y la Luna decoran Planetary Plaza y en sus paredes se pueden leer citas de personajes destacados en los viajes espaciales. La maqueta de la Luna incluye unas placas metálicas que indican los puntos de aterrizaje de las misiones tripuladas y no tripuladas estadounidenses y soviéticas durante los años sesenta y setenta. El interior del ISTC está dividido en varias zonas para distintos niveles de entrenamiento. Hay cuatro plataformas de lanzamiento con diez cápsulas cada una y cada cápsula tiene capacidad para cuatro personas.

ENTRENAMIENTO

Antes de embarcar en la nave, los exploradores deben realizar diversos trámites para preparar su misión. Estas sesiones de entrenamiento e instrucción ayudan a que el tiempo de espera antes de montar en la verdadera atracción parezca más corto, ya que mantienen entretenidos a los participantes; el ambiente está bien logrado, aunque posee cierto aire militar, algo poco habitual en los parques de Disney. En el **ISTC Astronaut Recruiting Center,** los exploradores reciben información sobre el entrenamiento y ven una maqueta del *X-2 Trainer*, la futurista nave en la que realizan su viaje por el espacio.

La segunda etapa de la misión es el **Space Simulation Lab,** una rueda de gravedad con 10 m de altura que gira lentamente y cuenta con zonas de trabajo, salas de ejercicio, dormitorios y comedores para los equipos espaciales. En el laboratorio, destaca la zona donde se expone una auténtica Lunar Rover de la era Apollo, prestada por el Smithsonian National Air and Space Museum, y se describe el primer viaje a la Luna del hombre.

Los participantes acceden a continuación a la **Training Operations Room,** una sala donde se realizan diversas sesiones de entrenamiento. Los grandes monitores muestran grabaciones en directo de los entrenamientos del ISTC. En **Team Dispatch,** se recibe a los participantes en un despacho y se los divide en grupos de cuatro para enviarlos a la **Ready Room.** En este momento, los miembros del equipo reciben un puesto dentro de la nave (comandante, piloto, copiloto o ingeniero), con tareas específicas

Réplicas de planetas frente a la fachada metálica del edificio de Mission: SPACE

durante el vuelo. Los exploradores también conocen a Capcom, el comunicador de la cápsula, que guiará a los astronautas durante el vuelo. En el **Pre-flight Corridor,** los exploradores reciben las últimas instrucciones de la misión y un miembro uniformado de la tripulación de vuelo les escolta hasta la cápsula, la *X-2 Space Shuttle*.

VUELO Y ATERRIZAJE

Los miembros del equipo embarcan en la cápsula de entrenamiento X-2 y son asegurados con cinturones; cada uno dispone de una ventana individual. Comienza la cuenta atrás y se produce el impresionante despegue: el rugido de los motores, las nubes de humo y el movimiento de la cápsula se combinan para crear en los participantes sensaciones similares a las que sienten los astronautas durante un verdadero despegue.

Las ventanas de la cabina son en realidad modernísimas pantallas planas en las que se ha combinado vidrio LCD y tarjetas electrónicas de vídeo para emitir una precisa grabación basada en datos reales tomados de los satélites que giran alrededor de Marte. Las espectaculares imágenes de la Tierra y Marte que los participantes contemplan a través de las ventanas de la cápsula incrementan la ilusión de viajar por el espacio.

Los miembros de la misión espacial deben trabajar en equipo, actuando como piloto, comandante, copiloto e ingeniero, para enfrentarse a los obstáculos y terminar con éxito su misión a Marte. A lo largo del vuelo, la tripulación recibe instrucciones de Capcom relacionadas con su puesto, que consisten en apretar botones; la cápsula obedece las órdenes. Los giros inesperados mantienen a los participantes alerta y exigen maniobras complicadas con las palancas. Además de la divertida vuelta alrededor de la Luna, se experimentan otras emociones como el breve instante de ingravidez y los asteroides que deben sortearse de camino a Marte.

El recorrido de cuatro minutos termina con un aterrizaje forzoso en Marte que se acompaña de estupendos efectos sonoros logrados mediante un bafle en estéreo que está colocado en la parte trasera de las cápsulas espaciales. Astronautas pioneros como Buzz Aldrin y Rhea Seddon han montado en esta atracción y su comparación con un verdadero viaje espacial ha sido favorable.

Las fuerzas g que se experimentan durante Mission: SPACE son, en realidad, de menor intensidad que en una montaña rusa, pero su duración es mayor.

ALGUNOS CONSEJOS

- *Esta popular atracción es la primera creada con el sistema Fastpass de Disney. Se puede evitar una larga espera usando el FastPass, a la venta en la entrada de Mission: SPACE. En cada pase se asignan dos horas de entrada. Si hay demasiada gente, tal vez se reciba un Fastpass con hora de salida.*
- *Conviene leer las recomendaciones a la entrada de Mission: SPACE y sólo montar en la atracción si se está seguro de poder soportarla.*
- *A esta atracción sólo se puede acceder con una altura mínima de 1,1 m.*
- *Para realizar todo el recorrido de Mission: SPACE, desde la zona anterior a la atracción hasta el Advance Training Lab, se puede necesitar de 45 minutos a más de una hora. El viaje a Marte dura aproximadamente 4 minutos desde que se cierra la puerta de la cápsula hasta que se vuelve a abrir.*

ADVANCE TRAINING LAB

Después del viaje, los participantes pueden recorrer el Advance Training Lab, una zona interactiva para todas las edades donde se ponen a prueba distintas habilidades en juegos relacionados con el espacio. Esta sección se puede visitar incluso si no se monta en la atracción y no existe un límite de altura para entrar.

En **Space Race,** dos equipos se enfrentan en una carrera por acabar con éxito una misión de Marte a la Tierra. Los equipos están formados por un máximo de 60 personas que deben trabajar juntas para superar los numerosos obstáculos y contratiempos de la misión. **Expedition: Mars** es otra divertida zona del Advance Training Lab. En este sofisticado videojuego, la misión es localizar a cuatro astronautas perdidos en Marte. **Space Base,** dirigido a los astronautas jóvenes, es una excelente zona de juegos interactiva donde los niños pueden escalar, deslizarse, gatear, explorar y agotar toda la energía sobrante. También se pueden enviar **postales desde el espacio** en un quiosco del Advance Training Lab. Los participantes realizan un vídeo de sí mismos en uno de los diversos escenarios con temática espacial; este bonito recuerdo de la experiencia en Mission: SPACE se puede enviar por correo electrónico a amigos y familiares.

Después del Advance Training Lab, se encuentra el **Mission: SPACE Cargo Bay,** una zona comercial. Un Mickey Mouse en tres dimensiones, con 1,2 m de altura y vestido de astronauta recibe a los visitantes; la zona está dominada por un mural de 3,6 m con varios personajes de Disney vestidos de astronauta sobre la superficie de Marte. Aquí se pueden adquirir recuerdos, de varios precios, de esta experiencia en el espacio.

INFORMACIÓN ESENCIAL

Future World, entre Test Track y Wonders of Life.
Tel *(407) 934-7639.*
9.00-21.00 todos los días.
www.disneymissionspace.com

PRECAUCIONES

Esta atracción no es adecuada para todos y en especial para personas propensas a marearse o que no soporten los espacios estrechos, los ruidos o los giros. No es recomendable para los niños, y las mujeres embarazadas y personas con hipertensión o problemas cardiacos deberían evitarla. Conviene recordar que no hay vuelta atrás después del despegue.

FUTURE WORLD (Y II)

Ellen's Energy Adventure
Una película bastante entretenida, animada con una impresionante tecnología. Todo el teatro rota antes de que cada una de las secciones independientes, de 100 espectadores cada una, se ponga en movimiento y conduzca a través de un paisaje prehistórico habitado por criaturas antediluvianas.

The Seas with Nemo & Friends
La auténtica razón de la visita es su Sea Base Alpha, el proyecto de investigación más ambicioso de Epcot. Una presentación anterior al espectáculo prepara a los visitantes para su incursión al fondo del océano, tras la que suben a unos sillones que les llevaan por un impresionante arrecife de coral. Al terminar la película, pueden saludar a personajes tan familiares como Dory, Bruce, Marlin y Squirt, que viven en un inmenso acuario junto a más de 65 especies marinas. **Turtle Talk with Crush** es un gran paso en la animación en tiempo real.

Wonders of Life
Este pabellón, que sólo funciona parte del año, está dedicado al funcionamiento del cuerpo humano. **The Making of Me** es una agradable película sobre los momentos previos al nacimiento, mientras **Cranium Command** es una presentación mecanizada del cerebro. **Body Wars**, el primer recorrido excitante de simulación de Epcot, hace un viaje a través del cuerpo humano miniaturizando primero a los visitantes. Este recorrido en simulador puede provocar mareos.

Test Track
Una de las atracciones más populares de Epcot provoca que se formen largas colas a la hora de apertura del parque y que crezcan rápidamente. Se trata de colocarse en un coche deportivo de seis pasajeros que realiza una prueba antes de comenzar a producirse el modelo. Aunque el recorrido efectúa pruebas de frenado, ascenso de elevadas pendientes y giros rápidos que le hacen casi chocar y raspar la pintura, es en la parte exterior del recorrido donde el vehículo sobrepasa los 100 km/h por una carretera elevada que rodea el edificio del Test Track. La tecnología es tan avanzada que se mantiene la atracción funcionando sin pausa las 24 horas del día, ya que su puesta en marcha resulta muy lenta. No obstante, el sistema tiene frecuentes paradas, generalmente porque sus avanzados sistemas de seguridad a menudo interrumpen y detienen la carrera. Aunque de alguna forma esto sea una garantía, las colas continúan creciendo en el exterior durante toda la tarde y se tiene que esperar entre 90 minutos y 2 horas para disfrutar de los 4 minutos de recorrido. Es importante saber que las máquinas expendedoras de los FastPass suelen haber agotado las entradas a la hora de comer.

The Imagination Pavilion
Alberga tres atracciones: la increíblemente divertida Honey, I Shrunk the Audience, el recorrido Journey into Your Imagination y un Imageworks Lab.

Honey, I Shrunk the Audience es de visita obligada. Este espectáculo, que dispone de la tecnología única de Disney para ofrecer una película en 3 dimensiones y con efectos especiales, hace que los espectadores rían constantemente y luego traten de escapar de algo que se encuentra bajo sus asientos.

El recorrido **Journey into Imagination with Figment** es

CONSEJOS

• Test Track es excepcionalmente popular. Para evitar las largas colas, intente visitarlo lo primero. Al salir, se puede adquirir un FastPass para realizar otro recorrido más tarde.
• Si el Test Track se para durante su trayecto, nada más bajar hay que pedir permiso alos operadores para volver a subir.
• Ya que el Test Track funciona todo el día, incluso cuando el parque está cerrado, se puede volver a subir los últimos minutos antes de que se cierre el parque.
• La película de Ellen's Energy Adventure dura unos 45 minutos. Se puede verla en un descanso a mitad de la jornada o mientras se espera a que abran las taquillas para adquirir unFastPass.
• Si bien las colas para Ellen's Energy Adventure son largas, no se espera demasiado, ya que cada 17 minutos entran 600 espectadores.
• The Land es el pabellón favorito de los aficionados a la agricultura. En él está la nueva atracción, Soarin', que interesa a todos menos a los más jóvenes. Para ellos es mejor The Seas with Nemo & Friends, modificada para sacar partido al gran éxito de Disney, Buscando a Nemo.

CELEBRATION FLORIDA

Surgida sobre un antiguo pantano junto a Walt Disney World, Celebration es una ciudad nueva con valores antiguos. En parte inspirada en las románticas calles de Charleston en Carolina del Sur, Disney intenta recrear en ella el ambiente saludable de una pequeña ciudad que muchos estadounidenses de mediana edad recuerdan y añoran, y en la que los residentes pueden disfrutar de un mundo hogareño con amables vecinos. La gente se empezó a mudar a este lugar en 1996, siendo los primeros de una población que se pretendía llegase a 20.000 habitantes. Sus acogedoras calles peatonales, arquitectura nostálgica y un hospital, parece hecho a medida para los fugitivos de las prisas y la frialdad de la vidamoderna, gente a la que no le importa seguir las estrictas reglas impuestas por Celebration como, por ejemplo, que las cortinas que se vean desde el exterior sean blancas o hueso y que los arbustos que den a la calle estén aprobados por Disney. Sin embargo, Celebration es también como cualquier otra ciudad en la que la gente pasea y se divierte.

un viaje por las artes y las ciencias, pero que puede resultar demasiado complejo y largo.

Imageworks Lab. es un recinto interactivo de juegos audiovisuales con demostraciones.

The Land

La ecología y la conservación son los temas principales que caracterizan las tres atracciones dispuestas alrededor de un restaurante de comida rápida. Éste es el motivo de que la hora de comer sea la más concurrida. Los personajes de *El Rey León* conducen **The Circle of Life,** un himno a la conservación expresado a través de las películas y la animación. **Living with the Land** es un viaje en barco a través del pasado, presente y futuro de las granjas estadounidenses. No obstante, la atracción más importante aquí es **Soarin',** donde los pasajeros despegan en una simulación de un vuelo en ala delta que les lleva por unos impresionantes escenarios de California como el puente Golden Gate y el parque nacional de Yosemite.

ITINERARIO DE UN DÍA

1. En los días en que el parque abre temprano hay que llegar una hora y cuarenta minutos antes de la apertura oficial y una hora antes los días de horario convencional.

2. Tras dirigirse directamente al Test Track y a Mission: SPACE, conviene sacar entradas Fastpass para más tarde y regresar hacia el lado opuesto de Future World para disfrutar de Honey, I Shrunk the Audience.

3. De regreso hacia la entrada se puede subir al Spaceship Earth.

4. Desde allí, hay que girar a la derecha y dirigirse a Wonders of Life para subir a Body Wars, si está funcionando (es estacional).

5. Gire a la derecha saliendo de Wonders ofLife y diríjase a Ellen's Energy Adventure.

6. Vaya hacia World Showcase y espere a que se abra la barrera.

7. Desde la barrera hay que encaminarse hacia México y subir en El Río del Tiempo.

8. Salga por la derecha para ir hacia Noruega. Suba en el Maelstrom.

9. Con el recorrido por las principales atracciones ya realizado, seguramente se haya hecho la hora de comer. Tras recuperar fuerzas se puede visitar China (película), Francia (película) y Canadá (película).

10. De vuelta a Future World se puede visitar el pabellón de The Land, en el que se disfruta de tres atracciones.

11. Dejando el Land Pavillion a la izquierda, diríjase a The Seas with Nemo & Friends. Aquí puede montar en ambas atracciones.

12. Saliendo de The Seas por la derecha, se pasa a través de los dos Innoventions, East y West, para volver al pabellón de Wonders of Life, en el que se pueden visitar Cranium Command y The Making of Me, si está funcionando (es estacional). Es un buen momento para ir al hotel y regresar a las 19.00 para reservar un lugar para ver IllumiNations.

INFORMACIÓN SOBRE ATRACCIONES Y ESPECTÁCULOS

Este cuadro le ayudará a organizar su visita a Epcot. Las atracciones y espectáculos no aparecen organizados alfabéticamente.

		TIEMPOS ESPERA	LÍMITES DE EDAD/ALTURA	HORAS PUNTA	FASTPASS	PUEDE CAUSAR MAREOS	N. ACEPTACIÓN
FUTURE WORLD							
A	BODY WARS	◗	1,1m	10.00-14.00		✔	◆
E	CIRCLE OF LIFE	❍		12.00-14.00			▼
E	CRANIUM COMMAND	❍					◆
E	HONEY, I SHRUNK THE AUDIENCE	◗		10.00-17.00	➡		★
A	SOARIN'	◗	1,02m	Todo el día	➡		◆
E	LIVING WITH THE LAND	●		12.00-14.00			◆
A	MISSION: SPACE	●	1,3m	9.00-17.00	➡	✔	◆
A	SPACESHIP EARTH	◗		9.00-12.00			★
E	THE MAKING OF ME	❍					▼
A	TEST TRACK	●	1,1m	Todo el día	➡	✔	★
E	ELLEN'S ENERGY ADVENTURE	◗		10.00-13.00			◆
E	THE SEAS WITH NEMO & FRIENDS / TURTLE TALK WITH CRUSH	❍		11.00-15.00			◆
WORLD SHOWCASE							
A	EL RÍO DEL TIEMPO	❍		12.00-15.00			▼
E	IMPRESSIONS DE FRANCE	❍					▼
A	MAELSTROM	●		11.00-17.00			▼
E	THE AMERICAN ADVENTURE	❍					◆
E	O CANADA	❍					◆
E	REFLECTIONS OF CHINA	❍					★

Clave: A (atracción). E (espectáculo). Tiempo de espera: ❍ poco; ◗ normal; ● bastante. Nivel de aceptación: ▼ bueno; ◆ excelente; ★ inmejorable.

WORLD SHOWCASE

Algunos de los templos, iglesias, ayuntamientos y castillos de estos 11 pabellones son réplicas de edificios auténticos; otros, en cambio, imitan sólo el estilo autóctono. Pero World Showcase es mucho más que un conjunto de muestras arquitectónicas. Cada pabellón es atendido por personas del país representado, que venden productos de calidad y ofrecen una excelente gastronomía de la zona.

A determinadas horas (recogidas en el plano del parque), en los antepatios de cada país se celebran alegres funciones a cargo de actores nativos. Las mejores son los acróbatas de China y las curiosas estatuas vivientes de Italia. Sólo dos pabellones contienen atracciones, pero muchos proyectan en pantallas gigantes una introducción a la historia, la cultura y el paisaje de su nación. Otros, además, tienen galerías de arte, que con frecuencia pasan desapercibidas.

Hay transbordadores que cruzan el lago de World Showcase enlazando Canadá con Marruecos y México con Alemania. Pero es bastante lento; se puede llegar fácilmente a pie rodeándolo.

México

Una pirámide maya oculta uno de los interiores más interesantes de World Showcase.

Los puestos de sombreros, ponchos y piñatas, un excelente restaurante y un grupo de mariachis animan la plaza colonial. El fondo de este escenario es nada menos que un volcán en erupción.

Además, el visitante tiene la posibilidad de pasear por el **río del Tiempo,** en cuyas orillas se observan figuras animadas y escenas proyectadas sobre el México pasado y actual.

Noruega

En una atractiva plaza adoquinada, una réplica de una iglesia medieval y otra del castillo de Akershus (fortaleza del siglo XIV situada en el puerto de Oslo) representan a este país.

Se pueden comprar gnomos, camisetas, mecanos y otros objetos de fabricación noruega, aunque la estrella de este pabellón es el **Maelstrom,** un divertido recorrido en lancha por los fiordos, que se adentra en territorio de gnomos y atraviesa el mar del Norte, salpicado de plataformas petroleras, para atracar en un puerto pesquero. A continuación se proyecta un cortometraje sobre Noruega.

China

En este pabellón, lo más interesante es la reproducción del famoso templo del Cielo de Pekín. Este apacible escenario contrasta con el ruidoso ambiente de otros edificios próximos.

El entretenimiento corre a cargo de la película ***Reflections of China,*** proyectada en nueve pantallas abovedadas que envuelven al público, sacando el máximo partido de los fabulosos y desconocidos lugares y parajes de este país. Los espectadores deben permanecer de pie durante toda la proyección. En el dilatado emporio comercial de este pabellón se vende de todo, desde faroles chinos y pantallas pintadas hasta bolsitas de té. Lamentablemente, los restaurantes no son muy buenos.

Alemania

El pabellón más alegre de World Showcase es un conglomerado de edificios de agujas y aguilones que rodean una plaza central, St. Georgsplatz, erigidos a imagen y semejanza de monumentos auténticos de Alemania, entre ellos un mercado de Friburgo y un castillo del Rin. Si tiene niños, haga coincidir su visita con el repicar del impresionante carillón de la plaza, que suena cada hora.

A veces toca un acordeonista, y las tiendas siempre están repletas de obsequios curiosos y delicados, como las bellas muñecas de madera tallada. Sin embargo, para empaparse del sabor de este país hay que que-

Italia

El grueso del pabellón de Italia representa a la ciudad de Venecia: desde las góndolas amarradas a los postes rojigualdos del lago hasta las impresionantes versiones del campanil de ladrillo rojo y el palacio del Dux de la plaza de San Marcos; incluso el falso mármol parece auténtico. Los edificios del patio son de estilo veronés y florentino, y la estatua de Neptuno es una copia de la de Bernini.

La arquitectura es el mayor atractivo de este país, pero también puede quedarse a cenar en uno de sus excelentes restaurantes o deambular por las tiendas, donde podrá adquirir desde pasta, hasta licores y vinos.

The American Adventure

El pabellón norteamericano es el eje de World Showcase, aunque carece del encanto del resto de los países. Sin embargo, los estadounidenses encuentran muy emotivo el espectáculo **The American Adventure,** que tiene lugar en el interior de un vasto edificio de estilo georgiano. Otras personas pueden obtener una interesante visión

WORLD SHOWCASE: ENTRE BASTIDORES

Si quiere llevarse algo más que una idea superficial de Walt Disney World, quizás le interese visitar su lado desconocido. En World Showcase, el recorrido Hidden Treasures (tesoros ocultos), de dos horas de duración, ofrece una visión más cercana de la arquitectura y las tradiciones de los países representados, mientras que Gardens of the World explica la creación de los jardines de World Showcase; estas visitas cuestan unos 25 dólares por persona. Si dispone de 199 dólares y de siete horas, quizás le interese el recorrido Backstage Magic (los bastidores de la magia), que atraviesa los tres parques temáticos; uno de sus platos fuertes es la visita a la famosa red de túneles subterráneos del Reino Mágico. Si desea más información, llame al (407) WDW-TOUR/(407) 939-8687.

de la psicología de este pueblo.

Es un retrato patriótico pero profundo de la historia de Estados Unidos, en el que se utilizan desde decorados teatrales hasta excelentes figuras animadas, como las de los narradores: el novelista Mark Twain y el gran hombre de Estado Benjamin Franklin.

Japón

En un ambiente formal y comedido se muestra un jardín japonés tradicional, la casa de un samuray y una pagoda inspirada en un templo de Nara del siglo VII, cuyos cinco pisos representan la tierra, el agua, el fuego, el viento y el cielo.

Los grandes almacenes Mitsukoshi, copia del salón de ceremonias del palacio Imperial de Kioto, ofrecen quimonos, carillones que suenan al moverse, bonsáis y la posibilidad de sacar una perla de una ostra. Sin embargo, Japón sólo cobra vida en sus restaurantes.

Marruecos

El atractivo de Marruecos reside en sus puertas ojivales, los robustos muros de su fortaleza y los serpenteantes callejones de su *medina*, a la que se accede por la reproducción de una puerta de la ciudad de Fez. La presencia de artistas marroquíes confiere al espectáculo una mayor autenticidad.

Los callejones de la ciudad antigua desembocan en un bullicioso mercado de pequeños puestos de alfombras, artículos de cobre y cuero, y chilabas, mientras que en el restaurante Marrakesh se puede degustar un cuscús.

Francia

La arquitectura de este pabellón incluye una réplica de la torre Eiffel, mansiones de la *belle époque* parisina y la calle principal de una población rural. Si le apetece degustar la famosa y exquisita gastronomía de esta nación, visite alguno de sus tres restaurantes o acuda a la panadería, que vende cruasanes y pasteles.

El principal espectáculo es la película ***Impressions de France,*** que se proyecta en cinco pantallas contiguas y que muestra un interesantísimo recorrido por las regiones más bellas de este país al son de la música clásica francesa.

Reino Unido

En el Rose and Crown Pub, núcleo de este pabellón, el visitante podrá degustar platos tradicionales británicos como las empanadas de Cornualles, los *fish and chips* (pescado y patatas fritas) y la cerveza amarga de barril. El *pub* está rodeado de agradables jardines y de un conjunto de edificios de diversos estilos arquitectónicos. Entre ellos, un castillo de Hampton Court, una construcción de estilo Regencia y una casa rural con tejado de paja.

Se puede curiosear por las tiendas, que venden desde té y porcelana hasta corbatas escocesas, peluches y soldados de plomo. El Rose and Crown ofrece buenas vistas del IllumiNations.

Canadá

Tótems de nueve metros de altura, una cabaña de madera, una réplica victoriana del Château Laurier Hotel de Otawa, una sima rocosa y unos jardines ornamentales configuran el pabellón canadiense.

La gran diversidad del país y, especialmente, su magnífico paisaje, se aprecia mucho mejor en la película ***O Canada!,*** que se proyecta en una pantalla abovedada. El público se sitúa en el centro de la sala y se va girando para seguir el film.

Las tiendas de Canadá venden artesanía india y esquimal, así como diversas especialidades gastronómicas, entre ellas, vino.

RESTAURANTES Y BARES

Algunos de los pabellones de World Showcase albergan locales de comida rápida, pero en los mejores restaurantes (incluidos los citados más abajo, salvo que se indique lo contrario) hace falta reservar. Para más información, llame al (407) 939-3463. Reserve mesa mediante los monitores de televisión del WorldKey Information Satellite *(ver p. 152)*. La mayoría de restaurantes tienen menú infantil y sirven tanto comidas como cenas. El almuerzo suele ser más barato.

Los mejores establecimientos de World Showcase son;
México: San Angel Inn sirve una interesante cocina mexicana, aunque resulta algo cara. Es el lugar más romántico de Epcot para cenar.
Noruega: a buen precio, Akershus ofrece un *koldtbord* (bufé) de platos noruegos con un castillo como decorado.
Alemania: el Biergarten, copia de una cervecería alemana, sirve un bufé abundante y barato, acompañado de música popular.
Italia: L'Originale Alfredo di Roma es un restaurante de gran éxito que elabora los platos típicos del país.
Japón: aquí se puede elegir entre el Teppan Yaki Dining Rooms, donde se ve cómo el cocinero prepara los alimentos en la parrilla, y la barra de *sushi* y *tempura* del Tempura Kiku (no admiten reservas).
Francia: cuenta con tres restaurantes de primera calidad: el distinguido Bistro de Paris (sólo cenas); Les Chefs de France, el más caro y elegante de Epcot, que sirve alta cocina de la mano de famosos *chefs* franceses; y la terraza Chefs de France Steakhouse (no admiten reservas), donde ofrecen carnes, caracoles y *crêpes*.

Los mejores establecimientos de Future World son:
The Land: desde el restaurante giratorio Garden Grill se contempla la recreación de una selva, una pradera y un desierto, mientras los personajes de Disney animan a los comensales.
The Seas with Nemo & Friends: en el caro Coral Reef, se puede comer pescado y observar a los peces en el acuario.

Encuentro entre los delfines y los visitantes en The Seas with Nemo & Friends ▷

Disney-MGM Studios

Los estudios Disney-MGM fueron fundados en 1989 para producir cine y televisión. En 2004, sin embargo, el departamento de animación cerró y las instalaciones fueron casi completamente abandonadas. Pese a estos cambios, el parque sigue siendo un destino turístico, con espectáculos y atracciones de primera clase basados en películas y programas de televisión de Disney y de la Metro-Goldwyn-Mayer. Los nuevos y espectaculares espectáculos como Fantasmic! y Voyage of The Little Mermaid han hecho crecer la popularidad del parque. Las experiencias interactivas, a la vez educativas y muy entretenidas, están dirigidas tanto a adultos como a adolescentes.

Teatro chino de Mann, Hollywood Boulevard

CÓMO ORGANIZAR LA VISITA

Este parque no se extiende de la misma forma que los otros parques temáticos, aunque su Hollywood Boulevard actúe como arteria principal con el propósito de encaminar a los visitantes hacia las atracciones.

Su programa de actividades cambia con frecuencia y las calles a menudo se cierran a causa de la visita de alguna personalidad o del rodaje de una película. Aunque gran parte de esto ocurra en invierno, es recomendable informarse sobre los horarios, emplazamientos y espectáculos del parque en el Servicio de Atención al Cliente (Guest Services), situado a la izquierda de la entrada principal, nada más entrar. La llegada a primera hora es la clave para evitar largas colas. También es conveniente tener en cuenta que algunas atracciones resultan muy intensas y pueden asustar a los niños más pequeños.

Cerca de las 15.30, los estudios Disney-MGM celebran su desfile vespertino. La disposición abierta del parque hace que los visitantes pasen bastante calor mientras esperan la celebración del desfile, que siempre está basado en una de las últimas películas de animación de Disney.

Por las noches tiene lugar **Fantasmic!** Esta atracción se celebra una vez por noche en temporada baja y dos durante la alta. Con un aforo de 10.000 espectadores, es necesario llegar al menos dos horas antes para conseguir un buen asiento.

HOLLYWOOD BOULEVARD

Unos deliciosos edificios de estilo *art déco* se combinan con una réplica del teatro chino Mann para presentar la imagen de un Hollywood idílico.

En el Boulevard los empleados del complejo intentan dirigir a los visitantes hacia el Indiana Jones Epic Stunt Spectacular, un espectáculo de acción en directo en el que se reproducen muchas de las escenas repletas de acción de las famosas películas de Indiana Jones. No obstante, las mejores atracciones se encuentran localizadas en la dirección contraria.

A medio camino del bulevar se cruza con Sunset Boulevard, que sale a la derecha y conduce a las dos principales atracciones del parque: The Twilight Zone Tower of Terror y Rock'n Roller Coaster Starring Aerosmith.

En el cruce entre Hollywood y Sunset Boulevard se extiende otro de los puestos de insignias en que los aprendices a comerciantes pueden intercambiar las suyas.

En lo alto de Hollywood Boulevard se extiende Central Plaza, dominada por la réplica del teatro chino de Mann y por una enorme carpa con la forma del sobrero de Mickey como aprendiz de brujo.en el que se puede disfrutar de **The Great Movie Ride.**
Unos enormes vehículos recorren en silencio los decorados cinematográficos más grandes jamás construidos para una atracción Disney. Combinado con auténticas secuencias de acción en directo, da como resultado un recorrido muy divertido que termina con una nota muy optimista y alegre.

CONSEJOS

- *Las atracciones más populares son el Twilight Zone Tower of Terror y el Rock 'n Roller Coaster. Por tanto, visítelas pronto para evitar las colas.*
- *El mejor lugar para ver el desfile de la tarde es en el banco más cercano al puesto de palomitas y refrescos que se alza frente a Sounds Dangerous.*
- *Durante los desfiles el resto de las atracciones suelen permanecer tranquilas, aunque resulta imposible acceder a ellas si uno no se encuentra en el lado correcto de la calle.*
- *En la sala de calderas de Twilight Zone Tower of Terror acceda a los ascensores por cualquier entrada que vea abierta, sin importar si los demás lo hacen. Conseguirá un mejor asiento y vistas.*

SUNSET BOULEVARD

Al igual que hollywood boulevard, Sunset Boulevard es una romántica evocación de la famosa calle de Hollywood durante la década de 1940. Las fachadas de los teatros y tiendas (algunas reales y otras falsas) han sido recreadas

LAS 10 ATRACCIONES

① FANTASMIC!

② THE TWILIGHT ZONE TOWER OF TERROR™

③ ROCK 'N' ROLLER COASTER STARRING AEROSMITH

④ MUPPET VISION 3-D

⑤ STAR TOURS

⑥ GREAT MOVIE RIDE

⑦ VOYAGE OF THE LITTLE MERMAID

⑧ INDIANA JONES™ EPIC STUNT SPECTACULAR

⑨ STUDIOS BACKLOT TOUR

⑩ THE MAGIC OF DISNEY ANIMATION

cuidando mucho el detalle y están dominadas por el Hollywood Tower Hotel en uno de sus extremos. Este hotel alberga la atracción más espeluznante de Orlando, **The Twilight Zone Tower of Terror,** en la que los visitantes sujetos con correas emprenden un viaje inspirado en el programa televisivo de la década de 1950 *The Twilight Zone™ (Rumbo a lo desconocido).* La zona de espera es una biblioteca en la que un melancólico acomodador organiza a los visitantes. Desde aquí se entra en lo que simula la sala de calderas del hotel, y se va hasta unos ascensores que parecen montacargas con bancos corridos para sentarse. Las puertas de los ascensores se abren de vez en cuando para poder echar un vistazo a los tenebrosos pasillos, aunque resulta difícil concentrarse en otra cosa que no sea la temida caída de trece pisos que se intuye que llega en cualquier momento. Cuando se llega al piso decimotercero el ascensor comienza a desplazarse horizontalmente a lo largo del hotel. Una vez llegado al eje de descenso se producen al menos siete caídas. Esta atracción constituye una obra maestra de la tecnología y la imaginación. El eje de descenso original se ha extendido siete veces y durante la primera caída unos motores de enorme potencia hacen que el descenso sea más rápido que en caída libre. También permite disfrutar de una panorámica de todo el parque. Aunque esta atracción no es para todos los gustos, tanto los entusiastas de los sustos como los principiantes se han apiñado para disfrutar de ella desde su inauguración.

El **Rock'n Roller Coaster Starring Aerosmith** consigue alcanzar en la oscuridad los 97 km/h en 2,8 segundos y posee una atracción de 5G en el primer tirabuzón. Este recorrido viene precedido por la emisión de una grabación de la banda Aerosmith. Desde aquí se puede hacer cola en dos puertas; los que deseen asientos delanteros pueden dirigirse hacia la rampa más baja. Con numerosos bucles, tirabuzones y fuertes caídas, Rock'n Roller Coaster también emplea una banda sonora muy alta y sincronizada con la atracción mientras la gente es lanzada hacia un vacío iluminado por neones.

Sunset Boulevard también alberga la entrada al **Theater of the Stars,** que combina las representaciones en directo con las de animación y ofrece estupendas actuaciones musicales, todo en un programa que cambia periódicamente. Este teatro ha sido escenario de las más bellas y mejores representaciones desde hace muchos años. Sunset Boulevard también es el lugar en el que se encuentra la entrada a **Fantasmic!**

La Twilight Zone Tower of Terror, especialmente espectacular de noche

FANTASMIC!

El espectáculo que se celebra por las tardes en los estudios Disney-MGM es el mejor en su clase de toda Florida. Combinando música, láser, proyecciones sobre pantallas de agua, animaciones y un elenco de más de cien actores y bailarines, Fantasmic! consigue coreografiar todo el espectáculo para que coincida al segundo con la música, fuegos artificiales y luces. Embarcaciones iluminadas, imágenes voladoras y un lago que estalla en llamas son algunas de las atracciones de este maravilloso espectáculo que se celebra para audiencias de 10.000 personas por cada actuación. Hay que llegar al menos dos horas antes de que comience. Incluso en los periodos más tranquilos de la temporada baja, sus 10.000 plazas ya están cubiertas 30 minutos antes de comenzar. Sin embargo se trata realmente de un espectáculo que no se perdonará no poder haber visto.

ANIMATION COURTYARD

El objetivo original de Animation Courtyard no sólo consiste en mostrar la historia y el proceso de la animación, sino también conocer las próximas películas de animación de Disney y cómo se realizan. Tras el cese de las producciones animadas de Disney en enero de 2004, esta zona del parque no es tan famosa, ha caído en popularidad, pero todavía merece la pena.

The Magic of Disney Animation es una visita guiada por actores, y se proyectan películas que narran la historia de los filmes de animación. Los actores escenifican momentos de las películas y la visita termina con una actividad, donde los niños pueden crear su propio personaje Disney.

El espectáculo **Voyage of The Little Mermaid** *(El viaje de la sirenita)* está representado por actores y personajes de dibujo y de audio-animatronic®, y para crear la sensación de una gruta submarina se emplean efectos acuáticos y de láser. Este espectáculo sigue siendo uno de los más populares del parque. **Playhouse Disney-Live on Stage!** es una actuación de personajes de Disney Channel que bailan y cantan dirigida a los más pequeños.

MICKEY AVENUE

Mickey Avenue conecta Animation Courtyard con la torre Backlot de los estudios Disney-MGM. La avenida se encuentra alineada por varios escenarios musicales en los que a menudo se representa **Journey into Narnia: Creating The Lion, The Witch and The Wardrobe** *(Viaje a Narnia: creando el león, la bruja y el armario)*, una proyección épica por la que el visitante puede dar un paseo de 15 minutos. También se puede buscar a Mickey, que suele estar aquí firmando autógrafos.

A su lado se encuentra **Walt Disney: One Man's Dream.** Resulta difícil no sorprenderse ante la gran visión de futuro y arrojo de este hombre. Es mejor realizar el recorrido de media hora **Disney-MGM Studios Backlot Tour** mientras se rueda una película. Un tranvía conduce a los visitantes para que vean los guardarropas, accesorios, cámaras e iluminación además de a las típicas casas de las afueras utilizadas como decorado exterior en las series de televisión. El momento más interesante del recorrido es el Catastrophe Canyon, cuando el tranvía llega al final del trayecto en medio de inundaciones y explosiones. La parte del recorrido que se hace a pie es más informativa. Con la participación de los espectadores se hace una demostración de algunos de los efectos especiales utilizados en las películas como las escenas de batallas en el mar utilizando maquetas en un tanque de agua. También se puede ver los estudios de sonido.

STREETS OF AMERICA

Las calles de Nueva York, San Francisco, Chicago y otras ciudades están recreadas por decorados de cine, mientras las fachadas de los edificios se sostienen únicamente apuntaladas por vigas. Colgadas sobre el ladrillo marrón, una lavandería china y el Empire State Building añaden autenticidad a la ciudad. **Toy Story Pizza Planet,** en un edificio con arcos similar al local favorito de Andy, está repleta de videojuegos.

En caso de ir con niños pequeños no debe perderse el imaginativo parque **Honey, I Shrunk the Kids Movie Set Adventure** (Aventura en el decorado de *Cariño, he encogido a los niños)* con praderas de césped de 9 m de altura, un tobogán hecho con un carrete de fotos y una hormiga del tamaño de un poni. Sus túneles, toboganes y demás atracciones hacen que los niños se diviertan durante horas. La zona de juego es muy pequeña y se llena rápidamente, por lo que es recomendable llegar pronto.

En **Muppet™ Vision 3-D,** una divertida película en 3-D (protagonizada por los Teleñecos), los trombones, coches y rocas parecen salir de la pantalla y lanzarse hacia los espectadores, resultando tan reales que los niños a menudo tientan en el aire al creer que pueden tocar algo. Los personajes de audio-animatronic® y los efectos especiales, como el de un cañón haciendo agujeros en los muros del teatro, ofrecen la cuarta dimensión.

RESTAURANTES Y BARES

Merece la pena efectuar una reserva en uno de los tres restaurantes de servicio completo de los estudios Disney-MGM, aunque más por su ambiente que por su comida. Se puede efectuar la reserva llamando al (407) 939-3463/WDW-DINE, o acudiendo directamente al Dining Reservation Booth, en el cruce de los bulevares Hollywood y Sunset. El refinado y caro Hollywood Brown Derby es una réplica del antiguo Brown Derby de Hollywood, lugar de encuentro de las estrellas de cine de la década de 1930, con caricaturas de personajes célebres en las paredes y especialidades como la ensalada Cobb y el pastel de uvas. Los niños, por lo general, prefieren el Sci-Fi Dine-In Theater Restaurant, un restaurante de estilo años 1950 en que se sirven hamburguesas y mazorcas de maíz a los clientes en unos Cadillacs en miniatura bajo un cielo estrellado que emula al de una película antigua de ciencia-ficción. En el Prime Time Café las camareras sirven platos sacados de una cocina estilo años cincuenta, mientras la televisión emite programas antiguos; su comida, como su pastel y su guisado de carne, es totalmente casera. El mejor lugar para comer sin necesidad de reserva es la cafetería autoservicio de decoración *art déco* Hollywood & Vine, en la que se puede elegir entre un variado bufé que incluye pasta, ensaladas, marisco, costillas y carnes.

ECHO LAKE

Esta atracción centra su interés en tres espectáculos y un emocionante recorrido, Star Tours, aunque los niños también disfrutarán con la exposición de un gran dinosaurio verde. Los espectáculos revelan algunos trucos utilizados en la creación de películas y programas de televisión.

Algunos miembros de la audiencia son seleccionados para actuar como artistas de doblaje o *foley* (nombre que se da en Hollywood al sistema de efectos sonoros) en **Sounds Dangerous Starring Drew Carey.** A este corto rodaje se le añaden efectos de truenos, relámpagos y demás sonidos, para luego proyectarlo ante la audiencia.

En las cercanías se encuentra la **Academy of Televisión, Arts and Sciences Hall of Fame,** que muestra los retratos de varias leyendas de la televisión. En torno a Echo Lake se disponen varios lugares para comer diseñados especialmente para parecer decorados de películas.

El guión del sensacional recorrido **Star Tours** está basado en la saga de *La Guerra de las Galaxias*. Las naves espaciales, simuladores de vuelo semejantes a los utilizados en el entrenamiento de astronautas, deben evitar una lluvia de meteoritos en su camino y luchar en una batalla intergaláctica. Lo que se ve en la pantalla parece real gracias en parte a que la nave se mueve sincrónicamente con la acción. El espectáculo a gran escala **Indiana Jones™ Epic Stunt Spectacular!** recrea famosas escenas de las películas de Indiana Jones para impresionar a la audiencia con numerosos estallidos y grandes proezas. Los especialistas, desafiando a la muerte, saltan entre los edificios. Como complemento educativo, el director y los especialistas dan una explicación demostrativa de cómo se ruedan algunas de las escenas de acción. En caso de tener interés por participar como extra en el espectáculo, se recomienda llegar pronto.

COMPRAS

La mayoría de las tiendas de calidad se encuentran en Hollywood Boulevard, que permanece abierto media hora más después de que el resto del parque temático haya cerrado. Mickey's of Hollywood es el mayor comercio en lo que se refiere a artículos genéricos Disney. Celebrity 5 & 10 tiene una variedad de asequibles recuerdos de películas. Sid Cahuenga's One-Of-A-Kind es una tienda mucho más cara en la que se pueden comprar películas raras y fotografías autografiadas auténticas o ropa de actores famosos.
Las ediciones limitadas de auténticos dibujos de fotogramas de películas, a la venta en Animation Gallery en el Animation Courtyard, pueden suponer un desembolso todavía mayor; aquí también se venden libros y carteles Disney.

INFORMACIÓN SOBRE ATRACCIONES Y ESPECTÁCULOS

Este cuadro le ayudará a organizar su visita a los estudios Disney-MGM. Las atracciones, espectáculos y recorridos aparecen alfabéticamente.

		TIEMPOS ESPERA	LÍMITES DE EDAD/ALTURA	HORARIO PREFERENTE	FASTPASS	PUEDE CAUSAR MAREOS	N. ACEPTACIÓN
HOLLYWOOD BOULEVARD							
A	GREAT MOVIE RIDE	❍		C			★
SUNSET BOULEVARD							
E	FANTASMIC	●					◆
A	ROCK 'N' ROLLER COASTER STARRING AEROSMITH	●	1,2m	➤11	➡	✔	◆
A	TWILIGHT ZONE TOWER OF TERROR	●	1,1m	➤11	➡	✔	★
ANIMATION COURTYARD							
R	MAGIC OF DISNEY ANIMATION	◗		C			◆
E	PLAYHOUSE DISNEY – LIVE ON STAGE!	◗		C			▼
E	VOYAGE OF THE LITTLE MERMAID	●		C	➡		◆
MICKEY AVENUE							
R	DISNEY-MGM STUDIOS BACKLOT TOUR	◗		C			★
E	JOURNEY INTO NARNIA: CREATING THE LION, WITCH AND WARDROBE	◗		C	➡		▼
STREETS OF AMERICA							
E	MUPPET™ VISION 3-D	●		C			★
ECHO LAKE							
E	INDIANA JONES™ EPIC STUNT SPECTACULAR!	●		C			◆
E	SOUNDS DANGEROUS STARRING DREW CAREY	◗		C			▼
E	STAR TOURS	◗	1,1m	➤11	➡	✔	★

Clave: A (atracción). E (espectáculo). Tiempo de espera: ❍ poco; ◗ normal; ● bastante.
Nivel de aceptación: ▼ bueno; ◆ excelente; ★ inmejorable.
Horario preferente: C (cualquiera). ➤11.00 (antes de las 11.00)

Disney's Animal Kingdom

Disney's Animal Kingdom, el más grande de los parques temáticos, es cinco veces mayor que Magic Kingdom. Su originalidad radica en que aquí pueden verse animales vivos y no sólo criaturas mecanizadas. Es un parque que además se basa normalmente en criaturas reales, míticas o extinguidas, con algunas zonas accesibles únicamente en vehículos todoterreno.

CÓMO ORGANIZAR LA VISITA

El parque está dividido en siete territorios: The Oasis, Discovery Island, Dinoland USA, Camp Minnie-Mickey, África, Asia y Rafiki's Planet Watch. Nada más pasar los tornos de entrada se accede a **The Oasis,** una zona cubierta de vegetación que ofrece varias rutas hacia el centro neurálgico del parque, el Safari Village. The Oasis contiene varias sorpresas, la mayoría de las cuales no son percibidas por los visitantes que se dirigen directamente a las atracciones. Planifique una visita sin prisas a los diferentes hábitat. Este parque ofrece pocas atracciones de vértigo para los amantes de las grandes emociones, aunque las que tiene son muy buenas y se llenan enseguida.

DISCOVERY ISLAND

Nada más salir al espacio abierto del pueblo se alza el **Tree of Life,** una gran estructura de 14 pisos que es el punto de referencia de este parque y que mantiene su dominio sobre una serie de alegres fachadas de tiendas y una multitud de estanques

Alegre camuflaje en Animal Kingdom

y jardines, poblados de una variedad de vida salvaje. Las tiendas principales, áreas de atención a bebés y puesto de primeros auxilios se disponen también frente al Tree of Life. Bajo las ramas de este árbol de la vida se extienden los puentes que cruzan hacia los otros territorios, y dentro del propio tronco se ofrece el espectáculo **It's Tough to be a Bug** *(Es duro ser un bicho)*. Esta magnífica representación en 3-D es de visita obligada.

CAMP MINNIE-MICKEY

Proyectado en primer lugar para ser un lugar de encuentro con los personajes Disney, este territorio también ofrece los dos espectáculos en directo del parque. Las colas para ver **Camp Minnie-Mickey Greeting Trails** (al final del cual los más jóvenes pueden acercarse a conocer a los personajes) pueden ser muy largas. El popular **Festival of the Lion King** provoca las ganas de cantar y lanzar vítores como ningún otro. Con una maravillosa puesta en escena, este espectáculo se celebra en un auditorio con aire acondicionado para que resulte más agradable durante el caluroso verano. **Pocahontas and Her Forest Friends** carece del gancho del festival del Rey León pero es el favorito de las niñas pequeñas. El teatro es además bastante pequeño y suele provocar largas colas.

En Kilimanjaro Safaris se puede ver a los animales en libertad

ÁFRICA

África, a la que se entra a través del pueblo de Harambe, es el más grande de los territorios. Su arquitectura sigue el modelo de un poblado de Kenya. **Kilimanjaro Safaris** es la atracción más visitada del parque, aunque por las tardes resulta algo más tranquila. Los visitantes suben a camionetas descubiertas para recorrer una magnífica réplica del paisaje del África oriental. Durante los 20 minutos de recorrido sobre hoyos repletos de barro y puentes chirriantes, se tiene la oportunidad de ver la fauna africana, todos deambulando aparentemente libres y tranquilos. No resulta raro, por ejemplo, que un rinoceronte blanco se acerque a olisquear la camioneta. El **Pangani Forest Exploration Trail,** que ofrece una magnífica oportunidad para contemplar a los gorilas de cerca, suele llenarse con la llegada de la gente que sale de los safaris; a última hora de la tarde está más tranquilo y se puede permanecer un rato observando a los animales. El agradable recorrido en tren Wildlife Express, conduce a **Rafiki's Planet Watch,** en el que se encuentran los programas educativos Conservation Station y Habitat Habit, y a Affection Section, un sombreado jardín donde se fomenta el acercamiento a la naturaleza.

ASIA

Este territorio alberga gibones, pájaros exóticos y tigres en una recreación de unas ruinas indias poscoloniales. **Kali River Rapids** ofrece la oportunidad de refrescarse. Es un corto recorrido desde el que se puede disfrutar de algunos de los paisajes más hermosos y cuidados del parque, siempre que lo permitan las olas, que se encargan de cubrir las zonas ligeramente humedecidas. En el **Maharajá Jungla Trek** pueden encontrar tapires, dragones de Komodo y murciélagos gigantes, en un entorno ideal en el que habitan los magníficos tigres de Bengala deambulando por las ruinas del palacio. En **Flights of Wonder** los pájaros realizan unos fascinantes y complejos ejercicios que muestran las técnicas naturales de supervivencia en estado salvaje.

DINOLAND USA®

Este territorio ofrece a los visitantes la oportunidad de contemplar la vida y muerte de los dinosaurios ante sus ojos. En el popular recorrido **DINOSAUR** los visitantes suben a un simulador móvil que se sacude y zigzaguea intentando capturar y huir de dinosaurios carnívoros. Es una atracción algo salvaje que se realiza en gran parte en la oscuridad, por lo que atrae a los niños más mayores. Para entretener a toda la familia se puede acudir a **Finding Nemo - The Musical** que tiene lugar en el Theater in the Wild, o a **TriceraTop Spin,** uno de las nuevas montañas rusas. **The Boneyard** es un parque infantil para los más pequeños que les mantiene activos y cubiertos de arena, pero en el que hay que tener cuidado con el sol en verano mientras escarban en busca de huesos de dinosaurio.

LAS 10 ATRACCIONES

1. KILIMANJARO SAFARIS®
2. FESTIVAL OF THE LION KING
3. IT'S TOUGH TO BE A BUG®
4. KALI RIVER RAPIDS®
5. DINOSAUR
6. FINDING NEMO - THE MUSICAL
7. FLIGHTS OF WONDER
8. PRIMEVAL WHIRL®
9. TRICERATOP SPIN
10. EXPEDITION EVEREST - LEGEND OF THE FORBIDDEN MOUNTAIN

INFORMACIÓN SOBRE ATRACCIONES Y ESPECTÁCULOS

Este cuadro le ayudará a organizar su visita a los estudios Disney-MGM. Las atracciones, espectáculos y recorridos no aparecen ordenados alfabéticamente.

		TIEMPOS ESPERA	LÍMITES DE EDAD/ALTURA	HORARIO PREFERENTE	FASTPASS	PUEDE CAUSAR MAREOS	N. ACEPTACIÓN
	DISCOVERY ISLAND®						
E	IT'S TOUGH TO BE A BUG®	❍		C	➡		♦
	DINOLAND USA®						
A	DINOSAUR	◗	1,2 m	C	➡	✔	▼
A	PRIMEVAL WHIRL®	●	1,2 m	➤11	➡	✔	♦
A	TRICERATOP SPIN	●		➤11		✔	★
E	FINDING NEMO - THE MUSICAL	◗		C			♦
	AFRICA						
A	KILIMANJARO SAFARIS®	●		C	➡	✔	★
R	PANGANI FOREST EXPLORATION TRAIL®	●		C			♦
	ASIA						
A	KALI RIVER RAPIDS®	◗	1 m	C	➡	✔	★
E	FLIGHTS OF WONDER	▯		C			★
R	EXPEDITION EVEREST - LEGEND OF THE FORBIDDEN MOUNTAIN	●	1,1 m				♦
	CAMP MINNIE-MICKEY GREETING TRAILS						
S	CAMP MINNIE-MICKEY GREETING TRAILS	●		C			♦
S	FESTIVAL OF THE LION KING	◗		C			★
S	POCOHONTAS AND HER FOREST FRIENDS	◗		➤11			▼

Clave: A (atracción). E (espectáculo). Tiempo de espera: ❍ poco; ◗ normal; ● bastante.
Horario preferente: C (cualquiera). ➤11 (antes de las 11.00).
Nivel de aceptación: ▼ bueno; ♦ excelente; ★ inmejorable.

Parques acuáticos

Walt Disney World cuenta con dos de los mejores parques acuáticos del mundo, incluido el segundo más grande que existe. El tercer parque acuático de Walt Disney World, elprimero que se construyó, está ahora cerrado. Aunque desempeñan un papel secundario respecto a los principales parques temáticos, los parques acuáticos atraen a multitud de visitantes, sobre todo en verano.

Typhoon Lagoon está decorado con motivos náuticos y de piratas, y cuenta con impresionantes toboganes, rápidos y suaves corrientes de agua. Aparte de la posibilidad de bucear junto a tiburones y otros peces, es un parque acuático normal, aunque participa de la estética de Disney. Por otro lado, la Blizzard Beach es una maravillosa estación de esquí,que introduce a los visitantes en un país de atracciones invernales en el que se han sustituido los tubos y los toboganes por esquís y rampas. Esta zona se mantiene cubierta de "nieve" todo el año, pero con agradable agua templada.

Jugando al escondite acuático en Blizzard Beach

BLIZZARD BEACH

Cuenta la leyenda que, durante una inesperada tormenta invernal, toda esta zona del complejo de Disney quedó enterrada bajo una capa de nieve. Los diseñadores de Disney se pusieron rápidamente a trabajar y construyeron la primera estación de esquí de Florida con remontes, zonas para trineos y una impresionante pista de esquí. Sin embargo, la nieve empezó a derretirse con rapidez, y los trabajadores pensaron que todo estaba perdido hasta que vieron a un caimán lanzándose sobre la nieve ladera abajo. De repente, se les ocurrió convertir la estación de esquí en un parque acuático apto para el esquí, Blizzard Beach; transformaron las pistas de *luge* en rampas, la montaña en el tobogán más alto y largo del mundo, y crearon arroyos para poder chapotear dentro de ellos.

La atracción central de Blizzard Beach es **Summit Plummet,** un tobogán de 36 m de altura por el que los más valientes descienden a más de 96 km/h. Es increíblemente popular entre los jóvenes, pero resulta demasiado intenso para los niños; la altura mínima para montar es 1,2 m. El Slusher Gusher y Toboggan Racer son otros toboganes de agua parecidos al anterior, pero con menos riesgo. También se puede montar en los tubosde Snow Stormers y las rampas de Downhill Double Dipper, una de las atracciones favoritas.

La caída en Summit Plummet es casi vertical

Deslizándose por Mount Gushmore, en Blizzard Beach

La diversión continúa en **Teamboat Springs,** una magnífica aventura por aguas bravas que dura más de lo esperado pero aun así se hace corta. Los Runoff Rapids ofrecen otro recorrido a gran velocidad por impresionantes canales de agua, esta vez dentro de un tubo.

Quienes prefieran algo más tranquilo tienen la opción de acudir al remonte que sube por la ladera de **Mount Gushmore,** donde se puede practicar la escalada en roca y el senderismo. También se puede optar por flotar tranquilamente alrededor de todo el parque a lo largo de Cross Country Creek, disfrutar de una zona de piscina llamada Melt-Away Bay o deslizarse por la pendiente de Cool Runners.

Las zonas infantiles cuentan con el Blizzard Beach Ski Patrol Training Camp, dirigido a los niños más mayores, y Tike's Peak para los pequeños.

ALGUNOS CONSEJOS

- *Blizzard Beach y Typhoon Lagoon tienen aparcamientos gratuitos, y Winter Summerland lo comparte con Blizzard Beach. Si se dispone de vehículo, no es necesario utilizar el transporte de Disney, ya que se puede ir en coche hasta los parques acuáticos y aparcar.*

TYPHOON LAGOON

Este parque acuático ofrece menos atracciones artificiales y más atractivos naturales, aunque incluye algunos de los favoritos en todos los parques acuáticos. Lo que Blizzard Beach ofrece de novedoso, Typhoon Lagoon lo sustituye por belleza natural y vida marina; además cuenta con la mayor piscina para hacer surf del mundo (18.406 m³). El parque está dedicado a un barco que naufraga en un paraíso tropical; es el *Miss Tilly,* que tras ser alcanzado por una terrible tormenta aterrizó en la cumbre del **Mount Mayday.**

En lo alto del Mount Mayday, se puede disfrutar de tres descensos de aguas bravas: la espeluznante Gang Plank Falls, la altísima y salvaje Mayday Falls o la relativamente suave Keelhaul Falls.

Las rampas conocidas como Humunga-Kowabunga también están en Mount Mayday. Esta atracción, muy divertida pero con cierto riesgo, implica caídas de aproximadamente 15 m a velocidades de hasta 48 km/h. Storm Slides está formado por tres tubosque serpentean por el interior de la montaña; esta atracción es menos intensa. Crush 'n' Gusher tiene torrentes de agua para que los más osados desafíen la gravedad en una aventura a través de cuevas retorcidas.

Wave Pool, con *Miss Tilly* al fondo

La **Wave Pool** resulta más suave. Esta piscina alterna olas de 1,8 m de altura con oleajes más suaves. Typhoon Lagoon cuenta con otra atracción relajante y muy popular entre los adultos: el serpenteante, tranquilo y hermoso **Castaway Creek,** donde es fácil relajarse mientras se flota entre cascadas, grutas y selvas tropicales. Los niños pueden disfrutar del parque acuático Ketchakiddee Creek, y las piscinas de olas más pequeñas. El **Shark Reef** ofrece la oportunidad de observar peces tropicales y pequeños tiburones desde la seguridad de un carguero hundido o coger una máscara y un tubo para tener contacto directo con ellos. Es muy seguro y ofrece una hermosa visión de la vida marina.

Primer plano de la vida marina en Shark Reef

WINTER SUMMERLAND

Fantasia Gardens, en Buena Vista Drive, fue el primer minigolf temático del complejo de Disney. Sin embargo, Winter Summerland continúa la temática de los parques acuáticos adyacentes, Blizzard Beach y Typhoon Lagoon, y añade un toque navideño en sus dos campos de 18 hoyos de elaborado diseño: el campo Winter (invierno) y el campo Summer (verano). Se cuenta que ambos fueron construidos por los elfos de St. Nick, divididos en dos campamentos: los que añoraban el Polo Norte y los que preferían el calor de Florida.

Los dos campos cuentan con multitud de elementos interactivos y resultan desafiantes.El campo Winter, el más popular, resulta algo más sencillo, y en él abundan la "nieve" y la decoración navideña. Algunos hoyos son idénticos en ambos campos, aunque la arena sustituye a la nieve en los hoyos del campo Summer. Este últimoincluye tablas de surf, chorros de agua y otros obstáculos tropicales, además de un personaje durmiendo bajo la arena. Los dos campos convergen en los dos hoyos finales en una construcción de troncos.

Disney Cruise Line®

Disney World dispone de una línea de cruceros con dos maravillosos barcos más grandes de lo habitual, destinos privados y tarifas con todo incluido; en 1998, amplió su trayecto hasta los mares del Caribe. Además de los populares viajes de tres y cuatro noches, los pasajeros pueden optar por itinerarios más largos, que incluyen más puertos isleños y cruceros de mayor duración. La línea de cruceros Disney ofrece dos ventajas que ninguna otra línea es capaz de igualar: su reputación de calidad y comodidad, y paquetes de vacaciones que incluyen estancias en Walt Disney World.

Barco de Disney Cruise Line® en Castaway Cay

LOS BARCOS Y EL DESTINO

Los dos trasatlánticos de Disney, el ***Disney Magic*** y el ***Disney Wonder,*** disponen de camarotes con casi un 25% más de espacio del habitual en la mayoría de los barcos. El diseño moderno de los trasatlánticos ha sido reemplazado por la majestuosa elegancia de los veleros europeos de antaño, con una temática *art déco* en el *Magic* y *art nouveau* en el *Wonder*. Ambos barcos disponen de teatro, restaurantes, *spas* y centros de *fitness,* entre otros servicios. **Castaway Cay,** la isla privada de Disney, es el destino final de todos sus cruceros. Se trata de una extensión tropical de los hoteles y centros turísticos de Walt Disney World en la que se puede disfrutar de playas tranquilas, snorkel, bicicletas, paseos en barcos con fondo de cristal, deportes acuáticos y mucho más. Además, siempre hay multitud de actividades para los niños tanto a bordo como en tierra, que los mantienen entretenidos todo el viaje.

Cena en el elegante restaurante Palo a bordo de un barco de Disney

CRUCEROS CORTOS (3-4 NOCHES)

El itinerario de los cruceros cortos es el mismo para ambos barcos. Después de llegar en autobús a Port Canaveral y facturar, se sueltan amarras y se navega hasta Nassau, en las Bahamas, donde se llega al día siguiente. El día después se recala en Castaway Cay, de donde se sale por la noche para regresar a Canaveral a las 9.00 de la mañana siguiente. El crucero de cuatro noches añade un día en alta mar Acon una breve parada en Freeport antes de regresar a Port Canaveral.

Barco de Disney Cruise Line® amarrado en un muelle

CRUCEROS LARGOS (7-10 NOCHES)

Disney ofrece también cruceros largos con recorridos por el Caribe oriental y el Caribe occidental; el primero incluye paradas en St. Maarten, St. Thomas y Castaway Cay, y el segundo en Gran Caimán, Cozumel y Castaway Cay. Está proyectado organizar recorridos adicionales de siete y diez noches con paradas en Antigua, San Juan, St. Lucía y Key West.

ALGUNOS CONSEJOS

- *Conviene recordar que en la tarifa con todo incluido no están las propinas para los camareros, azafatas y asistentes. Los refrescos que se toman en la piscina y las bebidas alcohólicas también se pagan aparte. Se cobra un recargo de 10 $ por persona si se come en el restaurante reservado a los adultos. Las excursiones por la costa también incrementan el presupuesto (los recargos portuarios e impuestos están incluidos en la tarifa).*
- *Conviene planear con antelación las excursiones por la costa y evitar así las colas para apuntarse en el barco. Es posible reservar las excursiones en la web* (ver p. 175).

Fort Wilderness Resort & Campground

Podría parecer que un cámping no concuerda con la mentalidad de comodidad que caracteriza a la mayoría de los alojamientos de Disney World, pero Fort Wilderness, inaugurado en 1971, sigue representando uno de los objetivos de Walt Disney: fomentar el interés por la naturaleza y el aire libre. Se encuentra en Bay Lake, en el complejo hotelero de Magic Kingdom, y dispone de más de 750 zonas de acampada arboladas y más de 400 cabañas con distintos niveles de comodidad. Aunque la fauna es bastante escasa, abundan los servicios e incluso las posibilidades de ocio. El corazón de Fort Wilderness es Pioneer Hall, sede de varios restaurantes y el popularísimo espectáculo Hoop-De-Do Musical Revue *(ver p. 173)*. Se puede acceder en barco a Magic Kingdom y en autocar a los demás parques temáticos.

Jinetes disfrutando de un paseo por Fort Wilderness & Campground

Una de las cabañas de Fort Wilderness & Campground

ALOJAMIENTO Y ZONAS COMUNES

Las zonas de acampada de Fort Wilderness son pequeñas y están razonablemente apartadas, pero todas disponen de conexión eléctrica y de agua. Las cabañas cuentan con las comodidades típicas de una casa pero a pequeña escala.

Alrededor del cámping existen 15 espacios con aire acondicionado abiertos las 24 horas del día donde hay lavandería, duchas, teléfonos e incluso máquinas de hielo. En las dos zonas comerciales, existen tiendas de alimentación y alquiler de material recreativo.

OCIO

En Fort Wilderness Resort existen multitud de actividades para mantenerse ocupado. El **Tri-Circle D Ranch** ofrece dos piscinas climatizadas, excursiones a caballo guiadas y paseos en poni. También hay pistas de tenis, voleibol y baloncesto, alquiler de bicicletas y barcos, pesca, un sendero para hacer ejercicio, paseos nocturnos en carreta, juegos de la herradura y tejo, paseos en carruajes, un zoo y salas con videojuegos. Además se puede practicar esquí, parasailing y esquí acuático. El equipo se suele alquilar. Es necesario reservar los paseos a caballo y la pesca.

Fort Wilderness organiza actividades alrededor del **fuego de campamento** con canciones y películas al aire libre. Este programa, en el que pueden participar todos los huéspedes de Disney y no sólo los residentes de Fort Wilderness, incluye una hora de canciones acompañadas de golosinas como *smores,* un manjar estadounidense de nubes derretidas y chocolate sobre galletas integrales. Las canciones, dirigidas en parte por las ardillas de Disney Chip y Dale, acaban con una proyección de dibujos animados. Otra de sus atracciones es el **Electrical Water Pageant** *(ver p. 173),* un desfile nocturno que recorre Fort Wilderness Resort a las 9.45. En Pioneer Hall, se sirve un bufé libre para el desayuno.

DEPORTES EN WALT DISNEY WORLD

Al igual que Fort Wilderness, todos los complejos de Disney disponen de instalaciones deportivas y *fitness,* aunque sólo están abiertas a los residentes. En 1997, se inauguró el complejo **Disney's Wide World of Sports** como zona de entrenamiento para juegos de exhibición, entrenamientos olímpicos y otras actividades recreativas. La experiencia en el DWWS es completamente pasiva, al contrario de lo que sucede en la zona más participativa de Disney: **Richard Petty Driving Experience.** Los visitantes de esta atracción pueden entrenar y convertirse en pilotos de carreras tipo NASCAR, conduciendo coches de verdad a velocidades superiores a los 161 km/h por una pista. Al contrario que en otras atracciones de Disney, el piloto mantiene un control absoluto sobre el vehículo. Estos coches tienen 600 caballos de potencia, por lo que la sensación es muy real. Las normas de seguridad son estrictas.

Downtown Disney®

Downtown Disney ofrece tiendas, buenos restaurantes, atractivos espectáculos, conciertos y baile hasta las 2.00, hora en que cierra el último club. Los visitantes, por tanto, disponen de una amplia oferta en Walt Disney World Resort después de que los parques temáticos hayan cerrado. Downtown Disney está formado por tres zonas distintas: Marketplace, un mercado al aire libre; West Side, donde hay tiendas, restaurantes y locales de conciertos, y el corazón del Disney nocturno, Pleasure Island, una interminable fiesta flotante con clubes, espectáculos y fuegos artificiales. Downtown Disney dispone de aparcamiento gratuito, y las zonas de West Side y Marketplace son de acceso libre. En Pleasure Island, abierta a partir de las 19.00, es necesario pagar entrada, a menos que se disponga de los abonos Ultimate Park Hopper o Park Hopper Plus *(ver p. 174);* para entrar hay que ser mayor de 18 años, o de 21 en algunos locales. En DisneyQuest, un parque temático interactivo de cinco plantas, también se cobra entrada, menos a los titulares del Ultimate Park Hopper o Premium Annual. Hay autobuses casi constantemente hacia los hoteles del complejo.

Fuegos artificiales en Pleasure Island, Downtown Disney®

PLEASURE ISLAND

Esta zona lúdica está formada por ocho clubes nocturnos, cada uno de ellos con una temática diferente. El más tranquilo y atractivo es el **Adventurers Club,** con más aspecto de escenario teatral que de club nocturno. Los visitantes acceden a un club inglés de 1937 con una exquisita decoración donde son registrados como *nuevos miembros*. Las actividades del club pueden incluir desde un programa de radio hasta un concurso de chistes. Las exóticas máscaras que hablan o los taburetes que suben y bajan son algunas de las constantes sorpresas. Otro de los locales favoritos es el **Comedy Warehouse,** donde se organizan espectáculos cómicos improvisados cada hora. La innovadora decoración del club consiste en antiguos diseños del dibujante Disney.

El club de música más popular es **Mannequins Dance Palace,** con música moderna y un DJ que pincha ritmos electrónicos acompañados de un magnífico espectáculo de luces. **Motion** está dirigido a los más jóvenes y ofrece los últimos éxitos a un volumen ensordecedor. Los más mayores pueden recordar la época del rock en **Rock 'n' Roll Beach Club,** donde actúan bandas en directo que interpretan éxitos de ayer y hoy. La música disco es la temática de **8 Trax,** una fiel reconstrucción del estilo y la música de los años setenta. Al **BET Soundstage Club** sólo pueden acceder mayores de 21 años y ofrece la música hip-hop, reggae y R&B más moderna. El **Raglan Road Irish Pub and Restaurant** también tiene música en directo, además de auténticas comida y bebida irlandesas. Hay varias tiendas en la isla y diversos artistas callejeros y escenarios al aire libre, además de una fiesta de Nochevieja cada día con concierto y fuegos artificiales a media noche.

WEST SIDE

Cada tienda, restaurante o local del West Side en Downtown Disney tiene un ambiente peculiar, lo que resulta muy atractivo. Entre las tiendas de visita obligada se hallan la gigantesca **Virgin Megastore,** que vende música y libros; la tienda **Magnatron,** con imanes y objetos similares; el local de magia **Magic Masters,** en el que se ofrecen demostraciones de magia en directo, y el **Candy Cauldron,** cuyos caramelos se fabrican en el local. Aquí también se encuentra el vanguardista y enorme **AMC 24 Theaters.**

La oferta culinaria incluye la popular carta cubano-latina de **Bongo's Cuban Café,** los magníficos entrantes que se sirven en la planta alta del **Wolfgang Puck's Cuban Café,** la cocina sureña del restaurante **House of Blues,** y la comida estadounidense de **Planet Hollywood,** un local salpicado de recuerdos cinematográficos. Si se prefiere un bocado

Iluminación nocturna de West Side, en Downtown Disney®

Pirates of the Caribbean: Battle for Buccaneer Gold, en DisneyQuest®

rápido se puede acudir a **Wetzel's Pretzels,** que sirve desde *pretzels* calientes hasta helados, o a la planta baja del Wolfgang Puck's Café, donde preparan pizzas y ensaladas. West Side cuenta con tres atracciones especiales que cobran una entrada aparte: la sala de conciertos House of Blues, donde se organizan importantes actuaciones, el espectáculo La Nouba™ del **Cirque du Soleil®** y el local de ocio llamado **DisneyQuest®.**

Espectáculo La Noubaá™ en el Cirque du Soleil®

Además de los espectáculos habituales de artistas nacionales (con un escenario secundario para actos más pequeños), la House of Blues ofrece un *brunch* dominical acompañado por cantantes de gospel que muestran esta música religiosa estadounidense. El espectáculo del Cirque du Soleil, una representación teatral basada en el circo, es tan popular que nunca quedan entradas. En esta fabulosa actuación, salen hasta 64 artistas al escenario realizando diversos ejercicios gimnásticos. Es imprescindible reservar. DisneyQuest, un espacio muy popular entre jóvenes y niños, ofrece vanguardistas salas recreativas y actividades interactivas en tres dimensiones, además de juegos más tradicionales como el Skee-ball. Entre las diversas opciones se recomiendan las atracciones de realidad virtual, en las que se utiliza un casco especial con gafas, **Aladdin's Magic Carpet Ride, Ride the Comix** e **Invasion!,** además de los juegos con pistolas para dos personas como **Pirates of the Caribbean: Battle for Buccaneer Gold.**

MARKETPLACE

Marketplace, un mercado al aire libre con excelentes tiendas y una buena variedad de restaurantes, ofrece la oportunidad de dar un agradable paseo cuando se dispone de tiempo libre. Destacan el **LEGO Imagination Center,** especialmente para los niños, donde se exponen fotografías de bonitas construcciones con piezas de LEGO, como una nave espacial o un dragón saliendo del estanque que hay junto a la tienda. Los comercios **Once Upon a Toy** y **Disney's Days of Christmas** también resultan atractivas para los más pequeños. Tanto niños como mayores se sienten impresionados por el tamaño de **World of Disney,** la mayor tienda de recuerdos de Disney del mundo y el mejor lugar para encontrar todos los artículos relacionados con el parque. Entre sus restaurantes figuran el **Rainforest Café,** con tormentas tropicales cada hora entre gorilas animados; **Fulton's Crab House,** con su magnífico marisco y su ambiente de barco fluvial, y **Ghirardelli's Soda Fountain & Chocolate Shop,** con aspecto de licorería. Se pueden tomar tentempiés en el restaurante flotante **Cap'n Jack's** y en las cadenas **McDonald's, Wolfgang Puck Express** y **Earl of Sandwich.**

Magnífico dinosaurio construido con piezas de LEGO en Marketplace

ESPECTÁCULOS NOCTURNOS

Aparte de los espectáculos de Downtown Disney, se puede asistir a otras diversiones nocturnas como las **cenas con actuación** y el **Electrical Water Pageant.** Este desfile flotante recorre los complejos hoteleros del parque, como Polynesian y Contemporary, pero el mejor lugar para verlo es la playa de Fort Wilderness. Los niños adoran este espectáculo de 20 minutos, con una impresionante animación que incluye delfines saltando en el agua, ballenas e incluso un dragón escupiendo fuego. Desde 1971, aproximadamente, sirve de apertura o colofón a los fuegos artificiales de Magic Kingdom y Epcot. Hoop-Dee-Doo Musical Revue y Disney's Spirit of Aloha, dos espectáculos acompañados de cena, no resultan impresionantes, pero garantizan un rato agradable. El primero es una popular comedia del Oeste que se representa en el Pioneer Hall de Fort Wilderness, y el segundo ofrece auténtica música, baile y comida de la Polinesia. Mickey's Backyard BBQ, otro de los espectáculos, proporciona diversión country y western.

Información esencial

Con una extensión de 121 km^2 y multitud de atracciones, Walt Disney World® Resort puede proporcionar entretenimiento para toda la familia durante al menos una semana. Las personas que no dispongan de mucho tiempo deben planificar la visita para aprovecharla al máximo. La información que se incluye a continuación facilita esta tarea.

CUÁNDO IR

Las épocas del año con más visitantes son Navidad, la última semana de febrero hasta Semana Santa y de junio a agosto. En estos momentos los parques alcanzan su límite de capacidad (unas 90.000 personas sólo en Magic Kingdom), todas las atracciones están en funcionamiento y los horarios de los parques se amplían. En temporada baja, acuden unas 10.000 personas al día a Magic Kingdom, puede que sólo esté abierto un parque acuático y tal vez cierren algunas atracciones por mantenimiento. El tiempo es también un factor a tener en cuenta: en julio y agosto, las tardes son calurosas y húmedas y suele haber bastantes tormentas eléctricas. Entre octubre y marzo, la temperatura y la humedad resultan más agradables y permiten un programa más apretado.

DÍAS DE MAYOR AFLUENCIA

En cada parque temático, hay ciertos días en los que acude más público: en Magic Kingdom son los lunes, jueves y sábados; en Epcot los martes, viernes y sábados, y en Disney-MGM Studios los miércoles y domingos. Conviene recordar que, tras una tormenta, los parques acuáticos suelen estar casi vacíos, incluso en temporada alta.

HORARIOS

Cuando se incrementa el número de visitas, los horarios se amplían, normalmente de 9.00 a 22.00-23.00 o medianoche. En periodos más tranquilos, el horario es de 9.00 a 18.00-20.00. Se recomienda consultarlo por teléfono. Los parques abren al menos 30 minutos antes para los titulares de abonos y huéspedes de los hoteles y complejos turísticos de WDW.

DURACIÓN DE LA VISITA

Para disfrutar al máximo de Walt Disney World, es preferible dedicar dos días a Magic Kingdom, otros a Epcot –o un día y medio, con medio día en un parque acuático–, y un día a Disney-MGM Studios y Animal Kingdom. Conviene reservar tres noches para disfrutar de los fuegos artificiales Fantasmic!, IllumiNations y Wishes.

EL PROGRAMA PERFECTO

Para evitar las multitudes y el calor se debe:

- Ilegar lo más temprano posible y visitar primero las atracciones más populares.
- hacer un descanso a primera hora de la tarde, cuando hace más calor y los parques están llenos.
- regresar a los parques por la noche para ver los desfiles y los fuegos artificiales.

ENTRADAS Y ABONOS

Existen varios tipos de abonos. Se pueden adquirir entradas para un día y un parque, aunque para estancias de más de tres días conviene tener un **Park Hopper Pass.** Este abono da derecho a entrar un día a cada parque en un periodo de cuatro o cinco días. La mayoría de los visitantes tienen suficiente con este abono.

El **Park Hopper Plus** ofrece acceso ilimitado a los parques temáticos, parques acuáticos y Pleasure Islanden un periodo de cinco, seis o siete días.

Sin embargo, uno de los mejores abonos es el **Ultimate Park Hopper Pass,** sólo para huéspedes de hoteles Disney. Ofrece acceso ilimitado a los parques temáticos, Pleasure Island, los parques acuáticos y el complejo deportivo. Las personas que no se alojen en hoteles de Disney pero cuya visita vaya a durar más de diez días deben tener en cuenta el **Annual Pass** o el **Premium Annual Pass,** que cuesta poco más queun Park Hopper para siete días. Los parques acuáticos, Disney Quest y Pleasure Island ofrecen abonos anuales independientes. Hay entradas infantiles para niños entre 3 y 9 años.

Los abonos se pueden adquirir en las tiendas Disney, el aeropuerto, el centro de información turística de la I-Drive y en la web oficial de Disney. Algunos paquetes de vacaciones incluyen estos abonos.

CÓMO DESPLAZARSE

Unas 200.000 personas al día utilizan la amplia y eficiente red de transportes del complejo. No hay que alojarse necesariamente en Walt Disney World Resort, ya que muchos hoteles cercanos ofrecen servicios de enlace gratuitos hasta los parques temáticos; esto se debe consultar al hacerla reserva.

La central de transportes de Walt Disney World es el **Ticket and Transportation Center (TTC).** Desde aquí salen dos monorraíles hacia Magic Kingdom y un tercero que enlaza el TTC con Epcot. Los transbordadores conectan el TTC con Magic Kingdom a través del Seven Seas Lagoon.

Los transbordadores también unen Magic Kingdom y Epcot con sus respectivas zonas hoteleras y los autobuses llegan a cualquier punto de Walt Disney World; hay incluso enlaces directos con Magic Kingdom. Todas las personas con entrada pueden utilizar la red de transportes de forma gratuita.

Aunque los transportes en Disney son eficaces, tal vez se prefiera alquilar un coche. Los parques temáticos son amplios y el transporte del complejo no es siempre la mejor opción para los niños, sobre todo para visitar atracciones acuáticas como Blizzard Beach y Typhoon Lagoon. Cuando los pequeños están mojados y agotados, lo que menos desean es esperar el autobús de Disney.

COLAS

Las colas suelen ser menores al principio y al final del día, y durante los desfiles y las horas de las comidas. Las colas de las atracciones suelen avanzar lentamente, pero la espera para ver un espectáculo rara vez se prolonga más que el propio espectáculo. El **Fastpass** brinda la oportunidad de reservar la hora de entrada en 25 de las atracciones más populares, en vez de esperar largas colas. Los parques de Disney se llenan rápidamente después de la primera hora de apertura. Hasta ese momento, es habitual entrar directamente en las atracciones sin tener que hacer cola.

VIAJEROS DISCAPACITADOS

Las sillas de ruedas se pueden solicitar en la entrada del parque y los accesos especiales permiten a los visitantes discapacitados y sus acompañantes entrar en las atracciones sin esperar cola. Sin embargo, el personal no puede ayudarles a subirse por razones de seguridad.

NIÑOS PEQUEÑOS

Walt Disney World puede resultar agotador para los niños, por lo que conviene planificar la visita adecuadamente. Si se viaja con niños en edad preescolar, es mejor concentrarse en Magic Kingdom.

Las esperas y desplazamientos a pie por los parques temáticos pueden cansar a los pequeños rápidamente, así que resulta buena idea alquilar una sillita en cualquiera de las entradas al parque. Cada sillita se personaliza al alquilarla, pero si se pierde, se puede conseguir otra con el recibo de alquiler. En todos los parques, existen zonas especiales para cambiar y dar de comer a los niños.

El sistema denominado *switching off* permite a los padres disfrutar de las atracciones por turnos sin tener que esperar la cola dos veces, para que uno de ellos pueda cuidar al niño.

CONOCER A MICKEY

Para muchos niños, lo mejor de la visita a WDW Resort es conocer a los personajes de Disney. Suelen estar en todos los parques temáticos, aunque también se puede disfrutar de encuentros más relajados en varios restaurantes, normalmente a la hora del desayuno. Cada parque temático y muchos de los centros hoteleros ofrecen cenas con distintos personajes, pero sedebe reservar con antelación.

SEGURIDAD

La magnífica vigilancia y el estupendo cuerpo de seguridad del complejo reduce al mínimo los problemas. Hay personas encargadas de acompañar a los niños que se han perdido hasta los puntos de encuentro. Todos los bolsos son inspeccionados.

ALOJAMIENTO Y RESTAURANTES

Los hoteles y complejos dirigidos por Disney son todos de gran calidad. Sin embargo, hasta los establecimientos económicos resultan más caros que los hoteles situados fuera de Walt Disney World. No obstante, conviene recordar que alojándose dentro del complejo no sólo se disfruta de la calidad Disney, sino también de:

- acceso a los parques temáticos hasta 60 minutos antes.
- entrada garantizada a los parques temáticos incluso cuando están llenos.
- entrega de las compras realizadas en cualquier punto de Walt Disney World Resort.

Para comer en los restaurantes de Walt Disney World, especialmente en Epcot, conviene reservar un Priority Seating, el equivalente al Fastpass.

Para más información, ver las pp. 140-147 y 150-157.

APARCAMIENTO

Los visitantes de Magic Kingdom deben aparcar en el TTC y continuar el trayecto en tranvía o a pie; Epcot, Disney-MGM Studios y Animal Kingdom disponen de aparcamientos propios. El estacionamiento es gratuito para las personas que se alojan en el complejo; el resto debe pagar, pero sólo una vez al día independientemente de las veces que mueva el coche. Los aparcamientos son enormes, por lo que resulta imprescindible recordar el nombre del personaje y la fila donde se ha aparcado.

INFORMACIÓN

GENERAL

Información general
Tel *(407) 939-6244.*
http://disneyworld.disney.go.com/wdw/

Información sobre alojamiento/reservas
Tel *(407) 939-6244.*

Reservas para comer (incluidas cenas con espectáculo)
Tel *(407) 939-3463.*
En servicio 7.00-23.00 sá-do.

Visit as Disney
Tel *(407) 939-8687.*

Reservas de golf
Tel *(407) 939-4653.*

PARQUES TEMÁTICOS Y ATRACCIONES

Blizzard Beach
Tel *(407) 560-3400.*

Disney Cruise Line®
Tel *(888) 325-2500.*
www.disneytravelagents.com

Disney-MGM Studios
Tel *(407) 824-4321.*

Disney's Animal Kingdom®
Tel *(407) 938-3000.*

Disney's Wide World of Sports®
Tel *(407) 828-3267.*

Downtown Disney®
Tel *(407) 828-3058.*

Epcot®
Tel *(407) 934-7639.*

Fort Wilderness Resort & Campground
Tel *(407) 824-2900.*

Magic Kingdom®
Tel *(407) 934-7639.*

The Richard Petty Driving Experience
Tel *(407) 939-0 130.*

Typhoon Lagoon
Tel *(407) 560-4141.*

SeaWorld y Discovery Cove ❷

Sea World se inauguró en 1973 y resulta el complemento perfecto a cualquier otro parque temático de Orlando. Enfocado a la divulgación educativa, investigación y conservación, el parque también ofrece entretenimiento. La mascota de Sea World es Shamu, una ballena orca, mientras que su reparto de actuaciones está encabezado por Believe y Blue Horizons. Algunas de sus atracciones, en las que se permite tocar o dar de comer a criaturas marinas, son de una calidad insuperable. Junto a Sea World se encuentra Discovery Cove, un nuevo parque todo-incluido en el que los visitantes tienen la oportunidad de nadar con delfines, rayas y otros fascinantes animales marinos.

Amantes de las emociones fuertes colgando de Kranen, montaña rusa de SeaWorld

CÓMO ORGANIZAR LA VISITA

Sea World suele estar menos lleno que el resto de los parques temáticos de Orlando. La mayor parte de sus muestras son exposiciones para recorrer caminando o espectáculos celebrados en anfiteatros. Estos anfiteatros disponen de tantos asientos que sólo hay que llegar unos 15 minutos antes de que empiece el espectáculo. Siempre hay que tener en cuenta que si el asiento se encuentra en las primeras filas se puede mojar. Si se visita SeaWorld después de las 15.00, se suele disfrutar de más frescor y menos gente. También conviene saber que todos los espectáculos tienen un horario similar, por lo que es casi imposible salir de uno y llegar justo a tiempo a otro. Aunque es posible conseguir un asiento en el espectáculo de Clyde and Seamore (un león marino y una nutria) tras salir del anfiteatro Shamu cuatro minutos antes. En temporada alta es recomendable sentarse pronto si se desea ver el espectáculo del león marino y la nutria, que tiene lugar en un pequeño anfiteatro, y ver Wild Artic, Shark Encounter, Journey to Atlantis y Kraken también temprano, puesto que más tarde se llenan de público. Los niños disfrutan especialmente conociendo a los actores disfrazados que interpretan los papeles de Shamu y su tripulación: una ballena asesina acompañada por un pingüino, un pelícano, un delfín y una nutria. Por lo general, se les puede encontrar cerca de la salida de SeaWorld antes de la hora de cierre. El ascenso de seis minutos de los 122 m de la Sky Tower permite obtener una panorámica del parque. En caso de tener cualquier problema o queja, hay que acudir a la oficina de Guest Relations (servicio de atención al cliente), situada cerca de la puerta de salida.

Shamu, la mascota oficial del parque

LAS 10 ATRACCIONES

① KRAKEN

② SHARK ENCOUNTER

③ JOURNEY TO ATLANTIS

④ WILD ARCTIC

⑤ PENGUIN ENCOUNTER

⑥ BELIEVE

⑦ CLYDE AND SEAMORE TAKE PIRATE ISLAND

⑧ KEY WEST AT SEAWORLD

⑨ BLUE HORIZONS

⑩ MISTIFY

ATRACCIONES

En **Key West at SeaWorld** se incorporan tres hábitat exteriores meticulosamente proyectados, incluyendo dos que permiten a los visitantes dar de comer y acariciar animales marinos. Dolphin

Uno de los recintos de Keywest at SeaWorld

Turtle Point es el hogar en el que se han rescatado tortugas demasiado maltrechas para sobrevivir en libertad.

Pacific Point Preserve recrea la escarpada costa del Pacífico norte por medio de una alargada y rocosa piscina. Aquí se pueden ver focas, osos marinos de Sudamérica y leones marinos californianos tomando el sol en las rocas y deslizándose elegantemente por el agua.

La mayoría del resto de animales salvajes de SeaWorld sólo pueden verse tras un cristal. **Manatee Rescue** (El rescate del manatí), que ha sido considerada la mejor exposición zoológica del país, ofrece una magnífica visión bajo el agua de estos desgarbados, melancólicos herbívoros *(ver p. 250)*. La exposición es muy didáctica e incluye una película.

En el más activo **Penguin Encounter,** un pasillo móvil conduce a través de un paisaje helado donde una gran colonia de pingüinos muestran sus cómicos andares. También resultan encantadores los desgarbados frailecillos.

Presentada como la colección más grande de criaturas marinas peligrosas, **Shark Encounter** goza de una merecida popularidad. Morenas, barracudas y peces puercoespín son el aperitivo, pero el plato principal lo constituye su gran número de tiburones. Se les observa bajo el agua paseando a través de un largo túnel transparente que cruza su acuario o desde más cerca en el programa interactivo **Sharks Deep Dive.** También se puede bucear con tubo o con botella en el interior de una jaula protectora que se sumerge bajo el agua con más de 50 especies distintas de tiburones. A los participantes, que deben ser mayores de 10 años, se les deja un traje de neopreno.

Shamu: Close Up!, junto al Shamu Stadium, es un centro de investigación y cría en el que se puede observar a las ballenas asesinas en un estado similar al que tendrían en libertad; diez de ellas han nacido en el mismo parque.

Wild Arctic es una atracción que simula un vuelo en helicóptero a través de ventiscas y avalanchas con auténticos morsas, ballenas beluga y osos polares.

MISTIFY®

Cada noche, en The Waterfront *(ver p. 178)*, se ofrece el espectáculo de fuegos artificiales Mistify, un impresionante broche final a una jornada en el SeaWorld. El espectáculo utiliza técnicas de proyección de láser y efectos especiales muy avanzados que crean fuentes de 30 m de altura, llamas que se mueven y un cielo brillante junto a luces bajo el agua; todo acompañado de deslumbrantes fuegos artificiales. El mejor lugar para verlo es desde el complejo marítimo de The Waterfront.

Los increíbles delfines son puestos a prueba

CONSEJOS

- *SeaWorld permite a los visitantes dar de comer a varios animales. En caso de querer hacerlo, hay que ponerse en contacto con el servicio de atención al cliente nada más entrar en el parque para informarse sobre los horarios y dónde conseguir la comida.*
- *Se debe planificar la visita teniendo en cuenta las cuatro principales atracciones: Atlantis Water Ski, Believe show, Sea Lion and Otter y Blue Horizons show.*
- *Es recomendable llevar una bolsa de plástico para proteger las cámaras fotográficas del agua marina que resulta corrosiva.*
- *En Journey to Atlantis resulta inevitable mojarse, por lo que es mejor reservarla para el momento más caluroso del día.*

EL LADO SERIO DE SEA WORLD

Las palabras clave en el Hubbs SeaWorld Research Institute son investigación, rescate y rehabilitación. Esta institución sin ánimo de lucro de Florida ha ayudado a miles de ballenas, delfines, tortugas y manatíes con problemas. Cuando están suficientemente recuperados se les devuelve a la naturaleza. SeaWorld dirige varias visitas que muestran parte de este trabajo. El recorrido The Sharks!, por ejemplo, conduce a los visitantes entre bastidores en el Shark Encounter. Para más información hay que dirigirse a la oficina de Guest Relations situada en la entrada del parque.

La tortuga verde, una de las especies rehabilitadas en SeaWorld

INFORMACIÓN ESENCIAL

Plano E2. Orange Co. 7007 SeaWorld Drive, cruce de 1-4 y Bee Line Expressway. *(407) 351-3600.* *8, 42 desde Orlando.* *9.00-19.00 todos los días; hasta las 23.00 en verano.*
www.seaworldorlando.com

Dolphin Cove, donde todo el mundo puede tocar y alimentar a los delfines

Al llegar a Base Station Wild Arctic, creada entorno a un antiguo barco expedicionario, se produce un encuentro con osos polares, morsas, focas y ballenas beluga. Las atracciones **Journey to Atlantis,** una montaña rusa acuática con giros míticos, y **Kraken,** ganadora de un concurso de montañas rusas, son las instalaciones más visitadas. Discovery Cove, situada junto a SeaWorld pero con entrada independiente, es un parque de acceso únicamente con reserva *(ver p. 179)* que merece un día entero de visita.

ESPECTÁCULOS Y RECORRIDOS

Believe es una producción protagonizada por toda la familia de orcas del SeaWorld realizando una impresionante coreografía sobre una partitura original interpretada por la Orquesta Sinfónica Nacional Checa. Christopher Ward, compositor de bandas sonoras, escribió esta conmovedora obra para transmitir el poder y la majestad de las ballenas asesinas.

Este espectáculo está formado por tres historias y ha sido diseñado específicamente para este show. Muestra una inmensa cola de orca con imágenes superpuestas de Shamu, así como cuatro pantallas panorámicas que rotan y cerca de 100 altavoces. El sistema de audio de Believe crea un paisaje sonoro que puede rivalizar con cualquier concierto.

Blue Horizons es un espectáculo teatral en el que elegantes delfines, orcas negras y un arco iris de pájaros exóticos conforman un reparto de los mejores submarinistas y trapecistas del mundo. La fértil imaginación de una niña pequeña es el marco para una emotiva aventura en la que se experimentan el poder del mar y la elegancia del vuelo. El número está lleno de acción dentro y fuera del agua gracias a las acrobacias de los actores, que se zambullen magistralmente.

El espectáculo **Clyde and Seamore Take Pirate Island** celebrado en el anfiteatro de los leones marinos y las nutrias, muestra a dos leones marinos *(Clyde* y *Seamore),* nutrias y morsas en una aventura de tesoros perdidos, barcos pirata y diversión en alta mar.

Odisea es un circo innovador que combina actuaciones acrobáticas con fantásticos efectos especiales, dentro de un espectacular decorado basado en un mundo fantástico bajo el agua. Durante hora y media el espectador viaja desde la superficie del mar hasta las profundidades del océano. En el camino se topa con un paisaje antártico con pingüinos, una contorsionista dentro de una gigantesca concha marina y un enorme gusano bailando. **Pets on Stage** muestra las atracciones de talentosos gatos, pájaros, perros y cerdos.

El **Adventure Express Tour** ofrece excursiones privadas con guía por el parque, asientos reservados y acceso por puertas traseras a las atracciones.

Leones marinos tomando el sol en las rocas de Pacific Point Preserve

COMER, BEBER Y COMPRAR

Un nuevo anexo es The Waterfront at SeaWorld™, un recinto de 2 hectáreas con diversos restaurantes, actividades de ocio y zona de compras. El público puede elegir entre nueve restaurantes, desde locales más formales a cafeterías. Uno de ellos es The Seafire Inn, donde se sirven buenos productos salteados y la comida se ameniza con el espectáculo Makahiki Luau; el *pub* Sandbar sirve vermú y *sushi,* y el Spice Mill ofrece cocina internacional. El restaurante The Dine with Shamu, situado en el recinto de Shamu, anima a sus comensales a que prueben la ballena asesina, mientras que en Sharks Underwater Grill se sirve tiburón. Entre las tiendas de The Waterfront figuran Allura's Treasure Trove, donde los niños diseñan su propia muñeca de porcelana, y Under The Sun, que vende chucherías y objetos coleccionables.

Discovery Cove

Justo al otro lado de la carretera de su hermana mayor, SeaWorld, Discovery Cove constituye un ámbito tranquilo en lo que se refiere a los parques temáticos de Florida. Con capacidad para tan sólo 1.000 visitantes al día (su aparcamiento está igualmente limitado a 500 automóviles) y un precio por entrada elevado, este parque ofrece algunas experiencias excepcionales e inolvidables, entre las que destaca los 30 minutos en que se puede nadar con los delfines del Atlántico. El alto precio de la visita puede reducirse a la mitad si se renuncia a esta maravillosa experiencia de los delfines. No obstante, Discovery Cove representa el sueño de toda la vida de mucha gente, por lo que goza de gran popularidad. Conviene reservar las entradas con bastante antelación.

Nadando con los delfines, la visita a Discovery Cove

CONSEJOS

- *No hay que ponerse cremas con filtro solar antes de la visita, ya que la entrada de Discovery Cove incluye su propia crema con filtro inofensivo para los peces.*
- *No es necesario ser un magnífico nadador para disfrutar de la experiencia con los delfines, tan sólo sentirse cómodo en el agua. De cualquier forma le darán una chaqueta salvavidas.*
- *La piscina de los delfines tiene un agua más fría que el resto, por lo que disponen de chaquetas de neopreno.*
- *Es recomendable asegurarse de que al menos una persona de cada grupo lleve un reloj en todo momento para que no se pase la hora de la cita con los delfines.*
- *Resulta buena idea dividir el grupo en dos para que una parte pueda sacar fotografías de la otra y así no tener que pagar los altos precios exigidos por los fotógrafos del parque.*

CÓMO ORGANIZAR LA VISITA

Discovery Cove muestra una vegetación exuberante, chozas de playa cubiertas de paja y cascadas.

Los precios de los paquetes (279 dólares por persona más tasas, sin precios reducidos para niños) incluyen la experiencia con los delfines (los niños menores de 6 años no pueden participar), el aparcamiento, todo el equipo, buceo con tubo gratuito, una comida principal y siete días de admisión a SeaWorld o a Busch Gardens Tampa Bay sin ningún tipo de restricción. Se exige reserva y la entrada al parque se efectúa a través de un mostrador de recepción en el que un guía personal da la bienvenida a los visitantes, les entrega un carné con fotografía y luego les conduce por un recorrido introductorio. Cuenta con casilleros y toallas gratuitos, además de un magnífico personal muy servicial.

ATRACCIONES

En el interior del parque hay cuatro zonas principales: Coral Reef, el aviario, Rey Lagoon, Tropical River y Dolphin Lagoon. Coral Reef (arrecife de coral) muestra numerosas grutas y un barco hundido, además de ofrecer la oportunidad de nadar junto a unos grandes tiburones separados por un grueso muro transparente. En el río que rodea el parque, los visitantes pueden acudir al aviario y dar de comer a las aves los alimentos suministrados por el personal, mientras en la Ray Lagoon podrán bucear con tubo junto a tranquilas y enormes rayas. En la Dolphin Lagoon los 15 minutos de orientación van seguidos de 30 minutos en los que se puede bucear y nadar con estos preciosos e inteligentísimos mamíferos.

Merece la pena separarse de los acompañantes durante la experiencia con los delfines y así poder hacerse fotos unos a otros desde la orilla. Todo el parque está lleno de cascadas, piscinas para nadar y zonas tranquilas conectadas por playas. Tan sólo cuenta con un restaurante autoservicio pero con comida de calidad. Aunque se permite la entrada de camaras, se pide a los visitantes que dejen todo tipo de joyas y adornos para evitar perturbar la vida marina. Las personas con discapacidades son bienvenidas y existen unas sillas de ruedas especiales para maniobrar con facilidad sobre el terreno.

Vista aérea de Discovery Cove

Universal Orlando ❸

Los Universal Orlando, que en el pasado fueron únicamente un estudio de cine, compiten actualmente con las demás atracciones de la zona ofreciendo dos grandes parques temáticos, un pueblo, una zona de ocio y tres complejos de vacaciones. La unión de Universal Studios Florida, Island of Adventure y Universal CityWalk constituye una buena razón para salir un tiempo de Disney. El aparcamiento, situado al exterior de las salidas 29 y 30B desde la I-4, conduce a través del Universal City Walk a una bifurcación desde la que elegir entre sus dos parques temáticos.

El globo de Universal marca la entrada a los Universal Studios

CÓMO ORGANIZAR LA VISITA

La temporada alta de los Universal Studios Orlando coincide con la de Walt Disney World *(ver p. 174)*; los fines de semana suelen ser más tranquilos que los días de diario. Cuando los parques disfrutan de horario prolongado tan sólo se necesitan dos días para ver todo lo que ofrecen los dos parques. Cuando por el contrario cierran temprano se necesitan tres o cuatro días. Para estancias más largas, se puede optar por un pase para varios días, que proporciona una entrada más barata para el parque y CityWalk, así como descuentos en hoteles, restaurantes y tiendas.

Las colas en Universal pueden llegar a ser de dos horas en las principales atracciones. En temporada alta hay que llegar temprano para evitar las colas (las puertas abren una hora antes de la apertura oficial) y acudir lo antes posible a las atracciones más populares *(ver p. 181)*. Como no es posible disfrutar de todas ellas temprano, se pueden dejar algunas para última hora, antes del cierre del parque. Aunque no suelen formarse colas para ver los espectáculos, es recomendable llegar con 15 minutos de antelación en temporada alta para conseguir asiento. Hay que tener en cuenta que las colas para las atracciones importantes que se hallan cerca de los grandes espectáculos aumentan cuando acaba una actuación. Una opción para evitar las colas es adquirir el Universal Express Pass, que permite al visitante reservar la entrada a la atracción con antelación y no tener así que esperar. La mayoría de las atracciones resultan demasiado intensas para niños de corta edad y algunas exigen además disponer de una altura mínima, con la excepción de ET Adventure. Las atracciones dirigidas a los más jóvenes son: A Day in the Park with Barney, Fievel's Playland, Curious George Goes to Town, Woody Woodpecker's Nuthouse Coaster, Animal Actors on Location y Seuss and Jurassic Park Islands en Islands of Adventure. En los días de mayor afluencia se puede pensar en apuntarse al recorrido de cinco horas VIP Tour, que ofrece prioridad para entrar en ocho atracciones además de poder recorrer los decorados y acceder a servicios de producción y algunos estudios de sonido. En caso de alojarse en uno de los complejos hoteleros de Universal, la llave de la habitación actúa como pase *express*, que da prioridad a la hora de conseguir un asiento en muchas de las atracciones y puede utilizarse como tarjeta de crédito por todo el parque.

FILMACIONES

Aunque no hay ninguna garantía de poder asistir a un rodaje durante el día de visita a los Universal Studios Florida, siempre existe la posibilidad de que las cámaras se encuentren rodando en los decorados (situados en el interior del parque). Esto resulta más probable entre septiembre y diciembre, cuando se puede formar parte de la audiencia durante la grabación de un programa televisivo; para informarse sobre la programación de producciones, llamar al (407) 363-8000. Las entradas se venden por orden de llegada (el mismo día del rodaje) en el Studio Audience Center cerca de los Guest Services. En caso de estar interesado, hay que comprarla nada más llegar.

Panel informativo con los horarios de los rodajes

La impresionante entrada porticada a los Universal Studios Florida

Dan Aykroyd y John Belushi en la película *The Blues Brothers*

UNIVERSAL STUDIOS FLORIDA

La entrada a los Universal Studios Florida se conoce como **Front Lot,** ya que recuerda al decorado de un estudio de Hollywood de la década de 1940. Sin embargo, el programa de las filmaciones, cercano a los tornos de entrada y en el que se ofrecen detalles de los distintos rodajes que están teniendo lugar en los estudios, es totalmente real. Nada más entrar en el parque se encuentra la Plaza of Stars, alineada de palmeras y con varias tiendas *(ver p. 183)*, por la que es recomendable pasar rápidamente para dirigirse a las principales atracciones antes de que se formen largas colas.

Production Central, la parte menos estética del parque, contiene los estudios de sonido únicamente accesibles para los visitantes con pase VIP Tour. **Jimmy Neutron's Nicktoon Blast** es la divertida atracción de simulador del parque, en la que un malvado alienígena con forma de huevo llamado Ooblar ha robado el nuevo invento de Jimmy, el cohete Mark IV. Para recuperarlo Jimmy reclama la ayuda de los visitantes. **Shrek 4-D** incluye una película en 3-D de 13 minutos, con las voces de Cameron Díaz, Eddie Murphy, John Lithgow y Mike Myers, que es a la vez una secuela de la película original *Shrek* y un puente hacia la nueva producción en serie *Shrek 2.* Unas gafas permiten ver, oír y casi sentir la acción desde el asiento.

INFORMACIÓN ESENCIAL

Plano E2. Orange Co. 1000 Universal Studios Plaza, salidas 29 o 30B en la I-4. *(407) 363-8000.* *21, 37, 40 desde Orlando.* *restringido: 9.00-18.00, todos los días; prolongando: en verano y días festivos.*
www.univeralsorlando.com

Cartel donde Shrek 4-D hipnotiza a su audiencia

NEW YORK

Esta zona exterior muestra más de 60 fachadas, algunas de las cuales son réplicas de edificios reales y otras que son reproducciones de las que tan sólo han aparecido en películas. Se pueden ver partes del Guggenheim Museum y de New York Public Library.

Aquí pueden visitarse los conocidos grandes almacenes Macy's y el Louie's Italian Restaurant, en el que tuvo lugar el tiroteo de la película *El Padrino.*

Bajando por Delancey Street se llega a un escenario en el que Jake y Elwood ofrecen un espectáculo musical en directo de 20 minutos que es un popurrí de los grandes éxitos de **The Blue Brothers.** Una atracción de realidad virtual de los Universal Studios es **Revenge of The Mummy – The Ride.** Este emocionante recorrido está basado en la famosa película *La Momia*, y utiliza la montaña rusa con ingeniería de alta velocidad y robótica de la era espacial, para propulsar al pasajero a través de los decorados egipcios, pasadizos, y catacumbas. Se incluye una figura animada de la temible momia, que a la vez emociona y asusta con sus movimientos naturales.

Twister...Ride It Out hace que los visitantes se enfrenten a la naturaleza en uno de sus fenómenos más feroces: un enorme escenario que contiene la simulación de un tornado. Aquí se puede experimentar el terrible poder de los elementos al encontrarse dentro de los 6 m de este embudo de viento de cinco pisos de altura.

En **Delancey Street Preview Center** los visitantes tienen una oportunidad real de modelar el futuro de la televisión. Como invitados cualificados se les ofrece la oportunidad de visionar y valorar un nuevo espectáculo que está todavía en proyecto. Su opinión es tenida en cuenta.

Desafiando la fuerza de un tornado simulado en Twister...Ride It Out

Hollywood Boulevard, uno de los maravillosos decorados del parque

HOLLYWOOD

Hollywood Boulevard y Rodeo Drive son las calles más bonitas de los Universal Studios. Estos decorados constituyen un tributo a la edad dorada de Hollywood, entre 1920 y 1950. Llama la atención el Hollywood Walk of Fame, con los nombres de las estrellas grabados en la acera como en el auténtico Hollywood Boulevard.

La atracción estrella de Hollywood es **Terminator 2:3-D.** Este excitante recorrido utiliza lo último en tecnología cinematográfica 3-D y robótica junto con explosiones en directo, con el fin de catapultar a la audiencia dentro de la acción junto a la estrella de la película *Terminator,* Arnold Schwarzenegger. Una secuencia típica, que combina cine y acción en directo, muestra a una Harley Davidson modelo Fat Boy saliendo de la pantalla hacia el escenario. **Lucy-A Tribute** muestra varios recuerdos de la reina de la comedia Lucille Ball, una de las grandes estrellas de televisión. Este tributo incluye el decorado de *Te quiero Lucy* y el gabinete de la actriz en su casa de Beverly Hills, recreado meticulosamente. Se pueden ver guiones, secuencias y vestuario de esta exitosa serie, e incluso cuenta con un juego interactivo en el que se prueban los conocimientos sobre Lucy.

Universal Horror Make-Up Show ofrece una visión fascinante sobre la técnica de maquillaje de los actores, y cómo la industria cinematográfica lo utiliza para crear los monstruos más horribles y los efectos espeluznantes.

Ataque alienígena de *Men in Black*

ZONA INFANTIL DE WOODY WOODPECKER

Todo el mundo debería subir en la encantadora atracción **ET Adventure,** basada en la película de Steven Spielberg de 1982, en la que se sale en busca del planeta de ET sobre una bicicleta voladora por encima de la ciudad.

En el **Animal Actors on Location,** unos animales interpretan el papel de estrellas caninas como Lassie y Beethoven. **A Day in the Park with Barney** no sólo atrae a los niños pequeños. Celebrado en un parque mágico, muestra al encantador tiranosaurio rex llamado Barney, héroe de una famosa serie de televisión para niños en edad preescolar. **Fievel's Playland** está inspirado en las populares películas de dibujos animados del ratón Fievel. Los accesorios que aparecen en el parque infantil, como un sombrero de vaquero, botas, vasos o taza, son de tamaño gigante, tal y como le parecerían a esta estrella de cine roedora.

Woody Woodpecker's Nuthouse Coaster es una iniciación suave al mundo de las montañas rusa, para los más pequeños.

Curious George Goes to Town tiene mucha agua en la que zambullirse y cientos de bolas de espuma.

WORLD EXPO

La arquitectura de World Expo está inspirada en los juegos olímpicos de Los Ángeles de 1984 y la Expo '86 de Vancouver, y hace hincapié en los espectáculos y atracciones. **Men In Black – Alien Attack** es una atracción en la que los visitantes se unen a Will Smith en un simulador con capacidad para 4 personas que pelean con los alienígenas con armas láser y bombas de humo. Cada persona cuenta con su propio

Terminator 2:3-D, una atracción de primera categoría de Universal

cañón, y las pantallas reflejan la habilidad de cada equipo para destruir alienígenas a escala masiva. Junto a ella se encuentra la atracción más fantástica y popular del parque, **Back to the Future The Ride,** la segunda más intensa de Orlando *(Spider-Man* en Islands of Adventure detenta el primer puesto). No se necesita saber nada de la película *Regreso al futuro* para disfrutar de este viaje en el tiempo en un coche deportivo. Los movimientos del vehículo están sincronizados con la acción que se proyecta en una pantalla circular gigante y que hace que el espectador se sienta lanzado realmente sobre un río de lava líquida, volando a ras de campos de hielo o dirigiéndose directamente hacia las fauces de un dinosaurio.

Back to the Future The Ride, una de las atracciones de Universal

SAN FRANCISCO/AMITY

Gran parte de esta zona está basada en San Francisco, sobre todo en su barrio de Fisherman's Wharf. Chez Alcatraz, por ejemplo, es un bar que sirve tentempiés y cuya forma copia las taquillas en las que se venden las entradas para la excursión a la isla de Alcatraz.

La estrella de San Francisco es **Earthquake-The Big One,** una atracción de contenido educativo. En primer lugar se muestra a la audiencia cómo se pueden simular terremotos utilizando unas maquetas y cómo los actores pueden sobreimpresionarse sobre estas dramáticas escenas. Después, se encuentran conduciendo un tren del metro en la película *Terremoto.* Entonces comienza a producirse un temblor de 8,3 grados en la escala Richter, desciende una ola gigante, un petrolero estalla y los trenes colisionan.

Señal del espectáculo Beetlejuice

Cuando todo termina, se puede ver cómo todo el decorado vuelve a colocarse en su sitio. Amity, la otra mitad de esta esquina del parque, debe su nombre al pueblo de ficción de Nueva Inglaterra en el que transcurría la película *Tiburón.* La atracción **Jaws** comienza con una tranquila travesía por el puerto de Amity, pero enseguida surge la amenazante dorsal del pez asesino y rápidamente el gigantesco tiburón blanco se lanza sobre la embarcación, arrastrándola por el agua a gran velocidad. Una atracción tremendamente popular es **Fear Factor Live,** el primer parque temático basado en un *reality show.* El *casting* es 75 minutos antes del espectáculo.

ENCUENTRO CON LAS ESTRELLAS DE CINE

Unos actores con unos maravillosos disfraces recorren las calles interpretando a personajes como los Picapiedra, o imitando a estrellas de cine como Marilyn Monroe y los hermanos Marx; suelen congregarse en el Front Lot.

Los visitantes pueden comer con las estrellas durante el Character Breakfast que se celebra en el parque una hora antes de la apertura oficial. Es necesario reservar; llamar al (407) 224-4012.

Doble de la estrella de cine Marilyn Monroe

COMER, BEBER Y COMPRAR

La comida en los parques temáticos de Universal Orlando suele ser buena. Su Hard Rock Café es el más grande del mundo, pero también cuenta con muchas otras opciones. Es recomendable reservar con antelación en Lombard's Seafood Grille, especializado en platos de pescado, y en Universal Studios Classic Monsters Café, que sirve comida italiana y californiana, además de disponer de un bufé con una buena relación calidad-precio. Mel's Drive-In es el lugar ideal de comida rápida y batidos. La mayoría de las tiendas permanecen abiertas tras el cierre oficial del parque. En el Front Lot se encuentra la Universal Studios Store, que vende de todo, desde figurillas Oscar a manoplas para el horno con el logotipo de Universal, y On Location, en la que se puede conseguir la fotografía autografiada de nuestra estrella favorita. La mayoría de las atracciones disponen además de su propia tienda.

Islands of Adventure

Logotipo de Islands of Adventure

Islands of Adventure, uno de los parques temáticos tecnológicamente más avanzados del mundo, merece que se le dedique al menos un día de visita. Entre sus islas temáticas se incluyen Jurassic Park, con un educativo Discovery Center interactivo, The Lost Continent, con las revolucionarias montañas rusas Dueling Dragons, y Marcel Super Hero Island, en la que habitan Spiderman, el Increíble Hulk, el Capitán América y Dr. Doom. Seuss Landing Island está dirigida a los más pequeños, mientras que Popeye, Bruto y Olivia son las estrellas de dibujos que se pueden encontrar en Toon Lagoon Island.

LAS 5 ATRACCIONES

1. THE AMAZING ADVENTURES OF SPIDERMAN
2. THE INCREDIBLE HULK HOASTER
3. DUELING DRAGONS
4. POPEYE AND BLUTO'S BILGE-RAT BARGES
5. THE JURASSIC PARK RIVER ADVENTURE

El recorrido por Jurassic Park River Adventure

CÓMO ORGANIZAR LA VISITA

En el interior del parque no existe más transporte público que los pequeños botes que cruzan el lago. Un día resulta suficiente para disfrutar de todas las atracciones, siempre que se llegue a la hora de apertura. Como en cualquier otro parque temático, resulta imprescindible planificar bien la visita para sacar el mayor provecho.

LAS ISLAS

La entrada al parque viene indicada por el Pharos Lighthouse, que hace sonar su sirena cada pocos minutos. La primera isla en aparecer si se sigue el sentido de las agujas del reloj es **Marcel Super Hero Island,** cuyo tema son los superhéroes de los tebeos Marvel. The Incredible Hulk Coaster, posiblemente la mejor montaña rusa de Florida, supera los 65 km/h en dos segundos antes de colocarse boca abajo a 34 m sobre el suelo como preludio a varias caídas en unos pozos llenos de agua abiertos en el suelo. Storm Force Accelatron es una versión más rápida e intensa de la atracción Mad Hatter's Tea Party de Disney, con rápidos giros que pueden causar mareos. Dr. Doom's Fearfall resulta una atracción muy agradable en la que los visitantes se atan en unos sillones que rodean una enorme columna y luego son catapultados hacia el aire, cuya caída es de 46 metros.

Junto a Dr. Doom se encuentra The Amazing Adventures of Spiderman, una compleja instalación que consigue integrar sorprendentemente la tecnología cinematográfica en 3-D y los mecanismos de simulación unidos a los efectos especiales en directo. **Toon Lagoon,** donde los personajes de dibujos cobran vida, ofrece dos atracciones acuáticas y las divertidas actuaciones organizadas de Toon Lagoon Beach Bash. Enfrente se encuentra Popeye and Bluto's Bilge-Rat Barges, un descenso por aguas rápidas que incluye un encuentro con un pulpo gigante. Me Ship, the Olive, un parque infantil para los más pequeños, tiene vistas sobre los rápidos y ofrece lanzadores de agua para empapar a los que descienden por ellos. A su lado queda Dudley's Do-Right's Ripsaw Falls, una atracción acuática basada en los dibujos de Rocky y Bullwinkle y que combina una agradable travesía con una caída final en la que parece que uno se va a hundir.

Jurassic Park, inspirada en las películas *Parque Jurásico*, está cubierta de una exuberante vegetación que ofrece algo de sombra. The Jurassic Park River Adventure es un crucero magníficamente ambientado a través del territorio de Jurassic Park en el que aparecen estegosaurios, hadrosaurios y otras especies antes de tener que desviarse ante un encuentro con un velociraptor. El recorrido termina con una caída de 26 m en una laguna. Camp Jurassic es un parque para niños. En él, los más pequeños pueden explorar las minas de ámbar, subirse en un dinosaurio y explorar todos los rincones de un patio de recreo prehistórico. Se encuentra en las cercanías de Pteranodon Flyers. Esta atracción lleva a los visitantes de dos en dos en un vuelo de 80 segundos sobre Jurassic Park.

El Discovery Center es una exposición de historia natural interactiva en la que se pueden ver los resultados obtenidos mezclando el ADN de varias especies, incluido el de los propios visitantes. **The Lost Continent** es una isla de mitos, leyendas y efectos sobrenaturales. The Flying Unicorn ofrece una iniciación agradable a las montañas rusas para los niños pequeños.

Para los adictos a las emociones fuertes Dueling Dragons es la elección ideal. Estas dos montañas rusas (Fuego y Hielo) compiten para ver cuál de las dos llega antes al punto de salida.

La entrada se produce a través de la serie de túneles más larga y oscura imaginable, aunque con una pequeña abertura que permite a los pasajeros salir de un Dragón y subir en el otro sin tener que esperar de nuevo cola.

Entre los diversos espectáculos del parque se incluyen The Eighth Voyage of Sinbad Stunt Show. Poseidon's Fury es un magnífico espectáculo en el que se representa la batalla entre Poseidón y Zeus por medio de espectaculares efectos especiales. **Seuss Landing** atrae sobre todo a los más jóvenes.

Incredible Hulk Coaster, en Super Hero Island

En esta zona de juego interactiva, los aficionados de todas las edades del Dr. Seuss descubren las más extrañas criaturas del mundo, mientras If I Ran The Zoo es otro parque infantil para los pequeños. Caro-Suess-El es un tiovivo con los personajes del Dr. Seuss en lugar de caballitos.

En la atracción One Fish Two Fish Red Fish Blue Fish, se disfruta de una diversión doble al intentar pescar un pez mientras se evitan los chorros de agua. The Cat in the Hat puede resultar algo desconcertante al ver tantos personajes con aspecto de gato dando vueltas.

Universal CityWalk

Logotipo de Universal CityWalk

Este complejo de ocio de 12 hectáreas con restaurantes, clubes nocturnos, tiendas y cines ofrece al visitante la oportunidad de continuar conociendo el mundo de los estudios Universal después de que cierren los parques. El diseño de CityWalk, la puerta de entrada a todas las actividades de ocio ofrecidas por Universal, se ha inspirado en famosos de la cultura popular como Bob Marley, Thelonius Monk y Motown.

EL COMPLEJO

CityWalk está dirigido principalmente a adultos, especialmente a los interesados en la música y el baile. El complejo abre de 11.00 a 2.00 y, aunque no se cobra entrada, cada club carga un pequeño suplemento. También se puede adquirir un pase All-Club que incluye la entrada a todos los clubes y a un cine. CityWalk dispone de una gran selección de restaurantes que van desde Emeril's Restaurant Orlando al famoso Hard Rock Café Orlando. Los amantes de los deportes disfrutan en NASCAR Sports Grille y NBA City Restaurant, mientras los nostálgicos prefieren el Bubba Gump Shrimp Co. Bob Marley – A Tribute to Freedom es una réplica exacta de la casa de este músico.

El complejo alberga también varios clubes nocturnos incluyendo City Jazz y The Groove Dance Club, que ofrecen a los clientes música en directo de los mejores intérpretes actuales. CityWalk cuenta además con tiendas especializadas y cines con los últimos avances tecnológicos, mientras sus escenarios al aire libre y zonas comunes acogen conciertos en directo, ferias de arte, muestras gastronómicas, apariciones de personajes famosos y actuaciones callejeras. La resplandeciente laguna que atraviesa el complejo crea un entorno pintoresco en el que los visitantes pueden disfrutar tomando una bebida fresca al atardecer o paseando bajo la luz de la luna.

The Hard Rock Café y escenario musical, Universal CityWalk

Wet'n Wild® ❹

Logotipo de Wet 'n Wild

Wet 'n Wild, una de las principales atracciones del centro de Florida, se inauguró en 1977. Sus instalaciones son muy excitantes, como la impresionante variedad de aparatos para varios pasajeros o uno solo en los que se desciende a gran velocidad en trineos o balsas o deslizándose por toboganes, rampas o a través de tubos. También hay actividades para niños más pequeños en Kids' Park, con versiones en miniatura de las atracciones más populares para adultos. Las actividades familiares y el ambiente festivo y playero añaden atractivo a Wet 'n Wild. Existen diversos locales de comida rápida, pero también se puede llevar el almuerzo.

Knee Ski
En el lago del parque se puede montar de rodillas sobre una tabla de surf accionada por un cable y recorrer una pista de 0,8 km. También hay esquí acuático.

Black Hole®
Conviene agarrarse fuerte a esta balsa para dos personas, propulsada por un chorro de agua a través de 150 m de tubos serpenteantes y a oscuras.

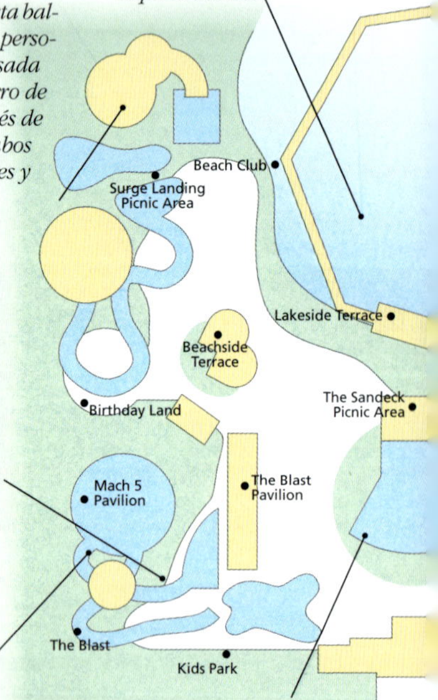

Surf Lagoon, una piscina de olas de 1.580 m², tiene olas de 1,2 m de altura y una cascada.

The Flyer
Los trineos para cuatro personas de esta divertida atracción acuática descienden desde una altura de 12 m, abriéndose paso por 137 m de curvas peraltadas y acelerando en los tramos rectos.

Mach 5
Los participantes descienden esta rampa en solitario sobre una esterilla. En las curvas cerradas, se puede intentar subir lo más alto posible impulsándose con el agua que corre. Hay tres rampas diferentes para elegir.

ALGUNOS CONSEJOS

- *Los escalones de las atracciones y los caminos de asfalto pueden estar muy calientes. Conviene llevar zapatos antideslizantes.*
- *En algunas atracciones, la velocidad puede hacer perder la ropa.*
- *Los niños que monten solos en las atracciones deben medir un mínimo de 91 cm.*
- *No hay que olvidarse de la crema con protección solar.*

INFORMACIÓN ESENCIAL

6200 International Dr, Universal Blvd, junto a la I-4 en la salida 74A, a menos de 3 km de Universal Orlando y SeaWorld. ***Tel*** *(800) 992-9453, (407) 351-1800.* [autobús] *21, 38 desde el centro de Orlando.* [horario] *10.00-17.00 todos los días. Conviene llamar, ya que los horarios cambian dependiendo de las condiciones meteorológicas.* [entrada] *(gratis para menores de 3 años; hay descuentos de tarde).* **www**.wetnwild.com

Hydra Fighter
Atados espalda con espalda en un péndulo, armados con cañones de agua y controlando el movimiento del péndulo, los dos participantes pueden crear su propia atracción. Esta lucha de agua entre los participantes de los ocho péndulos resulta muy divertida.

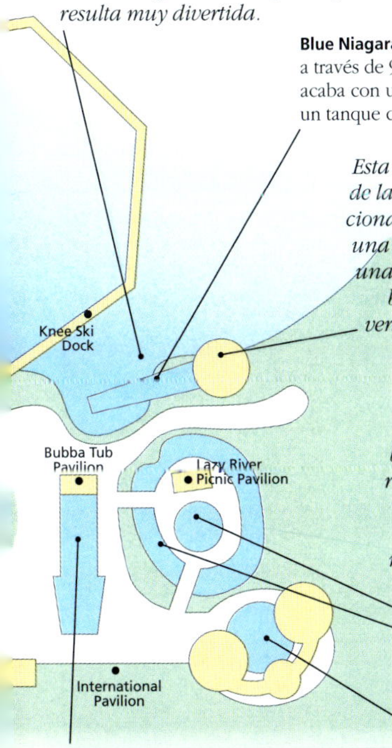

Blue Niagara®, una caída de seis pisos a través de 92 m de tubos entrelazados, acaba con un tonificante chapuzón en un tanque de agua.

Bomb Bay
Esta rampa de seis pisos, una de las atracciones más sensacionales de Wet 'n Wild, posee una caída casi vertical desde una cápsula parecida a una bomba. Der Stuka es una versión algo menos intensa.

Bubble Up
Este enorme y vistoso balón resbaladizo, coronado por una fuente que echa agua por la superficie, es una zona divertida donde los niños pueden escalar, saltar y deslizarse.

Lazy River®, un canal circular de 1,6 km, permite nadar o flotar suavemente junto a palmeras, naranjos y cascadas. Es una atractiva recreación de la vieja Florida.

Bubba Tub®
Esta balsa para cinco personas es perfecta para divertirse en familia; se desciende por una rampa de seis pisos de altura con tres grandes caídas.

The Storm
En esta excitante atracción, se desciende por una rampa entre bruma, truenos y –por la noche– efectos luminosos, luego se cae a una enorme piscina y se termina en otra inferior.

El centro de Orlando, coronado por el SunTrust Center

Orlando 5

Mapa de carreteras E2. Orange Co. *200.000.* *6700 Forum Drive, (407) 363-5800.* **www**.orlando.org

Hasta los años cincuenta, Orlando era poco más que una ciudad provinciana cuya tranquilidad se vio alterada por su proximidad a Cabo Cañaveral y a los parques temáticos.

El centro de la localidad, donde los rascacielos acristalados caracterizan el floreciente distrito empresarial, muestra su cara más atractiva por la noche, cuando turistas y vecinos acuden en tropel a Station y, en menor medida, a los bares y restaurantes de Church Street y Orange Avenue, la arteria principal de la ciudad.

Durante el día, un paseo por el parque que rodea el **Eola Lake,** tres manzanas al este de Orange Avenue, es una agradable forma de pasar el tiempo. Éste es uno de los pocos lugares donde se puede saborear la historia de Orlando. Al lago se asoman las casas de madera de los primeros colonos de la ciudad.

En las tranquilas áreas residenciales del norte del casco urbano, hay zonas verdes y los museos son numerosos. Aunque disponga de poco tiempo, no deje de visitar Winter Park.

Fuente de la rosaleda de Harry P. Leu Gardens

Loch Haven Park

N Mills Ave at Rollins St.
Orlando Museum of Art ***Tel*** *(407) 896-4231.* *10.00-16.00 ma-vi, 12.00-16.00 sá y do.* *festivos.* **www**.omart.org
John and Rita Lowndes Shakespeare Center ***Tel*** *(407) 447-1700.*

El parque Loch Haven, 3 km al norte del centro urbano, cuenta con tres pequeños museos. El mejor es el **Orlando Museum of Art,** que alberga tres colecciones permanentes: objetos precolombinos –como figuritas de animales de Nazca (Perú)–, arte africano y pintura norteamericana de los siglos XIX y XX. El parque acoge el **John and Rita Lowndes Shakespeare Center,** que alberga el Margeson Theater y el pequeño Goldman Theater. Este centro organiza el Orlando-UCF Shakespeare Festival (www.shakespearefest.org).

Harry P. Leu Gardens

1920 N Forest Ave. ***Tel*** *(407) 246-2620.* *todos los días.* *25 dic.* **www**.leugardens.org

Los apacibles y bellos jardines Harry P. Leu ofrecen 20 hectáreas para pasear. En ellos crece la rosaleda más grande de Florida, además de viejos bosques de espectaculares robles, arces y cipreses cubiertos de liquen. En invierno resulta impresionante el conjunto de camelias en flor. Menos interesante es la **Leu House,** de principios de siglo, que un empresario local llamado Harry P. Leu donó a la ciudad en 1961, quizás, como cuentan los rumores, para desgravar fiscalmente.

Enzian Theater

1300 S Orlando Ave, Maitland. ***Tel*** *(407) 629-0054 (showtime hotline).* *todos los días.* **www**.enzian.org

Escenario del Florida Film Festival, de cine alternativo, es uno de los atractivos de Orlando. Situado entre dos grandes robles, se ha ganado una reputación para promocionar películas independientes y extranjeras y su distribución.

Ornamentación de inspiración azteca del Maitland Art Center

Maitland Art Center

231 W Packwood Ave, 9 km al N del centro. ***Tel*** *(407) 539-2181.* *todos los días.* *festivos.* *limitada.* **www**.maitlandartcenter.org

Este centro artístico del barrio de Maitland ocupa los estudios y apartamentos diseñados en la década de 1930 por André Smith como retiro invernal de artistas. Rodeados de patios y jardines, los edificios están decorados con abundantes motivos mayas y aztecas.

Los estudios se siguen utilizando, y en una galería de arte se celebran exposiciones de arte norteamericano contemporáneo.

Orlando Science Center
777 East Princeton St.
Tel *(407) 514-2000 o (888) OSC 4FUN.* *9.00-17.00 ma-ju (a 21.00 vi y sá), 12.00-17.00 do.*
www.osc.org

La finalidad de este centro es ofrecer un ambiente estimulante para el aprendizaje de las ciencias experimentales, lo que consigue gracias a su enorme y variada selección de vanguardistas exposiciones interactivas. Con una capacidad expositiva de más de 19.200 m², cuenta con varias atracciones incluyendo el Dr. Phillips Cine-Dome, que rodea a los espectadores con unas increíbles imágenes y películas además de actuar como planetario. La exposición DinoDigs con su colección de fósiles de dinosaurios es muy popular entre los niños, al igual que la de ShowBiz Science, en la que se revelan algunos de los trucos y efectos especiales utilizados en el mundo del cine; la Body Zone permite a los visitantes explorar la actividad interna del cuerpo humano. El museo original abrió sus puertas en 1960 en Loch Haven Park como Central Florida Museum y no fue hasta 1984 cuando se le rebautizó como Orlando Science Center. El edificio actual, seis veces mayor que su antecesor, fue finalizado en 1997.

Detalle de *Las cuatro estaciones* de Tiffany

Winter Park ❻

Plano E2. Orange Co. *25.000.* *150 N New York Ave, (407) 644-8281.* **Scenic Boat Tour** ***Tel*** *(407) 644-4056.*
www.winterpark.org

El barrio más elegante de Orlando comenzó a desarrollarse en los años 1880, cuando acomodada gente del norte se trasladó al sur y comenzó a construir aquí sus casas de retiro para el invierno. El aroma de los perfumes caros y del café emana de las tiendas elegantes y cafés que jalonan su calle principal, Park Avenue, mientras los socios del club de campo, en lo alto de la calle, juegan al críquet. En el extremo norte de Park Avenue se encuentra el **Charles Hosmer Morse Museum of American Art,** que alberga la que posiblemente sea la mejor colección de obras de L. C. Tiffany (1848-1933). Aquí aparecen expuestas sus magníficas piezas *art nouveau:* joyas, lámparas de mesa y vidrieras como *Las cuatro estaciones* (1899), una asombrosa fusión de cristal, pan de oro, plomo, esmalte, pintura y cobre. La Tiffany Chapel es otra impresionante muestra, diseñada por Tiffany en 1893 para la Exposición

Pórtico principal de la Knowles Memorial Chapel, Rollins College

Universal de Chicago y que durante más de un siglo permaneció oculta al público. Sus galerías también exhiben piezas del mismo periodo de genios como Frank Lloyd Wright. En el extremo sur de Park Avenue se encuentra el **Rollins College,** con un precioso *campus* lleno de árboles salpicado de edificios de estilo colonial construidos en la década de 1930. Destaca la Knowles Memorial Chapel, cuyo pórtico principal muestra un relieve representando el encuentro entre los conquistadores españoles y los indios seminolas. El **Cornell Fine Arts Museum** del colegio posee la colección más antigua de Florida, con más de 6.000 obras de arte y una impresionante colección de pinturas del Renacimiento italiano. El recorrido explicativo **Scenic Boat Tour** conduce por la zona donde viven los residentes más acomodados de Winter Park. Entre las 10.00 y las 16.00 los barcos salen cada hora desde el extremo este de Morse Boulevard y navegan alrededor de los cercanos lagos y canales intercatados repletos de especies botánicas tropicales como hibiscos, bambú y papayas.

Charles Hosmer Morse Museum of American Art
445 Park Ave N. ***Tel*** (407) 645-5311. *ma-do.* *festivos.*
www.morsemuseum.org

Cornell Fine Arts Museum
1000 Holt Ave. ***Tel*** *(407) 646-2526.*
www.rollins.edu/cfam

***The Conference* de Potthast, Orlando Museum of Art, Loch Haven Park**

Una de las atracciones de Wet'n Wild, en International Drive

International Drive ❼

Mapa de carreteras E2. Orange Co. *Orlando.* *Orlando.* *Visitor Center, 8723 International Drive.* ***Tel*** *(407) 363-5872.* **www**.orlandoinfo.com

A tiro de piedra de Walt Disney World, y flanqueada por los Estudios Universal y Sea World, International Drive debe su existencia a los parques temáticos. I Drive, como todo el mundo la conoce, es una hilera (5 km) de restaurantes, hoteles, tiendas y cines. Por la noche se convierte en una animada línea de neón donde todo cierra tarde.

El mayor atractivo de I Drive es **Wet'n Wild,** anunciado como el primer parque acuático del mundo cuando fue inaugurado en 1977. A diferencia de sus homónimos de Disney, más aptos para familias con niños pequeños, *(ver pp. 166-167),* Wet'n Wild destaca por sus recorridos con alto riesgo, que no son siempre adecuados para todas las familias, si bien hay partes para los menos atrevidos.

Repleto de objetos fantásticos, ilusiones y fotogramas cinematográficos de extrañas proezas, **Ripley's Believe It or Not!** es la otra atracción de calidad de I Drive. Pertenece a una cadena mundial de museos surgida a raíz del llamado Odditorium de la Feria Mundial de Chicago de 1933: se trataba de la creación de un famoso dibujante norteamericano, Robert Ripley, que viajó en globo en busca de lo extraño y maravilloso. El edificio que alberga esta exposición parece estar precipitandose al interior de una de las terribles dolinas de Florida *(ver p. 22).* Wonder Works ofrece entretenimientos interactivos, entre ellos un terremoto simulado y otros juegos.

The Mercado es un centro comercial de estilo español con unas 48 tiendas de regalos, varios restaurantes y espectáculos gratuitos por las noches. A la derecha está **Titanic-The Experience,** una atracción permanente sobre el *Titanic,* con objetos, películas, y recreaciones de los camarotes del barco. A dos manzanas se encuentra el Centro de Información al Visitante, que regala bonos-descuento para numerosas atracciones, hoteles y restaurantes de Orlando *(ver p. 378).*

Sopa de caimán

Es una buena opción para ahorrarse algo de dinero.

Wet'n Wild
6200 International Drive. *(407) 351-9453.* *todos los días.* **www**.wetnwildorlando.com

Ripley's Believe It or Not!
8201 International Drive. *(407) 363-4418.* *todos los días.* **www**.ripleysorlando.com

The Mercado
8445 International Drive. ***Tel*** *(407) 345-9337.* *todos los días.* *25 dic.* **www**.mercado.com

Wonder Works
9067 I-Drive. *(407) 351-8800.* *todos los días.* **www**.wonderworksonline.com

Gatorland ❽

Mapa de carreteras E3. Orange Co. 14501 S Orange Blossom Trail, Orlando. *(800) 393-5297.* *Orlando.* *Orlando.* *todos los días.* **www**.gatorland.com

Esta granja de la década de 1950 tiene permiso para criar caimanes con el fin de comercializar su piel y su carne. En los corrales, viveros y charcas de Gatorland habitan miles de ejemplares de todos los tamaños. El mejor lugar para observarlos mientras toman el sol en aguas poco profundas de una ciénaga de cipreses es desde la pasarela y la torre. Los demás atractivos de Gatorland son menos interesantes: ejemplares enfermos en jaulas,

La inconfundible casa de Ripley's Believe It or Not!

Las fauces de un caimán indican la entrada a Gatorland

una lucha de caimanes y el Gator Jumparoo, en el que los reptiles emergen del agua para atrapar trozos de pollo. También hay exhibiciones de serpientes venenosas de Florida.

En el restaurante puede probar las costillas de caimán y el caimán frito, o adquirir una lata de sopa elaborado con este reptil.

Una de las tiendas de la ciudad antigua de Kissimmee

Kissimmee ❾

Mapa de carreteras E3. Osceola Co. *41.000.* *1925 E Irlo Bronson Memorial Hwy.* ***Tel*** *(407) 847-5000.* **Ciudad Vieja** *5770 W Irlo Bronson Mem. Hwy.* ***Tel*** *(407) 396-4888.* **www**.floridakiss.com

A principios del siglo XX, las vacas deambulaban tranquilamente por las calles de esta ciudad ganadera. Ahora, las únicas reses vacunas que se pueden ver son las que aparecen en el rodeo bianual del **Silver Spurs Arena** *(ver p. 35)*.

Kissimmee significa "lugar celestial" en el idioma de los indios calusa *(ver pp. 40-41)* pero el motivo que atrae a la mayoría de los visitantes son los moteles baratos próximos a Walt Disney World, que se extienden a lo largo de la carretera US 192 entre restaurantes de conocidas cadenas y vallas publicitarias anunciando las últimas atracciones, centros comerciales y cenas con espectáculo, el principal atractivo nocturno de Kissimmee.

No obstante, después de todo un día en un parque temático, quizás prefiera visitar la ciudad antigua de Kissimmee, una recreación de una calle peatonal con edificios de principios del siglo XX y excéntricas tiendas que anuncian médiums, tatuajes, ropa de cama irlandesa y velas.

Warbird Adventures, del aeropuerto municipal Kissimmee, da a los visitantes la inolvidable oportunidad de volar en un avión original de la II Guerra Mundial, el Advanced T-6 Navy Trainer o, como alternativa, un clásico helicóptero MASH. Se puede elegir entre una acrobacia emocionante o un tranquilo vuelo, un instructor experimentado permite tomar los controles y aprender cómo volar en una de estas históricas aeronaves.

Silver Spurs Arena
Osceola Heritage Park. ***Tel*** *(407) 67-RODEO.* *para los espectáculos.* **www**.silverspursrodeo.com

Warbirds Adventures
231 N. Hoagland Blvd. ***Tel*** *870-7366.* *todos los días.* *25 dic.* **www**.warbirdadventures.com

CENAS ESPECTÁCULO

Si desea pasar una velada en familia, puede acudir a una cena con espectáculo *(ver p. 367)*. Orlando ofrece alrededor de una docena de establecimientos de este tipo –sin contar los dos de Disney *(ver p. 173)*– en I Drive o junto a la US 192, cerca de Kissimmee. Las entradas de adulto cuestan entre 40 y 50 dólares, y las de niño, unos 20-25 dólares, pero se puede obtener un descuento con los bonos del Centro de Visitantes de Orlando.

Capone's Dinner Show: ambientado en Chicago de 1931, este local ofrece comida italiana. *(407) 397-2378.* **www**.alcapones.com

Arabian Nights: fantasía ecuestre en un estadio gigante. ***Tel*** *(407) 239-9223.* **www**.arabian-nights.com

Pirate's Dinner Adventure: espectáculo alrededor de un barco pirata, con regatas, acrobacias y una visita previa a los estudios. ***Tel*** *(407) 248-0590.* **www**.piratesdinneradventure.com

Sleuth's Mystery Dinner: ocho espectáculos diferentes en un ambiente de misterio. ***Tel*** *(407) 363-1985.* **www**.sleuths.com

Medieval Times: justa de caballeros llena de colorido. ***Tel*** *(407) 396-1518.* **www**.medievaltimes.com

Dolly Parton's Dixie Stampede: espectáculo ecuestre que cuenta la historia de América. ***Tel*** *(407) 238-4455.* **www**.dixiestampede.com

Un caballero medieval preparado para el torneo

Lake Toho ⑩

Mapa de Carreteras E3. Osceola Co. 5 km al S de Kissimmee. *Kissimmee.* *Kissimmee.* *desde Big Toho Marina en Lakeshore Blvd, centro de Kissimmee.*

En Florida Everglades, a unos 32 km del centro de Orlando, el lago Tohopekaliga (también llamado Toho) es una isla virgen que en otro tiempo albergó un asentamiento indio y un rancho ganadero. Hoy es famoso por el exotismo de su vida salvaje. Makinson Island, en el medio del lago, es una reserva privada para animales como los emús y llamas. Hay águilas que anidan aquí y otras aves rapaces como el quebrantahuesos. Aproximadamente un tercio de la superficie del lago está formado por cañizales.

Atardecer en el lago Tohopekaliga

Pescadores de todo el mundo acuden durante tres días a una competición que se celebra en este lago, uno de los mejores lugares de Florida para la pesca de la lubina.

Otras posibilidades que ofrece este entorno es ir de pesca con un guía local, dar un paseo en barca a través del lago o del río Kissimmee o, simplemente, pasar una tranquila tarde al aire libre.

Disney Wilderness Preserve ⑪

Mapa de carreteras E3. 2700 Scrub Jay Trail, 18 km al SO de Kissimmee. ***Tel*** *(407) 935-0002.* *Kissimmee.* *Kissimmee.* *9.00-17.00 todos los días.* *jun-sep: sá y do.* *do: 13.30.* **www**.tnc.org

El desierto mejor conservado de Orlando es un lugar extremadamente tranquilo, donde poder evadirse de las multitudes. Abierto al público desde 1992, su amplia extensión la forman lagos y pantanos, que son un refugio para la flora y fauna autóctona. El terreno está bordeado por uno de los últimos lagos vírgenes que quedan en Florida.

Más de 160 especies diferentes de vida salvaje viven aquí, entre ellas las grullas de las dunas de Florida, y las ardillas Sherman.

A diferencia de otras atracciones Disney, aquí no existen las prisas, pero hay infinidad de entretenimientos. Se puede seguir uno de los tres senderos que conducen a las orillas del lago Russell. El paseo más corto es el sendero de un kilómetro y medio, donde se explican todos los rasgos de la naturaleza que se van observando. Conviene llevar mucha agua y crema de protección solar durante los meses más calurosos.

También se puede hacer una ruta en coche de caballos. El recorrido comienza con un vídeo introductorio de 20 minutos, antes de que un guía recorra la ciénaga.

Fantasy of Flight ⑫

Mapa de carreteras E3. Polk Co. 1400 Broadway Blvd SE, Polk City. *(863) 984-3500.* *Winter Haven.* *Winter Haven.* *todos los días.* *Día de Acción de Gracias, 25 dic.* **www**.fantasyofflight.com

Fantasy of Flight supera a las otras atracciones aeronáuticas de Florida porque recrea de verdad la sensación de volar.

Piloto aficionado en un combate simulado de Fantasy of Flight

Una serie de exposiciones transportan al visitante al interior de un avión-fortaleza B-17 de la II Guerra Mundial durante un bombardeo, así como a las trincheras de la I Guerra Mundial en pleno ataque aéreo.

Se puede viajar en un simulador de un caza de la II Guerra Mundial y durante un combate aéreo. Ya en cabina recibirá instrucciones previas al vuelo, y la torre de control le aconsejará sobre el despegue, el aterrizaje y la presencia de aviones enemigos.

Un hangar de aeroplanos antiguos alberga el primer avión comercial empleado en EE UU, el trimotor Ford de 1929, que intervino en la película *Indiana Jones y el templo maldito*. Se organizan diferentes recorridos, desde una visita a los almacenes de la bahía a la entrada en la Restoration

Lago Russell, uno de los muchos lagos de Disney Wilderness Preserve

Shop, donde se encuentra un experto artesano reconstruyendo un motor clásico. También se puede ver a un piloto de avioneta en un pase aéreo privado o ascender al cielo en un biplano.

La pirámide de esquiadores, parte del espectáculo de Cypress Gardens

Cypress Gardens Adventure Park ⓭

Mapa de carreteras E3. Polk Co. 6000 Cypress Gardens Blvd, Winter Haven. ***Tel*** *(863) 324-2111.* *Winter Haven.* *Winter Haven.* *todos los días.* *Semana Santa, Día de Acción de Gracias, 25 dic.* **www**.cypressgardens.com

El primer parque temático de Florida fue inaugurado en 1936 y se sirve de dos elementos tan dispares como las flores y el esquí náutico para atraer a los visitantes.

Junto a un gran lago rodeado de cipreses, 8.000 variedades de plantas convierten el parque en una maravilla natural.

Alrededor de un tercio del terreno lo ocupa un exquisito jardín botánico cuyos ejemplares, minuciosamente etiquetados, van desde un ciprés de 1.600 años de antigüedad hasta numerosas epifitas *(ver p. 290)*, una rarísima palmera bicéfala y una gigantesca higuera bengalí.

El parque se puede explorar a pie o desde una embarcación, deteniéndose a ratos para que los visitantes fotografíen sus zonas más famosas.

Cypress Gardens se autodenomina capital mundial del esquí náutico. En sus espectáculos los esquiadores se deslizan descalzos sobre el agua o ascienden por una rampa para caer dando un salto mortal. Se celebran como mínimo tres veces al día. También se pueden vivir otras emociones fuertes en uno de los muchos recorridos del parque: existe un clásico barco de cabotaje de madera, un paseo por el agua que lleva a los rápidos más altos del mundo o una torre en un precipicio con una caída de 37 metros. Asimismo, se organizan otras excursiones menos arriesgadas para familias.

Historic Bok Sanctuary ⓮

Mapa de carreteras E3. Polk Co. 1151 Tower Blvd, Lake Wales. ***Tel*** *(863) 676-1408.* *Winter Haven.* *Lake Wales.* *todos los días.* **www**.boksanctuary.org

En 1870, Edward W. Bok, a la edad de 6 años, llegó a EE UU procedente de Holanda. Posteriormente se convirtió en propietario de una influyente editorial. Poco antes de fallecer, en 1930, obsequió al pueblo norteamericano con 52 hectáreas, hoy ocupa 100 hectáreas, de preciosos jardines que crecen en el punto más alto de Florida (tan sólo a 91 m sobre el nivel del mar). En el centro, la Singing Tower alberga en su parte inferior la sepultura de Bok. No se puede subir a la torre, pero sí escuchar su carrillón, que todos los días a las 15.00 repica durante 45 minutos.

La Singing Tower de marfil rosa en Historic Bok Sanctuary

Yeehaw Junction ⓯

Mapa de carreteras E3. Osceola Co. Desert Inn, 5570 South Kenansville Road, Yeehaw Junction 34972. ***Tel*** *(407) 436-1054.* *todos los días.* **www**.desertinnrestaurant.com

Yeehaw Junction fue conocida como una laguna donde los madereros y *cowboys* llevaban a sus cabezas de ganado en su trashumancia desde el centro del Estado a las reservas y pastizales de la costa. Ubicada en el cruce de Florida's Turnpike y el Highway 441, el Desert Inn, es un buen lugar para una parada. El restaurante sirve hamburguesas; hay una tienda, además de una zona para celebrar festivales.

Este edificio de 1880, presente en el National Registry of Historical Places, ofrece a los visitantes una fascinante visión de la historia de Cracker Country.

Coche de policía de 1930, American Police Hall of Fame

American Police Hall of Fame ⓰

6350 Horizon Drive, Titusville. ***Tel*** *(321) 264-0911.* *Titusville* *10.00-17.30 todos los días.* *25 dic.* **www**.aphf.org

Pocas personas se quedan impasibles ante la visita a este lugar, donde aparecen los nombres de más de 5.000 agentes de policías que han muerto en servicio. Además algunas de sus exposiciones muestran cierto sensacionalismo. El maniquí *RoboCop,* nudillos de metal, armas camufladas como un pintalabios y un sombrero son algunos de los objetos inofensivos expuestos. Sin embargo, algunos visitantes prefieren experimentar qué se siente en la silla eléctrica o en una cámara de gas.

Canaveral National Seashore y Merritt Island 17

Mapa F2. Brevard Co. *Titusville.* **www**.nps.gov/cana

Estas reservas colindantes comparten una asombrosa variedad animal y un amplio abanico de hábitats, como estuarios de agua salada, zonas pantanosas, llanuras de pinares y *hammocks*. Esta proliferación se debe a la confluencia de los climas templado y subtropical. Se pueden ver caimanes y especies en peligro de extinción como los manatíes, pero el mayor impacto visual lo producen las aves.

A muchos visitantes sólo les interesa la playa. El **Canaveral National Seashore** contiene el mayor cordón litoral no urbanizado de Florida (39 km), una magnífica franja de arena cercada por dunas plagadas de arbustos y plantas. A Apollo Beach, en el extremo norte, se llega por la Route A1A, mientras que a Playalinda Beach se accede desde el sur por la Route 402; no hay carretera de unión entre ellas. Las playas son buenas para tomar el sol, pero el baño puede resultar peligroso.

Detrás de Apollo Beach se alza Turtle Mound, un túmulo de 12 m de altura formado por las conchas de ostras que vertieron los indios timucua *(ver pp. 40-41)* entre los años 800 y 1400 d.C. Desde la cima se contempla el lago Mosquito, salpicado de infinidad de islotes de manglares.

La Route 402, que conduce a Playalinda, también ofrece unas vistas extraordinarias de las plataformas de lanzamiento del Kennedy Space Center, y atraviesa el **Merritt Island National Wildlife Refuge,** que abarca una superficie de 570 km². La mayor parte pertenece al Kennedy Space Center, por lo que no se puede visitar, aunque en la zona situada justo al norte hay muchísimo que explorar.

Caimán en libertad

La mejor manera de conocer la fauna y la flora locales es recorrer los 10 km del Black Point Wildlife Drive. En el punto de partida de esta ruta, junto al cruce de las carreteras 402 y 406, facilitan un magnífico folleto donde se explica, por ejemplo, por qué los diques controlan la población de mosquitos. A mitad del trayecto puede recorrer el sendero Cruickshank Trail, en el que se alza una torre de observación.

Yendo hacia el este por la carretera 402 en dirección a Playalinda, el Merritt Island Visitor Information Center contiene una excelente muestra de los hábitats y la fauna del refugio. Un kilómetro y medio más al este, en las rutas Oak Hammock y Palm Hammock, unas estrechas pasarelas de madera atraviesan las marismas.

LAS AVES DE SPACE COAST

La magnífica abundancia de aves de la Costa Espacial está en plena ebullición durante las primeras y las últimas horas del día. Entre noviembre y marzo, las marismas y lagos rebosan de aves migratorias y zancudas, que llegan del norte a cientos de miles.

Grulla canadiense

Pelícano pardo

Golondrina de mar

Picotijera

Vista desde Black Point Drive, Merritt Island National Wildlife Refuge

Canaveral National Seashore
Route A1A, 32 km al N de Titusville, o Route 402, 16 km al E de Titusville. ***Tel*** *(321) 267-1110.*
todos los días. *durante lanzamientos espaciales.*

Merritt Island National Wildlife Refuge
Route 406, 6,5 km al E de Titusville. ***Tel*** *(321) 861-0667.*
todos los días. *durante lanzamientos espaciales.*
www.merrittisland.fws.gov

Kennedy Space Center 18

Ver pp. 196-201.

US Astronaut Hall of Fame ⓳

Mapa de carreteras E2. Brevard Co. Cruce de Route 405 y US 1. ***Tel*** *(321) 269-6101.* *Titusville.* *9.00-18.30 todos los días.* *25 dic.* **www**.kennedyspacecenter.com/visitksc/attractions/fame.asp

En este lugar se exponen pertenencias y objetos personales de muchos de los pioneros de los viajes por el espacio. Una reproducción a tamaño real de un satélite sirve de sala cinematográfica en donde se proyectan películas y documentales sobre la era espacial. En Us Space Camp, en el mismo lugar, se imparten clases y hay un simulador de vuelo.

Porcher House, en el barrio histórico de Cocoa

***Tico Belle*, joya del Warbird Air Museum**

Valiant Air Command Warbird Air Museum ⓴

Mapa de carreteras E2. Brevard Co. 6600 Tico Road, Titusville. ***Tel*** *(321) 268-1941.* *Titusville.* *10.00-18.00 todos los días.* *Día de Acción de Gracias, 25 dic.* **www**.vacwarbirds.org

En este museo, un enorme hangar alberga aeroplanos militares de la II Guerra Mundial y otros posteriores, todos en perfecto estado de conservación. El orgullo de esta colección es un Douglas C-47 denominado *Tico Belle*, que prestó servicio durante la II Guerra Mundial para después convertirse en el avión oficial de la familia real danesa.

Cocoa ㉑

Mapa de carreteras E3. Brevard Co. Cocoa Beach Chamber of Commerce. *20.000.* *400 Fortenberry Rd, Merritt Island, (321) 459-2200.* **www**.cocoabeachchamber.com

Cocoa es la población más atractiva de todos los núcleos urbanos que se extienden por la Costa Espacial. Cerca del lugar donde la Route 520 cruza el río Indian en dirección a Cocoa Beach, el bello barrio histórico de Cocoa Village posee edificios de finales del siglo XIX (algunos de ellos albergan ahora modestas tiendas de moda), réplicas de faroles de gas y calzadas enladrilladas.

En Delannoy Avenue, en el extremo oriental del barrio, se encuentra la neoclásica Porcher House, construida en 1916 en piedra coquina *(ver p. 215)*. Destaca la pared del pórtico, donde están tallados los palos de la baraja francesa (la señora Porcher era una forofa del *bridge*).

Cocoa Beach ㉒

Mapa de carreteras F3. Brevard Co. *14.000.* *Merritt Island.* *400 Fortenberry Rd, (321) 459-2200.*

Esta sencilla localidad turística se autodenomina capital del surf de la costa este. La pauta la marcan aquí los festivales de surf y los concursos de biquinis, además de las competiciones de "gane su peso en cerveza" que se celebran en el muelle. Moteles, restaurantes de comida rápida y algún que otro espectáculo de *strip-tease* constituyen su arteria principal. Pero el palacio de neón del **Ron Jon Surf Shop** los eclipsa a todos con su cúmulo de tablas de surf (en venta y alquiler) y su formidable colección de camisetas.

Ron Jon Surf Shop
4151 N Atlantic Ave. ***Tel*** *(321) 799-8820.* *todos los días.*

La Ron John Surf Shop de Cocoa Beach vende todo para los surfistas y los entusiastas de la playa

Kennedy Space Center ⓲

Insignia de la NASA

Situado en Merritt Island Wildlife Refuge, a tan sólo una hora en coche al este de Orlando, el Kennedy Space Center es el único lugar del hemisferio occidental desde donde los seres humanos son lanzados al espacio. Aquí, con la puesta en órbita del *Apolo 11* en julio de 1969, se hizo realidad el deseo del presidente J. F. Kennedy de que el hombre aterrizara en la Luna, y aquí también tiene su sede la NASA, cuyo transbordador espacial tripulado *(ver pp. 200-201)* despega con regularidad de una de las plataformas de lanzamiento. El Space Center, un centro didáctico y recreativo, es comparable en dimensiones y entretenimiento a los parques temáticos de Orlando.

★ Apollo/Saturn V Center
La estrella es un cohete Saturno V *como los empleados en las misiones del* Apolo. *Desde la sala de control, los visitantes pueden asistir a un lanzamiento simulado* (ver p. 199).

Astronautas
El personal del centro, vestido con trajes espaciales, puede aparecer en cualquier momento para delicia de los niños.

★ Rocket Garden
Los cohetes representan diferentes periodos de la historia espacial, y el módulo lunar es similar al empleado en las misiones del Apolo.

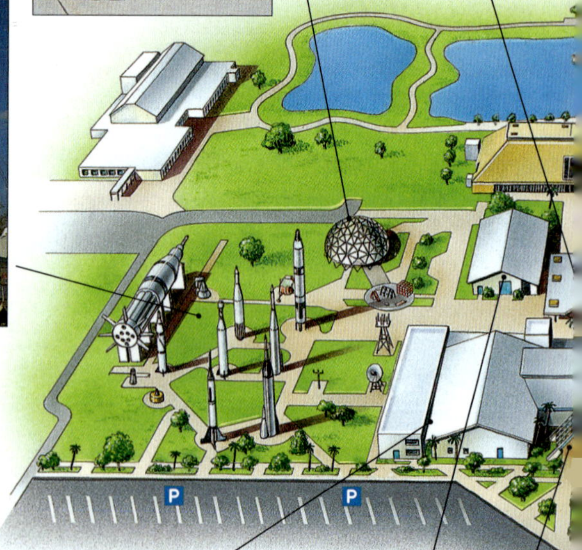

RECOMENDAMOS

- ★ Apollo/Saturn V Center
- ★ Rocket Garden
- ★ Rutas en autobús
- ★ IMAX® Theater

VISITOR COMPLEX

Todos los visitantes al Kennedy Space Center deben detenerse en el Visitor Center, creado en 1996 para dirigir los recorridos en autobús por la zona. Actualmente es un museo grande que organiza muchas exposiciones.

★ Rutas en autobús
Los autobuses trazan un circuito por las plataformas de lanzamiento, pasando junto al edificio de ensamblaje y por el pasillo que lleva el transbordador al punto de despegue.

INFORMACIÓN ESENCIAL

Mapa de carreteras F2. Brevard Co. Route 405, 9.5 km al E de Titusville. ***Tel*** *(321) 449-4444.* *Titusville.* *9.00-17.30 todos los días.* *25 dic. El centro cierra a veces por exigencias operativas.* *todas las exposiciones son accesibles; en la central de información tienen sillas de ruedas.* ***Tel*** *(321) 867-4636 para la programación.* ***Lunch with an Astronaut*** *(321) 449-4400.* **www**.ksc.nasa.gov

★ IMAX® Theater
El IMAX® Theater proyecta películas de satélites y viajes espaciales. Las imágenes de las misiones del transbordador ofrecen espectaculares vistas de la Tierra desde el espacio (ver p. 198).

Lunch with an Astronaut
Estas sesiones ofrecen una oportunidad única de conocer a un astronauta de la NASA.

SIMBOLOGÍA

- P Aparcamiento
- Cajero automático
- Restaurante

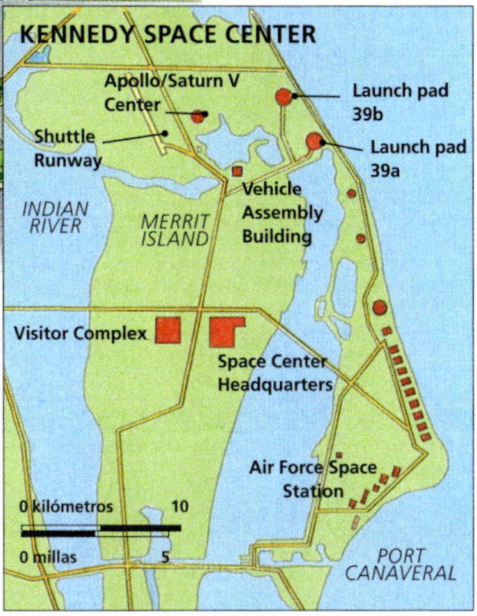

Kennedy Space Center

Construido en 1967 para que los astronautas y sus familias pudiesen ver el centro de operaciones espaciales, hoy el Visitor Complex recibe la visita de más de 1,5 millones de turistas al año. Sus instalaciones, de 340 km2, ofrecen la posibilidad de pasar todo un día familiarizándose con la experiencia espacial, incluyendo unas magníficas películas IMAX® proyectadas en el Visitor Complex, representaciones de acción en directo, encuentros con los astronautas y el Apollo/Saturn V Center, y una excursión en autobús. La entrada con todo incluido otorga el difrute del KSC Tour, las películas IMAX® y de todas las exposiciones.

Niños divirtiéndose en Robot Scouts, IMAX® Theater

VISITOR COMPLEX

El **Imax® Theater** es el lugar al que todo el mundo se dirige primero para ver algunas de las más de cinco películas que proyectan los dos cines IMAX®, colocados espalda contra espalda, y proporciona para muchos el mejor momento de la visita.

Encabezando el reparto está *Magnificent Desolation: Walking on the Moon 3-D.* Narrada por Tom Hanks, esta película hace que la audiencia camine por la superficie lunar junto a los 12 astronautas que han estado allí. Estas visitas a la luna se han recreado gracias a imágenes de la NASA poco conocidas que reflejan el paisaje del satélite y la vida en él.

La otra película que se proyecta en el IMAX® es *Space Station 3-D,* que muestra astronautas estadounidenses y europeos a bordo de la estación espacial, con hermosas secuencias de esas increíbles vistas que sólo los astronautas pueden ver.

El Universe Theater, de 300 plazas y situado en el Visitor Complex, proyecta la inspiradora película *Quest for Life,* que pone de relieve la necesidad para el futuro de la exploración espacial en busca de vida en nuestra galaxia.

La **NASA Art Gallery,** en el interior del IMAX® Theater, ofrece más de 200 obras de artistas famosos como Andy Warhol, Robert Rauschenberg y Annie Leibovitz. Los niños seguramente prefieran ver **Robot Scouts** o tener un encuentro cara a cara con un astronauta en el espectáculo **Astronaut Encounter.**

En Shuttle Plaza se puede subir a bordo y disfrutar de una visión de cerca del **Explorer,** una réplica en tamaño real de la lanzadera espacial.

A su lado en el **Launch Status Center** es donde se dan, a lo largo del día, todos los detalles sobre las últimas misiones. En las cercanías un espejo espacial sigue el movimiento del sol reflejando su luz sobre el **Astronaut Memorial,** erigido en honor a los 16 astronautas de la lanzadera espacial del programa Challenger Apollo 1 que murieron en acto de servicio. **Exploration in the New Millenium** ofrece una película, conferencia y exposiciones informativas sobre lo que ofrece el futuro en cuanto a exploración espacial. Los visitantes pueden ver y tocar un trozo de meteorito llegado de Marte.

El *Explorer,* una réplica a tamaño natural de una lanzadera espacial

CRONOLOGÍA DE LA EXPLORACIÓN ESPACIAL

1955 · 1960 · 1965 · 1970 · 1975

1958 Lanzamiento del *Explorer 1,* el primer satélite estadounidense (31 ene)

1961 El 5 de mayo Alan Shepherd se convierte en el primer estadounidense en salir al espacio. Kennedy se compromete a enviar un lanzamiento a la Luna

1962 John Glenn da la vuelta a la Tierra en la nave *Mercury*

John Glenn

1965 Edward White se convierte en el primer estadounidense en caminar por el espacio (3 jun)

1966 El *Gemini* 8 realiza el primer acoplamiento espacial (16 mar)

1968 *Apollo 8* da la vuelta a la Luna (24 dic)

1969 Neil Armstrong y Buzz Aldrin *(Apollo 11)* ponen el pie en la Luna (24 jul)

Buzz Aldrin

1975 Acoplamiento en órbita de la nave estadounidense *Apollo* con la rusa *Soyuz* (17 jul)

1977 L lanzader *Enterprise* s prueba sobr un Boeing 74 (18 feb

EXPOSICIONES DEL KSC Y RECORRIDO EN AUTOBÚS

Una puerta de entrada con un diseño basado en la Estación Espacial Internacional da la bienvenida al Visitor Complex. Una vez dentro del complejo se extiende una fascinante exposición que hay que recorrer a pie y en la que se explican a los visitantes las principales misiones que dieron lugar a la fundación del programa espacial. La rotonda acristalada conduce al **Early Space Exploration,** sala que muestra a las figuras clave de los primeros lanzamientos espaciales. En la **Mercury Mission Control Room** los visitantes pueden observar desde una plataforma los componentes y paneles desde los que se controlaron las ocho primeras misiones tripuladas. Lo mejor de esta visita son las imágenes y entrevistas con algunos de los miembros del personal. A su lado se exponen algunas de las auténticas naves Mercury y Gemini que permiten revivir la emoción e intensidad de los inicios de la exploración espacial. Los recorridos en autobús por el KSC salen cada cinco minutos del Visitor Complex y ofrecen una excepcional excursión por las principales instalaciones del centro espacial. El recorrido abarca dos de las más importantes fases del centro: LC 39 Observation Gantry y Apollo/Saturn V Center. También conduce a los visitantes a áreas de seguridad en las que unos guías explican las funciones que se desarrollan en cada una de las instalaciones. Los visitantes pueden tomarse todo el tiempo que quieran en explorar cada lugar. También se ofrecen otras excursiones adicionales de especial interés: **Cape Canaveral: Then & Now Tour,** un recorrido por las antiguas plataformas de lanzamiento Mercury, Gemini y Apollo, y el **NASA Up Close Tour,** una visita al interior del programa aeroespacial. Este recorrido incluye el **International Space Station Center,** donde los visitantes pueden pasear y escudriñar por el interior de la instalación en la que se prepara cada estación espacial para el lanzamiento.

El Vehicle Assembly Building domina todo el paisaje llano

Cohetes expuestos en Cape Canaveral Air Station

RECORRIDOS POR EL SPACE CENTER

Cada uno de los recorridos independientes pueden durar de dos a seis horas si se desea explorar detenidamente las dos instalaciones del KSC. En la primera parada se disfruta de una visión panorámica de las plataformas de lanzamiento desde los 18 m de la torre de observación **LC 39 Observation Gantry.** De vuelta a la superficie, una película y unas exposiciones cuentan la historia de las plataformas de lanzamiento. El **Apollo/Saturn V Center** muestra el cohete lanzado a la Luna de 110 m *Saturn V*. Aquí se puede ver el histórico lanzamiento del *Apollo 8* y la primera misión tripulada a la Luna en el Firing Room Theater, seguido por una película en el Lunar Theater.

981 *Columbia* e convierte en la primera lanzadera en navegar por el pacio (12 abr)

1983 La primera mujer estadounidense es enviada al espacio a bordo de la lanzadera espacial *Challenger* (18 jun)

1988 Lanzamiento de Discovery, la primera lanzadera tras el *Challenger* (29 sep)

Insignia del Atlantis-Mir *(junio 1995)*

2001 Dennis Tito paga 20 millones de dólares para pasar una semana a bordo del International Space Center

1980 | **1985** | **1990** | **1995**

Lanzadera espacial Columbia

1984 Kathryn Sullivan se convierte en la primera mujer estadounidense en pasear por el espacio (11 oct)

1986 La explosión del *Challenger* mata a toda su tripulación (28 ene)

1990 Lanzamiento del telescopio *Hubble* (24 abr)

1995 El *Atlantis* se acopla a la estación espacial rusa *Mir* (29 jun)

1996 El *Mars Pathfinders* recoge datos de Marte

2003 La lanzadera espacial *Columbia* explota y fallece la tripulación (1 feb)

El transbordador espacial

Insignia de un transbordador

A finales de los años 70, enviar a los astronautas al espacio resultaba excesivamente caro para el presupuesto espacial norteamericano; se invertían cientos de millones de dólares en mandar las misiones *Apolo*, de las que regresaba a la tierra poco más que un chamuscado módulo de mando. Había llegado el momento de crear unas naves que pudieran utilizarse durante varios años, y cuyo coste posterior fuera únicamente el de mantenimiento. La respuesta fue el transbordador *Columbia*, lanzado al espacio el 12 de abril de 1981 *(ver pp. 52-53)*. Su gran capacidad de carga le permite transportar toda clase de satélites y sondas, y se utiliza para llevar los materiales necesarios para la construcción de la Estación Espacial Internacional.

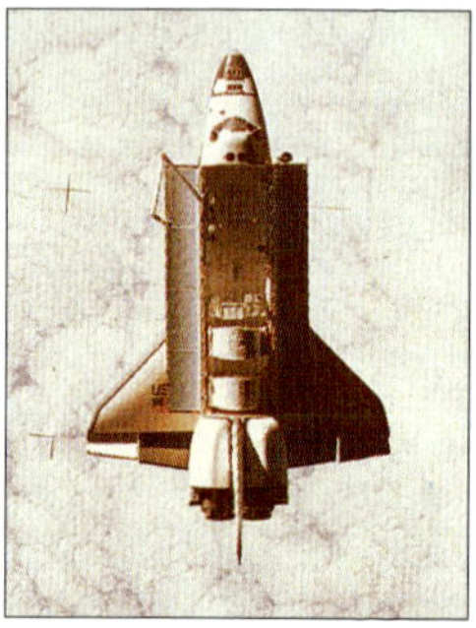

El transbordador en el espacio
Las puertas del compartimento de carga se abren para poner en órbita el telescopio Hubble.

Cabina
El transbordador es similar a un avión, pero con una cabina aún más compleja. En el Launch Status Center le explicarán los aspectos de su manejo (ver p. 197).

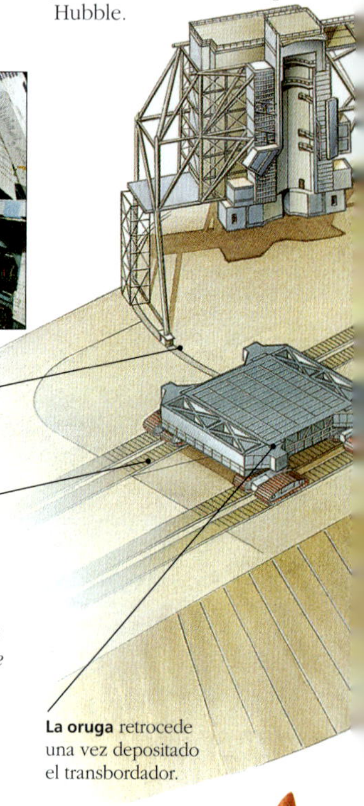

Las vías permiten separar la torre antes del despegue.

Pasillo de oruga
Este doble pasillo de 30 m de ancho está diseñado para soportar el peso del transbordador durante su traslado a la plataforma de lanzamiento mediante gigantescas orugas. La superficie de roca descansa sobre una capa de asfalto y una base de 2 m de grava.

La oruga retrocede una vez depositado el transbordador.

FASES DE LANZAMIENTO

El transbordador consta de tres elementos principales: la nave orbital (con tres motores), un depósito externo de combustible a base de hidrógeno líquido y oxígeno, y dos cohetes aceleradores de combustible sólido pulverizado, que crean el empuje adicional necesario para el despegue.

1 Preparación
En el edificio de ensamblaje de vehículos, el depósito externo y los cohetes aceleradores son instalados en el módulo orbital.

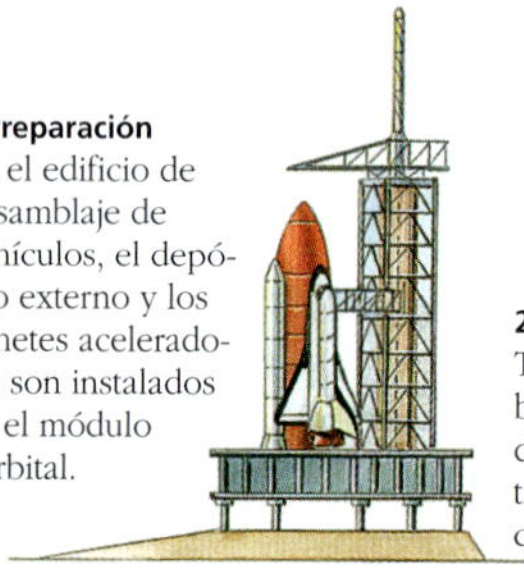

2 Lanzamiento
Tras la última compr bación, el transborda despega gracias a los tres motores y los dc cohetes aceleradores

LANZAMIENTOS DE TRANSBORDADORES

El lanzamiento de transbordadores quedó paralizado cuando el Challenger explotó poco después de su despegue en 1986, y de nuevo en 2003, cuando el Columbia se desintegró en su aterrizaje. La programación se retomará cuando la seguridad de otros lanzamientos esté garantizada. Para poder observarlos desde el recinto del Space Center tendrá que solicitar al Visitor Complex un pase gratuito con tres meses de antelación. Fuera del recinto, se ve a la perfección desde la US1, en Titusville, y la A1A, en Cocoa Beach y Cabo Cañaveral.

Despegue de un transbordador

Aterrizaje del transbordador
Tras entrar en la atmósfera, el transbordador planea con los motores apagados de regreso al Space Center, y aterriza en la pista a 360 km/h.

PLATAFORMA DE LANZAMIENTO

PLATAFORMA DE LANZAMIENTO

Los dos millones de metros cúbicos de hormigón armado descansan sobre seis pilares de acero. Al arrancar los motores, el foso de ignición es anegado con agua de refrigeración, lo que produce una densa humareda.

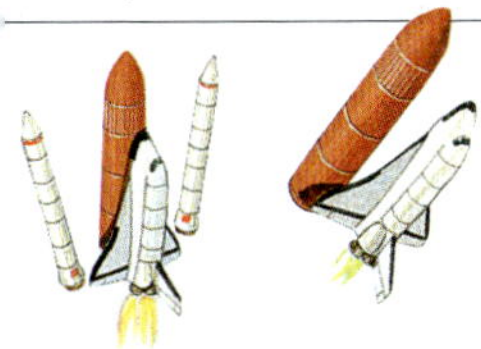

3 Separación
Dos minutos después, los cohetes se separan y regresan a la Tierra en paracaídas. A los ocho minutos se suelta el depósito externo.

4 Operaciones orbitales
Con sus dos motores, el transbordador entra en órbita y comienza sus operaciones. La misión puede durar de 7 a 18 días a una altitud de entre 185 y 1.110 km.

5 Entrada en la atmósfera
El transbordador entra marcha atrás frenando con los motores. Luego desciende a la estratosfera y utiliza los paracaídas para detenerse.

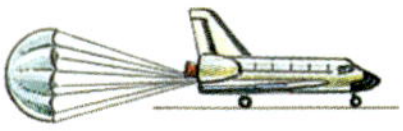

EL NORESTE

Los encantos del noreste son más discretos que el brillo espectacular de Miami o las emociones de Orlando. A pocos kilómetros de las autopistas interestatales, los pueblos de pescadores, las plantaciones y las ciudades agrícolas recuerdan a la Florida de los viejos tiempos. Las playas atraen a quienes gustan del sol, y la ciudad de St. Augustine es el asentamiento europeo más antiguo de EE UU.

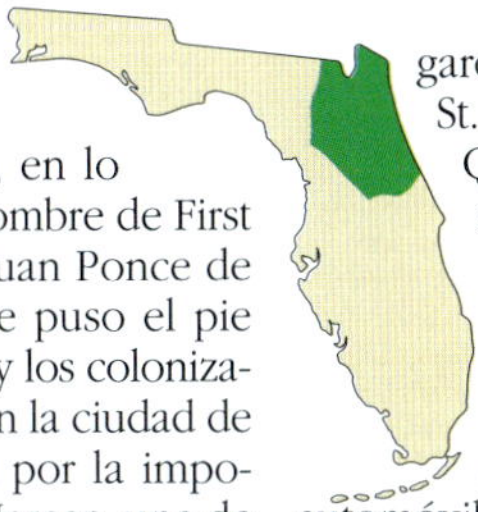

La historia conocida del Estado de Florida comienza en el noreste, en lo que lleva el adecuado nombre de First Coast (Primera Costa). Juan Ponce de León fue el primero que puso el pie aquí en 1513 *(ver p. 42)*, y los colonizadores españoles fundaron la ciudad de St. Augustine, guardada por la imponente fortaleza de San Marcos, una de las principales atracciones de la región. El noreste fue también la zona que vio las primeras oleadas de pioneros y turistas durante la época de los barcos de vapor, en el siglo XIX *(ver p. 48)*. Por aquel entonces, Jacksonville era la puerta de Florida, con vapores que iban y venían por el río St. Johns y sus afluentes. En la década de 1880, el ferrocarril de Henry Flagler abrió la costa este, y los visitantes acaudalados llegaron en tropel a los hoteles de St. Augustine y Ormond Beach. Quienes acudían en busca del sol del invierno se dirigieron también más al sur. Amplias playas de arena flanquean la popular población turística de Daytona, que ha sido sinónimo de carreras de automóviles desde que Henry Ford y Louis Chevrolet corrieron con sus coches por la playa. Daytona es asimismo el lugar favorito de los estudiantes para pasar sus vacaciones de primavera.Si se adentra en el interior, al oeste del río St. Johns hallará la extensión boscosa del Ocala National Forest. La espesura va cediendo paso a los ondulantes pastos de Marion County, con su multimillonaria explotación de caballos de raza.

El Museo Lightner de St. Augustine ocupa el antiguo hotel Alcázar

◁ **El paseo de tablas de Blue Spring State Park, situado junto a la poderosa corriente del río St. Johns**

Explorando el noreste

La First Coast es una ruta muy concurrida, que se prolonga 193 km a lo largo de la costa del Atlántico en un rosario de playas y balnearios, interrumpidos por dunas y marismas a las que acuden numerosos observadores de aves. La zona ofrece gran variedad de lugares turísticos, desde la tranquilidad de Fernandina Beach hasta el ajetreo de Daytona Beach. Entre estos dos extremos se encuentra la joya histórica: St. Augustine. Diríjase al interior. El Ocala National Forest ofrece docenas de senderos, así como la posibilidad de navegar y pescar en los lagos alimentados por manantiales. El buceo y la inmersión con tubo también tienen numerosos adeptos. Muchas de las residencias victorianas de esta zona se han convertido en hoteles que ofrecen cama y desayuno, una agradable alternativa al hospedaje en hotel.

LUGARES DE INTERÉS

Blue Spring State Park 15
Bulow Plantation Ruins Historic State Park 10
Daytona Beach 12
Daytona International Speedway 13
Fernandina Beach 1
Fort Caroline National Memorial 4
Gainesville 23
Jacksonville pp. 208-209 5
Kingsley Plantation 3
Little Talbot Island State Park 2
Marineland Ocean Resort 8
Marjorie Kinnan Rawlings Historic State Park 21
Micanopy 22
Mount Dora 17
Ocala 20
Ocala National Forest 18
Playas de Jacksonville 6
Ormond Beach 11
Ponce de Leon Inlet Lighthouse 14
St. Augustine pp. 210-215 7
Sanford 16
Silver Springs 19
Washington Oaks Gardens State Park 9

Caravana en Ocala National Forest

VER TAMBIÉN

• ***Alojamiento*** pp. 320-321

• ***Restaurantes y bares*** pp. 346-348 y 357

St. Augustine visto desde la Intracoastal Waterway

CÓMO DESPLAZARSE

Jacksonville está situada en la intersección de la carretera I-10, que viene del Panhandle, y las principales arterias en dirección norte-sur, la I-95 y la US 1, que corren paralelas a la costa. La A1A es la mejor para hacer turismo. Recorre la costa uniendo los diversos lugares de vacaciones. Para evitar atravesar Jacksonville, debe utilizar el transbordador de Mayport, que cruza la desembocadura del río St. Johns y es barato. Varias carreteras este-oeste unen la costa con la I-75 y cruzan el río St. Johns por Palatka o al sur de Lake George.

Jacksonville y Daytona Beach tienen sendos aeropuertos internacionales. Los trenes de la compañía Amtrak se detienen en Jacksonville para luego adentrarse en el interior hasta Ocala y Sanford, estación término del Auto Train *(ver p. 392)*.

Beech Street Grill, en Fernandina, con motivos de estilo Chippendale

Fernandina Beach ❶

Mapa de carreteras E1. Nassau Co. *10.000.* *Jacksonville* *Jacksonville.* *961687 Gateway Blvd, (904) 261-3248.* **www**.islandchamber.com

La ciudad de Fernandina Beach, en Amelia Island, fue guarida de piratas hasta principios del siglo XIX. Su puerto atrajo a una abigarrada multitud de ejércitos y aventureros extranjeros, cuyas diversas lealtades hicieron que la isla adquiriese el sobrenombre de Isla de las Ocho Banderas.

Hoy, Fernandina es más conocida por ser un encantador lugar turístico y por poseer la principal fuente de camarones blancos de Florida: más de 900.000 kilos captura cada año la flota camaronera. El asentamiento original español se estableció en Old Fernandina, soñoliento brazo de mar al norte mismo de la urbe actual. En la década de 1850 toda la ciudad se mudó al sur, hacia la estación término del ferrocarril de Florida que construyó el senador David Yulee. Este desplazamiento, unido a los comienzos del turismo en la década de 1870 *(ver pp. 48-49)*, disparó la actividad constructora que dio origen al corazón de la Fernandina de hoy: las cincuenta manzanas del **distrito histórico.**

El legado de la edad de oro de la localidad puede apreciarse mejor en Silk Stocking District. Los capitanes de barco y los industriales de la madera construyeron aquí sus hogares, que presentan gran variedad de influencias: las casas de estilo Reina Ana se codean con las elegantes residencias de estilo italiano y los hermosos ejemplos de estilo Chippendale, como el restaurante Grill de Beech Street *(ver p. 347)*.

Observar a la caída del sol cómo entran en el puerto los barcos camaroneros es un ritual local. Un monumento en Center Street, en el lugar en el que una vez imponían su dominio las cererías y los almacenes navales, conmemora a la armada. Aquellos edificios de ladrillo alojan ahora tiendas de antigüedades y emporios del regalo. Sin embargo, el Palace Saloon, que data de 1878, todavía sirve un perverso *puñetazo de pirata* en su barra de caoba adornada con cariátides talladas a mano.

Pata de Palo, Fernandina Beach

Florida House Inn, de 1857, bajando por 3rd Street *(ver p. 347)*, es el hotel más antiguo, y dos manzanas al sur se encuentra el **Amelia Island Museum of History,** que ocupa el edificio de la antigua prisión. Los guías turísticos dan vida a la historia local contando a los visitantes, durante 90 minutos, el pasado de la isla, desde los tiempos de sus primeros habitantes indios hasta comienzos del siglo XX.

La costa atlántica de Amelia Island, cerca de Fernandina Beach

Amelia island Museum of History
233 S 3rd St. ***Tel*** *(904) 261-7378.* *lu-sá.* *festivos.* *limitado.* *obligatorio: dos visitas diarias.* **www**.ameliaislandmuseumofhistory.org

Alrededores

En el siglo II a.C., la tribu de los timucua fue la primera que se estableció en **Amelia Island,** de 21 km de longitud y sólo 3 km en su parte más ancha. La pesca y lo abundante de la caza indican que pudo soportar una población de 30.000 indios, aunque quedan pocos signos de su presencia. La isla ofrece cinco pistas de golf y una de las escasas posibilidades que se dan en Florida de montar a caballo recorriendo la playa, donde las dunas pueden alcanzar hasta 12 m de altura en algunas zonas.

La punta norte de la isla la ocupa el **Fort Clinch State Park,** de 453 hectáreas, con senderos, playas, zonas de acampada y un fuerte del siglo XIX construido para proteger el estrecho de Cumberland, en la desembocadura del río St. Mary. La construcción del fuerte, un pentágono irregular de ladrillo, con terraplenes de grandes proporciones, muros de 1,5 m de grosor y una batería de cañones, duró desde 1847 hasta la década de 1860.

Actualmente, los vigilantes del parque visten uniformes de la guerra civil. Los fines de semana hacen representaciones que resucitan aquella época, acompañados por voluntarios que se les unen.

Fort Clinch State Park
2601 Atlantic Ave. ***Tel*** *(904) 277-7274.* *todos los días* *limitado.* **www**.floridastateparks.org

Little Talbot Island State Park ❷

Mapa de carreteras E1. Duval Co. 12157 Heckscher Drive, Jacksonville. ***Tel*** *(904) 251-2320.* *Jacksonville.* *Jacksonville.* *todos los días* *limitado.* **www**.floridastateparks.org

Gran parte de Amelia Island y de las islas vecinas, Big Talbot, Little Talbot y Fort George, constituyen un refugio natural para la vida silvestre.

El parque estatal de Little Talbot Island es un lugar excelente para la pesca. Es posible que se vean desde nutrias y conejos de los pantanos hasta garzas y gaviotas. En los bosques se esconde el *bobcat*, pequeño lince y los manatíes frecuentan las aguas de la zona. Durante el verano, las tortugas ponen sus huevos en la playa *(ver p. 117)* y, en otoño, las ballenas se desplazan hasta aquí para parir frente a la costa.

Sendero que atraviesa un pantano en Little Talbot Island

Kingsley Plantation ❸

Mapa de carreteras E1. Duval Co. 11676 Palmetto Ave, Fort George. ***Tel*** *(904) 251-3537.* *Jacksonville.* *Jacksonville.* *todos los días.* *1 ene, Día de Acción de Gracias, 25 dic.* **www**.nps.gov

La plantación Kingsley, situada en la reserva ecológica de Timucuan, es la más antigua de Florida. La residencia se construyó en 1798, en el extremo norte de la isla de Fort George. Su nombre proviene de Zephaniah Kingsley, que arribó a estas tierras en 1814. Llegó a tener 1.295.000 m² de terreno que se extendía desde Lake George, cerca del Ocala National Forest, hasta St. Mary's River; 100 esclavos trabajaban en los campos de la plantación de algodón, caña de azúcar y cereales.

Las cabañas de esclavos de la plantación Kingsley

Kingsley fue un pensador bastante liberal para su época. Apoyaba la esclavitud y, al mismo tiempo, defendía un sistema de trabajo menos arduo para sus siervos. Se casó con una esclava libre, Anna Jai, y ambos vivieron en la plantación *(ver p. 45)* hasta 1839. Lo que fue el hogar de Kingsley, relativamente sencillo, ha sido restaurado y actualmente acoge un centro para visitantes. El edificio culmina en una pequeña balaustrada a la que se denominaba "paseo de la viuda" y que se utilizaba para inspeccionar los campos circundantes. Cerca se encuentra el granero y la cocina, pero la plantación es más conocida por sus 23 cabañas de esclavos, situadas cerca de la puerta de entrada. Construidas con paredes de adobe *(ver p. 296)*, estas viviendas elementales han resistido el paso de los años y sólo una de ellas ha sido restaurada.

Fort Caroline National Memorial ❹

Mapa de carreteras E1. Duval Co. 12713 Fort Caroline Rd, Jacksonville. ***Tel*** *(904) 641-7155.* *Jacksonville.* *Jacksonville.* *todos los días.* *1 ene, Día de Acción de Gracias, 25 dic.* **www**.nps.gov/foca

El auténtico emplazamiento de Fort Caroline desapareció arrastrado por las aguas cuando se dragó el río St. Johns en la década de 1880. El monumento nacional de Fort Caroline, una reconstrucción de las defensas originales del siglo XVI, ilustra claramente el estilo de los primeros fuertes europeos que se levantaron en el Nuevo Mundo. Los paneles informativos explican la violenta historia de la ciudadela, que se inició poco después de la llegada de los colonos franceses en junio de 1564.

En el intento de proclamar su derecho sobre el suelo norteamericano, tres pequeños navíos franceses remontaron el río St. Johns y establecieron un campamento a 8 km hacia el interior. René Goulaine de Laudonnière condujo la expedición, y los indios timucua ayudaron a los recién llegados a construir un fuerte triangular de madera, al que denominaron La Caroline, en honor al rey Carlos IX de Francia *(ver p. 42)*. Sin embargo, los españoles tomaron el fuerte.

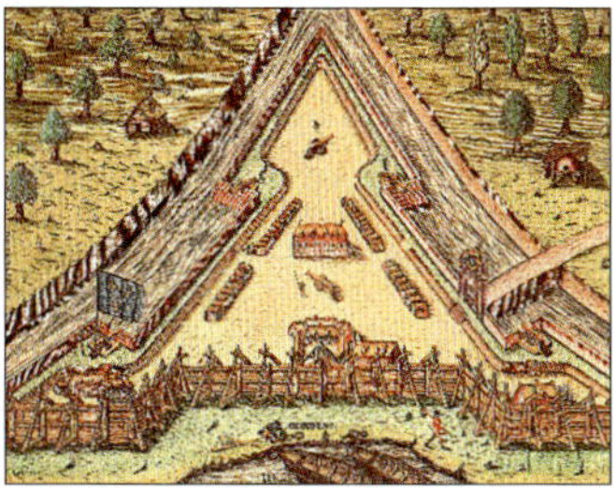

Fort Caroline en 1564, de Theodore de Bry

Perfil de cristal y acero de Jacksonville

Jacksonville ❺

Mapa de carreteras E1. Duval Co.
1.201.984.
550 Water St, (904) 798-9111.
www.visitjacksonville.com

Jacksonville, capital de First Coast, fue fundada en 1822. Tomó su nombre del general Jackson *(ver p. 45)*, y creció como puerto a finales del siglo XIX. Hoy, los negocios financieros impulsan el impresionante distrito comercial, que puede contemplarse desde la ruta aérea o ASE *(ver p. 395)*.

La mayor ciudad de Florida en extensión se eleva a ambas orillas del río St. Johns y proporciona un excelente centro de acogida para los visitantes. La mayor parte de los turistas van a las zonas peatonales que flanquean el río, unidas por medio de servicios de taxis acuáticos *(ver p. 395)*.

El complejo de comercios y restaurantes **Jacksonville Landing** y el Jacksonville Museum of Modern Art están situados en la orilla norte del río St. Johns. A la orilla, en una amplia zona residencial se encuentra el Cummer Museum of Art. **Riverwalk,** de 2 km de longitud, conecta el centro histórico de Jacksonville con el Museo de la Ciencia y la Historia con el Jacksonville Maritime Museum Society.

Museum of Science and History

1025 Museum Circle. ***Tel*** *(904) 396-7062.* *todos los días.*
www.themosh.org

Este museo, en constante expansión, proporciona una guía de la historia local muy útil para el usuario. Los 12.000 años de cultura de los indios timucua y de sus predecesores *(ver pp. 40-41)* se ilustra con herramientas, flechas, cerámica y otros hallazgos arqueológicos.

Cuenta con secciones que se ocupan de la ecología y de la historia del río St. Johns y el *Maple Leaf,* buque de vapor de la guerra civil hundido en 1864. El planetario Alexander Brest ofrece espectáculos con láser en tres dimensiones.

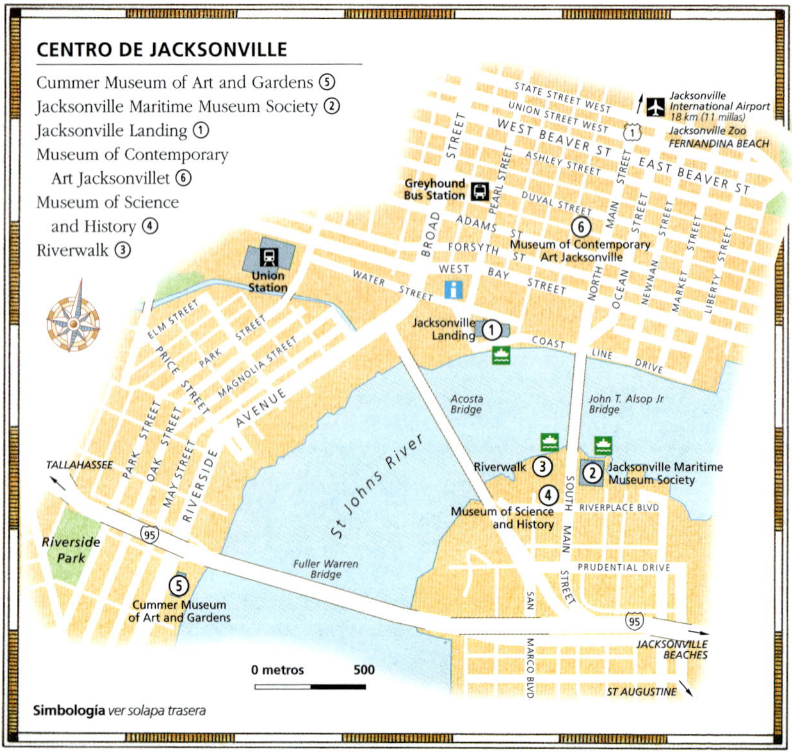

Museum of Contemporary Art Jacksonville

333 North Laura Street. **Tel** *(904) 366-6911.* *varios.* *lu.* **www**.mocajacksonville.org

Situado en el centro de Jacksonville, este espacioso museo acoge en sus cinco salas una extensa colección de arte moderno y contemporáneo del sureste.

Jacksonville Maritime Museum Society

1015 Museum Circle. **Tel** *(904) 398-9011.* *todos los días.* *festivos.* **www**.jaxmarmus.com

Este modesto museo posee réplicas de barcos. Destaca el *USS Saratoga*, supuestamente hundido por un submarino alemán. Los alemanes negaron este hecho, aunque hubo cientos de testigos de este ataque naval.

Rinocerontes blancos en el zoo de Jacksonville

Jacksonville Zoo & Gardens

8605 Zoo Parkway. *(904) 757-4463.* *todos los días.* *Día de Acción de Gracias, 25 dic.* **www**.jaxzoo.org

El zoo de Jacksonville, que abrió sus puertas en 1914, está situado al norte de la ciudad, junto a la I-95.

Pueden contemplarse unas 1.000 especies. Leones, jaguares, elefantes y antílopes vagan por los *veldt*, unas praderas de tipo africano. A lo largo de la senda Okavango pueden encontrarse diminutos ciervos *dik dik*, cocodrilos y puercoespines. Otras de las atracciones que ofrece el zoológico son un aviario, un zoo de animales de compañía y un humedal.

Cummer Museum of Art and Gardens

829 Riverside Ave. **Tel** *(904) 356-6857.* *ma-sá.* *Día de Acción de Gracias, 25 dic, 1 ene.* **www**.cummer.org

Este excelente museo está situado en medio de deliciosos jardines que descienden hasta el río St. Johns. Sus 12 galerías muestran desde escultura y cerámica precolombinas clásicas, pasando por pintura renacentista, hasta la colección Wark de porcelana de la primera época de Meissen.

Otras piezas notables son el diminuto cuadro *El entierro de Cristo* (c.1605), de Rubens, y una sorprendente colección de *netsuke* japonés. Hay también obras de impresionistas norteamericanos y de artistas de los siglos XIX y XX.

Playas de Jacksonville 6

Mapa de carreteras E1. Duval Co, St. Johns Co. *Jacksonville.* *Jacksonville* *BH1, BH2, BH3.* *325 Jacksonville Dr, (904) 249-3868.* **www**.jacksonvillebeach.org

A unos 19 km al este de Jacksonville, unidas por la A1A, se extienden media docena de playas a lo largo de 45 km. Al sur, Ponte Vedra Beach es conocida por sus instalaciones deportivas y sus campos de golf. La propia playa de Jacksonville es el punto más concurrido. Allí se encuentra **Adventure Landing,** un centro de diversiones que se

Lagos de agua dulce de Kathryn Abbey Hanna Park

convierte en parque acuático durante el verano. Más al norte, Neptune Beach y Atlantic Beach son zonas más tranquilas.

En **Kathryn Abbey Hanna Park,** con sus 2,5 km de playa, se puede practicar la pesca en lagos de agua dulce, y cuenta con instalaciones para nadar o acampar. El parque está al sur de la pintoresca localidad de **Mayport,** uno de los pueblos de pescadores más antiguos de EE UU, que posee todavía su propia flota camaronera.

Adventure Landing

1944 Beach Bivd. *(904) 246-4386.* *todos los días con buen tiempo.* **www**.adventurelanding.com

Kathryn Abbey Hanna Park

500 Wonderwood Drive. **Tel** *(904) 249-4700.* *Todos los días.* **www**.coj.net

Barcos camaroneros en los muelles de Mayport, en el río St. Johns

St. Augustine en 3 dimensiones ❼

El día de san Agustín de 1565, Pedro Menéndez de Avilés *(ver p. 42)* fundó el más antiguo asentamiento europeo de ocupación ininterrumpida en Norteamérica. La ciudad ardió en 1702, pero pronto fue reconstruida al abrigo del imponente castillo de San Marcos. Muchas de las callejuelas de la parte vieja, en las que se alinean atractivos edificios de piedra, datan de esta época.

Henry Flagler *(ver p. 125)* pasó en St. Augustine su luna de miel en 1883, y el lugar le causó tal impresión que volvió al año siguiente y fundó el hotel Ponce de León, que actualmente es el Flagler College. Desde entonces, St. Augustine nunca ha dejado de ser uno de los principales puntos de atracción turística. Hoy, también resulta interesante para los visitantes. No hay que olvidar sus 43 millas de playa y el hecho de que posee diferentes cursos de golf y puertos deportivos.

★ Flagler College
Los azulejos fueron los detalles de estilo español que se utilizaron en la construcción del antiguo hotel Flagler.

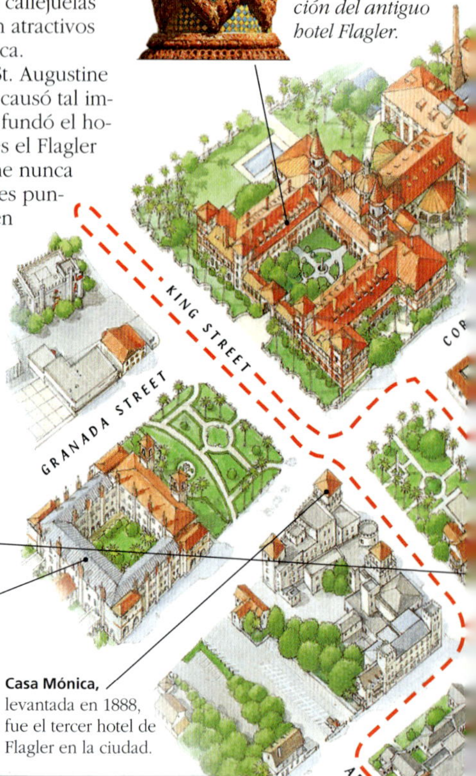

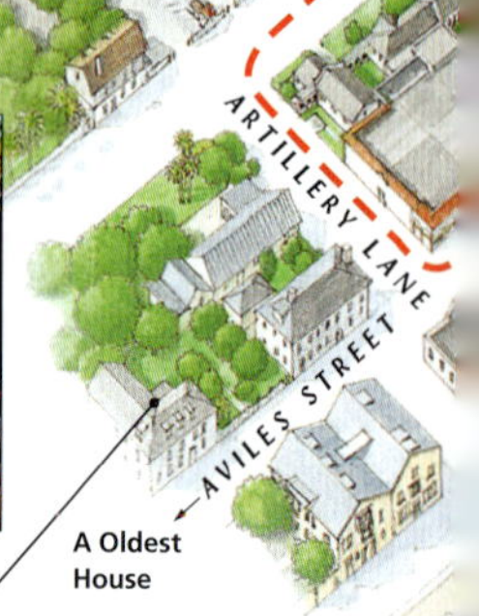

Government House
Este imponente edificio alberga un museo dedicado a la larga historia de la ciudad. A las 11.00 comienza un paseo diario por el distrito histórico.

★ Lightner Museum
Cleopatra *(c.1890), obra de Romanelli, es una de las piezas de la época dorada de Florida que se exponen aquí.*

Casa Mónica,
levantada en 1888, fue el tercer hotel de Flagler en la ciudad.

Prince Murat House
El príncipe Achille Murat, sobrino de Napoleón, residió en esta casa en 1824.

A Oldest House

★ Ximénez-Fatio House
Fue construida en 1797. Posteriormente se le añadió un segundo piso y, a mediados del siglo XIX, se convirtió en casa de huéspedes.

RECOMENDAMOS

- ★ Flagler College
- ★ Lightner Museum
- ★ Ximénez-Fatio House

Plaza de la Constitución
El corazón del asentamiento español es esta plaza flanqueada por la Casa del Gobierno y la basílica.

INFORMACIÓN ESENCIAL

Mapa de carreteras E1. St. Johns Co. 16.000. 1711A Dobbs Road, (904) 829-6401 10 Castillo Drive, (904) 825-1000. Festival de Primavera de Artes y Oficios. **www**.visitoldcity.com

City Gate
Esta puerta de entrada del siglo XVIII lleva hasta la ciudad antigua a través de la histórica St. George Street.

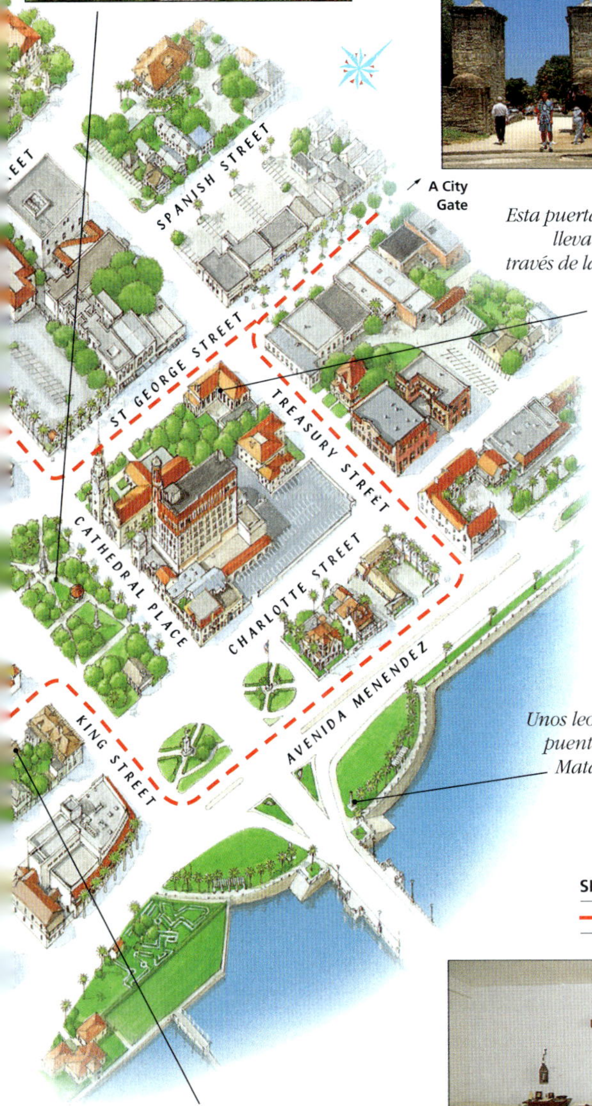

La Peña-Peck House, que data de la década de 1740, es la mansión más elegante del primer periodo español.

Bridge of Lions
Unos leones de mármol guardan el puente que atraviesa la bahía de Matanzas, construido en 1926.

0 metros 50

SIMBOLOGÍA

- - - Itinerario sugerido

Spanish Military Hospital
Esta sala reproduce las espartanas condiciones hospitalarias de las que disponían los españoles a finales del siglo XVIII.

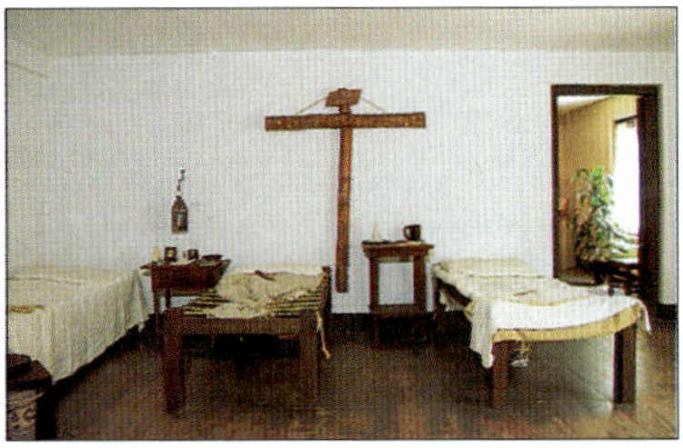

Explorando St. Augustine

El núcleo histórico de St. Augustine es fácil de conocer a pie. Parte de su atractivo consiste en escapar de las concurridas avenidas principales y adentrarse por las calles laterales sombreadas, asomarse a los patios y descubrir rincones tranquilos donde los gatos toman el sol y el musgo recubre los viejos robles de Virginia. Los coches de caballos constituyen un modo muy apreciado de recorrer la avenida Menéndez, al norte del puente de los Leones. Trenes turísticos en miniatura siguen una ruta más amplia por los distintos puntos de interés, mientras los maquinistas narran anécdotas de la ciudad.

St. George Street, principal vía pública del distrito histórico

Recorrido por St. Augustine
St. George Street es el punto central del distrito histórico, con una serie de tiendas y algunas de las principales atracciones que ofrece la localidad, entre las que se cuenta el Spanish Quarter Museum. La calle conduce desde la puerta de la ciudad hasta la plaza de la Constitución. Aviles Street, al sur, tiene también varios edificios coloniales muy interesantes.

Es muy distinta la sensación que produce King Street, al oeste de la plaza. Aquí, el Museo Lightner y Flagler College encuentran cobijo en sendos hoteles construidos por Henry Flagler *(ver pp. 48-49)* durante los años de esplendor de St. Augustine, en el siglo XIX.

Oldest Wooden Schoolhouse
14 St. George St. ***Tel*** *(904) 824-0192*
9.00-17.00 todos los días.
25 dic.
Se levantó poco antes de 1788 y se considera la escuela norteamericana más antigua construida de madera. Las paredes están hechas de toscos tablones de ciprés y cedro rojo, ensamblados por medio de espigas de madera y puntas de hierro fundido. La casa está rodeada por una gruesa cadena que tiene la finalidad de anclarla al suelo para protegerla de los vientos fuertes.

Colonial Spanish Quarter Museum
53 St. George St. ***Tel*** *(904) 823-4569.*
9.00-17.00 todos los días.
25 dic.
www.historicstaugustine.com
Este ameno museo nos remonta al sencillo estilo de vida de mediados del siglo XVIII.

Personal con traje de la época explica la finalidad de los utensilios domésticos de los hogares de entonces, y revelan la complejidad y la dureza del trabajo para producir cosas tan fundamentales como la ropa. No deje de visitar la herrería. Éste es uno de los mejores espectáculos que ofrece la ciudad. En la taberna, los vasos han sido soplados a mano, las jarras son de barro y hay barriles de ron cubano, así como juegos: dominó y dados.

Herrero trabajando en el Colonial Spanish Quarter Museum

Peña-Peck House
143 St. George St. ***Tel*** *(904) 829-5064.* *lu-sá.* *limitado.*
En la década de 1740 se construyó esta casa para el tesorero real español Juan de Peña. En 1837 se convirtió en domicilio y consulta del doctor Seth Peck y su familia durante casi 100 años. Está amueblada con el estilo que imperaba a mediados del siglo XIX.

Government House Museum
48 King St. ***Tel*** *(904) 825-5079.*
todos los días. *25 dic.*
www.historicstaugustine.com
La casa del Gobierno, que da a la plaza de la Constitución, está adornada con logias de estilo español, copiadas de una pintura del siglo XVIII en la que aparecía el edificio original. En su interior, un pequeño museo de historia local exhibe piezas arqueológicas y coloniales, entre las que se cuentan monedas salvadas de los galeones españoles naufragados en la costa.

La escuela de madera más antigua, construida en el siglo XVIII

Spanish Military Hospital

3 Aviles St. **Tel** *(904) 827-0807.* *todos los días.* *25 dic.* **www**.ancientcitytours.net

El Hospital Militar Español ofrece la oportunidad de hacerse una idea de los cuidados médicos que recibían los soldados a finales del siglo XVIII. Hay una farmacia y una habitación destinada a los enfermos. Se exhibe el instrumental médico de la época.

Prince Murat House

246 St. George St. **Tel** *(904) 823 - 9722.* *9.00-17.00 todos los días.*

El sobrino de Napoleón Bonaparte, el príncipe Achille Murat, residió en esta casa en 1824, cuando la familia Canova era la propietaria de casi toda la manzana. En 1941, el benefactor del Museo Kenneth Dow compró la casa y la amuebló con antigüedades.

Ximénez-Fatio House

20 Aviles St. **Tel** *(904) 829-3575.* *lu-sá.* *festivos.* *limitado.* **www**.ximenezfatiohouse.org

La casa Ximénez-Fatio fue construida en 1797 como hogar y almacén de un comerciante español. En la actualidad es un museo que reproduce la distinguida casa de huéspedes en que se convirtió durante la década de 1830, cuando los primeros turistas comenzaron a visitar Florida para escapar de los fríos inviernos del norte. Cada una de las habitaciones está decorada como si se destinara a un huésped determinado.

Vidriera realizada por Tiffany

Oldest House

14 St. Francis St. **Tel** *(904) 824-2872.* *todos los días.* *Semana Santa, Acción de Gracias, 25 dic.* *limitado.* **www**.oldesthouse.org

Conocida como la casa de González-Álvarez, la historia de este edificio ha permitido seguir su desarrollo a lo largo de 300 años. Incluso hay pruebas de que el solar estuvo ya ocupado a principios del siglo XVII, aunque la estructura existente es posterior al ataque británico de 1702 *(ver p. 43).*

Los muros de coquina *(ver p. 215)* formaban parte de la vivienda original del artillero español Tomás González, que vivió aquí con su familia. Durante la ocupación inglesa de 1763-1783 se añadió una segunda planta, y posteriormente se introdujeron otros cambios. Cada una de las habitaciones ha sido restaurada y amueblada con el estilo propio de los distintos periodos de la casa.

El cuarto de González en la Oldest House

Lightner Museum

75 King St. **Tel** *(904) 824-2874.* *9.00-16.30 todos los días.* *25 dic.* **www**.lightnermuseum.org

Fundado por Henry Flager, este edificio de estilo hispanomusulmán, anteriormente el hotel Alcázar, se convirtió en un museo dedicado a la época dorada del país. Lo eligió para tal fin Otto C. Lightner, el editor de Chicago que trasladó sus grandes colecciones de bellas artes y artes decorativas a St Augustine antes de inaugurar el museo en 1948. Distribuidos por tres plantas, se exponen brillantes, soberbias cristalerías, muebles, esculturas y cuadros, además de instrumentos musicales y juguetes mecánicos. La restaurada Grand Ballroom está decorada con muebles antiguos.

Flagler College

King St esquina a Cordova St. **Tel** *(904) 829-6481.* *todos los días.* **www**.flagler.edu

Otra de las espléndidas iniciativas de Henry Flager, este edificio de 1888 comenzó siendo el hotel Ponce de León. Una estatua que representa a Flagler da la bienvenida a los visitantes, pero sólo están abiertos al público el comedor del *college* y el elegante vestíbulo de la rotonda. Aquí, la cúpula estucada y dorada está decorada con motivos simbólicos que representan a España y Florida. Son de destacar la máscara dorada del dios Sol de los indios timucua *(ver pp. 40-41)* y el cordero que simboliza a los caballeros españoles. Durante el verano puede visitarse también la habitación de Flagler, con sus extrañas pinturas de representaciones fantásticas realizadas hacia 1887.

Zorayda Castle

83 King St. *indefinidamente.*

Este edificio, que fue residencia privada, es una réplica a escala 1/10 de una parte del palacio de la Alhambra de Granada. Construido en 1883, con 40 ventanas de diferentes tamaños, formas y colores. Aunque el edificio no está abierto al público, se puede mirar a través de los setos que rodean la casa y admirar los detalles y el colorido de las ventanas, muros y tejados.

Tracería y motivos árabes decoran Zorayda Castle

Castillo de San Marcos

A pesar del papel que St. Augustine desempeñó en la protección de las flotas españolas en su regreso a Europa, tan sólo una serie de fuertes de madera defendieron durante más de un siglo la ciudad, hasta que en 1672, tras haber sufrido repetidos ataques piratas y ser asaltada por sir Francis Drake *(ver p. 43)*, los colonizadores españoles construyeron una fortificación de piedra, el castillo de San Marcos, que tardó 23 años en terminarse. Con murallas de hasta 6 m, este ejemplo de la arquitectura militar del siglo XVII es el fuerte español mayor y más completo de cuantos existen en EE UU.

En 1821, cuando Florida se convirtió en un Estado, el castillo pasó a llamarse Fort Marion, y se utilizó principalmente como prisión militar y depósito de almacenaje.

Morteros
Estas piezas de artillería de cañón corto, decoradas con el escudo real, lanzaban bombas de gran tamaño, a las que imprimían una trayectoria curva, que caían sobre la cubierta de los buques.

★ Cuerpos de guardia
Durante las guardias, que se hacían por turnos de 24 horas, los soldados cocinaban, comían y dormían en el interior de estas bóvedas reforzadas.

La plaza de armas está rodeada de habitaciones donde se guardaban tanto el armamento como las reservas de alimentos.

El foso solía mantenerse seco y durante los asedios se utilizaba para guardar el ganado.

El revellín protegía la entrada de los ataques enemigos.

El puente levadizo interior y la portilla, de hierro y vigas de pino, eran las últimas defensas del fuerte.

★ Glacis y Covered Way
Desde la zona amurallada conocida como "camino cubierto", los soldados disparaban contra el enemigo. Un parapeto inclinado (el "glacis") protegía el fuerte de los cañonazos.

COQUINA

Esta piedra caliza compacta, formada por billones de conchas y corales sedimentados, tenía gran consistencia, era de fácil extracción y, además, podía absorber el impacto de una bala de cañón sin romperse. Durante el asedio de 1740, los ingleses dispararon proyectiles que quedaron atrapados en los muros de coquina del fuerte. Dice la leyenda que los españoles extraían las municiones y volvían a utilizarlas.

Los gruesos muros de coquina del polvorín

INFORMACIÓN ESENCIAL

1 South Castillo Drive, St. Augustine. **Tel** *(904) 829-6506.*
8.45-16.45 todos los días.
25 dic. *limitado.*
llame con antelación.
www.nps.gov/casa/

Atalaya

En esta torre, situada en el bastión noreste del fuerte, se hacía guardia de día y de noche para detectar los barcos enemigos.

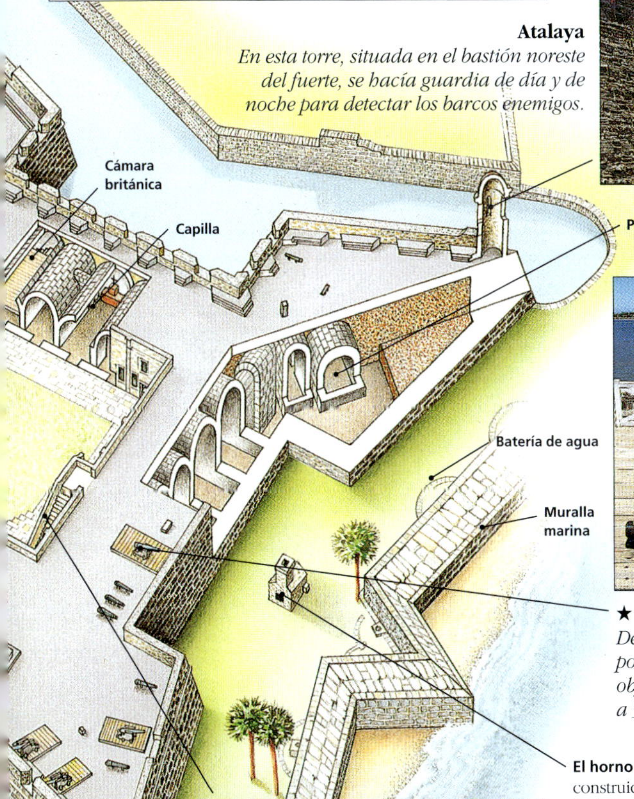

★ Cañones

Desde aquí los cañones podían alcanzar objetivos situados a 5 km de distancia.

El horno de la munición, construido en 1844, calentaba las balas de los cañones. Los proyectiles lanzados al rojo vivo eran capaces de incendiar los barcos enemigos.

La Necesaria

Bajo la rampa que lleva a la plataforma de los cañones se hallaba la Necesaria, unas letrinas que se limpiaba con las mareas.

RECOMENDAMOS

- ★ Cuerpos de guardia
- ★ Glacis y Covered Way
- ★ Cañones

Marineland Ocean Resort ❽

Mapa de carreteras E2. Flagler Co. 9610 Ocean Shore Blvd, Marineland. ***Tel*** *(904) 460-1275.* *St. Augustine.* *todos los días en verano.* **www**.marineland.net

Atracción popular y centro turístico, Marineland comenzó siendo una instalación cinematográfica a finales de la década de 1930 y fue el primer parque de atracciones marinas de Florida. Ofrece una programación que consiste en ver a los delfines y los pingüinos africanos, y cómo se alimentan a los tiburones y morenas en el Oceanarium.

El huracán Andrew, que debastó Florida, destruyó parte del parque. Al ser uno de los lugares del National Register of Historic Places, ha sido reconstruido y sus exposiciones retomadas.

El complejo de Marineland, de 1938, mezcla lo antiguo y lo nuevo

Washington Oaks Gardens State Park ❾

Mapa de carreteras E2. Flagler Co. 6400 N Ocean Shore Blvd, 3 km al S de Marineland. ***Tel*** *(386) 446-6780.* *St. Augustine.* *todos los días.* **www**.floridastateparks.org

Los 16.000 m² de antiguas plantaciones se han transfomado en encantadores jardines de hortensias, azaleas, helechos y rosas, y los senderos sinuosos recorren las fértiles riberas del río Matanzas. Al otro lado de la A1A, un paseo de tablas baja directamente hasta la playa, salpicada de cantos rodados de coquina *(ver p. 215)* y de charcas que las mareas han formado erosionando la blanda piedra.

Ruinas de Bulow Plantation, del siglo XIX

Bulow Plantation Ruins Historic State Park ❿

Mapa de carreteras E2. Flagler Co. Old Kings Rd, 5 km al S de SR 100. ***Tel*** *(386) 517-2084.* *Daytona Beach.* *todos los días.* **www**.floridastateparks.org

Alejándose un poco de Flagler Beach se hallan las construcciones en ruinas de esta plantación del siglo XIX. El lugar forma parte de los 1,9 km² de terreno que el mayor Charles Bulow adquirió en 1821. Sus esclavos limpiaron la mitad de la extensión y cultivaron arroz y algodón, así como caña de azúcar. Tras sufrir diversos ataques indios durante las guerras semínolas *(ver pp. 46-47)*, la plantación, conocida como Bulowville, fue abandonada. Hoy en día, en Bulow Creek se pueden alquilar canoas para explorar las aguas del río, en cuya orilla se encuentran los cimientos de la casa. Desde aquí, un paseo a través del bosque conduce hasta un claro en el que todavía se alzan los restos de la antigua plantación.

Ormond Beach ⓫

Mapa de carreteras E2. Volusia Co. *50.000.* *Daytona Beach.* *126 E Orange Ave, Daytona Beach (386) 255-0415.* **www**.daytonabeach.com

Ormond Beach fue una de las antiguas estaciones turísticas invernales del ferrocarril de Henry Flagler *(ver pp. 48-49)*. En el hotel Ormond, que ya no existe, se alojaron personalidades de relieve como Henry Ford y John D. Rockefeller, propietario de la Standard Oil.

En 1918, Rockefeller, al enterarse de que otro huésped estaba pagando menos que él, se compró una casa justo enfrente del hotel. Su residen-

Salón de Rockefeller en The Casements, Ormond Beach

cia invernal, **The Casements,** ha sido restaurada y en la actualidad alberga un museo y un centro cultural. En su interior se exponen algunos de las pertenencias del millonario, como su silla de playa de mimbre, además de objetos de artesanía húngara.

Cerca de aquí se encuentra el **Ormond Memorial Art Museum** en medio de un jardín tropical, con estanques de nenúfares rodeados de cabañas de bambú y de una exuberante vegetación. Las exposiciones cambian con frecuencia y principalmente exhiben obras de artistas contemporáneos de Florida.

Locomotora de Flagler, Ormond Beach

The Casements
25 Riverside Drive. ***Tel*** *(386) 676-3216.* *lu-sá.* *festivos.* *limited.* *lu-vi.*
www.ormondbeach.org

Ormond Memorial Art Museum
78 E Granada Blvd. ***Tel*** *(386) 676-3347.* *todos los días.* *festivos.*
www.ormondartmuseum.org

Daytona Beach ⓬

Mapa de carreteras E2. Volusia Co. *64.000.* *126 E Orange Ave, (386) 255-0415.*
www.daytonabeach.com

Al sur de Ormond Beach se extiende Daytona Beach, donde cada año pasan sus vacaciones de primavera *(ver p. 34)* más de 200.000 estudiantes, a pesar de que la ciudad ha tratado de disuadirles. Su famosa playa de 37 km es una de las pocas de Florida en las que está permitida la entrada de los coches a la arena, como cuando los entusiastas del automóvil hacían competiciones en las playas *(ver p. 219).*

Daytona sigue siendo una meca para los amantes de los deportes del motor *(ver p. 218)* y atrae a grandes multitudes, sobre todo durante las semanas en las que se celebran carreras automovilísticas (febrero) y de motos (marzo y octubre).

El centro de Daytona, al que simplemente se conoce como "Mainland" está separado de la playa por el río Halifax. Pero la mayor parte de la actividad se desarrolla junto al mar, donde se encuentran los hoteles.

El viejo paseo de tablas invita a la nostalgia con sus conciertos al aire libre en el quiosco de música, y sus *go-karts,* puestos donde venden algodón dulce y comida rápida. En la playa pueden alquilarse esquís acuáticos, tablas de surf, *buggies* y bicicletas.

Al otro lado del río Halifax, en la restaurada zona centro, el **Halifax Historical Society Museum** ocupa un gran edificio ribereño de 1910, decorado con pilastras y murales de fantasía. Entre las piezas que se exhiben figura una maqueta del paseo de tablas hacia 1938, con palmeras de plumas de pollo, una noria y docenas de personas en miniatura.

Al oeste del centro está el **Museum of Arts and Sciences,** que expone objetos relacionados con los más diversos temas: desde una sección dedicada a la prehistoria de Florida, hasta una sala destinada a las artes en Norteamérica con obras de 1640 a 1920. Hay, además, un planetario y notables colecciones cubanas y africanas. El museo administra también **Gamble Place,** un pabellón de caza de estilo rústico, rodeado de porches abiertos y construido sobre una acantilado por encima de Spruce Creek, que perteneció a James N. Gamble, de Procter & Gamble. Las visitas tienen que reservarse en el museo e incluyen también la casa de Blancanieves, construida en 1938 por los bisnietos de Gamble y que es una copia exacta de la que aparecía en la película clásica de Walt Disney de 1937.

Miss Perkings **(c.1840), de J. Whiting Stock, Museum of Arts and Sciences**

Halifax Historical Society Museum
252 S Beach St. ***Tel*** *(386) 255-6976.* *ma-sá.* *festivos.*
www.halifaxhistorical.org

Museum of Arts and Sciences
1040 Museum Blvd. ***Tel*** *(386) 255-0285.* *todos los días.* *Acción de Gracias, 24 y 25 dic.*
Gamble Place www.moas.org

Coches aparcados en la playa de Daytona Beach

Daytona International Speedway ⓭

Mapa de carreteras E2. Volusia Co. 1801 W International Speedway Blvd. ***Tel*** *(866) 761-7223.* *Daytona.* *9 desde la terminal de autobuses en 209 Bethune Blvd.* *todos los días.* *25 dic.* **www**. daytonainternationalspeedway.com

La prueba Daytona 500 se celebra en el Circuito Internacional de Daytona

El Circuito Internacional de Daytona atrae todos los años a miles de aficionados a las carreras, sobre todo durante los ocho fines de semana en los que se celebran las principales competiciones en la pista del circuito, con una capacidad de 110.000 espectadores, donde se realizan los encuentros de NASCAR (National Association for Stock Car Auto Racing) –el más famoso de los cuales es el Daytona 500– y las carreras de coches, motos y *go-karting*.

Las entradas para contemplar la prueba Daytona 500 se venden con un año de anticipación, pero los visitantes puede revivir la experiencia en DAYTONA USA, lo último en atracciones relacionadas con los deportes del motor, donde se proyecta una película que muestra lo que ocurre entre bastidores junto con tomas hechas por cámaras colocadas en los propios coches durante la última edición de Daytona 500. Asimismo, se pueden probar los coches de serie utilizando las más recientes innovaciones en la tecnología informática, además de participar en una zona de *boxes*, y poner a prueba su capacidad como comentarista de pruebas. Hay también dos carreras con simulador. Daytona Dream Laps se basa en el Daytona 500 y ofrece una experiencia de pleno movimiento en el Daytona International Speeway. Acceleration Alley invita a meterse en un coche, arrancarlo y acelerar hasta una velocidad de 320 km/h. Los días que no hay carreras se puede realizar una visita de media hora por el circuito de velocidad.

Corvette rojo de 1953, un deportivo clásico

Ponce de Leon Inlet Lighthouse ⓮

Mapa de carreteras E2. Volusia Co. 4931 S Peninsula Drive. ***Tel*** *(386) 761-1821.* *todos los días.* *25 dic.* *limitado.* **www**.ponceinlet.org

Este faro de ladrillo rojo data de 1887. Guarda la entrada a una peligrosa ensenada en la punta de la península de Daytona. Tiene 53 m de altura y su luz es visible a una distancia de 30 km. Desde la plataforma de observación, a la que se asciende por una escalera de caracol de 203 peldaños, se contempla un amplio panorama. Una de las antiguas casas del farero se ha restaurado devolviéndole el aspecto que tenía en 1890; otra alberga el pequeño Museum of the Sea, y en una tercera hay una magnífica lente Fresnel de 5 m de altura.

El impresionante faro de Ponce de Leon Inlet, al sur de Daytona Beach

La cuna de la velocidad

Harley Davidson de 1936

La relación de Daytona con el automóvil comenzó en 1903, cuando se celebró la primera carrera de coches en las arenas de Ormond Beach. Aquel año, Alexander Winton alcanzó una velocidad récord de 109 km/h. Este tipo de pruebas se hizo enormemente popular y atrajo a multitudes de aficionados. Adinerados entusiastas del motor, entre los que se encontraban Harvey Firestone y Henry Ford, se congregaban en el Ormond Hotel de Henry Flagler *(ver p. 216)*. En 1935 Malcolm Campbell estableció el último récord mundial sobre la playa. Los coches comenzaron a correr en el circuito de Ormond Beach en 1936, y la primera carrera de motos Daytona 200 se celebró al año siguiente. Los proyectos urbanísticos obligaron a trasladar la pista en 1948, y en 1959 se inauguró el Circuito Internacional de Daytona (Daytona International Speedway).

CARRERAS EN LA PLAYA

En 1902, un huésped del Ormond Hotel observó la facilidad con la que su coche corría sobre la arena endurecida de la playa, y así organizó las primeras pruebas de velocidad.

El Pirate, de Ransom E. Olds, *fue el primer automóvil que corrió en Ormond Beach en 1902. La primera carrera oficial se celebró en 1903. Olds desafió a Alexander Winton y Oscar Heldstrom. Ganó Winton conduciendo su coche Bullet Nº 1.*

El Blubird Streamliner, *de diseño aerodinámico, alcanzó un nuevo récord mundial en Ormond Beach en 1935, pilotado por Malcolm Campbell. Impulsado por un motor Rolls Royce, el vehículo alcanzó una velocidad de 444 km/h.*

CENTRO MUNDIAL DE LAS CARRERAS

En 1953, Bill France se dio cuenta de que el crecimiento de Daytona Beach pronto pondría fin a las competiciones en la playa. Fue él quien propuso la construcción del Circuito Internacional de Daytona, que es hoy una de las principales pistas del mundo.

Lee Petty *ganó la primera carrera Daytona 500 en el Circuito Internacional de Daytona en 1959, venciendo a Johnny Beauchamp, su competidor, por tan sólo 50 cm de diferencia. 41.000 espectadores presenciaron esta prueba de 800 km, en la que participaron 59 coches.*

Los **go-karts** *que compiten en Daytona llegan a alcanzar velocidades superiores a los 130 km/h.*

Blue Spring State Park ⓯

Mapa de carreteras E2. Volusia Co. 2100 W French Ave, Orange City. ***Tel*** *(386) 775-3663.* *todos los días.* **www**.floridastateparks.org

Blue Spring, uno de los manantiales artesianos más grandes de EE UU, mana diariamente unos 450 millones de litros de agua. Dada su temperatura constante de 20°C, el parque es el refugio de invierno favorito de los manatíes *(ver p. 250)*. Entre los meses de noviembre y marzo, cuando huyen de las aguas más frías del río St. Johns, es posible verlos desde los caminos elevados.

En las aguas de color turquesa del manantial se puede bucear o pasear en canoa por el río St. Johns.

Thursby House, situada en lo alto de uno de los montículos de conchas más antiguos del parque, se construyó en el siglo XIX.

Alrededores

A unos 3 km de distancia se encuentra el **Hontoon Island State Park.** La isla, a la que se llega en un transbordador gratuito que parte del embarcadero de Hontoon, tiene una torre de observación de 24 m de altura, zonas de acampada y una senda natural. Además, pueden alquilarse canoas y esquifes de pesca.

En 1955 se encontró aquí un tótem hecho por los indios timucua *(ver pp. 40-41)*.

Hontoon Island State Park
2309 River Ridge Rd, De Land. ***Tel*** *(386) 736-5309.* *todos los días.* **www**.floridastateparks.org

LOS MANANTIALES DE FLORIDA

La mayor parte de los 320 manantiales que se conocen en Florida están situados en la mitad septentrional del Estado. En su mayoría son artesianos, y el agua de los acuíferos subterráneos sale por fisuras. Los que emanan 3 m^3 por segundo se conocen como manantiales de primera magnitud.

El agua, filtrada por la roca, es pura y a veces tiene un alto contenido en sales y minerales. Sus propiedades, a las que se añade la propia belleza del entorno, han atraído desde hace mucho a los visitantes.

Juniper Springs, en Ocala National Forest, un manantial adaptado para los bañistas

Sanford ⓰

Mapa de carreteras E2. Seminole Co. *45.000.* *400 E 1st St, (407) 322-2212.* *Auto Train incl.* *Autobuses Lynx desde Orlando* (ver p. 395). **www**.sanfordchamber.com

Fort Mellon, construido durante las guerras con los seminolas *(ver pp. 44-47)*, fue el primer asentamiento permanente del lago Monroe. Sanford se fundó en la década de 1870 y se convirtió en importante puerto insular gracias a los servicios de los barcos de vapor comerciales, que acabaron trayendo también a los primeros turistas que venían a Florida *(ver p. 48)*.

Anuncio de la ciudad de Sanford

El centro de Sanford data de la década de 1880. Varios de los edificios de ladrillo rojo (una rareza en Florida) son ahora tiendas de antigüedades. La zona puede explorarse a pie fácilmente en un par de horas. Hoy en día es más probable que los visitantes lleguen en el Auto Train *(ver p. 392)*, aunque siguen existiendo cruceros de placer.

Mount Dora ⓱

Mapa de carreteras E2. Lake Co. *11.000.* *Sanford.* *341 N Alexander St, (352) 383-2165.* **www**.mountdora.com

Esta localidad, situada en medio de las plantaciones de cítricos de Lake County, es uno de los más bonitos asentamientos victorianos que quedan en el Estado. El nombre originario de la ciudad fue Royellou, compuesto por los nombres de los hijos del primer jefe de correos, que se llamaban Roy, Ella y Louis.

Las calles arboladas de Mount Dora están trazadas en un acantilado que se alza sobre la orilla del lago. La cámara de comercio facilita un mapa en el que se indica un recorrido histórico de 5 km, cuyo itinerario sigue una ruta panorámica en torno a los barrios de finales del siglo XIX y el distrito histórico del centro de la ciudad, con tiendas de antigüedades.

En Donelly Street, la casa Donnelly, que en la actualidad es una logia masónica, constituye un notable ejemplo de la arquitectura de la época. Cerca de allí, el pequeño Museo Ro-

Niños jugando delante de Thursby House, en Blue Spring State Park

La Donnelly House, de recargada decoración, en Mount Dora

yellou muestra la historia local en la vieja estación, que posteriormente fue calabozo municipal. Abajo, en el lago, es posible practicar la pesca y los deportes acuáticos.

Royellou Museum
450 Royellou Lane. ***Tel*** *(352) 383-0006.* *ma-sá.* *Acción de gracias, 25 dic, 1 ene.* *limitado.*

Ocala National Forest 18

Mapa de carreteras E2. Lake Co/Marion Co. *todos los días.* *a las zonas de acampada y natación.* **Visitor Center** *3199 NE Co. Rd.* ***Tel*** *(352) 236-0288.* **Alquiler de canoas de Juniper Springs** *(352) 625-2808.* **www**.onf.net

Entre Ocala y el río St. Johns se extiende el mayor bosque de coníferas del mundo en suelo arenoso. Cubre una superficie de 148 km² y está surcado por una maraña de ríos procedentes de manantiales. Es uno de los últimos refugios del oso negro de Florida, en peligro de extinción. También habitan aquí el ciervo y la nutria, además de aves como el águila de cabeza blanca, el quebrantahuesos, el búho listado, el pavo salvaje –que no es nativo del país– y muchas especies de zancudas.

Hay docenas de senderos, cuya longitud varía desde los paseos y pequeñas sendas, de menos de 1,5 km, hasta los 106 km de la National Scenic Trail. En los múltiples lagos del bosque se practica la pesca del *bass*, o perca americana. En las áreas recreativas, como Salt Springs, Alexander Springs y Fore Lake, hay pozas para nadar y zonas de acampada.

La bajada en canoa por Juniper Creek, desde Juniper Springs Recreation Area, es una de las mejores del Estado, pero es conveniente reservar la embarcación con tiempo. La observación de aves zancudas ofrece excelentes posibilidades a lo largo del sendero de Salt Springs, y en el Lake Dorr se congregan los patos.

En el centro principal de visitantes, situado en la linde occidental del bosque, o en los centros menores de Salt Springs y Lake Dorr, ambos en la Ruta 19, se pueden conseguir guías.

Silver Springs 19

Mapa de carreteras E2. Marion Co. 5656 E Silver Springs Blvd. ***Tel*** *(352) 236-2121.* *todos los días.* *limitado.* **www**.silversprings.com

Los recorridos que se vienen haciendo en Silver Springs desde 1878 muestran las maravillas naturales del mayor manantial artesiano del mundo.

Hoy, Wild Waters, la más antigua empresa de Florida dedicada a las atracciones turísticas ofrece una serie de actividades para la familia, como montar en embarcaciones con el fondo de cristal. Los safaris en *jeep* y los cruceros por la jungla recorren el interior de Florida, donde se rodaron las primeras películas de *Tarzán*.

Alrededores

En **Silver River State Park,** 3 km al sureste, puede dar un paseo de 15 minutos a lo largo de un sendero que atraviesa un *hammock* y una zona pantanosa de cipreses, y que conduce hasta una poza apta para el baño en un recodo del río de aguas cristalinas.

Silver River State Park
1425 NE 58th Ave, Ocala. ***Tel*** *(352) 236-7148.* *todos los días.*

El barco *Jungle Cruise*, una de las atracciones de Silver Springs

The Young Shepherdess (1868), de Bougereau, Appleton Museum

Ocala 20

Mapa de carreteras D2. Marion Co. 65.000. *Chamber of Commerce, 110 E Silver Springs Blvd, (352) 629-8051.* **www**.ocalacc.com

Rodeada de prados delimitados por vallas de madera, Ocala es la sede administrativa del condado de Marion y centro de la cría de caballos de raza. Los pastos están enriquecidos por los acuíferos subterráneos de caliza *(ver p. 220)* y la hierba, rica en calcio, contribuye a fortalecer los huesos de los magníficos ejemplares equinos. De aquí han salido más de 37 campeones, entre los que se cuentan cinco ganadores del *derby* de Kentucky.

En torno a Ocala existen más de 400 granjas dedicadas a la cría de caballos de raza. Muchas de estas instalaciones están abiertas al público. Además, es posible ver caballos árabes, caballos paso fino y ponis enanos. Para conseguir información actualizada sobre las visitas, contacte con la cámara de comercio de Ocala.

El **Appleton Museum of Art,** al este de Ocala, fue construido en 1984 en mármol italiano por el criador de caballos Arthur I. Appleton, y alberga sorprendentes ejemplos de arte procedentes de todo el mundo. En su ecléctica colección se encuentran antigüedades precolombinas y europeas, piezas orientales y africanas, y porcelana de Meissen. Posee también numerosas obras de arte europeo del siglo XIX.

Appleton Museum of Art
4333 NE Silver Springs Blvd.
Tel *(352) 236-7100.* *ma-do.* *festivos, 25 dic, 1 ene.*

Marjorie Kinnan Rawlings Historic State Park 21

Mapa de carreteras D2. Alachua Co. S CR 325, Cross Creek. ***Tel*** *(352) 466-3672.* *Ocala.* *los jardines, todos los días; la casa, ma-sá.* *ago-sep.* **www**.floridastateparks.org

En 1928, la escritora Marjorie Kinnan Rawlings instaló su residencia en la colonia de Cross Creek, a la que más tarde describiría con afecto como "un recodo en un camino rural". Su granja, de irregular distribución, se conserva casi sin cambios en medio de una plantación de cítricos bien cuidada, con gallinas y patos que suben desde las orillas del lago Orange.

Bastones en Herlong Inn

La escritora vivió en este lugar durante toda una década y luego volvió intermitentemente a él hasta su muerte en 1953. Sus paisajes y personajes llenan la novela autobiográfica *Cross Creek,* mientras que el gran campo de matorrales que hay al sur inspiró la novela con la que ganó el premio Pulitzer: *The Yearling* (1938), una historia de adolescencia de un muchacho y su cervatillo.

Los recorridos guiados por el lugar exploran la granja de estilo rústico, construida en la década de 1880, que contiene los muebles de Rawlings: estanterías llenas de obras de autores como John Steinbeck y Ernest Hemingway, un armario de licores y una máquina de escribir.

El espacioso porche de la escritora Marjorie Kinnan Rawlings

Micanopy 22

Mapa de carreteras D2. Alachua Co. *650.* *30 East University Ave, Gainesville, (352) 374-5260.* **www**.visitgainesville.net

Una factoría comercial en tierras indias se convirtió en 1821 en el segundo asentamiento blanco permanente de Florida, originalmente conocido como Wanton. En Micanopy, nombre que recibió en 1826 en honor a un jefe indio, se detecta el paso del tiempo, y la localidad constituye un refugio tanto para los cineastas como para los amantes de las antigüedades. En la calle principal, Cholokka Boulevard, abundan las casas residenciales victorianas, las tiendas históricas con fachadas de ladrillo y las galerías de objetos artesanales. En esta calle también se encuentra el edificio más espléndido de Micanopy, la imponente **Herlong Mansion,** de ladrillo rojo, construida antes de la guerra civil y adornada con cuatro columnas corintias. Su arquitecto fue un industrial maderero del siglo XIX, y hoy es una pensión que ofrece cama y desayuno.

El pintoresco cementerio, que empezó a utilizarse en 1825, está situado en una calle que parte de Seminary Road, camino de la I-75.

Lápidas cubiertas de líquenes en el cementerio de Micanopy

Alrededores

Durante el siglo XVII, uno de los ranchos españoles de ganado más prósperos de Florida estuvo situado al norte de la actual Micanopy. Vacas, caballos y cerdos vivían en libertad en el **Paynes Prairie State Preserve,** donde hoy puede verse ocasionalmente un pequeño rebaño de bisontes salvajes y más de 200 especies de aves locales y migratorias.

La reserva la atraviesa el **sendero estatal de Gainesville-Hawthorne,** que sigue el trazado de una línea férrea.

Paynes Prairie State Preserve
100 Savannah Blvd, US 441, 0.5 km al N de Micanopy. ***Tel*** *(352) 466-3397.* *todos los días.*
www.floridastateparks.org

Gainesville ㉓

Mapa de carreteras D2. Alachua Co. *97.000.* *300 East University Avenue, (352) 334-7100.* **www**.gainesvillechamber.com

Ciudad universitaria y capital cultural de la región centro-norte de Florida, así como sede del equipo de fútbol de los Gators, Gainesville es una bonita localidad.

En su distrito histórico hay edificios de ladrillo que datan de las décadas de 1880 y 1920, algunos de los cuales se han convertido en cafés y restaurantes.

El campus universitario está salpicado de clubes de estudiantes y cuenta con dos importantes museos. El **Florida Museum of Natural History** contiene más de 10 millones de especímenes fósiles, además de soberbias colecciones de mariposas y moluscos. Hay vitrinas dedicadas a los distintos ambientes de Florida, y se ofrece un viaje antropológico a través de la historia del Estado hasta el siglo XIX.

La colección permanente de bellas artes del **Samuel P. Harn Museum of Art,** situado en el campus, incluye cerámica de Asia, objetos ceremoniales africanos, ejemplares de tallas de madera japonesas y pintura europea y norteamericana.

Producto de Gainesville

Florida Museum of Natural History
Hull Rd at SW 34th St. ***Tel*** *(352) 846-2000.* *todos los días.* *acción de gracias, 25 dic.*
www.flmnh.ufl.edu

Samuel P. Harn Museum of Art
Hull Road (SW 34th St). ***Tel*** *(352) 392-9826.* *ma-sá.* *festivos.*
www.harn.ufl.edu

Alrededores

Al suroeste de la ciudad, los encantadores **Kanapaha Botanical Gardens** alcanzan su máxima belleza entre junio y septiembre, aunque los visitantes que acudan en primavera podrán deleitarse la vista con las azaleas en flor. El naturalista William Bartram *(ver p. 45)* fue el primero en observar su belleza a finales del siglo XIX. Un sendero rodea los 2.500 m² de terreno, y los caminos, que serpentean bajo arcadas cubiertas de parras, atraviesan plantaciones de bambú. Otras zonas son el jardín de especies del desierto, el pantano y el florido jardín de colibríes.

Kanapaha Botanical Gardens
4700 SW 58th Drive (junto a la ruta 24). ***Tel*** *(352) 372-4981.* *vi-mi* *25 dic.*
www.kanapaha.org

Nenúfares gigantes del Amazonas en el jardín pantanoso de Kanapaha Botanical Gardens

Monroe St

EL PANHANDLE

Hay un dicho en Florida según el cual "cuanto más vas hacia el norte, más al sur llegas". Y es verdad. El Panhandle tiene una historia y una sensibilidad más cercanas al sur que la parte más meridional del Estado. Lo que distingue a esta fascinante región del resto de Florida no es sólo la geografía y la historia, sino también el clima e, incluso, la hora.

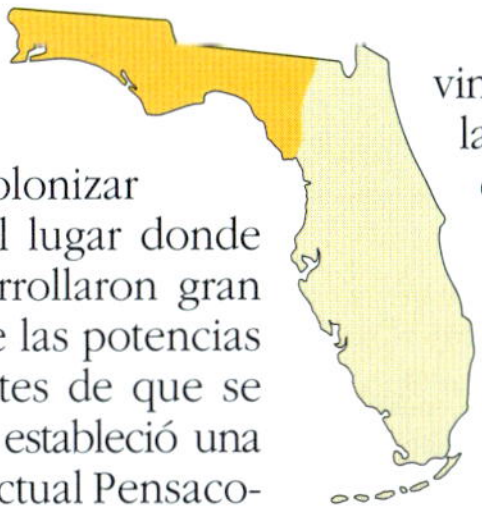

El Panhandle no sólo fue el primer intento de los españoles por colonizar Florida, sino también el lugar donde posteriormente se desarrollaron gran parte de las luchas entre las potencias coloniales. En 1559, antes de que se fundara St Augustine, se estableció una comunidad cerca de la actual Pensacola, pero fue destruida por un huracán. Posteriormente se convirtió en el principal asentamiento de la región hasta la década de 1820, cuando se eligió Tallahassee como parte del nuevo territorio de Florida *(ver p. 48)*. La ubicación de esta nueva ciudad, equidistante de St. Augustine y de Pensacola, fue el punto de encuentro de dos exploradores que salieron a caballo desde las dos localidades. Tallahassee es hoy una digna capital de Estado, con una elegante arquitectura pero con aire de ciudad provinciana. Gracias al comercio de la madera y del algodón, vivió en el siglo XIX rachas de prosperidad. El turismo es un fenómeno reciente en el Panhandle, a pesar de que sus playas no tienen parangón en el Estado. Este tramo de costa tiene cada vez mejor acogida entre los veraneantes de los estados del sur, pero los visitantes de ultramar siguen ignorándolo. En el extremo oriental del Panhandle, en la zona conocida como Big Bend, las estaciones turísticas de tipo familiar ceden el sitio a pintorescas ciudades históricas costeras, como Cedar Key, un apartado pueblecito de pescadores que recuerda al Key West de los viejos tiempos. En el interior, la mayor atracción la proporcionan unos bosques que encierran manantiales y ríos navegables.

Una de las muchas playas de deslumbrante arena de cuarzo, cerca de Pensacola

◁ Antiguo capitolio de Tallahassee, a la sombra del edificio moderno que lo ha sustituido

Explorando el Panhandle

La mayoría de los visitantes del Panhandle acude a las famosas playas que se extienden desde Pensacola hasta Panama City Beach. Zonas de vacaciones como Fort Walton Beach y Destin ofrecen toda clase de alojamiento, así como la posibilidad de practicar desde deportes acuáticos y pesca en alta mar hasta el golf y el tenis. Aun cuando la mayor parte de la atención se centra en la costa, no hay que ignorar el resto del Panhandle. Las estaciones turísticas pueden servir de base para adentrarse en el interior, con sus colinas y bosques de pinos. Podrá disfrutar de excelentes excursiones en canoa por los ríos Blackwater y Suwannee, mientras que cerca de Tallahassee se encontrará con algunos de los paisajes más bellos de Florida, surcados por carreteras arboladas, que se conservan intactos.

Quietwater Beach, cerca de Pensacola, en la isla de Santa Rosa

LUGARES DE INTERÉS

- ABMaclay Gardens State Park 19
- Apalachicola 15
- Blackwater River 6
- Cedar Key 24
- Destin 8
- Eden Gardens State Park 10
- Florida Caverns State Park 12
- Fort Walton Beach 7
- Gulf Breeze 4
- Monticello 20
- *National Museum of Naval Aviation pp. 232–233* 2
- Panama City Beach 11
- *Pensacola pp. 228-231* 1
- Perdido Key 3
- St. Vincent, St. George y Dog Islands 16
- St. Joseph Peninsula State Park 14
- Santa Rosa Island 5
- Seaside 9
- Steinhatchee 23
- Suwannee River State Park 22
- *Tallahassee pp. 242-243* 18
- Torreya State Park 13
- Wakulla Springs State Park 17

Excursiones

Ruta del Algodón pp. 244-245 21

Mansión de estilo plantación en Eden Gardens State Park

CÓMO DESPLAZARSE

Aun cuando la línea Amtrak recorre la región, es esencial disponer de coche para explorar el Panhandle. Hay dos carreteras principales: la I-10, rápida pero monótona, que une Pensacola con Tallahassee y sigue luego hasta la costa del Atlántico, y la US 98, siempre paralela a la costa, que va desde Pensacola hasta el denominado Big Ben, donde se une a la carretera principal norte-sur de la costa del golfo, la US 19. Las carreteras comarcales del Panhandle suelen ser tranquilas, pero debe tener cuidado con los camiones cargados de troncos que salen de caminos ocultos en el bosque.

Casas construidas sobre el agua en el puerto de Destin

VER TAMBIÉN

- ***Alojamiento*** pp. 321-323
- ***Restaurantes y bares*** pp. 348-350 y 357

SIMBOLOGÍA

- Autopista
- Carretera principal
- Carretera secundaria
- Carretera local
- Carretera panorámica
- Línea férrea principal
- Frontera interestatal

Pelícanos disfrutando de la tranquilidad de Apalachicola

Pensacola en 3 dimensiones ❶

Los primeros en establecerse en la zona fueron los colonizadores españoles dirigidos por Tristán de Luna *(ver p. 43),* que arribaron a la bahía de Pensacola en 1559. Su asentamiento sobrevivió sólo dos años antes de ser destruido por un huracán. En poco más de 300 años ondearon aquí las banderas española, francesa, británica y la de la confederación norteamericana. El apogeo de Pensacola se produjo en la década de 1880, en la que se construyó la mayor parte de sus actuales distritos. La ciudad presenta una variada muestra de estilos arquitectónicos, desde casas coloniales hasta mansiones clásicas construidas durante el auge maderero de finales del siglo XIX. La ruta que mostramos aquí se centra en la zona conocida como Historic Pensacola Village *(ver p. 230).*

Lavalle House
La sencillez de la construcción y la brillante combinación de colores de esta casa de principios del siglo XIX buscaban satisfacer el gusto de sus propietarios, criollos franceses.

Pensacola Historical Museum
Dedicado a la historia de la zona de Pensacola, expone objetos y antigüedades al público.

Museum of Industry
Recuerda los tiempos del comercio maderero y marítimo de Pensacola con la reconstrucción de un aserradero, una cerería para barcos y una réplica de un tren.

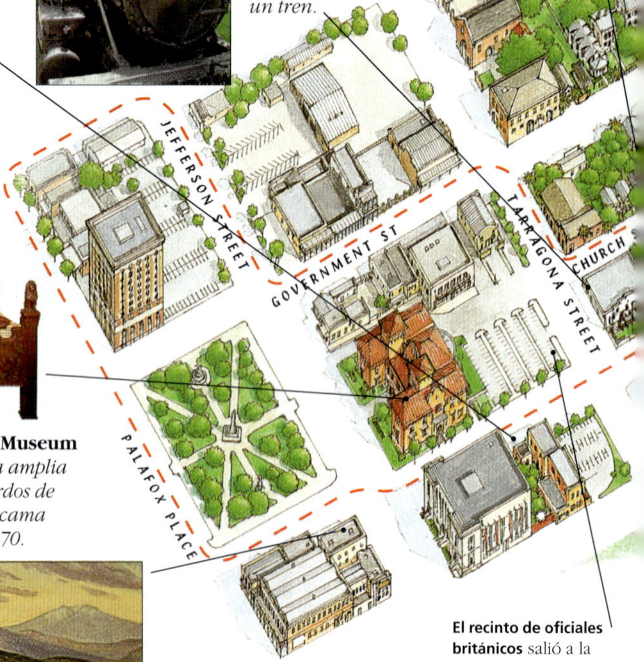

★ TT Wentworth Museum
El museo posee una amplia colección de recuerdos de Florida, como esta cama de la década de 1870.

Pensacola Museum of Art
La vieja prisión de la ciudad, que data de 1908, se convirtió en museo en la década de 1950. Este paisaje de William Nell es una de las obras que en él se exponen.

El recinto de oficiales británicos salió a la luz cuando se excavó este aparcamiento. Los cimientos que han quedado visibles forman parte del recorrido arqueológico colonial de la ciudad *(ver p. 230).*

Steamboat House
Esta casa, que data de mediados del siglo XIX recuerda a un barco de vapor. Incluso las galerías tienen forma de cubierta.

INFORMACIÓN ESENCIAL

Mapa de carreteras A1. Escambia Co. 294.400. 8 km al N. 980 E Heinburg St, (850) 433-4966. 505 W Burgess Rd, (850) 476-4800. 1401 E Gregory St, (850) 434-1234. Fiesta de las Cinco Banderas (jun). **www**.visitpensacola.com

★ Seville Square
A la sombra de los magnolios y los robles de Virginia, Seville Square está situada en el corazón del distrito de Sevilla, proyectado por los británicos en la década de 1770.

Fountain Square se halla en torno a una fuente decorada con placas que muestran los lugares característicos de la ciudad.

La Dorr House, que imita el estilo clásico griego, es la única mansión de este tipo que se conserva al oeste.

SIMBOLOGÍA

Itinerario sugerido

★ Museum of Commerce
Un taller de imprenta totalmente equipado es una de las curiosidades que se exponen en este museo de estilo victoriano.

RECOMENDAMOS

- ★ TT Wentworth Museum
- ★ Seville Square
- ★ Museum of Commerce

Explorando Pensacola

Los distritos históricos son las zonas más visitadas e interesantes de Pensacola. El más destacado es Historic Pensacola Village, en torno a Zaragoza Street, en el corazón de la ciudad. Más al norte, en North Hill Preservation District, se pueden contemplar las casas que construyeron los ricos comerciantes locales durante el auge maderero del siglo XIX. Entre estos dos distritos, Palafox Street es una zona de gran actividad comercial, con edificios que datan de 1900-1920.

El centro de Pensacola está unido por dos puentes a Pensacola Beach, situada en una isla de la barrera coralina *(ver p. 236)*. Los turistas suelen hospedarse en los hoteles situados junto a la playa, que ya se han recuperado de los destrozos causados en 1995 por el huracán *Opal*.

La antigua prisión es actualmente el Pensacola Museum of Art

Guías con traje del siglo XIX en Historic Pensacola Village

Historic Pensacola Village

Tivoli House, 205 E Zaragoza St. *(850) 595-5985.* *lu-vi.* *festivos.*
www.historicpensacola.org

En Seville District, situado en el barrio más antiguo de Pensacola, las calles de Historic Pensacola Village ofrecen la posibilidad de disfrutar de un paseo sin prisas y contemplar cómo era la ciudad en el siglo XIX.

Para obtener una visión más profunda se puede participar en una de las visitas guiadas que dos veces al día parten de Tivoli House, en Zaragoza Street. En temporada alta, los guías se visten con trajes de época. El recorrido pasa por la Lavalle House, de estilo criollo francés (1805), y la agradable Dorr House (1871). Hay otras mansiones que están abiertas a los visitantes. Con un sólo billete, que puede adquirirse en Tivoli House, podrá entrar a las casas del *village* durante dos días y visitar el Museum of Industry y el Museum of Commerce. Aquel, alojado en un almacén de finales del siglo XIX, en Church Street, proporciona una introducción informativa al desarrollo temprano de Pensacola y expone objetos relacionados con la fabricación de ladrillos, la pesca, el transporte y el comercio de la madera.

Como telón de fondo del Museo del Comercio, en Zaragoza Street, hay una escena completa de una calle victoriana, con establecimientos reconstruidos entre los que se cuentan una imprenta con una prensa en funcionamiento, una farmacia, un taller de guarnicionero y una tienda de música de los viejos tiempos.

En Seville Square se levanta la Old Christ Churh, construida en 1832, el templo más antiguo de Florida que ocupa su solar original.

TT Wentworth, Jr., Florida State Museum

330 S Jefferson St. *(850) 595-5990.* *lu-sá.* *festivos.*

Este museo está instalado en el antiguo Ayuntamiento, que imita la arquitectura renacentista española. En él se exponen desde recuerdos de la Florida occidental hasta objetos extraños y maravillosos de todo el mundo, como puntas de flecha, cabezas reducidas de los tiempos precolombinos, una central telefónica de los años 30 y viejas botellas de Coca-Cola.

Los dioramas que posee el museo ilustran determinados puntos del recorrido arqueológico colonial de Pensacola y muestran restos de fortificaciones de 1752 a 1821. Una exposición relata 400 años de la historia de Pensacola.

Los billetes para visitar el Historical Pensacola Village incluyen también la entrada al TT Wentworth.

Pensacola Museum of Art

407 S Jefferson St. ***Tel*** *(850) 432-6247.* *ma-do.* *4 jul, Acción de Gracias, 25 dic, 1 ene.*
www.pensacolamuseumofart.org

Las celdas de la vieja prisión de la ciudad se han convertido en las galerías del Pensacola Museum of Art. Las exposiciones que ofrece cambian con frecuencia y muestran la extensa colección del museo, como cerámica precolombina, cristal satinado y *pop art* de Roy Lichtenstein.

Este edificio renacentista español acoge el TT Wentworth Museum

Pensacola Historical Museum
115 E Zaragosa St. ***Tel*** *(850) 433-1559.* *10.00-16.30 lu-sá.* *do y festivos.*
www.pensacolahistory.org
Situado en un edificio de 1885, un antiguo burdel, este museo gestionado por la Pensacola Historical Society alberga objetos de las primeras culturas indígenas, piezas de la historia militar y naval y un patrimonio multicultural que abarca diversos grupos étnicos que han poblado Pensacola y sus alrededores. Organiza tres exposiciones itinerantes de interés local al año. El museo también posee mapas, libros, fotografías, manuscritos y otros testimonios de la historia local.

North Hill Preservation District
Las casas de este distrito histórico, que ocupa unas 10 manzanas de Wright Street, al norte de Historic Pensacola Village, se construyeron a finales del siglo XIX y principios del XX sobre los solares donde anteriormente habían estado los fuertes británicos y españoles, y todavía, de vez en cuando, se desentierran en los jardines algunas balas de cañón.
Una de las más llamativas es McCreary House *(ver p. 30)*, situada en Baylen Street, cerca de la confluencia con De Soto Street.

McCreary House, en North Hill Preservation District

Playa de arena de Johnson Beach, en Perdido Key

National Museum of Naval Aviation ❷

Ver pp. 232-233.

Perdido Key ❸

Mapa de carreteras A1. Escambia Co. Route 292, a 19 km al oeste de Pensacola. *Pensacola.* *Pensacola.* *15500 Perdido Key Dr, Pensacola, (850) 492-4660.*
www.perdidochamber.com

Al suroeste de Pensacola se hallan las prístinas costas de Perdido Key, que aparecen regularmente en la lista de las 20 mejores playas de EE UU. Hay bares y restaurantes, así como instalaciones para la práctica de deportes acuáticos.

El extremo oriental de la isla sólo es accesible a pie. La carretera llega únicamente hasta la **Johnson Beach Day Use Area,** al este del puente que une la isla con tierra firme. La playa principal se extiende a lo largo de 10 km por la orilla que da al golfo de México y a la bahía. Hay instalaciones para los visitantes y un puesto de guardabosque, que está siendo reformado tras los daños del último huracán.

En la costa, frente a Perdido Key, se encuentra **Big Lagoon State Park,** donde los tramos de playa de arena se combinan con zonas pantanosas de agua salada que ofrecen excelentes condiciones para observar a las aves o para realizar excursiones.

Johnson Beach Day Use Area
13300 Johnson Beach Rd, *saliendo de la carretera 292.* ***Tel*** *Federal Govt Office of National Seashore (850) 934-2600.* *todo los dias.* *25 dic.*

Big Lagoon State Park
12301 Gulf Beach Highway.
Tel *(850) 492-1595.* *todos los dias.*

EL AUGE MADERERO DE FLORIDA

En el siglo XIX, la demanda de madera y materiales de uso naval, incluidos el alquitrán y la trementina, desempeñaron un importante papel en el desarrollo del norte de Florida. Sus vastas reservas de roble de Virginia eran muy apreciadas por los armadores, dada la resistencia de esta madera a las enfermedades y a la putrefacción. Se establecieron ciudades florecientes, como Cedar Key *(ver p. 245)*, y las fortunas que se amasaron durante las décadas de 1870 y 1880 se transformaron en elegantes casas residenciales de Pensacola, entre ellas Eden Mansion *(ver p. 237)*. Pero en los años 30, la mayor parte de los bosques de árboles habían sido talados y la madera tuvo que sustituirse por otros materiales de construcción.

Los leñadores del siglo XIX realizaban duras jornadas de trabajo físico

National Museum of Naval Aviation ❷

Insignia de Beechcraft GB-2

Este extenso museo se ha instalado entre las pistas de despegue y los hangares del aeródromo naval más antiguo del país, que se inauguró en 1914. Más de 150 aviones y naves espaciales, así como maquetas, artefactos, presentaciones tecnológicas y obras de arte relacionadas con la aviación, trazan la historia de la navegación aérea, desde los primeros biplanos de alas de madera y tela hasta lo más avanzado en cohetería. Incluso quienes no sean grandes aficionados a la aviación disfrutarán del vuelo con el equipo de presentación de los *Blue Angels* en el cine IMAX®, o probando su habilidad en las cabinas de entrenamiento.

★ *Blue Angels*
Cuatro antiguos Ángeles Azules *A-4 Skyhawks están colgados del techo del atrio acristalado, de siete pisos de altura.*

La cabina del USS *Cabot* es una reconstrucción a tamaño natural de la cabina de vuelo de un avión de transporte, a la que acompañan toda una formación de famosos *cazas* de la II Guerra Mundial.

En Tesoros Hundidos se muestran dos aviones recuperados de las aguas del lago Michigan, donde cayeron cuando realizaban vuelos de entrenamiento durante la II Guerra Mundial.

Tigres voladores
Las mandíbulas pintadas de estos cazas de la II Guerra Mundial eran el símbolo de los pilotos del grupo Volunteer Flying Tiger, que combatieron en China y Birmania.

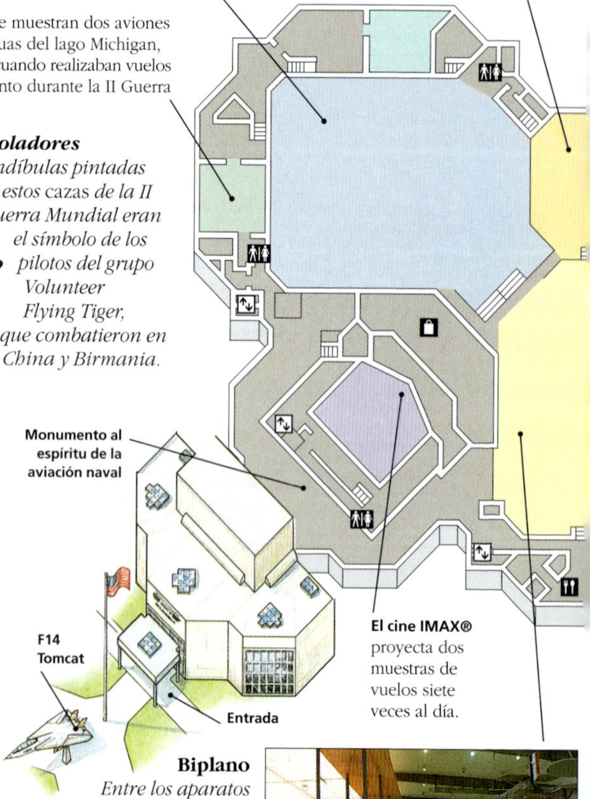

Monumento al espíritu de la aviación naval

F14 Tomcat

Entrada

El cine IMAX® proyecta dos muestras de vuelos siete veces al día.

GUÍA DE LA GALERÍA

El museo ocupa un par de plantas divididas en dos áreas que se unen a través de un atrio. El ala oeste está dedicada de manera exclusiva a la II Guerra Mundial, mientras que el ala sur ofrece un contenido histórico más amplio. En el exterior del museo hay más aviones expuestos.

Biplano
Entre los aparatos más antiguos se cuentan los monoplanos y biplanos de entrenamiento de la I Guerra Mundial.

RECOMENDAMOS

★ *Blue Angels*

★ Simulador de vuelo

Nave aérea K47
Estas naves realizaron misiones de patrullaje marítimo que fueron vitales durante la II Guerra Mundial.

INFORMACIÓN ESENCIAL

Mapa de carreteras 1A. 1750 Radford Blvd, Nas Pensacola. ***Tel*** *(850) 452-3604, (800) 327-5002.* *Pensacola.* *Pensacola.* *9.00-17.00, todos los días.* *Acción de Gracias, 25 dic, 1 ene.* **www**.naval-air.org

La cápsula especial posee el módulo de mando Skylab, la cápsula Mercury, la nave Moon Rover, salas de astronautas, zona de películas y de objetos personales.

★ Simulador de vuelo
El simulador de vuelo móvil proporciona tres escenarios de vuelos diferentes y muestra las maravillas de la simulación.

Las cabinas de entrenamiento muestran el diseño actual de algunos aviones.

Helicóptero del servicio de guardacostas
El servicio de guardacostas relata la historia de la aviación náutica a través de helicópteros y diversos objetos.

DISTRIBUCIÓN POR SALAS

- Aviones de la guerra de Corea
- Aviones antiguos
- Aviones modernos
- Cine
- Exposiciones interactivas
- Exhibiciones
- Galería de arte
- Espacio sin exposiciones

FORT BARRANCAS

El terreno que ocupa este estratégico aeródromo naval, rodeado de agua por tres de sus lados, fue fortificado por los colonizadores españoles en 1698. Las murallas defensivas, construidas en un barranco desde el que se dominaba la bahía de Pensacola, fueron sustituidas por un fuerte más sólido en 1781, y el ejército de EE UU realizó importantes ampliaciones durante la década de 1840. Los restos de los fuertes español y norteamericano están unidos por un túnel. Fort Barrancas se halla a pocos minutos a pie del museo.

Vista de las murallas que rodean Fort Barrancas

Gulf Breeze ❹

Mapa de carreteras A1. Santa Rosa Co. *6.300.* *Pensacola.* *Pensacola.* *409 Gulf Breeze Parkway, (850) 932-7888.* **www**.gulfbreezechamber.com

La localidad de Gulf Breeze está situada en el extremo occidental del promontorio que se adentra en la bahía de Pensacola. Al este de la población se extiende una zona boscosa, cuya madera se destinó a la construcción naval durante la década de 1820 *(ver p. 231).*

La **Naval Live Oaks Reservation** fue originalmente una explotación maderera de propiedad pública federal, pero en la actualidad protege lo que queda del bosque. Los visitantes pueden recorrer senderos que atraviesan 50.000 m² de robledales crecidos sobre *hammocks,* dunas y humedales en los que las aves zancudas se alimentan gracias a la abundancia de vida marina. Hay un centro para visitantes que muestra exposiciones y ofrece mapas e información de flora y fauna.

A 16 km de Gulf Breeze se encuentra **el zoo,** que alberga a más de 700 animales. Los visitantes pueden realizar un recorrido en el tren *Safari Line,* que atraviesa 12.000 m2 de terreno en el que los animales viven en libertad, además de presenciar una exhibición de la elefanta *Ellie,* pasear por los

El tren *Safari Line* recorre el zoo de Gulf Breeze

jardines botánicos o dar de comer a una jirafa desde la plataforma elevada.

Reserva Naval Live Oaks
1801 Gulf Breeze Parkway. ***Tel** (850) 934-2600.* *todos los días.* *25 dic.* *limitado.* **www**.nps.gov/guis

Zoo
5701 Gulf Breeze Parkway.
***Tel** (850) 932–2229.* *todos los días.* *Acción de Gracias, 25 dic.* **www**.the-zoo.com

Sendero de la Reserva Naval Live Oaks

Santa Rosa Island ❺

Mapa de carreteras A1. Escambia Co, Okaloosa Co, Santa Rosa Co. *Pensacola.* *Pensacola o Fort Walton Beach.* *8543 Navarre Parkway, Navarre, (850) 939-2691.* **www**.beaches-rivers.com

Santa Rosa es una estrecha franja de arena que se extiende junto a la costa a lo largo de los 70 km que separan la bahía de Pensacola de Fort Walton Beach. En su parte más occidental se encuentra **Fort Pickens,** construido en 1834, uno de los cuatro fuertes levantados por EE UU durante el primer tercio del siglo XIX para defender la bahía de Pensacola.

Entre 1886 y 1888, el jefe apache Gerónimo estuvo prisionero en este fuerte, que perteneció al ejército de EE UU hasta 1947. En la actualidad cuenta con un pequeño museo y pueden explorarse libremente sus lóbregos pasadizos de ladrillo.

Santa Rosa presume de sus playas de arena fina, como Pensacola Beach y Navarre Beach, en donde es posible pescar y practicar deportes acuáticos. Entre las dos playas hay un trecho no urbanizado desde el que se puede contemplar de lejos a las multitudes. En el otro extremo de la isla, cerca de Fort Pickens, se halla una zona de acampada.

Fort Pickens
1400 Fort Pickens Rd (Route 399).
(850) 934–2621. *todos los días.* *limitado.*
www.nps.gov/guis

Acceso a la playa de Pensacola Beach, en la isla de Santa Rosa

Blackwater River ❻

Mapa de carreteras A1. Santa Rosa Co. *Pensacola.* *Pensacola.* *5247 Stewart St, Milton, (850) 623-2339.* **www**.srchamber.com

El Blackwater, uno de los ríos de fondo arenoso más puros del mundo, nace en Alabama y corre hacia el sur durante 95 km para desembocar en el golfo de México. Sus aguas oscuras, teñidas por taninos, trazan bellos meandros por el bosque, formando lagos en sus recodos, diques naturales y playas.

A lo largo de su curso se encuentra uno de los más hermosos trayectos de todo el Estado de Florida. Las excursiones en canoa y en *kayac,* que pueden contratarse a través de varios operadores turísticos de Milton, van desde paseos de medio día hasta recorridos de 50 km en tres jornadas, con opción de

En el río Blackwater es posible realizar recorridos en canoa

abordar, más al norte, los riachuelos Sweetwater y Juniper.

El **Blackwater River State Park** ofrece zonas para practicar la natación y realizar comidas campestres, así como la posibilidad de conocer el Chain of Lakes Trail, un tramo fluvial natural, de 1,5 km de longitud, que corre a través de espesos bosques de robles.

Blackwater River State Park
Desde la US 90, a 24 km al NE de Milton. ***Tel*** *(850) 983-5363.* *todos los días.* *limitado.* **www**.floridastateparks.org

Fort Walton Beach 7

Mapa de carreteras A1. Okaloosa Co. *22,000.* *Crestview.* *34 Miracle Strip Parkway SE, (850) 244-8191, (800) 322-3319.* **www**.fwbchamber.org

Fort Walton Beach está situado en la punta occidental de Emerald Coast, una franja de 40 km de relucientes playas que se extienden hasta Destin. Las tiendas de artículos para buceadores y los puertos deportivos se alinean a lo largo de la carretera US 98, que une Fort Walton con la isla de Santa Rosa, a la que localmente se le da el nombre de Okaloosa Island. Las aguas transparentes del mar ofrecen magníficas condiciones para la natación, la pesca y los deportes acuáticos.

Cerámica india, Temple Mound Museum

También se puede practicar la vela y el *windsurf* en la protegida bahía de Choctawhatchee, en la costa norte de la isla, así como contratar toda clase de viajes en barco y jugar al golf en alguno de los 12 campos con los que cuenta Emerald Coast.

En el **Gulfarium,** los visitantes podrán presenciar los espectáculos diarios que ofrecen los delfines y los leones marinos. A través de las paredes de cristal del acuario Living Sea es posible contemplar a los tiburones, rayas y tortugas de mar de gran tamaño. Hay, además, recintos con focas y nutrias, así como caimanes y aves exóticas. En el centro de la ciudad, el **Indian Temple Mound Museum** se levanta a la sombra de un antiguo cementerio de los indios apalaches *(ver pp. 40-41),* que data aproximadamente del año 1400. En el museo se muestran objetos procedentes del túmulo y de otros yacimientos arqueológicos indios cercanos. Las exhibiciones, bien ilustradas, se remontan a más de 10.000 años de ocupación humana de la zona de Choctawhatchee Bay.

Unos 5 km al norte de la ciudad, en Shalimar, se encuentra la base Eglin, la mayor base aérea del mundo. El **US Air Force Armament Museum** muestra aquí proyectiles y bombas tanto de la II Guerra Mundial como actuales, un avión espía *Blackbird* SR-71 además de armas antiguas y equipos láser de alta tecnología. Las visitas a la base, de 1.865 km², pueden cocertarse con anticipación.

Gulfarium
1010 Miracle Strip Parkway. ***Tel*** *(850) 243-9046.* *todos los días.* *Día de Acción de Gracias, 24 y 25 dic.* *limitado.* **www**.gulfarium.com

Indian Temple Mound Museum
139 SE Miracle Strip Parkway. ***Tel*** *(850) 833-9595.* *lu-sá.* *1 ene, Acción de Gracias, 25 dic.* *limitado.* **www**.fwb.org

US Air Force Armament Museum
100 Museum Drive (Route 85). ***Tel*** *(850) 882-4062.* *todos los días.* *festivos.*

Paseo por las blancas y finas arenas del golfo de México, en Fort Walton Beach

Destin ❽

Mapa de carreteras A1. Okaloosa Co. 12.000. Fort Walton Beach. 4484 Legendary Dr, Suite A, (850) 837-6241. **www**.destinchamber.com

Entre el golfo de México y la bahía de Choctawhatchee, esta estrecha franja urbanizada se extiende paralela a la carretera de la costa US 98. Sus comienzos se remontan a 1845, año en que se estableció aquí un campamento de pescadores.

Pescador limpiando sus capturas en el puerto de Destin

Su gran atracción es la pesca en alta mar y barcos de captura vienen y van llenos de pescadores optimistas. Las aguas cercanas a Destin son especialmente ricas, debido a que, a sólo 16 km, se produce un descenso de 30 m en la plataforma continental. El calendario de torneos de pesca es muy conocido. La competición más famosa es el Rodeo de Pesca, que dura todo el mes de octubre. Durante la misma época, una gran afluencia de visitantes acude a Destin para disfrutar del Festival del Marisco.

Si quiere echar un vistazo de cerca a algunas de las especies de menor tamaño que pueblan las aguas del golfo de México, no deje de visitar el **Destin Fishing Museum.**

Con sus sorprendentes playas y las aguas claras típicas de Emerald Coast, Destin es también una concurrida zona turística que ofrece buenas oportunidades para practicar la inmersión o bucear con tubo de respiración.

Destin Seafood Festival
Destin (principios de octubre).

Torre de madera de una de las casas residenciales de Seaside

Seaside ❾

Mapa de carreteras B1. Walton Co. 200. (850) 231-4224. **www**.seasidefl.com

Cuando Robert Davis decidió construir la localidad de Seaside, a mediados de los años 80, se inspiró en las estaciones turísticas que había conocido en su niñez. Su visión nostálgica se dirigía a una ciudad de vacaciones formada por casas de madera al estilo tradicional del noroeste de Florida, con galerías abiertas, tejados puntiagudos y

Las playas del Panhandle

Entre Perdido Key y Panama City Beach se hallan algunas de las más bellas playas de Florida. La fina arena –compuesta en un 90% por cuarzo y arrastrada por el agua desde las montañas Apalaches– forma anchas playas y puede resultar casi cegadora a la luz del sol. La multitud de visitantes desciende en junio y julio, pero las aguas del golfo siguen siendo agradablemente cálidas incluso en noviembre. Se puede elegir entre zonas tranquilas y otras más dinámicas. Existen también muchas oportunidades para practicar deportes acuáticos.

Pensacola Beach ③ está en la costa interior de Santa Rosa Island. Aun cuando no sea la mejor playa del Panhandle, es la más accesible desde Pensacola *(ver p. 234).*

Perdido Key ①
Algunas de las playas más occidentales del Estado son inaccesibles en coche, por lo que suelen ser las más tranquilas *(ver p. 231).*

Quietwater Beach ② tiene una arena inmaculada, junto a la que se alza una hilera de tiendas, hoteles y bares. Los fines de semana se congrega aquí gran cantidad de gente.

Navarre Beach ④ es una de las playas más tranquilas de la isla. Posee buenas instalaciones, incluido un espigón para pescar *(ver p. 234).*

0 kilómetros 15

0 millas 10

vallas de estacas pintadas de blanco. Sin embargo, al estilo original pronto se le añadieron detalles recargados, torres y torretas *(ver p. 31)*.

Cuando se conduce por la US 98 no se puede resistir la tentación de detenerse para echar una rápida ojeada a esta ciudad.

Alrededores

A tan sólo 1,5 km de Seaside, en la línea costera del Panhandle, se encuentra la **Grayton Beach State Park,** cuya playa de arena de cuarzo blanco se considera una de las mejores del país.

Además de ofrecer buenas oportunidades para la pesca, el surf y la navegación, el parque cuenta con un sendero natural y zonas de acampada. En verano, los campistas pueden participar en los programas organizados por los guardas para toda la familia.

Grayton Beach State Park
County Rd 30-A, junto a la US 98, a 1,5 km al O de Seaside. ***Tel*** *(850) 231-4210.* todos los dias. www.floridastateparks.org

Fuente rodeada de vegetación en Eden State Gardens

Eden Gardens State Park ⑩

Mapa de carreteras B1. Walton Co. Point Washington. ***Tel*** *(850) 231-4214.* *Fort Walton Beach.*
Jardines *todos los días.*
Casa *ju-lu.* *10.00-14.00.*
www.floridastateparks.org

En 1897, el industrial maderero William H. Wesley construyó junto al río Choctawhatchee una hermosa mansión imitando la arquitectura griega clásica. El edificio de madera de dos plantas, decorado con muebles antiguos, posee habitaciones de techos altos y amplias balconadas. Igualmente atractivos son sus jardines de camelias y azaleas, a los que dan sombra los magnolios y los robles.

Un corto paseo lleva hasta un merendero junto al río, cerca del lugar donde una vez estuvo el aserradero, al que, flotando por el río, llegaban los árboles que habían sido talados en los bosques del interior.

Santa Rosa Beach ⑦
Esta playa de arena poco urbanizada tiene dunas y pantanos en los que abundan las aves y otras formas de vida silvestre.

Panama City Beach ⑨
Bloques de apartamentos, hoteles y parques acuáticos se alinean en esta bulliciosa playa, ideal para practicar el submarinismo *(ver p. 238)*.

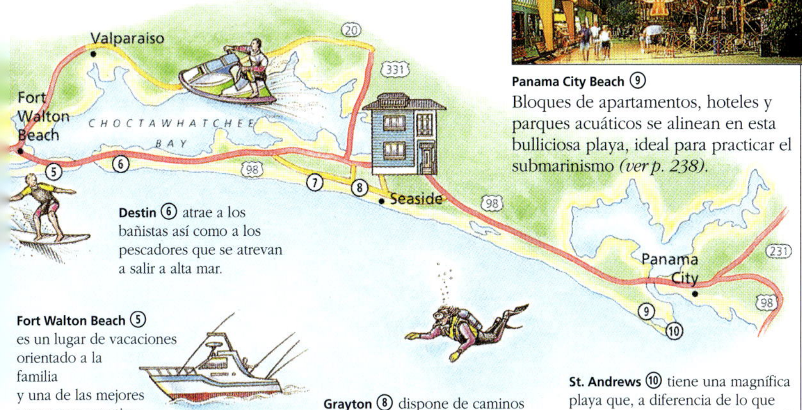

Destin ⑥ atrae a los bañistas así como a los pescadores que se atrevan a salir a alta mar.

Fort Walton Beach ⑤ es un lugar de vacaciones orientado a la familia y una de las mejores zonas para practicar los deportes acuáticos *(ver p. 235)*.

Grayton ⑧ dispone de caminos de tablas para atravesar las dunas y llegar hasta una de las mejores playas de EE UU.

St. Andrews ⑩ tiene una magnífica playa que, a diferencia de lo que ocurre con Panama City Beach, está protegida contra los promotores inmobiliarios *(ver pp. 238-239)*.

Panama City Beach, la zona turística con mayor animación del Panhandle

Panama City Beach ⓫

Mapa de carreteras B1. Bay Co. 6.000. 17001 *Panama City Beach Pkwy, (850) 233-5070.* **Captain Anderson's** ***Tel*** *(850) 234-3435.* **Treasure Island Marina** ***Tel*** *(850) 234-8944.* **www**.beachloversbeach.com

Panama City Beach, con sus 43 km de hoteles, parques de atracciones y edificios rodeados de reluciente arena de cuarzo, es la mayor estación turística del Panhandle y recibe tanto a las multitudes de jóvenes que invaden el lugar durante las vacaciones de primavera *(ver p. 34)*, como a las familias, que acuden en verano. Las condiciones para la práctica de deportes son excelentes.

La "capital de los naufragios del sur", como normalmente se apoda a Panama City Beach, es conocida por la práctica del buceo. Además de sus arrecifes de coral, posee más de 50 zonas artificiales acondicionadas para la inmersión. Los puertos deportivos Captain Anderson's y Treasure Island ofrecen la posibilidad de alimentar a los delfines y realizar viajes en barcos con fondo de cristal.

Gulf World Marine Park

15412 Front Beach Rd. *(850) 234-5271.* *todos los días.* *Acción de Gracias, 25 dic.*
www.gulfworldmarinepark.com
Las exhibiciones de delfines y leones marinos es lo más destacado de la visita a este parque marítimo. Otras atracciones, incluidos los acuarios y el tanque de los tiburones, están situadas en jardines tropicales.

Museum of Man in the Sea

17314 Panama City Beach Parkway. ***Tel*** *(850) 235-4101.* *todos los días.* *Acción de Gracias, 25 dic, 1 ene.*
El Museo del Hombre en el Mar ofrece una mirada a la historia del submarinismo y del rescate marítimo. En él se exponen desde antiguas escafandras hasta tesoros recuperados del *Atocha,* galeón español del siglo XVII *(ver p. 28).* El aparcamiento de coches está lleno de submarinos. Uno de los favoritos es el *Moby Dick,* un buque de salvamento que recuerda a la ballena asesina.

ZooWorld

9008 Front Beach Rd. *(850) 230-1243.* *todos los días.* *25 dic*
ZooWorld da cobijo a más de 350 animales, como osos, grandes felinos, caimanes, camellos, jirafas y orangutanes, y tiene a su cargo ejemplares de más de 15 especies en peligro de extinción.

El Gentle Jungle Petting Zoo ofrece la oportunidad de contemplar de cerca a los animales.

El orangután, uno de los animales más divertidos de ZooWorld

Shipwreck Island Water Park

12000 Front Beach Rd.
(850) 234-0368. *abr-may: sá, do; jun-ago: todos los días (sujeto a cambios).* *limitado.*
www.shipwreckisland.com
Una de las atracciones preferidas de este parque acuático es, sin duda, un recorrido de 490 m en salvavidas por el Lazy River. Pero hay también opciones más dinámicas, como el Speed Slide, a 55 km/h, el Rapid River, o el White Water Tube, de 110 m.

Las diversiones más suaves están pensadas para los menores, así como una piscina con olas y zonas para tomar el sol. Hay socorristas.

Divertida atracción de Shipwreck Island Water Park

Coconut Creek Family Fun Park

9807 Front Beach Rd. ***Tel*** *(850) 234-2625, (888) 764-2199.* *9.00-23.30 todos los días.* *25 dic.* *gratis menores de 6 años.*
www.coconutcreekfun.com
Este parque posee dos minigolfs de 18 hoyos al estilo de un safari africano. También hay un laberinto del tamaño de un campo de fútbol, donde se trata de viajar de una isla del sur del Pacífico a otra; es el mayor del país.

Alrededores

A sólo 5 km al sureste de la franja principal, **St. Andrews State Park** constituye un buen antídoto contra Panama City Beach, aun cuando puede estar muy concurrida en verano. Es

Réplica de una destilería de trementina en St. Andrews State Park

una reserva con una fabulosa playa de arena blanca, considerada la mejor de EE UU en 1995. En ella puede practicarse la natación y la inmersión con escafandra en torno a las escolleras de roca. Las zonas pantanosas y las lagunas albergan caimanes y variedad de aves zancudas.

Dentro del parque se encuentra una reconstrucción moderna de una destilería de trementina de estilo rústico, semejante a las que se encontraban en todo el Estado a principios del siglo XX *(ver p. 231).*

St. Andrews State Park
4607 State Park Ln. ***Tel*** *(850) 233-5140. todos los días. limitado.*
www.floridastateparks.org

Florida Caverns State Park ⓬

Mapa de carreteras B1. Jackson Co. 3345 Caverns Rd, junto a la carretera 166, 5 km al N de Marianna. **Marianna.** *(850) 482-9598. todos los días.* **www**.floridastateparks.org

La piedra caliza que sirve de sustentación al suelo de Florida queda al descubierto en esta serie de cuevas excavadas en la blanda roca y drenadas por el río Chipola. La filtración del agua de lluvia durante miles de años ha creado un paisaje rupestre de estalactitas, estalagmitas y relucientes arroyos. Abríguese si va a visitar las cavernas, ya que la temperatura oscila entre 16 y 19°C.

El parque cuenta con senderos para realizar excursiones y montar a caballo, y se puede nadar y pescar en el río Chipola. Un trayecto de 84 km en canoa recorre los altos acantilados calizos siguiendo el curso del río al sur de Dead Lake, al oeste de Apalachicola National Forest *(ver p. 240).*

Torreya State Park ⓭

Mapa de carreteras C1. Liberty Co. Route CR 1641, 21 km al N de Bristol. *Blountstown.* ***Tel*** *(850) 643-2674. todos los días. limitado.* **www**.floridastateparks.org

El parque estatal de Torreya linda con un bello recodo boscoso del Apalachicola River y debe su nombre a un árbol denominado *torreya,* rara variedad de tejo que una vez creció aquí en abundancia. Los acantilados de piedra caliza que flanquean el río, en los que los soldados confederados excavaron trincheras desde las que repeler a las cañoneras de la Unión durante la guerra civil, ofrecen uno de los pocos puntos elevados naturales de Florida desde los que contemplar unas estupendas panorámicas.

Gregory House, una mansión de estilo mediterráneo del siglo XIX, se levanta en lo alto de un acantilado de 45 m. En 1935, los conservacionistas la trasladaron hasta aquí desde su primitiva ubicación río abajo.

Desde Gregory House, un corto paseo lleva hasta la orilla del río. También se puede tomar el sendero conocido como Weeping Ridge Trail, de 11 km. Se puede contemplar toda clase de aves, ciervos, castores y la poco frecuente tortuga *mapa de Barbour* (llamada así por los dibujos de su caparazón).

St. Joseph Peninsula State Park ⓮

Mapa de carreteras B1. Gulf Co. Route 30E. *Blountstown.* ***Tel*** *(850) 227-1327. todos los días limitado abierto todo el año.* **www**.floridastateparks.org

Situado en la punta de la delgada lengua de arena que se extiende al norte del cabo San Blas y que encierra la bahía de St. Joseph, este parque costero resulta ideal para quienes busquen paz y tranquilidad. Es un lugar excelente para practicar la natación y la pesca submarina. Los aficionados a la observación ornitológica no deben olvidar sus prismáticos, ya que las aves proliferan por toda la costa. Se ha registrado la presencia de más de 200 especies diferentes en la zona. Además, es posible hospedarse en cabañas con vistas a la bahía.

En los bosques de palmitos podrá ver ciervos, mapaches, pequeños linces americanos e, incluso, coyotes.

El río Apalachicola en su curso por Torreya State Park

Casas residenciales al borde del agua en Walter Street, Apalachicola

Apalachicola ⓯

Mapa de carreteras B1. Franklin Co. *3000.* *Tallahassee.* *122 Commerce St, (850) 653-9419.* **www**.apalachicolabay.org

Apalachicola, un puesto aduanero que se estableció junto al río en 1823, conoció días de esplendor durante sus primeros 100 años de existencia. El crecimiento económico se inició con el comercio del algodón y, posteriormente, amasaron aquí su fortuna los pescadores de esponjas y los industriales madereros. Hoy, una franja de coníferas y árboles frondosos forma Apalachicola National Forest, que se extiende a lo largo de 19 km al norte de la ciudad.

Tras el auge maderero de los años 20, orientó su actividad hacia la explotación ostrícola y la pesca en la desembocadura del río Apalachicola. Las embarcaciones amarran todavía en el muelle y en Water Street hay varias marisquerías donde pueden degustarse las ostras.

La ciudad vieja posee magníficos edificios que datan de los tiempos del apogeo algodonero. La cámara de comercio proporciona un mapa de los itinerarios que pueden hacerse a pie, algunos de los cuales incluyen visitas a propiedades privadas como la Raney House, de 1838, que imita el estilo clásico griego.

El **John Gorrie Museum State Park**, dedicado al más notable de los habitantes que ha tenido Apalachicola, posee una de las máquinas de fabricar hielo inventadas por el doctor Gorrie en 1851, para refrescar las habitaciones de los enfermos de fiebre amarilla.

John Gorrie Museum State Park
46 6th Street (Gorrie Square). ***Tel*** *(850) 653-9347.* *ju-lu.* *Día de Acción de Gracias, 25 dic, 1 ene.*

St. Vincent, St. George y Dog Islands ⓰

Mapa de carreteras B2, C2, C1. Franklin Co. *Tallahassee.* *122 Commerce St, Apalachicola, (850) 653-9419.* **Jeannie's Journeys *Tel*** *(850) 927-3259.* **www**.sgislandjourneys.com

Esta franja de islas de la barrera coralina separa las aguas de la bahía de Apalachicola de las del golfo de México. St. George, unida por un puente a Apalachicola, está experimentando un rápido crecimiento urbanístico. Sin embargo, en su parte oriental se encuentra **St. George Island State Park**, un trecho de 14 km de dunas que goza de protección oficial.

Al oeste, **St. Vincent National Wildlife Refuge** sólo tiene acceso desde la isla de St. George.

Pesca en los rompientes, una actividad popular en St George Island

La empresa Jeannie's Journeys, de East Gorey Drive, organiza visitas a esta reserva ecológica donde anidan los quebrantahuesos en primavera. En verano, las tortugas marinas ponen sus huevos en la playa, y en invierno es posible observar a las aves marinas migratorias.

A la pequeña Dog Island, al este, hay que llegar en barco desde Carrabelle, en el continente.

St. George Island State Park
Tel *(850) 927-2111.* *todos los días.*

St. Vincent National Wildlife Refuge
Tel *(850) 653-8808.* *lu-vi.*

Piscina natural de Wakulla Springs

Wakulla Springs State Park ⓱

Mapa de carreteras C1. Wakulla Co. 550. Wakulla Park Drive, Wakulla Springs. ***Tel*** *(850) 224-5950.* *Tallahassee.* *todos los días.* **www**.floridastateparks.org

El Wakulla, uno de los mayores manantiales de agua dulce del mundo, bombea 2,6 millones de litros por minuto en la gran charca que constituye la principal atracción de este parque.

Se puede nadar o bucear en el agua clara, filtrada por la piedra caliza, hacer un recorrido en una embarcación con suelo de cristal o realizar excursiones por el río Wakulla y ver caimanes y aves zancudas.

No se vaya de aquí sin visitar el hotel-restaurante Wakulla Sgrings Lodge, de estilo español.

La pesca de marisco en Apalachicola Bay

Cangrejo azul

La bahía de Apalachicola es uno de los estuarios más productivos del mundo. Gracias a los ricos nutrientes del río Apalachicola, que desemboca en ella, constituye una valiosa zona de reproducción, cría y alimentación para muchas especies marinas. Las cálidas aguas de las marismas, entre Apalachicola Bay y Cedar Key *(ver p. 245)*, también son importantes áreas de alimentación, y la tradición pesquera se extiende por toda la costa. Las ostras, el cangrejo azul, las gambas *(shrimps)* y otros crustáceos, así como gran cantidad de pescados, favorecen la industria pesquera local, que tiene una producción de 15 millones de dólares anuales. Las ostras de Apalachicola Bay representan el 90% de la captura local. Estos moluscos crecen rápidamente gracias a las ideales condiciones que se dan en la bahía.

Los *tongs*, dos rastrillos en forma de tijera, se utilizan para sacar las ostras del mar.

Una persona separa las ostras por tamaños, devolviendo al mar las que son demasiado pequeñas.

Pesca de ostras en Apalachicola Bay

PESCA DE OSTRAS

Los mariscadores de ostras, a los que se conoce localmente como ***tongers*** (rastrilleros) por las artes que emplean, utilizan pequeños botes de madera para pescar en las zonas públicas conocidas como barras ostreras, pero durante los meses de verano y otoño, centran su actividad en otras especies.

Ostras frescas servidas en hielo

Las gambas blancas, marrones y rosas *se pescan desde pequeños botes en el interior de la bahía, pero en el golfo de México se utilizan embarcaciones mayores que pueden estar en el mar más de una semana. En las empresas marisqueras se clasifican las capturas.*

El marisco fresco *se vende todo el año en la localidad de Apalachicola, donde se celebra el Festival del Marisco de Florida el primer fin de semana de noviembre.*

Los cangrejos azules, *tanto los de caparazón duro como los de caparazón blando (conocidos como "mondos"), se capturan con nasas de alambre que se sumergen en el mar. Aparecen a partir de febrero, cuando empieza el calor.*

Tallahassee ⓲

A 23 km de la frontera con el Estado de Georgia, rodeada de colinas y carreteras arboladas, Tallahassee es el epítome de "la otra Florida", amable, hospitalaria y sureña sin paliativos. Era casi imposible que este lugar remoto, que fue asentamiento indio y misión franciscana, se convirtiera en la nueva capital del territorio de Florida en 1824 *(ver p. 225)*. Sin embargo, a partir de sus humildes comienzos, Tallahassee creció espectacularmente durante la época de las plantaciones tras la incorporación de Florida a la condición de Estado en 1845. Todavía pueden contemplarse las elegantes casas construidas por políticos, dueños de plantaciones y hombres de negocios.

Explorando Tallahassee

El distrito histórico, en el que se encuentran las magníficas casas residenciales del siglo XIX, tiene su centro en torno a Park Avenue y Calhoun Street. Ambas son calles tranquilas y umbrosas, plantadas con robles de Virginia y magnolios meridionales centenarios. La Brokaw-McDougall House, en Meridian Street, es una espléndida construcción de estilo mediterráneo clásico. Parecidas influencias se ponen de manifiesto en The Columns, mansión de 1830 en Duval Street la más antigua de la ciudad. El complejo del Capitolio es el corazón del centro de Tallahassee. El Viejo Capitolio se ha restaurado magníficamente, dejándolo en el mismo estado que tenía en 1902. En su interior puede visitarse la sala del Tribunal Supremo del Estado, el viejo salón de reuniones del gabinete y también el Senado. El Nuevo Capitolio, de 22 plantas, se construyó detrás del antiguo, y en él se celebran las sesiones legislativas de marzo a mayo.

Talla de madera en el Viejo Capitolio

El Visitor Center en Jefferson Street proporciona planos con rutas para recorrer la ciudad a pie.

INFORMACIÓN ESENCIAL

Mapa de carreteras C1. Leon Co. *137.000.* 13 km al S. *918 Railroad Avenue, (800) 872-7245.* *112 W Tennessee Street, (850) 222-4240.* *106 E. Jefferson Street, (850) 413-9200, (800) 628-2866.* *Springtime Tallahassee (mar-abr).* **www**.seetallahassee.com

Knott House Museum

301 East Park Ave. ***Tel*** *(850) 922-2459.* *mi-sá.* **www**.knotthouse.org

Se dice que esta casa la construyó un negro liberado en 1843, 20 años antes de la emancipación de los esclavos en Florida. En la actualidad es una de las residencias victorianas más bellamente restauradas de Tallahassee, y es conocida por el nombre de los Knott, que la habitaron en 1928 y procedieron a su completa rehabilitación. Los poemas que compuso Luella Knott

y que unió a sus muebles antiguos favoritos siguen hoy en el mismo lugar.

Museum of Florida History
500 S Bronough St. ***Tel*** *(850) 488-1484.* *todos los días.* *Día de Acción de Gracias, 25 dic.*
www.flheritage.com
Este museo aborda 12.000 años de historia de la región. Diversos dioramas dan a conocer los elementos característicos de la cultura paleoindia. Armadillos de gran tamaño, un esqueleto de mastodonte reconstruido con huesos hallados en Wakulla Springs *(ver p. 240)* y numerosos objetos proporcionan una excelente aproximación a la historia, desde la época colonial hasta la década de 1920 *(ver p. 50-51).*

Paseo de tablas del Museo de Historia y Ciencias Naturales

Alrededores
Lake Bradford Road, 5 km al suroeste de la ciudad, conduce al **Tallahassee Museum of History and Natural Science.** La pieza central de este museo es una soberbia reconstrucción de una explotación agrícola del Big Bend, una reproducción de la vida rural del siglo XIX en la que el personal, con trajes de la época, cuida las cabras y los gansos junto a los edificios de 1880.

Bellevue, pequeña casa familiar de una plantación, construida en la década de 1830, es otra de las atracciones. Hay también un centro interactivo y un zoo. Esta zona del bosque, a orillas del lago Bradford, constituye un hábitat natural para osos negros y linces, mientras los caimanes se esconden entre los lirios

AB Maclay Gardens State Park, cerca de Tallahassee, en primavera

de agua y en las áreas pantanosas de cipreses.

Goodwood Museum and Gardens, en la zona nororiental de Tallahassee, produjo algodón y cereales durante el siglo XIX *(ver pp. 46-47).* La casa principal conserva en su interior muchos elementos originales, como una escalera de caoba y una chimenea de mármol.

Tallahassee Museum of History and Natural Science
3945 Museum Drive. *(850) 576-1636.* *todos los días.* *Acción de Gracias, 24-25 dic, 1 ene.* **www**.tallahasseemuseum.org

Plantación Goodwood
1600 Miccosukee Rd. ***Tel*** *(850) 877-4202.* *lu-vi.* *lu-sá.*
www.goodwoodmuseum.org

AB Maclay Gardens State Park ⓳

Mapa de carreteras C1. 3540 Thomasville Rd, Leon Co.
Tel *(850) 487-4556.* *Tallahassee.* *Tallahassee.* *todos los días.* *limitado.*
www.floridastateparks.org

Estos espléndidos jardines, 6 km al norte de Tallahassee, se crearon originalmente alrededor de Killearn, la residencia de invierno del financiero neoyorquino Alfred B. Maclay. Contiene más de 200 variedades de plantas que rodean el lago Hall. Son un regalo para la vista incluso en invierno (de enero a abril), cuando las camelias y las azaleas están en flor. Los visitantes pueden nadar, pescar, navegar o pasear por el bosque siguiendo el sendero natural Big Pine.

Monticello ⓴

Mapa de carreteras C1. Jefferson Co. *2.800.* *Tallahassee.* *Tallahassee.* *420 W Washington St, (850) 997-5552.*
www.monticellojeffersonfl.com

Fundada en 1827, esta localidad recibió el nombre de la casa que el presidente Thomas Jefferson tenía en Virginia. Gracias al algodón, Monticello prosperó y pudo costearse la construcción de elegantes casas residenciales. En la actualidad, algunas de ellas son pensiones en las que se ofrece cama y desayuno.

En la US 90, la ciudad se extiende de forma radial a partir del imponente palacio de justicia. El distrito histórico está situado al norte, con gran cantidad de edificios antiguos que van desde mansiones de la década de 1850 hasta casas de estilo Reina Ana, con tallas de madera decorativas y rasgos góticos. Todos los años, a finales de junio, la localidad celebra su Festival de la Sandía, dedicado a la fruta que constituye la base de su agricultura. Cabalgatas, bailes, rodeos, y la tradicional competición consistente en escupir las pipas de sandía, se cuentan entre las principales atracciones del festival.

Iglesia presbiteriana de Monticello

Suwannee River State Park ㉒

Mapa de carreteras D2. Suwannee Co. 13 km al NO deLive Oak. *Live Oak.* ***Tel*** *(386) 362-2746* . *todos los días.* *limitado.* **www**.floridastateparks.org

El río Suwannee, al que hizo famoso la canción que escribió Stephen C. Foster en 1851, *Old Folks at Home,* nace en el Estado de Georgia, desde donde recorre 425 km hasta llegar al golfo de México.

El parque ofrece uno de los mejores recorridos en canoa por el interior de Florida. El río fluye aquí sin obstáculos, y en sus bajas orillas crece un bosque de nogal es americanos, robles, magnolios meridionales y algunos cipreses. El visitante tendrá la oportunidad de encontrar una amplia variedad de vida silvestre, entre la que se cuentan garzas, fúlicas americanas, halcones y tortugas.

Embarcadero del River Suwannee State Park

Steinhatchee ㉓

Mapa de carreteras D2. Taylor Co. *7.000.* *Chiefland.* *428 N Jefferson, Perry, (850) 584-5366.* **www**.taylorcountychamber.com

Apartada de la desembocadura del río Steinhatchee, esta vieja ciudad de pescadores se ha extendido a lo largo de la ribera. Para captar el sabor del lugar hay que pasear entre la mezcolanza de campamentos de pesca, tiendas de cebo y botes amarrados a los muelles de madera de ciprés. Aquí se practica la pesca de la trucha, y la gente del lugar busca cangrejos en la orilla.

A unos 42 km al noroeste de Steinhatchee se halla **Keaton Beach.**

Cedar Key ㉔

Mapa de carreteras D2. Levy Co. *750.* *Chiefland.* *525 2nd Street, (352) 543-5600.* **www**.cedarkey.org

Al pie de una cadena de cayos que se adentra en el golfo de México, Cedar Key es un pintoresco pueblo de pescadores de estilo victoriano, deteriorado por la acción del tiempo. En el siglo XIX floreció al ser la estación término del primer ferrocarril que cruzaba el Estado de Florida, y gracias al próspero comercio de la madera. Sin

Ruta del Algodón ㉑

Durante la décadas de 1820 y 1830, la zona que rodea Tallahassee era la más importante región algodonera de Florida. Desde las plantaciones más alejadas llegaban los carros tirados por caballos hasta el mercado de la capital. Hoy, estos viejos caminos atraviesan los rincones de la Florida rural todavía intactos.

El itinerario sigue la vieja ruta del algodón a lo largo de carreteras arboladas, y pasa por pastos de ganado bovino y prados cercados en medio de bosques de frondosas. El recorrido lleva unas tres horas y media. También es posible hacer una ruta entre Tallahassee y Monticello *(ver p. 243).*

Bradley's Country Store ④
Este tradicional almacén rural, famoso por sus embutidos caseros, lo siguen llevando los Bradley, que establecieron su negocio en 1927.

Old Pisgah United Methodist Church ③
Esta iglesia imita el estilo clásico griego. Fue construida en 1858 y es la edificación metodista más antigua de Leon County.

Goodwood Plantation ①
Esta antigua plantacion de algodon *(ver p. 243)* conserva su encantadora mansion de la década de 1840.

Miccosukee Road ②
En la década de 1850, esta carretera arbolada, antiguo sendero indio, era utilizada por 30 plantaciones locales.

SIMBOLOGÍA

Itinerario sugerido

Otras carreteras

embargo, en pocas décadas, se talaron los bosques de cedros que le dan nombre, y el auge maderero tocó a su fin. Algunos de los viejos almacenes se han convertido en tiendas y restaurantes.

En el muelle se puede tomar un barco para ir a la playa de alguna de las islas costeras que forman parte del Cedar Keys National Wildlife Refuge, o dedicarse a la observación de aves en las marismas de la cost.

En el **Cedar Key Historical Society Museum** se expone una ecléctica colección de objetos que incluyen algunos dientes fosilizados de tapir, restos de cerámica india y trampas de cangrejos. En el museo hay mapas que indican el recorrido por los edificios históricos.

Cedar Key Historical Society Museum
Esquina a d y 2nd Streets. ***Tel*** *(352) 543-5549.* *13.00-16.00 do-vi, 11.00-17.00 sá.* *Acción de Gracias, 25 dic, 1 ene.*

Alrededores

A 50 km al norte de Cedar Key se encuentra **Manatee Springs State Park,** donde brota un manantial en una cueva sumergida a más de 9 m por debajo de la superficie. El agua, que alimenta al río Suwannee, es clara como el cristal y muy apreciada por submarinistas y buceadores.

No es fácil ver a los manatíes que a veces pasan aquí el invierno, pero sí podrá contemplar a docenas de tortugas, peces y garcetas que se alimentan enlos bajíos. Se puede nadar, alquilar una canoa, hacer un recorrido en barco o pasear por alguno de los numerosos senderos. Quizá tenga la suerte de ver algún armadillo en el monte bajo.

Manatee Springs State Park
Route 320, 10 km al O de Chiefland. ***Tel*** *(352) 493-6072.* *todos los días.*
www.floridastateparks.org

Cabaña en ruinas en la costa de Cedar Key

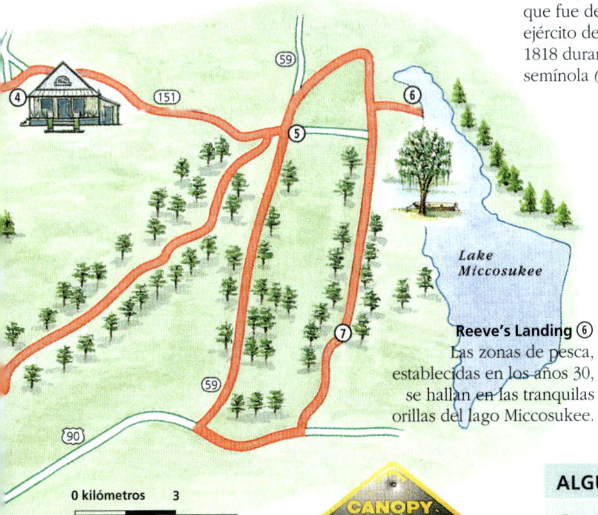

Miccosukee ⑤
Era un poblado indio hasta que fue destruido por el ejército de Andrew Jackson en 1818 durante la primera guerra seminola *(ver pp. 46-47)*.

Reeve's Landing ⑥
Las zonas de pesca, establecidas en los años 30, se hallan en las tranquilas orillas del lago Miccosukee.

gnolia Road ⑦
a ruta, una de las últimas carreteras ar-adas no pavimentadas de Florida, llevaba sta el puerto de Magnolia, desde el que se barcaba el algodón con destino a Nueva York.

ALGUNOS CONSEJOS

Recorrido: *80 km.*
Altos en el camino: *no hay restaurantes en la ruta, por lo que es aconsejable llevar provisiones o comprar algo de comida en el almacén rural de los Bradley y coma a orillas del lago Miccosukee.*

LA COSTA DEL GOLFO

Para muchos visitantes, la costa del golfo empieza y termina en sus fabulosas playas, bañadas por las tranquilas y cálidas aguas del golfo de México, y en sus contiguas localidades turísticas. Sin embargo, merece la pena visitar algunas de la ciudades más interesantes de Florida o explorar zonas naturales que permanecen prácticamente vírgenes.

Desde la colonización española, la actividad de la costa del golfo se ha concentrado en la bahía de Tampa. Pánfilo de Narváez ancló aquí en 1528 y Hernando de Soto *(ver p. 43)* desembarcó en sus proximidades en 1539. La bahía era un puerto natural que atrajo a los primeros pobladores del siglo XIX. El clima beningno la convirtió en zona de cultivo de azúcar: Gamble Plantation, cercana a Bradenton, es la plantación más meridional de EE UU *(ver p. 266)*.

Tras la guerra de secesión, la costa del golfo se convirtió en una importante escala del comercio entre EE UU y el Caribe. El responsable de ello fue Henry Plant, cuya línea férrea de unión con Virginia, construida a finales del siglo XIX, contribuyó a alimentar el mayor periodo de prosperidad tanto de Tampa como de toda la región. Los inmigrantes acudieron en masa, desde grupos étnicos como los pescadores de esponjas griegos, que se asentaron en Tarpon Springs, hasta norteamericanos adinerados como el rey del circo John Ringling, cuya espléndida mansión de estilo italiano y su impresionante colección de arte europeo constituyen el principal atractivo de la ciudad de Sarasota.

Henry Plant, como hizo Flagler en el este de Florida *(ver pp. 48-49)*, se sirvió de la promesa de los soleados inviernos para atraer a los acaudalados viajeros del norte. El promedio anual de 361 días de sol atrae a multitudes de turistas a sus innumerables playas, pero no muy lejos, en el interior, aguardan singulares poblaciones ganaderas, ríos ideales para el descenso en canoa, y bosques y humedales donde los animales salvajes viven a sus anchas.

Perfil urbano de Tampa, la ciudad más importante de la costa del golfo

◁ **Pasarela que conduce a la playa de Sand Key, cerca de Clearwater Beach**

Explorando la costa del golfo

Las playas, que trazan una línea casi continua a lo largo de la costa del golfo, sólo interrumpida por una serie de bahías y entradas de mar, resultan irresistibles. La abundancia de alojamientos, que van desde pintorescos chalets hasta magníficos complejos hoteleros, además de su cercanía a las principales ciudades y zonas turísticas del interior, convierten el litoral en el lugar más solicitado por los visitantes para hospedarse. En St. Petersburg, Tampa y Sarasota encontrará algunos de los mejores museos de Florida, así como destacadas atracciones como Busch Gardens y el Florida Aquarium. También hallará un sinfín de lugares peculiares, como la mayor concentración mundial de edificios de Frank Lloyd Wright, en el Florida Southern College, o las curiosas y maravillosas sirenas de Weeki Wachee Spring.

Las relucientes torres y la cúpula del antiguo Tampa Bay Hotel

VER TAMBIÉN

- ***Alojamiento*** pp. 323-328
- ***Restaurantes y bares*** pp. 350-352 y 357

Explorando los parajes vírgenes de Myakka River State Park

CÓMO DESPLAZARSE

Resulta fácil desplazarse en coche por esta región. La US 19 recorre la costa del norte de la bahía de Tampa, atravesando la entrada de mar por el magnífico puente Sunshine Skyway Bridge, mientras que la US 41 une las poblaciones costeras del sur de Tampa. Si tiene prisa, utilice la I-75, que discurre por el interior. Al igual que sucede en el resto de Florida, resulta difícil moverse sin automóvil. Los autobuses de la empresa Greyhound unen las principales ciudades, pero la oferta ferroviaria es más limitada. Los trenes de Amtrak sólo llegan hasta Tampa, si bien esta compañía ofrece unos autobuses, los *Thruway,* *(ver p. 392)* que conectan la ciudad con St. Petersburg y las poblaciones costeras del sur hasta Fort Myers.

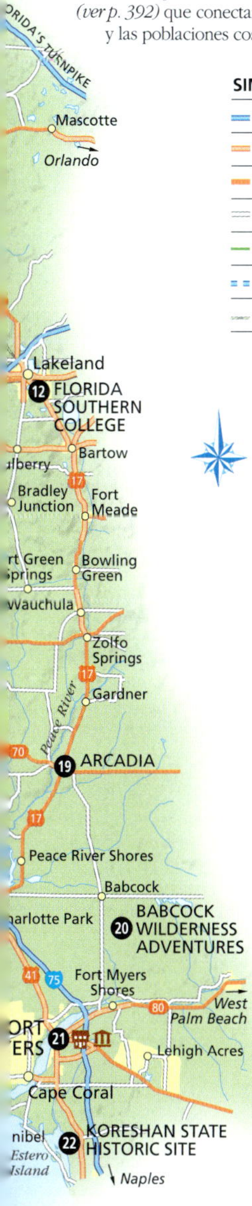

SIMBOLOGÍA

- Autopista
- Carretera principal
- Carretera secundaria
- Carretera local
- Carretera panorámica
- En construcción
- Línea férrea principal

0 kilómetros 30

0 millas 25

Clearwater Beach al atardecer

El antiguo pantalán de Anna Maria Island, situado al oeste de Bradenton

LUGARES DE INTERÉS

Crystal River ❶

Mapa de carreteras D2. Citrus Co. *5.000. 28 NW US 19, (352) 795-3149.*

Crystal River ofrece dos atractivos principales. Uno de ellos son los manatíes, que entre enero y marzo se reúnen en grupos de hasta 300 ejemplares para retozar en los cálidos manantiales de la zona. Puede hacer una excursión en barco por **Crystal River National Wildlife Refuge,** una reserva natural creada expresamente para proteger a esta especie animal, que alberga los manantiales y las entradas de mar de la cercana bahía de Kings.

El otro atractivo es el **Crystal River Archaeological State Park,** un yacimiento arqueológico, situado 3 km al oeste de la ciudad, que contiene seis túmulos indios. Se cree que estuvo habitado durante 1.600 años, desde el 200 a.C. hasta el 1.400 d.C., lo que lo convierte en uno de los asentamientos permanentes más prolongados de Florida. Se calcula que 7.500 aborígenes lo visitaban todos los años, con frecuencia tras recorrer largas distancias. Las excavaciones de 400 de las 1.000 tumbas halladas han revelado que las tribus locales mantenían relaciones comerciales con pueblos asentados al norte de Florida.

Cerámica de Crystal River

Desde la plataforma de observación se divisa todo el yacimiento. Justo debajo de ella se encuentra el principal túmulo de culto, construido alrededor del año 600 d.C. Más allá, dos piedras ceremoniales talladas, o estelas, erigidas alrededor del año 400 d.C., flanquean dos de los tres enterramientos del yacimiento. Estas piedras son características de las culturas precolombinas de Mesoamérica, pero no hay ningún indicio que demuestre su vinculación con Crystal River. En el extremo occidental del yacimiento se encuentra un asentamiento delimitado por dos túmulos *(ver p. 40).*

EL MANATÍ DE FLORIDA

Mientras se encuentre en Florida oirá hablar con frecuencia del manatí, en grave peligro de extinción. Se cree que en EE UU sólo quedan unos 2.500 ejemplares, que se concentran en las templadas aguas de Florida. Estos animales, antaño numerosos, fueron cazados en masa hasta principios del siglo XX. Desde entonces, la destrucción de su hábitat y los atropellos de las embarcaciones han sido los grandes causantes de bajas en su población.

El manatí, que alcanza una longitud media de tres metros, es una criatura enorme que habita en aguas costeras poco profundas, ríos y manantiales, e invierte unas cinco horas diarias en alimentarse, fundamentalmente de algas.

El manatí, morador de aguas dulces y saladas

Crystal River National Wildlife Refuge
1502 SE Kings Bay Drive. ***Tel*** *(352) 563- 2088. todos los días (abr-med nov: lu-vi).*

Crystal River Archaeological State Park
3400 N Museum Pointe. ***Tel*** *(352) 795-3817. todos los días. limitado.*

Una *sirena* actuando en Weeki Wachee Springs

Homosassa Springs Wildlife State Park ❷

Mapa de carreteras D2. Citrus Co. 4150 South Suncoast Bvd, Homosassa. *Crystal River. (352) 628-5343. todos los días.* **www**.floridastateparks.org

Uno de los mejores lugares para contemplar a los manatíes es esta reserva natural, donde un observatorio flotante permite acercarse a ellos.

Los ejemplares heridos, normalmente víctimas de las hélices de las embarcaciones, son curados aquí para devolverlos después a la naturaleza. En la charca de recuperación suele haber media docena de ellos y, en invierno, un numeroso grupo se congrega fuera de la valla del parque ya que los manatíes se sienten atraídos por las cálidas aguas del manantial.

Weeki Wachee Springs ❸

Mapa de carreteras D2. 6131 Commercial Way, Spring Hill, Hernando Co. Cruce de la US 19 con la SR 50. ***Tel*** *(352) 596-2062. Brooksville. todos los días.* **www**.weekiwachee.com

Este parque temático se encuentra sobre uno de los mayores manantiales de agua dulce de Florida. En los años 40, el antiguo buceador de la marina

Newton Perry tuvo la idea de contratar a unas nadadoras para que interpretaran a las sirenas.

Se construyó un teatro a 5 m de profundidad con unos conductos de aire estratégicamente situados.

Otras atracciones son un parque temático, el espectáculo Misunderstood Creatures y una excursión en barco por el río.

Tarpon Springs ❹

Mapa de carreteras D3. Pinellas Co. *20.000.* *Clearwater.* *11 E Orange St, (727) 937-6109.* **www**.tarponsprings.com

Esta animada población, situada a orillas del río Anclote, es un famoso enclave cultural griego, legado de los pescadores que, a principios del siglo XX, emigraron a ella atraídos por los prolíficos bancos de esponjas de la zona.

En el Dodecanese Boulevard se encuentra el puerto (Sponge Docks), que ha recobrado su ajetreo gracias a la recuperación de los cercanos bancos de esponjas que quedaron diezmados en los años 40 por una plaga bacteriana. Las excursiones en barco que organizan los pescadores incluyen una inmersión a cargo de un buceador ataviado con el atuendo tradicional.

El otro gran atractivo de Dodecanese Boulevard es **Spongeorama,** un pueblo comercial construido en los antiguos almacenes del puerto. También es popular el Sponge Exchange, un moderno complejo que alberga boutiques, galerías de arte y cafés.

Preparando las esponjas naturales para la venta, Tarpon Springs

Sendero en los bosques vírgenes de Caladesi Island

A 3 km hacia el sur se alza la **catedral ortodoxa griega de San Nicolás,** el símbolo de la herencia griega de Tarpon Springs. Este templo neobizantino, réplica de la iglesia de Santa Sofía de Estambul, fue edificado en 1943 con mármol de Grecia. De aquí arranca el Festival de la Epifanía, la fecha más importante del calendario local *(ver p. 37).*

Spongeorama
510 Dodecanese Blvd. ***Tel*** *(727) 938-5366.* *todos los días.*
www.spongefactory.com

Catedral ortodoxa griega de San Nicolás
36 N Pinellas Ave esq. Orange St. ***Tel*** *(727) 937-3540.* *todos los días.*

Dunedin ❺

Mapa de carreteras D3. Pinellas Co. *36.000.* *Clearwater.* *301 Main St, (727) 733-3197.* **www**.dunedin-fl.com

La localidad de Dunedin fue fundada por el escocés John L. Branch, quien, en 1870, estableció un comercio para abastecer a los barcos que navegaban por la costa del golfo hasta Key West. Las cercanas rutas férreas y marítimas proporcionaron prosperidad al negocio, lo que pronto atrajo a numerosos compatriotas de Branch. La herencia escocesa de Dunedin tiene su máxima expresión en los Highland Games (fiestas típicas escocesas) que se celebran todos los años a finales de marzo o principios de abril.

El **Historical Museum,** que ocupa la antigua estación ferroviaria de Dunedin, alberga una buena colección de fotografías y objetos de la primera época de la ciudad. La cercana Railroad Avenue pertenece ahora a Pinellas Trail, un sendero pavimentado que recorre los 47 km que separan Tarpon Springs de St. Petersburg siguiendo la ruta de la antigua vía férrea.

Historical Museum
349 Main St. ***Tel*** *(727) 736-1176.* *ma-sá.* *festivos.*

Alrededores

5 km al norte de Dunedin, una carretera elevada cruza hasta **Honeymoon Island State Park,** un cordón litoral donde se puede nadar y pescar, aunque apenas ha sido urbanizado con el fin de proteger a las numerosas avestruces que acuden a la zona para anidar. De aquí parte el transbordador de pasajeros que lleva a **Caladesi Island State Park,** un parque natural al que también se accede desde Clearwater Beach *(ver p. 252).*

La playa de Caladesi, de 5 km de longitud, bordeada de dunas, fue calificada en 1995 como la segunda mejor de EE UU. Tras ella se extienden amplios pinares, manglares y bosques de cipreses atravesados por un sendero natural de 5 km de longitud. El centro de atención al visitante dispone de mapas.

Honeymoon Island State Park
5 km al NO de Dunedin. ***Tel*** *(727) 469-5942.* *todos los días.* *limitado.*

Caladesi Island State Park
1 Causeway Blvd. ***Tel*** *(727) 469-5918.* *todos los días.*
www.floridastateparks.org

Interior de McMullen Log House, en Pinellas County Heritage Village

Clearwater Beach 6

Mapa de carreteras D3. Pinellas Co. *23.000. Clearwater. tranvía turístico desde Cleveland St.* *1130 Cleveland St, (727) 461-0011.* **www**.clearwaterflorida.org

Esta localidad, próxima a la ciudad de Clearwater, marca el comienzo de una franja turística que se extiende hasta la bahía de Tampa. El paseo marítimo se caracteriza por sus hoteles y bares que a menudo abarrotan los turistas europeos, pero la población ha logrado conservar parte de su carácter. Si el presupuesto no le alcanza para alojarse en los hoteles que se asoman al golfo de México, hay otros más baratos junto a la Intracoastal Waterway.

Del puerto zarpan embarcaciones que realizan expediciones de buceo o pesca y paseos al atardecer por el golfo.

Alrededores

Cruzando Clearwater Pass se llega a Sand Key, que se extiende hacia el sur a lo largo de 19 km. **Sand Key Park,** cerca del extremo septentrional, posee una concurrida playa de palmeras, calificada entre las 20 mejores del país, donde el ambiente es más relajado que en la abarrotada Clearwater Beach.

A unos 11 km al sur, más allá del elegante barrio residencial de Belleair, que cuenta con un hotel construido por Henry Plant *(ver pp. 48-49)*, se alza el magnífico recinto del **Suncoast Seabird Sanctuary.** En este santuario de aves de Indian Shores habitan hasta 500 ejemplares heridos de pelícanos, búhos, garzas, garcetas y otras especies.

Merece la pena desviarse hasta Largo, 12 km al sureste de Clearwater Beach, para visitar **Pinellas County Heritage Village,** un pueblo que consta de 16 edificios históricos transportados hasta aquí desde diversos lugares. Los principales son McMullen Log House *(ver p. 30)* y Seven Gables Home (1907), que permite conocer la vida de una familia victoriana adinerada. En el museo se celebran exhibiciones de hilado, tejidos y las labores de los primeros pobladores.

Lechuzas del Suncoast Sanctuary

Pinellas Country Heritage Village
11909 125th Street N.
Tel *(727) 582-2123. todos los días. festivos. limitado.*
www.pinellascounty.org/heritage

Suncoast Seabird Sanctuary
18328 Gulf Blvd, Indian Shores.
Tel *(727) 391-6211. todos los días. ago-may: mi y do.*

Playas de St. Petersburg 7

Mapa de carreteras D3. Pinellas Co. *Tampa. St. Petersburg. numerosas líneas desde St. Petersburg.* *Tampa Bay Beaches Chamber of Commerce, 6990 Gulf Blvd, (727) 360-6957.* **www**.tampabaybeaches.com

Al sur de Clearwater comienzan las playas de St. Petersburg. Hasta Madeira Beach, los paisajes marítimos son algo decepcionantes. Sin embargo, **Madeira Beach** es un buen lugar donde hospedarse si quiere evitar el ajetreo de las grandes poblaciones turísticas. El cercano Johns Pass Village, recreación de un pueblo pesquero, ofrece además un surtido de restaurantes y tiendas que se salen de lo habitual. También acoge un puerto pesquero y otro deportivo, donde se congregan numerosas embarcaciones.

Más al sur, las monótonas hileras de hoteles caracterizan a Treasure Island. La siguiente población, St. Pete Beach, posee 7 km de arena blanca y un paseo marítimo muy concurrido. En su extremo meridional se levanta el hotel Don Cesar, construido en los años 20. Sus dimensiones y la larga lista de huéspedes ilustres son típicas de los grandes hoteles de aquella época.

En el extremo meridional del cordón litoral, **Pass-a-Grille** es una bocanada de aire fresco tras la aglomeración de St. Pete Beach. Circunvalada por la principal carretera costera, esta población alberga algunas casas de principios de siglo y sus playas se conservan vírgenes. Una advertencia: haga acopio de monedas para los parquímetros.

El hotel Don Cesar domina St. Pete Beach

Las playas de la costa del golfo

Con un promedio de 361 días de sol al año y a tan sólo dos horas en coche desde Orlando, el tramo de costa comprendido entre St. Petersburg y Clearwater es la zona turística más concurrida de la costa del golfo y, además, atrae a numerosos extranjeros.

Conocido como Holiday Isles, Pinellas Coast o Suncoast, este cordón litoral abarca 45 km de magníficas playas. Debido a la calidad de la arena y el agua, además de la relativa escasez de insectos, basuras y delitos, Suncoast figura en las listas de las mejores playas del país. Más al sur, las zonas de baño de Sarasota suelen ser más visitadas por gente de Florida que por turistas. Vaya donde vaya, se encontrará un ambiente mucho más tranquilo que en la costa oriental.

Clearwater Beach ①
Esta localidad resulta perfecta como base para realizar excursiones de un día a Tampa, St. Petersburg y Orlando.

Sand Key Park ② posee una preciosa y amplia playa de ambiente familiar.

Indian Rocks Beach ③ ofrece la posibilidad de hacer surf; las suaves olas del golfo son perfectas para los principiantes.

Madeira Beach ④ disfruta de una bella playa de dunas y, en el cercano Johns Pass, se puede contemplar a los pescadores descargando sus capturas.

St. Pete Beach ⑤ es la zona más concurrida de la costa del golfo y tiene una excelente oferta de deportes náuticos.

Pass-a-Grille ⑥ posee una playa ancha y tranquila, además de maravillosas puestas de sol. Con un poco de suerte podrá ver marsopas.

Fort de Soto Park ⑦ cuenta con tres magníficas playas calificadas entre las mejores de EE UU. El aparcamiento es gratuito y hay un excelente cámping *(ver p. 255)*.

Anna Maria Island ⑧ disfruta de un amable ambiente caribeño y playas vírgenes *(ver p. 267)*.

Longboat Key ⑨ tiene más de 16 km de arena blanca desde donde los pescadores lanzan directamente los sedales de sus cañas *(ver p. 269)*.

Lido Key ⑩
La más concurrida de las islas litorales de Sarasota posee una animada vida nocturna *(ver p. 269)*.

Siesta Key ⑪ disfruta de una arena y un mar excelentes, además de buenas instalaciones deportivas. Ideal para familias *(ver p. 269)*.

St. Petersburg ❽

Esta localidad de amplias avenidas se desarrolló en el siglo XIX, durante la gran época de la especulación del suelo. En 1875, John Williams, un agricultor de Michigan, adquirió un terreno junto a la bahía de Tampa con el propósito de construir una gran ciudad, y un noble ruso exiliado, llamado Peter Demens, proporcionó a St. Petersburg tanto una vía férrea como su nombre –en honor a su lugar de nacimiento–.

St. Pete, como a menudo se la conoce, era antes famosa por su población de ancianos, pero su restauración generalizada ha llenado de vida la zona marítima del centro, y St. Petersburg se ha convertido en un animado centro cultural, en buena medida gracias a la presencia del prestigioso Salvador Dalí Museum *(ver pp. 256-257)*.

El muelle de St. Petersburg, sello distintivo de la ciudad

Explorando St. Petersburg

El punto más destacado de la ciudad es **el muelle**. Su característica pirámide invertida, que alberga tiendas, restaurantes, una discoteca, un acuario y una plataforma de observación, es un imán para los visitantes que se dirigen al centro urbano. Una línea de tranvías traza un recorrido desde el muelle, deteniéndose en los principales atractivos de la ruta.

Mirando hacia el norte desde el muelle, el bello hotel **Renaissance Vinoy Resort** *(ver p. 327)*, edificado en los años 20 como hotel Vinoy, destaca en el perfil urbano de St. Petersburg. Apartado de la costa se encuentra el enorme **Tropicana Field,** el otro gran atractivo de St. Petersburg, sede de celebraciones multitudinarias como conciertos de rock o competiciones deportivas *(ver p. 369)*.

🏛 St. Petersburg Museum of History

335 2nd Ave NE. ***Tel*** *(727) 894-1052.* ◯ *todos los días.* ● *Acción de Gracias. 25 dic, 1 ene.* ♿
www.stpetemuseumofhistory.org

Este museo narra la vida de la ciudad a través de objetos como huesos de mastodonte, fósiles y cerámica aborigen. Además, posee una galería de espejos que devuelve a los visitantes una imagen cómica del aspecto que tendrían vestidos con atuendos victorianos.

Un pabellón especial alberga una réplica del hidroavión *Benoist,* que señala la condición de St. Petersburg como cuna de la aviación comercial. En este aeroplano se realizó en 1914 el primer vuelo con un pasajero de pago.

***Amapola*, uno de los cuadros florales de Georgia O'Keeffe, en el Museum of Fine Arts**

Great Explorations

1925 4th Street N. *(727) 821-8992.* *todos los días.*
www.greatexplorations.org

Este museo dirigido a los niños es igualmente fascinante para los adultos. Se puede pasar un buen rato visitando las exposiciones únicas relacionadas con la creatividad y curiosidad del ser humano. Los más jóvenes disfrutan gateando, escalando y tocando todo. Por ejemplo, en Touch Tunnel (túnel táctil) el público se pone a prueba en un laberinto en la más absoluta oscuridad; en Bod Shop (taller corporal) los niños miden sus fuerzas y flexibilidad, mientras que en Power Plant, descubren los efectos de la electricidad.

Florida Holocaust Museum

55 Fifth St S, St. Petersburg
(727) 820-0100, (800) 960-7448. *todos los días.*
1 ene, Acción de Gracias, 25 dic y fiestas judías.
www.flholocaustmuseum.org

Este museo, originariamente en Madeira Beach, se ha reabierto en 1999 cerca del centro de St. Petersburg.

No se muestra la atrocidad del genocidio que tuvo lugar, sino que las exposiciones se centran en la tolerancia, educación y en la historia del antisemitismo. Se ilustra la vida cotidiana de los judíos antes del Holocausto y después del *Kristallnacht* (la noche de los cristales rotos), el 9-10 de noviembre de 1938. Hay una película introductoria, un centro interactivo de tolerancia y aprendizaje y una zona dedicada a la memoria histórica.

Museum of Fine Arts

255 Beach Dr NE.
***Tel** (727) 896-2667.*
ma-do. *Día de Martin Luther King, Acción de Gracias, 25 dic, 1 ene.*
www.fine-arts.org

Instalado en un edificio moderno de estilo palladiano desde el que se contempla la bahía, este museo es famoso por su variada colección de obras europeas, norteamericanas, precolombinas y asiáticas. Entre los cuadros impresionistas franceses se distinguen *Rincón del bosque* (1877), de Cézanne, y el clásico de Monet *Parlamento, Efecto de la niebla, Londres* (1904). Otras obras destacadas son *Amapola* (1927), de Georgia O'Keeffe, *La Lecture* (1888), de Berthe Morisot, y la *Invocación* (1886) de Auguste Rodin.

Como colofón, se expone la mayor colección de fotografías del sureste de EE UU, que data desde principios del siglo pasado hasta nuestros días.

Florida International Museum

244 2nd Ave N. *(727) 341-7900.*
todos los días. *1 ene, Acción de Gracias, 25 dic.*
www.floridamuseum.org

Este museo presenta aspectos de la historia de diferentes países y acoge muestras internacionales itinerantes. Sus exposiciones permanentes se centran en la crisis de los misiles en Cuba, el *Titanic*, la colección Kennedy, el esplendor del Antiguo Egipto y los tesoros de los zares. A partir del 2000 este museo forma parte de la Smithsonian Institution y habitualmente expone piezas de los fondos de esta prestigiosa institución cultural.

Sunken Gardens

1825 4th Street N. ***Tel** (727) 551-3100.* *todos los días.*
www.stpete.org

Miles de plantas y flores tropicales crecen en este gran jardín amurallado que se encuentra hundido 3 m por debajo del nivel de la calle. El terreno fue anteriormente una dolina *(ver p. 22)* llena de agua; hoy se drena mediante una red de tuberías ocultas a la vista.

Pasee entre las buganvillas, los hibiscos y el extenso jardín de orquídeas; además se puede deambular entre mariposas y se organizan programas sobre horticultura.

INFORMACIÓN ESENCIAL

Mapa de carreteras D3. Pinellas Co. *265.000.* *St Petersburg/Clearwater International Airport, 16 km al N del centro* *180 9th St North, (727) 898-1496; también bus Amtrak a Pinellas Square Mall, Pinellas Park, (800) 872-7245* *100 2nd Ave N, (727) 821-4715* *Festival de los Estados.* **www**.stpete.com

La vegetación tropical rodea un riachuelo en Sunken Gardens

Alrededores

Las cinco islas de Boca Ciega Bay, al sur de St. Petersburg, componen **Fort De Soto Park,** un parque que ofrece magníficas vistas del puente Sunshine Skyway y unas soberbias playas. Las islas, muy visitadas por campistas, están llenas de vegetación y en ellas habitan colonias de aves.

Los aficionados a la historia deben visitar Mullet Key, donde los puestos de tiro, ocultos tras grandes muros de hormigón, rememoran la presencia del fuerte De Soto, que comenzó a construirse durante la guerra de Cuba *(ver p. 49)* pero nunca fue terminado.

Fort De Soto Park

3500 Pinellas Bayway South, Tierra Verde. ***Tel** (727) 582-2267.* *todos los días.* **www**.fortdesoto.com

Salvador Dalí Museum

Esta pinacoteca alberga la colección de obras de Salvador Dalí (1904-1989) más completa del mundo, con pinturas creadas entre 1914 y 1970. El museo se inauguró en 1982, 40 años después de que un empresario de Ohio llamado Reynolds Morse conociera al joven artista y comenzara a coleccionar su obra. Además de 95 óleos originales y más de 100 acuarelas y dibujos, el museo contiene 1.300 grabados y esculturas del pintor.

Entre su producción hay desde muestras de los primeros cuadros figurativos de Dalí, pasando por sus experimentos con el surrealismo, hasta los grandes lienzos de su madurez, calificados como sus obras maestras.

Obras maestras
La sala principal del museo contiene seis de las 18 obras maestras de Dalí, entre ellas su Torero alucinógeno, *pintado en 1969-1970.*

Nature morte vivante
Esta obra de 1956 es un ejemplo del uso que hacía Dalí de una cuadrícula matemática y la espiral del ADN (en la coliflor) como base de su composición.

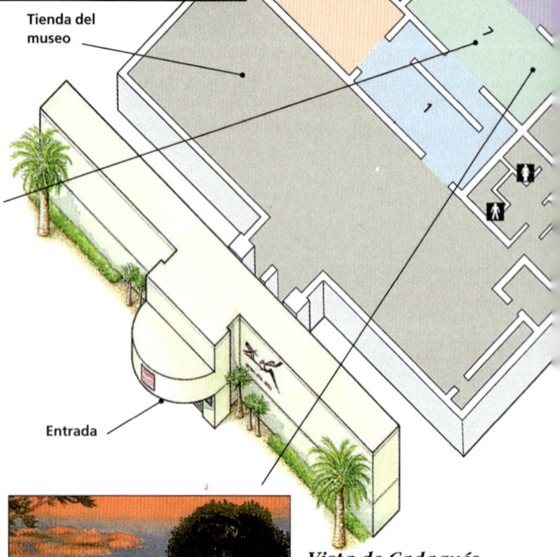

★ ***Niño enfermo***
Esta obra temprana de Dalí expuesta en el museo data de 1914. El artista tenía sólo 10 años cuando pintó este cuadro.

RECOMENDAMOS

- ★ *Niño enfermo*
- ★ *Descubrimiento de América por Colón*
- ★ *Segador de la noche-¡Esperanza!*

Vista de Cadaqués
La influencia impresionista resulta evidente en este paisaje de 1917 que muestra la sombra del Monte Pani extendiéndose sobre la casa familiar de Dalí y la bahía.

Don Quijote y Sancho
Este grabado de 1968 es tan sólo uno de los más de 1.000 dibujos e ilustraciones que Dalí produjo durante su época clásica. Algunas de las muestras del museo viajan a exposiciones temporales.

INFORMACIÓN ESENCIAL

1000 3rd St S, St. Petersburg.
(727) 823-3767.
4, 32 o tranvía turístico.
9.30-17.30 lu-sá (20.00 ju), 12.00-17.30 do. *Acción de Gracias, 25 dic.*
www.SalvadorDaliMuseum.org

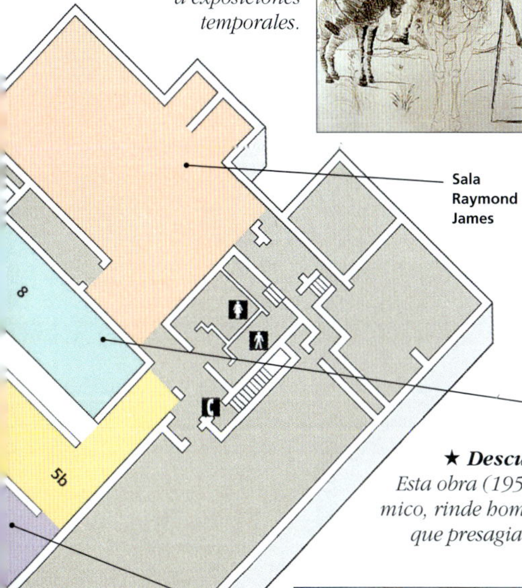

★ *Descubrimiento de América por Colón*
Esta obra (1958-1959), inspirada en un sueño cósmico, rinde homenaje al pintor Velázquez, al tiempo que presagia el aterrizaje del hombre en la Luna.

★ *Segador de la noche-¡Esperanza!*
Esta extraña imagen fue la primera pieza de la colección. Pintada en 1940, muestra a un segador caminando sobre el rostro distorsionado de un violinista.

DISTRIBUCIÓN POR SALAS

- Sala introductoria
- Obras de juventud 1914-1928
- Surrealismo 1929-1940
- Época clásica 1943-1989
- Obras maestras 1948-1970
- Exposiciones temporales
- Espacio sin exposición

GUÍA DEL MUSEO

La colección está dividida en una sala introductoria y otras cinco principales, ordenadas cronológicamente. Las exposiciones temporales de las obras de Dalí suelen ocupar la sala Raymond James.

CÓMO LLEGÓ EL ARTE DE DALÍ A ST. PETERSBURG

Reynolds Morse y su prometida Eleanor sintieron fascinación por Salvador Dalí desde el momento en que asistieron a una exposición suya en 1941. Dos años después compraron el primer cuadro del artista, *Segador de la noche-¡Esperanza!* Así comenzó una larga amistad de los Morse con Dalí y su esposa Gala. Durante los 40 años siguientes, Reynolds y Eleanor recopilaron la mayor colección privada de obras de Dalí. Tras buscar un lugar donde exponer sus cuadros, eligieron como sede su actual emplazamiento junto a la costa por su semejanza con Cadaqués, patria chica del artista. La colección, que los Morse adquirieron por unos 5 millones de dólares, está valorada ahora en más de 350 millones.

Tampa 9

Ánfora, Museum of Art

Los modernos rascacielos de Tampa han sustituido a muchos de los edificios originales pero, afortunadamente, todavía se conservan vestigios históricos en el centro y en el antiguo barrio cubano, Ybor City *(ver pp. 260-261)*, donde a finales del siglo XIX nació la famosa industria tabaquera de Tampa.

Los españoles llegaron en 1539, pero la población no se convirtió en una gran ciudad hasta finales del siglo XIX, cuando Henry Plant *(ver pp. 48-49)* trajo hasta aquí la línea férrea. Hoy en día, el mayor atractivo de Tampa son los cercanos Busch Gardens *(ver pp. 264-265)* y el Florida Aquarium, del nuevo Garrison Seaport Center.

Vista de Tampa con la universidad en primer plano

Explorando el centro

El centro de Tampa se puede visitar a pie. Aquí se encuentran el histórico Tampa Theater y diversos ejemplos de arte público.

Su situación en la desembocadura del río Hillsborough permite disfrutar de la ciudad también desde el agua. Starlite Cruises y Yacht Starship *(ver p. 369)* realizan cruceros, con comidas o cenas incluidas, por la bahía de Tampa. Los taxis acuáticos también proporcionan buenas vistas de los principales lugares de interés de la ciudad, entre ellos el Tampa Bay Hotel y el Museum of Art.

También se puede subir, de forma gratuita, al vehículo que une la parte alta y baja de la ciudad. Se trata de un tranvía con ruedas de caucho que va desde el norte de Harbour Island hasta la calle Tampa, parando en cada manzana para recoger pasajeros. Otra forma de recorrer el centro es con el tranvía TECO, que circula desde el centro hasta el Channel District e Ybor City. Son réplicas de los tranvías que recorrían las calles de Tampa hasta 1946. Funcionan los siete días de la semana, tienen aire acondicionado y el recorrido completo dura unos 22 minutos.

Henry B. Plant Museum

401 W Kennedy Blvd. *(813) 254-1891.* *ma-do.* *Acción de Gracias, 25 dic, 1 ene.* *donativo.* **www**.plantmuseum.com

El lujoso Tampa Bay Hotel, que alberga el Henry B. Plant Museum, es el lugar histórico más famoso de Tampa y sus minaretes árabes se divisan desde toda la ciudad.

Henry Plant encargó la construcción del edificio en 1891 para fundar un hotel donde hospedar a los acomodados pasajeros de su recién construida línea férrea.

La obra costó tres millones de dólares, sin contar los 500.000 dólares de mobiliario. Sin embargo, el hotel no obtuvo el éxito previsto y fue abandonado poco después de la muerte de Plant, en 1899. En 1905 lo adquirió el Ayuntamiento y en 1933 pasó a formar parte de la Universidad de Tampa, mientras que el ala sur de la planta baja se conservó como museo.

El 90% de los objetos expuestos perteneció originalmente al hotel. La porcelana Wedgwood, los espejos venecianos y el mobiliario dieciochesco francés evocan una época irrecuperable. A los visitantes les está permitido pasear por el campus universitario para que puedan apreciar las verdaderas dimensiones del edificio.

Tampa Museum of Art

600 N Ashley Dr. ***Tel*** *(813) 274-8130.* *todos los días.* *Semana Santa, Día de Acción de Gracias, 25 dic, 1 ene.* **www**.tampamuseum.com

Este museo muestra desde antigüedades griegas, romanas y etruscas hasta arte norteamericano del siglo XX.

La colección es excesivamente amplia para que pueda ser expuesta en su totalidad, por lo que se muestran las piezas de forma rotativa. Entre las antigüedades destaca la cerá-

Una de las elegantes salas del Henry B. Plant Museum

El puente Sunshine Skyway atraviesa la boca de la bahía de Tampa

INFORMACIÓN ESENCIAL

Mapa de carreteras D3. Hillsborough Co. *300.000.* *8 km al NO.* *601 Nebraska Ave, (800) 872-7245.* *610 Polk St, (800) 231-2222.* *Channelside Drive, (800) 741-2297.* *HARTline buses, (813) 254-4278.* *615 Channelside Dr, (813) 223-1111.* *Gasparilla Festival (fin ene).* **www**.visittampabay.com

mica. La novedad más reciente del museo, que también alberga una sala dedicada a los artistas locales, es el gran jardín escultórico del exterior.

Los visitantes pueden recorrer el recinto y sentarse en uno de los bancos para admirar detenidamente una de las obras.

Tampa Theater

711 N Franklin St. *(813) 274-8981.* *todos los días.* *25 dic.* *preguntar antes por teléfono.* **www**.tampatheatre.org

En su día, el Tampa Theater fue uno de los cines con la decoración más recargada de EE UU. En 1926, el arquitecto John Eberson diseñó el edificio en un estilo denominado Florida-mediterráneo. La profusión ornamental resultante fue descrita por el historiador Ben Hall como un "caramelo andaluz".

En un intento por producir la sensación de encontrarse al aire libre, Eberson instaló en los techos unas luces que parpadeaban como las estrellas; además, creó nubes artificiales producidas por una máquina de humo y una iluminación diseñada para simular el amanecer. La sala también alberga numerosas esculturas griegas y romanas.

La manera más sencilla de visitar este cine es ir a ver una película *(ver p. 369)*. Además, se celebran con regularidad festivales cinematográficos y acontecimientos deportivos.

Las visitas con guía, que se organizan tan sólo dos veces al mes, incluyen una proyección de 20 minutos y un miniconcierto a cargo de un órgano de teatro de 1.000 tubos.

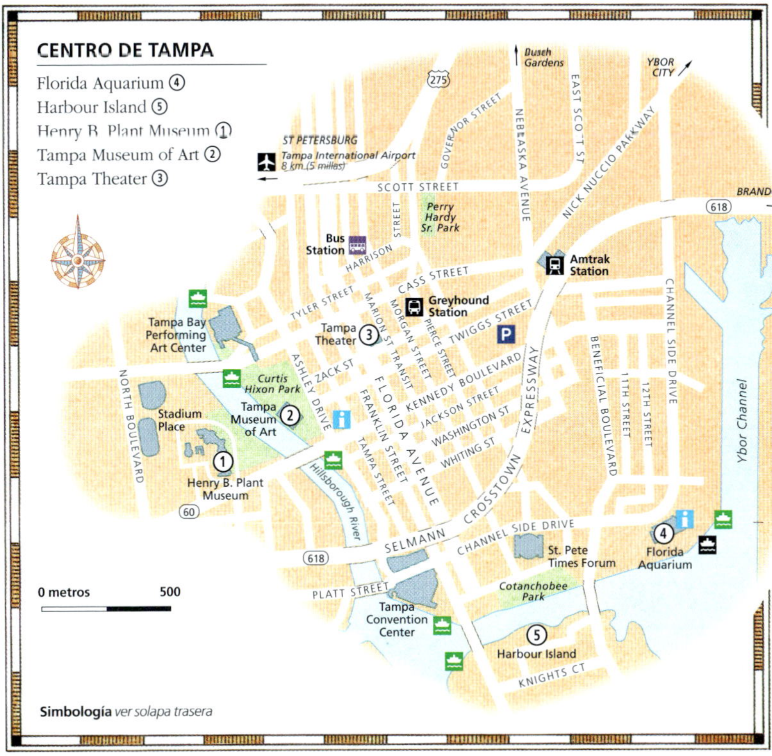

Ybor City en 3 dimensiones

En 1886, un español llamado don Vicente Martínez Ybor trasladó su empresa de puros de Key West a Tampa. Le acompañaron unos 20.000 trabajadores, en su mayoría emigrantes cubanos y españoles.

En Ybor City aún quedan vestigios de aquella época floreciente de la industria tabaquera. Su calle principal, 7th Avenue, presenta un aspecto muy parecido al que tenía entonces, con azulejos españoles y rejas de hierro forjado. Lo que antaño fueron las fábricas de puros y las casas de los trabajadores alberga ahora tiendas, restaurantes y salas de fiestas.

Cigar Museum y Visitor Center
Ubicado en la caja de puros más grande del mundo, el Visitor Center da información sobre alojamiento y actos celebrados en la ciudad.

Clubes históricos
Construido en 1917-1918, acoge el Tampa Cuban Club (El Círculo Cubano de Tampa), una de las asociaciones culturales de Ybor City.

Don Vicente De Ybor Historic Inn es un hotel *boutique* de lujo, con 16 *suites* y un restaurante situado en el edificio Gonzalez Clinic.

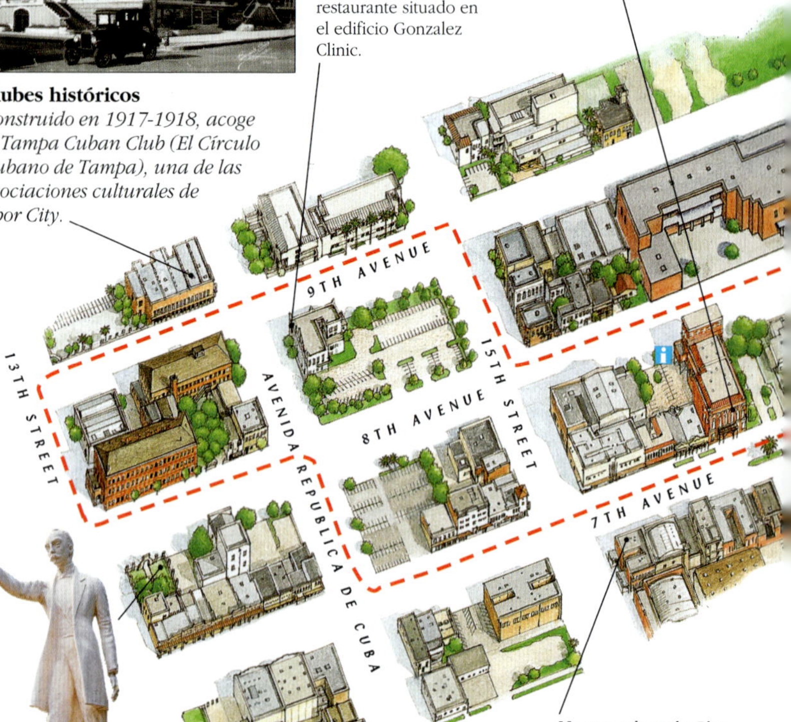

Masquerade at the Ritz, el sorprendente cine de 1917, alberga ahora una de las grandes salas de fiestas de Ybor.

0 metros 100

José Martí Park
Una estatua conmemora a este luchador por la libertad, que visitó varias veces Ybor City para recabar apoyo a favor de la campaña independentista cubana (ver p. 48).

RECOMENDAMOS

★ Casa de trabajador

SIMBOLOGÍA

- - - Itinerario sugerido

★ Casa de trabajador
Esta vivienda imita la decoración de los hogares de los trabajadores de la fábrica de puros. Es un buen ejemplo de las casas shotgun (ver p. 301) *construidas para la oleada de inmigrantes que llegaron a Ybor City a finales del siglo XIX.*

INFORMACIÓN ESENCIAL

5 km al E del centro. *tranvía Tampa-Ybor desde Convention Center y Aquarium a Ybor city.* *1600 E 8th Ave, (813) 241-8838.* **www**.ybor.org *todos los días (do tardes).* **Ybor City Museum State Park Tel** *(813) 247-6323.* *todos los días.*

Ybor City State Museum, instalado en una antigua panadería, explora la historia de la ciudad y organiza recorridos a pie por el barrio. Tiene anexo un pequeño jardín ornamental.

Centennial Park tiene un mercado al aire libre donde se venden productos frescos.

La Tropicana sirve platos tradicionales cubanos a sus numerosos asiduos.

Columbia Restaurant
El restaurante más antiguo de Florida ocupa una manzana entera de 7th Avenue. La cocina hispana y las actuaciones de flamenco atraen a los turistas (ver p. 352).

El Sol Cigars
Aunque el estanco más antiguo de Ybor, inaugurado en 1929, ya no fabrica los puros a mano, es un buen lugar para comprarlos.

LA INDUSTRIA TABAQUERA DE TAMPA

El puerto de Tampa, que permitía a los buques descargar con regularidad el suministro de tabaco procedente de Cuba, convirtió la ciudad en el lugar perfecto para la elaboración de puros. Cuando V. M. Ybor se trasladó hasta aquí, le siguieron varias de las grandes fábricas de puros y, en 1900, Ybor City producía más de 111 millones de cigarros anuales, que se enrollaban cuidadosamente a mano. La automatización y la creciente aceptación de los cigarros lo cambió todo. En Tampa aún se fabrican puros (la mayoría con tabaco de Honduras), pero a máquina. La Gonzalez y Martinez Cigar Company es una de las pocas empresas que continúa liándolos a mano.

Una fábrica de puros de Ybor City en 1929

Un buceador entre los arrecifes y peces exóticos del Florida Aquarium

Florida Aquarium

701 Channelside Drive. *(813) 273-4000.* *todos los días.* *Acción de Gracias, 25 dic.* **www**.flaquarium.org

Este enorme acuario, situado en el paseo marítimo, posee una cúpula azul con forma de concha que resulta inconfundible. En el interior no sólo se encontrará grandes peceras, sino que también se verá cara a cara con crías de caimán, aves y otros animales que viven en sus hábitats de origen. El acuario también ofrece un crucero de 90 minutos por la bahía.

El Florida Aquarium tiene por objeto que los visitantes puedan acompañar a una gota de agua desde su aparición en un manantial subterráneo hasta su llegada al mar.

Las condiciones de cada ecosistema se recrean en habitaciones separadas. Por ejemplo, la sala de arrecifes de coral de Florida le sumergirá bajo el agua para que contemple una colonia de corales y los bancos de peces tropicales que habitan en ella. En diversos puntos del recorrido podrá escuchar grabaciones con comentarios de expertos. El acuario alberga también unos laboratorios donde se desarrollan proyectos y actividades especiales.

Hyde Park

Al otro lado del río, al suroeste del centro y junto a Bayshore Boulevard, se encuentra esta singular zona histórica de Tampa. Sus casas decimonónicas responden a una sorprendente mezcolanza de usos arquitectónicos que van desde el estilo colonial hasta el neogótico.

Lo mejor es recorrer las tranquilas calles residenciales de Hyde Park en coche. En Old Hyde Park Village, junto a Snow Avenue, encontrará varios comercios y restaurantes de categoría, y algunos días hay músicos que tocan al aire libre para deleite del público asistente.

Concierto al aire libre en Old Hyde Park Village

Museum of Science and Industry

4801 E Fowler Ave. *(813) 987-6100.* *todos los días.* **www**.mosi.org

Este museo, es uno de los elementos diferenciadores del perfil urbano de Tampa; su cúpula *art nouveau* alberga un cine IMAX® de pantalla gigante.

La singular cúpula del Museum of Science and Industry

Amazing You es una exploración del cuerpo humano y su funcionamiento, mientras que en la sala de huracanes el visitante puede crear su propia tormenta tropical. Con simuladores de una estación espacial y una sala de control de misiones, el GTE Challenger Learning Center es un recuerdo vivo de la tripulación del transbordador espacial *Challenger* *(ver p. 199)*. Otro gran atractivo es la Focus Gallery, que acoge exposiciones itinerantes.

MOSI alberga también el Saunders Planetarium, que proyecta imágenes estelares. Todos los viernes y sábados por la tarde se celebran unas sesiones especiales en las que, si el tiempo lo permite, se sacan los telescopios al aparcamiento para observar las estrellas.

Lowry Park Zoo

1101 West Sligh Ave. *(813) 932-0245.* *todos los días.* *Día de Acción de Gracias, 25 dic.* **www**.lowryparkzoo.com

Situado a 10 km al norte de Tampa, este zoo es uno de los mejores de Norteamérica. Su principal atractivo es el centro de manatíes, que acoge hasta 20 animales al mismo tiempo y posee una zona de recuperación. Si desea conocer más a fondo a esta especie en peligro de extinción, el programa Manatee Sleepover ofrece la oportunidad de explorar el zoológico tras su cierre y pasar la noche en el centro.

El Florida Wildlife Center es un santuario de los animales originarios de este Estado, como los caimanes y la pantera.

Otras zonas de interés son el Primate World (mundo de los primates); el Asian Domain (terreno asiático), hogar de tigres de Sumatra y rinocerontes indios y

LA LEYENDA DE GASPAR

José Gaspar fue un pirata legendario que durante el siglo XIX asaltó cuantos buques y poblaciones encontraba entre Tampa y Fort Myers. Tenía su refugio en las islas de Lee Island Coast *(ver pp. 278-279)*, muchos de cuyos nombres actuales recuerdan su presencia, como Gasparilla y Captiva, donde se dice que Gaspar retenía a sus prisioneras. La leyenda cuenta que el pirata acabó siendo acorralado por un buque de guerra norteamericano y prefirió ahogarse con una cadena de ancla antes que ser apresado.

Tampa, que sufrió diversas incursiones de Gaspar, celebra en febrero el Gasparilla Festival *(ver p. 37)*, cuyo plato fuerte es la invasión de la ciudad por cientos de pendencieros y villanos que llegan a bordo de un barco pirata.

Celebración del Gasparilla Festival de Tampa en la década de 1950

Un tigre de Sumatra descansa en el Asian Domain del Lowry Park Zoo

una gran jaula abierta para aves. El zoo también contiene un museo infantil, un centro de ocio y una agradable zona de *picnic*.

Busch Gardens ⑩

Ver pp. 264-265.

Hillsborough River ⑪

Mapa de carreteras D3. Hillsborough Co. *Tampa. Tampa.*

Este río, que se extiende por la campiña del noreste de Tampa, ofrece un agradable respiro al bullicio y ajetreo de la ciudad. Sus orillas están pobladas por densos bosques de robles, cipreses, magnolios y manglares entre otras especies vegetales, que antaño tapizaban grandes franjas del suelo de Florida.

Canoe Escape organiza excursiones por un tramo del río situado a unos 15 minutos en coche del centro de Tampa. Pese a su proximidad con los límites municipales, la zona es sorprendentemente salvaje y ofrece la posibilidad de contemplar numerosas especies, como garzas, garcetas, caimanes, tortugas y nutrias. El descenso en canoa resulta perfecto para los principiantes. Se puede elegir entre tres itinerarios distintos, todos ellos de unos 8 km que, durante sus dos horas de recorrido, permiten empaparse de la belleza de los parajes circundantes. También hay excursiones de un día.

Una parte del río está protegida y alberga el **Hillsborough River State Park**. Esta zona se suele visitar en canoa, aunque también cuenta con senderos peatonales. El parque, donde es posible practicar la natación y la pesca, posee un gran cámping que permanece abierto todo el año.

Creado en 1936, el Hillsborough River State Park fue uno de los primeros parques naturales de Florida, en parte debido a la relevancia histórica del Fort Forster, una defensa construida durante la segunda guerra seminola *(ver p. 46)* para proteger un puente en la confluencia del río Hillsborough y el arroyo Blackwater. El fuerte y el puente han sido reconstruidos y en marzo se recrea en ellos una batalla.

Los días festivos y fines de semana hay visitas organizadas al fuerte, y un autobús gratuito conduce hasta él desde la entrada del parque.

Canoe Escape
9335 E Fowler Ave, Thonotosassa, 19 km al NE de Tampa. ***Tel*** *(813) 986-2067. todos los días. Día de Acción de Gracias, 24, 25 dic.*

Hillsborough River State Park
15402 US 301, N 19 km al NE de Tampa. ***Tel*** *(813) 987-6771. todos los días. limitado.*
www.floridastateperks.org

Recreación de Fort Foster, en el Hillsborough River State Park

Busch Gardens ⑩

Busch Gardens es un parque temático que contiene uno de los mejores zoológicos de EE UU. Alberga a más de 2.000 animales procedentes de África, entre ellos jirafas, búfalos y cebras, que deambulan por la planicie del Serengueti. El resto de los animales, como elefantes, gorilas y tigres de bengala, residen en unos hábitats construidos especialmente para ellos. El World of Birds exhibe aras, cacatúas y aves de presa. Aunque los animales constituyen el principal atractivo, hay otras atracciones emocionantes. La última novedad es SheiKra, la primera y única montaña rusa con caída de Norteamérica y la más grande de Florida. Adventure Island, junto a los Busch Gardens, es un parque acuático de 12 hectáreas en Key West.

Rápidos del río Congo
Géiseres, cascadas y una cueva oscura aguardan a quienes descienden por los rápidos del río.

★ Kumba
La mayor y más rápida montaña rusa de Florida es una de las atracciones más emocionantes de Busch Gardens. Los visitantes se precipitan durante 43 m a más de 100 km/h.

El país de los dragones
Esta zona infantil ofrece atracciones para los más pequeños, como una casa de tres pisos en un árbol, que tiene hasta puentes y una escalera de caracol.

Mystic Sheiks de Marruecos
Esta banda de música ofrece durante todo el día conciertos improvisados en diversos lugares.

RECOMENDAMOS

- ★ Kumba
- ★ Linde de África
- ★ KaTonga

★ Linde de África
Un safari por el límite meridional de la planicie del Serengeti ofrece a los visitantes la oportunidad de ver de cerca a los leones, hipopótamos, hienas y demás animales africanos.

INFORMACIÓN ESENCIAL

Mapa 3D. Busch Boulevard, Tampa. ***Tel*** *(813) 987 5082.*
Tampa. Tampa. 5, 14 y 18 desde Marion St, centro de Tampa. 9.30-18.00 todos los días, horario ampliado en verano y festivos.
www.buschgardens.com
www.adventureisland.com

Egipto
Busch Gardens contiene una réplica de la tumba de Tutankamon, un museo, una montaña rusa y un bazar.

★ KaTonga
Espectáculo musical africano de 35 minutos de duración. Los diseños de títeres magníficos, la música original y los bailes espectaculares contribuyen a la narración de los cuentacuentos.

Reserva Myombe
Esta selva simulada es el hábitat de chimpancés y gorilas de las tierras bajas. Ambas especies están en peligro de extinción.

Florida Southern College ⓬

Mapa de carreteras E3. Polk Co. 111 Lake Hollingsworth Drive, Lakeland. ***Tel*** *(863) 680-4111.* *Lakeland.* *Lakeland.* *todos los días.* *4 jul, Acción de Gracias, 25 dic, 1 ene.* **Visitor Center** *hasta 14.00 lu-sá.* *do.* **www**.flsouthern.edu

Esta universidad posee la mayor colección del mundo de edificios de Frank Lloyd Wright. Sorprendentemente, el rector logró persuadir a Wright (probablemente el arquitecto más eminente de su tiempo) para que diseñara el campus de Lakeland a cambio de expresar sus ideas y cobrar cuando se consiguiera el dinero necesario.

El iluminado y amplio interior de Annie Pfeiffer Chapel

Las obras de lo que Wright, ya famoso como fundador de la arquitectura orgánica, denominó su "hijo del sol" comenzaron en 1938. El objetivo de fundir los edificios con su entorno natural le llevó a emplear el cristal para dejar pasar la luz del exterior. El proyecto original comprendía 18 edificios, pero sólo se habían terminado siete cuando Wright murió en 1959; más tarde se concluirían o añadirían otros cinco.

La Annie Pfeiffer Chapel constituye una excelente expresión de las ideas del arquitecto. Las vidrieras rompen la monotonía de los ladrillos, y el edificio está coronado por una espectacular torre, a la que Wright denominaba "joyero", que sustituye al tradicional campanario.

En conjunto, el campus presenta el aspecto ligero que el arquitecto pretendía conferirle. Los edificios están unidos entre sí mediante las Esplanades, unas pasarelas cubiertas, de 2 km de longitud, donde la luz, las sombras y las variaciones de altura atraen la atención sobre el siguiente edificio.

Se puede pasear por el campus en cualquier momento, pero sólo es posible visitar los interiores entre semana. El Thad Buckner Building alberga ahora el *visitor center,* que tiene expuestos planos y muebles de Wright, así como fotografías de sus obras.

La Gamble Mansion

Gamble Plantation Historic State Park ⓭

Mapa de carreteras D3. Manatee Co. 3708 Patten Ave, Ellenton (autopista 301, 2,5 km al oeste de la I-75). ***Tel*** *(941) 723-4536.* *Tampa.* *Bradenton.* *ju-lu.* *Acción de Gracias, 25 dic, 1 ene.* *limitado.* **www**.floridastateparks.org/gambleplantation

La única casa anterior a la guerra de secesión que queda en el sur de Florida es esta mansión encalada que se alza en la carretera principal de entrada a Bradenton.

Fue construida entre 1845 y 1850 por el mayor Robert Gamble, que se instaló en las fértiles márgenes del río Manatee tras la segunda guerra seminola *(ver p. 46).* De sus 1.500 hectáreas sólo queda una pequeña fracción. La casa se conserva

FLORIDA SOUTHERN COLLEGE

Annie Pfeiffer Chapel ⑥
Benjamin Fine Building ②
Emile Watson Building ①
J. Edgar Wall Waterdome ③
Lucius Pond Ordway Building ⑨
Polk County Science Buildings ⑧
Raulerson Building ④
Thad Buckner Building ⑤
William Danforth Chapel ⑦

SIMBOLOGÍA

Explanadas
P Aparcamiento
i Información

0 metros 100

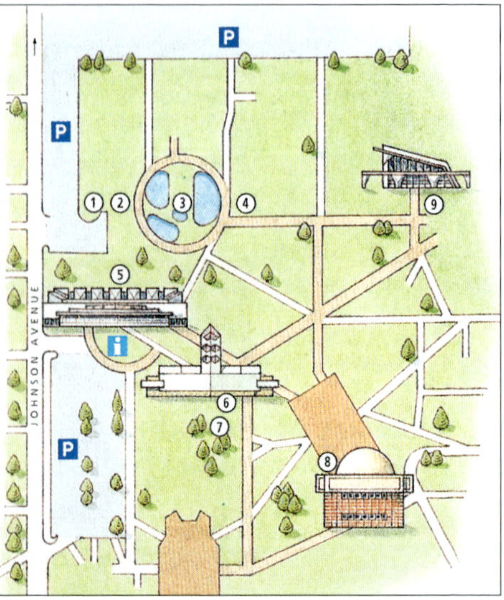

con los mismos muebles que tenía en sus días gloriosos, y el jardín, repleto de robles cubiertos de liquen, es característico del profundo sur.

Sin embargo, las románticas nociones sobre la vida de Gamble las alberga el pequeño museo del centro de atención al visitante. Gamble atravesó por dificultades económicas y se vio obligado a vender la mansión para saldar sus deudas; entre los objetos expuestos en el museo se encuentra un documento que indica que la plantación, junto con los terrenos y 191 esclavos, fueron vendidos en 1856 por 190.000 dólares.

La cocina de una casa de colonos, en Manatee Village Historical Park

Bradenton ⓮

Mapa de carreteras D3. Manatee Co. *48.000.* *incluido autobús Thruway de Amtrak* *222 10th St W, (941) 748–3411.*

La capital de Manatee County es famosa por la Nick Bollettieri Tennis Academy *(ver p. 375)*, en la que se forman promesas que se convertirán después en grandes estrellas de la talla de André Agassi y Pete Sampras.

Monumento al explorador De Soto

Las playas son el principal atractivo de esta ciudad, pero antes de dirigirse a ellas merece la pena visitar dos lugares. El **Manatee Village Historical Park** narra la historia de la frontera de Florida a través de una fascinante colección de edificios restaurados y amueblados con el aspecto que tendrían hace un siglo. Entre ellos se encuentran un cobertizo, un comercio y la casa de uno de los primeros colonos.

El **South Florida Museum** aborda el tema *Florida: de la edad de piedra a la era espacial* a través de objetos que van desde reproducciones de dinosaurios y réplicas de edificios de estilo español del siglo XVI hasta los primeros automóviles. Un espectáculo de rayos láser anima el programa del Bishop Planetarium, mientras que el Parker Aquarium ofrece una visión general de la fauna marina de la zona.

Manatee Village Historical Park
604 15th St E. ***Tel*** *(941) 749-7165.*
lu-vi (invierno también do tardes). *festivos.*

South Florida Museum
201 10th St W. *(941) 746-4131.*
todos los días. *1 ene, 1er sá nov, Acción de Gracias, 25 dic.*
www.southfloridamuseum.org

Alrededores

8 km al oeste del centro de Bradenton, **De Soto National Memorial** marca el punto donde en 1539 desembarcó Hernando de Soto *(ver pp. 42-43)*, quien, con 600 hombres, realizó durante cuatro años una expedición de 6.500 km por el sureste de EE UU en busca de oro. Descubrieron el Misisipí, pero la expedición resultó desastrosa y De Soto y la mitad de su ejército murieron. Un monumento en recuerdo de los desafortunados exploradores marca el punto de partida del sendero De Soto Trail, que forma parte de la ruta que tomaron. El parque también contiene una réplica del campamento base de Soto, atendida en temporada alta por voluntarios disfrazados que ofrecen una excelente visión de la vida cotidiana de los conquistadores españoles. El centro de atención al visitante alberga un museo, una librería y exposiciones de armamento del siglo XVI; por los manglares discurre un sendero de 1 km.

Dos puentes enlazan Bradenton con **Anna Maria Island,** cuyo litoral de arena y dunas, apenas urbanizado, está bañado por unos rompientes que atraen a surfistas. Las tres poblaciones principales, Anna Maria en el norte, Holmes Beach en el centro y Bradenton Beach en el sur, están rodeadas de pequeñas localidades turísticas dispersas.

De Soto National Memorial
75th Street NW. ***Tel*** *(941) 792-0458.*
todos los días. *Acción de Gracias, 25 dic, 1 ene.*
www.nps.gov/deso

Atardecer en la playa virgen de Anna Maria Island

Sarasota ⓯

Hibisco de Selby Gardens

Esta ciudad tiene fama de ser el centro cultural de Florida gracias a la aportación de John Ringling *(ver p. 270)*, uno de los muchos personajes influyentes que se sintieron atraídos por esta floreciente localidad a principios de siglo. Ringling se dejó mucho dinero en la zona, y su legado se observa por doquier, especialmente en su casa y en su excelente colección de arte, el principal atractivo de Sarasota *(ver pp. 270-273)*. Anunciada como "la cara amable de Florida", es una población atractiva y limpia situada junto al mar. Siga el ejemplo de sus acomodados y conservadores habitantes, deambulando por sus elegantes comercios o descansando en las fabulosas playas que se encuentran a una corta distancia del centro de la ciudad.

Explorando Sarasota

La zona más agradable del centro de Sarasota es la de Palm Avenue y Main Street, cuyas tiendas de principios de siglo albergan ahora anticuarios, bares y restaurantes. Las compras y la hostelería son las principales actividades del cercano Sarasota Quay, en cuyo puerto deportivo se pueden contratar paseos en barco con cena incluida, así como otras excursiones marítimas.

Al norte, dominando la línea costera, se encuentra el formidable Van Wezel Performing Arts Hall *(ver p. 31)*, inaugurado en 1970. Merece la pena visitar este inconfundible edificio rosa y malva para admirar sus líneas redondeadas, inspiradas en las conchas marinas, y asistir a uno de los múltiples actos que en él se celebran *(ver p. 369)*.

Sarasota Classic Car Museum

5500 N Tamiami Trail.
Tel *(941) 355-6228.* *todos los días.* *25 dic.*
www.sarasotacarmuseum.org

Uno de los más antiguos de mundo en su modalidad, el Museo del Automóvil Clásico de Sarasota abrió sus puertas al público en 1953.Actualmente acoge unos 120 automóviles clásicos adquiridos por intercambios con otros museos del automóvil o por donaciones de coleccionistas.

Organillo del siglo XIX, en el museo

Las piezas más relevantes son un modelo Packard 120 de 1954, un Rolls-Royce Silver Wraith de 1955, un De Lorean de 1981 en perfecto estado y una furgoneta Cadillac. El Mercedes Roadster de John Lennon también se expone, así como el Mini de Paul McCartney.

Christy Payne House, en Marie Selby Botanical Gardens

Grupo de flamencos en un lago de Sarasota Jungle Gardens

Sarasota Jungle Gardens

3701 Bay Shore Rd. *(941) 355-5305.* *todos los días..* *25 dic.*
www. sarasotajunglegardens.com

Este antiguo platanar convertido en jardín botánico constituye un oasis de plantas, árboles y flores tropicales de todo el mundo, y alberga bosques de palmeras y jardines de hibiscos, helechos, rosas, gardenias y buganvillas. La laguna de los flamencos es su principal atractivo.

El resto de las zonas, entre ellas un zoo infantil y un museo de mariposas, son de carácter educativo y conservacional. Sin embargo, el objeto de los espectáculos de pájaros exóticos y de reptiles es entretener al visitante. Hay un café y una librería.

Marie Selby Botanical Gardens

811 S Palm Ave. *(941) 366-55731.* *todos los días.* *25 dic.*
www.selby.org

No es preciso ser jardinero para apreciar el antiguo hogar de William y Marie Selby. Rodeada de laureles e higueras bengalíes y asomada a la bahía de Sarasota, la propiedad fue diseñada por Marie a principios de los años 20 como refugio para huir del mundo moderno: aún se conserva la pared de bambú que oculta el perfil urbano de la ciudad.

Los jardines, donde crecen más de 20.000 plantas tropicales, son famosos por su colección de orquídeas y epifitas *(ver p. 290)*. Además, la Tropical Display House reúne una impresionante variedad de vegetación selvática.

La casa de los Selby, de estilo español, convertida ahora en una tienda de regalos, reviste menos interés que la Christy Payne House, de los años 30, una deliciosa mansión al estilo de las plantaciones que antaño perteneció a una finca colindante y que hoy alberga el Museo de Botánica y Arte.

St. Armands Circle

Este elegante complejo comercial de St. Armands Key es una de las creaciones de John Ringling, que adquirió la isla en 1917 y elaboró un arriesgado proyecto de construcción de viviendas alrededor de un centro comercial circular con jardines y estatuas clásicas. La zona vivió un breve apogeo antes de hundirse durante la depresión económica, pero se reanimó en la década de 1950. Hoy en día conserva el aspecto proyectado por Ringling, con sombreadas avenidas radiales que parten de un punto central.

St. Armands Circle, bien situada entre el centro urbano y las playas, tiene vida tanto de día como de noche, pero el comercio es, en general, caro.

Mote Aquarium and Mote Marine Laboratory

1600 Ken Thompson Parkway. *(941) 388-4441* *todos los días.* **www**.mote.org

Este acuario se encuentra en City Island, entre los cayos Lido y Longboat. Su paseo marítimo ofrece una magnífica vista de Sarasota, pero sus verdaderos atractivos residen en el interior. Los más aplaudidos son el enorme depósito de tiburones, provisto de ventanas de observación, y el "acuario táctil" que permite tocar toda clase de criaturas marinas, como los curiosos cangrejos herradura, los buccinos y las pastinacas.

Observando a los peces tropicales en el Mote Marine Aquarium

En más de 30 peceras habitan peces y plantas locales, y también hay una ilustrativa exhibición sobre los ríos, bahías y estuarios de la zona.

Los folletos resultan muy útiles para conocer el acuario, mientras que los guías explican la relación de éste con el laboratorio contiguo, que se dedica al estudio de los tiburones y la contaminación del agua.

G.WIZ, The Hands-On Science Museum

1001 Blvd of the Arts. ***Tel*** *(941) 309-4949.* *todos los días.* **www**.gwiz.org

En este divertido centro científico y tecnológico de la bahía de Sarasota hay 85 exposiciones interactivas permanentes. Con las herramientas apropiadas y un poco de imaginación, el visitante diseña un robot o crea un vídeo animado en la TechZone. En la BodyZone puede descubrir su fuerza, rapidez y flexibilidad. También puede visitar la EnergyZone para crear un rayo. Una opción menos frenética puede ser visitar la EcoZona, donde se muestran serpientes, tortugas y otras especies salvajes de Florida.

Playa de South Lido Park; al fondo, el cercano Siesta Key

INFORMACIÓN ESENCIAL

Mapa de carreteras D3. Sarasota Co. *60.000.* *3 km al N.* *575 N Washington Blvd; también bus de Amtrak.* *655 N Tamiami Trail, (941) 957-1877.* *Festival circense (ene).* **www**. sarasotafl.org

Unos niños aprenden en el G.WIZ, The Hands-On Science Museum

Playas de Sarasota

El cercano cordón litoral del que forman parte Longboat Key, Lido Key y Siesta Key exhibe unas magníficas playas de arena bañadas por el golfo de México *(ver p. 253)*. La urbanización ha sido intensa y los edificios de apartamentos se extienden por toda la costa, aunque también hay zonas más tranquilas. La playa de South Lido Park, en Lido Key, se muestra poco concurrida entre semana y, además, posee un agradable sendero por el bosque.

En Siesta Key, la principal zona residencial se centra en el norte, alrededor de una serie de canales. Más tranquilidad encontrará en Turtle Beach, que alberga el único cámping de los cayos. Longboat Key es famoso por sus campos de golf, y los deportes náuticos son excelentes en todo el litoral.

Ringling Museum of Art

Vasija de mayólica

John Rongling fue un propietario de circo natural de Iowa que se hizo multimillonario debido al formidable éxito que tuvo su espectáculo *(ver p. 272)*. Su capacidad adquisitiva y sus habituales viajes al extranjero le brindaron numerosas oportunidades de comprar arte europeo. Cuando trasladó su vivienda de invierno a Sarasota, construyó un museo para exhibir su vasta colección. Él y su mujer Mable sentían un especial afecto por Italia, y la pintura barroca italiana conforma la piedra angular de la exposición. Sus inmuebles, entre ellos el palaciego Cà' d'Zan *(ver pp. 272-273)*, fueron legados al Estado tras la muerte de John Ringling en 1936.

Escultura
El patio está salpicado de reproducciones de estatuas clásicas como este carro de bronce.

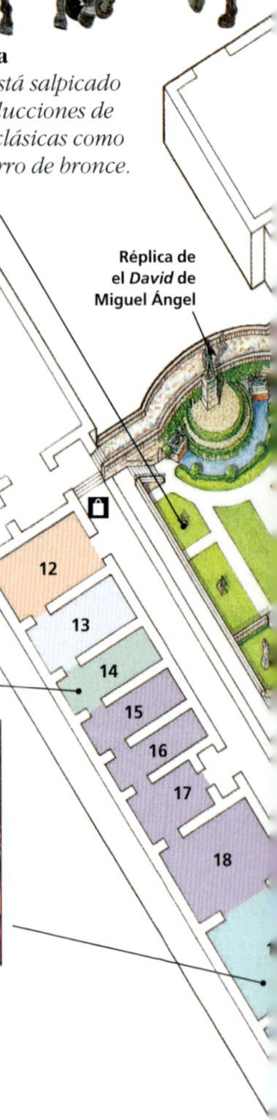

Réplica de el *David* de Miguel Ángel

Cerrado por renovación
Espacio destinado al Wall-Apelt Asian Art Wing.

Arte español
Esta galería posee obras españolas del siglo XVII, entre ellas cuadros de El Greco, Ribera, Zurbarán y Velázquez, como este magnífico retrato de Felipe IV (1625-1628), posiblemente uno de los primeros retratos del monarca.

GUÍA DEL MUSEO

Las salas están dispuestas alrededor de un jardín escultórico. Las obras siguen un orden cronológico que comienza con la pintura medieval y concluye con el arte europeo del siglo XVIII. Cada sala aborda un periodo determinado; la pintura italiana de los siglo XVI y XVII es la mejor representada. La Searing Wing alberga exposiciones singulares y de arte moderno. El nuevo pabellón de visitantes alberga el Asolo Theater.

★ Salas Astor
Estos ostentosos interiores del siglo XIX proceden de una mansión de Nueva York.

PLANO DEL RINGLING MUSEUM

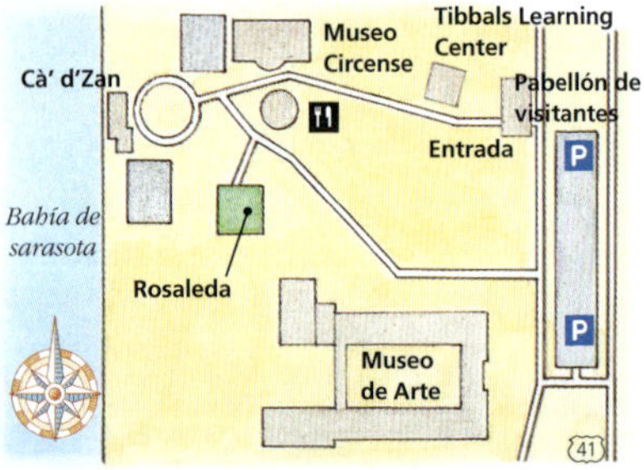

RECOMENDAMOS

- ★ Salas Astor
- ★ Patio
- ★ Sala de Rubens

La Searing Wing se usa para exposiciones temporales.

★ Patio
El patio está rodeado por un claustro de 91 columnas antiguas de diversos estilos, algunas de las cuales datan del siglo XI.

INFORMACIÓN ESENCIAL

5401 Bay Shore Road, Sarasota. ***Tel*** *(941) 359-5700.* 🚌 *2, desde 1st St esquina a Lemon St, en el centro.* ***Casa, salas y museo circense*** ◯ *10.00-17.30 todos los días.* ● *Acción de Gracias, 25 dic, 1 ene.* Cà' d'Zan *sólo planta baja.*
www.ringling.org

La edificación de un palacio
Este cuadro de Piero di Cosimo, del Renacimiento italiano, es una de las posesiones más soberbias del museo. Fue pintado en óleo sobre madera alrededor del 1515.

★ Sala de Rubens
Esta estancia alberga grandes tesoros como La recolección del maná, *de 1625.*

DISTRIBUCIÓN POR SALAS

- Arte holandés y flamenco
- Sala de Rubens
- Arte medieval y renacentista
- Arte italiano 1500-1700
- Arte español 1600-1700
- Arte europeo 1700-1800
- Estancias Astor
- Arte francés 1600-1700
- Arte flamenco 1600-1700
- Ringling Master Plan
- Arte europeo y norteamericano 1850-1940

Ringling Museum: Cà' d'Zan

La residencia de invierno de los Ringling, Cà' d'Zan, fue el primer edificio que se levantó en sus propiedades. El amor que sentían por Italia, alimentado durante sus frecuentes visitas a Europa, quedó plasmado para la posteridad tanto en el diseño de la vivienda como en su nombre, Cà' d'Zan, que significa "Casa de Juan" en dialecto veneciano. El edificio es una copia de los palacios de Venecia, aunque también presenta elementos arquitectónicos del Renacimiento francés e italiano, así como del barroco y otros estilos más modernos.

Adornada por una terraza de mármol de 60 m y coronada por una inconfundible torre, Cà' d'Zan tardó dos años en construirse; las obras concluyeron en 1926. El salón de baile, el patio, el comedor y los dormitorios describen la vida de los millonarios de la época.

★ Decoración de terracota
La fachada de Cà' d'Zan muestra los mejores detalles ornamentales del país.

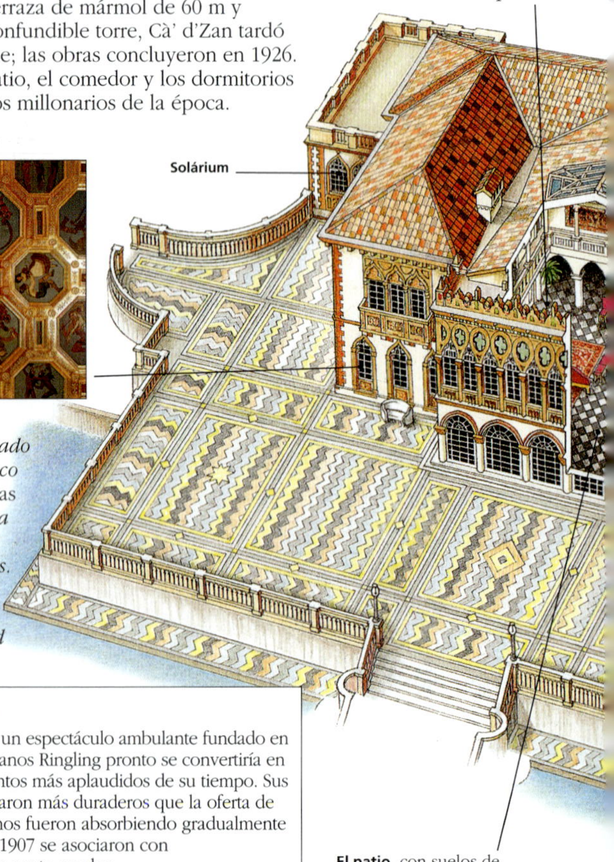

★ Salón de baile
Su elemento más destacado es el extraordinario fresco del techo, Bailarines de las naciones, *que representa los típicos atuendos de danza de diversos países. Es obra de Willy Pogany, diseñador de decorados de Hollywood en los años veinte.*

El patio, con suelos de mármol y columnas de ónix, fue la sala de estar de los Ringling, además del centro de atención de la casa.

EL CIRCO RINGLING

Lo que comenzó siendo un espectáculo ambulante fundado en 1884 por los cinco hermanos Ringling pronto se convertiría en uno de los entretenimientos más aplaudidos de su tiempo. Sus variados números resultaron más duraderos que la oferta de sus rivales, y los hermanos fueron absorbiendo gradualmente a sus competidores. En 1907 se asociaron con Phineas T. Barnum, cuyo gusto por los gemelos siameses y los animales exóticos llevó al circo por nuevos derroteros.

El Museo Circense, inaugurado en 1948, posee maquetas, carromatos esculpidos y demás objetos singulares que ofrecen una visión colorista del circo.

Carromato de las *Cinco Gracias* (1878)

RECOMENDAMOS

- ★ Salón de baile
- ★ Decoración de terracota

Sala de la cerveza
Esta estancia de techo abovedado y vidrieras muestra la pasión de Ringling por los objetos de lugares lejanos; la barra la hizo traer del restaurante Cicardi's de St. Louis (Misuri).

Dormitorio de John Ringling
El mobiliario de caoba de estilo imperio, fabricado en 1880, confiere un aire austero al aposento. El alba expulsa a la oscuridad *(1735) de Jacob de Wit, adorna el techo.*

Salón de desayunos
Esta habitación de decoración sencilla se empleaba generalmente para los desayunos familiares. Las persianas venecianas son originales.

Aseo
La elegancia del John Ringling Museum se encuentra incluso en su cuarto de baño, que posee paredes de mármol de Siena y una bañera tallada de un único bloque de piedra.

La frondosa vegetación de Myakka River State Park

Myakka River State Park ⓰

Mapa de carreteras D3. Sarasota Co. 13207 SR 72, 14 km al E de Sarasota. *Sarasota.* ***Tel*** *(941) 361-6511.* *todos los días.* *limitado.* **www**.myakkariver.org

Pese a su proximidad con la ciudad de Sarasota, Myakka River State Park ofrece una idea del aspecto que debía tener esta región cuando la conocieron sus primeros habitantes. Aquí, las praderas y los espesos bosques de robles, palmeras y pinos se intercalan con marjales, ciénagas y lagos.

Las 11.300 hectáreas del parque, situado a orillas del río Myakka y del lago Upper Myakka, es un magnífico refugio natural donde habitan más de 200 ejemplares de aves como garcetas, garzas azules, buitres e ibis, todas ellas abundantes, y otras especies más raras, como el quebrantahuesos, el águila de cabeza blanca y el pavo silvestre. Con frecuencia se divisan caimanes y ciervos; los zorros no se ven tan fácilmente. Todo el parque se encuentra salpicado de torres de observación.

Los exploradores más ambiciosos pueden atreverse con los 63 km de senderos señalizados o con los 24 de rutas a caballo que ofrece el parque; otra opción es realizar el recorrido guiado en tranvía, entre diciembre y mayo (la mejor época), o los paseos fluviales comentados en balsa inflable.

Venice ⓱

Mapa de carreteras D4. Sarasota Co. *20.000.* *597 Tamiami Trail S, (941) 488-2236.* **www**.venicechamber.com

Venice es una sosegada población costera repleta de flores y palmeras, como las que tapizan el bulevar de su arteria comercial, Venice Avenue. La localidad posee una buena colección de edificios históricos cuidadosamente restaurados, como el Venice Little Theater de Tampa Avenue, de 1927.

En el extremo meridional de Harbor Drive se encuentra la playa **Caspersen Beach,** flanqueada por arbustos y palmitos, donde la gente, además de recoger conchas *(ver pp.278-279)* acude a bañarse o a pescar. La zona es famosa por las mandíbulas de tiburón fosilizadas que, arrastradas por la marea fuera del agua, a veces aparecen en la playa.

Buscando fósiles en Caspersen Beach

Gasparilla Island ⓲

Mapa de carreteras D4. Lee Co, Charlotte Co. *Venice.* *5800 Gasparilla Rd, Boca Grande, (941) 964-0568.* **www**.bocagrandechamber.org

Esta isla, habitada por pescadores y posteriormente descubierta por la gente de dinero procedente del norte del país, es un escondite perfecto situado a medio camino entre Sarasota y Fort Myers.

La vida gira alrededor de la localidad de Boca Grande, unida al continente por una carretera elevada. La antigua estación ferroviaria, San Marco Theater y Gasparilla Inn constituyen elocuentes vestigios de su pasado. Se conservan numerosos edificios de madera, hoy pintados de vivos colores, que crean un agradable ambiente tropical. La pesca deportiva es una de las principales fuentes de ingresos de Gasparilla, y en muchos puertos se pueden contratar excursiones marítimas, algunas de ellas al cercano cordón litoral (ver pp. 278-279). Otra posibilidad es recorrer el sendero que atraviesa la isla siguiendo la ruta de una antigua vía férrea.

El faro Range Light guía a los barcos que costean Gasparilla Island

En la punta meridional, la zona recreativa **Gasparilla Island State Recreation Area** posee tranquilas playas donde es posible practicar la pesca y la natación. Un achaparrado faro de finales del siglo XIX domina el estrecho de Boca Grande, aunque de su función se ocupa hoy en día el más moderno Range Light.

Gasparilla Island State Park
880 Belcher Rd, Boca Grande. ***Tel*** *(941) 964-0375. todos los días.*

El edificio de los años veinte Schlossberg-Camp, en Arcadia

Arcadia ⓳

Mapa de carreteras E3. De Soto Co. *6.500. 16 S Volusia Ave, (863) 494-4033.*
www.desotochamber.net

Pasear por la antigua población ganadera de Arcadia es un auténtico placer. Aunque ahora es más probable ver a los vaqueros en camioneta, los caballos continúan siendo una parte importante de la cultura local. La fiebre *cowboy* alcanza su cénit dos veces al año, en marzo y julio, cuando competidores y seguidores de todo el país confluyen en Arcadia durante el All-Florida Championship Rodeo, el rodeo más antiguo del Estado.

La arquitectura de Arcadia recuerda la prosperidad de los años 20. Los mejores exponentes son el Koch Arcade Building de la calle West Oak, de estilo mediterráneo, y el Schlossberg-Camp Building de la calle West Magnolia. Muchos edificios fueron destruidos por un incendio en 1905, entre ellos la asombrosa J.J. Heard Opera House de Oak Street, que fue levantada al año siguiente. De finales del siglo XIX sólo perviven algunas construcciones que se pueden visitar previa cita con la cámara de comercio.

Babcock Wilderness Adventures ⓴

Mapa de carreteras E4. Charlotte Co. 8000 SR 31. ***Tel*** *(800) 500-5583. Punta Gorda. todos los días. 25 dic. obligatorio.*
www.babcockwilderness.com

En sus orígenes, el Crescent B. Ranch perteneció al magnate de la madera E.V. Babcock, quien arrasó una ciénaga de cipreses en los años 30 para alimentar su negocio. El rancho, que aún explota la familia Babcock, dedica parte de sus 36.420 hectáreas a lo que se denomina *Aventura Babcock en la Naturaleza*.

Vehículo todoterreno de Babcock Wilderness Adventures

Durante una excursión de 90 minutos, los visitantes, en unos vehículos todoterreno, atraviesan los espesos bosques y una amplia ciénaga de cipreses donde resulta fácil ver a los animales. Las panteras se mantienen al acecho desde un recinto especialmente pensado para ellas, mientras que los caimanes pasean a pocos metros del vehículo. Conviene reservar con antelación.

LOS RODEOS EN FLORIDA

Gran parte de la región de monte bajo, situada en el interior de Florida, es una zona ganadera que gira alrededor de localidades como Arcadia, Kissimmee *(ver pp. 191)* y Davie *(ver p. 137)*, donde los rodeos forman parte de lo cotidiano. La clave de estos concursos es la velocidad. En pruebas como la captura con lazo y el derribo de reses, vence quien obtiene un mejor tiempo, que normalmente es inferior a 10 segundos. En la monta de potros salvajes, ya sea con silla o a pelo, los vaqueros deben aguantar encima de la res ocho segundos como mínimo, pero también se juzga su destreza y su técnica. Durante la prueba, un locutor informa al público sobre el participante y ofrece datos de los galardones que ha obtenido.

Derribo de reses en el All-Florida Rodeo de Arcadia

Fort Myers ㉑

La maravillosa entrada a Fort Myers, cruzando el río Caloosahatchee, constituye una buena introducción a esta localidad que aún conserva el aire de la Florida de antaño. El curso del río lo sigue el McGregor Boulevard, una arteria bordeada de palmas reales, la primera de las cuales fue plantada por el inventor Thomas Edison, quien introdujo Fort Myers en el mapa a finales del siglo XIX cuando tan sólo era un pueblecito pesquero.

Además de la casa de Edison y otros lugares de interés, merece la pena conocer la ciudad antigua, situada alrededor de First Street; unos tranvías recorren constantemente la zona visitando sus lugares más destacados. Las playas están muy cerca de la ciudad.

Aparatos originales del laboratorio de Thomas Edison

Edison and Ford Winter Estates

2350 McGregor Blvd. *(239) 334-3614.* *todos los días.* *Acción de Gracias, 25 dic.*
www.edison-ford-estate.com

La casa de invierno de uno de los más famosos inventores norteamericanos es el mayor atractivo de Fort Myers. Thomas Edison (1847-1931) construyó el inmueble en 1886, y tanto la vivienda como el laboratorio y el jardín botánico se conservan prácticamente como él los dejó.

La residencia de dos pisos y la contigua casa de huéspedes, unos de los primeros edificios prefabricados de EE UU, fueron construidas en Maine y enviadas por piezas a Fort Myers en una goleta. Por ello, el diseño no podía ser muy lujoso, aunque la vivienda es amplia y cómoda, y los espaciosos porches que rodean la planta baja sirven para refrescar la casa, que aún conserva el mobiliario original.

Edison fue propietario de más de 1.000 patentes sobre objetos que abarcaban desde la bombilla hasta el fonógrafo, una fase previa del gramófono. Al otro lado de McGregor Boulevard se encuentra el laboratorio, que alberga los aparatos que Edison empleó en sus últimos experimentos para la producción de caucho sintético, y que continúa iluminado con las bombillas de filamento de carbono que no han dejado de usarse desde la época de su inventor. El museo contiguo explica el contexto de Edison a través de sus objetos personales, decenas de fonógrafos y un Ford T de 1916, obsequio de Henry Ford.

Thomas Edison fue también un entusiasta de la horticultura, y los jardines que rodean la residencia y el laboratorio contienen una gran diversidad de plantas exóticas. La higuera gigante que el magnate de los neumáticos Harvey Firestone le regaló en 1925 tiene un perímetro superior a los 120 m.

Edison era muy querido en Fort Myers, y en las visitas sorprenden los amplios conocimientos y el entusiasmo que demuestran los guías.

Una de las bonitas playas de Fort Myers

INFORMACIÓN ESENCIAL

Mapa de carreteras E4. Lee Co. *46.000.* *11 km al SE.* *2275 Cleveland Avenue, (800) 231-2222 también bus Thruway de Amtrak, (800) 872-7245.* *2310 Edwards Drive, (239) 332-3624, (800) 366-3622.* *Festival Edison de las luces (feb).* **www**.fortmyers.org

Ford Winter Home

2350 McGregor Blvd. *(239) 334-3614.* *todos los días.* *Acción de Gracias, 25 dic.*

Junto a la casa de Edison se encuentra Mangoes, la pequeña vivienda adquirida en 1916 por el fabricante de automóviles Henry Ford. Los Ford eran grandes amigos de los Edison y, tras la muerte del inventor en 1931, jamás regresaron aquí.

Las estancias, fielmente recreadas con muebles de la época, aún conservan el ambiente hogareño que tanto gustaba a Clara Ford. En el garaje se pueden contemplar algunos de los primeros automóviles de esta marca.

Imaginarium Hands-On Museum and Aquarium

2000 Cranford Ave.
Tel *(239) 337-3332.* *10.00-17.00 lu-sá, 12.00-17.00 do.* *Día de Acción de Gracias, 25 dic.*

El Imaginarium Hands-On Museum and Aquarium resulta interesante para toda la familia. Dispone de unas sesenta exposiciones interactivas excitantes, que han sido diseñadas para un público de cualquier edad. Los visitantes pueden tocar una nube, experimentar la fuerza de un huracán o permanecer en una tormenta de

Sendero de madera de Calusa Nature Center

relámpagos. Hay un teatro, un yacimiento de dinosaurios y una programación de presentaciones interactivas, donde los niños pueden convertirse en hombres del tiempo de la televisión. El acuario alberga una rica variedad de especies marinas, entre ellas tiburones y morenas, además de otros animales, como tortugas, cisnes e iguanas.

Southwest Florida Museum of History

2300 Peck St. **Tel** *(239) 332-5955.* *10.00-17.00 ma-sá (feb-abr: también do).* **www**.cityftmyers.com

Este museo, instalado en la antigua estación de tren, recuerda los años de apogeo de Fort Myers como localidad ganadera y ahonda en su historia pasada, en la época de los indios calusa y los exploradores españoles. En él destacan una maqueta de la ciudad del año 1900, un vagón de tren de 1930 como los que utilizaban los norteños adinerados que viajaban a Florida a pasar el invierno. Hay también una exposición de arte y objetos prehistóricos.

Calusa Nature Center and Planetarium

3450 Ortiz Ave. **Tel** *(239) 275-3435.* *todos los días.* *Día de Acción de Gracias, 25 dic, 1 ene.* *bajo petición.* **www**.calusanature.com

Estas 42 hectáreas de naturaleza constituyen una excelente introducción a la flora y la fauna del suroeste de Florida. Contiene un gran recinto de aves, y sus senderos de madera discurren junto a helechos y manglares desde donde se pueden divisar garzas, garcetas y algunos ibis. El museo ofrece charlas ilustradas sobre las serpientes y los caimanes, así como visitas guiadas por los alrededores y el recinto de aves. El centro se enorgullece de su recinto de mariposas, donde se puede comprar alguna para empezar a coleccionarlas. El planetario proyecta espectáculos de estrellas y rayos láser.

Alrededores

Shell Factory, una macrotienda de recuerdos, se encuentra 6 km al norte de Fort Myers. Se venden los objetos elaborados con conchas, pero la colección de corales resulta más impresionante. También venden esponjas, carteles, libros y otros regalos. Hay además un zoo y espectáculos acuáticos.

Conchas de la Shell Factory

Shell Factory

2787 N Tamiami Trail. **Tel** *(239) 995-2141.* *9.00-21.00 lu-sá, 10.00-20.00 do.* **www**.shellfactory.com

Koreshan State Historic Site ㉒

Mapa de carreteras E4. Lee Co. Estero, 23 km al S de Fort Myers. **Tel** *(239) 992-0311.* *Fort Myers.* *todos los días.* **www**.floridastateparks.org

En Koreshan State Historic Site, antiguo hogar de la secta Koreshan Unity, fundada por Cyrus Teed, se mezclan quienes sienten interés por las religiones con los amantes de la naturaleza.

En 1894, Cyrus Teed tuvo una visión en la que se le pedía que cambiara su nombre por el de Koresh (Cyrus en hebreo) y se trasladara al suroeste de Florida, donde debía crear una gran ciudad utópica con calles de 122 m de ancho. Para ello eligió este bello lugar a orillas del río Estero, donde los miembros de esta religión vivían en una comuna y compartían la propiedad de sus bienes.

La secta llegó a contar con 250 adeptos, cuyo número fue decayendo tras la muerte de su maestro en 1908. Los últimos cuatro miembros donaron el lugar al Estado en 1961. Aún se conservan los jardines y 12 de los 60 edificios; entre ellos, la casa de Cyrus Teed, que ha sido restaurada para devolverle su aspecto original.

El parque ofrece descensos en canoa, senderismo, acampada, pesca fluvial y marítima, y visitas organizadas.

Casa restaurada de Cyrus Teed, en Koreshan State Historic Site

Lee Island Coast ㉓

Lee Island Coast ofrece una combinación irresistible de playas famosas por sus conchas, animales exóticos, exuberante vegetación y magníficas puestas de sol. La mayoría de los visitantes acuden a los elegantes complejos hoteleros, puertos deportivos y campos de golf de las islas Sanibel y Captiva. Sin embargo, a poca distancia en barco hay otras islas menos urbanizadas cuyas únicas distracciones son las playas y la naturaleza. Las excursiones marítimas y los barcos de alquiler parten de numerosos lugares, y también hay algunas líneas marítimas cuyas rutas figuran en el mapa.

Cabañas en una sosegada playa de Sanibel Island

Islas Sanibel y Captiva

Pese a estar más cerca que el resto de las islas, Sanibel y Captiva disfrutan de un relajado ambiente caribeño. Son famosas por la cultura de la recogida de conchas y por ser el paraíso de los amantes de la buena vida.

Puede que los cuidados jardines y las hileras de comercios y restaurantes de Periwinkle Way, el eje de Sanibel, no se ajusten a la idea de retiro insular que tiene la mayoría de la gente, pero tampoco hay antiestéticos edificios de apartamentos y sí dos reservas naturales.

Las playas con acceso público están en Gulf Drive; las mejores son Turner y Bowman.

Captiva, donde se alza el South Seas Plantation Resort *(ver p. 308)*, está menos urbanizada que Sanibel y constituye un buen punto de partida para las excursiones marítimas a Cayo Costa.

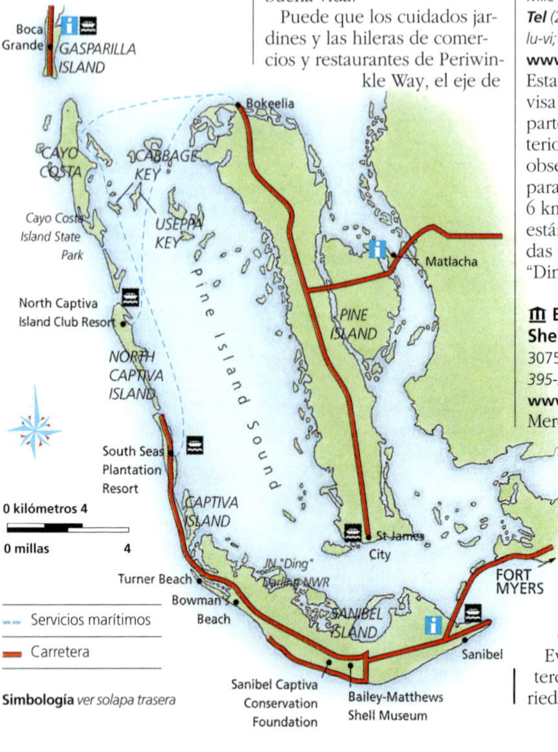

Simbología *ver solapa trasera*

INFORMACIÓN ESENCIAL

Mapa de carreteras D4, E4. Lee Co. *SW Florida International Airport, 24 km al E.* *2275 Cleveland Ave, Fort Myers, (800) 231-2222.* *1159 Causeway Rd, Sanibel, (239) 472-1080.* ***Servicios marítimos:*** *Tropic Star (239) 283-0015; Captiva Cruises (239) 472-5300; North Captiva Island Club Resort (239) 395-1001.*

Sanibel Captiva Conservation Foundation

Mile Marker 1, Sanibel-Captiva Rd. ***Tel*** *(239) 472-2329.* *may-nov: lu-vi; dic-abr: lu-sá.*
www.sccf.org

Esta fundación privada supervisa la protección de buena parte de los humedales del interior de Sanibel. La torre de observación resulta perfecta para contemplar las aves, y sus 6 km de pasarelas de madera están mucho menos concurridas que las del parque natural "Ding" Darling.

Bailey-Matthews Shell Museum

3075 Sanibel-Captiva Rd. ***Tel*** *(239) 395-2233.* *todos los días.*
www.shellmuseum.org

Merece la pena visitar este museo de Sanibel, que aborda la mayoría de los aspectos de los moluscos bivalvos. En el gran vestíbulo de las conchas, donde éstas están agrupadas en función de su hábitat de procedencia –desde el cordón litoral hasta los Everglades–, se exhibe una tercera parte de las 10.000 variedades de conchas.

JN "Ding" Darling National Wildlife Refuge

Mile Marker 2, Sanibel Captiva Rd. **Tel** *(239) 472-1100.* *todos los días.* *festivos.*
www.fws.gov/dingdarling

Esta reserva ocupa dos terceras partes de Sanibel. Sorprende la facilidad con que se divisa a los mapaches, caimanes y aves como las espátulas rosadas, las águilas de cabeza blanca y los quebrantahuesos. La ruta panorámica Wildlife Drive, de 8 km, se pueden recorrer en coche, bicicleta o tranvía. Los senderos y los itinerarios en canoa están flanqueados por uvas marinas, mangles rojos y palmas reales. Se alquilan algunas embarcaciones y bicicletas.

Espátulas rosadas en JN "Ding" Darling National Wildlife Refuge

Cayo Costa Island State Park

Cayo Costa Island. **Tel** *(941) 964-0375.* *todos los días.*
www.floridastateparks.org

Cayo Costa Island es una de las islas más intactas de los cordones litorales de Florida. Hay plantados pinos australianos y pimenteros brasileños, importados en los años 50 por su sombra y la calidad de su madera, pero ahora están siendo talados para dejar paso a las especies autóctonas.

Cayo Costa posee 14 km de playas de dunas y varios manglares en la zona oriental. En el interior se intercalan las llanuras de pinares con las praderas y los *hammocks*. La isla es un paraíso de la ornitología y las conchas.

Durante todo el año hay líneas marítimas hasta Cayo Costa; el servicio más frecuente es el de Tropic Star, que parte de Bokeelia, en Pine Island. Un tranvía une el muelle de la bahía con la zona del golfo y, además, hay un cámping con 12 cabañas.

Barcos atracados en el tranquilo puerto de Cabbage Key

Cabbage Key

En 1938, la novelista Mary Roberts Rhinehart se trasladó a vivir a esta isla. Su casa, construida a la sombra de dos laureles cubanos de 300 años, es hoy la Cabbage Key Inn, famosa por su restaurante decorado con 30.000 billetes firmados de un dólar. El primero lo dejó un pescador ansioso de asegurarse el pago de las copas en su siguiente visita. Cuando regresó, disponía de suficiente dinero y dejó el billete donde estaba. Más tarde otros visitan tes le fueron imitando.

No muy lejos, un depósito de agua de 12 m de altura ofrece una bonita vista de la isla, que también alberga un pequeño sendero por los alrededores. Los barcos de Tropic Star, con base en Pine Island, y Captiva Cruises, de Captiva Island, son los que viajan a Cabbage Key con más frecuencia.

Pine Island

Bordeada por manglares en lugar de playas, Pine Island resulta útil para conocer otras islas próximas. En el puerto de Bokeelia puede organizar toda clase de viajes por mar y disfrutar de sus bellos pantalanes pesqueros.

RECOGIDA DE CONCHAS

Scaphella junonia

Las playas de Sanibel y Captiva figuran entre las mejores de EE UU para recoger conchas. El golfo de México carece de un arrecife costero que las triture, y las aguas, relativamente poco profundas, cálidas y con un fondo plano, fomentan su proliferación. La extensa planicie existente ante el cabo meridional de Sanibel actúa como una rampa por la que las conchas se deslizan hasta la costa. La recogida de moluscos vivos es delito en Sanibel y en el resto de las islas está sujeta a restricciones.

Las aves marinas que se alimentan en el litoral son un buen indicio de la presencia de conchas. El mejor momento para recogerlas es en invierno o justo después de una tormenta. Las más codiciadas son la *Scaphella junonia* y la venera.

Caracola de Florida

Venera *(Lyropecten nodosus)*

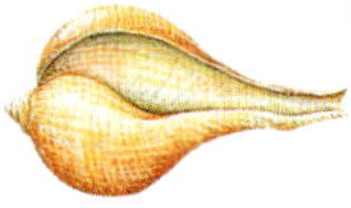

Concha común

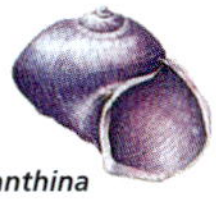

Janthina

LOS EVERGLADES Y LOS CAYOS

El suroeste de Florida lo ocupan los Everglades, unos humedales de incalculable valor ecológico. Complejos hoteleros y pequeñas ciudades salpican los cayos (keys), *adonde acuden los visitantes a disfrutar del maravilloso arrecife de coral.*

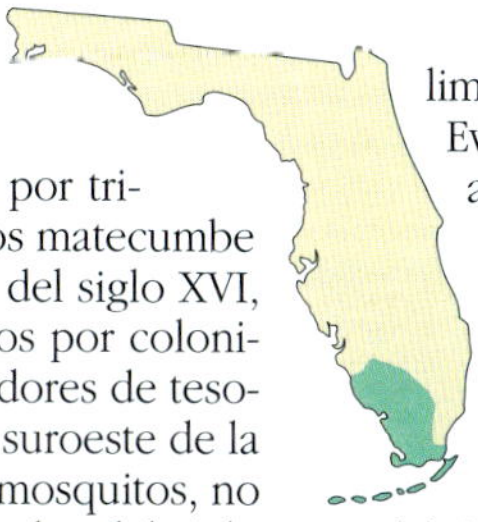

Hasta la llegada de los europeos, el sur de Florida estaba habitado por tribus como los calusa y los matecumbe *(ver pp. 40-41)*. A partir del siglo XVI, los cayos fueron visitados por colonizadores, piratas y buscadores de tesoros *(ver p. 303)*, pero el suroeste de la península, infestado de mosquitos, no fue poblado hasta mediados del siglo XIX con el asentamiento de la floreciente localidad turística de Naples.

En 1928 se construyó la primera carretera en esta región, la Tamiami Trail, que unía la costa atlántica con la del golfo de México. Los primeros asentamientos creados en sus márgenes, como Everglades City o Chokoloskee, apenas han cambiado desde finales del siglo XIX y, hoy en día, parecen anclados en el pasado. Estas poblaciones delimitan la entrada occidental del Everglades National Park, un amplio río de juncia salpicado de islas arboladas, que posee una especial belleza y constituye un paraíso natural. Al suroeste de la península se extienden los cayos, una cadena de islitas protegidas por el único arrecife de coral de Norteamérica. Antaño, un ferrocarril marítimo cruzaba los cayos, pero hoy en día ha sido sustituido por la Overseas Highway (autopista marítima), ruta de uno de los viajes clásicos de EE UU. Cuanto más al sur se vaya, más se corrobora el dicho de que los cayos son más un estado de ánimo que un lugar geográfico. Al final de la carretera se halla el legendario Key West, máximo exponente del estilo de vida de la región.

Este mural de Bahama Village, en Key West, refleja el origen caribeño de sus habitantes

◁ **Manglares y *hammocks* de los Everglades, donde los sinuosos canales confluyen con el mar**

Explorando los Everglades y los cayos

Naples y Marco Island, en el noroeste, son los mejores puntos de partida para recorrer las playas del golfo de México. Además, poseen formidables campos de golf y se encuentran próximos a los extensos parajes silvestres de Big Cypress Swamp y Everglades National Park, que abarcan una buena parte de esta región. Los cayos de Florida son famosos por las actividades que brinda su arrecife de coral: pesca, buceo y submarinismo. Islamorada y Key Largo, en los cayos altos, ofrecen alojamiento de muy diversa índole, mientras que la bulliciosa Marathon y el colorista Key West, con sus pintorescas posadas en régimen de Bed & Breakfast (cama y desayuno), resultan perfectos para explorar los sosegados cayos bajos.

Overseas Highway, la arteria central de los cayos de Florida

LUGARES DE INTERÉS

Ah-Tha-Thi-Ki Museum 3
Big Cypress Swamp 2
Biscayne National Park 6
Dolphin Research Center 13
Dry Tortugas National Park 18
Everglades National Park pp. 286-291 5
Indian Key y Lignumvitae Key 12
Islamorada 11
John Pennekamp Coral Reef State Park 8
Key Largo 7
Key West pp. 298-303 17
Lower Keys 16
Marathon 14
Miccosukee Indian Village 4
Naples 1
Pigeon Key 15
Tavernier 9
Theater of the Sea 10

VER TAMBIÉN

• ***Alojamiento*** pp. 328-331

• ***Restaurantes y bares*** pp. 352-355 y 357

Naturaleza virgen de Big Cypress Swamp

CÓMO DESPLAZARSE

Esta región carece de servicio ferroviario, pero en Key West, Marathon y Naples hay aeropuerto, y las líneas de autobuses enlazan Miami con Naples y Key West. La Tamiami Trail (US 41) y la I-75 unen Miami y Fort Lauderdale con Naples. La Overseas Highway (US 1) arranca de Florida City, pero la Card Sound Road (Route 997), con menos tráfico y mejores vistas, constituye una entrada alternativa a los cayos. La Overseas Highway ofrece un espectáculo más cautivador una vez pasado el puente de las 7 Millas, pues las islas están menos urbanizadas y las vistas resultan más atractivas. En los cayos, las direcciones e instrucciones suelen figurar en los mojones verdiblancos indicadores de millas que, situados en los márgenes de las carreteras, indican la distancia hasta Key West.

Naples ❶

Mapa de carreteras E4. Collier Co. 21.000. 2390 *Tamiami Trail N, (239) 262-6141* **www**.napleschamber.org

Ciudad costera conservadora y acomodada, Naples se enorgullece de su cuidado aspecto y de sus 55 campos de golf, que crean la mayor concentración de todo el Estado.

En el centro urbano, la mayoría de los edificios de color pastel data de principios de siglo. Muchas de las viviendas decimonónicas fueron destruidas en 1960 por el huracán *Donna*, que también arrebató el malecón original de 1887. Reconstruido en 1961, es ahora un lugar muy frecuentado por los pescadores y los pelícanos, a los que resulta fácil ver posados en las barandillas.

La bella playa de arena blanca, de 16 km de longitud, se encuentra flanqueada por edificios de apartamentos, pero ofrece buenos accesos y es una zona segura para bañarse.

El **Collier County Museum** se centra en la historia de la localidad y alberga una recreación de un poblado seminola. Exhibe desde objetos antiguos de los indígenas hasta artículos relativos a la colonización de la región y la construcción de la Tamiami Trail (US 41), junto a la cual se alza el museo.

La popular playa que se extiende junto al malecón de Naples

Collier County Museum
3301 Tamiami Trail E. ***Tel*** *(239) 774-8476.* *9.00-17.00 lu-vi, 9.00-16.00 sá.* *festivos.*
www.colliermuseum.com

Alrededores

Urbanizada con fines turísticos desde los años 60, Marco Island es la más septentrional de las Ten Thousand Islands, además de un buen punto de partida para explorar la franja occidental de los Everglades *(ver p. 286)*. En ella se descubrieron restos arqueológicos de unos 3.500 años de antigüedad, que ahora se conservan en museos foráneos, aunque toda la isla aparece salpicada de túmulos que aportan datos sobre la vida de los indios calusa *(ver pp. 40-41)*.

Big Cypress Swamp ❷

Mapa de carreteras E4. Collier Co, Monroe Co.

Este vasto y poco profundo humedal, donde habitan cientos de especies, como la casi extinta pantera de Florida *(ver p. 127)*, no es en realidad una verdadera ciénaga *(swamp)*, sino que alberga diversos hábitats, sólo determinados por las leves diferencias de nivel del terreno, como son las islas de arena y pinos, las praderas húmedas y secas, y los *hammocks* de madera dura o frondosas *(ver p. 287)*. Una tercera parte de este humedal está cubierto de cipreses, que crecen formando estrechos y largos bosques cuyas dimensiones son las que confieren su nombre a esta zona.

La ciénaga funciona como almacén de agua del conjunto de los Everglades y como área de transición del Everglades National Park *(ver pp. 286-287)*. La carretera Tamiami Trail (o US 41), inaugurada en 1928, atraviesa el humedal, bordea los Everglades y se extiende desde Tampa hasta Miami. Hoy en día, estas proezas de la ingeniería son cuestionables desde el punto de vista medioambiental, pues bloquean el movimiento natural del agua y los animales.

La **Big Cypress National Preserve** es la mayor zona protegida. Hay buenas vistas desde la US 41 y se puede parar en el Oasis Visitor Center para obtener información.

Un sendero de madera recorre Fakahatchee Strand, en Big Cypress Swamp

LOS SEMÍNOLAS DE FLORIDA

El término semínola (que significa "nómada" o "prófugo") fue utilizado por primera vez en el siglo XVIII para referirse a los miembros de diversas tribus de indios creek que, empujados al sur de Florida por los europeos, se refugiaron en los Everglades *(ver p. 47)*. Hoy en día, la tribu semínola es oficialmente distinta de otra gran agrupación, la tribu miccosukee, aunque a ambas se las denomina semínolas.

En 1911, las disputas por los terrenos históricos obligaron al gobierno norteamericano a adjudicar una reserva a los indios de Florida. En ella conservan sus tradiciones, aunque combinadas con elementos de la vida moderna. Últimamente han construido salas de bingo con la esperanza de aumentar su patrimonio *(ver p. 137)*.

Atuendos semínolas de finales del siglo XIX

Los tántalos anidan en los árboles de Corkscrew Swamp Sanctuary

En el extremo occidental se encuentra el **Fakahatchee Strand Preserve State Park,** uno de los espacios más vírgenes de Florida. Se trata de una enorme zanja natural de drenaje, o *slough*, de 32 km de longitud y entre 5 y 8 km de ancho.

La tala de árboles fue abandonada en los años 50 tras haber destruido el 99% de los antiguos cipreses adultos; los únicos ejemplares que conserva esta reserva, algunos de ellos de 600 años de edad, se encuentran en Big Cypress Bend, donde un corto sendero atraviesa un mosaico de agrupaciones vegetales como magníficas orquídeas o epifitas *(ver p. 290)*. También en Cypress Bend se encuentra la mayor representación de palmas reales autóctonas de EE UU.

La Route 846, que asciende hacia el noreste desde Naples, lleva hasta el popular **Audubon of Florida's Corkscrew Swamp Sanctuary,** donde un sendero de madera de 3 km atraviesa diversos hábitats, entre ellos la mayor franja de cipreses ancestrales de Florida. El parque es una importante zona de cría de los casi extintos tántalos, que todos los años pasan aquí los meses de invierno.

Big Cypress National Preserve
Oasis Visitor Center, US 41. ***Tel*** *(239) 695-1201.* *todos los días.* *25 dic.* **www**.nps.gov/bicy

Fakahatchee Strand Preserve State Park
Big Cypress Bend, US 41. ***Tel*** *(239) 695- 4593.* *todos los días.*

Audubon of Florida's Corkscrew Swamp Sanctuary
375 Sanctuary Rd, junto a Route 846. ***Tel*** *(239) 348-9151.* *todos los días.* **www**.corkscrew.audubon.org

Ah-Tha-Thi-Ki Museum ❸

Mapa de carreteras F4. Hendry Co. Snake Rd, 27 km al N de la salida 14 de I-75. ***Tel*** *(863) 902-1113.* *9.00-17.00 ma-do.* *festivos.* **www**.seminoletribe.com/museum

El Ah-Tha-Thi-Ki Museum ocupa 26 hectáreas de la reserva semínola de Big Cypress. El edificio principal y el sendero de madera se construyeron en 1997 y dispone de espacios para albergar exposiciones.

El museo está dedicado a la cultura y la historia de los semínolas; su nombre, Ah-Tha-Thi-Ki, significa "lugar para aprender" y, además, proyecta una película en cinco pantallas.

Miccosukee Indian Village ❹

Mapa de carreteras F5. Dade Co. US 41, 40 km al E de Florida Turnpike. ***Tel*** *(305) 223-8380.* *todos los días.* **www**.miccosukeetribe.com

La mayoría de los indios miccosukee viven en pequeños asentamientos a lo largo de la US 41. Para conocerlos bien, lo mejor es visitar el poblado indio Miccosukee, junto a Shark Valley *(ver p. 287)*, el único lugar abierto al público.

En él, se ven los tradicionales *chickees (ver p. 30)* y la confección artesanal de cestas, muñecas de palma y collares. Cuenta también con un pequeño centro cultural y un restaurante donde se pueden degustar platos como cola de caimán. Hay también paseos en hidroavión.

Puesto de muñecas y collares en el poblado indio de Miccosukee

Everglades National Park ❺

Guarda bosques

Este inmenso parque de 566.580 hectáreas sólo cubre una quinta parte de la totalidad de los Everglades. La entrada principal se encuentra en su linde oriental, a 16 km al oeste de Florida City. En su mayoría, los senderos de madera son elevados, miden aproximadamente 0,8 km y están claramente señalizados. Además, alquilan barcos y canoas y ofrecen numerosos paseos donde elegir. El viajero puede alojarse en un hotel, en diversos cámpings, o en lugares más primitivos como los *chickees* *(ver p. 30)*, a los que normalmente se llega en canoa. Por la acampada libre se cobra una pequeña tarifa que debe ser personalmente abonada en la oficina del guardabosque en Everglades City o en Flamingo; sólo se puede reservar con 24 horas de antelación.

Chokoloskee
Al archipiélago Ten Thousand Islands y a la costa occidental del parque sólo se accede desde los muelles de esta isla.

Whitewater Bay
En la confluencia de los ríos de los Everglades con el golfo de México y Florida Bay el agua se manifiesta en forma de riachuelos y lagos poco profundos como el Whitewater Bay.

Paseos en canoa por los Everglades
Junto a la costa occidental y alrededor de Florida Bay, las oportunidades de explorar las vías fluviales del parque son infinitas, desde sus pequeñas rutas hasta la aventura de una semana por la lejana Wilderness Waterway.

NORMAS DE SEGURIDAD

La protección contra las picaduras de insectos es fundamental. Observe los consejos de los guardabosques y los tablones informativos, y respete la naturaleza. Los caimanes pueden moverse deprisa en tierra; varios árboles y arbustos como el pimentero brasileño son venenosos, al igual que algunas orugas y serpientes. Si proyecta abandonar el sendero balizado, comunique a alguien su itinerario. Conduzca despacio: hay muchos animales que quizás se aventuren a cruzar la carretera.

Serpiente de coral

Shark Valley
Recorra los 25 km de esta sinuosa carretera en bicicleta o en tranvía. Desde la torre de 18 m de altura las vistas son magníficas.

Anhinga Trail
Este sendero, uno de los más populares del parque, arranca del Royal Palm Visitor Center. El ave del que toma su nombre suele mostrarse secando su inconfundible plumaje al sol.

INFORMACIÓN ESENCIAL

Mapa de carreteras E4, E5, F5. Monroe Co, Collier Co. *todos los días.* *dic-abr: todos los días; durante el resto del año, llamar para confirmar.* **Principal Centro de Visitantes *Tel*** *(305) 242-7700.* *8.00-16.30.* **Gulf Coast Visitor Center** *(en Everglades City)* ***Tel*** *(239) 695-3311; información de paseos en barco y alquiler de canoas en el (239) 695-2591.* *8.00-16.30.* **Shark Valley Information Center *Tel*** *(305) 221-8776; reservas para el paseo en tranvía y alquiler de bicicletas en el (305) 221-8455.* *8.30-18.00.* **Royal Palm Visitor Center *Tel*** *(305) 242-7700.* *8.00-16.30.* **Flamingo Visitor Center *Tel*** *(239) 695-2945; alquiler de canoas, barcos o bicicletas, llame al (239) 695-3101.* *8.30-17.00.* *la mayoría de los senderos son accesibles. Llame al (305) 242-7700.* *reservas: (800) 365-2267.* **www**.nps.gov/ever

SIMBOLOGÍA

- Manglar
- Pradera de agua salada
- Cipreses
- Pradera de agua dulce
- *Slough* de agua dulce
- Pinares
- *Hammock*
- Wilderness Waterway
- Lindes del parque
- Carretera asfaltada
- Cerrada a coches particulares
- Centro de información al visitante
- Entrada
- Cámping
- Gasolinera

Flamingo posee el único hotel del parque y su mayor cámping. De las proximidades parten diversos senderos y rutas en canoa.

Mahogany Hammock Trail
Este sendero atraviesa un gran hammock *de frondosas tropicales que se caracteriza por el colorido de sus caracoles* (ver p. 289) *y epifitas* (ver p. 290), *así como por albergar el mayor caobo del país.*

Fauna y flora de los Everglades

Los Everglades conforman un vasto sistema de ríos, rebosaderos del lago Okeechobee *(ver p. 128)*, que avanzan lentamente sobre un suelo plano de piedra caliza cubierto de turba. Con una longitud de 322 km y una anchura de 80 km, su profundidad rara vez supera 1 metro.

El aire tropical y las corrientes marinas actúan en esta zona templada creando unas combinaciones de flora únicas en Norteamérica. Macizos vegetales como las bóvedas de cipreses *(ver p. 25)*, *hammocks* de frondosas tropicales y agrupaciones de laureles rompen la monotonía de la pradera de juncia. También son singulares los cientos de especies animales (entre ellas, 400 de aves) que confieren su fama a los Everglades. Este ecosistema único se sostiene gracias al ciclo de estaciones secas (invierno) y húmedas (verano) que constituye la savia de los Everglades.

Quebrantahuesos
Esta ave pescadora frecuenta la costa, las bahías y las charcas del parque. Sus grandes nidos resultan inconfundibles.

Garceta nívea
Su bello plumaje de cortejo, sus garras amarillas y su pico negro identifican a esta ave.

Ranita de San Antón
El canto de este anfibio en peligro de extinción resuena por todos los Everglades.

ISLAS DE ÁRBOLES

Los *hammocks* son terrenos elevados dentro de una pradera de agua dulce sobre la que crece una formidable variedad de especies animales y vegetales.

Caimán americano
Este animal de piel rugosa y gran dentadura es uno de los habitantes más conocidos y temidos del parque.

De Pa-hay-okee a Flamingo
La vasta pradera de juncia que se vislumbra desde **Pa-hay-okee Overlook** es el máximo exponente de los Everglades. La torre de observación resulta perfecta para contemplar el movimiento casi acuoso de este mar de hierba, especialmente al atardecer. Las islas de árboles, o *hammocks*, quiebran el horizonte, surcado por una multitud de zancudas, halcones y milanos de los Everglades, cuyo único alimento, el caracol vermiforme, habita en la juncia. En esta pradera crecen también las aneas y otras plantas de humedal.

El **Mahogany Hammock Trail** *(ver p. 287)* discurre por uno de los mayores *hammocks* del parque, donde la fauna y la flora son variadísimas; las bromeliáceas resultan impresionantes y la vegetación tropical se muestra especialmente exuberante durante los húmedos meses estivales.

Los senderos y charcas situados entre Mahogany Hammock y Flamingo suelen recibir pocos visitantes, aunque resultan muy gratificantes, especialmente por sus aves. Recorra el West Lake Trail o el Snake Bight Trail, que muere en Florida Bay.

La población de **Flamingo** está a 60 km de la entrada principal del parque. A finales del siglo XIX era un asentamiento aislado de cazadores y pescadores; hoy en día, sus únicos habitantes fijos son algunos guardabosques. Su situación junto a Florida Bay brinda a los visitantes numerosas actividades como el senderismo, la pesca, la navegación y la ornitología. Recomendamos pasar una noche en el cámping o en el refugio, especialmente para poder contemplar las aves en el mejor momento: al amanecer y al anochecer.

Desde el Pa-hay-okee Overlook se divisa una magnífica pradera de juncia

Además de las innumerables especies de pájaros y animales, la bahía y los riachuelos próximos a Flamingo acogen a numerosos manatíes *(ver p. 250)* y al casi extinto cocodrilo americano, que se distingue fácilmente del caimán por su color verde grisáceo y porque los dientes de ambas mandíbulas le quedan a la vista aun con las fauces cerradas. No obstante, no es un animal fácil de ver.

En el centro de atención al visitante de Flamingo hay guías especializados e información sobre las actividades que organizan los guardabosques.

Biscayne National Park ❻

Mapa de carreteras F5. Dade Co. 9700 SW 328th St, Convoy Point. *Miami.* *Homestead.* ***Tel*** *(305) 230-7275.* *todos los días.* *25 dic.* **Centro para visitantes** *9.00-17.00.* **Paseos en barco** ***Tel*** *(305) 230-1100.* *limitado.* **www**.nps.gov/bisc

Un manglar protege el litoral de Biscayne National Park, al que pertenecen las islas más septentrionales de los cayos de Florida. Sus aguas poco profundas albergan un arrecife de coral con infinidad de formas y unos 200 tipos de peces tropicales. El cordón litoral se conserva intacto, por lo que el coral está más cuidado y el agua es aún más transparente que en los parques submarinos de la zona de Key Largo.

Las excursiones en barco con fondo de cristal y la práctica del buceo se contratan en el centro de visitantes; conviene reservar con antelación.

Corales y peces tropicales del Biscayne National Park

LOS EVERGLADES AMENAZADOS

El parque nacional de los Everglades disfruta de una buena protección dentro de sus lindes, pero no es fácil controlar las amenazas procedentes del exterior. Desde su creación en 1947, su mayor problema ha sido el agua. El ecosistema de los Everglades y la población humana de Florida compiten por este valioso bien: los canales de regadío y las carreteras rompen el fluir natural del agua desde el lago Okeechobee *(ver p. 128)*, y el drenaje del suelo para edificar también actúa en detrimento de la naturaleza. La agricultura del centro de Florida consume cantidades ingentes de agua y el abuso de fertilizantes químicos fomenta el crecimiento antinatural de la vegetación de las ciénagas. Además, se ha observado que los peces de la zona sufren envenenamiento por mercurio.

La agricultura cercana a los Everglades consume mucha agua

Key Largo 7

Mapa de carreteras F5. Monroe Co. *16.000.* *MM 106, (305) 451-1414, (800) 822-1088.* ***African Queen Tel*** *(305) 451-4655.* **www**.keylargochamber.org

La mayor isla de la cadena, bautizada como Cayo Largo por los exploradores españoles, es la primera zona habitada con que se encuentra el visitante. Por su proximidad a Miami, también es la más animada de los cayos.

Los principales atractivos de esta isla son el buceo en el arrecife coralino próximo a la costa, el John Pennekamp Coral Reef State Park y el National Marine Sanctuary.

Otra atracción es el *African Queen*, el barco empleado en 1951 para rodar la película *La reina de África* y tras largos periodos restaurándose, ofrece paseos de placer. Se encuentra atracado a la altura del punto MM 100 de la carretera, que también sirve de base a un barco-casino cuya oferta es algo diferente: un periplo marítimo donde está permitido el juego *(ver p. 368).*

Objeto de oro del tesoro de un barco

Leyendas locales hablan de un misterioso y antiguo funcionario que vive en los montes y vuelve a la civilización cuando algún ecologista necesita ayuda. Sus diversas proezas a lo largo de los años han sido pillajes, volviendo a la vida salvaje enseguida. La mayoría de los humedales de Florida, sus montes y playas han sido arrasados por las excavadoras para edificar apartamentos, complejos hoteleros frente al mar y centros comerciales. Sin embargo, con la ayuda de ciudadanos comprometidos, se intenta preservar este ecosistema intacto.

John Pennekamp Coral Reef State Park 8

Mapa de carreteras F5. Monroe Co. MM 102.5. *Key Largo.* ***Tel*** *(305) 451-1202.* *todos los días.* *limitado.* **www**.floridastateparks.org

Tan sólo el 5% de este parque se asienta sobre tierra firme. Entre sus instalaciones se cuentan un centro de atención al visitante, un pequeño museo sobre la ecología del arrecife, tres zonas de baño y varios senderos entre bosques. Sus fabulosas posesiones submarinas se extienden a lo largo de 5 km hacia el este y ofrecen una imagen inolvidable del arrecife coralino.

El parque cuenta con canoas, balsas neumáticas y lanchas de alquiler, además de equipos de buceo. También es posible contratar salidas o aprender submarinismo en la escuela de buceo autorizada. Quienes prefieran no mojarse pueden dar un paseo en un

El arrecife coralino de Florida

El único arrecife de coral de Norteamérica recorre 320 km a lo largo de los cayos desde Miami hasta Dry Tortugas. Se trata de un delicadísimo y complejo ecosistema que protege estas islas poco elevadas de las tormentas y el oleaje del Atlántico. Los arrecifes coralinos los crean, durante miles de años, millones de diminutos organismos marinos denominados pólipos. Sumergido entre 3 y 18 metros, un arrecife es un intrincado laberinto de innumerables grietas y oquedades donde habitan multitud de plantas y animales, entre ellos más de 500 especies de peces.

La morena verde normalmente es inofensiva para las personas

Los abanicos de mar son corales blandos, sin esqueleto

El *Holocentridae* se mueve por la oscuridad

TIPOS DE CORALES

1. Coral estrellado
2. Abanico de mar
3. Coral floriforme
4. Coral estrellado elíptico
5. Bastoncillo marino
6. Coral columniforme
7. Coral tubiforme naranja
8. Asta de alce
9. Coral cerebriforme
10. Asta de ciervo
11. Gran coral floriforme
12. Penacho marino

Un buceador y una langosta en el John Pennekamp Coral Reef State Park

barco con fondo de cristal. La mayoría de las excursiones tiene como destino la zona colindante del Florida Keys National Marine Sanctuary, más conocido como Key Largo National Marine Sanctuary, que se extiende 5 km mar adentro.

Algunas zonas del arrecife resultan perfectas para bucear con tubo de respiración, como las aguas poco profundas de White Bank Dry Rocks, habitadas por un impresionante surtido de corales y peces de colores. No muy lejos, Molasses Reef ofrece áreas en las que los visitantes se encontrarán con un sinfín de peces. Más al norte, French Reef alberga diversos pasos entre rocas. En Key Largo Dry Rocks, la estatua del *Cristo de las Profundidades*, situada a unos 6 m bajo el agua, es muy fotografiada por los buceadores.

Tavernier ❾

Mapa de carreteras F5. Monroe Co. *2.500.* *MM 106 (305) 451-1414.*

El ferrocarril de Henry Flagler *(ver pp. 48-49)* llegó hasta esta parte de los cayos hacia 1910. Hoy en día, son numerosos los edificios construidos en los años 20 y 30 que se alzan alrededor del punto MM 92 de la carretera; de ellos, sólo el Tavernier Hotel está abierto al público.

El atractivo más notable de esta localidad es el **Florida Keys Wild Bird Rehabilitation Center,** donde se recoge y cura a las aves heridas por los coches y los anzuelos de los pescadores, que se recuperan en un sosegado entorno que contrasta con el bullicio del resto de la isla.

Florida Keys Wild Bird Rehabilitation Center
MM 93.6, Overseas Highway.
***Tel** (305) 852-4486.* *todos los días.* **www**.fkwbc.org

El pólipo de coral *secreta un esqueleto de caliza para proteger su cuerpo carnoso. Los ciclos de crecimiento de una colonia de pólipos crean las bases y ramas de coral, cuyo color lo determinan unas plantas microscópicas que habitan en los tejidos de los pólipos.*

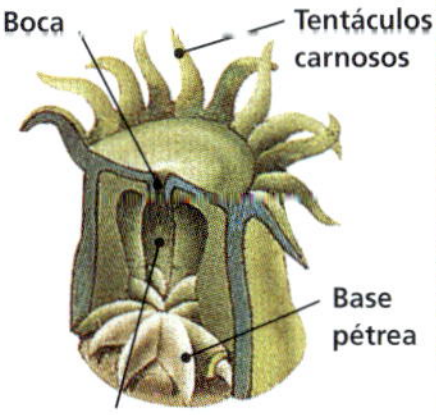

El pez papagayo se alimenta de pólipos de coral gracias a sus dientes en forma de pico

El pez reina presenta uno de los coloridos más vivos del arrecife

Theater of the Sea ⓾

Mapa de carreteras F5. Monroe Co. MM 84.5. *(305) 664-2431.* *todos los días.* **www**.theaterofthesea.com

En Windley Key se encuentra el segundo parque marino más antiguo de Florida, el Theater of the Sea, inaugurado en 1946. Situado en una antigua cantera creada durante la construcción del ferrocarril de Flagler *(ver pp. 48-49)*, es famoso por sus tradicionales números de leones marinos y delfines. También ofrece actividades como el programa "Adiestrador por un día" y excursiones marítimas para explorar la fauna de las lagunas locales.

Dolphin Adventure incluye un baño con delfines y dos horas de espectáculo continuado, pero hay que reservar con bastante antelación.

Pescadores de Whale Harbor Marina, en Islamorada

Islamorada ⓫

Mapa de carreteras F5. Monroe Co. *8,500.* *MM 82.5, (800) 322-5397.* **www**.islamoradachamber.com

La capital mundial de la pesca deportiva consta de varias islas que destacan por la captura de especies grandes.

El Whale Harbor Marina de la ciudad de Islamorada, en Upper Matecumbe Key, cuenta con impresionantes barcos que se alquilan para salir a pescar en alta mar. Las embarcaciones compartidas admiten a gente de todos los niveles de experiencia, así que no es preciso ser un gran aficionado para disfrutar de una jornada en el mar. En el punto MM 82 de la carretera, el *art déco* Hurricane Monument marca la tumba de 500 personas que fallecieron a causa de la ola ciclónica del huracán de 1935 *(ver p. 26)*.

Indian and y Lignumvitae Keys ⓬

Mapa de carreteras F5. Monroe Co. *Islamorada.* *Lower Matecumbe Key.* *Islamorada, (800) 322-5397.*

Hasta estas islas deshabitadas, situadas en extremos opuestos de la Ocean Highway, sólo se puede llegar por mar.

El diminuto Indian Key tiene una historia sorprendente. Antiguo asentamiento indio, fue colonizado en 1831 por el capitán J. Houseman, un oportunista buscador de tesoros *(ver p. 303)* bajo cuyo mando autocrático floreció una pequeña población que, en 1840, fue objeto de un ataque semínola en el que murieron todos sus habitantes. El cayo fue abandonado y hoy sólo se conservan restos del pueblo y sus aljibes, invadidos por una variada y exuberante vegetación. Una torre de observación ofrece espléndidas vistas de la isla.

El Lignumvitae Key, que únicamente se puede recorrer en compañía de un guardabosques, ofrece un interés botánico aún mayor. Alberga 133 especies nativas de árboles, entre ellos el que ha dado nombre a la isla, un árbol de flores azules que puede vivir 1.000 años. Los científicos creen que el resto de la vegetación puede tener hasta 10.000 años de antigüedad.

Delfines jugando en aguas protegidas del Dolphin Research Center

En su fauna destacan los caracoles de árbol *(ver p. 289)* y unas arañas impresionantes.

Dolphin Research Center ⓭

Mapa de carreteras E5. Monroe Co. MM 59. *(305) 289-1121.* *todos los días.* *festivos.* **www**.dolphins.org

Esta organización no lucrativa de Grassy Key se dedica a estudiar el comportamiento de los delfines. También hace las veces de sanatorio de ejemplares enfermos o heridos y acoge a los que han agotado su época de actores en los parques temáticos.

Además, este centro de investigación ofrece exposiciones, paseos a orillas del lago y otras actividades como el "Encuentro con los delfines", que permite al visitante bañarse con ellos. Es fundamental reservar con un mes de antelación a la fecha prevista para la visita.

Torre de observación y aljibes originales de Indian Key

La pesca en los cayos

Señuelo de pesca

En el sur de Florida hay tres zonas de pesca, cada una con sus propias características y recompensas. Junto a la cálida corriente del golfo abundan las grandes especies. Las aguas costeras del Atlántico, hasta el mismo arrecife de coral, acogen peces tropicales como el mero. Por último, al norte de los cayos, en las zonas poco profundas del golfo, habita el tarpón. Islamorada, Marathon y Key West son los principales núcleos pesqueros de la zona, y en los pequeños puertos deportivos de toda la región se alquilan embarcaciones. Hay opciones para todos los gustos, presupuestos y destrezas, pero las posibilidades de triunfar serán mayores si reserva plaza en un barco de pesca compartido o contrata a un guía experimentado. Aunque las condiciones meteorológicas y las variaciones estacionales determinan las especies existentes, en las aguas de los cayos se puede pescar durante prácticamente todo el año.

¿PESCA EN ALTA MAR O EN LA COSTA?

La pesca en alta mar, una de las opciones más estimulantes que existen, seduce al aficionado que ansía grandes capturas; sin embargo, el alquiler del barco resulta caro. En las aguas costeras, donde la astucia y la cautela contribuyen a amarrar las capturas, se pesca en esquifes.

Los esquifes *son impulsados con perchas, pues las algas se enredan en los motores.*

Desde las embarcaciones *los pescadores batallan con los grandes ejemplares de alta mar.*

Las tiendas de aparejos y cebos *abundan en la Overseas Highway y en los puertos. No sólo alquilan y venden equipos de pesca* (ver p 373), *sino que suelen ser el lugar perfecto para realizar excursiones por la zona.*

Las grandes especies *de alta mar son el trofeo más codiciado. Los restaurantes se ofrecen para prepararle la captura, pero si lo prefiere, un taxidermista puede disecársela* (ver p. 373).

Los barcos compartidos *ofrecen una forma divertida y asequible de pescar en el arrecife. El precio por persona suele incluir el permiso de pesca, los aparejos y los cebos.*

Puerto de Marathon, con el puente de las 7 Millas al fondo

Marathon 14

Mapa de carreteras E5. Monroe Co. *13.000.* *MM 53.5, (305) 743-6555.* **www**.floridakeysmarathon.com

Los colonizadores españoles dieron a esta isla el nombre de Cayo Vaca, probablemente por los numerosos manatíes, o vacas marinas *(ver p. 250)*, que antaño poblaban la costa. A principios del siglo XX, la isla fue rebautizada por los trabajadores del ferrocarril marítimo *(ver p. 281)*.

Detalle de una puerta, Crane Point Hammock

Centro n eurálgico de los cayos centrales, Marathon está muy urbanizada y, a simple vista, no parece sino una franja de centros comerciales y gasolineras. Su principal atractivo reside en los bancos de pesca circundantes, siendo especialmente fértiles los situados bajo los puentes donde confluyen el Atlántico y el golfo de México.

Los aficionados pueden elegir entre diversas técnicas *(ver p. 295)*, como la pesca con arpón (prohibida en los Upper Keys pero permitida aquí) o la pesca con caña en lo que en la zona denominan el muelle más largo del mundo, un tramo de 3 km que forma parte del antiguo puente de las 7 Millas. Quienes no practican este deporte encontrarán numerosos complejos hoteleros con pequeñas playas, a menudo creadas con arena de otros lugares.

El **Crane Point Hammock** es una visita obligada. Abarca 26 hectáreas de bosque de frondosas tropicales y humedales de mangles con diversos senderos por la naturaleza y una tradicional casa de conchas *(ver p. 301)* construida de *tabby*, una especie de cemento de fabricación casera a base de conchas quemadas y roca coralina.

Al *hammock* se accede por el **Museum of Natural History of the Florida Keys.** Su interesante colección, que explica la historia, la geología y la ecología de las islas, está pensada para los más jóvenes.

Museum of Natural History of the Florida Keys
MM 50.5. ***Tel*** *(305) 743-9100.*
todos los días. *25 dic.*
www.cranepoint.org

Pigeon Key 15

Mapa de carreteras E5. Monroe Co. MM 47.5, por el puente de las 7 Millas. ***Tel*** *(305) 289-0025.* *todos los días.* **www**.pigeonkey.org

Este diminuto cayo fue la base de operaciones del puente de las 7 Millas de Henry Flagler, calificado por algunos como la octava maravilla del mundo cuando fue concluido en 1912. Las siete estructuras de madera empleadas originalmente por las cuadrillas de construcción y mantenimiento, constituyen uno de los últimos pueblos ferroviarios de la época de Flagler que se conservan intactos.

Bridge Tender's House alberga un museo histórico. El antiguo puente, que discurre en paralelo al nuevo puente de las 7 Millas, de 1982, atraviesa el cayo sobre pilares de hormigón y ofrece una formidable vista panorámica. También es la única entrada a la isla, donde están prohibidos los coches, por lo que le recomendamos que vaya andando, en bicicleta o bien en el autobús gratuito que parte de la sede de la fundación, en el punto MM 48 de la carretera.

Lower Keys 16

Mapa de carreteras E5. Monroe Co. *Key West.* *MM 31, (305) 872-2411.* **www**.lowerkeyschamber.com

Una vez salvado el puente de las 7 millas, parece como si los cayos se transformaran. El terreno es abrupto y menos

Un ejemplo de las viviendas originales de Pigeon Key

Bahía Honda, una de las pocas playas naturales de los cayos de Florida

urbanizado que en los Upper Keys y el paisaje, más boscoso, alberga una flora y una fauna diferentes. Pero el cambio más sorprendente es el relajado ritmo de vida, que confirma la alegación local de que los Lower Keys son más un estado de ánimo que un punto geográfico.

A tan sólo 60 km de Key West se encuentra **Bahia Honda State Park,** una zona protegida de 212 hectáreas por donde se extiende la mejor playa de los cayos. Hasta la misma arena blanca llega un frondoso bosque tropical atravesado por numerosos senderos, en los que el visitante encontrará varias especies arbóreas poco habituales, como la palmera argéntea o el satín amarillo, así como infinidad de aves. Aunque en la playa alquilan los materiales necesarios para practicar los deportes náuticos habituales, la corriente puede ser muy fuerte, por lo que conviene adoptar precauciones.

Desde el parque parten también excursiones al **Looe Key National Marine Sanctuary,** un tramo de arrecife de 8 km que resulta espectacular para bucear gracias a sus formaciones coralinas únicas y a su abundante vida marina.

Desde Bahia Honda, la autopista se vuelve hacia el norte para llegar al siguiente lugar de interés, **Big Pine Key,** la segunda isla de la cadena por sus dimensiones, y la que alberga el mayor núcleo residencial de los Lower Keys. Éste es el mejor sitio para contemplar al diminuto ciervo de los cayos, que se deja ver con mayor frecuencia al amanecer o al anochecer. Gire por Key Deer Boulevard, junto al punto MM 30 de la carretera, para llegar a **Blue Hole,** una cantera anegada rodeada de bosques, cuya plataforma de observación resulta perfecta para ver a los animales que se acercan a beber. No muy lejos, el sendero de 1,6 km llamado Jack Watson Nature Trail cuenta con carteles identificativos de los árboles y plantas. Siguiendo por la Overseas Highway, al cruzar Cudjoe Key busque en el cielo el ***Fat Albert,*** un gran dirigible blanco de vigilancia que, a una altura de 427 m, controla desde los narcotraficantes hasta la política de Cuba.

Torre de los murciélagos de Perky

El vecino Sugarloaf Key, antaño sede de una empresa de esponjas, es hoy famoso por su **Bat Tower,** a la que se llega girando hacia el norte desde la Overseas Highway, justo después del punto MM 17. Fue construida en 1929 por el promotor inmobiliario Richter C. Perky para atraer a los murciélagos que él creía que librarían a la isla de sus feroces mosquitos y le permitirían urbanizarla. Por desgracia, no se acercó ni un sólo murciélago.

Bahia Honda State Park
MM 37. ***Tel*** *(305) 872-2353.*
todos los días. *limitado.*
www.floridastateparks.org

EL CIERVO DE LOS CAYOS

Este pariente del ciervo de Virginia, hoy en peligro de extinción, únicamente está presente en Big Pine Key y las islas circundantes. Aunque cruzan nadando de un cayo a otro, resulta más fácil verlos vagar por los pinares. A pesar de las estrictas limitaciones de velocidad y de la creación de una reserva en Big Pine Key, todos los años mueren atropellados unos 50 ciervos, cuyo número se ha estabilizado en torno a 300 ejemplares. Está terminantemente prohibido darles de comer.

El ciervo de los cayos no sobrepasa a un perro grande

Key West en 3 dimensiones ⑰

La población más meridional del continente de EE UU es una ciudad sin parangón que atrae a quienes desean dejar atrás el resto de Florida. Aquí, el relajado ritmo de vida típicamente tropical se desarrolla en la calle.

Documentado desde 1513, Cayo Hueso se convirtió rápidamente en paraíso de piratas y, más tarde, de buscadores de tesoros *(ver p. 303)*, dos colectivos que vivían de los buques que navegaban por la zona y de sus preciados tesoros. Key West fue la ciudad más próspera de Florida, y la forma de vida que ofrecía sedujo a una riada constante de colonos procedentes de ambas Américas, el Caribe y Europa, que han dejado su legado en la arquitectura, la cocina y el espíritu inherentes a la isla. Últimamente, a la curiosa mezcla cultural de Key West se han sumado grupos de homosexuales, escritores y modernos.

Curry Mansion
El interior de esta vivienda refleja las fortunas de los buscadores de tesoros (ver p. 302).

Sloppy Joe's era el lugar predilecto de Ernest Hemingway. El bar se trasladó a su ubicación actual en 1935.

Pier House Resort
Este complejo hotelero posee una solicitada terraza desde donde la gente contempla los atardeceres de Key West.

★ Mel Fisher Maritime Museum
En este museo se exhiben tesoros procedentes de los naufragios, además de los aparatos empleados para buscarlos (ver p. 302).

La Audubon House, construida a mediados del siglo XIX, contiene piezas originales de la época e ilustraciones ornitológicas de John James Audubon *(ver p. 46)*.

Wreckers' Museum
(ver p. 302)

SIMBOLOGÍA

– – – Itinerario sugerido

RECOMENDAMOS

★ Mel Fisher Maritime Museum

★ Bahama Village

Duval Street
La arteria principal de Key West está repleta de tiendas de recuerdos. En ella se encuentran también algunos de los lugares más interesantes de la ciudad antigua.

Fleming Street
Esta calle acoge numerosas y bellas viviendas de madera, típicas de las tranquilas y sombreadas vías residenciales de la ciudad antigua, que constituyen un buen ejemplo de la arquitectura tradicional de Cayo Hueso
(ver p. 301).

INFORMACIÓN ESENCIAL

Mapa de carreteras E5. Monroe Co. *28.000. 3 km al E de Duval St. Simonton and Virginia sts, (305) 296-9072. Mallory Sq, (305) 292-8158. 402 Wall Street, (305) 294-2587.*
www.keywestchamber.org
Audubon House ***Tel*** *(305) 294-2116. todos los días. República de la Concha (abr), Días de Hemingway (jul), Fiesta de la Fantasía (mediados oct).*

St. Paul's Episcopal Church
Esta iglesia de 1912 está dedicada al patrón de los náufragos. Algunas de sus 49 vidrieras representan imágenes marinas.

Margaritaville
El cantante de Florida Jimmy Buffet es el propietario de este café y de su contiguo establecimiento de venta de camisetas y recuerdos.
(ver p. 357).

San Carlos Institute fue fundado por los cubanos en 1871. Hoy en día ocupa un bello edificio neobarroco de 1924 que alberga el centro cultural cubano.

★ Bahama Village
Este antiguo barrio de Key West, hasta ahora poco urbanizado, está lleno de edificios de madera de vivos colores.

Explorando Key West

Guante de boxeo de Hemingway

La mayoría de los lugares de interés se encuentran en Duval Street, que enlaza el golfo de México con el Atlántico y constituye el eje central de Key West. El área comprendida entre las calles Whitehead y White alberga la mayor concentración de Florida de edificios decimonónicos de madera. Las viviendas levantadas para los trabajadores cubanos de las empresas tabaqueras, denominadas *shotgun*, contrastan con el caprichoso estilo romántico de las casas de sus vecinos más acaudalados. Para conocer la zona, puede tomar el *Conch Train*, el *Old Town Trolley* o alquilar una bicicleta. Al sur de la isla encontrará formidables playas.

A la sombra de las palmeras en una playa del sur de Key West

Recorrido por Key West

Desde **Mallory Square,** en el extremo norte de la ciudad antigua, se contemplan unos espectaculares atardeceres. Durante el día, para respirar el ambiente de la ciudad, recorra Duval Street y sus bellas perpendiculares, donde las casas profusamente ornamentadas, típicas de Key West, conviven con frondosos árboles tropicales y buganvillas.

Aún más reconfortante es **Bahama Village,** bautizado así en honor de los primeros habitantes de Key West. Este vecindario histórico, situado en el linde occidental de la ciudad antigua, está delimitado por las calles Fort, Virginia, Petronia y Whitehead. Aquí se vive en la calle, donde las animadas partidas de dominó se juegan en las esquinas ylas gallinas deambulan con total libertad. Las típicas casas de los trabajadores del tabaco, denominadas *shotgun*, han escapado de las reformas que se observan en el resto de las viviendas.

East Martello Museum and Gallery

3501 S Roosevelt Blvd. ***Tel*** *(305) 296-3913.* *todos los días.* *25 dic.* *limitado.* **www**.kwahs.com

La torre East Martello, situada al este de la isla, se empezó a construir en 1861 para proteger el fuerte Zachary *(ver p. 302)*, aunque nunca fue terminada y su diseño rápidamente quedó anticuado.

Hoy en día es un museo que ofrece al visitante una excelente información sobre Cayo Hueso y su irregular pasado, tocando todos los aspectos, desde las numerosas conexiones literarias de Key West hasta la cambiante historia comercial de la isla. También muestra una de las endebles balsas empleadas por los cubanos para exiliarse de Cuba y huir del régimen castrista *(ver pp. 52-53)*.

La torre ofrece bonitas vistas y alberga obras de numerosos artistas locales.

Casa de Hemingway

907 Whitehead St. ***Tel*** *(305) 294-1136.* *todos los días.* *limitado.* **www**.hemingwayhome.com

En esta vivienda de estilo colonial, construida de roca coralina, vivió Ernest Hemingway de 1931 a 1940. Encima de la cochera se encuentra la habitación donde el novelista redactó diversas obras, de las que *Tener y no tener* es la única ambientada en Key West. En esta casa-museo se pueden contemplar su biblioteca y diversos recuerdos de sus viajes, además de otros objetos como la silla en la que se sentaba a escribir. Los guías narran las pasiones no literarias de este escritor: la pesca y los altercados en Sloppy Joe's *(ver p. 298)*.

Según algunos, por la casa y el frondoso jardín aún corretean los descendientes de sus gatos de seis uñas.

Lighthouse Museum

938 Whitehead St. ***Tel*** *(305) 294-0012.* *todos los días.* *25 dic.* **www**.kwahs.com

Frente a la vivienda de Hemingway se alza el faro de la ciudad, construido en 1848. La casita de madera del farero, levantada junto a su base, alberga un modesto museo de artículos del fanal y otros objetos históricos. Para muchos, lo más atractivo es la propia torre de 88 peldaños de una magnífica panorámica. En su interior se puede mirar a través de la lente que antaño logró orientar a las embarcaciones situadas a unos 40 km mar adentro.

Banderín original del faro

***Boza's Comparsa* (1975), de M. Sánchez, en East Martello Museum**

El estilo de Key West

Ménsulas de madera esculpida

De la arquitectura de Key West sorprende sobre todo su sencillez, una respuesta al cálido clima y a los limitados materiales de los que se disponía, principalmente madera, que procedía de los naufragios o se importaba. Las primitivas casas de concha de principios del siglo XIX eran construidas a menudo por los carpinteros de los barcos, que introducían elementos que habían visto en sus viajes. De las Bahamas se importaron diversos conceptos destinados a acrecentar la sombra y la ventilación. Más tarde se filtraría el neoclasicismo del norte, mientras que el estilo victoriano de finales del siglo XIX influyó enormemente en la ornamentación. Los habitantes más prósperos de Key West favorecieron los detalles extravagantes y, con frecuencia, recargados, pero estas características adornan también moradas más humildes. Desde los años 70 se han reformado muchas casas, pero aún conservan su sabor original.

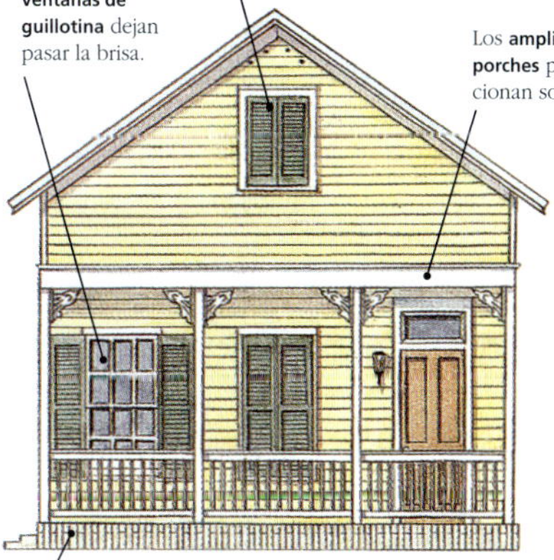

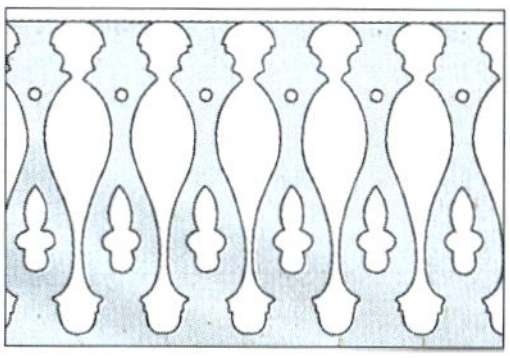

Los **calados** decoran las balaustradas; rara vez se encuentran dos casas con el mismo motivo.

CASA DE TRES VANOS

La casa más habitual de Key West supone una ligera evolución del estilo *shotgun*, cuyo nombre alude al hecho de que si se disparaba una bala a través de la puerta principal, saldría limpiamente por la puerta trasera. Al orientar el aguilón hacia la calle se aprovechaba al máximo la cabida de cada manzana.

CASA DE CINCO VANOS CON CEJA

La simetría típica de Key West se pone de manifiesto en esta vivienda de cinco vanos. La ceja, o saliente del tejado que protege las habitaciones superiores del sol, es un rasgo exclusivo de la isla.

Las impresionantes bóvedas de ladrillo de Fort Zachary Taylor

Fort Zachary Taylor Historic State Site

Al final de Southard St. **Tel** *(305) 292-6713.* *todos los días.* *limitado.* **www**.floridastateparks.org

Este fuerte de ladrillo fue terminado en 1866. Durante la guerra de secesión, las tropas de la Unión estuvieron destacadas en él para que la isla se mantuviera leal al norte. La construcción original, que tenía tres pisos y donde los retretes se limpiaban con la marea, fue remozada a finales del siglo XIX.

Hoy en día alberga un museo militar que contiene una buena colección de objetos de la guerra de secesión. Los visitantes también pueden pasear por el exterior y disfrutar de las vistas desde un observatorio. No muy lejos se encuentra la mejor playa pública de Key West.

Mel Fisher Maritime Museum

200 Greene St. *(305) 294-2633.* *9.30-17.00 todos los días.* **www**.melfisher.com

La fachada de piedra contrasta con la opulencia de los tesoros que guarda este museo.
El señor Fisher saltó a la fama en 1985 cuando descubrió los restos de los galeones españoles *Nuestra Señora de Atocha* *(ver p. 28)* y *Santa Margarita* a unos 64 km al oeste de Key West; en su interior había 47 toneladas de lingotes de oro y plata y 32 kg de esmeraldas en bruto que se hundieron con los buques en 1622.

De esas riquezas sólo se exhibe una pequeña muestra de joyas, monedas y crucifijos. También se relata el rescate de los tesoros.

The Wreckers' Museum

322 Duval St. **Tel** *(305) 294-9502.* *todos los días.* *limitado.* **www**.oirf.org

La antigua morada del buscador de tesoros Francis B. Watlington es la más antigua de Key West. Construida en 1829, su diseño revela algunas influencias típicamente marineras, como la escotilla de ventilación del tejado. La casa está atestada de artilugios náuticos, maquetas de barcos y cuadros, así como numerosos documentos sobre la búsqueda de tesoros, el negocio que hizo rico a Key West (y al capitán Watlington). Los visitantes son recibidos por una cuadrilla de voluntarios cuyas anécdotas dan vida a la historia de la vivienda.

No se pierda la cocina, que es la más antigua de Key West. Se encuentra en un edificio independiente del patio trasero, siguiendo la antigua usanza de alejar las cocinas del edificio principal para reducir el riesgo de incendios y la temperatura de la vivienda.

Escotilla de estilo naval en el ático del Wreckers' Museum

The Curry Mansion

511 Caroline St. **Tel** *(305) 294-5349.* *todos los días.* **www**.currymansion.com

La construcción de esta mansión fue iniciada en 1855 por William Curry, un buscador de tesoros de las Bahamas que se convirtió en el primer millonario de Key West. La obra fue terminada 44 años después por su hijo Milton.

La casa alberga muchos elementos originales, como el revestimiento de las paredes y los aparatos eléctricos. Las estancias han sido decoradas con objetos victorianos y otros más tardíos, que van desde vidrieras hasta un rifle que perteneció a Ernest Hemingway. Se dice que la tarta de lima de los cayos *(ver p. 334)* fue elaborada aquí por primera vez por tía Sally, la cocinera, que utilizó para ello leche condensada enlatada (no existía hasta 1895). La Curry Mansion es también una casa de huéspedes *(ver p. 330)*.

La casita de Robert Frost, en el jardín de Heritage House

Heritage House Museum and Robert Frost Cottage

410 Caroline St. **Tel** *(305) 296-3573.* *lu-sá.* *Acción de Gracias, 25 dic, 1 ene.* **www**.heritagehousemuseum.org

Esta casa, construida en 1834 para un capitán británico, es una de las más antiguas de Cayo Hueso. Se conserva casi en su estado original, y contiene muebles de la época y recuerdos d e viajes que pertenecían a los Porter, una adinerada familia de Key West. El jardín alberga la cocina independiente de la casa y, bajo una bella higuera, la casita de Robert Frost, que recibe el nombre del poeta norteamericano que se alojaba allí durante sus visitas a Key West.

Cementerio de Key West
701 Passover Lane. ***Tel*** *(305) 292-8177.* *todos los días.* *ma y ju.*
Debido a la proximidad del subsuelo de caliza y la capa freática, la mayoría de las tumbas de este cementerio están elevadas; en ellas descansan los restos de los primeros pobladores de Key West. El recinto está dividido en zonas para judíos y católicos, mientras que las criptas cubanas aparecen coronadas por la estatua de una gallina, probablemente relacionada con la santería *(ver p. 77)*. Existe incluso una zona de enterramiento de animales de compañía.

El marinero solitario

La escultura de un marinero conmemora la pérdida de 252 tripulantes del acorazado *USS Maine*, que se hundió en el puerto de La Habana al estallar la guerra de Cuba en 1898 *(ver p. 49)*. Dése un paseo para leer las inscripciones y epitafios, a veces graciosos, de las lápidas, como "Te dije que estaba enfermo". Muchos de los primeros pobladores de Key West eran conocidos simplemente por su nombre de pila, familiaridad que les acompañó hasta la tumba. Se dice que Ernest Hemingway, desdeñoso de esa tradición, llegó a decir "Es preferible comer heces de mono a morir en Key West".

LOS BUSCADORES DE TESOROS

Desde finales del siglo XVIII, en aguas de los cayos pescaban oriundos de las Bahamas y también los que patrullaban el arrecife para recuperar restos de naufragios. Los vigías gritaban "¡Naufragio a la vista!" para que los buques de rescate emprendieran una desenfrenada carrera hacia el arrecife con el fin de ser los primeros en reclamar el barco naufragado. De este modo, en los cayos acababan bienes que iban desde materiales básicos hasta artículos de lujo, como encajes, vino y plata. Este saqueo, que recibió el nombre de *wrecking* (*wreck* significa naufragio), se hizo tan generalizado que, en 1825, el Congreso aprobó una ley en virtud de la cual sólo los residentes en EE UU podían disfrutar de los derechos de recuperación de restos. Durante los años siguientes, Key West acabó por convertirse en la ciudad más rica de Florida.

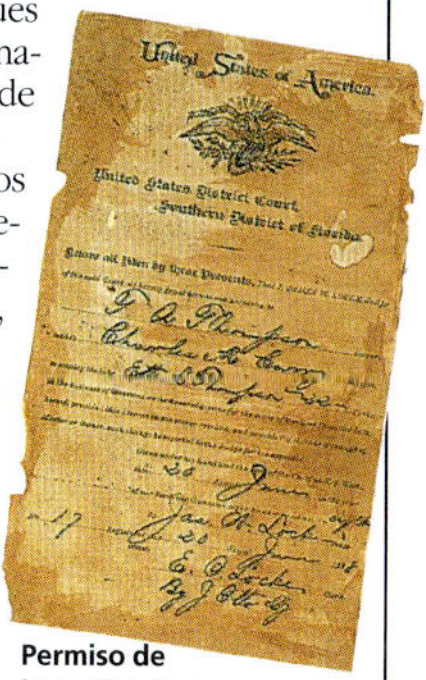

Permiso de buscador de tesoros

Dry Tortugas National Park ⓲

Mapa de carreteras D5. Monroe Co. *Key West.* *1601 N Roosevelt Blvd, (305) 292-5000.*
www.keywestinfo.com

Este parque natural consta de siete islas situadas a 109 km al oeste de Key West. De ellas, la más visitada es Garden Key, donde se alza **Fort Jefferson,** la mayor fortificación de ladrillo de EE UU. Su diseño hexagonal contiene un foso de 21 m de ancho y unos muros de hasta 2,5 m de grosor y 15 m de altura. Inicialmente, el fuerte debía controlar los estrechos de Florida con un destacamento de 1.500 hombres y 450 cañones. Las obras, que comenzaron en 1845, se prolongaron durante 30 años, pero el fuerte nunca fue terminado. Durante la guerra de secesión, tras su ocupación por las fuerzas unionistas, se empleó como prisión de desertores.

A él sólo se puede llegar por mar o por aire. La mayoría de la gente acude en viajes organizados desde Key West, con la posibilidad adicional de bucear en un mar cristalino. La observación de pájaros alcanza su apogeo entre marzo y octubre, cuando miles de aves migratorias, como las golondrinas de mar y las magníficas fragatas, anidan en estas islas.

El imponente fuerte Jefferson, del siglo XIX, en Dry Tortugas National Park

VIVIR FLORIDA

ALOJAMIENTO

Florida ofrece alojamientos para todos los gustos y presupuestos, desde rústicas cabañas de madera con las mínimas comodidades hasta lujosos complejos hoteleros que atienden todas las necesidades de sus huéspedes. Además, se puede elegir entre cómodos hoteles, casas particulares en régimen de alojamiento y desayuno (Bed & Breakfast) o apartamentos totalmente equipados. También abundan los cámpings donde levantar una tienda o instalar una autocaravana. En Florida la relación calidad/precio es buena, aunque las tarifas fluctúan mucho en función de la temporada y el lugar. En las páginas 310-331 recomendamos cerca de 250 lugares repartidos por todo el Estado, que son los mejores de su categoría y cubren todo el abanico de precios. En la guía *Florida Accommodation Directory,* publicada por la oficina de información y turismo, aparecen los hoteles, moteles y demás alojamientos del Estado.

Cartel del Coombs House Inn ***(ver p. 332)***

Vestíbulo del Eden Roc Renaissance de Miami Resort and Spa ***(ver p. 312)***

HOTELES Y COMPLEJOS HOTELEROS

Salvo que se aloje en uno de los establecimientos *art déco* de Miami Beach, descubrirá que la mayoría de los hoteles de Florida son grandes, modernos, con excelentes instalaciones y piscina, pero con escaso encanto y, a menudo, un servicio más bien impersonal.

En los hoteles de las grandes cadenas, muy generalizados y utilizados en EE UU, los precios varían en función de su ubicación. Dichas cadenas van desde las elegantes Marriott o Inter-Continental, hasta la económica Days Inn, pasando por otras de categoría intermedia como Holiday Inn La cadena española Sol Meliá también está presente en Miami.

Los complejos hoteleros suelen situarse junto al mar y, a menudo, estan rodeados de jardines. Aunque caros, ofrecen toda suerte de instalaciones, desde piscinas hasta tiendas y, normalmente, disponen de varios restaurantes. Muchos albergan excelentes instalaciones deportivas como campos de golf y pistas de tenis, y facilitan profesores particulares. Los programas de salud, cada vez más solicitados, constan de clases diarias de gimnasia y, con frecuencia, de regímenes alimenticios especiales.

Jardines y piscina típicos en muchos complejos hoteleros de Florida

Por sus salas de juegos, sus actividades infantiles y otras instalaciones, los complejos hoteleros pueden ser una buena opción para las familias.

BED & BREAKFASTS

Quien busque hospitalidad en su sentido tradicional debe alojarse en un Bed & Breakfast, una casa particular atendida por su propietario, que suele ofrecer unos magníficos desayunos a sus huéspedes, a menudo con bollería casera. El encanto y el toque personal compensan la ausencia de los servicios tradicionales de los hoteles, aunque algunos son bastante lujosos.

Los establecimientos denominados *inn* son más grandes y caros que los Bed & Breakfats, e incluso pueden tener restaurante, pero siguen siendo más familiares que los hoteles.

Las zonas rurales y las ciudades históricas acaparan la mejor oferta. En Key West y St. Augustine, por ejemplo, el viajero se puede alojar en bellas casonas antiguas con mobiliario de época.

Los principales inconvenientes son sus restricciones a los niños y la exigencia de una estancia mínima en temporada alta. Puesto que la mayoría disponen de pocas habitaciones, conviene reservar con bastante antelación.

Hay diversas agencias especializadas en organizar estancias en esta clase de alojamiento: **Florida B&B Inns** se centra principalmente en conseguir alojamiento en casas históricas

◁ **Navegando en los Everglades**

Bed & Breakfast tradicional en el Panhandle

de todo el Estado, así como **Key West Innkeepers Association.** Asimismo, la edición del sureste de la guía *Bed and Breakfast USA* y las publicaciones *Bed and Breakfasts, Country Inns* e *Historical Lodgings* de la American Automobile Association (AAA) resultan útiles. Las páginas amarillas también incluyen un listado de esta categoría de alojamientos.

RESERVAS

En temporada alta,para asegurarse habitación en el hotel elegido, sobre todo en Miami y Orlando, conviene reservar con varios meses de antelación; en temporada baja no tendrá problemas. Lo normal es encontrar alojamiento en cualquier época del año, aunque el hotel no sea el elegido.

Puede reservar por teléfono con una tarjeta de crédito (suelen exigir una señal) y, si piensa llegar después de las 17.00, conviene avisar para no perder la reserva.

INSTALACIONES

La competencia hotelera es tan fuerte en Florida que las instalaciones suelen ser buenas. Rara es la habitación que carezca de televisor, cuarto de baño y aire acondicionado, incluso en los Bed & Breakfast, y la mayoría cuenta con minibar y escritorio; algunos hoteles también ofrecen cocina *(ver p. 308)*. Normalmente los dormitorios suelen tener dos camas grandes.

La mejor atención para los discapacitados la prestan los establecimientos convencionales. Además de ascensores y rampas, algunos ofrecen habitaciones habilitadas para las sillas de ruedas. Si tiene alguna necesidad especial, informe de ello al formalizar su reserva.

PRECIOS

Las tarifas hoteleras varían en función de la época del año: en temporada alta son entre un 30% y un 50% más elevadas. En el sur de Florida, la temporada alta va de mediados de noviembre a Semana Santa, mientras que en el Panhandle y el noreste, donde los inviernos son más frescos, aplican sus precios más altos en verano. No obstante, esté donde esté, cuente con pagar la tarifa máxima en Navidad, Semana Santa y el Día de Acción de Gracias (último jueves de noviembre). En cualquier época del año pueden cobrarle hasta un 25% más si su dormitorio tiene vistas al mar.

Las habitaciones con un coste inferior a 70 dólares suelen ofrecer las mismas instalaciones, y sólo por encima de esa cantidad (salvo en las zonas rurales) se observa una diferencia palpable. Los precios se pagan por habitación, nunca por persona.

Pregunte siempre por las ofertas. Quizás obtenga una tarifa mejor si realiza sus comidas en el hotel o si su estancia es superior a una semana. Muchos establecimientos también ofrecen descuentos a jubilados y familias.

El elegante Delano Hotel de South Beach, en Miami *(ver p. 312)*

EXTRAS

Las tarifas hoteleras no suelen incluir el impuesto de venta *(ver p. 358)* ni el denominado impuesto hotelero, por lo que estas cargas pueden suponer hasta un 15% adicional sobre la cuenta.

El coste de las llamadas telefónicas desde las habitaciones es exorbitante. En algunos establecimientos, las llamadas locales son gratuitas pero, por regla general, suele resultar mucho más económico utilizar los teléfonos públicos.

Muchos hoteles cobran el servicio de aparcamiento, que puede costar desde 10 dólares diarios hasta la intemerata de 20 dólares (en el Delano Hotel).

A la vista del desmesurado precio del desayuno en la mayoría de los alojamientos, no está de más desayunar en una cafetería próxima. Por último, no olvide que algunas películas de televisión son de pago: lea la pantalla antes de pulsar el botón del mando a distancia.

Habitación del Brigham Gardens Guest House, en Miami *(ver p. 311)*

Casas de alquiler junto al mar en Bahia Honda *(ver p. 297)*

MOTELES

Aunque es probable que a pocos turistas les interese hospedarse en esta clase de alojamientos, se trata de una buena solución de última hora, en particular en temporada alta. Los moteles suelen estar en las afueras de las poblaciones, pero en Florida también los hay en las localidades costeras, donde ofrecen una buena alternativa a los hoteles convencionales, sobre todo en las épocas de máxima ocupación.

Estos establecimientos son baratos y también cómodos. Puede aparcar el coche (gratis) cerca de su habitación, descargar el equipaje y, en unos minutos, marcharse a la playa. Las habitaciones suelen ser sencillas pero correctas. Con todo, intente inspeccionar la suya antes de registrarse.

Cartel de neón de un motel de Orlando

ALOJAMIENTO EN ORLANDO

Si tiene pensado visitar Walt Disney World, la proximidad del alojamiento a los parques temáticos es una baza importante: llegar temprano es la mejor forma de evitar las grandes colas *(ver p. 179)* y es una pena perder el tiempo en el atasco de entrada al parque. Universal Orlando dispone de dos hoteles dentro del recinto ferial y Disneyland Resorts ofrece un hotel en el interior del parque y dos adyacentes. Las habitaciones de estos grandes hoteles son caras, aunque ofrecen paquetes turísticos. Sin embargo, existen hoteles cercanos a los parques de Universal y Disney que son también buenos y resultan más económicos.

Las plazas hoteleras de Disney están muy solicitadas, por lo que hay que reservar con mucha antelación: lo ideal son seis meses, o un año si desea acudir en Semana Santa o Navidad. No obstante, en Orlando hay tantos hoteles que no debe preocuparse por encontrar habitación. Al elegir alojamiento merece la pena preguntar cuánto se tarda en llegar a Walt Disney World y los demás parques temáticos, y si el hotel dispone de autobuses gratuitos.

En el catálogo de Florida que distribuye **Interhome** se arriendan casas individuales de alta categoría, o en complejos con piscina cerca de la playa. Quienes deseen alquilar apartamentos, villas y coches en Orlando sólo tienen que pedir en su agencia de viajes el folleto USA de **Julià Tours** o consultarlos por internet *(ver p. 309)*. En este folleto aparecen varios viajes a Florida, entre ellos uno a Orlando a partir de seis días. El alojamiento, bien en hoteles, apartamentos o villas, está distribuido en cinco zonas diferentes de esta región del Estado de Florida. Entre sus destinos destacan, por supuesto, los parques temáticos de Walt Disney World, para los cuales también se ofrecen pases especiales y, asimismo, para los parques de Universal Studios.

APARTAMENTOS

Algunos hoteles y moteles ofrecen habitaciones con cocina, denominadas *efficiencies*, que ahorran las comidas de los restaurantes. En las zonas rurales encontrará cabañas adscritas a los cámpings.

Los edificios de apartamentos *(condos)* son típicos de la costa. Aunque parezcan caros (1.200 dólares a la semana), pueden resultar económicos si se viaja en grupo. **Villas of the World** y **Vacation Home Rentals Worldwide** son dos de las organizaciones de alquiler de apartamentos que además ofrecen pisos o chalés particulares. Fuera de EE UU, algunas agencias de viajes especializadas en Florida también prestan el mismo servicio.

Por último, puede alojarse gratis en una casa particular

Un campista en Torreya State Park *(ver p. 239)*

realizando un intercambio. Para ello, debe asociarse a alguna organización de estas características como, por ejemplo, **HomeLink,** que tiene socios repartidos por todo el mundo. En España goza de amplia difusión la agencia **Interhome.**

CÁMPINGS

Florida posee numerosos cámpings. Consulte en España los folletos publicados por los mayoristas **Expomundo y Dimensiones**.

La **Florida Association of RV Parks and Campgrounds** (ARVC) elabora la guía anual *Florida Camping Directory*. Puede solicitar un ejemplar a la ARVC o conseguirlo de forma gratuita en la oficina de información y turismo.

Autocaravana en un parque del Panhandle

Los jardines y la piscina del albergue juvenil de Kissimmee

Para obtener una relación de los cámpings instalados en parques estatales, póngase en contacto con el **Department of Environmental Protection, Parks and Recreation** o con **KOA Kampgrounds of America,** que dirige unos 30 cámpings de categoría en Florida.

ALBERGUES JUVENILES

Florida dispone de muchos albergues, entre ellos uno en South Beach, Orlando y en Fort Lauderdale. **Hostelling International-American Youth Hostels** posee una lista de sus miembros. El **Florida Council of Hostelling International** también ofrece información.

Desde España se expide el carné en las delegaciones de la Oficina Nacional de Turismo e Intercambio de Jóvenes y Estudiantes **(TIVE).**

VIAJAR CON NIÑOS

La mayoría de los alojamientos facilitan cunas y ofrecen servicios de canguro. Además, en algunos lugares, sobre todo en Orlando y las localidades turísticas de la costa, los niños ocupan el primer puesto en la lista de prioridades. Los hoteles cuentan con piscinas y parques infantiles, y organizan actividades y excursiones de un día (que quizás tenga que abonar por separado).

En muchos establecimientos, los menores de 12 años se alojan gratis si comparten habitación con sus padres. En algunos casos (en Walt Disney World, por ejemplo), esta deferencia se extiende a los menores de 18 años. Las habitaciones suelen tener un sofá-cama, aunque se puede solicitar una cama supletoria por un reducido coste adicional.

INFORMACIÓN GENERAL

BED & BREAKFASTS

AAA Auto Club South
www.aaasouth.com

Key West Innkeepers Assn.
922 Caroline St,
Key West, FL 33040.
Tel (888) 539-4667.
www.keywestinns.com

Florida B&B Inns
PO Box 6187, Palm Harbor, FL 34684
Tel (800) 524-1880.
www.florida-inns.com

APARTAMENTOS

Julià Tours
www.juliatours.es

HomeLink
Tampa, FL33647.
Tel (800) 638-3841.
www.homelink.org

Interhome
Guitard 45, 1°,
08014 Barcelona.
Tel 93 409 05 22
Sebastián Herrera, 16
280 12 Madrid.
Tel 91 758 08 62
Tel 902 302 306 (reservas).
www.interhome.es

Vacation Home Rentals Worldwide
235 Kensington Ave,
Norwood, NJ 07648.
Tel (201) 767-9393.
www.vhrww.com

Villas of the World
www.villasoftheworld.com

CÁMPINGS

Department of Environmental Protection, Parks and Recreation
Tel (850) 245-2118.
www.myflorida.com

Florida Association of RV Parks and Campgrounds
Tel (850) 562-7151.
www.floridacamping.com

KOA Kampgrounds of America
Tel (406) 248-7444.
www.koa.com

ALBERGUES JUVENILES

Florida Council of Hostelling International
www.hiflorida.org

Hostelling International (Federación Internacional de Albergues Juveniles -IYHF)
www.hihostels.com
www.hiusa.org
(Estados Unidos)

TIVE
Fernando el Católico 88,
28015 Madrid.
Tel 91 543 74 12.
www.madrid.org

Elegir un hotel

Estos hoteles han sido seleccionados por su buena relación calidad/precio, instalaciones y ubicación. Los hoteles se enumeran por zonas, comenzando por Miami. Las referencias al plano de Miami corresponden a las páginas 100-105; las de los mapas de carreteras remiten a las páginas 14-15.

PRECIOS
Una habitación doble en temporada alta, con servicio e impuestos incluidos.

$ menos de 100 $
$$ 100-150 $
$$$ 150-200 $
$$$$ 200-250 $
$$$$$ más de 250 $

MIAMI

MIAMI BEACH Clay Hotel and International Hostel $
1438 Washington Ave, 33139 ***Tel*** *(305) 534-2988* ***Fax*** *(305) 673-0346* ***Habitaciones*** *225* ***Plano*** *2 E3*

Clay, un hotel popular entre viajeros internacionales, ocupa un edificio de los años veinte de estilo español en la histórica Española Way. Entre sus habitaciones, hay 90 con baño y 12 con balcón. El ambiente es propicio para que los huéspedes entablen amistad durante sus noches de cine o sus horas del cóctel. Reservar con antelación. **www.clayhotel.com**

MIAMI BEACH Lily Leon Hotel $$
841 Collins Ave, 33139 ***Tel*** *(305) 673-3767* ***Fax*** *(305) 673-5866* ***Habitaciones*** *33* ***Plano*** *2 E4*

Este establecimiento, surgido de la fusión de Lily Guesthouse y Leon Hotel, resulta algo caro pero disfruta de una céntrica ubicación en el barrio de la vida nocturna. Sus amplias habitaciones conservan detalles *art déco* originales, como chimeneas y tallas en madera. Clientela joven. **www.lilyguesthouse.com**

MIAMI BEACH Nassau Suite Hotel $$
1414 Collins Ave, 33139 ***Tel*** *(305) 532-0043* ***Fax*** *(305) 534-3133* ***Habitaciones*** *13* ***Plano*** *2 E3*

Este hotel, elegante pero asequible, ofrece *suites* con suelos de madera, camas de matrimonio y un relajante salón. Data de 1937 y está incluido en el Registro Nacional de Lugares Históricos. Su precio es estupendo para la zona y la clientela, moderna. **www.nassausuite.com**

MIAMI BEACH The Kent $$
1131 Collins Ave, 33139 ***Tel*** *(305) 604-5068* ***Fax*** *(305) 531-0720* ***Habitaciones*** *54* ***Plano*** *2 F3*

El Kent es un hotel original y asequible muy cerca de la playa. Sus modernísimas habitaciones han sido decoradas por una prestigiosa diseñadora. Se recomienda visitar la *suite* Lucite, con ambiente de película de James Bond. En el vestíbulo, se pueden utilizar gratis los ordenadores iMac. **www.thekenthotel.com**

MIAMI BEACH Townhouse Hotel $$
150 20th St, 33139 ***Tel*** *(305) 534-3800* ***Fax*** *(305) 534-3811* ***Habitaciones*** *72* ***Plano*** *2 F1*

El Townhouse es un hotel singular con aparatos para hacer ejercicio en los pasillos, sofás amplios y una decoración sencilla. Las zonas más lujosas son la azotea, que se usa de bar los viernes por la noche, y el restaurante de la planta baja, una sucursal de Bond St., un local de *sushi* neoyorquino. **www.townhousehotel.com**

MIAMI BEACH Whitelaw Hotel $$
808 Collins Ave, 33139 ***Tel*** *(305) 398-7000* ***Fax*** *(305) 398-7010* ***Habitaciones*** *49* ***Plano*** *2 E4*

"Sábanas limpias, agua caliente y bebidas heladas" es el popular lema de Whitelaw. Sus modernas habitaciones blancas son pequeñas y disponen de amplios baños. Todas las tardes de 19.00 a 20.00, se sirven cócteles gratuitos en el vestíbulo, lo que atrae incluso a los locales. El ambiente es muy acogedor. **www.whitelawhotel.com**

MIAMI BEACH Aqua $$$
1530 Collins Ave, 33139 ***Tel*** *(305) 538-4361* ***Fax*** *(305) 673-8109* ***Habitaciones*** *45* ***Plano*** *2 F2*

El ultramoderno Aqua ofrece habitaciones de motel equipadas con aparatos de última tecnología. La diminuta piscina y el solárium son zonas muy frecuentadas por sus huéspedes, elegantes pero con presupuesto ajustado. Excelente ubicación, a solo una manzana de la playa y muy cerca de Española Way. **www.aquamiami.com**

MIAMI BEACH Century Hotel $$$
140 Ocean Drive, 33139 ***Tel*** *(888) 982-3688* ***Fax*** *(305) 538-5733* ***Habitaciones*** *24* ***Plano*** *2 F5*

Cuando se inauguró, el Century era un establecimiento adelantado a su tiempo en el popular extremo sur de Fifth Street. Es un pequeño hotel con encanto que atrae a una clientela moderna. Las habitaciones tienen suelos de madera, baños de mármol y una original decoración. No hay piscina, pero la playa está al otro lado de la calle. **www.centurysouthbeach.com**

MIAMI BEACH Chesterfield $$$
855 Collins Ave, 33139 ***Tel*** *(305) 531-5831* ***Fax*** *(305) 672-4900* ***Habitaciones*** *50* ***Plano*** *2 E4*

El vestíbulo de este hotel, moderno y con una estupenda ubicación, luce detalles de Zimbabue y toques barrocos, algo muy diferente a la típica decoración de South Beach. Las habitaciones, acogedoras y modernas, tienen suelos de madera y con buena ropa de cama. La hora feliz del Safari Bar es de 19.00 a 20.00. **www.southbeachgroup.com**

Simbología *ver solapa trasera*

MIAMI BEACH Hotel Astor $$$

956 Washington Ave, 33139 ***Tel*** *(800) 270-4981* ***Fax*** *(305) 531-3193* ***Habitaciones*** *40* ***Plano*** *2 E3*

El Astor, un hotel elegante y cómodo, ofrece habitaciones pequeñas, pero acogedoras, con buena ropa de cama, iluminación alegre y cómodos colchones. Los jóvenes profesionales y famosos de Hollywood se reúnen en el elegante bar del vestíbulo, en el patio y en el Metro Kitchen + Bar de la planta baja. **www.hotelastor.com**

MIAMI BEACH Hotel Nash $$$

1120 Collins Ave, 33139 ***Tel*** *(305) 674-7800* ***Fax*** *(305) 538-8288* ***Habitaciones*** *50* ***Plano*** *2 F3*

Tras una costosa reforma, este establecimiento *art déco* se ha transformado en uno de los mejores hoteles de la playa. Todas las habitaciones y zonas comunes del Nash huelen a esencias de aromaterapia. Sus tres diminutas piscinas (con agua dulce, salada y mineral) y uno de los mejores restaurantes del sur de Florida lo convierten en un alojamiento ideal. **www.hotelnash.com**

MIAMI BEACH Hotel St. Augustine $$$

347 Washington Ave, 33139 ***Tel*** *(800) 310-7717* ***Fax*** *(305) 532-8493* ***Habitaciones*** *24* ***Plano*** *2 E4*

El St. Augustine, ubicado en una zona moderna, es un hotel y balneario, además de un verdadero paraíso. Sus habitaciones son pequeñas y modernas y disponen de baños de vapor y duchas con hidromasaje. Se encuentra cerca de los mejores restaurantes de la zona, lo que resulta una ventaja. **www.hotelstaugustine.com**

MIAMI BEACH Indian Creek Hotel $$$

2727 Indian Creek Drive, 33140 ***Tel*** *(305) 531-2727* ***Fax*** *(305) 947-5873* ***Habitaciones*** *61* ***Mapa de carreteras*** *F5*

Este antiguo hotel de estilo Key West disfruta de una ubicación ideal en una calle tranquila, a sólo unas manzanas del corazón de South Beach. Su ambiente literario y las antigüedades *art déco* bien conservadas le añaden atractivo. El servicio es agradable y el ambiente, acogedor. **www.indiancreekhotel.com**

MIAMI BEACH Park Central Hotel $$$

640 Ocean Drive, 33139 ***Tel*** *(305) 538-1611* ***Fax*** *(305) 534-7520* ***Habitaciones*** *125* ***Plano*** *2 E4*

Este clásico hotel junto al mar ha sido restaurado para recrear los años cuarenta. Las habitaciones disponen de las habituales comodidades. Resulta ideal para un viaje romántico o familiar y está bien situado en el cerca de South Beach, cerca de restaurantes y tiendas modernas. **www.theparkcentral.com**

MIAMI BEACH Pelican Hotel $$$

826 Ocean Drive, 33139 ***Tel*** *(305) 673-3373* ***Fax*** *(305) 673-3255* ***Habitaciones*** *30* ***Plano*** *2 F4*

El Pelican, autodenominado Hotel de Juguete, pertenece a los creativos genios de la marca Diesel. Todas las estancias lucen una temática extravagante, como la habitación Jesucrito Superstar o la Jungle Room de estilo Elvis, que ofrece una estancia memorable. El restaurante de la planta baja es popular en Ocean Drive. **www.pelicanhotel.com**

MIAMI BEACH South Beach Plaza Hotel $$$

1411 Collins Ave, 33139 ***Tel*** *(305) 531-1331* ***Fax*** *(305) 534-0341* ***Habitaciones*** *55* ***Plano*** *2 F3*

El renovado South Beach Plaza Hotel se sitúa junto a la playa, en unos hermosos y exóticos jardines hawaianos con encantadoras cascadas. Las gigantescas habitaciones de la década de 1930 retienen, por fortuna, su herencia hispano-mediterránea. **www.southbeachplazavillas.com**

MIAMI BEACH The Albion $$$

1650 James Ave, 33139 ***Tel*** *(305) 913-1000* ***Fax*** *(305) 674-0507* ***Habitaciones*** *96* ***Plano*** *2 F2*

El Albion fue diseñado en 1939 por Igor Polevitzky, famoso por su trabajo en el Havana's Hotel National, y en 1997 se remodeló siguiendo un actual diseño de Carlos Zapata. Las habitaciones tienen un aspecto industrial, casi frío, pero el servicio resulta atractivo. El Fallabella Bar y el Mayya Restaurant son elegantes. **www.rubellhotels.com**

MIAMI BEACH The Wave Hotel $$$

350 Ocean Drive, 33139 ***Tel*** *(305) 673-0401* ***Fax*** *(305) 531-9385* ***Habitaciones*** *66* ***Plano*** *2 E5*

Este pequeño hotel de estilo *art déco* está separado de la playa por una calle y ofrece habitaciones cómodas y decoradas con mobiliario italiano. El desayuno continental se sirve en la galería con encantadoras vistas de Ocean Drive. El servicio es cálido y cortés. Cercano a zona comercial y de ocio. **www.wavehotel.com**

MIAMI BEACH Clinton $$$$

825 Washington Ave, 33139 ***Tel*** *(305) 538-1471* ***Fax*** *(305) 538-1472* ***Habitaciones*** *88* ***Plano*** *2 E4*

Clinton es otro de los modernos hoteles con encanto de la zona. Sus mayores atractivos son el lujoso *spa* de la azotea y el solárium privado. Se inauguró en 2004 y ofrece un interior elegante y contemporáneo. Su hermoso restaurante tiene una pequeña piscina al aire libre. **www.clintonsouthbeach.com**

MIAMI BEACH Hotel Impala $$$$

1228 Collins Ave, 33139 ***Tel*** *(800) 646-7252* ***Fax*** *(305) 538-8288* ***Habitaciones*** *17* ***Plano*** *2 F3*

Hotel Impala es un pequeño y acogedor establecimiento de estilo mediterráneo con decoración grecorromana; en su íntimo jardín hay azucenas y gardenias. Las habitaciones son lujosas, y cuentan con buena ropa de cama, muebles de madera y baños de roca coralina. Hay un buen restaurante italiano. **www.hotelimpalamiamibeach.com**

MIAMI BEACH Mercury $$$$

100 Collins Ave, 33139 ***Tel*** *(305) 398-3000* ***Fax*** *(305) 398-3001* ***Habitaciones*** *44* ***Plano*** *2 E4*

Los sibaritas adoran Mercury porque se encuentra entre dos de los mejores restaurantes de Miami: Nemo y Shoji Sushi. Otros destacan su ubicación y sus *suites* a modo de *loft* con bañeras tipo *spa* y buena ropa de cama. Hay también una piscina, que se ve desde las cristaleras de ambos restaurantes. **www.mercuryresort.com**

MIAMI BEACH Eden Roc Renaissance Resort and Spa $$$$$

4525 Collins Ave, 33140 **Tel** *(800) 327-8337* **Fax** *(305) 674-5555* **Habitaciones** *349* **Mapa de carreteras** *F5*

El Eden Roc, una vuelta atrás a la edad dorada de Miami Beach, es uno de los principales diseños de Morris Lapidus en el que se combina la ostentación retro con toques contemporáneos. Sus habitaciones estilo años cincuenta son cómodas y espaciosas y la zona de piscina, *spa* y playa resulta enorme. **www.marriott.com**

MIAMI BEACH Fisher Island Club $$$$$

1 Fisher Island Drive, 33139 **Tel** *(800) 537-3708* **Fax** *(305) 535-6003* **Habitaciones** *60* **Plano** *1 C5*

Esta paradisíaca isla privada sólo es accesible en barco, lo que atrae a algunas de las personas más ricas del mundo. Con un cochecito de golf, el principal medio de transporte, se puede pasear junto a cuidadas zonas de césped, campos de golf, magníficas propiedades y una histórica mansión que perteneció a los Vanderbilt. **www.fisherisland.com**

MIAMI BEACH Fontainebleau Resort Miami Beach $$$$$

4441 Collins Ave, 33140 **Tel** *(305) 538-2000* **Fax** *(305) 674-4607* **Habitaciones** *876* **Mapa de carreteras** *F5*

El Fontainebleau ofrece una fabulosa decoración estilo Las Vegas con esplendor *art déco*. El hotel ha ampliado su oferta con apartamentos de alquiler. La zona de piscina resulta maravillosa. En el restaurante Bleu View se sirve una buena selección de *sushi*, caviar y carne. **www.fontainebleau.com**

MIAMI BEACH Hotel Victor $$$$$

1144 Ocean Drive, 33139 **Tel** *(305) 428-1234* **Fax** *(305) 421-6281* **Habitaciones** *91* **Plano** *2 F3*

Este hotel con encanto estilo *art déco*, lo más fabuloso de Ocean Drive desde Versace, fue diseñado por Jacques García, famoso por su decoración del Hotel Costes de París. Todas las habitaciones ofrecen vistas al mar y las comodidades habituales: televisión de plasma, una bañera grande y ducha en forma de lluvia. **www.hotelvictorsouthbeach.com**

MIAMI BEACH Loews Hotel $$$$$

1601 Collins Ave, 33139 **Tel** *(800) 235-6397* **Fax** *(305) 604-1601* **Habitaciones** *800* **Plano** *2 F3*

El amplio hotel costero Lowes es ideal para todo asistente a un congreso. Ofrece una frondosa vegetación tropical, el restaurante Emeril's Miami Beach, una gran piscina y la oportunidad de ver a algún famoso. Las estrellas adoran este lugar porque al ser tan grande pueden pasar inadvertidas. Ideal para familias con niños. **www.loewshotels.com**

MIAMI BEACH National Hotel $$$$$

1677 Collins Ave, 33139 **Tel** *(800) 327-8370* **Fax** *(305) 534-1426* **Habitaciones** *151* **Plano** *2 F2*

El National, un alojamiento de estilo *art déco* escondido entre los elegantes hoteles Delano y Sagamore, tiene techos altos, enormes espejos y ambiente años cuarenta. Las habitaciones resultan demasiado sencillas, pero merece la pena visitar su piscina de 62 m. Este hotel carece de ambiente nocturno, lo que resulta ideal para una estancia tranquila. **www.nationalhotel.com**

MIAMI BEACH Raleigh $$$$$

1775 Collins Ave, 33139 **Tel** *(305) 534-6300* **Fax** *(305) 538-8140* **Habitaciones** *105* **Plano** *2 F2*

El prolífico hotelero André Balazs compró este hotel y lo remodeló con mucho estilo. El Raleigh debe su fama a la piscina donde solía nadar Esther Williams, aunque hoy atrae a famosos mediáticos. Dispone de un restaurante y un bar estilo años veinte que se mantiene fiel a los orígenes *art déco* del hotel. **www.raleighhotel.com**

MIAMI BEACH The Delano $$$$$

1685 Collins Ave, 33139 **Tel** *(305) 672-2000* **Fax** *(305) 532-0099* **Habitaciones** *195* **Plano** *2 F2*

El lujoso Delano dispone de habitaciones sobrias y un fabuloso ambiente. En su preciosa piscina con inmejorables vistas, no es raro estar sentado junto a algún productor de Hollywood, un aspirante a estrella o un miembro de la realeza. Aquí se encuentra uno de los mejores restaurantes de la zona, Blue Door, y el elegante Rose Bar. **www.morganshotelgroup.com**

MIAMI BEACH The Hotel of South Beach $$$$$

801 Collins Ave, 33139 **Tel** *(877) 843-4683* **Fax** *(305) 531-3222* **Habitaciones** *53* **Plano** *2 E4*

Este atractivo hotel, cuyo interior ha sido diseñado por el caprichoso Todd Oldham, era conocido como Tiffany. La piscina de la azotea ofrece una magnífica vista del océano Atlántico y el restaurante del vestíbulo, con un maravilloso patio exterior, es uno de los mejores de Miami. **www.thehotelofsouthbeach.com**

MIAMI BEACH The Palms $$$$$

3025 Collins Ave, 33140 **Tel** *(305) 534-0505* **Fax** *(305) 534-0515* **Habitaciones** *242* **Mapa de carreteras** *F5*

The Palms se encuentra muy cerca de South Beach y brinda una magnífica oportunidad de disfrutar de un hotel económico con un encanto especial junto a la playa. Las habitaciones son lujosas y disponen de todos los aparatos de última tecnología necesarios. Jardín con bonitas vistas. **www.thepalmshotel.com**

MIAMI BEACH The Ritz-Carlton South Beach $$$$$

1 Lincoln Rd, 33139 **Tel** *(786) 276-4000* **Fax** *(786) 276-4001* **Habitaciones** *365* **Plano** *2 F3*

El Ritz-Carlton se encuentra junto a la playa, a unos pasos de numerosos restaurantes, tiendas y locales de ocio. Se trata de una restauración del famoso establecimiento diseñado por Morris Lapidus en 1953. Es el único Ritz con un DJ que pincha música disco en el vestíbulo. Dispone de piscina y un club de playa. **www.ritzcarlton.com**

MIAMI BEACH The Sagamore $$$$$

1671 Collins Ave, 33139 **Tel** *(305) 535-8088* **Fax** *(305) 535-8185* **Habitaciones** *93* **Plano** *2 F3*

El Sagamore forma parte de un exclusivo grupo hotelero. Se trata de un establecimiento de *suites* con un versátil vestíbulo donde hay animación y una impresionante colección de arte moderno. La piscina junto a la playa es pequeña, pero las *suites* que la rodean resultan espectaculares y tienen magníficas vistas del océano. **www.thompsonhotels.com**

MIAMI BEACH The Sanctuary $$$$$

1745 James Ave, 33139 ***Tel*** *(305) 673-5455* ***Fax*** *(305) 673-3113* ***Habitaciones*** *30* ***Plano*** *2 F2*

Este antiguo motel remodelado y situado a sólo una manzana de la playa forma parte del exclusivo y elegante club de hoteles de South Beach. En la azotea del Swanktuary, como suelen llamarlo, hay una íntima piscina y un bar perfectos para descansar. El hotel proporciona los traslados desde y hacia el aeropuerto. **www.sanctuarysobe.com**

MIAMI BEACH The Setai $$$$$

2001 Collins Ave, 33139 ***Tel*** *305) 520-6100* ***Fax*** *305) 520-6111* ***Habitaciones*** *125* ***Plano*** *2 F2*

Este hotel de South Beach fue abierto en 2005 en el edificio del antiguo Vanderbilt Hotel. Es caro, pero tiene todos los lujos, con 50 habitaciones y 75 suites. Todo es moderno, con un cierto ambiente *art déco* y un orden zen. Situado frente al mar, entre jardines tropicales, y cerca de las tiendas y de la vida nocturna. **www.setai.com**

MIAMI BEACH The Shore Club $$$$$

1901 Collins Ave, 33139 ***Tel*** *(877) 640-9500* ***Fax*** *(305) 695-3299* ***Habitaciones*** *325* ***Plano*** *2 F1*

Esta joya es uno de los hoteles más modernos de la zona. Sus pequeñas y vistosas habitaciones se están ampliando para crear estudios más grandes y dormitorios individuales. No obstante, el Shore Club mantendrá la elegancia gracias a su sucursal del exclusivo Skybar de Los Ángeles y al único restaurante Nobu de Miami. **www.shoreclub.com**

MIAMI BEACH The Tides $$$$$

1220 Ocean Dr, 33139 ***Tel*** *(305) 604-5070* ***Fax*** *(305) 604-5180* ***Habitaciones*** *45* ***Plano*** *2 F3*

El Tides, un precioso hotel *art déco* con *suites,* parece un trasatlántico de lujo. Las habitaciones son amplias y su vestíbulo insonorizado permanece tranquilo a pesar de los locales de salsa de Ocean Drive. Destacan el restaurante, 1220, y la *suite* Goldeneye, con un *jacuzzi* en el centro. **www.tidessouthbeach.com**

CORAL GABLES Coral Gables Hotel $$

2051 S Le Jeune Rd, 33134 ***Tel*** *(305) 443-2301* ***Fax*** *(305) 446-6827* ***Habitaciones*** *168* ***Plano*** *5 C4*

Este hotel, bien dirigido y situado en el corazón del distrito financiero de Coral Gables, proporciona habitaciones limpias y de precio moderado. Además de los servicios básicos, ofrece instalaciones para negocios y transporte gratuito a Miami Airport. Cercano a tiendas, restaurantes y locales de ocio.

CORAL GABLES Hotel Place St. Michel $$$

162 Alcazar Ave, 33134 ***Tel*** *(305) 444-1666* ***Fax*** *(305) 529-0074* ***Habitaciones*** *27* ***Plano*** *5 B1*

Este hotel, con reminiscencias de la vieja Europa y un antiguo y desvencijado ascensor, resulta ideal para una estancia romántica. Las habitaciones lucen una decoración individual y de estilo tradicional. El servicio es magnífico, al igual que el restaurante St. Michel, donde uno se imagina que está cenando en los Campos Elíseos. **www.hotelstmichel.com**

CORAL GABLES Biltmore Hotel $$$$$

1200 Anastasia Ave, 33134 ***Tel*** *(305) 445-1926* ***Fax*** *(305) 442-9496* ***Habitaciones*** *280* ***Plano*** *5 A2*

El Biltmore, un gran hotel de Coral Gables, es famoso por varias razones: su enorme piscina, el campanario inspirado en la Giralda, la *suite* Al Capone en la que se han alojado miembros de la realeza y políticos, y el fantástico campo de golf. En el vestíbulo se cuentan historias de los fantasmas del lugar. **www.biltmorehotel.com**

COCONUT GROVE Hampton Inn $$$

2800 SW 28th Terrace, 33133 ***Tel*** *(305) 448-2800* ***Fax*** *(305) 442-8655* ***Habitaciones*** *160* ***Plano*** *6 F2*

Este motel se encuentra a la entrada del Grove y cerca del paso elevado de Key Biscayne. Se trata de un local bastante nuevo con una ubicación adecuada y buena relación calidad/precio. Las habitaciones son sencillas y limpias. Aunque no dispone de restaurante ni salón, resulta acogedor. **www.hamptoninncoconutgrove.com**

COCONUT GROVE Mayfair Hotel and Spa $$$$

3000 Florida Ave, 33133 ***Tel*** *(305) 441-0000* ***Fax*** *(305) 441-1647* ***Habitaciones*** *179* ***Plano*** *6 E4*

Este hotel es de la época de la serie *Miami Vice*. Para su reapertura en 2005, se ha sustituido el ambiente años ochenta por habitaciones modernas, televisiones de plasma, un restaurante y una terraza en la azotea con piscina y bar. Ambiente tipo South Beach. **www.kimptomhotels.com**

COCONUT GROVE Grove Isle Hotel and Spa $$$$$

4 Grove Isle Drive, 33133 ***Tel*** *(305) 858-8300* ***Fax*** *(305) 854-6702* ***Habitaciones*** *49* ***Plano*** *6 F5*

Escondido en la frondosa Grove Isle, este complejo hotelero del mismo nombre ofrece un verdadero oasis, aunque sólo está a cinco minutos en coche del bullicio. Las *suites* y el ambiente tropical combinan con el excelente restaurante costero, Baleen, y el magnífico *spa*. **www.groveisle.com**

COCONUT GROVE The Ritz Carlton Coconut Grove $$$$$

3300 SW 27th Ave, 33133 ***Tel*** *(305) 644-4680* ***Fax*** *(305) 644-4681* ***Habitaciones*** *117* ***Plano*** *6 F3*

De los tres Ritz-Carlton de Miami, el Coconut Grove es el más pequeño, aunque mantiene el estilo del Ritz. También dispone de apartamentos de alquiler y suele ser muy tranquilo. Los arreglos florales del vestíbulo son magníficos, al igual que la comida del restaurante. Los viernes por la noche se organizan catas de vino en el bar Amadeus. **www.ritzcarlton.com**

LAS AFUERAS Miami River Inn $$

118 SW South River Drive, Miami, 33130 ***Tel*** *(305) 325-0045* ***Fax*** *(305) 325-9227* ***Habitaciones*** *40* ***Plano*** *4 D1*

Este atractivo y bien ubicado alojamiento, el único Bed & Breakfast de Miami, rivaliza con las numerosas opciones *art déco*. Sus cuatro pabellones tienen suelos de madera y antigüedades. La mayoría de las habitaciones dispone de baño. A pesar de encontrarse en el corazón de la ciudad, tiene ambiente campestre. **www.miamiriverinn.com**

LAS AFUERAS Conrad Miami $$$$$

1395 Brickell Ave, Miami, 33131 **Tel** *(305) 503-6500* **Fax** *(305) 533-7177* **Habitaciones** *203* **Plano** *4 E3*

Este lujoso hotel Hilton, ubicado en un rascacielos de 36 plantas en el distrito financiero de Miami, está dirigido principalmente a viajeros de negocios. Sin embargo, quienes busquen algo de animación la encontrarán en la hora feliz del bar Noir. **www.conradmiami.com**

LAS AFUERAS Fairmont Turnberry Isle Resort and Club $$$$$

19999 W Country Club Drive, Aventura, 33180 **Tel** *(305) 936-2929* **Habitaciones** *392* **Mapa de carreteras** *F4*

Aventura es conocida por sus múltiples apartamentos con una zona comercial en el centro. Sin embargo, el Fairmont Turnberry disfruta de una ubicación agradable y apartada. Las habitaciones son elegantes; su arquitectura mediterránea, impresionante, y los clubes de golf y billar, magníficos. **www.fairmont.com**

LAS AFUERAS Mandarin Oriental Miami $$$$$

500 Brickell Key Drive, Brickell Key, 33131 **Tel** *(305) 913-8288* **Fax** *(305) 913-8300* **Habitaciones** *329* **Plano** *4 F2*

El Mandarin Oriental aporta a Miami un sofisticado servicio de estilo asiático, además del único restaurante de cinco tenedores de la ciudad, elegantes habitaciones y un exquisito *spa*. La garantía de privacidad atrae a políticos, miembros de la realeza europea y estrellas de Hollywood. **www.mandarinoriental.com**

LAS AFUERAS Ritz Carlton Key Biscayne $$$$$

455 Grand Bay Drive, Key Biscayne, 33149 **Tel** *(305) 365-4500* **Fax** *(305) 365-4501* **Habitaciones** *402* **Mapa de carreteras** *F5*

Este hotel, el más lujoso de los tres Ritz Carlton de Miami, ofrece un paraíso junto al mar con privacidad, cuidados y tranquilidad. Muchos famosos de Hollywood, miembros de la realeza y personajes importantes lo eligen por su intimidad ante los *paparazzi* de South Beach. El *spa* es maravilloso y las vistas del océano, inmejorables. **www.ritzcarlton.com**

LAS AFUERAS The Four Seasons $$$$$

1435 Brickell Ave, Miami, 33131 **Tel** *(305) 358-3535* **Fax** *(305) 358-7758* **Habitaciones** *221* **Plano** *4 E3*

Este hotel, ubicado en un rascacielos del distrito financiero, suele alojar a miembros de la alta sociedad y famosos. El servicio resulta espectacular, las habitaciones son magníficas y la piscina ofrece una bonita vista aérea del horizonte de Miami. Su excelente bar al aire libre, Bahia, también proporciona vistas de la ciudad. **www.fourseasons.com/miami**

LAS AFUERAS Trump International Sonesta Beach Resort $$$$$

18001 Collins Avenue, Sunny Isles, 33160 **Tel** *(305) 692-5600* **Fax** *(305) 692-5601* **Habitaciones** *390* **Mapa de carreteras** *F4*

Este hotel de 32 plantas está situado junto a Sunny Isles Beach y dispone de frondosas zonas ajardinadas. Sus elegantes habitaciones están amuebladas con estilo contemporáneo. Todas disponen de balcón privado con amplias vistas del océano Atlántico. Las *suites* tienen un elegante salón. **www.trumpsonesta.com**

GOLD COAST Y TREASURE COAST

BOCA RATON Ocean Lodge $

531 N Ocean Blvd, 33432 **Tel** *(561) 395-7772* **Fax** *(561) 395-0554* **Habitaciones** *18* **Mapa de carreteras** *F4*

Este pequeño motel de dos plantas ofrece habitaciones bien amuebladas y resulta una verdadera ganga. Lo mejor de Ocean Lodge, aparte del precio, es su proximidad a la playa, justo al otro lado de la calle. Sin lujos ni trato especial. Este establecimiento suele recibir año tras año a una clientela mayor.

BOCA RATON Boca Raton Resort and Club $$$$$

501 E Camino Real, 33431 **Tel** *(561) 395-3000* **Fax** *(561) 447-3183* **Habitaciones** *963* **Mapa de carreteras** *F4*

Este sofisticado complejo hotelero construido en 1926 se extiende a ambos lados del Intracoastal Waterway, abarcando varias hectáreas de terreno. Algunas habitaciones ocupan el edificio original de 27 plantas y otras el club de playa más moderno con acceso por el agua. Hay campos de golf y un puerto deportivo. **www.bocaresort.com**

CLEWISTON Clewiston Inn $$

108 Royal Palm Ave, 33440 **Tel** *(863) 983-8151* **Habitaciones** *52* **Mapa de carreteras** *E4*

Este agradable hotel con aspecto de plantación sureña es el más antiguo en la zona del lago Okeechobee. Sus habitaciones son sencillas. El famoso Everglades Lounge, cuyo mural representa todos los animales de la región, recuerda los años cuarenta y el bar está lleno de imágenes de la fauna local. **www.clewistoninn.com**

DELRAY BEACH Sundy House $$$$$

106 S Swinton Ave, 33444 **Tel** *(561) 272-5678* **Fax** *(561) 272-1115* **Habitaciones** *11* **Mapa de carreteras** *F4*

El hotel más antiguo de la zona ocupa una genuina casa de 1902 con fachada victoriana e interior ultramoderno. Las habitaciones con decoración caribeña y ecuestre ocupan un jardín con más de 5.000 especies de plantas exóticas. Su restaurante, De La Tierra, es uno de los mejores de Florida. **www.sundyhouse.com**

FORT LAUDERDALE Fort Lauderdale Beach Hostel $

2115 N Ocean Blvd, 33305 **Tel** *(954) 567-7275* **Fax** *(954) 567-9697* **Habitaciones** *12* **Mapa de carreteras** *F4*

Los mochileros siempre encuentran alojamiento en los limpios dormitorios y habitaciones privadas de este albergue. Aparcamiento, teléfono, desayuno tipo bufé, tablas de surf y patines gratuitos. Prevalece un ambiente muy cordial, algo no siempre habitual en los hoteles. Su atento personal ofrece información sobre la zona. **www.fortlauderdalehostel.com**

Precios *ver p. 310* **Simbología** *ver solapa trasera*

FORT LAUDERDALE Hyatt Regency Pier Sixty-Six $$$$

2301 SE 17th St, 33316 ***Tel*** *(954) 525-6666* ***Fax*** *(954) 728-3541* ***Habitaciones*** *380* ***Mapa de carreteras*** *F4*

El Pier Sixty-Six, un hotel con salón giratorio en la azotea, fue el más moderno de la zona y ahora se alza junto al Intracoastal Waterway como recuerdo de aquella época. Gracias al enorme *spa*, el *jacuzzi*, el Grille 66 Bar y las habitaciones recién remodeladas, el establecimiento conserva parte de su antiguo encanto. **www.hyatt.com**

FORT LAUDERDALE Pillars Hotel $$$$

111 N Birch Rd, 33304 ***Tel*** *(954) 467-9639* ***Fax*** *(954) 763-2845* ***Habitaciones*** *23* ***Mapa de carreteras*** *F4*

Este hotel decorado al estilo de una colonia británica caribeña proporciona una magnífica estancia junto al Intracoastal Waterway. Sus habitaciones son elegantes. Los huéspedes reciben a su llegada un cóctel de bienvenida y disponen de una biblioteca con más de 500 libros y vídeos. La piscina y el patio crean un ambiente relajado. Hay taxis acuáticos. **www.pillarshotel.com**

FORT LAUDERDALE Pelican Grand Beach Resort $$$$$

2000 N Atlantic Blvd, 33301 ***Tel*** *(954) 568-9431* ***Fax*** *(954) 565-2662****Habitaciones*** *180* ***Mapa de carreteras*** *F4*

Este hotel de Best Western, inaugurado en 2004, ocupa un tramo de 152 m de limpia arena blanca. Ofrece acogedoras habitaciones, la mayoría con balcón, y una relajante galería frente al océano con solárium y mecedoras. Las balsas de la piscina climatizada al aire libre son populares entre niños y adultos. **www.pelicanbeach.com**

FORT LAUDERDALE Lago Mar Resort and Club $$$$$

1700 S Ocean Lane, 33316 ***Tel*** *(954) 523-6511* ***Fax*** *(954) 524-6627* ***Habitaciones*** *212* ***Mapa de carreteras*** *F4*

Lago Mar, ubicado en una pequeña isla privada entre el lago Mayan y el Atlántico, es un atractivo complejo hotelero con playa. Su amplia laguna resulta espectacular. Es estupendo para familias con niños y también puede ser romántico para las parejas. Dispone además de un completo *spa*. El personal es servicial. **www.lagomar.com**

FORT LAUDERDALE Marriott's Harbor Beach $$$$$

3030 Holiday Drive, 33316 ***Tel*** *(954) 525-4000* ***Fax*** *(954) 766-6193* ***Habitaciones*** *637* ***Mapa de carreteras*** *F4*

Harbor Beach, situado en una escondida playa al sur de Fort Lauderdale, tiene una enorme piscina y un amplio *spa*. Las habitaciones se han remodelado. Hay un excelente bar-restaurante especializado en marisco, el 3030 Ocean. El restaurante de estilo mediterráneo Riva también es de calidad. **www.marriottharborbeach.com**

FORT LAUDERDALE Riverside Hotel $$$$$

620 E Las Olas Blvd, 33301 ***Tel*** *(954) 467-0671* ***Fax*** *(954) 462-2148* ***Habitaciones*** *217* ***Mapa de carreteras*** *F4*

Nueva Orleans se une a Fort Lauderdale en este atractivo hotel de 1936 con seis plantas, situado en una calle animada con tiendas, cafés y bares. Las habitaciones miran hacia el río New y algunas cuentan con camas de matrimonio. Los dos restaurantes del hotel son Indigo, un local de fusión asiática, y el Grill Room, más elegante. **www.riversidehotel.com**

FORT LAUDERDALE The Atlantic Fort Lauderdale $$$$$

601 N. Fort Lauderdale Beach Blvd, 33304 ***Tel*** *(954) 567-8020* ***Habitaciones*** *120* ***Mapa de carreteras*** *F4*

Este hermoso hotel fue construido en 2004 justo al otro lado de la playa, no muy lejos del centro. En él se encuentra el Spa Atlantic, así como una encantadora piscina y un gimnasio, además de un maravilloso restaurante, Trina, que sirve comida mediterránea. **www.luxurycollection.com/atlantic**

HOLLYWOOD Seminole Hard Rock Hotel and Casino $$$$$

1 Seminole Way, 33314 ***Tel Fax*** *(954) 327-7625* ***Habitaciones*** *500* ***Mapa de carreteras*** *F4*

El principal atractivo de este hotel es su casino, aunque sus habitaciones con televisión de pantalla plana, buena ropa de cama y espaciosos baños resultan muy elegantes. La piscina es igual de impresionante que la laguna con cascadas y *jacuzzi*. Los clubes y bares del establecimiento lo convierten en un popular destino nocturno. **www.seminolehardrock.com**

HOLLYWOOD The Westin Diplomat Resort and Spa $$$$$

3555 S Ocean Drive, 33019 ***Tel*** *(954) 602-6000* ***Fax*** *(954) 602-7000* ***Habitaciones*** *1.060* ***Mapa de carreteras*** *F4*

El Diplomat, un enorme complejo hotelero de 39 plantas, ha despertado finalmente este adormecido tramo de la playa de Hollywood. Sus habitaciones lucen una combinación de estilo *art déco* con mobiliario elegante. La piscina tiene el fondo de cristal y cascadas. Sus clubes Satine y Nikki Marina son muy frecuentados. **www.diplomatresort.com**

JUPITER La Quinta Inn $$

34 Fisherman's Wharf, 33477 ***Tel*** *(561) 575-7201* ***Fax*** *(561) 575-1169* ***Habitaciones*** *100* ***Mapa de carreteras*** *F4*

Gracias a su proximidad a importantes centros empresariales, Wellesley Inn es frecuentado por viajeros de negocios. Se pueden elegir desde habitaciones individuales hasta *suites* con cama de matrimonio, todas con instalaciones modernas. El hotel se sitúa cerca de varios campos de golf y la playa. **www.laquintainn.com**

JUPITER Jupiter Beach Resort $$$$

5 N A1A, 33477 ***Tel*** *(561) 746-2511* ***Fax*** *(561) 747-3304* ***Habitaciones*** *179* ***Mapa de carreteras*** *F4*

Una remodelación multimillonaria ha convertido el único complejo hotelero de Jupiter en un alojamiento maravilloso. Sus habitaciones son acogedoras y modernas e incluyen baños de mármol y vistas del océano. La amplia playa privada y el magnífico restaurante Sinclair's son sus principales atractivos. Servicio inigualable. **www.jupiterbeachresort.com**

LAKE WORTH Mango Inn Bed and Breakfast $$$

128 North Lakeside Drive, 33460 ***Tel*** *(561) 533-6000* ***Habitaciones*** *10* ***Mapa de carreteras*** *F4*

A dos manzanas del centro de Lake Worth se encuentra esta casa de 1915 que tiene una mezcla de muebles encantadora y ecléctica. Los acogedores dueños han creado un agradable refugio en un barrio tranquilo. El desayuno continental es generoso e incluye cereales, fruta, huevos y pastelería. **www.mangoinn.com**

LAUDERDALE BY THE SEA A Little Inn by the Sea $$

4546 El Mar Drive, 33308 ***Tel*** *(954) 772-2450* ***Fax*** *(954) 938-9354* ***Habitaciones*** *29* ***Mapa de carreteras*** *F4*

Esta pensión de estilo europeo, una rara joya situada junto al océano, dispone de una encantadora playa privada bordeada de palmeras. Las habitaciones no llaman la atención, pero están bien conservadas y limpias. También merece la pena su desayuno tipo bufé (incluido en el precio), la terraza de la azotea y la piscina climatizada. Reservar con antelación. **www.alittleinn.com**

LAUDERDALE BY THE SEA Courtyard Villa on the Ocean $$$

4312 El Mar Drive, 33308 ***Tel*** *(954) 776-1164* ***Fax*** *(954) 491-0768* ***Habitaciones*** *8* ***Mapa de carreteras*** *F4*

El Courtyard Villa, un pequeño hotel histórico, ofrece amplias habitaciones junto al océano con balcones privados, *suites* con vistas a la piscina y apartamentos de dos dormitorios. Hay un solárium en la segunda planta y piscina climatizada. Desde la playa, se puede nadar hasta un arrecife de coral. Estupendo para estancias románticas. **www.courtyardvilla.com**

NORTH HUTCHINSON ISLAND The Melon Patch Inn $$

3601 N A1A, Fort Pierce, 34949 ***Tel*** *(772) 462-6699* ***Fax*** *(772) 462-0110* ***Habitaciones*** *6* ***Mapa de carreteras*** *F3*

La Melon Patch Inn posee todas las comodidades del hogar; los posaderos incluso le llevarán el desayuno a la habitación. El edificio, de estilo rural, está cerca de Fort Pierce y fue construido en 1949. A veces celebran bodas. Es una buena opción, rodeado de bonitos campos.

PALM BEACH Palm Beach Historic Inn $$$$

365 S County Rd, 33480 ***Tel*** *(561) 832-4009* ***Fax*** *(561) 832-6255* ***Habitaciones*** *13* ***Mapa de carreteras*** *F4*

Este establecimiento lleno de antigüedades se encuentra a una manzana de la playa. En todas sus habitaciones hay vino, fruta, té, galletas y aperitivos. La ropa de cama de algodón egipcio, los albornoces y los excelentes productos de baño añaden confort. Los aficionados a la música pueden tocar el piano y las guitarras. Los niños se alojan gratis. **www.palmbeachhistoricinn.com**

PALM BEACH Brazilian Court $$$$$

301 Australian Ave, 33480 ***Tel*** *(561) 655-7740* ***Fax*** *(561) 655-0801* ***Habitaciones*** *103* ***Mapa de carreteras*** *F4*

Las damas eligen el Brazilian Court porque en él se encuentra el Café Boulud, del famoso cocinero Daniel Boulud, y la peluquería de un destacado peluquero. Otros lo prefieren por sus habitaciones de estilo mediterráneo con contraventanas de madera, tejidos importados, climatización y baños de piedra. Admiten mascotas. **www.thebraziliancourt.com**

PALM BEACH Chesterfield Hotel $$$$$

3200 North Ocean Drive, Singer Island, 33480 ***Tel*** *561) 842-6171* ***Habitaciones*** *193* ***Mapa de carreteras*** *F4*

A apenas un rato en coche desde North Palm Beach, este hotel de alto nivel, en la hermosa Singer Island, tiene habitaciones bonitas y cómodas con vistas al mar. Está a pocos minutos de los grandes campos de golf de Singer Island y se puede practicar la pesca submarina. **www.oceanfrontcp.com**

PALM BEACH Crown Plaza Hotel $$$$$

3200 North Ocean Drive, Singer Island, 33480 ***Tel*** *(561) 842-6171* ***Fax*** *(561) 848-6842* ***Habitaciones*** *193* ***Mapa*** *F4*

A apenas un rato en coche desde North Palm Beach, este hotel de alto nivel, en la hermosa Singer Island, tiene habitaciones bonitas y cómodas con vistas al mar. Está a pocos minutos de los grandes campos de golf de Singer Island y se puede practicar la pesca submarina. **www.oceanfrontcp.com**

PALM BEACH Four Seasons Resort Palm Beach $$$$$

2800 S Ocean Blvd, 33480 ***Tel*** *(561) 582-2800* ***Fax*** *(561) 547-1557* ***Habitaciones*** *210* ***Mapa de carreteras*** *F4*

Este hotel de Four Seasons, frecuentado por viajeros de categoría, ofrece un servicio magnífico. Aunque su exterior resulta algo imponente, el interior es agradable y acogedor. El vestíbulo con aspecto de museo está algo recargado, pero su completo *spa* agrada a todos los huéspedes. El magnífico restaurante es uno de los mejores del Estado. **www.fourseasons.com**

PALM BEACH The Breakers $$$$$

1 S County Rd, 33480 ***Tel*** *(561) 655-6611* ***Fax*** *(561) 659-8403* ***Habitaciones*** *560* ***Mapa de carreteras*** *F4*

Este hotel de estilo renacentista italiano, situado junto a la playa, es uno de los edificios destacados de Palm Beach. En el Flagler Club, un hotel dentro del propio hotel, se pueden encontrar mayordomos, porteros y famosos. El Oceanfront Spa and Beach Club resulta magnífico, al igual que los restaurantes. Golf, *spa* y actividades familiares. **www.thebreakers.com**

PALM BEACH The Colony $$$$$

155 Hammon Ave, 33480 ***Tel*** *(561) 655-5430* ***Fax*** *(561) 659-8104* ***Habitaciones*** *85* ***Mapa de carreteras*** *F4*

Muchos famosos retirados de la vida pública se han alojado en este hotel de estilo georgiano. Las habitaciones tienen decoración floral y pequeños baños, y el animado bar ofrece música de cabaré en directo. Las *suites* y apartamentos resultan magníficos, pero son mucho más caros que las habitaciones. **www.thecolonypalmbeach.com**

PALM BEACH The Ritz Carlton Palm Beach $$$$$

100 S Ocean Blvd, 33462 ***Tel*** *(561) 533-6000* ***Fax*** *(561) 540-4999* ***Habitaciones*** *270* ***Mapa de carreteras*** *F4*

Típico hotel Ritz Carlton con un exquisito servicio. Se encuentra algo alejado del centro, pero mucha gente prefiere su remota ubicación en la playa de Manalapan, un suburbio de Palm Beach. El personal se muestra muy amable con las mascotas y la comida y el servicio son excelentes. Magníficas vistas de la playa. **www.ritzcarlton.com**

PALM BEACH GARDENS PGA National Resort and Spa $$$$$

400 Ave of the Champions, 33418 ***Tel*** *(561) 627-2000* ***Fax*** *(561) 227-2595* ***Habitaciones*** *339* ***Mapa de carreteras*** *F4*

Este formidable complejo de golf ofrece numerosas sorpresas. Sus magnífico *spa* mediterráneo es para los familiares de los jugadores de golf, y el campo Champion de par 72, rediseñado por Jack Nicklaus, para todos los amantes del golf. Waters of the World ofrece seis piscinas terapéuticas al aire libre. Las habitaciones son cómodas. **www.pga-resorts.com**

Precios *ver p. 310* **Simbología** *ver solapa trasera*

PORT ST. LUCIE Club Med Sandpiper $$$$$

4500 SE Pine Valley, 34952 ***Tel*** *(772) 398-5100* ***Fax*** *(772) 398-5101* ***Habitaciones*** *337* ***Mapa de carreteras*** *F3*

Este alojamiento resulta muy divertido, sobre todo para los niños. Los más pequeños disponen del Baby Club Med, Petit Club Med, Mini Club Med y Junior's Club Med, mientras sus padres disfrutarán del golf, tenis, esquí acuático y la escuela de circo. Las habitaciones son sencillas, pero la comida y la bebida están incluidas. **www.clubmed.com**

SEBASTIAN Floridana Beach Motel $

6580 S AIA Hwy, Melbourne Beach, 32951 ***Tel*** *(321) 726-6560* ***Fax*** *(321) 726-1641* ***Habitaciones*** *5* ***Mapa de carreteras*** *F3*

Este hotel se encuentra en un tramo rural de la costa atlántica con hermosas playas y dunas cubiertas de hierba. Es un buen lugar para relajarse. La pesca es la principal actividad de la zona. Cercano a restaurantes, campos de golf y centros comerciales. No está permitido fumar en el establecimiento. **www.motelfloridana.com**

SINGER ISLAND Hilton Singer Island Oceanfront Resort $$$$

3700 N Ocean Drive, 33404 ***Tel*** *(561) 848-3888* ***Fax*** *(561) 848-4299* ***Habitaciones*** *223* ***Mapa de carreteras*** *F3*

Este elegante hotel costero es perfecto para una estancia tranquila. Las habitaciones son modernas y poseen balcón con vistas al océano o las islas del Intracoastal Waterway. A unos minutos de la zona de compras, restaurantes y ocio. Dispone de un buen restaurante. **www.singerislandoceanfrontresort.hilton.com**

SOUTH HUTCHINSON ISLAND Dockside Harborlight Inn $

1160 Seaway Drive, 34949 ***Tel*** *(772) 468-3555* ***Fax*** *(772) 489-9848* ***Habitaciones*** *64* ***Mapa de carreteras*** *F3*

El Dockside Harborlight Inn sufrió daños durante los huracanes de 2004 pero ha vuelto a abrir sus puertas. Sigue siendo uno de los favoritos entre los aficionados a la pesca y la navegación y dispone de muelle de pesca privado y amarres. La decoración es principalmente náutica. Tiene balcones frente a la orilla. **www.docksideinn.com**

STUART Hutchinson Island Marriott Beach Resort and Marina $$$$$

555 NE Ocean Blvd, 34996 ***Tel*** *(772) 225-3700* ***Fax*** *(772) 225-0003* ***Habitaciones*** *281* ***Mapa de carreteras*** *F3*

El Marriott, un complejo hotelero perfecto para familias, ocupa los terrenos de una antigua plantación de piñas. Ofrece multitud de actividades, como tenis, golf, barcas y pesca. Algunas habitaciones tienen vistas al mar y otras miran al jardín. Si se visita en verano, se pueden ver las tortugas marinas en la arena. **www.marriott.com**

VERO BEACH Driftwood Resort $$

3150 Ocean Drive, 32963 ***Tel*** *(772) 231-0550* ***Fax*** *(772) 234-1981* ***Habitaciones*** *100* ***Mapa de carreteras*** *F3*

El Driftwood, diseñado en los años treinta como finca privada de un extravagante empresario, está incluido en el Registro Nacional de Lugares Históricos. Las habitaciones se remodelaron tras los huracanes de 2004. Algunas disponen de *jacuzzi*, y todas cuentan con cocina. La decoración, de elegancia rústica, incluye muebles antiguos. **www.thedriftwood.com**

VERO BEACH Islander Inn $$

3101 Ocean Drive, 32963 ***Tel*** *(772) 231-4431* ***Habitaciones*** *16* ***Mapa de carreteras*** *F3*

Desde este alojamiento se puede llegar a pie a la playa, los restaurantes y las tiendas locales. Todas las habitaciones tienen un pequeño frigorífico, cama de matrimonio o camas dobles, ventiladores de aspas, techos abovedados y muebles de mimbre. Las estancias se abren a un encantador patio y una bonita piscina. **www.theislanderinn.com**

VERO BEACH Disney's Vero Beach Resort $$$

9250 Island Grove Terrace, 32963 ***Tel*** *(772) 234-2000* ***Fax*** *(772) 234-2030* ***Habitaciones*** *211* ***Mapa de carreteras*** *F3*

Este alojamiento costero se extiende sobre playas vírgenes. Las habitaciones son luminosas y amplias. La piscina posee dos elevados y serpenteantes toboganes. Los programas infantiles incluyen paseos para observar tortugas, fuegos de campamento o una excursión a un cercano rancho. Algunos días hay desayunos con personajes de Disney. **www.dvcresorts.com**

WEST PALM BEACH Hibiscus House $$$

501 30th St, 33407 ***Tel*** *(561) 863-5633* ***Fax*** *(561) 863-5633* ***Habitaciones*** *5* ***Mapa de carreteras*** *F4*

Este Bed & Breakfast de los años veinte, situado en un tranquilo e histórico barrio de West Palm, está decorado con antigüedades. Las habitaciones disponen de terraza o balcón privado. El patio trasero está ocupado por un jardín tropical, una piscina climatizada y tumbonas. En el salón hay juegos de cartas y de mesa. Estupendo desayuno. **www.hibiscushouse.com**

WEST PALM BEACH Hotel Biba $$$$

320 Belvedere Rd, 33407 ***Tel*** *(561) 832-0094* ***Fax*** *(561) 833-7848* ***Habitaciones*** *43* ***Mapa de carreteras*** *F4*

El motel de carretera que ocupaba este lugar ha sido sustituido por este fabuloso hotel con encanto, la opción más elegante de la zona. El establecimiento, decorado por una prestigiosa diseñadora, es vistoso y elegante e incluye jardines asiáticos, piscina y bar. Su clientela es joven y moderna. **www.hotelbiba.com**

ORLANDO Y SPACE COAST

BAY LAKE Disney's Animal Kingdom Lodge $$$$$

2901 Osceola Parkway, 32830 ***Tel*** *(407) 938-3000* ***Fax*** *(407) 939-4799* ***Habitaciones*** *1.293* ***Mapa de carreteras*** *E3*

Alojarse en Disney's Animal Kingdom Lodge es como vivir en una reserva de animales africanos. Las habitaciones están distribuidas de forma semicircular, mirando hacia una vasta sabana donde a veces se ven aves, jirafas y otros animales. Divertido para los amantes de la naturaleza. **www.disneyworld.com**

CELEBRATION Celebration Hotel $$$$$

700 Bloom St, 34747 ***Tel*** *(407) 566-6000* ***Fax*** *(407) 566-6001* ***Habitaciones*** *115* ***Mapa de carreteras*** *E3*

Este hotel de tres plantas, situado en un pueblo de ensueño, parece sacado de la Florida de los años veinte. Sus bonitas habitaciones tienen acogedoras camas y magníficas vistas del lago artificial. Hay un ambiente muy romántico y resulta fascinante ver cómo vive la gente en una comunidad tan armoniosa. **www.celebrationhotel.com**

COCOA BEACH Hilton Cocoa Beach Oceanfront $$

1550 N Atlantic Ave, 32931 ***Tel*** *(321) 799-0003* ***Fax*** *(321) 799-0344* ***Habitaciones*** *296* ***Mapa de carreteras*** *E3*

Aunque sólo tiene 16 habitaciones con vistas a la playa, este hotel atrae a asistentes a convenciones, viajeros de negocios y gente devota de los hoteles Hilton. Ofrece el típico alojamiento de la cadena. Su estupendo personal ayuda a organizar cenas, excursiones o visitas guiadas a los principales lugares de interés. **www.hilton.com**

COCOA BEACH The Inn at Cocoa Beach $$

4300 Ocean Blvd, 32931 ***Tel*** *(321) 799-3460* ***Fax*** *(321) 784-8632* ***Habitaciones*** *50* ***Mapa de carreteras*** *E3*

Este Bed & Breakfast costero resulta ideal para una estancia romántica. Todas sus habitaciones lucen un mobiliario de estilo rural francés y tropical. Algunas estancias se abren hacia un patio con piscina. Hay bares donde cada uno se sirve las bebidas, además de encuentros con vino y queso, y té por las tardes. **www.theinnatcocoabeach.com**

COCOA BEACH Doubletree Hotel Cocoa Beach Oceanfront $$$

2080 N Atlantic Ave, 32931 ***Tel*** *(321) 783-9222* ***Fax*** *(321) 799-3234* ***Habitaciones*** *148* ***Mapa de carreteras*** *E3*

El Cocoa Beach, un hotel costero pequeño y modesto, ofrece habitaciones con bonitas vistas desde el balcón. Dispone también de 10 *suites* con salón y sofá cama. Su atractivo comedor, donde se sirve una carta mediterránea, mira hacia un patio con una cascada entre dos piscinas. **www.cocoabeachdoubletree.com**

EL CENTRO DE ORLANDO Grand Bohemian $$$$

325 S Orange Ave, 32801 ***Tel*** *(407) 313-9000* ***Fax*** *(407) 313-9001****Habitaciones*** *250* ***Mapa de carreteras*** *E2*

El Bohemian es considerado el mejor hotel del centro de Orlando y está dirigido principalmente a los viajeros de negocios. Su interior está decorado con más de 100 piezas de arte estadounidense de los siglos XIX y XX; esto atrae a aficionados al arte que adoran su aspecto de museo. **www.grandbohemianhotel.com**

KISSIMMEE Gaylord Palms Resort & Convention Center $$$$$

6000 W Osceola Pkwy, 34747 ***Tel*** *(407) 586-0000* ***Fax*** *(407) 239-4822* ***Habitaciones*** *1.406* ***Mapa de carreteras*** *E3*

El Gaylord Palms cuenta con sus propios restaurantes, locales de ocio, tiendas y el Canyon Ranch Spa Club. El Grand Atrium rodea una réplica del castillo de San Marcos de St. Augustine. Las cascadas, la vegetación y el paisaje rocoso añaden atractivo. El complejo también incluye el elegante hotel Emerald Bay. **www.gaylordpalms.com**

LAKE BUENA VISTA Disney's Pop Century Resort $

1050 Century Drive, 32830 ***Tel*** *(407) 938-4000* ***Fax*** *(407) 938-4040* ***Habitaciones*** *2.880* ***Mapa de carreteras*** *E3*

Este homenaje a la cultura pop, más dirigido a los adultos que a los niños, incluye singulares elementos decorativos como enormes cubos de Rubik. No ofrece lujos, sólo ambiente *kitsch*. El Pop Century Resort es, junto al All Star Movies Resort y el All Star Music Resort, uno de los hoteles temáticos económicos de Disney. **www.disneyworld.com**

LAKE BUENA VISTA Best Western Lake Buena Vista Hotel $$

2000 Hotel Plaza Blvd, 32830 ***Tel*** *(407) 828-2424* ***Fax*** *(407) 827-6710* ***Habitaciones*** *325* ***Mapa de carreteras*** *E3*

Este hotel, situado junto al lago y ubicado en una torre de 18 plantas, dispone de habitaciones con balcones sencillas. Las vistas son maravillosas desde la octava planta y desde las habitaciones del lado oeste; se pueden contemplar los fuegos artificiales de Magic Kingdom. Conviene reservar una de estas estancias. **www.downtowndisneyhotels.com**

LAKE BUENA VISTA Disney's Caribbean Beach Resort $$$

900 Cayman Way, 32830 ***Tel*** *(407) 934-3400* ***Fax*** *(407) 934-3288* ***Habitaciones*** *2.112* ***Mapa de carreteras*** *E3*

Estupenda relación calidad/precio para familias que no busquen grandes lujos. Las habitaciones están agrupadas en cinco islas que rodean un lago lleno de patos. Las habitaciones son cómodas. Parrot Cay Island, donde se encuentra la piscina principal, recrea un fuerte español e incluye rampas de agua, cañones y cascadas. **www.disneyworld.com**

LAKE BUENA VISTA Nickelodeon Family Suites by Holiday Inn $$$

14500 Continental Gateway, 32821 ***Tel*** *(407) 387-5437* ***Fax*** *(407) 387-1489* ***Habitaciones*** *770* ***Mapa de carreteras*** *E3*

Este hotel familiar, elegido el mejor Holiday Inn de EE UU en 2003, ofrece habitaciones con cocina completa y un segundo dormitorio para los niños con literas o camas gemelas. Hay actividades temáticas nocturnas y recreativas. El hotel está asociado con el Nickelodeon Channel. **www.nickhotel.com**

LAKE BUENA VISTA Disney's Port Orleans Resort $$$$

2201 Orleans Drive, 32830 ***Tel*** *(407) 934-5000* ***Fax*** *(407) 934-5777* ***Habitaciones*** *3.056* ***Mapa de carreteras*** *E3*

Disney mantiene su interés por el diseño de principios del siglo XX en esta oda al viejo Nueva Orleans. La ubicación, el paisaje y el ambiente son estupendos. La piscina Doubloon Lagoon es popular entre los niños. Las habitaciones tienen capacidad para cuatro personas. Conviene pedir una estancia recién remodelada. **www.disneyworld.com**

LAKE BUENA VISTA Disney's Boardwalk Inn and Villas $$$$$

2101 N Epcot Resorts Blvd, 32830 ***Tel*** *(407) 939-5100* ***Fax*** *(407) 939-5150* ***Habitaciones*** *371* ***Mapa de carreteras*** *E3*

Este complejo estilo años cuarenta dispone de varios clubes, restaurantes, tiendas y locales de ocio en el paseo que hay tras los edificios, mirando al agua. Algunas de las habitaciones estilo cabo Cod tienen balcones y varias miran a la piscina, donde está el tobogán Keiser Coaster, muy apreciado por los niños. **www.disneyworld.com**

Precios *ver p. 310* **Simbología** *ver solapa trasera*

LAKE BUENA VISTA Disney's Grand Floridian Resort and Spa $$$$$

4401 Floridian Way, 32830 **Tel** *(407) 824-3000* **Fax** *(407) 824-3186* **Habitaciones** *867* **Mapa de carreteras** *E3*

En el opulento vestíbulo abovedado del Grand Floridian Resort se sirve el té de la tarde amenizado con una banda de música. Todas las habitaciones tienen vistas al jardín, la piscina, el patio o Seven Seas Lagoon. Estupenda ubicación junto al monorraíl para llegar rápidamente a Magic Kingdom. **www.disneyworld.com**

LAKE BUENA VISTA Disney's Polynesian Resort $$$$$

1600 Seven Seas Drive, 32830 **Tel** *(407) 824-2000* **Fax** *(407) 824-3174* **Habitaciones** *853* **Mapa de carreteras** *E3*

El Polynesian, al sur de Magic Kingdom, es uno de los complejos hoteleros originarios de Disney. La temática hawaiana aparece en su máximo esplendor durante el espectáculo de la cena, con bailarines de *hula*. Hay zonas de juego y piscinas temáticas para los niños. Su frondoso jardín le da un verdadero aspecto de isla. **www.disneyworld.com**

LAKE BUENA VISTA Disney's Wilderness Lodge $$$$$

901 W Timberline Drive, 32830 **Tel** *(407) 824-3200* **Fax** *(407) 824-3232* **Habitaciones** *909* **Mapa de carreteras** *E3*

El Wilderness Lodge está rodeado de altos árboles, géiseres y enormes chimeneas de piedra y resulta estupendo para niños con ganas de dormir en literas. El ambiente de antiguo parque nacional y las vistas de hermosos bosques recuerdan a Yosemite. Un eterno favorito. **www.disneyworld.com**

LAKE BUENA VISTA Disney's Yacht Club Resort $$$$$

1700 Epcot Resorts Blvd, 32830 **Tel** *(407) 934-7000* **Fax** *(407) 924-3450* **Habitaciones** *630* **Mapa de carreteras** *E3*

El enorme lago con playas de arena blanca da la sensación de estar en un elegante club náutico, hasta que se divisa el barco hundido con toboganes y la piscina con fondo de arena. Las habitaciones son algo mejores que en otros complejos de Disney. Decorado al estilo de Nueva Inglaterra de principios del siglo XX. **www.disneyworld.com**

LAKE BUENA VISTA Walt Disney World Dolphin $$$$$

1500 Epcot Resorts Blvd, 32830 **Tel** *(407) 934-4000* **Fax** *(407) 934-4884* **Habitaciones** *1509* **Mapa de carreteras** *E3*

Antonio Gaudí se une al Dr. Seuss en este complejo construido alrededor de una pirámide de 27 plantas con dos alas de 11 pisos coronadas por delfines. Hay una gruta con cascadas, toboganes y remolinos. Desde la playa cercana a la piscina se ven los fuegos artificiales de Epcot. También dispone de gimnasio. **www.disneyworld.com**

NEW SMYRNA BEACH Riverview Hotel $$

103 Flagler Ave, 32169 **Tel** *(386) 428-5858* **Fax** *(386) 423-8927* **Habitaciones** *18* **Mapa de carreteras** *E2*

Este impresionante hotel, situado en New Smyrna Beach junto al Intracoastal Waterway, era antiguamente una cabaña de pesca y caza. El *spa*, con una piscina de agua mineral, resulta espectacular, al igual que el restaurante, Riverview Charlie's. Sus habitaciones de estilo rural poseen patios privados o porches. **www.riverviewhotel.com**

ORLANDO Amerisuites/Universal $$

5895 Caravan Court, 32819 **Tel** *(407) 351-0627* **Fax** *(407) 351-3317* **Habitaciones** *151* **Mapa de carreteras** *E3*

Una verdadera ganga para las familias que quieran estar cerca de los parques temáticos de Universal sin tener que alojarse dentro del propio complejo. Todas las *suites* tienen un tamaño generoso e incluyen cocinas, una buena opción a los caros restaurantes de la zona. El transporte gratuito hasta los parques es un extra. **www.amerisuites.com**

ORLANDO Hard Rock Hotel $$$$$

5800 Universal Blvd, 32819 **Tel** *(407) 503-2000* **Fax** *(407) 503-7655* **Habitaciones** *650* **Mapa de carreteras** *E3*

Aunque no dispone de casino, este complejo hotelero con aspecto de misión californiana y temática rockera tiene un ambiente muy bullicioso. Las habitaciones están bastante insonorizadas y la piscina está rodeada de palmeras. El Hard Rock Live, un local de música en directo, atrae a una clientela principalmente joven. **www.loewshotels.com**

ORLANDO Marriott's Orlando World Center $$$$$

8701 World Center Drive, 32821 **Tel** *(407) 239-4200* **Fax** *(407) 238-8938* **Habitaciones** *2.111* **Mapa de carreteras** *E3*

Este inmenso complejo hotelero, con casi tantas actividades como el propio Disney World, satisface a todo el mundo, desde los viajeros de negocios y las familias hasta las parejas. Una de sus cinco piscinas tiene toboganes y cascadas. Dispone de un campo de golf, pistas de tenis, una piscina infantil, *spa* y varios restaurantes. **www.marriott.com**

ORLANDO Peabody Orlando $$$$$

9801 International Drive, 32819 **Tel** *(407) 352-4000* **Fax** *(407) 351-9177* **Habitaciones** *891* **Mapa de carreteras** *E3*

Peabody Orlando, al igual que su sucursal en Memphis, es famoso por los cinco patos que, todos los días a las 11.00 y 17.00, se dirigen a la fuente del vestíbulo al ritmo de la canción de John Philip Sousa *King Cotton March*. Gracias a su excelente servicio, el hotel agrada a los adultos, aunque los niños adoran a los patos. **www.peabodyorlando.com**

ORLANDO Portofino Bay Hotel $$$$$

5601 Universal Blvd, 32819 **Tel** *(407) 503-1000* **Fax** *(407) 503-1166* **Habitaciones** *750* **Mapa de carreteras** *E3*

Para no ser superado por Disney, Universal se agrupó con Lowes Hotels y creó este magnífico complejo hotelero diseñado a imagen del pueblo italiano de Portofino, con un puerto y canales. La piscina tiene un tobogán y la villa ofrece varias cabañas. El Mandara Spa es magnífico. **www.loewshotels.com**

ORLANDO The Villas of Grand Cypress $$$$$

1 N Jacaranda, 32836 **Tel** *(407) 239-4700* **Fax** *(407) 239-7219* **Habitaciones** *146* **Mapa de carreteras** *E2*

Este complejo de inspiración mediterránea disfruta de una ubicación apartada y ofrece *suites junior* con baños romanos y casitas con cocina, salón y patio. El jardín es precioso y el complejo comparte sus instalaciones con el Hyatt Regency Grand Cypress. Dirigido principalmente a los adultos. **www.grandcypress.com**

EL NORESTE

AMELIA ISLAND Amelia Island Plantation $$$$$

6800 First Coast Hwy, 32035 **Tel** *(904) 261-6161* **Fax** *(904) 277-5945* **Habitaciones** *680* **Mapa de carreteras** *E1*

Esta enorme propiedad dispone de campos de golf, lagunas y senderos para bicicletas. Las habitaciones están ubicadas en el acogedor Amelia Inn and Beach Club; todas las estancias disponen de balcón y están lujosamente amuebladas. Existe una buena oferta para comer. Su amplio *spa* resulta sublime. **www.aipfl.com**

AMELIA ISLAND Ritz Carlton Amelia Island $$$$$

4750 Amelia Island Pkwy, 32034 **Tel** *(904) 277-1100* **Fax** *(904) 261-9064* **Habitaciones** *444* **Mapa de carreteras** *E1*

Este hotel Ritz, ubicado junto a la playa, resulta encantador a pesar del olor de las fábricas de papel cercanas. El servicio es espectacular, aunque se podría reformar un poco el local y mejorar la iluminación. Su lujoso interior incluye una sala de billar y bar. Las habitaciones tienen vistas al océano. Hay también un campo de golf. **www.ritzcarlton.com**

ATLANTIC BEACH Sea Turtle Inn $$$

1 Ocean Blvd, 32233 **Tel** *(904) 249-7402* **Fax** *(904) 247-1517* **Habitaciones** *193* **Mapa de carreteras** *E1*

El Sea Turtle Inn, un hotel costero de ocho plantas, dispone de espaciosas habitaciones. Las mejores miran a la playa y tienen balcón. Su entusiasta personal ayuda a planear excursiones turísticas y actividades. El restaurante ofrece música en directo los fines de semana. Conviene reservar con antelación. **www.seaturtle.com**

DAYTONA BEACH Shoreline All Suties Inn and Cabana Colony Cottages $$

2435 S Atlantic Ave, 32118 **Tel** *(386) 252-1692* **Fax** *(386) 239-7068* **Habitaciones** *30* **Mapa de carreteras** *E2*

Suites con uno y dos dormitorios en dos edificios junto a la playa. Todas las estancias disponen de cocina completa y hay barbacoas repartidas por el complejo. Las casitas son luminosas y amplias y comparten con el edificio principal una piscina climatizada junto a la playa. Una buena opción para familias. **www.daytonashoreline.com**

DAYTONA BEACH The Plaza Resort and Spa $$$

600 N Atlantic Ave, 32118 **Tel** *(386) 255-4471* **Fax** *(386) 253-7672* **Habitaciones** *323* **Mapa de carreteras** *E2*

Tras una gran remodelación, el Plaza cuenta con algunas de las mejores habitaciones de Daytona. Todas las estancias tienen balcón y microondas y algunas de las habitaciones de esquina incluyen salón y dos balcones con vistas al Atlántico. Hay una tienda de comida rápida. El Ocean Waters Spa es un completo balneario. **www.plazaresortandspa.com**

DAYTONA BEACH The Villa Bed and Breakfast $$$

801 N Peninsula Drive, 32118 **Tel** *(386) 248-2020* **Habitaciones** *4* **Mapa de carreteras** *E2*

Este Bed & Breakfast de larga tradición y ambiente clásico europeo ofrece habitaciones de diferentes temáticas con chimenea, piano y cuadros. La mayor de ellas, la *suite* King Carlos, era el dormitorio del antiguo dueño de la mansión y posee cama con dosel, terraza en la azotea y otros servicios. No admiten niños. **www.thevillabb.com**

DAYTONA BEACH The Shores Resort & Spa $$$$

2637 S Atlantic Ave, 32118 **Tel** *(386) 767-7350* **Fax** *(386) 760-3651* **Habitaciones** *214* **Mapa de carreteras** *E2*

Este hotel Hilton se ha convertido en una magnífica opción de lujo. Su ambiente tipo chalé, poco habitual en la mayoría de los Hilton, otorga a este alojamiento un aspecto alegre y con elegancia informal. Baleen, su estupendo restaurante, procede del Coconut Grove de Miami. Dispone también de un *spa* con fantásticos tratamientos. **www.shoresresort.com**

DAYTONA BEACH Hilton Daytona Beach

100 N Atlantic Drive, 33218 **Tel** *386) 254-8200* **Fax** *(386) 253-0275* **Habitaciones** *742* **Mapa de carreteras** *E1*

El antiguo hotel Adam´s Mark ha renovado todas sus habitaciones para convertirse en el mayor y más elegante hotel de Daytona Beach. Es un buen establecimiento para familias, con dos gimnasios y muchas otras instalaciones. Se encuentra frente al mar y tiene a mano las mejores tiendas y restaurantes.

FERNANDINA BEACH Hampton Inn and Suites $$

19 S 2nd St, 32034 **Tel** *(904) 491-4911* **Fax** *(904) 491-4910* **Habitaciones** *122* **Mapa de carreteras** *E1*

Este hotel Hampton Inn se diseñó siguiendo el estilo de sus vecinos victorianos. Hay un vestíbulo de dos plantas con suelos de madera tomados de una antigua iglesia Jax. Las habitaciones disponen de cama con dosel, chimenea y *jacuzzi*. Conviene tomar una fotografía de la firma, porque nadie creerá que se trata de un hotel de cadena. **www.hamptoninn.com**

FERNANDINA BEACH Florida House Inn $$$

20 S 3rd St, 32034 **Tel** *(904) 261-3300* **Fax** *(904) 277-3831* **Habitaciones** *18* **Mapa de carreteras** *E1*

Este hotel, el más antiguo de Florida, ha alojado a Ulysses S Grant, José Martí, los Rockefeller y los Carnegie. La mayoría de las habitaciones dispone de chimenea. Hay galerías con mecedoras y un patio de ladrillo protegido del sol por un enorme roble. Se sirve un magnífico bufé libre de típica cocina sureña. **www.floridahouseinn.com**

FERNANDINA BEACH Elizabeth Pointe Lodge $$$$

98 S Fletcher Ave, 32034 **Tel** *(904) 277-4851* **Fax** *(904) 277-6500* **Habitaciones** *25* **Mapa de carreteras** *E1*

Esta impresionante casa victoriana tiene enormes ventanales con vistas al océano. Las habitaciones del edificio principal están decoradas con antigüedades. Los huéspedes pueden tomar el desayuno en los porches que rodean la casa. Hay cuatro estancias en el Harris Lodge, un pabellón adyacente más íntimo. **www.elizabethpointelodge.com**

Precios *ver p. 310* **Simbología** *ver solapa trasera*

JACKSONVILLE The House on Cherry Street $$

1844 Cherry St, 32205 ***Tel*** *(904) 384-1999* ***Fax*** *(904) 384-5013* ***Habitaciones*** *4* ***Mapa de carreteras*** *E1*

Este romántico Bed & Breakfast situado junto al río St. Johns ocupa una casa de estilo colonial, cuyas puertas acristaladas se abren hacia un porche trasero con mecedoras. Las habitaciones tienen camas con dosel y los patos son una temática habitual en ellas. Conviene reservar con bastante antelación. Ideal para una estancia tranquila. **www.houseoncherry.com**

JACKSONVILLE Crown Plaza Jacksonville Riverfront $$$

1201 Riverplace Blvd, 32207 ***Tel*** *(904) 398-8800* ***Fax*** *(904) 398-9170* ***Habitaciones*** *292* ***Mapa de carreteras*** *E1*

Este hotel Hilton, ubicado junto al Southbank Riverwalk, es famoso por su *suite* Elvis Presley, donde supuestamente se alojó varias veces *el Rey*. El hotel parece anclado en los años setenta. Las habitaciones que miran al río tienen balcón. El restaurante Ruth's Chris Steakhouse atre a una clientela variada. **www.jacksonvillehilton.com**

JACKSONVILLE Plantation Manor Inn $$$

1630 Copeland St, 32204 ***Tel*** *(904) 384-4630* ***Fax*** *(904) 387-0960* ***Habitaciones*** *9* ***Mapa de carreteras*** *E1*

Este Bed & Breakfast de tres plantas estilo plantación ha servido de escenario a muchas bodas. Se encuentra en el distrito de Riverside, cerca de tiendas y restaurantes. Está decorado con antigüedades y ofrece un ambiente acogedor. Su desayuno casero es delicioso. Hay una piscina, un *spa* y un tranquilo porche. **www.plantationmanorinn.com**

NEPTUNE BEACH Sea Horse Oceanfront Inn $$

120 Atlantic Blvd, 32266 ***Tel*** *(904) 246-2175* ***Fax*** *(904) 246-4256* ***Habitaciones*** *39* ***Mapa de carreteras*** *E1*

Este motel costero posee amplias habitaciones con vistas al océano. Hay seis estancias con cocina, además de una zona de césped con barbacoa, piscina y mesas para comer. El Lemon Bar es bastante popular, sobre todo los fines de semana y al atardecer. Las familias numerosas suelen optar por el ático con dormitorios separados.

PONTE VEDRA BEACH Ponte Vedra Inn $$$$$

200 Ponte Vedra Blvd, 32082 ***Tel*** *(904) 285-1111* ***Fax*** *(904) 285-2111* ***Habitaciones*** *260* ***Mapa de carreteras*** *E1*

Ponte Vedra Inn es un lujoso y elegante club de campo con *spa*. Dispone de apartamentos y habitaciones de hotel, todos con patio o balcón. Hay también dos campos de golf y una piscina olímpica en el cercano Lodge and Club at Ponte Vedra Beach. En el *spa* con vistas al océano se dan masajes. **www.pvresorts.com**

PONTE VEDRA BEACH Sawgrass Marriott Resort and Beach Club $$$$$

1000 PGA Tour Blvd, 32082 ***Tel*** *(904) 285-7777* ***Fax*** *(904) 285-0906* ***Habitaciones*** *508* ***Mapa de carreteras*** *E1*

Este hotel, uno de los mayores complejos de golf del país, tiene mucho éxito entre golfistas y críticos. El TPC Golf alberga cada año el Players Championship. Las habitaciones son acogedoras, pero las *suites* con dos dormitorios que hay junto a los *green* resultan mucho más atractivas. Trasporte gratuito hasta el Cabana Beach Club. **www.sawgrassmarriott.com**

ST. AUGUSTINE Monterey Inn $

16 Avenida Menéndez, 32084 ***Tel*** *(904) 824-4482* ***Fax*** *(904) 829-8854* ***Habitaciones*** *59* ***Mapa de carreteras*** *E1*

Este motel con estupenda relación calidad/precio está bien conservado, es funcional y ofrece vistas de la bahía Matanzas. El establecimiento pertenece a una amable familia que aconseja sobre los lugares de interés y restaurantes de la zona. Una excelente opción si no se desea un alojamiento lujoso junto al mar. **www.themontereyinn.com**

ST. AUGUSTINE Pirate Haus Inn and Hostel $

32 Treasury St, 32084 ***Tel*** *(904) 808-1999* ***Habitaciones*** *4* ***Mapa de carreteras*** *E1*

Los turistas extranjeros con presupuesto reducido adoran este establecimiento situado en pleno casco histórico. Se puede conocer al resto de los huéspedes en la cocina, el salón o la terraza de la azotea. Sus estancias son sencillas, pero están limpias. Hay tres habitaciones separadas con baño incluido. **www.piratehaus.com**

ST. AUGUSTINE Victorian House $$

11 Cadiz St, 32084 ***Tel*** *(904) 824-5214* ***Fax*** *(904) 824-7990* ***Habitaciones*** *8* ***Mapa de carreteras*** *E1*

Este Bed & Breakfast victoriano de 1897 dispone de una galería y un antiguo almacén llamado Carriage House, que está dividido en cuatro habitaciones. Los niños no pueden acceder al pabellón principal, pero sí a la Carriage House. Todas las estancias tienen entrada privada. Abundan las antigüedades. **www.victorianhouse-inn.com**

ST. AUGUSTINE Casa Monica Hotel $$$$

95 Cordova St, 32084 ***Tel*** *(904) 827-1888* ***Fax*** *(904) 819-6065* ***Habitaciones*** *137* ***Mapa de carreteras*** *E1*

Casa Monica ha recuperado su antiguo atractivo tras una completa restauración. La mayoría de las habitaciones tiene cabeceros de hierro forjado y elegantes productos de baño. El restaurante 95 Cordova es fantástico. El acceso a las instalaciones del Serenata Beach Club, a 10 minutos del hotel, se paga aparte. **www.casamonica.com**

EL PANHANDLE

APALACHICOLA Apalachicola River Inn $$

123 Water St, 32320 ***Tel*** *(850) 653-8139* ***Fax*** *(850) 653-2018* ***Habitaciones*** *26* ***Mapa de carreteras*** *C1*

Este edificio de dos plantas, el único hotel de la ciudad junto al río, parece un almacén, pero sus habitaciones tienen puertas acristaladas y baños con ducha. El Frog Level Oyster Bar sirve deliciosas ostras del Apalachicola. El Roseate Spoonbill Lounge, encima del restaurante, es un local divertido. **www.apalachicolariverinn.com**

APALACHICOLA Coombs House Inn $$

80 6th St, 32320 ***Tel*** *(850) 653-9199* ***Fax*** *(850) 653-2785* ***Habitaciones*** *19* ***Mapa de carreteras*** *C1*

Coombs House, el Bed & Breakfast más lujoso de la zona, ocupa dos casas de 1905, cuyas habitaciones lucen un elegante estilo victoriano. El Love Bungalow dispone de entrada privada y el otro pabellón cuenta con un *jacuzzi*. Los fines de semana se obsequia con vino a los huéspedes. **www.coombshouseinn.com**

APALACHICOLA Gibson Inn $$

51 Ave C, 32320 ***Tel*** *(850) 653-2191* ***Fax*** *(850) 653-3521* ***Habitaciones*** *30* ***Mapa de carreteras*** *C1*

Este hotel representa la quintaesencia de la arquitectura victoriana en Florida. Tras pedir un cóctel en el agradable bar, se puede pasar la tarde tranquilamente en su galería. Se recomienda acudir durante un Murder Mystery Weekend, un fin de semana en que los huéspedes se convierten en detectives para descubrir a un asesino. **www.gibsoninn.com**

DESTIN Best Western SummerPlace Inn $

14047 Emerald Coast Pkwy, 32541 ***Tel*** *(850) 650-8003* ***Fax*** *(850) 650-8004* ***Habitaciones*** *72* ***Mapa de carreteras*** *C1*

Este motel con cuatro plantas y motivos españoles ofrece habitaciones tipo hostal y *suites* decoradas con grabados. Las habitaciones que miran al golfo tienen balcón, pero las que dan a la bahía no. Las puertas abren hacia una piscina cubierta y otra al aire libre. Excelente opción, sobre todo por su ubicación y precio. **www.bestwestern.com**

DESTIN Hilton Sandestin Beach and Golf Resort $$$$

4000 Sandestin Blvd, 32541 ***Tel*** *(850) 267-9500* ***Fax*** *(850) 267-3076* ***Habitaciones*** *598* ***Mapa de carreteras*** *B1*

Las *suites* de este espléndido complejo costero ocupan dos torres adyacentes. El hotel se encuentra en los terrenos del Sandestin Beach and Golf Resort y comparte sus instalaciones de golf y tenis. Entre las estupendas instalaciones, hay 13 pistas de tenis, un campamento infantil y una playa privada. **www.hiltonsandestinbeach.com**

DESTIN Sandestin Golf and Beach Resort $$$$

9300 Emerald Coast Pkwy, 32541 ***Tel*** *(850) 267-8000* ***Fax*** *(850) 267-8222* ***Habitaciones*** *1.300* ***Mapa de carreteras*** *B1*

Este complejo hotelero, uno de los mayores de Florida orientado a los deportes, dispone de playa privada. Todas las habitaciones y *suites* tienen cocina y balcón. Los apartamentos son de propiedad privada y se pueden alquilar. Hay multitud de buenos restaurantes y una zona de compras dentro del complejo. **www.sandestin.com**

FORT WALTON BEACH Venus by the Sea $

885 Santa Rosa Blvd, 32548 ***Tel*** *(850) 301-9600* ***Fax*** *(850) 301-9205* ***Habitaciones*** *45* ***Mapa de carreteras*** *A1*

Este edificio de tres plantas, situado en la zona oeste de la isla Okaloosa, tiene un peculiar ambiente años setenta. Ideal para familias que busquen apartamentos de uno, dos o tres dormitorios con cocina, comedor y salón. La playa se encuentra a un corto paseo entre las dunas. Asequible para estancias largas. **www.venuscondos.com**

FORT WALTON BEACH Aunt Martha's Bed and Breakfast $$

315 Shell Ave, 32548 ***Tel*** *(850) 243-6702* ***Fax*** *(850) 796-2431* ***Habitaciones*** *7* ***Mapa de carreteras*** *A1*

Este atractivo Bed & Breakfast se construyó en 2000, pero su decoración le da aspecto de residencia de verano de principios del siglo XX. La casa está a sólo 11 km de Destin y detrás de ella hay un lago para nadar. Las habitaciones son acogedoras y están amuebladas con gusto. El desayuno es magnífico. **www.auntmarthasbedandbreakfast.com**

FORT WALTON BEACH Holiday Inn Sunspree $$

573 Santa Rosa Blvd, 32548 ***Tel*** *(800) 238-8686* ***Fax*** *(850) 244-5926* ***Habitaciones*** *195* ***Mapa de carreteras*** *A1*

Este agradable hotel costero ofrece diversas instalaciones, como restaurante, dos piscinas, espacios para reuniones y zona de pesca. Hay multitud de actividades para los niños, incluido un club infantil. Los adultos pueden entretenerse en los cercanos campos de golf. **www.hifwb.com**

FORT WALTON BEACH Islander Beach Resort $$$

790 Santa Rosa Blvd, 32548 ***Tel*** *(850) 244-4137* ***Fax*** *(850) 664-6748* ***Habitaciones*** *98* ***Mapa de carreteras*** *A1*

Este complejo ubicado en una preciosa playa ofrece desde habitaciones individuales hasta *suites* con tres dormitorios, todas ellas con balcones privados frente al mar. Otros de sus atractivos son la piscina climatizada de 25 m y el *jacuzzi* junto a la playa, perfecto para relajarse. **www.emeraldcoastrentals.com**

FORT WALTON BEACH Ramada Plaza Beach Resort $$$

1500 E Miracle Strip Pkwy, 32548 ***Tel*** *(850) 243-9161* ***Fax*** *(850) 243-2391* ***Habitaciones*** *335* ***Mapa de carreteras*** *A1*

Este amplio complejo es conocido por el precioso espacio con cascadas cayendo sobre rocas y un romántico bar estilo La Vegas en una gruta. Atractivas habitaciones con vistas al golfo o el patio. Las habitaciones más baratas ocupan el edificio adyacente y miran hacia un aparcamiento. **www.ramadafwb.com**

PANAMA CITY BEACH Beachcomber by the Sea $

17101 Front Beach Rd, 32413 ***Tel*** *(850) 233-3600* ***Fax*** *(850) 233-3622* ***Habitaciones*** *96* ***Mapa de carreteras*** *B1*

Este hotel ofrece *suites* cómodas y limpias. Todas las estancias tienen balcones con vistas a la piscina, ubicada junto al golfo. Las *suites* son de dos tamaños y tienen salones con sofás cama o dos camas dobles. Las habitaciones más pequeñas parecen estancias de motel, pero tienen microondas. **www.beachcomberbythesea.com**

PANAMA CITY BEACH Flamingo Motel $

15525 Front Beach Rd, 32413 ***Tel*** *(850) 234-2232* ***Fax*** *(850) 234-1292* ***Habitaciones*** *118* ***Mapa de carreteras*** *B1*

Motel con un atractivo jardín tropical alrededor de la piscina climatizada y un amplio solárium con vistas al golfo. Las habitaciones disponen de cocinas completas o frigorífico y microondas. En ellas pueden alojarse de dos a seis personas. Las personas con presupuesto ajustado pueden optar por estancias más económicas. **www.flamingomotel.com**

Precios *ver p. 310* **Simbología** *ver solapa trasera*

PANAMA CITY BEACH Sunset Inn $

8109 Surf Drive, 32408 ***Tel*** *(850) 234-7370* ***Fax*** *(850) 234-7370* ***Habitaciones*** *62* ***Mapa de carreteras*** *B1*

Este hotel, situado en el extremo oriental de la playa, está justo en el golfo, alejado de las multitudes. Sus habitaciones son amplias y sencillas y están limpias. Los apartamentos son más grandes y algo más caros. Los balcones dan a la playa y ofrecen magníficas vistas. **www.sunsetinnfl.com**

PANAMA CITY BEACH Edgewater Beach Resort $$$

11212 Front Beach Rd, 32407 ***Tel*** *(850) 235-4044* ***Fax*** *(850) 235-6899* ***Habitaciones*** *500* ***Mapa de carreteras*** *B1*

Este complejo de apartamentos es uno de los mayores de la zona. Se trata de un establecimiento orientado a los deportes con una atractiva ubicación junto a la playa y un hermoso terreno ajardinado. Las habitaciones ubicadas en las torres junto al golfo tienen magníficas vistas. El paso elevado peatonal conduce hasta un campo de golf. **www.edgewaterbeachresort.com**

PANAMA CITY BEACH Marriott's Bay Point Resort Village $$$$

4200 Marriott Drive, 32408 ***Tel*** *(850) 236-6000* ***Fax*** *(850) 236-6158* ***Habitaciones*** *349* ***Mapa de carreteras*** *B1*

Este lujoso complejo de golf y tenis es uno de los mejores del país y su relación calidad/precio resulta buena. Los precios son tan bajos porque no está junto al golfo, sino en una urbanización dentro de una reserva natural. En la Grand Lagoon Beach se pueden practicar deportes acuáticos. Transporte gratuito hasta las playas del golfo. **www.marriottbaypoint.com**

PENSACOLA New World Inn $

600 S Palafox St, 32501 ***Tel*** *(850) 432-4111* ***Fax*** *(850) 432-6836* ***Habitaciones*** *14* ***Mapa de carreteras*** *A1*

Las habitaciones de esta posada estilo colonial están decoradas con antigüedades. Estupenda ubicación cerca de la bahía y el casco histórico. El hotel está junto a un gran centro de conferencias y atrae a numerosos viajeros de negocios. Una de las mejores opciones para unas vacaciones económicas. **www.newworldlanding.com**

PENSACOLA BEACH Bay Beach Inn $$

51 Gulf Breeze Pkwy, 32561 ***Tel*** *(850) 932-2214* ***Fax*** *(850) 932-0932* ***Habitaciones*** *168* ***Mapa de carreteras*** *A1*

Este hotel ofrece magníficas vistas de la bahía de Pensacola y una playa privada. Alberga uno de los mejores restaurantes de la zona. Aunque sus habitaciones no resultan espectaculares, se ofrecen diversas actividades, como barcas de remos, piraguas y motos acuáticas. **www.baybeachinn.com**

PENSACOLA BEACH The Portofino $$$$$

10 Portofino Drive, 32561 ***Tel*** *(850) 916-5000* ***Fax*** *(850) 916-5010* ***Habitaciones*** *150* ***Mapa de carreteras*** *A1*

Este atractivo complejo de estilo italiano, el único alojamiento de lujo en la zona, dispone de todo lo necesario. Sus habitaciones, todas con vistas al golfo, tienen tamaño de apartamento. Dispone de cinco piscinas, un estupendo restaurante, campamento infantil y transporte gratuito hasta el cercano campo de golf. **www.theportofino.com**

SEASIDE Josephine's French Country Inn $$$$

County Rd 30 A, 32459 ***Tel*** *(850) 231-1940* ***Fax*** *(850) 231-2446* ***Habitaciones*** *7* ***Mapa de carreteras*** *B1*

Este hermoso hotel luce grandes columnas que recuerdan una antigua mansión de Virginia. Sus habitaciones elegantes y románticas tienen camas con dosel, colchas de encaje y bañeras de mármol. La mayoría de las estancias incluye bar, microondas y frigorífico. El comedor iluminado con velas tiene capacidad para 22 personas. **www.josephinesinn.com**

TALLAHASSEE Cabot Lodge North $

2735 N Monroe St, 32303 ***Tel*** *(850) 386-8880* ***Fax*** *(850) 386-4254* ***Habitaciones*** *160* ***Mapa de carreteras*** *C1*

Atractivo motel con un porche alrededor. Aunque no llaman la atención, las habitaciones están limpias. No hay restaurante, pero los huéspedes disfrutan de un estupendo desayuno continental incluido en el precio de la habitación y de cócteles por la noche. Una excelente opción para una estancia económica y sencilla. **www.cabotlodge.com**

TALLAHASSEE Governors Inn $$$

209 S Adams St, 32303 ***Tel*** *(850) 681-6855* ***Fax*** *(850) 222-3105* ***Habitaciones*** *40* ***Mapa de carreteras*** *C1*

Este motel, donde se alojan los políticos y la burguesía sureña, se encuentra al norte del antiguo capitolio y recuerda a Washington DC. Las habitaciones tienen camas con dosel, escritorios, armarios de arce y antigüedades. Cada *suite* lleva el nombre de un gobernador de Florida. **www.thegovinn.com**

LA COSTA DEL GOLFO

CAPTIVA ISLAND Captiva Island Inn Bed & Breakfast $$$$

11509 Andy Rosse Lane, 33924 ***Tel*** *(239) 395-0882* ***Fax*** *(239) 395-0862* ***Habitaciones*** *12* ***Mapa de carreteras*** *D4*

El Captiva Island Inn es un encantador complejo situado cerca de la playa y rodeado de restaurantes, galerías y *boutiques*. Dos *suites* del edificio principal se abren hacia los porches; hay también cuatro casitas de estilo holandés. El desayuno (incluido en el precio) del cercano Keylime Bistro es estupendo. **www.captivaislandinn.com**

CAPTIVA ISLAND Tween Waters Inn $$$$

15951 Captiva Rd, 33924 ***Tel*** *(239) 472-5161* ***Fax*** *(239) 472-0249* ***Habitaciones*** *138* ***Mapa de carreteras*** *D4*

Este atractivo motel se encuentra en un arenoso palmeral. Algunas habitaciones miran al golfo y otras a la bahía. Las parejas pueden optar por el pabellón de luna de miel junto a la bahía y las familias, por la espaciosa casa con tres dormitorios. El restaurante Old Captiva House es una buena opción para comer. **www.tween-waters.com**

CAPTIVA ISLAND South Seas Resort $$$$$

5400 Plantation Rd, 33924 ***Tel*** *(239) 472-5111* ***Fax*** *(239) 481-4947* ***Habitaciones*** *660* ***Mapa de carreteras*** *D4*

Este complejo hotelero ocupa una antigua plantación tan extensa que hay un tranvía gratuito para recorrerla. Ofrece distintas opciones de alojamiento, incluidos chalés con piscina privada. Este lugar resulta perfecto para quienes disfruten jugando al golf, al tenis o nadando en una de las 18 piscinas climatizadas. **www.south-seas-resort.com**

CLEARWATER Belleview Biltmore Resort and Spa $$$$

25 Belleview Blvd, 33756 ***Tel*** *(727) 373-3000* ***Fax*** *(727) 441-4173* ***Habitaciones*** *240* ***Mapa de carreteras*** *D3*

El complejo hotelero más antiguo de la costa del Golfo se construyó en 1896 sobre un acantilado con vistas a la bahía. Atrae principalmente a grupos y aficionados al golf, que juegan en el adyacente Belleview Country Club. Las visitas históricas y el transporte gratuito hasta Clearwater Beach son algunos extras. **www.belleviewbiltmore.com**

CLEARWATER BEACH Amber Tides Motel $

420 Hamden Drive, 33767 ***Tel*** *(727) 445-1145* ***Habitaciones*** *11* ***Mapa de carreteras*** *D3*

Este motel situado frente a la bahía está a sólo cinco minutos a pie de la playa. Las habitaciones son bastante sencillas y limpias, pero dispone de un encantador jardín junto a la piscina para descansar. No tiene restaurante pero cerca hay locales para comer. Una de las mejores opciones en la ciudad para quienes deseen ahorrar dinero. **www.ambertides-motel.com**

CLEARWATER BEACH Clearwater Beach Marriott Suites on Sand Key $$$$$

1201 Gulf Blvd, 33767 ***Tel*** *(727) 596-1100* ***Fax*** *(727) 595-4292* ***Habitaciones*** *220* ***Mapa de carreteras*** *D3*

Este atractivo hotel se encuentra en el impresionante Sand Key y ofrece magníficos paquetes infantiles. En el cercano paseo entarimado hay tiendas y restaurantes. Cada habitación dispone de un balcón y un completo salón con sofá cama. Piscina climatizada con aspecto exótico y cascadas. **www.clearwaterbeachmarriottsuites.com**

FORT MYERS Sanibel Harbour Resort and Spa $$$$$

17260 Harbour Pointe Rd, 33908 ***Tel*** *(239) 466-4000* ***Fax*** *(239) 466-2150* ***Habitaciones*** *401* ***Mapa de carreteras*** *E4*

Este apartado complejo hotelero mira hacia la bahía de San Carlos y Sanibel Island. Ofrece transporte gratuito tres veces al día hasta las playas de la isla. El hotel principal y el Inn at Sanibel Island son modernos y lujosos. Su magnífico *spa* ofrece más de 60 tratamientos. Estupendo club infantil y 8 pistas de tenis. **www.sanibel-resort.com**

FORT MYERS BEACH Island House Motel $

701 Estero Blvd, 33931 ***Tel*** *(239) 463-9282* ***Fax*** *(239) 463-2080* ***Habitaciones*** *5* ***Mapa de carreteras*** *E4*

Desde este motel, ubicado junto a un canal de la bahía, se puede acceder a pie a la animada zona de bares y restaurantes de Times Square. Todas las habitaciones tienen cocina y cuatro de ellas porches independientes. El salón al aire libre cuenta con una pequeña biblioteca. Disponen de sillas de playa y bicicletas gratuitas.

FORT MYERS BEACH Palm Terrace Apartments $

3333 Estero Blvd, 33931 ***Tel*** *(239) 765-5783* ***Fax*** *(239) 765-5783* ***Habitaciones*** *9* ***Mapa de carreteras*** *E4*

Estos apartamentos se encuentran cerca de la playa y están gestionados por una pareja que habla alemán, francés e italiano. Las estancias más pequeñas de la planta baja se abren hacia un jardín e incluyen cocina. Las habitaciones de la planta alta tienen porches independientes o terrazas con vistas a la piscina. **www.palm-terrace.com**

FORT MYERS BEACH Outrigger Beach Resort $$

6200 Estero Blvd, 33931 ***Tel*** *(239) 463-3131* ***Fax*** *(239) 463-6577* ***Habitaciones*** *144* ***Mapa de carreteras*** *E4*

Este atractivo e impecable motel pertenece a la misma familia desde 1965. Las pequeñas casitas con terrazas traseras resultan encantadoras. Hay habitaciones tipo motel que miran hacia el aparcamiento, por lo que conviene evitarlas. El animado bar junto a la playa es uno de los mejores locales de la zona para ver el atardecer. **www.outriggerfmb.com**

FORT MYERS BEACH Sandpiper Gulf Resort $$

5550 Estero Blvd, 33931 ***Tel*** *(239) 463-5721* ***Fax*** *(239) 765-0039* ***Habitaciones*** *63* ***Mapa de carreteras*** *E4*

Alojarse en este acogedor complejo hotelero es como tener un apartamento junto al mar. Consta de dos edificios con dos patios ajardinados desde los que se accede a la playa. Las *suites* son muy amplias. El Sandpiper Gulf Resort, una opción estupenda para estancias largas, es muy popular entre los viajeros más mayores. **www.sandpipergulfresort.com**

FORT MYERS BEACH Edison Beach House All Suite Hotel $$$

830 Estero Blvd, 33931 ***Tel*** *(239) 463-1530* ***Fax*** *(239) 765-9430* ***Habitaciones*** *24* ***Mapa de carreteras*** *E4*

Este hostal para no fumadores tienen habitaciones con balcón, cocina completa y escritorio con accesorios de oficina. En la mayoría de los baños hay lavadora-secadora. Las habitaciones que miran a la playa disfrutan de las mejores vistas, pero las *suites* tipo A cuentan con camas de matrimonio rodeadas de ventanales con vistas del golfo. **www.edisonbeachhouse.com**

FORT MYERS BEACH Pink Shell Beach Resort & Spa $$$$

275 Estero Blvd, 33931 ***Tel*** *(239) 463-6181* ***Fax*** *(239) 463-1229* ***Habitaciones*** *234* ***Mapa de carreteras*** *E4*

Este complejo hotelero, situado frente al golfo y el puerto Matanzas, ofrece desde *suites* hasta apartamentos completos. También hay casitas sobre pilotes al estilo de la vieja Florida. Magníficas vistas de Sanibel Island. Los niños entre 4 y 11 años pueden acudir al Kidds Kampp, mientras sus padres se relajan en el *spa*. **www.pinkshell.com**

FORT MYERS BEACH DiamondHead Beach Resort $$$$$

2000 Estero Blvd, 33931 ***Tel*** *(239) 765-7654* ***Fax*** *(239) 765-1694* ***Habitaciones*** *124* ***Mapa de carreteras*** *E4*

Este edificio costero de 12 plantas dispone de amplios apartamentos con un dormitorio y hermosas vistas. Las habitaciones también incluyen balcón privado, sofás cama, dos televisores y cocina, por lo que resultan populares entre grupos grandes y familias. Hay además un restaurante y un bar de playa. **www.diamondheadfl.com**

Precios *ver p. 310* **Simbología** *ver solapa trasera*

LONGBOAT KEY Colony Beach and Tennis Resort $$$$$

1620 Gulf of Mexico Drive, 34228 **Tel** *(941) 383-6464* **Fax** *(941) 383-7549* **Habitaciones** *235* **Mapa de carreteras** *D3*

En este complejo hotelero se respira un ambiente de antiguo club de campo (los hombres deben vestir chaqueta durante la cena). Sus apartamentos de uno y dos dormitorios tienen salón, comedor, cocina, balcón, *jacuzzi* y ducha de vapor. El club de tenis organiza partidos profesionales. **www.colonybeachresort.com**

MARCO ISLAND Olde Marco Inn and Suites $$

100 Palm St, 34145 **Tel** *(877) 475-3466* **Fax** *(239) 394-4485* **Habitaciones** *329* **Mapa de carreteras** *E4*

Este alojamiento, uno de los complejos más románticos de Florida, data de 1883 y aún conserva su encanto victoriano. Hay 51 habitaciones remodeladas con decoración tropical. Los jardines y la playa resultan maravillosos y el restaurante es fantástico. Sin embargo, lo mejor es el catamarán que traslada a los huéspedes hasta playas privadas. **www.oldmarco.com**

MARCO ISLAND Boat House Motel $$$

1180 Edlington Place, 34148 **Tel** *(239) 642-2400* **Fax** *(239) 642-2435* **Habitaciones** *25* **Mapa de carreteras** *E4*

Este atractivo motel estilo años cincuenta está cerca del río Marco, en el extremo norte de la isla. La decoración es tropical y dos de sus habitaciones tienen terraza con acceso a unos pequeños patios. Es un buen alojamiento para varias noches, pero si la estancia es larga, conviene pagar algo más en alguno de los complejos frente a la playa. **www.theboathousemotel.com**

MARCO ISLAND Marco Beach Ocean Resort $$$$$

480 S Collier Blvd, 34145 **Tel** *(239) 393-1400* **Fax** *(239) 393-1401* **Habitaciones** *100* **Mapa de carreteras** *E4*

Este complejo de *suites*, el más elegante de isla Marco, cuenta con *spa*, un excelente restaurante italiano y un vestíbulo revestido de mármol. Su playa privada resulta maravillosa. Conviene recordar que es un lugar bastante formal, donde no resulta adecuado vestir vaqueros y camiseta. **www.marcoresort.com**

MARCO ISLAND Marco Island Hilton Beach Resort $$$$$

560 S Collier Blvd, 34145 **Tel** *(239) 394-5000* **Fax** *(239) 394-8410* **Habitaciones** *297* **Mapa de carreteras** *E4*

Este complejo de 11 plantas con vistas al golfo posee habitaciones confortables y con todas las comodidades modernas. En el patio se sitúa una bonita piscina, donde el Beach Club sirve bebidas y comidas informales. Sandcastles Lounge tiene un piano bar con espectáculos en directo. Hotel con mucha actividad. **www.marcoisland.hilton.com**

MARCO ISLAND Marco Island Marriott Resort and Golf Club $$$$$

400 S Collier Blvd, 34145 **Tel** *(239) 394-2511* **Fax** *(239) 642-2672* **Habitaciones** *797* **Mapa de carreteras** *E4*

El Marco Marriott, el mejor complejo de isla Marco para familias con niños, ofrece actividades para que los pequeños se diviertan mientras sus padres juegan al golf o disfrutan del *spa* balinés. Todas las habitaciones tienen patios y balcones con espectaculares vistas del golfo. También dispone de dos elegantes restaurantes. **www.marcomarriottresort.com**

NAPLES Lighthouse Inn Motel $

9140 Gulf Shore Drive, 34108 **Tel** *(239) 597-3345* **Fax** *(239) 597-5541* **Habitaciones** *15* **Mapa de carreteras** *E4*

Este motel tiene los mejores precios de la ciudad e incluye *suites* y apartamentos con cocina. Se puede acceder a pie a la mayoría de los lugares de interés de la zona, entre ellas tiendas y restaurantes. Buzz's Lighthouse Café es un popular local frente a la playa donde acuden incluso huéspedes del Ritz.

NAPLES Sea Shell Motel $

287 182 9th St S, 34102 **Tel** *(239) 262-5129* **Fax** *(239) 263-0182* **Habitaciones** *30* **Mapa de carreteras** *E4*

El Sea Shell no pasa desapercibido gracias a una impresionante escultura en bronce que decora la entrada, llamada *Flying Dolphins*. Sus habitaciones, sencillas pero cómodas, se encuentran a unas ocho manzanas de la playa; también dispone de apartamentos más amplios. Hay un hermoso jardín y una gran piscina climatizada. **www.bestlodgingswflorida.com**

NAPLES Hotel Escalante $$$$$

290 5th Ave S, 34102 **Tel** *(239) 659-3466* **Fax** *(239) 262-8748* **Habitaciones** *71* **Mapa de carreteras** *E4*

Este romántico hotel ofrece amplias y elegantes habitaciones. Es posible llegar a pie hasta el lujoso distrito comercial de Fifth Avenue. En sus jardines hay paseos cubiertos con antiguos ladrillos traídos de Chicago y fuentes de Francia. Se puede disfrutar del almuerzo en la playa y de una recepción con vino por la noche. **www.hotelescalante.com**

NAPLES LaPlaya Beach and Golf Resort $$$$$

9891 Gulf Shore Drive, 34102 **Tel** *(239) 597-3123* **Fax** *(239) 597-6278* **Habitaciones** *189* **Mapa de carreteras** *E4*

Este hotel situado en la playa Vanderbilt es uno de los mejores de Naples. Todas las habitaciones ofrecen preciosas vistas del golfo, decoración rural francesa, almohadas de plumón y fantásticos productos de baño. El *spa*, el campo de golf y la David Leadbetter Golf Academy atrae a aficionados al deporte. Magnífico restaurante. **www.laplayaresort.com**

NAPLES Naples Beach Hotel and Golf Club $$$$$

851 Gulf Shore Blvd, 34102 **Tel** *(239) 261-2222* **Fax** *(239) 261-7380* **Habitaciones** *318* **Mapa de carreteras** *E4*

Complejo costero de la vieja escuela con club de tenis, campo de golf y *spa* completo. Las habitaciones son agradables. El Sunset Beach Bar es el local más popular de la zona al atardecer. El restaurante mira hacia el mar y su especialidad es la cocina tradicional de Florida. Los jardines de orquídeas resultan espectaculares. **www.naplesbeachhotel.com**

NAPLES Naples Grand Resort & Spa $$$$$

475 Seagate Drive, 34103 **Tel** *(239) 597-3232* **Fax** *(239) 597-3147* **Habitaciones** *474* **Mapa de carreteras** *E4*

Este lujoso complejo hotelero no está junto a la playa, pero sus huéspedes disponen de transporte gratuito para llegar a ella. Sus dos piscinas son bonitas, el *spa* resulta excelente, y el Lafite se encuentra entre los mejores restaurantes franceses de la zona. Luna, uno de los pocos clubes de baile, ofrece diversión. **www.registryresort.com**

NAPLES Staybridge Suites

4805 Tamiami Trail North, 34108 **Tel** *643-8002* **Fax** *(239) 643-8069* **Habitaciones** *132* **Mapa de carreteras** *E4*

Este amplio complejo de vacaciones permite que el huésped se prepare la comida en su habitación. Es como un hogar fuera del hogar, ya que hay espacio suficiente como para llevar niños y mascotas (extra de 150 $ por el animal). Está situado en el corazón de Naples, a un rato en coche desde la playa. **www.staybridgesuites.com**

NAPLES The Inn on Fifth $$$$$

699 5th Ave S, 34102 **Tel** *(239) 403-8777* **Fax** *(239) 403-8778* **Habitaciones** *87* **Mapa de carreteras** *E4*

Este antiguo edificio bancario alberga uno de los mejores hoteles de Naples. Sus elegantes habitaciones lucen una agradable decoración que difiere de la habitual temática tropical de los hoteles de Florida. Las puertas acristaladas se abren hacia un balcón que mira a Fifth Avenue. El McCabe's Irish Pub es uno de los locales más populares de la ciudad. **www.innonfifth.com**

NAPLES The Ritz Carlton Golf Resort $$$$$

2600 Tiburon Drive, 34109 **Tel** *(239) 593-2000* **Fax** *(239) 254-3300* **Habitaciones** *295* **Mapa de carreteras** *E4*

Este complejo turístico, un paraíso para los aficionados al golf, se abrió en 2001 en el Tiburón Golf Club, un campo de golf de 36 hoyos en un enclave residencial cerca de Vanderbilt Beach. Servicio, habitaciones y comidas excelentes. Sus huéspedes pueden utilizar el *spa*, la playa y demás instalaciones del otro hotel Ritz situado frente a la playa. **www.ritzcarlton.com**

NAPLES The Ritz Carlton Naples $$$$$

280 Vanderbilt Beach Rd, 34108 **Tel** *(239) 598-3300* **Fax** *(239) 598-6690* **Habitaciones** *463* **Mapa de carreteras** *E4*

Este exquisito Ritz Carlton está considerado uno de los mejores alojamientos del país. El hotel ocupa un edificio de 14 plantas que mira al golfo y dispone de un fantástico restaurante, programas infantiles divertidos y un magnífico *spa*. La playa de arena blanca, con servicio de camareros, es perfecta para tomar el sol. **www.ritzcarlton.com**

PALM HARBOR The Innisbrook Golf Resort $$$$$

36750 US 19 N, 34684 **Tel** *(727) 942-2000* **Fax** *(727) 942-6676* **Habitaciones** *450* **Mapa de carreteras** *D3*

Golf Digest considera este complejo de golf uno de los mejores del país. Sus inmensos terrenos incluyen cuatro espectaculares campos de golf que mantienen ocupados durante días a los aficionados a este deporte. Sus pistas de tenis y piscinas también son excepcionales. Hay desde *suites* hasta apartamentos con dos dormitorios. **www.westin-innisbrook.com**

SAFETY HARBOR Safety Harbor Resort and Spa $$$$

105 N Bayshore Drive, 34695 **Tel** *(727) 726-1161* **Fax** *(727) 724-7749* **Habitaciones** *193* **Mapa de carreteras** *D3*

Este fantástico *spa* y centro de *fitness* se encuentra en la orilla oeste de la bahía de Tampa, entre manantiales de agua mineral. El amplio complejo frente al mar ofrece múltiples y atractivos paquetes con tratamientos de relajación y rejuvenecimiento. Después de hacer ejercicio, se puede disfrutar de un masaje. **www.safetyharborspa.com**

SANIBEL ISLAND Tarpon Tale Inn $$$

367 Periwinkle Way, 33957 **Tel** *(239) 472-0939* **Fax** *(239) 472-6202* **Habitaciones** *5* **Mapa de carreteras** *D4*

Atractivo y asequible Bed & Breakfast para no fumadores. Sus habitaciones temáticas son luminosas y amplias. Las puertas acristaladas conducen a unos frondosos jardines con vides, palmeras y ficus. Baños sólo con ducha. El desayuno continental se sirve en la habitación. **www.tarpontale.com**

SANIBEL ISLAND Casa Ybel Resort $$$$$

2255 W Gulf Drive, 33957 **Tel** *(239) 472-3145* **Fax** *(239) 472-2109* **Habitaciones** *115* **Mapa de carreteras** *D4*

Los acogedores apartamentos de este espacioso complejo costero resultan ideales para familias. Los de uno y dos dormitorios ofrecen magníficas vistas, porches individuales y parrillas de gas al aire libre. El restaurante es uno de los mejores de la zona. Se puede caminar durante kilómetros por la playa o disfrutar de la piscina. **www.casaybelresort.com**

SANIBEL ISLAND Island Inn $$$$$

3111 W Gulf Drive, 33957 **Tel** *(239) 472-1561* **Fax** *(239) 472-0051* **Habitaciones** *57* **Mapa de carreteras** *D4*

Este clásico complejo costero conserva el edificio original de finales del siglo XIX, hoy ocupado por el salón y la biblioteca. En el comedor se mantiene el antiguo protocolo, por lo que los huéspedes deben vestirse adecuadamente para cenar. Hay *suites* y casitas privadas. Ambiente cálido, buenas playas y estupenda comida. Reservar con antelación. **www.islandinnsanibel.com**

SANIBEL ISLAND Sanibel Inn $$$$$

937 E Gulf Drive, 33957 **Tel** *(239) 472-3181* **Fax** *(239) 472-5234* **Habitaciones** *94* **Mapa de carreteras** *D4*

Los amantes de la naturaleza adorarán este lugar con impresionantes playas, jardines de mariposas y vegetación tropical. Su colorido se traslada a la decoración y el diseño de las amplias habitaciones. Se puede conocer las aves, practicar senderismo o incluso montar en piragua. Los programas infantiles incluyen observación de delfines. **www.sanibelinn.com**

SANIBEL ISLAND Sanibel's Seaside Inn $$$$$

541 E Gulf Drive, 33957 **Tel** *(239) 472-1400* **Fax** *(239) 472-6518* **Habitaciones** *32* **Mapa de carreteras** *D4*

La magnífica ubicación es lo más destacado de este motel estilo años sesenta. Se puede optar por una espaciosa casita con cocina o una de las habitaciones frente a la playa. Todas las estancias tienen balcón. Los huéspedes pueden jugar en el cercano club de tenis y golf del Dune y también disfrutan de un trato especial en Sanibel Inn. **www.seasideinn.com**

SANIBEL ISLAND Sundial Beach Resort $$$$$

1451 Middle Gulf Drive, 33957 **Tel** *(239) 481-3636* **Fax** *(239) 481-4947* **Habitaciones** *270* **Mapa de carreteras** *D4*

El Sundial, el mayor complejo hotelero de Sanibel Island, es muy popular entre las familias por sus apartamentos de uno y dos dormitorios. Todas las estancias tienen balcones individuales con vistas a la playa o los jardines. Entre sus actividades se incluyen vela, golf, tenis y un recinto con animales. Hay varios restaurantes de calidad. **www.sundialresort.com**

SARASOTA The Helmlsley Sandcastle $$$

1540 Ben Franklin Drive, 34236 ***Tel*** *(941) 388-2181* ***Fax*** *(941) 388-2655* ***Habitaciones*** *179* ***Mapa de carreteras*** *D3*

Situado en una playa privada y a unos minutos del elegante centro comercial St. Armands Circle. Sus habitaciones son sencillas pero resultan cómodas y ofrecen vistas espectaculares. El personal es muy amable y servicial. Se puede disfrutar de un ambiente tranquilo y pasar el día al sol, visitando regularmente el bar de la piscina. **www.helmsleyhotels.com**

SARASOTA The Cypress $$$$

621 Gulfstream Ave, 34236 ***Tel*** *(941) 955-4683* ***Habitaciones*** *5* ***Mapa de carreteras*** *D3*

Este pequeño hotel, cubierto por un tejado metálico, se encuentra escondido entre mangos y palmeras, mirando hacia la bahía. Entre la decoración figuran preciosas antigüedades y un piano de cola. Las habitaciones disponen de camas de matrimonio y alfombras orientales. Es, tal vez, el secreto mejor guardado de Sarasota. Deliciosos desayunos. **www.cypressbb.com**

SARASOTA The Ritz-Carlton Sarasota $$$$$

1111 Ritz Carlton Drive, 34236 ***Tel*** *(941) 309-2000* ***Fax*** *(941) 309-2100****Habitaciones*** *256* ***Mapa de carreteras*** *D3*

Las instalaciones y la decoración de este hotel son los típicos de Ritz-Carlton. Se puede disfrutar de vistas panorámicas, cuatro excelentes restaurantes y un hermoso patio con piscina climatizada junto a la bahía. Aunque no tiene playa, ofrece transporte hasta el Lido Key, donde el hotel tiene su propio club de playa. Excelente programa infantil. **www.ritzcarlton.com**

SARASOTA Turtle Beach Resort $$$$$

9049 Midnight Pass Rd, 34242 ***Tel*** *(941) 349-4554* ***Fax*** *(941) 312-9034* ***Habitaciones*** *10* ***Mapa de carreteras*** *D3*

Íntimo refugio con cinco casitas y cinco habitaciones en un edificio más moderno; todas las estancias disponen de *jacuzzi*. La frondosa vegetación tropical proporciona intimidad, algo que encanta a los recién casados. Los huéspedes pueden utilizar de forma gratuita cañas de pescar, barcas de remos o de pedales y piraguas. **www.turtlebeachresort.com**

SIESTA KEY Captiva Beach Resort $$$

6772 Sara Sea Circle, 34242 ***Tel*** *(941) 349-4131* ***Fax*** *(941) 349-8141* ***Habitaciones*** *20* ***Mapa de carreteras*** *D3*

Motel estilo años cincuenta cómodo, limpio, con aire acondicionado y ducha en los baños. Este complejo para no fumadores no resulta lujoso ni espectacular, pero es ideal para estancias largas que no rompan el presupuesto. Servicio de sirvienta una vez a la semana. **www.captivabeachresort.com**

ST. PETERSBURG Dickens House $$

335 8th Ave, 33701 ***Tel*** *(727) 822-8622* ***Habitaciones*** *5* ***Mapa de carreteras*** *D3*

Este peculiar Bed & Breakfast de tres plantas ha recuperado su arquitectura original. Sus cinco habitaciones lucen una decoración peculiar y agradablemente caprichosa. También disponen de ropa de cama de algodón egipcio, frigoríficos y acceso a internet de alta velocidad, algo que resulta paradójico en una casa de 1912. **www.dickenshouse.com**

ST. PETERSBURG Bayboro House B&B $$$

1719 Beach Drive, 33701 ***Tel*** *(727) 821-6899* ***Fax*** *(727) 823-2341****Habitaciones*** *8* ***Mapa de carreteras*** *D3*

Atractiva mansión victoriana situada a orillas de la bahía de Tampa. Cada una de sus habitaciones, con baño privado y camas con dosel, tiene una historia singular. La *suite* Audubon incluye cocina y salón. A diario se sirve vino y queso en el salón o la galería, donde se puede degustar el vino de limón del hotel. **www.bayborohousebandb.com**

ST. PETERSBURG Mansion House B&B $$$

105 5th Ave NE, 33701 ***Tel*** *(727) 821-9391* ***Fax*** *(727) 821-6909* ***Habitaciones*** *10* ***Mapa de carreteras*** *D3*

Un patio separa los dos pintorescos edificios de principios del siglo XIX que albergan este acogedor Bed & Breakfast. El pabellón principal, con seis habitaciones, tiene un soleado porche individual. Ambas casas disponen de salón con televisión. La habitación Pembroke resulta estupenda con su *jacuzzi*. **www.mansionbandb.com**

ST. PETERSBURG The Heritage Holiday Inn $$$

234 3rd Ave N, 33701 ***Tel*** *(727) 822-4814* ***Fax*** *(727) 823-1644* ***Habitaciones*** *71* ***Mapa de carreteras*** *D3*

El Heritage, uno de los pocos Holiday Inns con identidad propia, data de principios de los años veinte. Aunque ha sido remodelado, conserva su antiguo ambiente con suelos de madera, puertas acristaladas y un patio tropical. Este lugar carece de la decoración habitual en los hoteles de cadena. **www.theheritagehi.com**

ST. PETERSBURG Renaissance Vinoy Resort and Golf Club $$$$$

501 5th Ave NE, 33701 ***Tel*** *(727) 894-1000* ***Fax*** *(727) 822-2785* ***Habitaciones*** *360* ***Mapa de carreteras*** *D3*

Este complejo de estilo mediterráneo, desde el que se puede llegar a pie hasta el muelle y Central Avenue, es uno de los alojamientos más elegantes de la zona. Las habitaciones ofrecen fantásticas vistas de la bahía y televisión en el baño. El restaurante Marchand's Grill resulta muy elegante y el campo de golf es un gran atractivo. **www.renaissancehotels.com**

ST. PETERSBURG BEACH Beach Haven $$

4980 Gulf Blvd, 33706 ***Tel*** *(727) 367-8642* ***Fax*** *(727) 360-8202* ***Habitaciones*** *18* ***Mapa de carreteras*** *D3*

Este agradable motel costero de estilo años cincuenta ofrece una excelente relación calidad/precio. Dispone de 12 estancias con dormitorio y cocina. Las mejores se abren hacia la piscina climatizada al aire libre. También se puede optar por una de las cinco habitaciones de motel o la estancia con dos dormitorios. La playa y las vistas son fantásticas. **www.beachhavenvillas.com**

ST. PETERSBURG BEACH Don CeSar Resort and Spa $$$$$

3400 Gulf Blvd, 33706 ***Tel*** *(727) 360-1881* ***Fax*** *(727) 367-6952* ***Habitaciones*** *277* ***Mapa de carreteras*** *D3*

Este palaciego hotel color rosa tiene mucho encanto. Se encuentra frente a una playa aparentemente interminable y dispone de un vestíbulo con grandes ventanales. Tiene una bonita terraza junto a la piscina y jardines tropicales. Conviene pedir una habitación con vistas. Divertido programa infantil. **www.doncesar.com**

ST. PETERSBURG BEACH Tradewinds Island Grand Resort $$$$$

5500 Gulf Blvd, 33706 **Tel** *(727) 363-2212* **Fax** *(727) 363-2222* **Habitaciones** *585* **Mapa de carreteras** *D3*

Este complejo tiene un aspecto exterior muy serio, pero sus paseos, patios y estanques con nenúfares resultan fabulosos. Las estancias miran hacia el golfo o los jardines. Aunque acuden muchas familias, dispone de una piscina sólo para adultos. El bar flota sobre un estanque de nenúfares y ofrece una romántica hora del cóctel. **www.justletgo.com**

TAMPA Best Western All Suites Hotel $$

3001 University Center Drive, 33612 **Tel** *(813) 971-8930* **Fax** *(813) 971-8935* **Habitaciones** *150* **Mapa de carreteras** *D3*

Este establecimiento es conocido como "el lugar de los loros", porque supuestamente los loros de Busch Gardens se escapan a él. Las familias lo encuentran muy adecuado gracias a sus *suites* bien equipadas con literas para los niños. El hotel dispone de bar, una amplia piscina y *jacuzzi*. Ideal para los visitantes de Busch Gardens. **www.thatparrotplace.com**

TAMPA Hilton Garden Inn $$$

1700 E 9th Ave, 33602 **Tel** *(813) 769-9267* **Fax** *(813) 769-3299* **Habitaciones** *95* **Mapa de carreteras** *D3*

Lo mejor de este hotel Hilton es que se encuentra muy cerca de los bares y clubes de Ybor City. Típicas habitaciones de Hilton. Estudiantes, viajeros de negocios y personas con presupuesto ajustado acuden a este hotel atraídos por su buena calidad. Lo más destacado es su excelente ubicación. **www.hiltongardeninn.com**

TAMPA Hyatt Regency Tampa $$$$$

2 Tampa City Center, 33602 **Tel** *(813) 225-1234* **Fax** *(813) 273-0234* **Habitaciones** *521* **Mapa de carreteras** *D3*

El Hyatt, situado junto a la peatonal Franklin Street, es uno de los hoteles más populares del centro de la ciudad. Atrae a viajeros de negocios y a aquellos que prefieren la diversión urbana a los Busch Gardens. Las habitaciones no son realmente especiales, pero resultan cómodas y su céntrica ubicación merece la pena. **www.tamparegency.hyatt.com**

TAMPA Tampa Marriott Waterside Hotel and Marina $$$$$

700 S Florida Ave, 33602 **Tel** *(813) 221-4900* **Fax** *(813) 221-0923* **Habitaciones** *719* **Mapa de carreteras** *D3*

Este lujoso hotel, instalado en un imponente edificio cerca del floreciente Channel District, mira hacia un paseo fluvial. En las habitaciones hay balcones con vistas a la bahía o la ciudad. Cuenta también con un puerto deportivo para los aficionados a la navegación, un *spa* y piscina climatizada al aire libre. Increíbles vistas. **www.marriott.com**

TAMPA Tampa Riverwalk Hotel $$$$$

200 N Ashley Drive, 33602 **Tel** *(813) 223-2222* **Fax** *(813) 221-5929* **Habitaciones** *282* **Mapa de carreteras** *D3*

Este céntrico hotel de seis plantas, situado en la orilla este del río Hillsborough, ofrece habitaciones de tamaño moderado. El Ashley Drive Grill sirve desayunos y almuerzos informales, y cenas elegantes. El hotel perteneció a la cadena Radisson y aún conserva algunos de los servicios de este tipo de alojamientos. **wwwtampariverwalkhotel.com**

TAMPA Westin Harbour Island $$$$$

725 S Harbour Island Blvd, 33602 **Tel** *(813) 229-5000* **Fax** *(813) 229-5322* **Habitaciones** *299* **Mapa de carreteras** *D3*

Este hotel se encuentra en una isla privada, muy cerca del centro. Las habitaciones miran hacia el puerto y resultan muy acogedoras. El restaurante italiano del hotel, ubicado junto a la playa, sirve una comida exquisita. El Harbour Island Athletic Club incluye gimnasio, pistas de tenis y un completo *spa*. **www.wyndhamhotels.com**

VENICE Horse & Chaise Inn $$$

317 Ponce de Leon Ave, 34285 **Tel** *(941) 488-2702* **Habitaciones** *9* **Mapa de carreteras** *D4*

Este alojamiento fue construido en 1927 en un tranquilo barrio de Venice, a tan sólo 10 minutos de la playa. Quedan detalles de la época, como un relieve de estuco que adorna la puerta principal, así como una original chimenea en el salón. Cada habitación tiene un tema histórico diferente y unas camas muy cómodas. **www.horseandchaiseinn.com**

WESLEY CHAPEL Saddlebrook Resort $$$$$

5700 Saddlebrook Way, 33543 **Tel** *(813) 973-1111* **Fax** *(813) 973-4504* **Habitaciones** *800* **Mapa de carreteras** *D3*

Aunque sólo está a 30 minutos en coche de Tampa, Saddlebrooks parece encontrarse en otro mundo. Ocupa una finca de 195 hectáreas con maravillosos *spas*, pistas de tenis y campos de golf, además de un excelente club infantil y lagunas artificiales. Se puede optar por amplias habitaciones o apartamentos de uno o dos dormitorios. **www.saddlebrookresort.com**

LOS EVERGLADES Y LOS CAYOS

DUCK KEY Hawk's Cay Resort $$$$$

61 Hawk's Cay Blvd, 33050 **Tel** *(305) 743-7000* **Fax** *(305) 743-5215* **Habitaciones** *176* **Mapa de carreteras** *F5*

Este hotel, un paraíso para los amantes de los delfines, se encuentra en una isla privada y ofrece un maravilloso ambiente tropical. Su increíble oferta de actividades incluye desde navegación, pesca y submarinismo de superficie, hasta la posibilidad de nadar con delfines en una piscina especial. El *spa* Indies es sublime. **www.hawkscay.com**

EVERGLADES Flamingo Lodge, Marina and Outpost Resort $$

1 Flamingo Lodge Hwy, 33034 **Tel** *(239) 695-3101* **Fax** *(239) 695-3921* **Habitaciones** *97* **Mapa de carreteras** *E5*

El Flamingo, el único alojamiento dentro del Everglades National Park, resulta muy cómodo. Dispone de habitaciones frente a la bahía en un motel de dos plantas y un pabellón. Los jardines están llenos de animales y se organizan muchas actividades, como deportes acuáticos, piragüismo y pesca. **www.flamingolodge.com**

Precios *ver p. 310* **Simbología** *ver solapa trasera*

EVERGLADES CITY Everglades Spa and Lodge $$

201 W Broadway, 34139 ***Tel*** *(239) 695-3151* ***Fax*** *(239) 695-3335* ***Habitaciones*** *7* ***Mapa de carreteras*** *E4*

Este Bed & Breakfast ocupa el edificio del primer banco de Collier County, creado en 1923. Sus habitaciones, como la Trust Room, Checking Department y Stocks and Bonds, están limpias y son cómodas. Aún se conserva la cámara acorazada original del banco. El desayuno se sirve en la habitación. **www.banksoftheeverglades.com**

EVERGLADES CITY Rod & Gun Lodge $$

Riverside Drive and Broadway, 34139 ***Tel*** *(239) 695-2101* ***Habitaciones*** *17* ***Mapa de carreteras*** *E4*

Esta antigua y rústica casa de madera afirma con orgullo que no pretende satirfacer las necesidades de todos sus huéspedes. A pesar de ello, ha alojado a Mick Jagger, Richard Nixon, Burt Reynolds y otros famosos. Las estancias comunes están decoradas con trofeos de caza y las habitaciones son acogedoras. La piscina tiene una galería independiente.

EVERGLADES CITY Ivey House B&B $$$

107 Camelia St, 34139 ***Tel*** *(239) 695-3299* ***Fax*** *(239) 695-4155* ***Habitaciones*** *18* ***Mapa de carreteras*** *E4*

Este peculiar Bed & Breakfast, el antiguo centro recreativo de los hombres que construyeron el Tamiami Trail en los años veinte, está formado por la casa original, un pabellón más reciente y una casita privada. En el edificio principal, los baños son compartidos. Los propietarios pueden organizar excursiones. No está permitido fumar. **www.iveyhouse.com**

FLORIDA CITY Everglades International Hostel $

20 SW 2nd Ave, 33034 ***Tel*** *(305) 248-1122* ***Habitaciones*** *20* ***Mapa de carreteras*** *F5*

Este bohemio alojamiento, albergado en una casa de huéspedes de los años treinta, desvanece todas las leyendas sobre el estilo aséptico de los albergues. Este precioso lugar tiene mucho encanto, un amable personal y barra libre de tortitas. Frecuentado por amantes de la naturaleza y aventureros. Los propietarios organizan excursiones. **www.evergladeshostel.com**

FLORIDA CITY Best Western Gateway to the Keys $$$

411 S Krome Ave, 33034 ***Tel*** *(305) 246-5100* ***Fax*** *(305) 242-0056* ***Habitaciones*** *114* ***Mapa de carreteras*** *F5*

Este típico motel de dos plantas se encuentra a 16 km de la entrada a los Everglades. Es cómodo y ofrece una base adecuada y asequible para visitar el parque nacional y los cayos. Conviene consultar antes de reservar, ya que durante eventos como la Homestead Speedway la estancia mínima es de tres noches. **www.bestwestern.com**

ISLAMORADA Holiday Isle Resort $$$

US 1 en MM 84, 33036 ***Tel*** *(305) 664-2321* ***Fax*** *(305) 664-2703* ***Habitaciones*** *176* ***Mapa de carreteras*** *F5*

Holiday Isle, un sueño hecho realidad para los aficionados a los bares, cuenta con un local muy popular. Las familias también se sienten atraídas por este inmenso complejo con diversos tipos de alojamientos, precios y vistas. Aquí no se ofrece lujo, sino tranquilidad, diversión y bebidas heladas. **www.holidayisle.com**

ISLAMORADA Ragged Edge Resort $$$

243 Treasure Harbor Rd, 33036 ***Tel*** *(305) 852-5389* ***Habitaciones*** *12* ***Mapa de carreteras*** *F5*

En este complejo costero todo está muy limpio y las estancias incluyen cocina completa. Aunque no dispone de bar ni restaurante, el propietario puede aconsejar algunos locales. En este atractivo refugio, se puede disfrutar de la naturaleza y descansar en la piscina al aire libre. **www.ragged-edge.com**

ISLAMORADA Casa Morada $$$$$

136 Madeira Rd, 33036 ***Tel*** *(305) 664-0044* ***Fax*** *(305) 664-0674* ***Habitaciones*** *16* ***Mapa de carreteras*** *F5*

Casa Morada es un maravilloso hotel con encanto ubicado en una finca frente a la bahía. El bonito jardín, la gruta de caliza, la terraza ajardinada y la pista de petanca añaden atractivo a sus habitaciones elegantes y minimalistas. Merece la pena, especialmente para las parejas que deseen una estancia tranquila y romántica. **www.casamorada.com**

ISLAMORADA Cheeca Lodge and Spa $$$$$

US 1 en MM 82, 33036 ***Tel*** *(305) 664-4651* ***Fax*** *(305) 664-2893* ***Habitaciones*** *209* ***Mapa de carreteras*** *F5*

Lujoso alojamiento en el centro de Islamorada. Ofrece ubicación costera y uno de los pocos campos de golf en los Upper Keys. Hay elegantes habitaciones y apartamentos con balcones, además de un magnífico *spa* y uno de los mejores restaurantes de la zona. Los famosos y miembros de la realeza lo frecuentan. **www.cheeca.com**

ISLAMORADA The Moorings $$$$$

123 Beach Rd, 33036 ***Tel*** *(305) 664-4708* ***Fax*** *(305) 664-4242* ***Habitaciones*** *18* ***Mapa de carreteras*** *F5*

Las casitas encaladas de este encantador alojamiento resultan tranquilas y se encuentran escondidas en una plantación de cocos. Todas las estancias están decoradas con gusto e incluyen cocinas completas. La playa es una de las mejores de la zona. No se permiten barcos a motor cerca del hotel, lo que proporciona tranquilidad. **www.themooringsvillage.com**

KEY LARGO Jules' Undersea Lodge $$$$$

51 Shoreline Drive, 33037 ***Tel*** *(305) 451-2353* ***Fax*** *(305) 451-4789* ***Habitaciones*** *2* ***Mapa de carreteras*** *F5*

Atlantis sigue viva en este alojamiento, el único que hay bajo el agua. Para acceder al hotel, albergado en un antiguo laboratorio de investigación, hay que sumergirse 6,4 m y entrar a las estancias por una abertura en cubierta. La *suite,* a 9 m de profundidad, dispone de dos dormitorios separados y un salón. **www.jul.com**

KEY LARGO Kona Kai Resort and Gallery $$$$$

97802 Overseas Hwy, 33037 ***Tel*** *(305) 852-7200* ***Fax*** *(305) 852-4629* ***Habitaciones*** *11* ***Mapa de carreteras*** *F5*

Un magnífico jardín con palmeras, helechos y árboles de frutas tropicales rodea este bello refugio. Las habitaciones son amplias y atractivas, y los baños están bien abastecidos con productos de belleza naturales. La galería de arte, en la que se exponen obras de arte locales e internacionales, atrae a una ecléctica clientela. Absolutamente paradisíaco. **www.konakairesort.com**

KEY WEST Key West International Hostel and Seashell Motel $

718 South St, 33040 ***Tel*** *(305) 296-5719* ***Fax*** *(305) 296-0672* ***Habitaciones*** *31* ***Mapa de carreteras*** *E5*

Este albergue, situado a tres minutos de la playa y Old Key West, es frecuentado por mochileros jóvenes. Las habitaciones tipo dormitorio son algo sombrías, pero tienen buen precio. La mesa de billar y las bicicletas de alquiler mejoran el panorama. También hay submarinismo de superficie, buceo y cruceros al atardecer con descuentos. **www.keywesthostel.com**

KEY WEST Angelina Guest House $$

302 Angela St, 33040 ***Tel*** *(305) 294-4480* ***Fax*** *(305) 272-0681* ***Habitaciones*** *14* ***Mapa de carreteras*** *E5*

Este antiguo burdel es ahora la pensión más popular de Key West. En esta animada zona frecuentada por bohemios, existen muchos restaurantes buenos y baratos. Las habitaciones son acogedoras, aunque tres carecen de baño privado. La piscina climatizada es perfecta para relajarse. Se recomienda reservar. **www.angelinaguesthouse.com**

KEY WEST Southernmost Point Guest House $$$

1327 Duval St, 33040 ***Tel*** *(305) 294-0715* ***Fax*** *(305) 296-0641* ***Habitaciones*** *6* ***Mapa de carreteras*** *E5*

Las mascotas y los niños son bien recibidos en esta pensión que ha conservado su ambiente histórico y romántico. Las habitaciones son magníficas e incluyen extras como flores frescas, vino y un decantador con jerez. Vino gratis en el *jacuzzi* para 14 personas. Inmejorable ubicación para disfrutar de los atardeceres. **www.southernmostpoint.com**

KEY WEST The Grand $$$

1116 Grinnell St, 33040 ***Tel*** *(305) 294-0590* ***Fax*** *(305) 294-0477* ***Habitaciones*** *11* ***Mapa de carreteras*** *E5*

Esta agradable casa de huéspedes está a cinco manzanas de Duval Street y es, sin duda, una de las mejores opciones de la ciudad. Las habitaciones, atractivas y acogedoras, tienen baños privados. El desayuno continental está incluido en el precio y resulta sabroso y satisfactorio. No es un alojamiento moderno, pero sí funcional. **www.thegrandguesthouse.com**

KEY WEST Westwinds Inn $$$

914 Eaton St, 33040 ***Tel*** *(305) 296-4440* ***Fax*** *(305) 293-0931* ***Habitaciones*** *19* ***Mapa de carreteras*** *E5*

La casa de madera del siglo XIX que ocupa el Westwinds está rodeada de limeros. Sus dos piscinas, una de ellas climatizada, tienen apartados y fuentes. Las habitaciones son acogedoras y cuentan con ventiladores de aspas y muebles de mimbre. Buena opción para vacaciones románticas. No admiten menores de 12 años. **www.westwindskeywest.com**

KEY WEST Ambrosia Key West $$$$

622 Fleming St, 33040 ***Tel*** *(305) 296-9838* ***Fax*** *(305) 296-2425* ***Habitaciones*** *19* ***Mapa de carreteras*** *E5*

El hermoso jardín del Ambrosia, un secreto bien guardado, incluye tres piscinas de aspecto tropical, *suites*, casitas adosadas y un chalé individual. La decoración es atractiva, el servicio fantástico y la ocupación alcanza el 90% durante todo el año, algo excepcional en esta zona de Florida. Reservar con antelación. **www.ambrosiakeywest.com**

KEY WEST Curry Mansion Inn $$$$

511 Caroline St, 33040 ***Tel*** *(305) 294-5349* ***Fax*** *(305) 294-4092* ***Habitaciones*** *28* ***Mapa de carreteras*** *E5*

Esta peculiar posada, antigua propiedad de un pirata, está incluida en el Registro Nacional de Lugares Históricos. Sin embargo, carece de la fragilidad típica de los alojamientos llenos de antigüedades. Las habitaciones poseen camas con dosel. En el comedor de estilo victoriano, se sirve el desayuno continental y los cócteles de la noche. **www.currymansion.com**

KEY WEST La Pensione $$$$

809 Truman Ave, 33040 ***Tel*** *(305) 292-9923* ***Fax*** *(305) 296-6509* ***Habitaciones*** *9* ***Mapa de carreteras*** *E5*

Este Bed & Breakfast, sólo para adultos, está situado en una casa de 1891 que perteneció a un magnate de los puros. Su personal está bien informado y es amable. Las habitaciones, con ventilador en el techo y cama de matrimonio, resultan atractivas y no tienen televisión. Piscina y delicioso desayuno continental con gofres. **www.lapensione.com**

KEY WEST Doubletree Grand Key Resort $$$$$

3990 S Roosevelt Blvd, 33040 ***Tel*** *(305) 293-1818* ***Fax*** *(305) 296-6962* ***Habitaciones*** *216* ***Mapa de carreteras*** *E5*

Este acogedor hotel dispone de cómodas habitaciones y una estupenda piscina. Su ubicación, sin embargo, puede resultar un inconveniente para quienes deseen llegar rápido a los lugares de interés, ya que el servicio de taxis resulta algo lento. No obstante, es un lugar tranquilo y agradable con varios restaurantes de calidad. **www.doubletreekeywest.com**

KEY WEST Island City House Hotel $$$$$

411 William St, 33040 ***Tel*** *(305) 294-5702* ***Fax*** *(305) 294-1289* ***Habitaciones*** *24* ***Mapa de carreteras*** *E5*

Los tres peculiares edificios que forman este histórico alojamiento de tres plantas comparten patio. La Cigar House ofrece dormitorios más amplios y decorados con antigüedades. Algunas habitaciones tienen cocina. Hay una piscina climatizada al aire libre y se pueden recibir masajes. La estancia es gratis para menores de 12 años. **www.islandcityhouse.com**

KEY WEST Marquesa Hotel $$$$$

600 Fleming St, 33040 ***Tel*** *(305) 292-1919* ***Fax*** *(305) 294-2121* ***Habitaciones*** *27* ***Mapa de carreteras*** *E5*

Los cuatro edificios de este trocito de paraíso se distribuyen en torno a dos piscinas y una cascada que cae sobre un estanque con nenúfares. Hay dos casas victorianas restauradas y llenas de antigüedades y dos edificios opulentos con camas con dosel y decoración floral. El Café Marquesa es magnífico. **www.marquesa.com**

KEY WEST Ocean Key Resort $$$$$

Zero Duval St, 33040 ***Tel*** *(305) 296-7701* ***Fax*** *(305) 292-2198* ***Habitaciones*** *100* ***Mapa de carreteras*** *E5*

El Ocean Key se encuentra junto a la vistosa Mallory Square. Es un lugar luminoso y atractivo con estancias de temática tropical, un bar y bonitas vistas del atardecer. Las habitaciones miran al golfo de México, Duval Street o Key West Harbor. Fantástica piscina y solárium. Cuenta además con uno de los mejores restaurantes, el Hot Tin Roof. **www.oceankey.com**

Precios *ver p. 310* **Simbología** *ver solapa trasera*

KEY WEST Pier House Resort $$$$$

1 Duval St, 33040 ***Tel*** *(305) 296-4600* ***Fax*** *(305) 296-9085* ***Habitaciones*** *142* ***Mapa de carreteras*** *E5*

Buena opción para quienes desean disfrutar del atardecer con tranquilidad. El ambiente es relajado y las habitaciones, cómodas. Su lujoso *spa* resulta perfecto para disfrutar de una tarde con masajes, manicura, pedicura y otros lujosos tratamientos. **www.pierhouse.com**

KEY WEST Sunset Key Guest Cottages $$$$$

245 Front St, 33040 ***Tel*** *(305) 294-4000* ***Fax*** *(305) 294-4086* ***Habitaciones*** *37 casitas* ***Mapa de carreteras*** *E5*

Este hotel se encuentra en una pequeña isla privada. Sus interiores encalados, ventanas panorámicas y fabulosas vistas convierten Sunset Key Guest Cottages en un lugar ideal para unas vacaciones tranquilas. La tienda *gourmet,* el restaurante, el bar y la piscina tropical invitan a quedarse para siempre. **www.sunsetkeycottages.hilton.com**

KEY WEST The Gardens Hotel $$$$$

526 Angela St, 33040 ***Tel*** *(305) 294-2661* ***Fax*** *(305) 292-1007* ***Habitaciones*** *17* ***Mapa de carreteras*** *E5*

Gardens Hotel, un idílico alojamiento de Key West, dispone de casitas y un histórico pabellón incluido en el Registro Nacional. En los frondosos jardines hay una pequeña piscina, bar y un *jacuzzi* escondido. No es para personas con ganas de fiesta, sino un lugar íntimo y romántico. **www.gardenshotel.com**

KEY WEST Weatherstation Inn $$$$$

57 Front St, 33040 ***Tel*** *(305) 294-7277* ***Fax*** *(305) 294-0544* ***Habitaciones*** *8* ***Mapa de carreteras*** *E5*

Esta posada de dos plantas, ubicada en una antigua estación meteorológica, ha sido restaurada prestando atención a los detalles. Se encuentra a dos manzanas de Duval Street, en los jardines tropicales del Old Navy Yard. Sus habitaciones de techos altos tienen baños enormes y modernos. El desayuno se sirve junto a la piscina. **www.weatherstationinn.com**

KEY WEST Westin Key West Resort and Marina $$$$$

245 Front St, 33040 ***Tel*** *(305) 294-4000* ***Fax*** *(305) 294-4086* ***Habitaciones*** *178* ***Mapa de carreteras*** *E5*

Este hotel se encuentra en un extremo de Duval Street, en el corazón del casco viejo. Es un magnífico alojamiento, por no hablar de los maravillosos atardeceres. Las habitaciones son sencillas, pero cómodas. Una opción estupenda para disfrutar al mismo tiempo de la animación y una playa retirada. **www.keywestresort.hilton.com**

KEY WEST Wyndham Reach Resort $$$$$

1435 Simonton St, 33040 ***Tel*** *(800) 996-3426* ***Fax*** *(305) 296-2830* ***Habitaciones*** *150* ***Mapa de carreteras*** *E5*

Cerca de Duval Street se encuentra Wyndham Reach, un hotel construido sobre pilotes que mira al mar. Las habitaciones son amplias y luminosas. Conviene reservar una con vistas al océano. Hay un muelle privado para pescar y broncearse. Se puede disfrutar de una deliciosa comida en el apreciado Shula's on the Beach, donde se sirve carne exquisita. **www.wyndham.com**

LITTLE TORCH KEY Parmer's Resort $$

565 Barry Ave, 33043 ***Tel*** *(305) 872-2157* ***Fax*** *(305) 872-2014* ***Habitaciones*** *45* ***Mapa de carreteras*** *E5*

Alojamiento económico con personal amable y habitaciones modestas. Algunas de sus peculiares casitas están junto a la playa y muchas tienen cocina. Este complejo de dos hectáreas se encuentra a sólo media hora del animado Key West y es popular entre familias numerosas. Los niños adoran sus pajareras con aves exóticas. **www.parmersresort.com**

LITTLE TORCH KEY Little Palm Island $$$$$

Salida en US 1 en MM 28.5, 33042 ***Tel*** *(305) 872-2524* ***Fax*** *(305) 872-4843* ***Habitaciones*** *30* ***Mapa de carreteras*** *E5*

Esto es el paraíso, aunque sus precios son elevados. Esta frondosa y fascinante isla sólo es accesible en barco o hidroavión y resulta ideal para quienes deseen escapar del estrés diario. No hay televisiones ni teléfonos. El *spa* es magnífico y el restaurante, perfecto para una cena romántica. **www.littlepalmisland.com**

LONG KEY Lime Tree Bay Motel $$

US 1 en MM 68.5, 33001 ***Tel*** *(305) 664-4740* ***Fax*** *(305) 664-0750* ***Habitaciones*** *30* ***Mapa de carreteras*** *E5*

Las habitaciones del Lime Tree Bay, el único hotel de esta pequeña ciudad, son pequeñas y tienen baños diminutos. La casita con dos dormitorios y vistas al golfo resulta bastante espaciosa y es su mejor oferta. Si se busca un alojamiento tranquilo y remoto, ésta es la mejor opción. **www.limetreebayresort.com**

MARATHON Banana Bay Resort and Marina $$$

US 1 en MM 49.5, 33050 ***Tel*** *(305) 743-3500* ***Fax*** *(305) 743-2670* ***Habitaciones*** *60* ***Mapa de carreteras*** *E5*

Este bucólico alojamiento con aspecto de motel de los años cincuenta tiene vegetación tropical y magníficas vistas del golfo de México. Las habitaciones son cómodas y cuentan con balcones privados. Hay también una zona recreativa con juegos como la petanca y merendero. Se pueden pasar largos fines de semana en Joe Rock, la isla privada del hotel. **www.bananabay.com**

MARATHON Conch Key Cottages $$$$

US 1 en MM 62/3, 33050 ***Tel*** *(305) 289-1377* ***Fax*** *(305) 743-8207* ***Habitaciones*** *12* ***Mapa de carreteras*** *E5*

En una de las 12 casitas de esta pequeña isla, que a veces parece desierta, se puede disfrutar de la hermosura de la naturaleza. Las cabañas miran hacia una playa privada y disponen de porches independientes, hamacas, barbacoa y piragua para dos personas. Popular entre las parejas. **www.conchkeycottages.com**

MARATHON The Holiday Inn & Marina $$$$$

MM 54 Oceanside, 33050 ***Tel*** *(305) 289-0222* ***Fax*** *(305) 743-5460* ***Habitaciones*** *134* ***Mapa de carreteras*** *E5*

Este hotel, situado en el corazón de los cayos de Florida, dispone de los servicios más modernos, como televisión, minibar, cafetera y escritorios de trabajo, además de un bar en la piscina, un centro de *fitness* e instalaciones para negocios. El personal puede contratar actividades como snorkel, moto acuática y pesca de altura. **www.holiday-inn.com**

RESTAURANTES Y BARES

La comida rápida predomina aquí tanto como en el resto de Estados Unidos, pero la mejor oferta de Florida es la abundancia de productos frescos, desde frutas tropicales hasta mariscos, de los que los restaurantes sacan un gran partido. La fuerte competencia también contribuye a que la cocina sea por lo general excelente tanto en calidad como en precio. Hay restaurantes para todos los paladares y presupuestos, desde los establecimientos de moda de Miami, que marcan o siguen las últimas tendencias culinarias, hasta locales más tradicionales, con un interior acogedor.

Reloj del Joe's Stone Crab *(ver p. 336)*

Los restaurantes mencionados en las páginas 335-356 han sido elegidos tanto por su servicio como por su excelente relación calidad-precio. Los cafés y bares figuran por separado en las páginas 356-357.

Restaurante del hotel Cardozo de South Beach *(ver p. 63)*

TIPOS DE RESTAURANTES

Los restaurantes más elegantes de Florida, situados en su mayoría en las ciudades o en los complejos hoteleros, suelen servir comida europea (a menudo francesa) o regional. La nueva generación de jefes de cocina ha combinado las soberbias materias primas del Estado con los deliciosos sabores caribeños para crear lo que se ha dado en llamar la nueva cocina de Florida o *floribbean*. Este tipo de platos también los sirven restaurantes más pequeños e informales, que con frecuencia cambian su carta a diario.

Walt Disney World, Miami y las ciudades de la Gold Coast y la costa del golfo tienen fama de poseer buenos establecimientos.

En Miami, que acoge la mayor concentración de restaurantes y cafés étnicos de todo el Estado, se puede recorrer culinariamente el mundo, desde Asia hasta Europa y el Caribe. Florida ofrece la mejor comida hispana de EE UU, y en los raw bars, toda una institución en el Estado, se pueden degustar deliciosas ostras o almejas frescas y gambas al vapor.

HORARIOS

El desayuno se ha convertido en una tradición especialmente popular los domingos, día en que el placentero *brunch* (desayuno-almuerzo) se puede tomar, con frecuencia en forma de bufé, desde las 10.00 hasta las 14.00 horas.

Entre semana se almuerza entre las 12.00 y las 14.30 horas, y se suele cenar temprano, a partir de las 18.00 horas y hasta las 21.00, a excepción de los complejos hoteleros y los barrios bulliciosos como South Beach, en Miami, donde mucha gente cena alrededor de las 23.00 horas.

RESERVAS

Para evitar decepciones, conviene reservar mesa, especialmente los fines de semana o en los restaurantes más de moda. En algunos sitios, como Joe's Stone Crab, en South Beach *(ver p. 336)*, no admiten reservas. Conviene llegar pronto para evitar las colas.

INFORMACIÓN

Salir a cenar en Florida es, por lo general, una actividad informal. Muy pocos restaurantes exigen chaqueta y corbata, y los que lo hacen suelen disponer de prendas para prestar.

En todos los restaurantes de Florida no se puede fumar, por lo tanto, si se quiere encender un cigarro se debe hacer fuera del establecimiento.

Las propinas oscilan entre el 15% y el 20%. En los restaurantes de postín, los clientes suelen aplicar un porcentaje mayor si el servicio ha sido

Ambiente informal del Blue Desert Café, en Cedar Key *(ver p. 348)*

Exterior del Aunt Catfish's en Daytona Beach ***(ver p. 346)***

bueno. El impuesto de venta del 6% lo suman a la cuenta de forma automática.

La mayoría de los establecimientos admite cheques de viaje en dólares y tarjetas de crédito, también en las casas de comidas, los locales de comida preparada *(deli)* y en cafés y tiendas *delicatessen*.

COCINA VEGETARIANA

Los vegetarianos que comen pescado y marisco no tendrán ningún problema en Florida. Sin embargo, las cartas normalmente carecen de platos que no contengan carne ni pescado. Salvo que encuentre uno de los pocos restaurantes puramente vegetarianos, prepárese para una dieta a base de ensaladas, pastas y pizzas.

Merendero de un parque natural de Florida

COMIDAS ECONÓMICAS

En EE UU las raciones suelen ser generosas; con frecuencia, un entrante *(appetizer)* constituye una comida ligera. Los comensales también pueden compartir los platos, aunque el restaurante suele cobrar una pequeña cantidad.

Los bufés libres resultan económicos y algunos establecimientos ofrecen menús asequibles. Además, existe la modalidad *early bird specials,* una oferta especial a precio reducido para quienes cenan temprano, normalmente entre las 17.00 y las 18.00 horas, y que resulta ideal para las familias. Consulte en la relación de restaurantes cuáles ofrecen esta modalidad, con la que la cuenta se puede reducir hasta un 35%, y llame para informarse de los pormenores porque los horarios y las condiciones suelen variar.

Si desea acudir a un restaurante elegante, resulta más barato almorzar que cenar. Sin embargo, en los hoteles todas las comidas son caras. Por ello, para desayunar hará bien en imitar a los lugareños y acudir a un *deli* (local de comidas preparadas) o un *diner* (casa de comidas), donde disfrutará de un desayuno mucho más animado y, probablemente, excelente.

Los bares suelen servir platos asequibles y, durante la *happy hour,* muchos ofrecen tapas.

Algunos restaurantes, especialmente en los cayos, cocinan el pescado capturado por el cliente. Además, muchos parques naturales disponen de barbacoas donde podrá preparar el fruto de un día de pesca o cualquier otro alimento que usted mismo lleve. Los *deli* y los supermercados resultan perfectos para abastecerse para una comida campestre.

LA CARTA

En Florida, las cartas de los restaurantes se componen de *appetizers* (entrantes), *entrées* (platos principales) y *desserts* (postres). Quizás algunas de las preparaciones le resulten desconocidas. Por ejemplo, *aged beef* es una carne tierna de primera con un claro sabor a nuez, mientras que el *surf'n turf* es un plato combinado de marisco y carne, normalmente filete y langosta. El *dolphin* es *mahi-mahi,* un pescado blanco, que no delfín. En EE UU las gambas se denominan *shrimps*. Los alimentos definidos como *blackened* han sido cubiertos con especias picantes y cocinados en una sartén humeante. Los *broiled,* normalmente carne, están hechos a la plancha.

Si no está seguro de algo, no dude en consultar al personal.

NIÑOS

La mayoría de los restaurantes se adapta de buen grado a las necesidades de los jóvenes comensales. Algunos ofrecen raciones pequeñas a la mitad de precio, mientras que otros disponen de cartas especiales con platos menos abundantes de las comidas típicamente infantiles, como perritos calientes o patatas fritas. Algunos facilitan tronas o sillas de altura ajustable.

Está prohibido que los niños entren en los bares pero, si éstos sirven comida, pueden ir acompañados de adultos.

Puesto de perritos calientes de Keaton Beach, en el Panhandle

Qué comer

Gracias a su magnífico clima, Florida ofrece multitud de frutas tropicales, abundantes verduras durante todo el año y productos frescos del océano y el golfo, ingredientes que forman la base de su cocina. En las ciudades del centro y el sur, la abundante población cubana y caribeña ha ejercido una gran influencia en la gastronomía y los latinoamericanos han aportado platos como el ceviche. En el norte, la cocina muestra influencias de los vecinos Estados sureños. Sin embargo, los miles de visitantes del Estado del sol encuentran casi cualquier tipo de cocina internacional.

Gambas

Pescado recién capturado y listo para venderlo a los restaurantes

MANJARES TROPICALES

El clima tropical de Florida permite cultivar gran parte de las frutas exóticas que se consumen en EE UU, desde naranjas enanas y carambolas hasta lichis. La variedad de frutas cultivadas asegura una oferta abundante y de gran calidad durante todo el año. Resulta divertido visitar los mercados agrícolas locales.

PRODUCTOS DEL MAR

Los mejores pescados locales incluidos en las cartas de Florida son el jurel, el pez dorado, la caballa, el pargo, el atún y el siluro. El mero es especialmente popular. Los filetes de pescado se sirven como plato principal y en deliciosos bocadillos. La gamba del golfo de Florida, otro de los productos favoritos entre los numerosos visitantes, es grande, dulce y tierna. Se suelen servir cocidas, peladas y frías en cóctel, cocinadas con salsa picante y servidas con cáscara, o como ingrediente de numerosos platos.

COCINA CUBANA

En ciudades con mucha población cubana como Tampa y Miami, hay muchos restaurantes que sirven platos con una fuerte influencia hispana. El cerdo asado, el arroz con pollo y la paella son recetas habituales. También son típicos los bocadillos cubanos y de postre, flan.

Sabrosas frutas frescas del Estado del sol

PLATOS REGIONALES Y ESPECIALIDADES

La jaiba, de carne rica, dulce y firme, es el marisco más apreciado en Florida, tal vez porque sólo se puede comer de mediados de octubre a mediados de mayo. Su carne siempre se cocina y normalmente se sirve muy fría y acompañada de mantequilla derretida y salsa de mostaza. El carrucho es un gigantesco caracol marino y otro de los principales mariscos, que se suele servir como aperitivo, en ensaladas o como base para la sopa de pescado. Hay dos tipos de gambas: las grandes y rosadas del golfo, y las blancas y delicadas del Atlántico. El postre típico del Estado es el Key Lime Pie, una tarta que sólo se puede considerar auténtica cuando su relleno está preparado con las limas que se cultivan en los cayos de Florida. Los pescados se preparan a la brasa, salteados o fritos, pero normalmente se marinan con zumo de lima y se sirven con salsas o frutas locales.

Patas de jaiba *Las patas son lo único que se come de este manjar, acompañado con mantequilla y salsa.*

Elegir un restaurante

Los restaurantes de esta guía han sido seleccionados por su precio y su calidad culinaria. También se indican otros aspectos que pueden influir en la elección, como la posibilidad de comer al aire libre o si el local ofrece música en directo. Los restaurantes están ordenados alfabéticamente dentro de cada categoría de precios.

PRECIOS
Una comida de tres platos, con una copa de vino de la casa, servicio e impuestos incluidos.

- $ menos de 25 $
- $$ 25-35 $
- $$$ 35-50 $
- $$$$ 50-60 $
- $$$$$ más de 60 $

MIAMI

MIAMI BEACH 11th Street Diner $
1065 Washington Ave, 33139 ***Tel*** *(305) 534-6373* ***Plano*** *2 F3*

Este antiguo restaurante, trasladado a South Beach desde Wilkes-Barre, en Pennsylvania, ofrece todo el atractivo que se podría esperar. El menú incluye todos los clásicos, como pastel de carne, pollo frito, pasta y arroz, además de una buena selección de bocadillos y hamburguesas. Precios muy razonables.

MIAMI BEACH Jerry's Famous Deli $
1450 Collins Ave, 33139 ***Tel*** *(305) 532-8030* ***Plano*** *2 F3*

Jerry's llenó el vacío dejado tras el cierre del famoso Wolfie's on South Beach, para suerte de los aficionados a las exquisiteces. Su ambiente informal y confortable lo invade todo. Hay estupenda carne en conserva, *pastrami*, bocadillos de atún, magníficos postres y una típica carta de productos de gran calidad.

MIAMI BEACH Pizza Rustica $
863 Washington Ave, 33139 ***Tel*** *(305) 674-8244* ***Plano*** *2 E4*

Sus pizzas toscanas son de sabores especiales, como la de espinacas con queso azul, patata y romero, en vez de simplemente tomate y queso. Pizza Rustica es conocida por sus innovaciones como la fina masa rellena de chocolate. El menú incluye algunos platos más, pero la pizza es lo que realmente merece la pena.

MIAMI BEACH San Loco Tacos $
235 14 St, 33139 ***Tel*** *(305) 538-3009* ***Plano*** *2 F3*

Este económico restaurante mexicano es un local frecuentado por trasnochadores. Su principal atractivo son los tacos, los burritos y otros platos típicos *tex-mex*, aunque hay quien preferiría que la carta indicara la cantidad de picante. Las patatas fritas con salsa resultan un magnífico entrante.

MIAMI BEACH Tap Tap $
819 5th St, 33139 ***Tel*** *(305) 672-2898* ***Plano*** *2 E4*

Este restaurante popular sirve auténtica comida haitiana, como el carrucho a la parrilla con mandioca y gambas en salsa de coco. Atrae a una clientela jovial y multicultural. En la planta alta, la galería de arte, la música y los recitales de poesía mantienen animado el ambiente. Su amable y atento personal ayuda en la elección de los platos.

MIAMI BEACH Balans $$
1022 Lincoln Rd, 33139 ***Tel*** *(305) 534-9191* ***Plano*** *2 D2*

Este café-restaurante con temática inglesa está situado en Lincoln Road y ofrece una carta étnica. El bocadillo de langosta y las salchichas con puré de patatas son especialmente populares. Su desayuno lo ha convertido en un local muy frecuentado. Además de ambiente animado, hay un acogedor y amable personal.

MIAMI BEACH Big Pink $$
157 Collins Ave, 33139 ***Tel*** *(305) 532-4700* ***Plano*** *2 E5*

Este popular café costero es frecuentado por los residentes por su cocina de café, su variada oferta y sus estupendos postres. Las raciones son abundantes, las ensaladas y bocadillos deliciosos, y las patatas fritas caseras una atracción en sí mismas para muchos clientes habituales.

MIAMI BEACH El Rancho Grande $$
1626 Pennsylvania Ave, 33139 ***Tel*** *(305) 673-0480* ***Plano*** *2 E2*

Desde su apertura, los comensales han acudido a este restaurante mexicano por sus excelentes moles, enchiladas en salsa verde y chiles rellenos. Las estupendas margaritas y los precios asequibles también invitan a volver. Tiene un agradable ambiente de café, algo inusual en los restaurantes mexicanos del sur de Florida.

MIAMI BEACH Maiko Japanese Restaurant $$
1255 Washington Ave, 33139 ***Tel*** *(305) 531-6369* ***Plano*** *2 F2*

Maiko fue uno de los primeros restaurantes de *sushi* abiertos en Miami Beach, y aún mantiene su popularidad. Sirve *sushi, sashimi* y otros platos japoneses de buena calidad con una hermosa presentación, algo que contrasta con su discreta decoración. Especialmente bullicioso los fines de semana por la noche.

Simbología *ver solapa trasera*

MIAMI BEACH News Café $$

800 Ocean Drive, 33139 ***Tel*** *(305) 538-6397* ***Plano*** *2 F4*

News Café es uno de los primeros cafés abiertos en South Beach tras su reinvención, y todavía es considerado toda una institución. Su carta de cafetería de buena calidad no destaca especialmente, pero su ambiente es muy popular. Ofrece vistas panorámicas y una buena selección de publicaciones internacionales.

MIAMI BEACH Nexxt $$

700 Lincoln Rd, 33139 ***Tel*** *(305) 532-6643* ***Plano*** *2 E2*

Nexxt, un local popular para contemplar a la gente, es frecuentado por los políticos de Beach durante el almuerzo. Su menú es ecléctico y muy extenso. Las raciones son abundantes y sus ensaladas, platos al horno y postres, realmente buenos. Nexxt representa el ambiente de café en Miami Beach.

MIAMI BEACH Van Dyke Café $$

846 Lincoln Rd, 33139 ***Tel*** *(305) 534-3600* ***Plano*** *2 E2*

Van Dyke es un restaurante asociado al News Café. Posee una carta tipo cafetería a buenos precios, aunque algo corriente. Se podría decir que es el centro de Lincoln Road y el lugar de encuentro preferido por los locales para observar a la gente y disfrutar de una tranquila cena al aire libre. Actuaciones de jazz en directo en la planta alta.

MIAMI BEACH Fratelli La Bufala $$$

437 Washington Ave, 33139 ***Tel*** *305) 532-0700* ***Mapa de carreeras*** *F4*

Restaurante encantador que no prepara comida muy elaborada, pero que sirve la mejor pizza de la ciudad gracias a su horno traído de Italia. Quema astillas, lo que da un sabor muy especial a la comida. También sirve carne de los búfalos cazados por los indios semínolas, y queso importado de la Campania, región italiana cercana a Nápoles.

MIAMI BEACH Grillfish $$$

1444 Collins Ave, 33139 ***Tel*** *(305) 538-9908* ***Plano*** *2 F2*

Grillfish se encuentra en la segunda planta de un popular *delicatessen*. No es un local caro, sino un restaurante con platos de productos del mar sencillos y muy bien cocinados. La calidad de los ingredientes, sobre todo de temporada, es su verdadero atractivo. Se recomienda probar el pescado local para disfrutar del sabor de Miami.

MIAMI BEACH Joe's Stone Crab $$$$

11 Washington Ave, 33139 ***Tel*** *(305) 673-0365* ***Plano*** *2 E5*

Esta institución de Miami es de visita obligada. Hay langosta, gambas y pescado, además de la típica jaiba y un popularísimo pollo frito. Su tarta de lima también es muy buena. Joe's ofrece ahora asequibles almuerzos para llevar. No aceptan reservas pero merece la pena esperar, aunque sea bastante tiempo.

MIAMI BEACH Johnny V's $$$

956 Washington Ave, 33139 ***Tel*** *(305) 672-7217* ***Plano*** *2 E3*

Este elegante restaurante, ubicado en el Hotel Astor *(ver p. 311)*, sigue siendo uno de los locales más destacados de la ciudad. Sirve platos modernos como la colirrubia con costra de maíz y las patatas fritas trufadas. Restaurante para ver y ser visto en uno de los hoteles con encanto más famosos de la ciudad.

MIAMI BEACH Rosinella $$$

525 Lincoln Rd, 33139 ***Tel*** *(305) 672-8777* ***Plano*** *2 E2*

Este magnífico restaurante familiar ofrece un ambiente más auténtico que otros locales italianos. Tal vez sea por sus propietarios y clientes italianos, aunque lo más probable es que se deba a sus deliciosas pastas caseras y entrantes de pescado fresco. Los *penne* con gorgonzola son absolutamente extraordinarios.

MIAMI BEACH Afterglo $$$$

1200 Washington Ave, 33139 ***Tel*** *(305) (305) 695-1717* ***Mapa de carreteras*** *2 F5*

En la tendencia de servir comida sana, en este restaurante destaca la cocina gourmet sana servida de manera creativa: bonito, *tartare* de salmón, pulpo a la parrilla, así como muchas ensaladas ecológicas. Las mesas de bancos corridos tienen estilo, al igual que toda la decoración.

MIAMI BEACH Emeril's Miami Beach $$$$

1601 Collins Ave, 33139 ***Tel*** *(305) 695-4550* ***Plano*** *2 F2*

Emeril, famoso por su programa de televisión y su restaurante de Nueva Orleans, ha traído su clásico sabor criollo-cajún a South Beach. Entre sus platos típicos, se incluyen las gambas a la parrilla con una pequeña galleta de romero, las patatas caramelizadas y la salsa de chile mole verde. Buena selección de vinos y excelentes postres.

MIAMI BEACH Osteria del Teatro $$$$

1443 Washington Ave, 33139 ***Tel*** *(305) 538-7850* ***Plano*** *2 F3*

Este restaurante italiano sirve platos tradicionales y modernos, como los *ravioli* rellenos de cangrejo con salsa de langosta o la excelente lubina. Es necesario reservar con bastante antelación. Es uno de los restaurantes italianos más tradicionales, en comparación con otros locales más americanizados.

MIAMI BEACH Pacific Time $$$$

915 Lincoln Rd, 33139 ***Tel*** *(305) 534-5979* ***Plano*** *2 E2*

La carta de este agradable y popular restaurante de Lincoln Road cambia con frecuencia. Su cocina panasiática resulta inolvidable gracias a la magnífica preparación de sus pescados y verduras. Su cocinero es muy aficionado al atún, aunque también utiliza con talento los ingredientes asiáticos.

Precios *ver p. 335* **Simbología** *ver solapa trasera*

MIAMI BEACH Tuscan Steak $$$$

433 Washington Ave, 33139 ***Tel*** *(305) 534-2233* ***Plano*** *2 E5*

Uno de los mejores restaurantes de carne de Miami Beach. Su clientela acude atraída por los abundantes entremeses, las costillas con puré de ajo y las bebidas. El menú no ofrece mucha variación. Aunque los niños son bien recibidos, el ambiente es de tipo romántico. Un buen lugar para ver a algún famoso.

MIAMI BEACH YUCA $$$$

501 Lincoln Rd, 33139 ***Tel*** *(305) 532-9822* ***Plano*** *2 E2*

YUCA ha conseguido críticas muy favorables con su nueva cocina cubana. Sirve deliciosos platos tradicionales con toques modernos, como el plátano relleno de ternera seca. Más caro que la típica comida casera cubana que se encuentra en Miami.

MIAMI BEACH Barton G. The Restaurant $$$$$

1427 W Ave, 33139 ***Tel*** *(305) 672-8881* ***Plano*** *2 D3*

El frondoso jardín de orquídeas de este popular restaurante es el escenario perfecto para una cena romántica. Sirve cocina estadounidense con una elaborada presentación. También ofrece una selección de cócteles y vinos pequeña pero de buena calidad. Su comida ha conseguido buenas críticas en los medios locales y nacionales.

MIAMI BEACH Blue Door $$$$$

1685 Collins Ave, 33139 ***Tel*** *(305) 674-6400* ***Plano*** *2 F2*

Este restaurante caro y sofisticado se encuentra en el famoso Delano Hotel *(ver p. 312)*. En su inmaculado local, los hábiles camareros sirven cocina francesa con influencias tropicales. El ambiente espléndido y casi surrealista no resta méritos a una cocina ecléctica con influencias de Florida.

MIAMI BEACH China Grill $$$$$

404 Washington Ave, 33139 ***Tel*** *(305) 534-2211* ***Plano*** *2 E4*

Este local de ambiente futurista sirve cocina internacional con toques asiáticos en la que se combinan sabores y técnicas de todo el mundo. Se recomienda probar las espinacas fritas, cuyo peculiar sabor es muy apreciado. China Grill también dispone de un bar de *sake* y vodka. Uno de los mejores locales para encontrarse con famosos.

MIAMI BEACH David Bouley Evolution $$$$$

1669 Collins Ave, 33139 ***Tel*** *(305) 604-6090* ***Mapa de carreteras*** *2 F3*

Este elegante restaurante del Ritz Carlton South Beach es perfecto para una noche romántica. Sirve comida innovadora, como pastel dulce de cangrejo Maryland o cordero al orégano. También tiene una excelente carta de vinos. El local está decorado en estilo *art déco* contemporáneo en tonos dorado, verde azulado y negro.

MIAMI BEACH Escopazzo $$$$$

1311 Washington Ave, 33139 ***Tel*** *(305) 674-9450* ***Plano*** *2 F3*

Hay que reservar con bastante antelación o tener mucha suerte para conseguir sitio en el comedor de este famoso restaurante, como hacen sus comensales habituales. El perfecto servicio realza su estupenda carta italiana dedicada especialmente al norte del país. Su *risotto* casero es muy popular.

MIAMI BEACH Mark's South Beach $$$$$

1120 Collins Ave, 33139 ***Tel*** *(305) 604-9050* ***Plano*** *2 F3*

El famoso cocinero Mark Militello abrió y prestó su nombre a este conocido y elegante restaurante. La típica cocina de fusión de Militello aparece a lo largo de su menú, que combina ingredientes tropicales, regionales y caribeños. Se recomienda el cangrejo azul o las chuletas de ternera.

MIAMI BEACH Tantra $$$$$

1445 Pennsylvania Ave, 33139 ***Tel*** *(305) 672-4765* ***Plano*** *2 E2*

Tantra sigue siendo uno de los restaurantes más peculiares de la ciudad. Ofrece cocina afrodisíacaen un frondoso entorno y con hierba bajo los pies. Sus platos, algunos mejores que otros, combinan elementos tailandeses e indios. Atractivo y estupendo para una cena romántica. Extensa carta de vinos.

MIAMI BEACH The Forge $$$$$

432 41st St, 33140 ***Tel*** *(305) 538-8533* ***Mapa de carreteras*** *F4*

Los famosos suelen acudir a esta institución de Miami. Su deslumbrante decoración combina con una opulenta cocina estadounidense y sublimes postres. The Forge cuenta además con la mayor carta de vinos de la ciudad. Si se dispone de tiempo, se puede visitar la bodega. Los miércoles por la noche se celebran populares encuentros sociales.

EL CENTRO People's Bar-B-Que $

360 NW 8th St, 33136 ***Tel*** *(305) 373-8080* ***Mapa de carreteras*** *F4*

La mayoría de la gente no se detiene en el centro de Miami *(ver p. 89)*, pero People's ha atraído todo tipo de visitantes al corazón de la ciudad gracias a sus increíbles barbacoas de pollo y costillas, chuletas de cerdo y otros básicos de la cocina sureña. Entre su clientela, hay policías y políticos de Miami.

EL CENTRO S & S Restaurant $

1757 NE 2 Ave, 33132 ***Tel*** *(305) 373-4291* ***Plano*** *4 E1*

Este sencillo e histórico restaurante sirve una buena selección de platos típicos estadounidenses alrededor de un abarrotado mostrador. El estofado de carne, el pastel de carne y el pollo frito son algunos de sus especiales. Estupendo para disfrutar del ambiente del sur de Florida con precios de antaño. Los postres también son buenos.

EL CENTRO Big Fish $$$

55 SW Miami Ave, 33128 ***Tel*** *(305) 373-1770* **Plano** *4 E2*

Este atractivo y sencillo restaurante de pescado se encuentra a orillas del río Miami. Proporciona una magnífica vista del centro y Brickell Avenue y algunos de los pescados más frescos de la ciudad. Los especiales del día son las opciones más innovadoras, aunque aquí resulta difícil equivocarse.

EL CENTRO Porcao $$$

801 Brickell Bay Drive, 33131 ***Tel*** *(305) 373-2777* **Plano** *4 E2*

Bienvenido al mundo del *rodizio* brasileño, un festín de carne como muestra el divertido cerdo en el logotipo de esta *churrascaria*. En este paraíso para carnívoros, la tentación de saciarse con estupendas barbacoas se contrarresta con una oferta de casi 40 ensaladas diferentes.

EL CENTRO Azul $$$$$

500 Brickell Key Drive, 33131 ***Tel*** *(305) 913-8254* **Plano** *4 F2*

Este restaurante premiado se encuentra en el hotel Mandarin Oriental Miami *(ver p. 314)*. Su cocina de fusión de Florida se sirve en un comedor de estilo japonés con una cocina abierta y estupendas vistas del mar y la ciudad. Los ingredientes y técnicas asiáticos y regionales combinan perfectamente.

LITTLE HAVANA Hy Vong $$

3458 SW 8th St, 33135 ***Tel*** *(305) 446-3674* **Mapa de carreteras** *F4*

La estupenda cocina vietnamita de este restaurante de Little Habana resulta toda una rareza. Normalmente se forman largas colas para degustar especialidades como el cordero a la brasa con salsa de curri y otros platos más exóticos. Los profanos en este tipo de cocina son bien recibidos.

LITTLE HAVANA Versailles $$

3555 SW 8th St, 33135 ***Tel*** *(305) 444-0240* **Plano** *4 E2*

El restaurante más famoso de Little Habana es tan grande como su menú y sus raciones. Aquí se pueden encontrar todas las especialidades cubanas imaginables. El ambiente es informal y acogedor también para los no cubanos, por lo que se puede preguntar libremente por los diferentes platos y combinaciones.

CORAL GABLES Miss Saigon Bistro $$

148 Giralda Ave, 33134 ***Tel*** *(305) 446-8006* **Plano** *5 D1*

Este restaurante vietnamita de dirección familiar es perfecto para los profanos en este tipo de cocina, ya que su personal ayuda a elaborar el menú. Los platos de fideos son buenos, pero los pescados y mariscos combinados con limoncillo, jengibre y chile resultan irresistibles para la mayoría de los paladares. Adecuado para familias.

CORAL GABLES Bugatti $$$

2504 Ponce de Leon Blvd, 33134 ***Tel*** *(305) 441-2545* **Plano** *5 C2*

Muchos locales consideran Bugatti el mejor restaurante italiano de la ciudad. Su agradable personal es uno de sus logros, aunque lo principal son los deliciosos platos como los *ravioli* de langosta y los *risottos*. Los especiales del día suelen ser exquisitos.

CORAL GABLES Ortanique on the Mile $$$

278 Miracle Mile, 33134 ***Tel*** *(305) 446-7710* **Plano** *5 C1*

Este agradable restaurante de Gables ofrece nueva cocina caribeña, en la que los sabores tradicionales se han modificado ligeramente para llegar a un público más amplio. Sus peculiares platos son especiados y deliciosos. La carta está llena de frutas frescas, verduras y especias exóticas.

CORAL GABLES Red Fish Grill $$$

9610 Old Cutler Rd, 33156 ***Tel*** *(305) 668-8788* **Mapa de carreteras** *F5*

Aunque la carta de este antiguo bar en el Matheson Hammock Park *(ver p. 92)* ofrece una abundante selección de productos frescos del mar, es su ubicación lo que le ha dado popularidad. Uno de los mejores lugares de la ciudad para cenar con vistas al mar.

CORAL GABLES Caffé Abbracci $$$$

318 Aragon Ave, 33134 ***Tel*** *(305) 441-0700* **Plano** *5 C1*

Este café sirve tentadores platos del norte de Italia. Las pastas innovadoras, el hígado de ganso a la parrilla y los calamares fritos son sus especialidades. Es una de las mejores opciones en una ciudad que cuenta con pocos restaurantes de este tipo. Hace poco se ha añadido un bar. Se recomienda reservar para la cenar.

CORAL GABLES Christy's $$$$

3101 Ponce de Leon Blvd, 33134 ***Tel*** *(305) 446-1400* **Plano** *5 C2*

Este restaurante de carne sirve una suculenta ternera y productos del mar en un comedor tipo club. Los primeros platos se acompañan de una sabrosa ensalada César. Durante décadas, Christy's ha sido famoso por sus suculentos almuerzos. Popular entre personas de negocios. Servicio inmaculado y elegante.

CORAL GABLES La Palme d'Or $$$$

1200 Anastasia Ave, 33134 ***Tel*** *(305) 913-3201* **Plano** *5 A2*

La cocina de este elegante restaurante francés, ubicado en el histórico Biltmore Hotel *(ver p. 313)*, ha recibido críticas muy favorables. Combina ingredientes franceses y tropicales para crear platos como el lenguado a la parrilla con apio, mantequilla de zanahorias, jengibre, cominos y patatas muselina.

CORAL GABLES Norman's $$$$$

21 Almeria Ave, 33134 ***Tel*** *(305) 446-6767* ***Plano*** *6 A1*

Norman Van Aken es famoso por su cocina del Nuevo Mundo y el cambiante menú de este restaurante muestra todas sus habilidades. Incluso quienes conozcan su trabajo encontrarán alguna innovación, ya que Van Aken está constantemente aplicando nuevas técnicas. Entre los favoritos están el cerdo Habana, la sopa de carrucho, la yuca y las gambas rellenas.

COCONUT GROVE Señor Frog's $$

3480 Main Hwy, 33133 ***Tel*** *(305) 448-0999* ***Plano*** *6 E4*

En este restaurante mexicano se sirve comida tradicional. Sólo se usan productos frescos y las salsas se preparan a diario. Se recomiendan las estupendas fajitas, las enchiladas rellenas o uno de los peculiares y sabrosos moles con chocolate. Los fines de semana suele haber ambiente estudiantil.

COCONUT GROVE Anohka $$$

3195 Commodore Plaza, 33133 ***Tel*** *(786) 552-1030* ***Plano*** *6 E4*

Entre las especialidades de este excelente restaurante indio, se incluyen magníficos platos *tandoori* (horneados en recipientes de barro con un hermoso tono rosado) y un especiado *vindaloo*. El personal responde amablemente a las preguntas sobre ingredientes y técnicas culinarias.

COCONUT GROVE Le Bouchon du Grove $$

3420 Main Hwy, 33133 ***Tel*** *(305) 448-6060* ***Plano*** *6 F4*

Este pequeño restaurante francés, situado en la calle principal de Grove, sirve la mejor sopa de cebolla de la ciudad, además de especialidades elaboradas con ingredientes frescos como la sopa de verduras y el delicioso puré de calabaza. Hay quienes aseguran que ofrece auténticos sabores de Francia.

COCONUT GROVE Baleen $$$$

4 Grove Isle Drive, 33133 ***Tel*** *(305) 858-8300* ***Mapa de carreteras*** *F5*

Las vistas desde este restaurante del Grove Isle Club resultan fabulosas y su comida rica, pero cara. Los pasteles de cangrejo son especialmente buenos y muchos comensales consideran sus postres los mejores de la ciudad. Los especiales del día y los nuevos platos de la carta son las opciones más eclécticas.

COCONUT GROVE Knu $$$$

2669 S Bayshore Drive, 33133 ***Tel*** *(305) 858-9600* ***Plano*** *6 F4*

Este elegante restaurante, además de crear una nueva tendencia en la cocina *floribbean* (de Florida y el Caribe), ofrece un servicio impecable y una atractiva decoración. Es uno de los locales más románticos de la ciudad, por lo que resulta más adecuado para parejas que familias, aunque todo el mundo es bien recibido.

LAS AFUERAS Gourmet Diner $$

13951 Biscayne Blvd, North Miami, 33162 ***Tel*** *(305) 947-2255* ***Mapa de carreteras*** *F4*

Este elegante restaurante tiene un menú limitado, pero ofrece una docena o más de sugerencias al día, entre las que se incluye desde pescado y marisco hasta carne y pasta. Los suflés de verduras y los postres son divinos. Ambiente informal y sencillo, a pesar de sus exquisiteces.

LAS AFUERAS Mario the Baker $$

13695 W Dixie Hwy, North Miami, 33161 ***Tel*** *(305) 891-7641* ***Mapa de carreteras*** *F4*

Esta pequeña pizzería de dirección familiar es legendaria en el norte de Miami desde hace décadas por sus económicos platos italo-estadounidenses, sus deliciosas pizzas y los mejores rollitos de ajo de la ciudad. Ambiente desenfadado; por el día y a primera hora de la noche suelen acudir los estudiantes de la zona.

LAS AFUERAS Shorty's BBQ $

9200 S Dixie Hwy, Miami, 33156 ***Tel*** *(305) 670-7732* ***Mapa de carreteras*** *F5*

Mucha gente asegura que este legendario local sirve las mejores barbacoas de la ciudad, con unas costillas especialmente buenas. También destacan los platos con ternera y cerdo, los bocadillos y los postres. Divertido, agradable y dirigido a las familias. Los niños son bienvenidos y dispone de un menú infantil.

LAS AFUERAS Charcuterie $$$

3612 NE 2nd Ave, Miami Design District, 33137 ***Tel*** *(305) 576-7877* ***Mapa de carreteras*** *F4*

Este trocito de Francia con toques de Florida está escondido en el Miami Design District, y es perfecto para una comida rápida. Abundan los toques franceses como la ensalada Niçoise y el paté, pero también se sirve marisco fresco de Florida. Conviene consultar los estupendos platos especiales del día en la pizarra.

LAS AFUERAS La Terrazza $$$

18090 Collins Ave, Suite 3, Sunny Isles Beach, 33160 ***Tel*** *(305) 947-4581* ***Mapa de carreteras*** *F4*

Situado en la RK Plaza, este excelente restaurante italiano ofrece buenas comidas y un servicio impecable, con manteles, servilletas y una magnífica carta de vinos. Merece la pena probar el *fettucini alfredo* o el pollo *parmigiana*. La pasta fresca es deliciosa en combinación con el marisco.

LAS AFUERAS Chef Allen's $$$$$

19088 NE 29 Ave, Aventura, 33180 ***Tel*** *(305) 935-2900* ***Mapa de carreteras*** *F4*

Este elegante restaurante es famoso por su nueva cocina de Florida atrevida y de gran calidad. La actividad que se observa en la cocina a través del amplio ventanal resulta fascinante. Pero ni siquiera esto resta protagonismo a los platos de uno de los principales cocineros de la región. Se recomienda probar el mero con costra de pistachos.

GOLD COAST Y TREASURE COAST

BOCA RATON Nestors Gourmet Deli — $

7050 W Palmetto Park, 33434 ***Tel*** *(561) 391-0999* — **Mapa de carreteras** *F4*

Este *delicatessen,* ubicado en el centro comercial Boca's, es uno de los favoritos entre los locales. Los platos son abundantes y tienen un precio razonable. Buena selección de bocadillos y sopas, y para cenar, especiales del día. Conviene acudir temprano porque normalmente está lleno.

BOCA RATON El Mariachi — $$

1600 N Federal Hwy, 33432 ***Tel*** *(561) 347-5077* — **Mapa de carreteras** *F4*

La carta de este restaurante mexicano de cadena incluye casi 100 opciones, la mayoría de buena calidad. Las carnitas de pollo y el guacamole resultan sabrosos, aunque todos sus platos invitan a repetir la visita. Muy adecuado para familias; buena relacion calidad/precio.

BOCA RATON Legal Seafoods — $$$

6000 W Glades Rd, 33431 ***Tel*** *(561) 447-2112* — **Mapa de carreteras** *F4*

Este restaurante familiar situado en el Town Center Mall sirve toda clase de pescado fresco y prepara una fantástica sopa de almejas. Merece la pena probar el pescado a la brasa y el pastel de cangrejo. La decoración es clásica, en madera, con temática marina. Hay mesas normales y de bancos corridos. La cocina está a la vista.

BOCA RATON Max's Grille — $$$

404 Plaza Real, 33432 ***Tel*** *(561) 368-0080* — **Mapa de carreteras** *F4*

El lugar para ver y ser visto en el Mizner Memorial Park *(ver p. 120)* de Boca. Aquí se puede disfrutar de una excelente cocina regional y un ambiente elegante. El salmón glaseado con arce y las recetas con lenguado son algunos de los platos favoritos. También hay menú infantil. El ambiente resulta algo estirado.

BOCA RATON Bova — $$$$$

1450 N Federal Hwy, 33432 ***Tel*** *(561) 362-7407* — **Mapa de carreteras** *F4*

Este elegante y moderno restaurante sirve comida gourmet italiana y es un buen sitio para mirar a la gente (la larga barra está siempre llena). La comida es fantástica, también, con una focaccia buenísima preparada en el horno de leña y un pato delicioso. La decoración, blanco sobre blanco, le da una imagen South Beach muy chic.

DANIA Casa Bella — $$$

129 N Federal Hwy, 33019 ***Tel*** *(954) 923-1000* — **Mapa de carreteras** *F4*

Si lo que se busca es una cena romántica para dos, éste es el lugar. Situado en una casa de 1912 entre Stirling Road y Sheridan Street, este restaurante tiene una decoración muy pintoresca y sirve comida italiana y continental. El costillar de cordero es excelente, al igual que su *ossobuco.*

DANIA BEACH Jaxson's — $$$

128 S Federal Hwy, 33004 ***Tel*** *(954) 923-4445* — **Mapa de carreteras** *F4*

Esta antigua heladería es una de las favoritas entre las familias desde hace décadas. Hay una cola para sentarse dentro y otra para llevarse alguno de los numerosos postres con helado casero. Su interior es *kitsch* y divertido. Son necesarias cuatro personas para compartir las enormes cantidades de helado del Kitchen Sink.

DAVIE Buca di Beppo — $$$

3355 S University Drive, 33324 ***Tel*** *(954) 577-3287* — **Mapa de carreteras** *F4*

Se trata de un lugar divertido para los niños. Es un restaurante que sirve comida del sur de Italia en unas raciones enormes. Están presentadas de modo familiar, con las fuentes sobre la mesa para compartir los platos. Hay muchas fotos y objetos que decoran la pared y dan un ambiente muy vivo. Cerca del centro comercial Broward.

DEERFIELD Pal's Charley's Crab — $$$

1755 SE 3 Court, 33441 ***Tel*** *(954) 427-4000* — **Mapa de carreteras** *F4*

Charley's se encuentra junto al Intracoastal Waterway y ofrece diferentes menús para distintos momentos, pero siempre con productos frescos del mar. La captura del día suele ser la mejor opción, aunque su clientela habitual nunca se ha sentido defraudada.

DEERFIELD BEACH Brooks — $$$

500 S Federal Hwy, 33441 ***Tel*** *(954) 427-9302* — **Mapa de carreteras** *F4*

Brooks ofrece platos *floribbean* preparados con ingredientes muy frescos. Menú de precio fijo o a la carta. Es uno de los locales favoritos en Deerfield Beach *(ver p. 131).* La carta cambia con bastante regularidad e incluye tanto productos de temporada como ingredientes regionales. Buena relación calidad/precio.

DELRAY BEACH Café Luna Rosa — $$$$

34 S Ocean Blvd, 33444 ***Tel*** *(561) 247-9404* — **Mapa de carreteras** *F4*

Este restaurante italiano, situado frente al océano, proporciona unas vistas espectaculares. Entre los platos fuertes para la cena, figuran los *ravioli* de queso de granja con *prosciutto* caramelizado, la salvia fresca con crema de parmesano y las chuletas de cordero de Nueva Zelanda. Su postre estrella es la tarta de queso neoyorquina.

DELRAY BEACH De La Tierra Restaurant $$$$

106 S Swinton Ave, 33444 ***Tel*** *(561) 272-5678* ***Mapa de carreteras*** *F4*

Esta joya escondida sirve cocina *floribbean* y continental en un hermoso jardín tropical con cenadores. Local muy romántico frecuentado por los locales en ocasiones especiales. Está considerado uno de los mejores restaurantes de Delray Beach. Las familias son bien recibidas, pero el ambiente es íntimo.

FORT LAUDERDALE Rosie's Bar & Grill $

2449 Wilton Drive, 33305 ***Tel*** *(954) 567-1320* ***Mapa de carreteras*** *F4*

Este local agradable y popular entre la comunidad homosexual del sur de Florida es el mejor para contemplar a la gente en Wilton Manors. También sirve buenas hamburguesas, excelentes perritos calientes, rollitos, bocadillos y ensaladas. Lo mejor es el ambiente y la clientela.

FORT LAUDERDALE Himmarshee Bar & Grille $$

210 SW 2nd St, 33301 ***Tel*** *(954) 524-1818* ***Mapa de carreteras*** *F4*

Himmarshee Bar es un local popular entre la juventud moderna de Fort Lauderdale. Suele estar lleno, sobre todo los fines de semana. El salmón con costra de *wasabi* y otras recreaciones de la cocina estadounidense definen su carta. Tiene un bar y una carta de vinos estupendos, así como un precioso espacio al aire libre. Servicio agradable.

FORT LAUDERDALE Limoncello Trattoria Pizzeria $$

208 SW 2nd St, 33312 ***Tel*** *(954) 525-7656* ***Mapa de carreteras*** *F4*

Aunque la pizza es el plato preferido por sus clientes, la pasta y las carnes a la parrilla son también muy buenas. Sus bocadillos resultan una buena opción para el almuerzo. Adecuado para familias; buena relación calidad/precio. Es mejor para comer que para cenar; sus platos para llevar son muy populares.

FORT LAUDERDALE The Floridian Restaurant $$

1410 E Las Olas Blvd, 33301 ***Tel*** *(954) 463-4041* ***Mapa de carreteras*** *F4*

Los domingos son especialmente bulliciosos en este moderno local, donde los habituales disfrutan de tortillas de tres huevos, tortitas de leche y carne. También se sirven razonables almuerzos y cenas. Abierto las 24 horas. Estupendo para observar a la gente y disfrutar del ecléctico color local.

FORT LAUDERDALE 15th Street Fisheries $$$

1900 SE 15th St, 33316 ***Tel*** *(954) 763-2777* ***Mapa de carreteras*** *F4*

Además de los increíbles mariscos que llevan generaciones atrayendo clientes, este restaurante sirve carnes poco habituales como canguro y caimán. También ofrece magníficas vistas de la orilla. Muchos locales lo visitan en ocasiones especiales; mayor afluencia de público en invierno y primavera. Se recomienda reservar.

FORT LAUDERDALE Creolina's $$$

209 SW 2nd St, 33312 ***Tel*** *(954) 524-2003* ***Mapa de carreteras*** *F4*

La cocina de las tierras bajas de Luisiana es la verdadera estrella de este popular restaurante de Riverwalk. La jambalaya y los cangrejos de río son especialmente populares. La limonada realza el ambiente sureño. Un lugar divertido y agradable donde hacer un alto si se visita la zona o se desea probar esta peculiar cocina.

FORT LAUDERDALE Japanese Village Hibachi Steak $$$

350 E Las Olas Blvd, 33301 ***Tel*** *(954) 525-8386* ***Mapa de carreteras*** *F4*

Aunque este restaurante sirve muchos platos típicos japoneses, lo más atractivo es la barbacoa *hibachi,* donde los ingredientes se doran para conservar todo su sabor. El estupendo servicio y ubicación realzan esta experiencia culinaria, donde las familias son bien recibidas.

FORT LAUDERDALE Le Café de Paris $$$

715 E Las Olas Blvd, 33301 ***Tel*** *(954) 467-2900* ***Mapa de carreteras*** *F4*

Este restaurante familiar sirve cocina francesa con buena relación calidad/precio. Los menús fijos incluyen un excelente aperitivo de caracoles seguido de una cena *gourmet*. Conviene dejar sitio para los postres. El precio es bueno teniendo en cuenta la calidad y frescura de los productos.

FORT LAUDERDALE River House Restaurant $$$

301 SW 3rd Ave, 33312 ***Tel*** *(954) 525-7661* ***Mapa de carreteras*** *F4*

Este cómodo y estupendo restaurante ofrece una cocina estadounidense centrada en los mariscos de temporada. Sin embargo, su abundante *brunch* dominical es lo que le ha dado popularidad. El salmón con costra de *wasabi,* puré de patatas y *bok choy* es estupendo. El menú es algo caro, pero siempre bueno.

FORT LAUDERDALE Tarpon Bend $$$

200 SW 2nd Ave, 33301 ***Tel*** *(954) 523-3233* ***Mapa de carreteras*** *F4*

Este famoso restaurante recibe a diario sus fresquísimos pescados y mariscos. Las ostras se abren en el momento y el especial de la casa, pescado ahumado con salsa, es muy bueno. Las almejas al vapor resultan estupendas. Los habituales aseguran que su relación calidad/precio es excelente.

FORT LAUDERDALE Grill Room on Las Olas $$$$

620 E Las Olas Blvd, 33301 ***Tel*** *(954) 467-2555* ***Mapa de carreteras*** *F4*

Este elegante restaurante ubicado en el Riverside Hotel *(ver p. 315)* luce la opulenta decoración de un club de oficiales británico. Resulta algo estirado en comparación con otros locales más modernos, pero su comida es exquisita. La carne a la brasa, el costillar de cordero y el *chateaubriand* son excelentes. Buena carta de vinos.

FORT LAUDERDALE Mark's Las Olas $$$$

1032 E Las Olas Blvd, 33301 ***Tel*** *(954) 463-1000* **Mapa de carreteras** *F4*

Un precioso vestíbulo de piedra da la bienvenida a los clientes del nuevo establecimiento del cocinero Mark Militello. Su nueva cocina de Florida resulta sabrosa, como la langosta tostada. La innovadora carta cambia a diario. Se recomienda reservar.

FORT LAUDERDALE Blue Moon Fish Co. $$$$$

4405 W Tradewinds Ave, 33308 ***Tel*** *(954) 267-9888* **Mapa de carreteras** *F4*

Este restaurante tiene una estupenda ubicación junto al Intracoastal Waterway. Se presta gran atención tanto al excepcional marisco como al magnífico ambiente, y su servicio realza la experiencia. Buena situación para ocasiones especiales. Algo caro. Se recomienda pedir pescados locales.

FORT LAUDERDALE Trina $$$$$

611 N Fort Lauderale Beach Blvd, Fort Lauderdale, 33304 ***Tel*** *(954) 779-8070* **Mapa de carreteras** *F4*

Este sofisticado restaurante disfruta de una localización muy buena en Fort Lauderdale Beach y sirve una deliciosa cocina continental. Entre los especiales, se incluyen el costillar de cordero y los platos de marisco fresco. Hay también un amplio bar. Trina es un lugar especialmente apto para observar a la gente.

FORT PIERCE Mangrove Mattie's $$$

1640 Seaway Drive, 34949 ***Tel*** *(772) 466-1044* **Mapa de carreteras** *F3*

El ingrediente básico de este restaurante es el delicioso marisco, con el que también se preparan salsas para la pasta. Se pueden pedir además suculentos filetes y costillas. Este local resulta divertido y agradable, tiene un buen servicio y es ideal para toda la familia. Es uno de los restaurantes más populares de Fort Pierce.

HOLLYWOOD Bavarian Village $$

1401 N Federal Hwy, 33020 ***Tel*** *(954) 922-7321* **Mapa de carreteras** *F4*

Este acogedor restaurante es para gente con buen apetito y ganas de comida alemana. La carta también incluye platos típicos estadounidenses, como filetes y pescado. Los *schnitzels* son muy buenos, al igual que el pato y el repollo. Precio razonable. Lugar cálido y adecuado para familias.

HOLLYWOOD Taverna Opa $$$

410 N Ocean Drive, 33019 ***Tel*** *(954) 929-4010* **Mapa de carreteras** *F4*

Este restaurante griego situado en Hollywood Beach es divertido y está orientado a las familias. Especialidades bien preparadas como la *moussaka* y el *pastitsio* (plato de pasta griego) y, por supuesto, mucho *ouzo* (licor griego) y baile sobre las mesas. La langosta de Maine que figura en el menú suele ser una opción estupenda.

HUTCHINSON ISLAND Baha Grill $$$$

555 NE Ocean Blvd, 34949 ***Tel*** *(772) 225-6818* **Mapa de carreteras** *F4*

Este atractivo restaurante, situado en el Indian River Marriott Hotel, ofrece una carta *floribbean* con productos locales como el atún y el magnífico pargo asado. No resulta adecuado para familias con presupuesto ajustado, pero merece la pena para ocasiones especiales.

PALM BEACH Chuck & Harold's $$$

207 Royal Poinciana Way, 33480 ***Tel*** *(561) 659-1440* **Mapa de carreteras** *F4*

Las mesas del porche son las mejores para ver a los famosos mientras se disfruta de una sopa de carrucho o alguno de los suculentos platos de la pizarra. Local divertido, de precio razonable e ideal para familias. Los espectáculos también animan el restaurante, aunque siempre es posible mantener una conversación.

PALM BEACH Bice Ristorante $$$$

313 1/2 Worth Ave, 33480 ***Tel*** *(561) 835-1600* **Mapa de carreteras** *F4*

En este restaurante romántico y formal se sirve una estupenda cocina italiana. Hay que vestirse en consonancia con su elegante decoración. A pesar de la formalidad, no resulta pretencioso y su excelente personal es amable. Se recomienda consultar las sugerencias del día y reservar.

PALM BEACH Café Boulud $$$$

301 Australian Ave, 33480 ***Tel*** *(561) 655-6060* **Mapa de carreteras** *F4*

Es imprescindible reservar en esta sucursal del popular restaurante francés abierto en el Brazilian Court Hotel de Nueva York. Su carta, con platos caros y elegantes, está dividida en cuatro categorías y es imposible equivocarse. Frecuentado por una alta sociedad conservadora pero divertida.

PALM BEACH L'Escalier $$$$$

1 S County Rd, 33480 ***Tel*** *(561) 655-6611* **Mapa de carreteras** *F4*

El elegante comedor del Breakers Hotel ofrece una inolvidable experiencia en un restaurante formal. Su carta francesa, en constante evolución, incluye platos como *foie gras* tostado, cordero de Colorado y lenguado *meunière*. Los comensales deben vestirse de forma adecuada. Es caro, pero su comida resulta maravillosa.

PALM BEACH Renato's $$$$$

87 Via Mizner, 33480 ***Tel*** *(561) 655-9752* **Mapa de carreteras** *F4*

Renato's, un local escondido en uno de los callejones de Palm Beach, ofrece platos europeos con una cuidada preparación y presentación, como el *risotto* con langosta y carne de cangrejo. Resulta caro, pero los habituales aseguran que su calidad lo merece. Los entrantes cambian cada temporada. Es un buen destino romántico.

Precios *ver p. 335* **Simbología** *ver solapa trasera*

POMPANO BEACH Flaming Pit $

1150 N Federal Hwy, 33062 ***Tel*** *(954) 943-3484* **Mapa de carreteras** F4

Los locales acuden a este restaurante atraídos por unas estupendas costillas y filetes, un magnífico pollo y un bar de ensaladas. Precios bajos y servicio amable. Se trata de un local con aspecto y ambiente de la vieja Florida adecuado para familias. Merece la pena acudir por su buena relación calidad/precio.

VERO BEACH Ocean Grill $$$

1050 Sexton Plaza, 32963 ***Tel*** *(772) 231-5409* **Mapa de carreteras** F3

Este restaurante costero de los años cuarenta, decorado con antigüedades, sirve sabrosos platos de marisco y carne, como los pasteles de cangrejo y el pato asado. Su atractivo emplazamiento resulta perfecto para una cena romántica. Estupendo ambiente para ocasiones especiales. El menú cambia con regularidad.

WEST PALM BEACH Colombino Bakery $

4439 Forest Hill Blvd, 33409 ***Tel*** *(561) 642-4544* **Mapa de carreteras** F4

Pequeña tienda *delicatessen* y panadería que vende pan caliente directamente desde el horno y pizzas al estilo del norte de Nueva York. También preparan un delicioso pan relleno de pepperoni y queso, así como unos buenos sándwiches que venden de 3 a 5 $. No hay que olvidar echar un vistazo al escaparate cercano a Palm Beach County Main Library.

WEST PALM BEACH Aleyda's Tex Mex $$

1890 Okeechobee Blvd, 33409 ***Tel*** *(561) 688-9033* **Mapa de carreteras** F4

Uno de los pocos locales de Palm Beach County donde se pueden degustar buenos platos *tex-mex*, como tacos, fajitas y tamales. Entre semana, hay un buen bufé para el almuerzo con una estupenda relación calidad/precio. Popular entre locales y familias de visita con ganas de comida especiada.

WEST PALM BEACH Mark's City Place $$$

700 S Rosemary Ave, 33401 ***Tel*** *(561) 514-0770* **Mapa de carreteras** F4

El restaurante de Mark Militello en esta bulliciosa zona de West Palm es famoso por sus pizzas de diseño preparadas en horno de leña. Resulta peculiar el acompañamiento de *sushi*. También hay estupendos platos con influencias de Florida, como el atún dorado con costra de pimienta.

WESTON Lucille's American Café $$

2250 Weston Rd, 33326 ***Tel*** *(954) 384-9007* **Mapa de carreteras** F4

Lucille's recuerda una cafetería de los años cuarenta, pero es más elegante. Su especialidad son los bocadillos, enormes ensaladas, buenas sopas y un especial diario para el almuerzo. Muy acogedor y agradable. El servicio es magnífico, la comida barata y todo el mundo es bien recibido.

WILTON MANORS Stork's Bakery and Coffeehouse $

2505 NE 15th Ave, 33305 ***Tel*** *(954) 567-3220* **Mapa de carreteras** F4

Este local es un popular lugar de encuentro donde se puede charlar frente a un buen café o té, deliciosos horneados y algunas ensaladas y bocadillos. Todo se elabora en el restaurante. Stork's Bakery and Coffeehouse es una buena opción para contemplar a la gente y hablar.

ORLANDO Y SPACE COAST

COCOA BEACH The Mango Tree Restaurant $$$$

118 N Atlantic Ave, 32931 ***Tel*** *(321) 799-0513* **Mapa de carreteras** F3

Este magnífico restaurante sirve platos locales y su especialidad es el marisco. Se encuentra a sólo unos kilómetros del océano Atlántico y posee un jardín tropical con aves acuáticas, carpas japonesas y una frondosa vegetación. Los platos principales se acompañan de ensaladas y verduras frescas.

EL CENTRO DE ORLANDO Little Saigon $

1106 E Colonial Drive, 32803 ***Tel*** *(407) 423-8539* **Mapa de carreteras** F2

Este elogiado restaurante sirve la mejor cocina vietnamita de la zona. Es un local pequeño, informal, cómodo y asequible. El menú ofrece aperitivos, platos con fideos y fritos, con una buena oferta de cerdo, ternera, marisco y verduras. Las raciones son generosas y el personal amable. Adecuado para familias.

EL CENTRO DE ORLANDO O'Boys Barb-Q $

924 W Colonial Drive, 32804 ***Tel*** *(407) 425-6269* **Mapa de carreteras** F2

Local con decoración sencilla y barbacoas elaboradas a fuego lento. Por la noche, ofrecen magníficos bufés libres con platos de ternera y pollo. Las salsas son exquisitas, las guarniciones buenas y las raciones abundantes, sea bufé o no. Es un restaurante divertido y familiar con un toque de encanto rústico de la antigua Florida.

EL CENTRO DE ORLANDO Johnny's Fillin' Station $$

2631 S Ferncreek, 32806 ***Tel*** *(407) 894-6900* **Mapa de carreteras** F2

Los críticos locales aseguran que Johnny's sirve las mejores hamburguesas de Orlando. Genuina comida y ambiente americanos. Un estupendo destino familiar que encanta a los niños. Ambiente divertido y agradable con un servicio amable. La oferta no resulta muy amplia para quienes no son aficionados a la carne.

EL CENTRO DE ORLANDO Smokey Bones $$
3400 E Colonial Drive, 32803 ***Tel*** *(407) 894-1511* **Mapa de carreteras** *F2*

Buen lugar para familias. Decoración informal, como de un rancho y una televisión para ver desde la mesa. Incluso el mayor apetito se verá satisfecho con las grandes porciones de los deliciosos pollos y costillas a la barbacoa que sirven. Para aquellos con unas necesidades culinarias más modestas, hay también buenas ensaladas.

EL CENTRO DE ORLANDO Le Coq au Vin $$$
4800 S Orange Ave, 32806 ***Tel*** *(407) 851-6980* **Mapa de carreteras** *F2*

Ambiente acogedor y buena cocina son los atractivos de este popular local. Está considerado uno de los mejores restaurantes franceses de la región y entre sus platos figuran la berenjena frita con carne de cangrejo y el solomillo de cerdo con salsa de queso azul y pimienta. Su ambiente romántico resulta perfecto para ocasiones especiales.

EL CENTRO DE ORLANDO The Boheme $$$$
325 S Orange Ave, 32801 ***Tel*** *(407) 581-4700* **Mapa de carreteras** *F2*

Un magnífico piano de cola Bosendorfer ocupa el centro de este restaurante contemporáneo. Los comensales no encontrarán ningún fallo en el menú, que incluye estupendos platos de marisco, caza y pasta. Las vieiras con costra de espárragos es una de las opciones más solicitadas.

INTERNATIONAL DRIVE Atlantis $$$
6677 Sea Harbor Drive, 32821 ***Tel*** *(407) 351-5555* **Mapa de carreteras** *E2*

Atlantis, situado junto a SeaWorld *(ver pp. 176-179)*, prepara platos con marisco de buena calidad, como el pargo salteado con piña colada y la deliciosa sopa de langosta. La chuleta de ternera con *prosciutto* y *gruyère* encabeza la lista de recetas con carne. Conviene acudir después de la visita a SeaWorld, para que los niños disfruten de ella.

INTERNATIONAL DRIVE Bahama Breeze $$$
8849 International Drive, 32819 ***Tel*** *(407) 248-2499* **Mapa de carreteras** *E2*

Este divertido restaurante ofrece un menú repleto de sabores del Trópico y la posibilidad de beber una deliciosa Bahamarita. El pollo con *jerk* (salsa picante), las gambas con coco y la pasta son especialmente buenos. Su ambiente informal es perfecto para toda la familia y para quienes acudan solos.

INTERNATIONAL DRIVE Bergamo's Italian Restaurant $$$
8445 International Drive, 32819 ***Tel*** *(407) 352-3805* **Mapa de carreteras** *E2*

Esta *trattoria* sirve una excelente cocina italiana y sus camareros cantan ópera. Se recomienda el *ossobuco* con *risotto* o cualquiera de los platos de pasta. Local informal y familiar con espectáculos frecuentes. Los camareros son también muy buenos en su trabajo no artístico.

INTERNATIONAL DRIVE Fishbones $$$
6707 Sand Lake Rd, 32819 ***Tel*** *(407) 352-0135* **Mapa de carreteras** *E2*

Los productos frescos del mar se cocinan a diario y es posible combinar varias salsas deliciosas con el plato. También se puede optar por el costillar de cordero o las chuletas. Conviene preguntar por la captura del día y los pescados y mariscos locales. Especialmente adecuado para familias.

INTERNATIONAL DRIVE The Crab House $$$
8291 International Drive, 32819 ***Tel*** *(407) 352-6140* **Mapa de carreteras** *E2*

Este restaurante agradable y desenfadado prepara nueve platos con cangrejo. El bar de mariscos y ensaladas está repleto de ostras, gambas, mejillones marinados, cangrejos de río y otros platos con marisco. Los especiales para el almuerzo tienen una buena relación calidad/precio. Su bar se anima por las noches y los fines de semana.

INTERNATIONAL DRIVE Everglades $$$$
9840 International Drive, 32819 ***Tel*** *(407) 996-9840* **Mapa de carreteras** *E2*

Everglades es mucho mejor que los típicos restaurantes elegantes de hotel. Sirve creativos platos *gourmet* inspirados en la cocina de temporada local. Es uno de los restaurantes locales más populares. Resulta adecuado para familias, ya que los niños disfrutan con las rarezas del menú. Situado en el Rosen Hotel.

INTERNATIONAL DRIVE The Butcher Shop Steakhouse $$$$
8445 International Drive, 32819 ***Tel*** *(407) 363-9727* **Mapa de carreteras** *E2*

Aquí se pueden degustar los mejores y mayores filetes de International Drive. Incluso se puede cocinar uno mismo la carne en la parrilla. De lo contrario, basta con sentarse y esperar a que el estupendo personal sirva los deliciosos platos preparados al gusto.

INTERNATIONAL DRIVE Dux $$$$$
9801 International Drive, 32819 ***Tel*** *(407) 345-4550* **Mapa de carreteras** *E2*

Este restaurante elegante y formal se encuentra en Peabody Orlando *(ver p. 319)* y lleva el nombre de los pájaros que pasean libremente por el local. El menú cambia cada cuatrimestre, pero siempre resulta impresionante. Ofrece una estupenda selección de aperitivos, mariscos y platos de carne y verdura. Adecuado para ocasiones especiales.

KISSIMMEE Pacino's Italian Ristorante $$$
5795 W Hwy 192, 34746 ***Tel*** *(407) 396-8022* **Mapa de carreteras** *E3*

Los platos a la brasa son la especialidad de este cómodo restaurante familiar. Ofrece servicio a domicilio gratuito a los hoteles cercanos. Los filetes suelen ser la mejor opción del menú, pero Pacino's consigue combinar perfectamente los platos más elaborados. El personal se muestra hospitalario y amable.

LAKE BUENA VISTA Hemingway's $$$$
1 Grand Cypress Blvd, 32836 ***Tel*** *(407) 239-3854* ***Mapa de carreteras*** *E2*

Hemingway's es un restaurante de temática náutica con un comedor encantador y romántico y una terraza frente a una cascada. En su interesante menú, destacan las gambas rebozadas con coco, la paella de marisco, el ceviche de calamares, las ostras y el pez espada.

ORLANDO Seasons 52 $$$
7700 W Sandlake Rd ***Tel*** *(407) 354-5212* ***Mapa de carreteras*** *E2*

Definitivamente, en este restaurante el énfasis se pone en la salud. Todos los platos están por debajo de las 475 calorías. La comida es deliciosa y los menús de temporada incluyen parrilla de verduras, champiñones rellenos de cangrejo y tostas de queso parmesano y romero. Todo está cocinado con aceite de oliva.

WALT DISNEY WORLD Chef Mickey's $$
Disney's Contemporary Resort, 32830 ***Tel*** *(407) 939-3463* ***Mapa de carreteras*** *E3*

Este restaurante dirigido a las familias ofrece desayunos y cenas tipo bufé. Se puede comer junto al personaje favorito de Disney u optar por su carta sencilla y variada a cualquier hora del día. El servicio es bastante bueno y los niños son muy bien recibidos.

WALT DISNEY WORLD Gulliver's Grill $$
Walt Disney World Swan Hotel, 32830 ***Tel*** *(407) 934-1609* ***Mapa de carreteras*** *E3*

Encantador restaurante lleno de plantas donde se pueden degustar los sabores de Brobdingnag, la legendaria tierra de los gigantes. Su buen servicio realza un menú de cocina estadounidense bien preparada y sin pretensiones. Es famoso por su cálido y amable recibimiento.

WALT DISNEY WORLD Ohana $$
Disney's Polynesian Resort, 32830 ***Tel*** *(407) 939-3463* ***Mapa de carreteras*** *E3*

En este bullicioso comedor se sirve cocina polinesia. Las cenas de precio fijo incluyen carnes y mariscos asados a la brasa y servidos en brochetas de 1 m. Los estupendos espectáculos para parejas o familias animan el ambiente.

WALT DISNEY WORLD Whispering Canyon Café $$
Disney Wilderness Lodge, 32830 ***Tel*** *(407) 939-3463* ***Mapa de carreteras*** *E3*

Después de guardar el revólver, hay que acomodarse para disfrutar de un bufé de campamento con ambiente del salvaje Oeste. Este café también prepara desayunos al estilo fronterizo. Las familias con niños lo encuentran especialmente atractivo. La comida es decente, pero los espectáculos resultan caros.

WALT DISNEY WORLD Bongo's Cuban Café $$$
2426 Viscount Row, 32809 ***Tel*** *(407) 828-0999* ***Mapa de carreteras*** *E3*

Este restaurante sin pretensiones –una estupenda alternativa a Disney– resulta adecuado para familias. Sirven desde bandejas de marisco hasta gambas salteadas en salsa. La carta está dominada por platos hispanos. El ambiente bullicioso a veces dificulta la conversación.

WALT DISNEY WORLD California Grill $$$
Disney's Contemporary Resort, 32830 ***Tel*** *(407) 939-3463* ***Mapa de carreteras*** *E3*

Elegante restaurante con bonitas vistas y una cocina abierta que sirve creativos platos de la costa occidental, como pizza de salmón ahumado y cerdo con polenta. No es muy sofisticado, por lo que ofrece platos adecuados para los niños. Un buen lugar para quienes prefieran evitar la carne roja. Las vistas son magníficas.

WALT DISNEY WORLD Cape May Café $$$
Disney's Beach Club Resort, 32830 ***Tel*** *(407) 939-3463* ***Mapa de carreteras*** *E3*

El desayuno tipo bufé de este local está dirigido por el almirante Goofy. Por la noche, una campana anuncia el comienzo del bufé de almejas, con mucha comida para elegir. Diversión para toda la familia durante todo el día.

WALT DISNEY WORLD Cinderella's Table $$$
Magic Kingdom, Fantasyland, 32830 ***Tel*** *(407) 939-3463* ***Mapa de carreteras*** *E3*

El castillo de Cinderella, en el Magic Kingdom, ofrece comida con carácter. Encantará a los niños, ya que podrán jugar con sus personajes favoritos de dibujos animados mientras disfrutan de la comida. El bufé también está lleno de cosas para niños. Sólo sirve desayunos y comidas.

WALT DISNEY WORLD Olivia's Café $$$
Disney Old Key West, 32830 ***Tel*** *(407) 939-3463* ***Mapa de carreteras*** *E3*

Este café tiene ambiente del viejo Key West. Se recomienda la paella de Florida, la sopa de carrucho y el pollo con mojo. Los floridanos aseguran que Olivia's hace justicia a Key West con sus sabores locales. Su divertido menú y el estupendo servicio lo convierten en un destino perfecto también para niños.

WALT DISNEY WORLD Wolfgang Puck® Café $$$
1482 E Buena Vista Drive, 32830 ***Tel*** *(407) 938-9653* ***Mapa de carreteras*** *E3*

Este local de Downtown Disney está formado por varios restaurantes (desde un café informal con influencia californiana, hasta un comedor elegante), todos ellos con la visión y el gusto del mismo cocinero. Un concepto atractivo y adecuado para gustos diferentes y toda la familia. Las pizzas horneadas con leña, las pastas y los platos a la parrilla son bastante sabrosos.

WALT DISNEY WORLD Christini's Ristorante $$$$

7600 Dr Phillips Blvd, 32819 **Tel** *(407) 345-8770* **Mapa de carreteras** E3

Este restaurante formal es perfecto para una noche romántica. Su excelente servicio, el comedor panorámico y la estupenda carta de vinos realzan los platos regionales italianos. El menú varía en calidad, por lo que conviene preguntar por las sugerencias. Christini's utiliza productos de temporada de calidad.

WALT DISNEY WORLD Shula's $$$$

Walt Disney World Dolphin Hotel, 32830 **Tel** *(407) 934-1609* **Mapa de carreteras** E3

Uno de los mejores restaurantes de carne del complejo. También ofrece una buena selección de marisco y postres espectaculares. Este establecimiento se centra en la comida, no en los espectáculos, lo que se nota en cada plato. Los niños son bien recibidos, pero resulta más tranquilo que otros restaurantes.

WALT DISNEY WORLD The Outback $$$$

1900 Buena Vista Drive, 32830 **Tel** *(407) 827-3430* **Mapa de carreteras** E3

La cascada interior crea un ambiente tranquilo en este local de la cadena Down Under. Se puede disfrutar de enormes gambas rellenas y filetes. Las raciones son abundantes, las guarniciones resultan sabrosas, y conviene reservarse para los postres. Adecuado especialmente para familias o grupos.

WALT DISNEY WORLD Narcoossee's $$$$$

Disney's Grand Floridian Resort, 32830 **Tel** *(407) 824-1400* **Mapa de carreteras** E3

Este restaurante, ubicado en un chalé octogonal junto a la laguna Seven Seas, sirve deliciosos platos de carne y pescado con verduras frescas locales. La comida es buena y el ritmo no resulta tan frenético como en los demás locales de la zona Disney. Se recomiendan los especiales del día y los pescados locales.

WALT DISNEY WORLD Victoria & Albert's $$$$$

Disney's Grand Floridian Resort, 32830 **Tel** *(407) 824-1089* **Mapa de carreteras** E3

Es imprescindible reservar en este espléndido restaurante. Su menú de precio fijo de seis platos resulta magnífico, y los comensales son atendidos por un mayordomo y una sirvienta. Se recomienda pedir la mesa del cocinero, la más exclusiva del local. Una de las experiencias culinarias más atractivas de la zona, aunque no apta para niños.

WINTER PARK Café de France $$$$

526 Park Ave S, 32789 **Tel** *(407) 647-1869* **Mapa de carreteras** E2

Acogedor restaurante francés que sirve comidas ligeras para el almuerzo, como *crêpes*. Por la noche, se recomienda el costillar de cordero o el especial del día. Este establecimiento es un magnífico y romántico refugio, también adecuado para acontecimientos familiares especiales. Merece la pena el viaje desde las zonas centrales del parque temático.

WINTER PARK Park Plaza Gardens $$$$

319 Park Ave S, 32789 **Tel** *(407) 645-2475* **Mapa de carreteras** E2

Este elegante restaurante, situado en un amplio patio lleno de flores, sirve una deliciosa cocina estadounidense galardonada. El estupendo servicio y la atractiva ubicación realzan un menú de inspiración regional, con platos como el solomillo y el lomo de cerdo. Adecuado para niños, aunque más dirigido a los gustos de los adultos.

EL NORESTE

DAYTONA BEACH Hog Heaven $

37 N Atlantic Ave, 32118 **Tel** *(386) 257-1212* **Mapa de carreteras** E2

El aroma de la carne cocinándose en una barbacoa tradicional invade este restaurante agradable e informal. Sus estupendas salsas y suculentos platos de ternera, pollo y cordero ayudan a que la experiencia culinaria esté a la altura de la olfativa. Las raciones son generosas, así que conviene acudir con apetito.

DAYTONA BEACH Aunt Catfish's $$$

4009 Halifax Drive, 32127 **Tel** *(386) 767-4768* **Mapa de carreteras** E2

Este popular restaurante junto al Intracoastal Waterway es famoso por el siluro frito y otros platos del sur, como los pasteles de cangrejo y las almejas. Antiguo sabor sureño de buena calidad, con suficiente influencia de Florida para mantener la variedad. También se sirve *brunch* los domingos.

DAYTONA BEACH Down the Hatch $$$

4894 Front St, Ponce Inlet, 32127 **Tel** *(386) 761-4831* **Mapa de carreteras** E2

Restaurante acogedor y orientado a las familias que sirve delicioso pescado fresco y algunos platos de carne. El local está junto al puerto, donde se puede ver a los barcos descargando sus capturas al final del día. Lugar tranquilo y divertido para toda la familia. Buena relación calidad/precio.

DAYTONA BEACH Rosario's Ristorante $$$

448 S Beach St, 32114 **Tel** *(386) 258-6066* **Mapa de carreteras** E2

El Live Oak Inn, una pensión victoriana, es el emplazamiento de este restaurante singular, pero popular. Abundan las pastas y los platos típicos italianos, pero son mejores las sugerencias, entre las que puede haber ingredientes poco comunes como ardilla, faisán o codorniz. Un destino ideal para una comida romántica e íntima.

Precios *ver p. 335* **Simbología** *ver solapa trasera*

FERNANDINA BEACH Beech Street Grill $$$
801 Beech St, 32034 ***Tel*** *(904) 277-3662* ***Mapa de carreteras*** *E1*

Este restaurante galardonado, que ocupa un precioso edificio de 1889, ofrece cocina contemporánea de Florida y una excelente carta de vinos. Entre los especiales del día figuran innovadores platos de marisco, elaborados con productos frescos. Aunque los niños son bien recibidos, la carta está más orientada a los adultos. Buen servicio.

FERNANDINA BEACH Florida House Inn $$$
20–22 S 3 St, 32034 ***Tel*** *(904) 261-3300* ***Mapa de carreteras*** *E1*

Este atractivo restaurante ocupa el hotel más antiguo que se conserva en Florida, incluido en el Registro Nacional de Lugares Históricos. Los comensales se sientan en largas mesas repletas de buena comida casera al antiguo estilo sureño. Todo es bufé libre. Entre los favoritos están el pollo frito, la jambalaya, el lomo y las verduras frescas de temporada.

FERNANDINA BEACH The Grill $$$$$
4750 Amelia Island Pkwy, 32034 ***Tel*** *(904) 277-1100* ***Mapa de carreteras*** *E1*

Este elegante restaurante, ganador del premio AAA Five Diamond, se encuentra en el Ritz-Carlton Amelia Island Hotel. Ofrece comidas con un mínimo de tres platos y un inolvidable *brunch* dominical. El menú cambia a diario e incluye especialidades regionales y de temporada. Se recomiendan los pescados frescos y la caza de Florida. Conviene reservar.

GAINESVILLE Harry's Seafood Bar & Grill $$$
110 SE 1st St, 32605 ***Tel*** *(352) 372-1555* ***Mapa de carreteras*** *D2*

Hay un ambiente de Nueva Orleáns en Harry´s Seafood Bar, donde se sirve abundante marisco. Los camarones estilo criollo y el cangrejo *almondine* son excelentes, así como la trucha a la parrilla. También sirven sándwiches, si se desea una comida más ligera.

JACKSONVILLE Café Carmon $$$
1986 San Marco Blvd, 32207 ***Tel*** *(904) 399-4488* ***Mapa de carreteras*** *E1*

Este animado local ofrece a sus comensales una excelente cocina estadounidense. En su carta figura desde pasta con tomate y albahaca hasta la captura del día a la brasa. También hay mesas al aire libre, donde se puede contemplar a la gente mientras se disfruta de la comida. Merece la pena probar los postres.

JACKSONVILLE Juliette's, A Florida Bistro $$$
245 Water St, 32202 ***Tel*** *(904) 355-6664* ***Mapa de carreteras*** *E1*

Este restaurante, ubicado en el Omni Jacksonville Hotel, sirve disversos platos de marisco y carne en los que se utilizan ingredientes frescos de la zona. El menú promete manjares como el atún fresco a la brasa y los filetes de salmón, entre otras especialidades regionales. Servicio eficiente y postres deliciosos.

JACKSONVILLE The Wine Cellar $$$
1314 Prudential Drive, 32207 ***Tel*** *(904) 398-8989* ***Mapa de carreteras*** *E1*

Este elegante restaurante, uno de los mejores de Jacksonville, ofrece cocina continental y una carta de vinos con casi 200 caldos. Se puede comer al aire libre o en el interior; posee un jardín con esculturas. Aunque el menú no es atrevido, su gran calidad merece ser alabada y el propio local resulta atractivo.

JACKSONVILLE Matthews Restaurant $$$$$
2107 Hendricks Ave, San Marco, 28105 ***Tel*** *(904) 396-9922* ***Mapa de carreteras*** *E1*

El cocinero Mathew Medure elabora con especial cuidado los platos de este restaurante, uno de los más personales de Jacksonville. Entre sus especialidades figuran el atún hawaiano con aceite de oliva y albahaca y las vieiras con sémola de maíz. De postre, se recomienda el suflé de tiramisú con *strudel* de plátano flambeado. El menú cambia a diario.

JACKSONVILLE BEACH Dolphin Depot $$$$
701 N 1 St, 32250 ***Tel*** *(904) 270-1424* ***Mapa de carreteras*** *E1*

Este edificio *art déco,* antes una gasolinera, alberga uno de los mejores restaurantes del noreste. Su reducido tamaño asegura una comida tranquila. El menú de la pizarra cambia a diario. Sirve diversos platos de marisco fresco, carne y ave, en los que se utiliza productos locales. Se recomienda reservar. No es muy apto para niños pequeños.

MANDARIN Clark's Fish Camp Seafood Restaurant $$$
12903 Hood Landing Rd, 32258 ***Tel*** *(904) 268-3474* ***Mapa de carreteras*** *E1*

Este restaurante frecuentado por locales resulta agradable y acogedor, y es difícil elegir entre todas las diversas opciones del menú, que incluye desde avestruz hasta serpiente de cascabel. No hay que temer probar sus peculiares platos, ya que la comida está bien preparada. Desde su rústico emplazamiento se consiguen espléndidas vistas de Julington Creek.

OCALA Arthur's $$$
3600 SW 36 Ave, 34474 ***Tel*** *(352) 854-1400* ***Mapa de carreteras*** *E2*

Este elegante restaurante, ubicado en el hotel Hilton Ocala, es conocido por sus bufés para el almuerzo y la cena. Su famoso cocinero prepara una deliciosa carta tradicional, además de favoritos de antaño. Cada día hay un especial diferente y los domingos, un generoso *brunch*. Se puede contemplar a los caballos del cercado contiguo.

ORMOND BEACH Pickwick's Restaurant & Tea Room $$
268 N Nova Rd, 32176 ***Tel*** *(386) 672-1669* ***Mapa de carreteras*** *E2*

Deliciosa tetería, ideal para disfrutar de sándwiches y pudin de arroz con salsa de ron y uvas, bollos, polvorones y un montón de cosas más. Decorada en un estilo muy pintoresco, se halla muy a mano si se está de compras en el Trails Shopping Center. También sirven cenas abundantes.

ORMOND BEACH Barnacle's Restaurant & Lounge $$$

869 S Atlantic Ave, 32176 ***Tel*** *(386) 673-1070* ***Mapa de carreteras*** *E2*

Este restaurante costero está siempre abarrotado, especialmente por la noche y los fines de semana. Su ambiente informal, el marisco fresco, las suculentas costillas y filetes, y las espléndidas vistas del mar lo convierten en una opción popular entre locales y turistas. También dispone de un bar de ensaladas con bufé libre. Toda la familia disfruta de su divertido ambiente.

ORMOND BEACH Julian's Dining Room & Lounge $$$

88 S Atlantic Ave, 32176 ***Tel*** *(386) 677-6767* ***Mapa de carreteras*** *E2*

Este restaurante de dirección familiar sirve una suculenta carta estadounidense. Aunque lo más destacado es su magnífica ternera, también son muy populares los platos de pescado y marisco, como el centollo gratinado, el pargo a la parrilla y el cangrejo frito. Los postres son también muy alabados. No es demasiado caro para su calidad.

ORMOND BEACH Frappe's North $$$$

123 W Granada Blvd, 32174 ***Tel*** *(386) 615-4888* ***Mapa de carreteras*** *E2*

Este elegante restaurante ofrece productos ecológicos y un menú en constante cambio en el que reciben especial énfasis los ingredientes locales. La carta incluye a veces excelentes platos con pato y langosta. El solomillo de ternera Black Angus, los langostinos dorados y el salmón con costra de comino son recomendables. Reservar con antelación.

ST. AUGUSTINE Florida Cracker Cafe $$

81 St George St, 32084 ***Tel*** *(904) 829-0397* ***Mapa de carreteras*** *E1*

Este agradable restaurante, situado en el casco histórico de la ciudad, ofrece una carta sencilla con algunos platos locales exóticos, como el caimán frito. Sin embargo, lo que atrae a sus visitantes son sus abundantes raciones, la buena comida y el ambiente acogedor. Desenfadado, cómodo y adecuado para familias.

ST. AUGUSTINE Salt Water Cowboy's $$

299 Dondanville Rd, 32080 ***Tel*** *(904) 471-2332* ***Mapa de carreteras*** *E1*

Este informal restaurante, ubicado en un campamento de pesca reconstruido cerca de las marismas, sirve platos locales como cola de caimán, ostras, marisco fresco, jambalaya y costillas a la parrilla. Está decorado con pieles de serpiente y caimán en las paredes. Dispone también de una terraza donde disfrutar de las bebidas.

ST. AUGUSTINE Raintree $$$

102 San Marco Ave, 32084 ***Tel*** *(904) 824-7211* ***Mapa de carreteras*** *E1*

Este exquisito restaurante, ubicado en uno de los edificios históricos que se conservan en esta calle, ofrece una magnífica cocina. Una comida a base de estupendo marisco o platos tradicionales de carne se puede terminar con una *crêpe*. Su atractivo emplazamiento es ideal para un encuentro romántico y divertido. Sofisticado pero sin ostentación.

ST. AUGUSTINE Santa Maria $$$

135 Avenida Menéndez, 32084 ***Tel*** *(904) 829-6578* ***Mapa de carreteras*** *E1*

Este pequeño restaurante, emplazado en un muelle de la bahía Matanzas, es un local destacado en la ciudad. Su especialidad es el marisco, pero también se recomiendan platos como la sopa de judías pintas, los filetes y las costillas. Destacan los acuarios que hay junto a los reservados. También se puede disfrutar de la comida y la bebida en el porche.

ST. AUGUSTINE Opus 39 $$$$

39 Cordova St, 32209 ***Tel*** *(904) 824-0402* ***Mapa de carreteras*** *E1*

Este innovador y popular restaurante, ubicado en el casco histórico de la ciudad, sirve cocina estadounidense contemporánea. Su famoso cocinero elabora un delicioso menú utilizando productos ecológicos frescos e ingredientes especiales de todo el mundo. Gran selección de postres y vinos. El servicio también es excelente.

EL PANHANDLE

APALACHICOLA Seafood Grill & Steakhouse $$

100 Market St, 32320 ***Tel*** *(850) 653-9510* ***Mapa de carreteras*** *B1*

Este restaurante barbacoa del centro de la ciudad ofrece una amplia variedad de platos. Aquí se puede degustar el bocadillo de pescado frito, probar las famosas ostras y gambas fritas de la zona y tomar una de las 30 cervezas o más que ponen en este animado local. El ambiente es informal y el servicio bueno. Abarrotado los fines de semana por la noche.

CEDAR KEY Blue Desert Café $$

12518 Hwy 24, 32625 ***Tel*** *(352) 543-9111* ***Mapa de carreteras*** *D2*

El eficiente personal de este local sirve una ecléctica combinación de platos *tex-mex,* cajún y asiáticos donde figuran pizzas, burritos, gambas fritas y marisco con especias. Su gran variedad asegura algo para todos los gustos. Es uno de los pocos locales que permanece abierto hasta tarde, y su decoración *kitsch* está a tono con el ambiente divertido e informal.

DESTIN Ciao Bella Pizza $

10676 Emerald Coast Pkwy, 32550 ***Tel*** *(850) 654-3040* ***Mapa de carreteras*** *A1*

Este restaurante italiano, ubicado en el Silver Sands Outlet Mall, es un lugar ideal para quienes deseen hacer un descanso durante las compras. Sirve cocina típica del norte de Italia, incluidas grandes y apetitosas pizzas. Merece la pena probar sus postres. El ambiente es cómodo y relajante.

DESTIN Donut Hole $

104 Hwy 98 E, 32541 ***Tel*** *(850) 837-8824* ***Mapa de carreteras*** *A1*

En este restaurante se puede degustar uno de los mejores desayunos de Destin. Es imposible equivocarse, ya que sus huevos, tortillas, tortitas y acompañamientos resultan deliciosos. No hay que perderse su tortilla especial elaborada con carne de cangrejo fresca, queso, mantequilla, ajo y cebolletas.

DESTIN The Back Porch $$

1740 Old Hwy 98, 32541 ***Tel*** *(850) 837-2022* ***Mapa de carreteras*** *A1*

Este restaurante de pescado y ostras ofrece suculentos pescados y mariscos a la brasa y fritos. No hay que olvidarse de los especiales con langosta y cangrejo. También se sirven diversos platos con pollo y carne. Desde el porche, se consiguen preciosas vistas de la playa y la costa. Mucha animación los fines de semana por la noche y festivos.

DESTIN Marina Café $$$$

404 E Hwy 98, 32541 ***Tel*** *(850) 837-7960* ***Mapa de carreteras*** *A1*

Este fantástico restaurante de Emerald Coast combina un excelente servicio, una ubicación espectacular y una creativa cocina de inspiración internacional. Su especialidad son los productos del mar, por lo que conviene preguntar por las sugerencias y la captura del día. También dispone de una amplia carta de vinos. Perfecto para una noche romántica.

FORT WALTON BEACH Staff's Seafood Restaurant $$$

24 Miracle Strip Pkwy, 32548 ***Tel*** *(850) 243-3482* ***Mapa de carreteras*** *A1*

Este histórico restaurante, inaugurado en 1913, es conocido por sus estupendas recetas locales. Una de las opciones favoritas son las bandejas de marisco, que incluyen cangrejos, vieiras, gambas y pescados deliciosamente preparados y cubiertos con sabrosas salsas. En el menú también hay filetes, ternera asada y platos de cerdo. Buena relación calidad/precio.

GRAYTON BEACH Criolla's $$$

170 E Scenic Hwy 30 A, 32459 ***Tel*** *(850) 267-1267* ***Mapa de carreteras*** *A2*

La carta de presentación de este famoso restaurante es un atrevido menú de cocina criollo-caribeña donde figuran platos estupendos como el costillar de cordero australiano, la manzana Fuji asada y el atún a la brasa. Su cambiante menú resulta peculiar, pero no hay que resistirse a probarlo. El pastel de chocolate es magnífico.

GULF BREEZE Bon Appetit Waterfront Café $$

51 Gulf Breeze Pkwy, 32561 ***Tel*** *(850) 932-3967* ***Mapa de carreteras*** *A1*

Este pequeño café situado frente a la bahía de Pensacola ofrece una apetitosa combinación de comida floridana, cerveza o vino gratuito y espectaculares vistas del atardecer. El *brunch* dominical se acompaña con champán de la casa. Se recomienda probar uno de sus magníficos postres como colofón a la comida. Dispone de un comedor y un patio al aire libre.

PANAMA CITY BEACH Kingfish at The Bay Point Marriott $$$

4200 Marriott Drive, 32408 ***Tel*** *(850) 236-6075* ***Mapa de carreteras*** *B1*

Este elegante restaurante sirve una ecléctica combinación de cocinas caribeña y floridana. Se encuentra en el Marriott's Bay Point Resort, su precio es razonable y ofrece platos de buena calidad con pescados y mariscos locales, carnes y aves, además de un popular bar de *sushi*. Se puede disfrutar de una tranquila comida en el comedor privado o al aire libre.

PANAMA CITY BEACH Capt. Anderson's $$$$

5551 N Lagoon Drive, 32408 ***Tel*** *(850) 234-2225* ***Mapa de carreteras*** *B1*

El menú de este enorme restaurante de cinco tenedores situado junto al muelle es famoso por su excelente marisco, aunque también incluye sabrosos filetes, platos con carne y algunas especialidades griegas. Su interior es cálido y acogedor y su divertido y agradable ambiente resulta atractivo. Un lugar estupendo para toda la familia.

PANAMA CITY BEACH The Treasure Ship $$$$

3605 S Thomas Drive, 32408 ***Tel*** *(850) 234-8881* ***Mapa de carreteras*** *B1*

Este restaurante en tres niveles ocupa la réplica de un galeón del siglo XVI. Ofrece cubiertas al aire libre, impresionantes vistas del mar y sabroso marisco fresco. Se recomienda el atún a la parrilla, el salmón o los filetes de dorado. Conviene preguntar por la captura del día y las sugerencias del día. Su atractivo y animado emplazamiento resulta perfecto para familias y grupos grandes.

PENSACOLA Barnhill's Buffet $

10 S Warrington Rd, 32507 ***Tel*** *(850) 456-2760* ***Mapa de carreteras*** *A1*

Los niños son muy bien recibidos en este acogedor bufé con diversos platos de estilo sureño. Hay pollo a la brasa, filetes de siluro y las siempre populares carnes ahumadas, incluidas costillas de cerdo, ternera y salchichas. Abierto todos los días al mediodía y por la noche. El personal es amable y las raciones, enormes.

PENSACOLA Cracker Barrel Old Country Store $

8050 Lavelle Way, 32526 ***Tel*** *(850) 944-2090* ***Mapa de carreteras*** *A1*

Este restaurante de cadena sirve abundantes raciones de platos sureños. Se recomienda el siluro alimentado con cereales, el pan de maíz, las acelgas y el guiso de patatas y cebolla. También se sirven estupendos desayunos. Hay una tienda para comprar recuerdos. Es un destino agradable gracias a su ambiente tranquilo y acogedor.

PENSACOLA McGuire's Irish Pub $$

600 E Gregory St, 32501 ***Tel*** *(850) 433-6789* ***Mapa de carreteras*** *A1*

Ninguna visita a Pensacola está completa sin una parada en este popular bar-restaurante, donde se sirven abundantes raciones de carne, pasta, pizza y recetas de *pub*. La comida se puede acompañar con una de sus cervezas caseras. Es un lugar frecuentado por locales y turistas. McGuire's es muy popular y resulta estupendo para disfrutar del ambiente local.

PENSACOLA Landry's Seafood House $$$
905 E Gregory St, 32502 ***Tel*** *(850) 434-3600* ***Mapa de carreteras*** *A1*

Landry's ofrece una amplia selección de platos cajún con un toque caribeño. Hay desde sabrosas ensaladas y bandejas de marisco hasta platos muy bien preparados, como el dorado ligeramente asado y cubierto con carne de cangrejo, el *gumbo* al estilo de Luisiana y las ostras fritas. Los ingredientes frescos realzan los sabores.

PENSACOLA Skopelos on the Bay $$$
670 Scenic Hwy, 32503 ***Tel*** *(850) 432-6565* ***Mapa de carreteras*** *A1*

Este restaurante sirve platos de marisco y carne con un toque europeo. Los platos griegos son especialmente buenos, sobre todo suculentos aperitivos como los *dolmades*. Siempre se acierta en la elección. Estupenda relación calidad/precio. El emplazamiento es agradable y acogedor.

SEASIDE Bud & Alley's $$$
County Rd 30 A, 32459 ***Tel*** *(850) 231-5900* ***Mapa de carreteras*** *B1*

Este sencillo y agradable local ofrece un innovador menú de cocina regional que cambia cada temporada. Su estilo culinario es una interesante combinación de cocinas costeras (vasca y toscana), de Luisiana y Florida. Desde la terraza del bar se disfruta de espectaculares vistas del golfo de México.

TALLAHASSEE Andrew's Capitol Bar & Grille $$$
228 S Adams St, 32301 ***Tel*** *(850) 222-3444* ***Mapa de carreteras*** *C1*

Este magnífico restaurante es uno de los tres locales *gourmet* de esta calle. Su menú fijo es estupendo y tiene sabor mediterráneo. Sirve diversos tipos de hamburguesas, filetes, lasañas, ensaladas y postres. El *brunch* del domingo y los especiales de la hora feliz son muy populares. El servicio también es muy bueno.

TALLAHASSEE Chez Pierre $$$
1215 Thomasville Rd, 32303 ***Tel*** *(850) 222-0936* ***Mapa de carreteras*** *C1*

Este local es uno de los favoritos en la zona gracias a una extraña pero popular combinación de hospitalidad sureña y apetitosa comida francesa. Los productos frescos regionales realzan el sabor de los platos innovadores. También merece la pena probar las tartas y demás postres. Ambiente acogedor y confortable.

LA COSTA DEL GOLFO

ANNA MARIA ISLAND Sign of the Mermaid $$$$
9707 Gulf Drive, 34207 ***Tel*** *(941) 778-9399* ***Mapa de carreteras*** *D3*

Este agradable restaurante suele estar abarrotado. Estupenda cocina y magnífico *brunch* dominical. Se recomienda especialmente el *gumbo* de marisco. Conviene reservar con antelación, dada la enorme afluencia de público. No les está permitido servir alcohol, pero los clientes pueden llevar sus propias bebidas.

CAPTIVA ISLAND The Bubble Room $$$
15001 Captiva Rd, 33924 ***Tel*** *(239) 472-5558* ***Mapa de carreteras*** *D4*

El activo personal de este restaurante sirve enormes raciones de marisco y carne y extravagantes postres. Sus divertidas actividades, el variado menú y la original decoración lo convierten en un favorito entre los niños. Algunas veces puede resultar algo ruidoso, pero no deja de ser un lugar ideal para toda la familia.

CAPTIVA ISLAND The Old Captiva House $$$
15951 Captiva Rd, 33924 ***Tel*** *(239) 472-5161* ***Mapa de carreteras*** *D4*

Este elegante restaurante al estilo de la vieja Florida se encuentra en el pintoresco Tween Waters Inn. Ofrece estupenda cocina regional en un ambiente informal y acogedor. Hay diversos tipos de pastas, filetes y platos de marisco y carne; para la cena, se sirven platos con cuatro precios, por lo que resulta asequible.

CAPTIVA ISLAND Mucky Duck $$$$
11546 Andy Rosse Lane, 33924 ***Tel*** *(239) 472-7575* ***Mapa de carreteras*** *D4*

Al ser el único restaurante de la línea de playa, el pub Mucky Duck es uno de los predilectos de vecinos y visitantes. Tiene una auténtica atmósfera inglesa y sirve comida tanto británica como norteamericana. Ofrece música en directo, una coctelería en la terraza y buenas puestas de sol. No hay que perdérselo.

CLEARWATER BEACH Britt's Beachside Café $
201 S Gulfview Blvd, 33759 ***Tel*** *(727) 461-5185* ***Mapa de carreteras*** *D3*

Fabuloso lugar donde ver la puesta de sol mientras se disfruta de un sándwich con una cerveza. Se pueden tomar buenas y relajadas cenas. Sirven buena pasta, marisco y bistecs. En las mesas de la terraza se puede saborear la fantástica vista de la playa.

CLEARWATER BEACH Frenchy's South Beach Café $$$
351 S Gulfview Drive, 33767 ***Tel*** *(727) 441-9991* ***Mapa de carreteras*** *D3*

Este popular restaurante de marisco, ubicado en la playa, tiene un ambiente muy tranquilo e informal y es famoso por sus bocadillos de mero. Su ubicación costera y la gran calidad del menú atrae a grandes multitudes. Ideal para una salida familiar con los niños. Buena relación calidad/precio y servicio amable.

Precios *ver p. 335* **Simbología** *ver solapa trasera*

DUNEDIN Bon Appetit $$
148 Marina Plaza, 34698 ***Tel*** *(727) 733-2151* **Mapa de carreteras** *D3*

La ubicación y la sencillez son lo más destacado de este elegante restaurante galardonado. Su estupenda comida con típicos sabores americanos se acompaña de impresionantes vistas de St. Joseph's Sound, Honeymoon y las islas Caladesi. Para crear sus imaginativos platos se utilizan los productos más frescos de temporada. Precioso al atardecer.

FORT MYERS The Veranda $$$
2122 2nd St, 33901 ***Tel*** *(239) 332-2065* **Mapa de carreteras** *E4*

Este atractivo restaurante, uno de los más famosos de la zona, ocupa un edificio de 1902 y ofrece originales creaciones como los buñuelos de alcachofa rellenos con cangrejo azul. La decoración es típica del lejano sur y el servicio atento. Ideal para quienes busquen un destino romántico e íntimo.

SANIBEL ISLAND Peaches $$$$
1451 Middle Gulf Drive, 33957 ***Tel*** *(239) 395-6014* **Mapa de carreteras** *D4*

Este elegante restaurante se encuentra en el Sundial Beach Resort, en una bonita zona mirando al golfo de México. Sirve una deliciosa cocina de inspiración floridana, con sabores regionales e ingredientes de todo el mundo. Tiene además una excelente selección de vinos. Se recomienda reservar con antelación.

SARASOTA Michael's On East $$$$
1212 E Ave S, 34239 ***Tel*** *(941) 366-0007* **Mapa de carreteras** *D3*

Uno de los mejores restaurantes de Sarasota. Cocina estadounidense contemporánea y una gran selección de cervezas caseras. Su carta incluye una amplia variedad de ensaladas, bocadillos, pastas y mariscos. La decoración, con diseños y motivos ondulantes, es elegante. Se recomienda reservar.

SARASOTA Café L'Europe $$$$$
431 Armands Circle, 34236 ***Tel*** *(941) 388-4415* **Mapa de carreteras** *D3*

Este restaurante de larga tradición, ubicado en el exclusivo St. Armands Circle, se caracteriza por la cocina continental y es una de las opciones favoritas para ocasiones especiales. El *risotto* de marisco, el mero con costra de patata, el atún, el lomo y el lenguado son sólo algunas de sus especialidades. Ambiente formal.

ST. PETE BEACH Hurricane Seafood Restaurant $$$
809 Gulf Way Rd, 33706 ***Tel*** *(727) 360-9558* **Mapa de carreteras** *D3*

Este famoso restaurante se encuentra en la playa y su mayor orgullo son los pasteles de cangrejo y el mero fresco de Florida, que se sirve *ennegrecido*, a la parrilla o en bocadillo. La terraza de cócteles es especialmente popular y bulliciosa al atardecer por sus espectaculares vistas. Ofrece una buena selección de vinos y cócteles.

ST. PETE BEACH Maritana Grille $$$$$
3400 Gulf Blvd, 33706 ***Tel*** *(727) 360-1882* **Mapa de carreteras** *D3*

Este elegante restaurante, ganador de varios premios culinarios, se encuentra en Don CeSar Beach Resort, y ofrece elaboradas creaciones con ingredientes ecológicos de la zona. El *brunch* del domingo, con platos de carne y marisco, es todo un acontecimiento. Ambiente tranquilo y decoración tropical.

ST. PETERSBURG Columbia Restaurant $$$
800 2nd Ave NE, 33701 ***Tel*** *(727) 822-8000* **Mapa de carreteras** *D3*

Aunque forma parte de la cadena de restaurantes Columbia, que sirve buena cocina española, este local destaca por sus espectaculares vistas de la bahía de Tampa. El marisco fresco tiene un papel destacado en el menú. Su amable personal ayuda a elegir entre sus especialidades. Ambiente cálido y acogedor.

ST. PETERSBURG Merchand's Bar & Grill and Terrace Room $$$$$
501 5th Ave, 33701 ***Tel*** *(727) 894-1000* **Mapa de carreteras** *D3*

Este elegante restaurante se encuentra ubicado en el Renaissance Vinoy Resort, un bonito hotel de los años veinte. Ofrece platos principalmente mediterráneos con toques de Florida; mucha gente recomienda su *bouillabaisse*. La calidad constante atrae a multitudes. Un destino muy romántico.

TAMPA Cauldron Restaurant $
2302 E 7 Ave, 33605 ***Tel*** *(813) 248-5694* **Mapa de carreteras** *D3*

Este animado restaurante de inspiración caribeña ofrece sabores típicos del mar, además de suculentos platos a la barbacoa con mucho limón. Cauldron utiliza en su cocina productos frescos de la zona. Un ambiente acogedor y un eficiente personal completan la experiencia culinaria. Divertido para toda la familia.

TAMPA Kojak's House of Ribs $
2808 Gandy Blvd, 33611 ***Tel*** *(813) 837-3774* **Mapa de carreteras** *D3*

Esta institución de Tampa está dirigida por una misma familia desde 1978. El restaurante se encuentra bajo unos grandes robles y sirve deliciosas costillas a la barbacoa, platos de pollo y abundantes guarniciones de ensalada de col, ensalada de patata y mazorcas de maíz. Muy popular entre los locales.

TAMPA Benjarong Thai $$
14402 N Dale Mabry, 33618 ***Tel*** *(813) 265-2667* **Mapa de carreteras** *D3*

Este restaurante sirve una estupenda y deliciosa comida tailandesa. Los limoncillos, el chile y la albahaca abundan en sus platos llenos de sabor. Una de sus especialidades es la bandeja especiada, con salsa de mostaza tailandesa, jalapeños, chiles secos y chiles rojos y verdes cubiertos con salsa de pescado. Muy asequible, especialmente durante el almuerzo.

TAMPA Estela's Mexican Restaurant $$

209 E Davis Blvd, 33606 ***Tel*** *(813) 251-0558* **Mapa de carreteras** *D3*

Este restaurante de precio razonable está especializado en cocina *tex-mex*. Sirven todo tipo de bandejas, pero los platos más populares son los pimientos asados y rellenos de queso y los rollitos de huevo y pollo. De postre, se recomienda el flan.

TAMPA CDB Southside $$$

3671 SW Shore Blvd, 33629 ***Tel*** *805-2327* **Mapa de carreteras** *D3*

Este restaurante recibe a viajeros de negocios y familias. Ofrece una excelente cocina italiana con precios relativamente razonables. Tiene ambiente de *bistro* y resulta adecuado para pasar un rato. Es divertido y a menudo ruidoso por las noches; música en directo los fines de semana. El servicio es amable y hay aparcamiento.

TAMPA Columbia Restaurant $$$

2117 E 7th Ave Ybor City, 33605 ***Tel*** *(813) 248-4961* **Mapa de carreteras** *D3*

Éste es el restaurante Columbia original y lleva desde 1905 sirviendo comida española y cubana. Dispone de varios comedores con animados espectáculos de flamenco por la noche. Su comida y su extensa carta de vinos han ganado muchos premios. Ambiente cálido y acogedor.

TAMPA Gio's $$$

3621 W Waters Ave, 33614 ***Tel*** *(813) 932-1922* **Mapa de carreteras** *D3*

Una buena comida italiana combinada con algunos toques de inspiración regional conforman los sabores de este popular restaurante. Los platos están muy bien preparados y presentados. Además, su ambiente romántico e íntimo resulta perfecto para celebraciones especiales. Música en directo los fines de semana. Se recomienda reservar.

TAMPA The Schnitzelhaus German Restaurant $$$

4333 W Waters Ave, 33614 ***Tel*** *(813) 884-5634* **Mapa de carreteras** *D3*

Muy popular por su auténtica cocina y cerveza alemanas. Este acogedor restaurante ofrece platos tradicionales como el *wiener schitzel*, el *strudel* de manzana y muchos otros platos de cerdo, pollo, cordero, venado y ternera. La variedad de cervezas y postres también resulta impresionante. Se recomienda reservar.

TAMPA Mise en Place $$$$

442 W Kennedy Blvd, 33606 ***Tel*** *(813) 254-5373* **Mapa de carreteras** *D3*

Este pequeño restaurante con encanto es muy popular entre locales y turistas. El innovador menú de este bullicioso local cambia a diario, pero sus deliciosos platos elaborados con productos frescos de la zona siempre gustan. Sirve marisco y carnes. Se recomienda reservar con antelación.

TAMPA Oystercatchers $$$$

Grand Hyatt Regency Hotel, 2900 Bayport Drive, 33607 ***Tel*** *(813) 874-1234* **Mapa de carreteras** *D3*

El estupendo servicio y la bonita ubicación convierten este local en un magnífico destino para familias. El pescado y el marisco de inspiración floridana son el principal atractivo de este restaurante de precio razonable, aunque la variedad es suficiente para satisfacer la mayoría de los gustos. Espectacular *brunch* dominical.

TAMPA Lauro Ristorante Italiano $$$$

3915 Henderson Blvd, 33629 ***Tel*** *(813) 281-2100* **Mapa de carreteras** *D3*

Este acogedor restaurante sirve una deliciosa comida italiana en un agradable y bonito comedor. El magnífico servicio y los precios moderados son otros de sus atractivos, así como la carta de gran calidad, que invita a repertir la visita. Ofrece una gran variedad de platos con pasta, *gnocchi* y ternera. Ambiente muy romántico.

TAMPA Bern's Steak House $$$$$

1208 S Howard Ave, 33606 ***Tel*** *(813) 251-2421* **Mapa de carreteras** *D3*

Uno de los restaurantes más famosos y populares de la ciudad. Este elegante local, de visita obligada para los aficionados a la carne, ha convertido su cocina en un arte. Cada plato se prepara al gusto del comensal y se acompaña de verduras ecológicas. Su creativa carta se elabora con los ingredientes más frescos de la zona. Imprescindible reservar.

VENICE Sharky's on the Pier $$

1600 S Harbor Drive, 34285 ***Tel*** *(941) 488-1456* **Mapa de carreteras** *D4*

Muy popular entre las familias aficionadas al marisco por su ambiente divertido. La especialidad de la casa es el pescado, cocinado de distintas formas, por ejemplo a la brasa, *ennegrecido* o frito. Se puede comer en uno de los dos comedores interiores o disfrutar de una tranquila comida en la terraza.

LOS EVERGLADES Y LOS CAYOS

EVERGLADES Coopertown Airboat Rides and Restaurant $

22700 SW 8 St, 33144 ***Tel*** *(305) 226-6048* **Mapa de carreteras** *E5*

Este local es estupendo para tomar una cerveza y platos tradicionales. Su variada carta incluye ancas de rana, cola de caimán, filetes, gambas, hamburguesas, patatas fritas y mucho más. Este pequeño restaurante también alquila hidrodeslizadores y organiza excursiones. Un local interesante si se desea disfrutar del ambiente local.

Precios *ver p. 335* **Simbología** *ver solapa trasera*

EVERGLADES Miccosukee Restaurant $$
25 millas al O de Florida Turnpike, en SW 8 St, 33144 ***Tel*** *(305) 894-2374* **Mapa de carreteras** E5

Aunque su carta no incluye ningún plato miccosukee, este restaurante de precio razonable sirve siluro, ancas de rana, pan de calabaza y platos más típicos como las hamburguesas. Es un buen lugar para descansar durante la visita a la zona sur de los Everglades. Hay también un pequeño museo sobre la cultura india local.

ISLAMORADA Marker 88 $$$
MM 88 Overseas Hwy, 33036 ***Tel*** *(305) 852-9315* **Mapa de carreteras** F5

Este restaurante de larga tradición mira hacia la bahía de Florida y ofrece platos innovadores con marisco de los cayos y cocina europea clásica. Su aclamado cocinero utiliza productos frescos de temporada, como frutas y verduras, para elaborar innovadores platos. Raciones generosas y buen servicio.

ISLAMORADA Whale Harbor Inn $$$
MM 83.5 Overseas Hwy, 33036 ***Tel*** *(305) 664-4959* **Mapa de carreteras** F5

Este establecimiento con bufé libre de marisco es famoso en los cayos y el sur de Florida. Cuenta con una impresionante variedad de platos, incluidas ostras crudas, dorado frito, pastel de cangrejo, alas de pollo fritas y costillas a la brasa. Los comensales del Whale acuden incluso desde Miami.

KEY LARGO Mrs. Mac's Kitchen $$
MM 99.4 Overseas Hwy, 33037 ***Tel*** *(305) 451-3722* **Mapa de carreteras** F5

Este sencillo restaurante sirve enormes bocadillos, cuencos de chile y marisco fresco. Muy popular entre locales y turistas que buscan un buen local de comida para llevar. Su ambiente informal y acogedor crea un espacio ideal para toda la familia. Muy asequible para lo habitual en los cayos de Florida.

KEY LARGO Fish House Restaurant and Seafood Market $$$
MM 102.4 Overseas Hwy, 33037 ***Tel*** *(305) 451-4665* **Mapa de carreteras** F5

Aunque parece una cabaña, este pequeño restaurante es uno de los preferidos entre los locales por su fresquísimo pescado y su ensalada de carrucho. No posee lujos, sólo buen marisco. Su encanto rústico y su apetitosa comida cautiva a muchos, incluidos los niños. Sus precios asequibles resultan algo extraño en una zona tan cara como los cayos.

KEY WEST Banana Café $$
1211 Duval St, 33040 ***Tel*** *(305) 294-7227* **Mapa de carreteras** E5

Una fabulosa variedad de *crêpes* encabeza el menú de este café. Sus íntimas mesas y el porche cubierto ofrecen un espacio encantador en un extremo de esta calle. Se utilizan ingredientes frescos de la zona para crear sabrosos platos. Servicio y ambiente magníficos en un lugar maravilloso de Key West.

KEY WEST El Siboney $$
900 Catherine St, 33040 ***Tel*** *(305) 296-4184* **Mapa de carreteras** E5

Este restaurante, perfecto para las familias, se encuentra en el centro de la ciudad y ofrece una deliciosa cocina cubana tradicional. Entre los platos favoritos figuran la sopa de frijoles, el pescado local a la parrilla, la paella y los bocadillos. Las raciones son enormes. Local muy recomendado.

KEY WEST Sloppy Joe's Bar $$
201 Duval St, 33040 ***Tel*** *(305) 294-5717* **Mapa de carreteras** E5

No es el Sloppy Joe's original, al que dio fama el conocido escritor Ernest Hemingway, pero recrea su ambiente. El bar al aire libre ofrece comida de *pub* de buena calidad y raciones abundantes, y es uno de los locales más populares de los cayos. Su eficiente servicio, la apetitosa carta y el emplazamiento tranquilo le añaden encanto.

KEY WEST Camille's $$$
1202 Simonton St, 33040 ***Tel*** *(305) 296-4811* **Mapa de carreteras** E5

Uno de los locales favoritos entre los locales, sobre todo para desayunar y tomar el *bruch*. Este agradable restaurante, donde un par de visitas te convierten en un habitual, sirve cocina estadounidense contemporánea con un toque creativo, raciones abundantes y estupenda calidad. Ambiente informal y acogedor, perfecto para una salida familiar.

KEY WEST La Trattoria Restaurant $$$
524 Duval St, 33040 ***Tel*** *(305) 296-1075* **Mapa de carreteras** E5

Este restaurante, uno de los más famosos de la zona, ofrece buena comida. Cuidadosa combinación de la tradición italiana y los detalles tropicales. Amplia selección de vinos y un completo bar. Su ambiente romántico e íntimo, el eficiente servicio y los platos bien preparados invitan a repetir la visita.

KEY WEST Mangia Mangia Pasta Café $$$$
900 Southard St, 33040 ***Tel*** *(305) 294-2469* **Mapa de carreteras** E5

Las fresquísimas pastas acompañadas de sabrosas salsas han dado una gran reputación a este café de ubicación céntrica. Mangia cuenta con un excelente servicio y platos especiales. Conviene reservar con antelación. Algunos fines de semana hay espectáculos, pero es mejor informarse por teléfono.

KEY WEST Mangoes $$$
200 Duval St, 33040 ***Tel*** *(305) 292-4606* **Mapa de carreteras** E5

Se puede comer marisco en el marco tropical de Mangoes. Hay dos opciones, comer fuera en el patio que mira hacia Dubal Street, o dentro, en el suntuoso comedor. La cocina *floribbean* es deliciosa y utiliza pescados locales, así como setas silvestres y trufas.

KEY WEST Seven Fish $$$

632 Olivia St, 33040 ***Tel*** *(305) 296-2777* **Mapa de carreteras** *E5*

Es necesario hacer reserva para acceder a este pequeño restaurante situado en una zona apartada de la isla. La razón es sencilla: marisco fresco e increíblemente sabroso. También hay platos con carne. Una de las mejores opciones culinarias de la zona. Ambiente agradable y bullicioso.

KEY WEST Antonia's Restaurant $$$$

615 Duval St, 33040 ***Tel*** *(305) 294-6565* **Mapa de carreteras** *E5*

Este pequeño y popular restaurante, uno de los principales de la zona, elabora una apetitosa cocina del norte de Italia. Ofrece platos clásicos y modernos, como las deliciosas pastas y salsas caseras, que se preparan con ingredientes frescos. También dispone de una gran carta de vinos. Los fines de semana acude mucho público, por lo que conviene reservar.

KEY WEST Blue Heaven $$$

729 Thomas St, 33040 ***Tel*** *(305) 296-8666* **Mapa de carreteras** *E5*

Este restaurante informal, ubicado en un antiguo edificio de Key West, sirve cocina caribeña y diversos platos vegetarianos. Se puede disfrutar del delicioso marisco en un espacio ajardinado con pollos deambulando libremente. También hay una tienda de regalos. Emplazamiento tranquilo y acogedor.

KEY WEST Café Sole $$$

1029 Southard St, 33040 ***Tel*** *(305) 294-0230* **Mapa de carreteras** *E5*

Este magnífico establecimiento, situado junto a los itinerarios habituales de Key West, posee una excelente cocina insular con toques clásicos en un ambiente sencillo y romántico. Su cocinero utiliza productos frescos de la zona para elaborar una imaginativa carta, que incluye pargo colorado con pesto y champán, y lagosta a la *bouillabaisse*.

KEY WEST Café Marquesa $$$$

600 Fleming St, 33040 ***Tel*** *(305) 292-1244* **Mapa de carreteras** *E5*

Este elegante café, ubicado en una posada histórica, ofrece una carta estadounidense contemporánea en cuyas innovadoras recetas se utilizan productos frescos de la zona. Entre los platos favoritos están el costillar de cordero con pistachos y queso de cabra y las gambas de Key West marinadas y asadas a la parrilla. También hay magníficos postres. Se recomienda reservar.

KEY WEST La-Te-Da Ocean Grill $$$$

1125 Duval St, 33040 ***Tel*** *(305) 296-6706* **Mapa de carreteras** *E5*

Este atractivo café ofrece una atractiva y cambiante carta en la que se combinan ingredientes tropicales e internacionales para crear platos bellos y deliciosos. Ambiente divertido. Una de las visitas obligadas en la isla. Resulta buena idea hacer reserva. Estupendo para familias con niños.

KEY WEST Louie's Back Yard $$$$

700 Waddell Ave, 33040 ***Tel*** *(305) 294-1061* **Mapa de carreteras** *E5*

El menú de este local incluye el marisco más fresco combinado con sabores caribeños y tailandeses. Se trata de un restaurante galardonado rodeado de vegetación tropical y uno de los establecimientos con mejores vistas de la ciudad. Los platos con pargo son muy populares, como su elaborado *brunch* dominical.

KEY WEST Michael's $$$$

532 Margaret St, 33040 ***Tel*** *(305) 295-1300* **Mapa de carreteras** *E5*

Este atractivo restaurante, situado entre las calles del casco histórico de la ciudad, ofrece un menú tradicional con platos de carne, pescado y marisco y sabores insulares. Los filetes, enviados en avión desde Chicago, son quizás el plato más popular. Su famoso volcán de chocolate resulta sublime.

KEY WEST Opera Italian Restaurant $$$$

613 Duval St, 33040 ***Tel*** *(305) 295-2705* **Mapa de carreteras** *E5*

Uno de los restaurante más aclamados de la isla. Sirve platos típicos italianos muy bien preparados y comidas de inspiración tropical igualmente buenas. Su tranquilo y romántico emplazamiento atrae a las parejas, y su eficiente servicio le añade encanto.

KEY WEST Pisces $$$$

1007 Simonton St, 33040 ***Tel*** *(305) 294-7100* **Mapa de carreteras** *E5*

La atractiva cocina estadounidense contemporánea de este restaurante, antes conocido como Café des Artistes, se combina con toques tropicales. El *tango mango* de lagosta es su plato más conocido. Es uno de los restaurantes más frecuentados de la zona y su moderna decoración incluye obras del artista Andy Warhol.

KEY WEST Square One Restaurant $$$$

1075 Duval St, 33040 ***Tel*** *(305) 296-4300* **Mapa de carreteras** *E5*

Restaurante muy popular y sin duda el más acogedor de la isla. Este tranquilo oasis nocturno está situado en el centro de la ciudad y ofrece platos típicos estadounidenses con influencias caribeñas. Su variado menú incluye clásicos como el *steak tartare y* el taco de langosta. Magníficos postres y cócteles.

KEY WEST A & B Lobster House $$$$$

700 Front St, 33040 ***Tel*** *(305) 294-5880* **Mapa de carreteras** *E5*

El mejor destino en la isla por sus excelentes langostas. Este restaurante de tamaño considerable resulta muy formal, pero siempre ofrece comidas de buena calidad, entre ellas especialidades con marisco, pastas y platos de carne. A & B suele atraer a clientes mayores y familias. Impresionante carta de vinos y buen servicio.

Precios *ver p. 335* **Simbología** *ver solapa trasera*

KEY WEST One Duval $$$$$

1 Duval St, 33040 ***Tel*** *(305) 296-4600* ***Mapa de carreteras*** *E5*

Este exclusivo restaurante costero sirve una apetitosa combinación de cocina caribeña y floridana, como la langosta con plátano marinado. Ofrece diversos platos de marisco, carne y ave, en los que se utilizan productos regionales. Desde las mesas exteriores se pueden contemplar las espectaculares puestas de sol. Ambiente elegante.

MARATHON The Cracked Conch Café $$

4999 Overseas Hwy, 33050 ***Tel*** *(305) 743-2233* ***Mapa de carreteras*** *E5*

Este pequeño café, una conocida escala junto a la Overseas Highway, resulta perfecto para tomar un bocado rápido y una bebida fría. Ofrece típicos aperitivos de carrucho, bandejas y bocadillos, además de platos de carne, costillas, filetes y pollo. Se puede comer en el interior o en un cómodo patio. Estupendo para toda la familia.

MARATHON 7-Mile Grill $$$

MM 47.5 Overseas Hwy, 33050 ***Tel*** *(305) 743-4481* ***Mapa de carreteras*** *E5*

Este acogedor restaurante se encuentra al norte del puente 7-Mile y sirve desayunos, almuerzos y cenas. Entre sus especialidades figuran marisco fresco, sopas caseras como la de carrucho, bocadillos y hamburguesas. Su verdadero atractivo son las comidas a precios razonables, las estupendas vistas y el ambiente agradable.

MARATHON Island Fish Company $$$

12648 Overseas Hwy, 33050 ***Tel*** *(305) 743-4191* ***Mapa de carreteras*** *E5*

Sentarse al aire libre, contemplar las hermosas vistas y disfrutar de una amplia oferta de platos deliciosos son los principales atractivos de este divertido restaurante. Island Tiki Bar sirve filetes, hamburguesas, marisco, pollo a la parrilla, solomillo y bocadillos. Es un bar frecuentado por quienes recorren la Overseas Highway.

MARCO ISLAND Olde Marco Pub & Restaurant $$

1105 Bald Eagle Drive, 34145 ***Tel*** *(239) 642-9700* ***Mapa de carreteras*** *E4*

En este restaurante se come sabrosa cocina de *pub* con buena relación calidad/precio. Entre sus especialidades están los gambones salteados, las almejas horneadas, el mero relleno al horno y las gambas rellenas con cangrejo. Las actuaciones en directo de los fines de semana atraen mucho público. Aunque se admiten niños, está orientado a los adultos.

MARCO ISLAND Konrad's $$$

599 S Collier Blvd, 34145 ***Tel*** *(239) 642-3332* ***Mapa de carreteras*** *E4*

Este elegante restaurante tiene una atractiva decoración y uno de los mejores bares de ensaladas de la isla. Son famosos sus langostinos rebozados. Conviene preguntar por las sugerencias del día. Aunque el ambiente no es muy animado y acuden clientes mayores, resulta adecuado para las familias. Suele haber más clientes a última hora de la tarde.

MARCO ISLAND Snook Inn $$$

1215 Bald Eagle Drive, 34145 ***Tel*** *(239) 394-3313* ***Mapa de carreteras*** *E4*

El marisco y los filetes son la especialidad de este restaurante costero. El pescado se cocina al gusto. Snook Inn ofrece una amplia carta de platos estadounidenses y favoritos insulares. Se puede comer en el interior o disfrutar de una tranquila comida al aire libre. Desde el bar se contemplan unas magníficas vistas.

NAPLES First Watch $

225 Banyan Blvd, 34102 ***Tel*** *(239) 434-0005* ***Mapa de carreteras*** *E4*

Este restaurante de estilo familiar se encuentra frente a Lowdermilk Park. Está siempre lleno y es el mejor local de la ciudad para desayunar. Ofrece una amplia variedad de tortillas rellenas, tortitas, gofres y *crÊ;pes*. También sirve *brunch* y almuerzos. Su variada carta incluye platos para todos los gustos. No se permite fumar.

NAPLES Noodles Italian Café and Sushi Bar $$$

1585 Pine Ridge Rd, 34109 ***Tel*** *(239) 592-0050* ***Mapa de carreteras*** *E4*

Sin duda el mejor restaurante de pasta de Naples. Sus diferentes pastas frescas se combinan con deliciosas salsas que completan los apetitosos platos. El menú incluye típicas recetas italianas, y todas las comidas se acompañan de pan *focaccia*. Precio razonable y ambiente cálido y acogedor.

NAPLES Remy's Bistro $$$

2300 Pine Ridge Rd, 34109 ***Tel*** *(239) 403-9922* ***Mapa de carreteras*** *E4*

Este elegante y atractivo restaurante ofrece una excelente cocina continental con influencias mediterráneas. Remy's sirve pescado fresco, cangrejos y vieiras rellenas, atún con sésamo a la parrilla, pato glaseado y solomillo, además de sabrosas hamburguesas y bocadillos. El ambiente agradable atrae a los jóvenes y su hora feliz es muy popular.

NAPLES Bistro 821 $$$$

821 5th Ave S, 34102 ***Tel*** *(239) 261-5821* ***Mapa de carreteras*** *E4*

Este elegante establecimiento ofrece cocina internacional creativa. Se pueden elegir platos de su innovador menú o suculentos especiales del día, entre los que se incluye el lenguado al limón relleno con vieiras y *mousse* de langosta. Su ambiente tranquilo y elegante y la ecléctica selección de vinos le añaden encanto.

TAVERNIER Tropical Café $

90691 Old Hwy, 33070 Tel (305) 852-3251 ***Mapa de carreteras*** *F5*

Este restaurante económico sirve menú bufé y cena informal en comedor o en terraza. Se puede disfrutar de delicias como buñuelos de caracol de mar y camarón de cola de abanico. El decorado playero, la fantástica comida y su comodidad hacen de él un buen lugar para familias.

Bares y cafés

El estilo de vida relajado de Florida asegura la existencia de numerosos bares y cafés. El término café se suele aplicar a un restaurante informal tipo *bistro*, pero también puede referirse a una cafetería o un bar. Los bares enfocados al deporte son muy populares; en ellos, suele haber varios televisores, aunque normalmente el volumen está al mínimo y de fondo suena la música. Muchos bares y cafés tienen una hora feliz, habitualmente de 16.00 a 19.00, en la que las bebidas son más baratas y los aperitivos gratis. Los locales de esta guía resultan adecuados para beber y comer algo o para disfrutar de un café.

MIAMI

Miami Beach: *News Café*
800 Ocean Drive. **Plano** 2 F4.
Tel *(305) 538-6397.*
Este café informal con amplias mesas en la terraza es el principal lugar de encuentro de South Beach. Está abierto las 24 horas del día. La gente se reúne para beber, comer y disfrutar de la animación de Ocean Drive. Su ecléctico menú incluye buenos desayunos, pasta, además de comidas saludables y ligeras. Hay doce tipos de café y una carta de pasteles muy extensa. *AE DC MC V*

Miami Beach: *Van Dyke Café*
846 Lincoln Rd. **Plano** 2 E2.
Tel *(305) 534-3600.*
Este popular local de SoBe, con mesas en el interior y al aire libre, ocupa un edificio de estilo mediterráneo restaurado. Sus especialidades son el pudin de pan y el *zabaglione* con bayas frescas. Hay una buena oferta de cafés e infusiones, y por las noches actúa un trío de jazz. *AE DC MC V*

Centro: *Hard Rock Café*
401 Biscayne Blvd. **Plano** 4 F1.
Tel *(305) 377-3110.*
Turistas y locales acuden al Hard Rock Café, decorado con recuerdos de rock y animado por una vibrante música. Hay un bar para tomar algo y disfrutar del ambiente, pero si se quiere comer es necesario reservar. La carta es estadounidense e incluye desde jugosas hamburguesas hasta sabrosas tartas de manzana calientes. Raciones generosas. *AE DC MC V*

Coral Gables: *Café Books & Books*
265 Aragon Ave. **Plano** 5 C1.
Tel *(305) 448-9599.*
Esta *delicatessen* de estilo europeo se encuentra en el patio de Books & Books y sirve sopas, bocadillos y magníficos postres, todo elaborado por Lyon & Lyon Caterers. La cafetería abre todos los días de 9.00 a 23.00. *AE MC V*

Coconut Grove: *Café Tu Tu Tango*
3059 Grand Ave. **Plano** 6 E4.
Tel *(305) 461-2228.*
Buen sitio donde compartir entradas españolas, alcachofa cocida en salsa y sashimi de atún. Está orientado hacia Coco Walk, así que es un buen lugar para mirar a la gente. *AE DC MC V*

Coconut Grove: *Fat Tuesday's*
CocoWalk, 3015 Grand Ave.
Plano 6 E4. ***Tel*** *(305) 441-2992.*
Este antiguo bar tiene 3 antenas parabólicas, 51 televisores y 5 mesas de billar. Ahora es uno de los bares/café de la cadena Fat Tuesday's y sirve de punto de encuentro para los jóvenes. Sirve cerveza estadounidense e importada y su menú incluye comidas ligeras y aperitivos, como alitas de pollo al estilo Buffalo, pizza vegetariana, fajita de hamburguesa, hamburguesas gigantes y pastel de Misisipí. *AE DC MC V*

GOLD COAST Y TREASURE COAST

Boca Raton: *GiGi's Tavern*
346 Plaza Real. **Mapa de carreteras** F4. ***Tel*** *(561) 368-4488.*
GiGi's Tavern ofrece opciones para todos los gustos. Es una combinación de taberna, bar de ostras, cafetería con deliciosos postres y restaurante elegante pero informal. Hay mesas al aire libre para contemplar a la gente frente a un *cappuccino*o una deliciosa comida de tres platos. *AE MC V*

Fort Lauderdale: *Brio Mediterranean Bistro*
720 E Las Olas Blvd.
Mapa de carreteras F4.
Tel *(954) 760-4186.*
Lugar para disfrutar de sangría casera y pizza hecha en horno de leña. Este renombrado *bistrot* del distrito de tiendas, restaurantes y entretenimiento de Fort Lauderdale también ofrece comidas completas. Tiene una selección de platos de Grecia, España, Italia y Turquía. Además de sangría, el animado bar sirve vino y cerveza. *AE DC MC*

Fort Lauderdale: *Shooters*
3033 NE 32nd Ave.
Mapa de carreteras F4.
Tel *(954) 566-2855.*
Este bar-restaurante costero es un paraíso para contemplar a la gente. La clientela que suele abarrotarlo acude a comer, beber y contemplar los barcos. El menú es bastante amplio y tiene precios razonables. Se puede picar un pastel de gambas o cangrejo o tomar un plato más sustancioso, como la ensalada de atún o el bocadillo de mero de Florida. *AE DC MC V*

Palm Beach: *The Leopard Lounge*
363 Cocoanut Row.
Mapa de carreteras F4.
Tel *(561) 659-5800.*
El Leopar Lounge, ubicado en el Chesterfield Hotel, luce una impresionante decoración con cortinas negras y escarlata y leopardos en las alfombras y manteles. Los fines de semana se llena de público que baila al ritmo de los sonidos *big band* en directo. Se sirve un menú completo. *AE DC MC V*

ORLANDO Y SPACE COAST

Orlando: *Bongos Cuban Café*
1498 E Buena Vista Drive.
Mapa de carreteras E2.
Tel *(407) 828-0999.*
Este elegante café pertenece a Gloria Estefan y su marido. Ofrece una magnífica cocina cubana y música de baile. Destacan el arroz con pollo y la sopa de frijoles. Hay dos plantas con mesas interiores y al aire libre; el balcón de la planta alta es magnífico para contemplar a la gente. *AE DC MC V*

Orlando: *NASCAR Café*
Universal Orlando City Walk.
Mapa de carreteras E2.
Tel *(407) 224-7223.*
Local perfecto para los aficionados a las carreras de coches. Hay expuestos varios coches y multitud de recuerdos. Pero si esto no es suficiente, cuenta además con 40 televisores que emiten carreras importantes, una tienda y simuladores. La comida es típica americana: filetes, chuletas y hamburguesas. *AE DC MC V*

EL NORESTE

Jacksonville: *River City Brewing Company*
835 Museum Circle. **Mapa de carreteras** E1. ***Tel*** *(904) 398-2299.*

La cerveza casera y la amplia oferta de platos a precios razonables convierten este bar en un destino popular. Los viernes actúa una banda en directo y los sábados por la noche, un DJ local. No hay consumición mínima.
AE DC MC V

St. Augustine: *A1A Ale Works*
1 King St. **Mapa de carreteras** E1. ***Tel*** *(904) 829-2977.*

Este agradable *pub*-restaurante se encuentra a los pies del Bridge of Lions y tiene una pequeña fábrica de cerveza. Los aficionados a la *ale* acuden atraídos por sus siete variedades. Los fines de semana tocan grupos en directo.
AE DC MC V

St. Augustine: *OC White's Seafood and Spirits*
118 Avenida Menendez. **Mapa de carreteras** E1. ***Tel*** *(904) 824-0808.*

OC White's ocupa un edificio del siglo XVIII frente al puerto deportivo de St. Augustine. Magníficas vistas y espectáculos por la noche. El interior está decorado con figuras de piratas. Su menú incluye marisco, filetes y hamburguesas. *AE D MC V*

Daytona Beach: *Oyster Pub*
555 Seabreeze Blvd. **Mapa de carreteras** E2. ***Tel*** *(386) 255-6348.*

Este *pub*,situado a sólo una manzana de la playa, sirve ostras, gambas y otros mariscos. Durante la hora feliz, las bebidas y el marisco resultan más baratos. Hay 27 televisores con retransmisiones deportivas, una sala de billar y un DJ los fines de semana. *AE MC V*

Gainesville: *2 Bits Lounge*
1714 SW 34th Street.
Mapa de carreteras D2.
Tel *(352) 371-3600.*

Situado en el hotel Hilton, cerca del campus de la Universidad de Florida, este popular bar está dedicado al deporte y ofrece todos los juegos favoritos en sus televisiones. Dan tentempiés. *AE DC MC V*

EL PANHANDLE

Panama City Beach: *Shuckum's Oyster Pub*
15614 Front Beach Rd. **Mapa de carreteras** B1. ***Tel*** *(850) 235-3214.*

El mostrador de este sencillo y popular bar está cubierto con billetes de dólar firmados por clientes satisfechos. Shuckum's es famoso por las ostras, que se sirven crudas, al horno, al vapor o fritas y en bocadillo. También sirven otros mariscos.
MC V

Pensacola Beach: *Sidelines Sports Bar and Restaurant*
2 Via de Luna Drive. **Mapa de carreteras** A1. ***Tel*** *(850) 934-3660.*

Este informal local de Pensacola Beach ofrece un especial cada noche de la semana; en la noche cajún, por ejemplo, se sirven Bloody Marys al estilo cajún. Hay reservados y las paredes están adornadas con los habituales objetos deportivos y televisores gigantes.
AE MC V

Tallahassee: *Banjo's Smokehouse*
2335 Apalachee Pkwy. **Mapa de carreteras** C1. ***Tel*** *(850) 877-8111.*

A sólo unos kilómetros del centro de Tallahassee por la US 27 se encuentra este bar-restaurante. Banjo's es famoso por sus costillas, filetes y pollo a la parrilla, aunque las ensaladas resultan suficiente para una comida; también hay menú infantil. Es un lugar perfecto para disfrutar de una buena barbacoa.
AE, MC

LA COSTA DEL GOLFO

Lee Island Coast: *The Mucky Duck*
11546 Andy Rosse Lane, Captiva Island.
Mapa de carreteras D4.
Tel *(239) 472-3434.*

Este *pub* de estilo británico ocupa un edificio de los años treinta en la ciudad de Captiva. Su antiguo dueño, británico, le puso el nombre de su *pub* favorito. Se puede jugar a los dardos, tomar una cerveza y contemplar la puesta de sol. Su ecléctico menú incluye platos ingleses como el pescado con patatas fritas y comida vegetariana.
AE DC MC V

Tampa: *Elmer's Sports Café*
2003 E 7th Ave, Ybor City.
Mapa de carreteras D3.
Tel *(813) 248-5855.*

Este bar de deportes original de Ybor City tiene fama por sus gruesas pizzas, estupendas alitas y buena cerveza. Hay televisores repartidos por todo el local y una mesa de billar. No es un local elegante, pero su comida casera resulta sa brosa y el ambiente, agradable. *AE MC V*

St. Petersburg: *Carlie's*
7020 49th St N. **Mapa de carreteras** D3. ***Tel*** *(727) 527-5214.*

Local perfecto para disfrutar de un ambiente agradable y bullicioso. La mayoría de las noches, excepto domingos y lunes, hay baile y bandas en directo, normalmente de la zona. También suelen organizar grandes conciertos. Es un local con seis bares frecuentado por motoristas. Ofrece un menú completo.
DC MC V

LOS EVERGLADES Y LOS CAYOS

Naples: *HB's On The Gulf*
851 Gulf Shore Blvd N.
Mapa de carreteras E4.
Tel *(239) 435-4347.*

El sofisticado HB's On The Gulf, inaugurado en 1946, se encuentra en el Naples Beach Hotel, en el muelle de Naples. Es un buen lugar para contemplar el atardecer, aunque hay que llegar temprano para conseguir sitio. Tras la puesta de sol, el enorme bar exterior se llena de gente y se anima con la música en directo. HB's sirve un menú completo, pero la comida no destaca. *AE DC MC V*

Key West: *Hog's Breath Saloon*
400 Front St. **Mapa de carreteras** E5. ***Tel*** *(305) 296-4222.*

El Hog's Breath Saloon original lo abrió un expatriado de Alabama en Fort Walton Beach en 1976, pero fue trasladado a Key West en 1988. Ahora es uno de los locales favoritos de la zona y ofrece platos de marisco local y sabrosos postres, entre los que figura una buena versión del pastel de lima de los cayos. Música en directo todos los días de 13.00 a 2.00. *AE MC V*

Key West: *Jimmy Buffet's Margaritaville Café*
500 Duval St. **Mapa de carreteras** E5. ***Tel*** *(305) 292-1435.*

En este café se encuentran multitud de recuerdos de Jimmy Buffet, tanto expuestos como a la venta *(ver p. 299)*, aunque rara vez se ve por él a este cantautor local. La especialidad de la casa son las margaritas heladas, pero también se sirven comidas ligeras, bocadillos, hamburguesas y marisco local.
AE MC V

Key West: *Sloppy Joe's*
201 Duval St. **Mapa de carreteras** E5. ***Tel*** *(305) 294-5717.*

Sloppy Joe's, el bar favorito de Ernest Hemingway *(ver p. 298)*, es más comercial que en la época del escritor y atrae sobre todo a turistas. Sin embargo, conserva su ambiente de Key West y cuando hay actuaciones resulta difícil encontrar sitio. El menú incluye platos como jalapeños, buñuelos de carrucho, muslos de pollo y patatas fritas y la famosa hamburguesa Sloppy Joe.
MC V

Simbología *ver solapa trasera*

COMPRAS

Cartel de Hammock en Cedar Key

Ir de compras es probablemente el pasatiempo más popular en Florida y hay mucha gente que lo considera una forma agradable de evitar el calor. Orlando y Miami especialmente atraen a numerosos compradores extranjeros. Este Estado es famoso por sus tiendas con descuentos, aunque también cuenta con otras muy elegantes que suelen concentrarse en los distritos modernos y los centros comerciales. Quienes visitan Florida por primera vez tal vez necesiten habituarse a esta cultura consumista. Los floridanos, en vez de comprar en el centro de las ciudades, suelen acudir a enormes centros comerciales que venden de todo, desde ropa hasta ordenadores. Sin embargo, para comprar recuerdos y regalos *(ver pp. 360-361)*, lo mejor es visitar pequeñas tiendas especializadas. Si se busca algo específico, se pueden conseguir listados de tiendas de la zona en las oficinas de turismo. Las tiendas de Miami se describen en las páginas 94-95.

Las tiendas de Mizner Park, en Boca Raton, son edificios elegantes

HORARIOS

La mayoría de las tiendas abre de 10.00 a 18.00 de lunes a sábado y suele cerrar más tarde un día a la semana. Los establecimientos de los centros comerciales y muchos grandes almacenes abren hasta las 21.00. Algunas tiendas, incluidas las de los centros comerciales, abren los domingos, normalmente de 10.00 a 18.00 y otras, sobre todo en las grandes ciudades, no cierran.

En diciembre, muchas tiendas amplían su horario de apertura y cierre en una o dos horas, para facilitar la realización de las compras navideñas.

IMPUESTOS

Florida grava con un 6% (puede variar en algunos condados) todos los productos, excepto medicamentos, alimentos y ropa infantil. Este impuesto no está incluido en los precios de las etiquetas, pero se añade automáticamente en la factura. Conviene saber que cada año, normalmente en la última semana de julio o la primera de agosto, el Estado permite una semana de consumo libre de impuestos dirigida a las familias que necesitan hacer compras para el siguiente año escolar. Merece la pena aprovechar esta oportunidad para adquirir ropa y libros por un valor de hasta 50 dólares. De esta forma, se puede ahorrar un 6% en la factura final.

GRANDES ALMACENES

La mayoría de los centros comerciales incluye al menos un gran almacén. Suelen ser grandes superficies donde se ofrece una increíble gama de productos y servicios, como envoltura gratuita de regalos o asistentes que ayudan con las compras.

Los grandes almacenes abundan en todo el país y cada uno tiene una fama determinada por la calidad de sus productos. Bloomingdale's, por ejemplo, es conocido por su oferta de moda y sus alimentos selectos. Algunas de sus tiendas están especializadas en moda de diseño, como las elegantes Saks Fifth Avenue y Neiman Marcus y la clásica Lord & Taylor. Burdines, una cadena de Florida, se ha unido recientemente a la famosa Macy's, que tiene sucursales en todo el Estado. En Sears y JCPenney se vende desde ropa y cosméticos hasta electrodomésticos y herramientas eléctricas.

Para adquirir productos básicos, como lapiceros, pasta de dientes, comestibles y electrónica, se puede acudir a supermercados sencillos como Target, K-Mart y Wal-Mart, presentes en muchas localidades del Estado. También se pueden encontrar productos básicos, además de tentempiés y revelado de fotografías en una hora,

Elegante *boutique* en Bal Harbour Shops, Miami

en tiendas como Walgreens y CVS Pharmacy. Muchos de estos comercios permanecen abiertos todo el día, especialmente en las grandes ciudades.

TIENDAS ECONÓMICAS

Para mucha gente, el principal atractivo de las tiendas de Florida son sus artículos a precio reducido. Las tiendas con descuentos disponen de todo tipo de productos, pero los más atractivos son los equipos electrónicos, los artículos para la casa y la ropa. Hay tiendas especializadas en moda económica, como Ross, TJ Maxx y Marshalls; todas disponen de sucursales en las principales ciudades. Best Buy y Circuit City son las mejores tiendas para comprar CD, DVD, ordenadores y aparatos eléctricos con descuentos.

Los centros comerciales con precios de fábrica son especialmente populares entre las personas que buscan ofertas. En estos comercios, se pueden comprar productos con pequeñas taras o artículos con descuentos de hasta el 50-75%. La mayoría de estos centros comerciales también incluye tiendas de marca que venden artículos para la casa y todo tipo de prendas, como vaqueros Levi's, a precios muy bajos.

La International Drive de Orlando *(ver p. 190)* está flanqueada por multitud de tiendas con descuento y precios de fábrica. Se pueden encontrar incluso recuerdos de Disney más baratos, aunque la calidad suele ser menor que en los parques temáticos. Lo mejor es visitar las tiendas Character Warehouse en los centros comerciales con precios de fábri ca de

Uno de los peculiares anticuarios de Micanopy

la ciudad, ya que venden productos oficiales del parque temático de la temporada anterior con descuentos de hasta el 75%.

Los mercadillos son espacios amplios y animados donde se pueden encontrar gangas; suelen instalarse los fines de semana. Si no interesan los objetos de segunda mano, en la mayoría de estos mercadillos hay también artesanía, antigüedades y otros artículos. Los puestos de comida son otro de sus atractivos. Algunos mercados también cuentan con atracciones, como el Fort Lauderdale Swap Shop *(ver p. 134)* y el Flea World de Orlando, que combinan un mercadillo con un pequeño circo y un parque de atracciones. Son de los mayores mercadillos del Estado e igualmente adecuados para pasar una tarde divertida.

REGALOS Y RECUERDOS

Muchas personas que visitan Florida suelen comprar naranjas, aunque probablemente no sea un producto muy demandado por el viajero español. Las de mejor calidad se cultivan junto al río Indian *(ver p. 115)*, donde se venden por sacos. Otro cítrico popular es la lima de los cayos, que se utiliza en todo el Estado en diversas preparaciones, incluidas salsas y pasteles.

Los moluscos son también muy buscados, pero conviene comprobar su origen. La Lee Island Coast *(ver pp. 278-279)* es famosa por este tipo de marisco.

Esponjas a la venta en Key West

En la Shell Factory, cerca de Fort Myers *(ver p. 277)*, se pueden comprar moluscos cultivados. Las conchas y corales que se venden en puestos junto a la US 1, en los cayos, suelen ser importados. Aquí también se venden esponjas naturales, aunque el mejor lugar para adquirirlas es Tarpon Springs *(ver p. 251)*.

Los indios venden artesanías fabricadas en sus reservas de Miccosukee Indian Village *(ver p. 285)* y Hollywood *(ver p. 136)*, pero Florida no es el mejor lugar para comprar artesanía. Sin embargo, hay muchas ciudades famosas por las antigüedades, como Dania *(ver p. 136)*, Micanopy *(ver p. 222)* y Mount Dora *(ver p. 220)*.

Disney ha convertido la mercadotecnia en un arte. Las compras son habituales en Walt Disney World y otros parques temáticos. Las tiendas de los museos también venden recuerdos muy variados.

Una de las numerosas tiendas con precios de fábrica

Qué comprar

Conchas de chocolate

Probablemente le digan que en Florida puede adquirir prácticamente de todo, desde un biquini de marca hasta un reproductor de CD último modelo o, incluso, una casa. De hecho, algunos visitantes extranjeros acuden a este Estado exclusivamente para comprar. Aunque sólo busque los tradicionales regalos, no le faltará dónde elegir en los parques temáticos y los centros turísticos costeros. Quizás tenga que buscar si quiere evitar los típicos recuerdos, aunque puede que sea lo que mejor hace Florida y lo que más representa el sabor del Estado del sol.

Gorra de béisbol del Miami Dolphins

Llavero

Objetos con el nombre de Florida
En todo el Estado encontrará infinidad de divertidos souvenirs, *a menudo a un precio razonable. Con frecuencia llevan el nombre de Florida, una palmera, un lagarto u otra imagen típica.*

Alimento liofilizado del Kennedy Space Center

Oscar de Universal Studios

Artículos temáticos
Todos los parques temáticos, desde Universal Studios hasta Busch Gardens, fabrican sus propios recuerdos.

Azulejo decorado con flamencos

Hucha-caimán

Artesanía semínola
La artesanía de los indios semínolas sólo se vende en algunos lugares (ver p. 359). *Por unos cuantos dólares puede llevarse una muñeca o una joya, o bien una prenda de vestir, una bolsa o una colcha de vivos colores.*

Libros
Los libros sobre el barrio art déco *de Miami suelen exhibir magníficas fotos que se convierten en un recuerdo duradero de su estancia en la ciudad.*

Puros artesanales
La tradición cubana de enrollar los puros a mano aún subsiste en Ybor City, en Tampa (ver pp. 260-261), *y en Little Havana, en Miami* (ver p. 95),*aunque muchos se fabrican a máquina.*

Música latina
Si le gustan los ritmos latinos de la comunidad hispana de Miami, puede adquirir infinidad de discos grabados en la zona.

ARTÍCULOS MÁS BARATOS

Los extranjeros observarán que, debido a los bajos impuestos, muchos productos son más baratos en EE UU que en su país de origen; entre ellos, los vaqueros, las gafas de sol, las zapatillas de deporte, los CD, las cámaras fotográficas y los libros. Florida también tiene muchas tiendas-descuento *(ver p. 359)* cuyos precios son aún más reducidos; los pequeños electrodomésticos suelen ser una buena compra. El centro de Miami es famoso por sus establecimientos de gangas *(ver pp. 94-95)*, especializados en oro, joyas y electrónica. Si tiene temple para ello, no dude en regatear. No olvide que, si adquiere aparatos electrónicos, deberá conseguir un transformador para que funcionen fuera de EE UU.

Camisetas
Las camisetas pueden ser muy baratas, pero compruebe la calidad antes de pagarlas.

Auténticas botas de cowboy

Cinturón de cuero

Artículos del oeste
Los artículos de cuero de tiendas como JW Cooper pueden no estar fabricados en Florida. Sin embargo, suelen tener un buen precio en comparación con el habitual en el mercado internacional.

LOS SABORES DE FLORIDA

Florida es famosa en todo el mundo por sus cítricos, que se pueden comprar frescos o en conserva, en forma de golosinas, mermeladas o gelatinas, o bien de aderezos y aceites de cocina. Los golosos pueden disfrutar de toda clase de delicias azucaradas, desde las pastas de coco hasta los caramelos *salt water taffy*. El chocolate de fabricación local no es de gran calidad, pero a menudo elaboran las chocolatinas de divertidas formas.

Empanadas de Coco

Cesta de frutas cítricas confitadas

Naranjas de Florida en sacos

***Salt water taffy*, muy comprados por los turistas**

Mermelada de lima

Jalea de mandarina

Jalea de jalapeño picante

Aderezo de mango

Aceite de lima para cocinar

Centros y distritos comerciales

Los centros comerciales de Florida disponen de una amplia variedad de tiendas, restaurantes y ocio, todo en un mismo complejo. Muchos centros comerciales están formados por dos o más grandes almacenes *(ver p. 358)* e incluyen comercios que venden desde ropa, productos de salud y belleza hasta libros, música y DVD. Aunque la mayoría de estos complejos son cerrados, hay también algunos al aire libre. Exiten también varios centros comerciales con precios de fábrica *(ver p. 359)* que venden artículos de marca con grandes descuentos. En estos complejos, se puede aparcar fácilmente y la mayoría es accesible en transporte público.

Las personas que quieran disfrutar del clima soleado de Florida mientras pasean de una tienda a otra tal vez prefieran visitar los numerosos distritos comerciales. Estas modernas zonas de tiendas cuentan con *boutiques* elegantes y exclusivas, además de algunos comercios baratos.

DISTRITOS COMERCIALES

Los barrios comerciales de Florida son una buena alternativa para quienes no disfruten demasiado en los centros comerciales. Estos distritos ofrecen una amplia selección de tiendas en cinco o seis manzanas, en vez de un grupo de comercios en un mismo complejo.

Estas zonas comerciales han revivido barrios históricos y sus tiendas son elegantes.

ZONA DE MIAMI

El mayor centro comercial de Miami, **Aventura Mall,** incluye más de 250 tiendas, seguido de **Dadeland Mall** y **Dolphin Mall. Bal Harbour Shops,** un centro comercial más pequeño, se encuentra en Miami Beach y ofrece elegantes *boutiques* como Prada, Dolce & Gabbana y Gucci, dirigidas a una clientela adinerada. El céntrico **Bayside Marketplace** tiene locales de ocio junto a la costa.

Entre los mejores barrios comerciales de la zona de Miami *(ver pp. 94-95)* se encuentran **Village of Merrick Park** y **Downtown Coral Gables and Miracle Mile,** en Coral Gables. Downtown Coconut Grove es también una fantástica zona comercial con centros como **CocoWalk** y **Streets of Mayfair**. También destacan el elegante **Lincoln Road Mall** en South Beach, que ocupa ocho manzanas, y **Cauley Square Historic Village,** que está más cerca de los Everglades que del centro.

GOLD COAST Y TREASURE COAST

Los viajeros que deseen reducir costes deben entrar en **Sawgrass Mills,** en Fort Lauderdale. Con sus más de 300 tiendas con descuentos, casi lleva todo un día visitarlo. Para compras más elegantes, se puede acudir a **The Galleria**.

Worth Avenue en Palm Beach, de moda desde los años veinte, es una de las calles comerciales más exclusivas del mundo. **Mizner Park,** junto a la costa de Boca Raton, lleva el nombre del arquitecto que lo diseñó y también está dirigido a ricos y famosos. No muy lejos, en Glades Road de Boca Raton, el **Town Center Mall** es un buen lugar donde comprar.

ORLANDO Y SPACE COAST

Orlando se distingue por ser la ciudad de Florida con más centros comerciales con precios de fábrica. En International Drive, se encuentran **Prime Outlet** y **Prime Designer Outlets,** además de **Festival Bay Mall. Orlando Premium Outlets** y **Lake Buena Vista Factory Stores** están cerca de Walt Disney World.

The Florida Mall, de visita obligada para muchos turistas, cuenta con multitud de tiendas económicas, mientras que **Pointe Orlando** y **Mall at Millenia** son más elegantes. **Park Avenue,** en Winter Park *(ver p. 189)*, está lleno de *boutiques* y buenos restaurantes.

EL NORESTE

En Jacksonville, se puede contemplar el hermoso río St. Johns desde el complejo **Jacksonville Landing,** mientras que **The Avenues** es un gran almacén más tradicional.

Bajando por la costa, si se buscan ofertas hay que visitar **St. Augustine Premium Outlets.** No se conoce completamente Daytona Beach sin una parada en **Ocean Walk Shoppes,** situado frente al mar.

EL PANHANDLE

Los visitantes de Destin pueden elegir entre **Destin Commons**, al aire libre, o **Silver Sands Factory Stores,** especializado en ropa de diseño económica.

En Tallahassee, la capital del Estado de Florida, **Governor's Square Mall** ofrece la mayor selección de tiendas.

LA COSTA DEL GOLFO

Si se buscan ofertas, en la costa del Golfo hay tres centros con precios de fábrica a lo largo de la I-75. De norte a sur, se pueden hacer compras económicas en **Prime Outlets Ellenton** cerca de Sarasota, **Tanger Factory Outlet Center** en Fort Myers y **Miromar Outlets** en Estero.

Para adquirir artículos de más calidad, se puede acudir a **International Plaza and Bay Street,** cerca del aeropuerto de Tampa, o a **Centro Ybor**, situado en Ybor City, Tampa.

Entre los mejores barrios comerciales están el **St. Armands Circle** de Sarasota, un paraíso para *gourmets,* **Old Hyde Park Village** en Tampa, y **Johns Pass Village** cerca de Madeira Beach, que imita un pueblo pesquero de finales del siglo XIX.

LOS EVERGLADES Y LOS CAYOS

Los aficionados a las ofertas disfrutan en el **Prime Outlets,** en Naples y Florida City.

El elegante barrio de **Fifth Avenue South,** en Naples, tiene diversas *boutiques*. Todo viaje a Key West debe incluir una visita a **Mallory Square Festival Market Place,** con sus tiendas de regalos, *boutiques* y vendedores callejeros.

INFORMACIÓN GENERAL

ZONA DE MIAMI

Aventura Mall
19501 Biscayne Blvd, Aventura.
Tel *(305) 935-1110.*
www.shopaventuramall.com

Bal Harbour Shops
9700 Collins Ave, Bal Harbour.
Tel *(305) 866-0311.*
www.balharbourshops.com

Bayside Marketplace
401 Biscayne Blvd, Miami. **Plano** 4 F1.
Tel *(305) 577-3344.*
www.baysidemarketplace.com

Cauley Square Historic Village
22400 Old Dixie Hwy (US 1), Miami. **Mapa de carreteras** F5.
Tel *(305) 258-3543.*
www.cauleysquareshops.com

CocoWalk
3015 Grand Ave, Coconut Grove. **Plano** 6 E4.
Tel *(305) 444-0777.*
www.coconutgrove.com

Dadeland Mall
7535 N Kendall Drive, Kendall.
Tel *(305) 665-6226.*

Dolphin Mall
11401 NW 12th St, Miami.
Tel *(305) 599-3000.*
www.shopdolphinmall.com

Downtown Coral Gables and Miracle Mile
224 Miracle Mile, Coral Gables. **Plano** 5 C1.
Tel *(305) 569-0311.*
www.shopcoralgables.com

Lincoln Road Mall
Lincoln Rd at 16th St, Miami Beach. **Plano** 2 E2.
Tel *(305) 531-3442.*

Streets of Mayfair
2911 Grand Ave, Coconut Grove. **Plano** 6 E4.
Tel *(305) 448-1700.*
www.coconutgrove.com

Village of Merrick Park
358 San Lorenzo Ave, Coral Gables. **Plano** 5 C4.
Tel *(305) 529-0200.* **www**.villageofmerrickpark.com

GOLD COAST Y TREASURE COAST

The Galleria
2414 E Sunrise Blvd, Fort Lauderdale.
Tel *(954) 564-1036.*

Mizner Park
433 Plaza Real, Boca Raton.
Tel *(561) 362-0606.*
www.miznerpark.org

Sawgrass Mills
12801 W Sunrise Blvd, Fort Lauderdale.
Tel *(800) 356-4557.*
www.sawgrassmills.com

Town Center Mall
6000 Glades Road, Boca Raton.
Tel *(561) 368-6000.*
www.simon.com

Worth Ave
Palm Beach.
Tel *(561) 659-6909.*
www.worth-avenue.com

ORLANDO Y SPACE COAST

Festival Bay Mall
5250 International Dr, Orlando.
Tel *(305) 599-3000.*
www.belz.com

The Florida Mall
8001 S Orange Blossom Trail, Orlando.
Tel *(407) 851-6255.*

Lake Buena Vista Factory Stores
15591 Apopka Vineland Rd, Orlando.
Tel *(407) 238-9301.*
www.lbvfs.com

Mall at Millenia
4200 Conroy Rd, Orlando.
Tel *(407) 363-3555.*
www.mallatmillenia.com

Orlando Premium Outlets
8200 Vineland Av, Orlando.
Tel *(407) 238-7787.*

Park Avenue
Winter Park, Orange Co.
Tel *(877) 972-4262.*
www.wpfl.org

Pointe Orlando
9101 International Drive, Orlando.
Tel *(407) 248-2838.*
www.pointeorlando.com

Prime Designer Outlets
5211 International Drive, Orlando.
Tel *(407) 352-3632.*

Prime Outlets
5401 W Oakridge Rd, Orlando.
Tel *(407) 352-9611.*

EL NORESTE

The Avenues
10300 Southside Blvd, Jacksonville.
Tel *(904) 363-3060.*

Jacksonville Landing
2 Independent Drive, Jacksonville.
Tel *(904) 353-1188.* **www**.jacksonvillelanding.com

Ocean Walk Shoppes
250 N Atlantic Ave, Daytona Beach.
Tel *(386) 258-9544.*
www.oceanwalkshoppes.com

St. Augustine Premium Outlets
2700 State Rd 16, St. Augustine.
Tel *(904) 825-1555*

EL PANHANDLE

Destin Commons
4300 Legendary Drive, Destin. **Tel** *(850) 337-8700.*
www.destincommons.com

Governor's Square Mall
1500 Apalachee Pkwy, Tallahassee.
Tel *(850) 671-4636.* **www**.governorssquare.com

Silver Sands Factory Stores
10562 Emerald Coast Pkwy, W Destin.
Tel *(850) 654-9771.*
www.silversandoutlet.com

LA COSTA DEL GOLFO

Centro Ybor
1600 E 8th Ave, Tampa.
Tel *(813) 242-4660.*
www.centroybor.com

International Plaza and Bay Street
2223 N W Shore Blvd, Tampa. **Tel** *(813) 342-3790.* **www**.shopinternationalplaza.com

Johns Pass Village
150 John's Pass Boardwalk, Madeira Beach.
Tel *(727) 397-1667.*
www.johnspass.com

Miromar Outlets
10801 Miromar Outlets Blvd, Estero.
Tel *(850) 539-7422.*
www.miromar.com

Old Hyde Park Village
742 S Village Circle, Tampa.
Tel *(813) 251-3500.*
www.oldhydepark.com

Prime Outlets Ellenton
5461 Factory Shops Blvd, Ellenton.
Tel *(888) 260-7608.*
www.primeoutlets.com

St. Armands Circle
300 Madison Drive, Sarasota.
Tel *(941) 388-1554.*
www.starmandscircleassoc.com

Tanger Factory Outlet Center
20350 Summerlin Rd, Fort Myers.
Tel *(888) 471-3939.*
www.tangeroutlet.com

LOS EVERGLADES Y LOS CAYOS

Fifth Avenue South
Naples.
Tel *(239) 435-3742.*
www.fifthavenuesouth.com

Mallory Square Festival Market Place
207 Simonton St, Key West.
Tel *(800) 868-7482.*
www.mallorysquare.com

Prime Outlets Florida City
250 E Palm Drive, Florida City.
Tel *(888) 545-7198.*

Prime Outlets Naples
6060 Collier Blvd, Naples.
Tel *(888) 545-7196.*

Tiendas especializadas

En Florida, comprar es tan natural como respirar, así que existen multitud de tiendas especializadas con artículos de cada rincón del Estado. Desde antigüedades hasta material deportivo o música, Florida tiene una tienda para satisfacer cada necesidad. La mayoría de las tiendas especializadas se encuentran fuera de las principales zonas comerciales, por lo que es necesario ir en transporte público o privado. Merece la pena visitarlas, ya que tienen una amplia oferta y un personal entendido.

ANTIGÜEDADES

Mount Dora *(ver p. 220)*, al noroeste de Orlando, es la capital de las antigüedades de Florida. **Renninger's Twin Markets** es uno de los mayores mercados de antigüedades en este paraíso para coleccionistas. Micanopy *(ver p. 222)*, otro mercado de antigüedades, cuenta con más de 18 anticuarios.

Entre otros destinos destacados para comprar antigüedades, están **Waldo's Antique Village,** un mercadillo en la pequeña ciudad de Waldo, cerca de Starke, y el espléndido **Webb Antique Mall** de Winter Garden. El **Historic Antique District,** en Dania *(ver p. 136)*, incluye más de 100 tiendas dentro de una manzana.

GALERÍAS DE ARTE Y ARTESANÍA

Los cayos de Florida son un lugar estupendo para comprar arte y artesanía local. En Key Largo *(ver p. 292)*, se recomienda visitar **Happy Feathers,** que vende peculiares objetos artesanales de Florida como fantásticos regalos. En Key West, Duvall Street posee multitud de galerías de arte y artesanías locales, incluida **Alan S. Maltz Gallery,** con obras premiadas del fotógrafo que le da nombre.

En la ciudad turística de Seaside *(ver p. 236)*, **Ruskin Place Artists' Colony** es un paraíso para los amantes del arte, gracias a sus numerosas galerías con obras de artistas locales.

MERCADOS AGRÍCOLAS

Estos mercados son excelentes para comprar cítricos frescos de Florida y otros productos procedentes de las granjas y huertos locales. En muchos, hay también vendedores callejeros que ofrecen diversas artesanías y objetos atractivos e interesantes.

Downtown Farmer's Market, en Orlando, abre todos los sábados por la mañana y vende alimentos horneados, productos de granja y flores. **Lincoln Road Mall** abre los domingos y es muy popular entre los habitantes de South Beach; en el Panhandle, **Tallahassee Downtown Marketplace** abre los martes, jueves y sábados.

En la costa del Golfo, se recomienda acudir al **Clearwater Downtown Farmer's Market,** que abre los miércoles y sábados desde mediados de octubre hasta mediados de abril. **Ybor City Fresh Market** está abierto todos los sábados.

REGALOS Y RECUERDOS

No resulta sorprendente que Miami, con su Little Habana, ofrezca muchos placeres a los aficionados de los puros. **El Crédito Cigar Factory** tiene una excelente colección de puros enrollados a mano, y en el centro de la ciudad se encuentran los estupendos productos de **Puros Indios Cigars. Sosa Family Cigars,** en Walt Disney World, también dispone de puros de calidad y artículos para fumadores. **Little Havana To Go** ofrece una experiencia sin humo y es la tienda oficial de recuerdos cubanos, con arte, música, libros y otros artículos.

Los productos de **Key West Aloe,** con su amplia gama de cosméticos con aloe, tienen un característico toque floridano. Los jabones son un aromático recuerdo de los cayos.

Para mantener los motores en marcha, se puede visitar **Orlando Harley-Davidson,** el mayor concesionario de motos en Florida. Sus productos publicitarios llaman la atención de los aficionados a las motos.

ALIMENTOS SELECTOS Y BEBIDAS

Key West dispone de una amplia variedad de sabrosos productos. Se recomiendan los sabores picantes de **Peppers of Key West,** los panes artesanales de **Cole's Peace** y el pescado fresco que vende **Conch Republic Seafood Company.**

Florida Orange Groves Winery sustituye las uvas por cítricos para elaborar vinos exóticos, mientras que **Lakeridge Winery** ofrece una gama de tintos, blancos y rosados elaborados con uvas de Florida.

En cuanto a los dulces, se recomienda acudir a **Peterbrooke** para saborear sus deliciosos manjares de chocolate y disfrutar de una visita a la fábrica.

International Food Club vende una gran variedad de alimentos de todo el mundo, desde salchichas hasta tés y especias.

MÚSICA

Virgin Megastore tiene dos tiendas en Florida, en Miami y Orlando. Ambas disponen de música.

Para géneros específicos, conviene acudir a tiendas independientes. Las dos sucursales de **Park Ave CDs** están especializadas en indie rock. **Uncle Sam's,** en Fort Lauderdale, ofrece una selección similar y un espacio para actuaciones. El Uncle Sam's de South Beach y **The Groove** también disponen de lo último en música de baile.

ACTIVIDADES AL AIRE LIBRE Y DEPORTES ACUÁTICOS

Con su soleado clima, Florida es un lugar ideal para las actividades al aire libre y los deportes acuáticos. Hay tiendas donde adquirir el material necesario para cada actividad.

Los aficionados al fútbol deben entrar en **Soccer Locker,** en Miami. Cocoa Beach, más al norte, cuenta con **Ron Jon Surf Shop.** Esta legendaria tienda especializada en deportes acuáticos está abierta las 24 horas. Los campistas y pescadores tienen varias sucursales de **Bass Pro Shops** en Florida; la más grande está en Festival Bay, en Orlando.

INFORMACIÓN GENERAL

ANTIGÜEDADES

Historic Antique District
Federal Hwy, Dania Beach Blvd, Dania.
Tel *(954) 925-6935.*

Renninger's Twin Markets
20651 US Hwy 441, Mount Dora.
Tel *(352) 383-8393.*
www.renningersflorida.com

Waldo's Antique Village
17805 NE US Hwy 301, Waldo.
Tel *(407) 877-5921.*
www.fleamarkets.com/waldo

Webb Antique Mall
13373 W Colonial Drive, Winter Garden.
Tel *(407) 877-5921.*
www.webbantiquemalls.com

GALERÍAS DE ARTE Y ARTESANÍA

Alan S. Maltz Gallery
1210 Duval St, Key West.
Tel *(305) 295-0007.*
www.alanmaltz.com

Happy Feathers
99150 Overseas Hwy, Key Largo.
Tel *(305) 453-1800.*
www.happyfeathers.com

Ruskin Place Artists' Colony
Ruskin Place, Seaside.
Tel *(888) 732-7433.*

MERCADOS AGRÍCOLAS

Clearwater Downtown Farmer's Market
112, S Osceola, Clearwater.
Tel *(727) 461-7674.* **www**.clearwaterfarmersmarket.com
(Abierto 8.00-13.00).

Downtown Farmer's Market
E Central Blvd en N Magnolia Ave, Orlando.
Tel *(321) 689-2798.*
www.downtownorlando.com
(Abierto 8.00-14.30)

Lincoln Road Mall
Lincoln Rd at 16th St, Miami Beach.
Plano 2 E2.
Tel *(305) 531-3442.*
www.lincolnroad.org

Tallahassee Downtown Marketplace
1415 Timberlane Rd at Market Sq, Tallahassee.
Tel *(850) 224-3252.*
www.downtownmarket.com
(Abierto 8.00-14.00)

Ybor City Fresh Market
8th Ave and 18th St, Ybor City.
Tel *(813) 241-2442.*
www.yborfreshmarket.citysearch.com

REGALOS Y RECUERDOS

El Crédito Cigar Factory
1106 SW 8th St, Miami.
Plano 3 B2.
Tel *(305) 858-4162.*

Key West Aloe
540 Greene St, Key West.
Tel *(800) 445-2563.*
www.keywestaloe.com

Little Havana To Go
1442 SW 8th St, Miami.
Plano 3 B2.
Tel *(305) 857-9720.*
www.littlehavanatogo.com

Orlando Harley-Davidson
3770 37th St, Orlando.
Tel *(407) 423-0346.*
www.orlandoharley.com

Puros Indios Cigars
114 NW 22nd Ave, Miami.
Plano 3 A.
Tel *(800) 992-4427.*
www.purosindioscigars.com

Sosa Family Cigars
1502 E Buena Vista Drive, Lake Buena Vista.
Tel *(407) 827-0114.*
www.sosacigars.com

ALIMENTOS SELECTOS Y BEBIDAS

Cole's Peace
1111 Eaton St, Key West.
Tel *(305) 292-0703.*
www.colespeace.com

Conch Republic Seafood Company
631 Greene St, Key West.
Tel *(305) 294-4403.* **www**.conchrepublicseafood.com

Florida Orange Groves Winery
1500 Pasadena Ave S, St. Petersburg.
Tel *(800) 338-7923.*
www.floridawine.com

International Food Club
4300 LB McLeod Rd, Orlando.
Tel *(321) 281-4300.*

Lakeridge Winery
19239 US 27 N, Clermont.
Tel *(800) 768-9463.*
www.lakeridgewinery.com

Peppers of Key West
602 Greene St, Key West.
Tel *(800) 597-2823.*
www.peppersofkeywest.com

Peterbrooke
1470 San Marco Blvd, Jacksonville.
Tel *(800) 771-0019.*
www.peterbrooke.com

MÚSICA

The Groove
1432 E Fletcher Ave, Tampa.
Tel *(813) 979-7051.*
www.wannagroove.com

Park Ave CDs
528 Park Ave S, Winter Park.
Tel *(407) 629-5293.*
www.parkavecds.com

Uncle Sam's
4580 N University Dr, Lauderhill.
Tel *(954) 742-2466.*
1141 Washington Ave, Miami Beach. **Plano** 2 E3.
Tel *(305) 532-0973.*
www.unclesamsmusic.com

Virgin Megastore
The Shops at Sunset Place 5701 Sunset Dr, Miami.
Plano F5.
Tel *(305) 665-4445.*
Downtown Disney, 1494 Buena Vista Dr, Lake Buena Vista.
Tel *(407) 828-0222.*
www.virginmegamagazine.com

ACTIVIDADES AL AIRE LIBRE Y DEPORTES ACUÁTICOS

Bass Pro Shops
Festival Bay Mall, 5156 International Drive, Orlando.
Tel *(407) 563-5200.*
www.basspro.com

Ron Jon Surf Shop
4151 N Atlantic Ave, Cocoa Beach.
Tel *(888) 757-8737.*
www.ronjons.com

Soccer Locker
9492 S Dixie Hwy, Miami.
Mapa de carreteras F5.
Tel *(305) 670-9100.*
www.soccerlocker.com

TIEMPO DE OCIO

Florida ofrece diversión para todos los gustos, desde obras de Broadway hasta ostentosos espectáculos al estilo de Las Vegas, pasando por discotecas y garitos de juego. La oferta más amplia la encontrará en el sur del Estado, especialmente en la Gold Coast y en Miami *(ver pp. 96-97),* aunque Sarasota y Tampa son también grandes centros culturales. Walt Disney World y Orlando poseen la mayor variedad de ocio para la familia; durante el día, los numerosos parques temáticos son la ilusión de los niños mientras que, por las noches, los adultos disfrutan de las cenas con espectáculo. En el noreste y el Panhandle, la oferta de ocio es más limitada y se centra fundamentalmente en localidades turísticas como Panama Beach City y en ciudades universitarias como Gainesville y Tallahassee. Esté donde esté, en ciudades con una zona de playa y otra urbana, como Fort Lauderdale, encontrará la vida nocturna más animada de la costa. En cuanto a las artes escénicas, la mayoría de los espectáculos de calidad tienen lugar entre octubre y abril.

Actriz de un espectáculo nocturno

Raymond F. Kravis Center for the Performing Arts, en West Palm Beach

INFORMACIÓN

La mayoría de los periódicos regionales de Florida incluyen los fines de semana una sección de ocio que recoge todas las atracciones y espectáculos de la zona. Los Local Convention and Visitors' Bureaux y las cámaras de comercio también ofrecen folletos.

RESERVAS

La forma más sencilla de comprar entradas para un concierto, obra de teatro o partido de fútbol es llamar a la correspondiente taquilla y pagar con tarjeta de crédito. No obstante, para algunos espectáculos es obligatorio hacer las reservas a través de **Ticketmaster,** una empresa de pago por teléfono que también tiene sucursales en establecimientos de música y tiendas-descuento. Ticketmaster cobra una comisión de entre dos y ocho dólares por entrada sobre el precio original.

GRANDES SALAS Y ESTADIOS

En las grandes salas de Florida se celebra todo un abanico de espectáculos, desde óperas hasta conciertos de rock, además de otros acontecimientos especiales como competiciones deportivas. En ellas es donde suelen actuar las principales compañías teatrales y artistas del país, aunque a veces también se pueden ver producciones locales.

Las principales salas de Florida son: el **Raymond F. Kravis Center for the Performing Arts** de Palm Beach, el **Broward Center for the Performing Arts** de Fort Lauderdale, el **Carnival Center for the Performing Arts** en Miami *(ver p. 96),* el formidable **Tampa Bay Performing Arts Center** de Tampa y el **Van Wezel Performing Arts Hall** de Sarasota. Otros grandes escenarios son: en St. Petersburg, **Tropicana Field,** el único estadio cubierto de Florida, y, en Orlando, el **Florida Citrus Bowl,** un campo deportivo donde han actuado estrellas como Paul McCartney o George Michael. En el enorme **All-tel Stadium** de Jacksonville también se celebran conciertos de rock.

TEATRO

Las producciones de mayor calidad que se pueden ver en Florida son las ofrecidas por las grandes compañías nacionales, a menudo procedentes de Broadway, en Nueva York, que hacen alarde de extravagantes decorados y un numeroso elenco. Pero Florida también posee algunas compañías teatrales, que interpretan sus funciones en salas más reducidas e íntimas como el **Mann Performing Arts Hall** o el **Red Barn Theater** de Pensacola. El **Florida State University Center for the Performing Arts** es la sede de la compañía de teatro Asolo, de Sarasota. El edificio, otrora teatro de la ópera de Dunfermline (Escocia), fue traído a Sarasota en la década de 1980. En **Players of Sarasota** forjaron sus carreras famosos actores como Montgomery Clift. Su interpretación de musicales y obras teatrales suele recibir magníficas críticas.

Emblema del Saenger Theater de Pensacola

MÚSICA CLÁSICA, ÓPERA Y DANZA

La mayoría de las grandes ciudades posee su propia orquesta sinfónica. La **Symphony of the Americas** actúa principalmente en Fort Lauderdale y en las ciudades situadas a lo largo de la Gold Coast, y además ofrece conciertos en otros países. Asimismo, la New World Symphony *(ver p. 96)* de Miami realiza giras internacionales. Esté atento también a las funciones de la **Concert Association of Florida** (en Fort Lauderdale y Miami) y la Jacksonville Symphony Orchestra, que tiene su sede en el **Times-Union Center for the Performing Arts** de esa ciudad.

La mayor compañía operística del Estado es **Florida Grand Opera,** fruto de la fusión de las compañías de Miami y Fort Lauderdale en 1994, que pone en escena todos los años alrededor de cinco grandes producciones en los condados de Broward y Dade. La **Gold Coast Opera** ofrece ópera clásica en cuatro salas del sureste de Florida. Más íntima es la pequeña **Monticello Opera House,** donde se interpretan funciones entre septiembre y mayo.

La mejor compañía de ballet es Miami City Ballet *(ver p. 96)*, cuyo coreógrafo, Edward Villela, fue un protegido del fallecido George Balanchine.

CINE

Si es usted un cinéfilo, su sitio está en Nueva York o Los Ángeles, aunque Florida posee numerosos cines donde se proyectan los grandes éxitos de taquilla. El más famoso del Estado es el histórico **Tampa Theatre** *(ver p. 259)*, sede de numerosos espectáculos que también proyecta películas, principalmente clásicas y extranjeras.

Esté atento también a los festivales de cine anuales: el de Sarasota se celebra en noviembre y el Miami International Film Festival, en febrero, en el Gusman Center for the Performing Arts *(ver p. 96)*.

CENAS CON ESPECTÁCULO

Las cenas con espectáculo son una forma de diversión familiar en Florida, sobre todo en Orlando *(ver p. 191)*. Los comensales se sientan ante mesas compartidas para disfrutar de una copiosa cena, que normalmente va en sintonía con el espectáculo que se contempla. La participación del público es la tónica general.

Fuera de Orlando, las cenas con espectáculo son menos llamativas pero, aun así, ofrecen un amplio surtido de representaciones, incluso una cena donde se debe resolver el misterio de un supuesto asesinato. **Mai Kai** de Fort Lauderdale, una sala polinesia de gran solera, entretiene al público con tragafuegos y bailarinas vestidas con faldas de cristal. El **Alhambra Dinner Theater** de Jacksonville pone en escena ambiciosos musicales de la escuela de Oklahoma y South Pacific.

Cartel del Hog's Breath Café de Key West

Suntuoso interior del histórico cine Tampa Theater

Cantante del Carnaval Latino de Miami *(ver p. 34)*

MÚSICA EN DIRECTO Y SALAS DE FIESTA

Algunos de los locales más divertidos son salas de fiesta donde se baila al ritmo de la música en directo. En los *supper clubs* suelen actuar grupos musicales. El **Coliseum Ballroom,** una joya de estilo árabe de St. Petersburg, atrae a un numeroso público por sus bailes de salón y de tipo country. South Beach posee el mayor abanico de discotecas convencionales *(ver p. 97)* aunque en las grandes poblaciones turísticas también encontrará buenas salas de fiesta. **Razzles** de Daytona Beach ofrece magníficos espectáculos musicales, mientras que **Cheers** de Fort Lauderdale organiza conciertos de rock y posee una animada pista de baile. **Cowboys Orlando** es un club de baile muy popular de música country. En las salas de fiesta deberá presentar un documento de identidad para demostrar que es mayor de 18 o 21 años.

Key West posee diversos locales de prolongada trayectoria, como el Hog's Breath Café *(ver p. 357)*, e Ybor City también tiene una buena oferta, en la que **Skipper's Smokehouse** destaca por su música reggae y blues. La música country, por la que destaca el **Farmers' Opry House** de Pace, también cuenta con una buena representación. Algunos de los bares mencionados en las páginas 356-357 ofrecen espectáculos en directo.

Actuación callejera en Mallory Square al atardecer

CRUCEROS

Florida es el principal punto de partida de los cruceros por el Caribe. Hay empresas que ofrecen cruceros de varios días como **Cunard Line's Princess** y **Carnival Cruise Line.** Consulte en España los folletos de **Latitud 4** (www.latitud4.com) y **Un Mundo de Cruceros** (www.unmundodecruceros.com). También se pueden realizar viajes de un día o una tarde (unos 40 $). Los cruceros vespertinos suelen constar de cena y baile, aunque algunos no son más que una excusa para el juego. En Jacksonville, **La Cruise Casino** ofrece juego a bordo. También dispone de casino **SeaEscape Cruises.**

Hay embarcaciones de placer. El ***Jungle Queen*** de Fort Lauderdale *(ver p. 135)*, el ***Manatee Queen*** en Jupiter *(ver p. 117)*, y el ***St. Petersburg* Starlite Cruises** *(ver p. 123)* son barcos antiguos muy solicitados por los turistas. El ***Rivership Romance*** ofrece excursiones por el río St. Johns partiendo de Sanford *(ver p. 220)*.

El *Rivership Romance* en el río St. Johns

EL JUEGO

El juego es muy popular en los cruceros porque los casinos convencionales están prohibidos en casi toda Florida. Una vez en aguas internacionales la legislación deja de ser aplicable. En tierra puede visitar uno de los **casinos de los indios semínolas,** de los cuales hay seis: dos en Hollywood *(ver p. 137)*, otro en Coconut Creek, un cuarto en Immokalee, cerca de Naples, un quinto en Tampa y uno en Okechobee. La tribu Miccosukke es propietaria de un casino cerca de Miami. Gulfstream Park Racetrack y Mardi Gras en Hollywood Racetrack, ambos en Hallandale y en Pompano Park Harness Track, en Pompano Beach, tienen casinos.

OCIO INFANTIL

La oferta de ocio infantil es magnífica en Florida. Los museos suelen tener exposiciones interactivas y en muchos zoos, así como en algunos parques, hay zonas donde los niños pueden disfrutar del contacto directo con los animales. Los más pequeños también se divierten en los parques acuáticos *(ver p. 373)* dispersos por todo el Estado. Gracias a **Walt Disney World Resort, Universal Orlando, Sea World** y los demás grandes atractivos de la zona, Orlando no carece de distracciones de carácter familiar. Averigüe qué espectáculo se celebra en el **T. D. Waterhouse Center,** donde puede haber circo y patinaje sobre hielo.

El ocio gratuito también es abundante. Los niños suelen disfrutar mucho con los actores callejeros y con los festivales que se celebran durante todo el año *(ver pp. 34-37)*.

OCIO PARA HOMOSEXUALES

South Beach, en Miami, es célebre por su animado ambiente gay *(ver p. 97)*, que cada vez atrae a más homosexuales tanto nacionales como extranjeros. Key West lleva muchos años siendo la meca de los gays, al igual que Fort Lauderdale, cuyo club nocturno, **The Coliseum,** es el punto de encuentro más concurrido.

Para más información, se puede consultar la web de *Gay Guide to Florida*, donde aparecen todas las opciones de ocio para gays. También contiene información sobre eventos nocturnos, restaurantes, alojamiento, actividades locales y negocios.

Celebración del Día del Orgullo Gay en Fort Lauderdale

INFORMACIÓN GENERAL

TAQUILLAS DE TICKETMASTER

Central Florida
Tel (407) 839-3900.

Fort Lauderdale
Tel (954) 523-3309.

Fort Myers
Tel (239) 334-3309.

Miami
Tel (305) 358-5885.

Norte de Florida
Tel (850) 434-7444.

St. Petersburg
Tel (727) 898-2100.

Tampa
Tel (813) 287-8844.

West Palm Beach
Tel (561) 966-3309.

GRANDES SALAS Y ESTADIOS

All-tel Stadium
1 Stadium Blvd, Jacksonville.
Tel (904) 633-6100.

Broward Center for the Performing Arts
201 SW Fifth Ave, Fort Lauderdale.
Tel (954) 522-5334.

Florida Citrus Bowl
1610 W Church St, Downtown Orlando.
Tel (407) 849-2020.

Raymond F. Kravis Center for the Performing Arts
701 Okeechobee Blvd, West Palm Beach.
Tel (561) 832-7469.

Tampa Bay Performing Arts Center
1010 N MacInnes Place, Tampa.
Tel (800) 955-1045.

Tropicana Field
1 Tropicana Drive, St. Petersburg.
Tel (727) 825-3120.

Van Wezel Performing Arts Hall
777 N Tamiami Trail, Sarasota.
Tel (941) 953-3368.
www.vanwezel.org

TEATRO

Florida State University Center for the Performing Arts
5555 N Tamiami Trail, Sarasota.
Tel (941) 351-8000.

Mann Hall
8099 College Park SW, Fort Myers.
Tel (239) 489-3033.

Players of Sarasota
838 N Tamiami Trail, Sarasota.
Tel (941) 365-2494.

Red Barn Theater
319 Duval St, Key West.
Tel (305) 296-9911.

MÚSICA CLÁSICA, ÓPERA Y DANZA

Concert Association of Florida
555 17th St, Miami Beach.
Tel (305) 808-7446.

Florida Grand Opera
1200 Coral Way, Miami.
Tel (305) 854-7890.

Gold Coast Opera
1000 Coconut Creek Blvd, Pompano Beach.
Tel (954) 201-2323.

Monticello Opera House
West Washington St, Monticello.
Tel (850) 997-4242.

Symphony of the Americas
199 N Ocean Blvd, Pompano Beach.
Tel (954) 545-0088.

Times-Union Center for the Performing Arts
300 W Water St, Jacksonville.
Tel (904) 633-6110.

CINE

Tampa Theatre
711 N Franklin St, Tampa.
Tel (813) 274-8981.
www.tampatheatre.org

CENAS CON ESPECTÁCULO

Alhambra Dinner Theater
12000 Beach Blvd, Jacksonville.
Tel (904) 641-1212.

Mai Kai
3599 N Federal Highway, Fort Lauderdale.
Tel (954) 563-3272 o (800) 262-4524.

MÚSICA EN DIRECTO Y SALAS DE FIESTA

Cheers
941 E Cypress Creek Rd, Fort Lauderdale.
Tel (954) 771-6337.

Coliseum Ballroom
535 4th Ave North, St. Petersburg.
Tel (727) 892-5202.

Cowboys Orlando
1108 S Orange Blossom Trail, Orlando.
Tel (407) 422-7115.

Farmers' Opry House
4374 Fifth Ave, Pace, Florida.
Tel (850) 994-6000.

Razzles
611 Seabreeze Blvd, Daytona Beach.
Tel (386) 257-6236.

Skipper's Smokehouse
910 Skipper Rd, Ybor City, Tampa.
Tel (813) 971-0666.

CRUCEROS

Cunard Line's Princess
6100 Blue Lagoon Dr, Miami Beach.
Tel (800) 458-9000.

Carnival Cruise Line
3655 NW 87th Ave, Miami.
Tel (305) 599-2600.

Manatee Queen
1065 N Ocean Blvd, Jupiter.
Tel (561) 744-2191.

SeaEscape Cruises
Terminal 1, Port Everglades, Fort Lauderdale.
Tel (954) 453-3333

Rivership Romance
433 N Palmetto Ave, Sanford.
Tel (407) 321-5091.

Starlite Cruises
3400 Pasadena Ave South, St. Petersburg.
Tel (813) 229-1200.

Yacht Starship
601 Channelside Drive, Tampa.
Tel (813) 223-7999.

EL JUEGO

Seminole Indian Casino
5223 N Orient Rd, I-4 salida 5, Tampa.
Tel (813) 627-7625.
506 South 1st St, Immokalee.
Tel (800) 218-0007.
5550 NW 40th St, Coconut Creek.
Tel (954) 977-6700.

OCIO INFANTIL

SeaWorld/Busch Gardens
Tel (407) 363-2613.
www.buschgardens.com

Universal Orlando
Tel *(407) 363-8000.*
www.universalorlando.com

Walt Disney World
Tel *(407) 934-7639.*
www.disneyworld.com

T. D. Waterhouse Center
600 W Amelia St, Orlando.
Tel *(407) 849-2020.*

OCIO PARA HOMOSEXUALES

The Coliseum
2520 S. Miami Rd, Fort Lauderdale.
Tel *(954) 832-0100.*

Gay Guide to Florida
www.gay-guide.com

DEPORTES Y ACTIVIDADES AL AIRE LIBRE

El clima de Florida permite disfrutar del deporte y las actividades al aire libre durante todo el año, lo que convierte a este Estado en el destino perfecto para los entusiastas de la práctica de deportes y actividades al aire libre, como el golf, el tenis, el descenso en canoa y el submarinismo. Todos los deportes náuticos están bien representados en las maravillosas playas de las costas atlántica y del golfo de México. Florida también cuenta con unos cuatro millones de hectáreas de parques naturales que se pueden explorar a pie, a caballo, en bicicleta o en barco. Para quienes prefieran ver algún evento deportivo antes que practicarlo, la amplísima oferta de espectáculos deportivos de Florida aparece detalladamente descrita en las páginas 32-33.

Cartel de pesca deportiva de Destin

Campo de golf de Boca Ratón, en la Gold Coast

INFORMACIÓN

Las dos mejores fuentes de información general son la **Florida Sports Foundation** y el **Department of Environmental Protection (DEP),** que facilitan datos sobre la mayoría de las actividades realizadas al aire libre.

La *Florida Vacation Guide,* que se puede solicitar en las oficinas de turismo de Florida en el extranjero, también contiene direcciones útiles, y las oficinas de turismo de las diversas localidades facilitan información sobre sus respectivas zonas de influencia.

GOLF

Sus más de 1.100 campos públicos y privados convierten a Florida en el principal destino del país para la práctica de este deporte. Palm Beach posee tantos campos (150 en total) que hace gala de ser la "capital mundial del golf", aunque la mayor concentración se encuentra en Naples.

Los campos de Florida son, en general, llanos. Los más difíciles están en los complejos hoteleros de la costa, aunque en el interior, incluido Walt Disney World *(ver p. 175)*, también existen algunos recorridos.

El golf se practica durante todo el año, aunque la época de mayor actividad es el invierno. Si juega en verano, salga temprano para evitar las tormentas vespertinas. Los *green fees,* cuyo precio oscila entre 20 y más de 75 dólares por persona, son más caros durante la temporada alta invernal.

La guía *Fairways in the Sunshine*, publicada por la Florida Sports Foundation, cita todos los campos de golf públicos y privados del Estado.

TENIS

El tenis, al igual que el golf, es muy popular en Florida. Muchos hoteles tienen pistas propias y algunos complejos hoteleros ofrecen paquetes turísticos en los que están incluidas las clases. La **United States Tennis Association (Florida Section)** puede facilitarle información sobre clubes y competiciones. La escuela más prestigiosa de tenis es la **Nick Bollettieri Tennis Academy** *(ver p. 267)*, donde hay cursos semanales a partir de 800 dólares, así como clases de un día.

BUCEO Y SUBMARINISMO

Florida es un lugar formidable para la práctica del buceo y el submarinismo.

El único arrecife de coral del país bordea la costa suroriental del Estado, extendiéndose a lo largo de los cayos, donde la abundante variedad de corales y peces es magnífica *(ver pp. 292-293)*. El arrecife, que se encuentra a una distancia de 5-8 km de la costa, no reviste dificultades para los aficionados al buceo con tubo.

Los 4.000 puntos que existían en el Estado para practicar el buceo con botellas se han incrementado gracias al plan de arrecifes artificiales. Por todo Florida, desde Panama City Beach hasta Fort Lauderdale, se ha utilizado todo lo imaginable, desde tramos de puentes hasta cargueros, con el fin de crear un hábitat artificial para los corales y peces de colo-

Un baño en las aguas dulces de Wakulla Springs, en el Panhandle

Alquiler de motos de agua y embarcaciones en el Panhandle

res. Los galeones españoles hundidos también son zonas fascinantes para el submarinismo, sobre todo en el sur de Florida.

Si no tiene el carné oficial, tendrá que hacer un cursillo. La oferta de cursos oficiales NAUI y PADI está muy extendida, y los novatos pueden aprender en tan sólo cuatro días por 300 o 400 dólares.

Para más información, consulte la *Florida Boating and Diving Guide* que publica la Florida Sports Foundation o llame a la **Keys Association of Dive Operators (KADO)**.

NATACIÓN Y DEPORTES NÁUTICOS

Muchos hoteles tienen piscina, pero lo formidable de Florida es la posibilidad de nadar en el mar o en los numerosos lagos, arroyos y ríos.

El Atlántico ofrece las mejores olas y las únicas zonas del Estado aptas para la práctica del surf, entre ellas Cocoa Beach *(ver p. 195)*. Para los niños es más apropiado el suave oleaje del golfo de México. La erosión costera hace que las playas surorientales sean en general algo estrechas, mientras que en los cayos hay pocas que sean de arena.

El acceso a las playas puede estar controlado: algunas forman parte de un parque natural, que normalmente cobra la entrada. A los hoteles les gusta dar la impresión de que su playa es privada, aunque no pueden impedir la afluencia de público. En temporada alta, las áreas más concurridas están vigiladas por socorristas.

Muchos parques del interior albergan zonas de baño de agua dulce, con pozas cristalinas originadas por manantiales, como es el caso del Blue Spring State Park *(ver p. 220)*. Otra posibilidad son los parques acuáticos dispersos por todo el Estado.

En los complejos hoteleros de Florida está representado todo el abanico de deportes náuticos, desde el windsurf hasta las motos acuáticas, mientras que del esquí náutico también se puede disfrutar en los lagos y canales del interior.

PESCA

El litoral atlántico y el del golfo están salpicados de refugios de pescadores. En muchas localidades costeras es frecuente pescar en los muelles, aunque también alquilan barcos para salir a alta mar. Las mayores flotas se encuentran en el Panhandle, sobre todo en la zona de Fort Walton Beach y Destin, y en los cayos. Gracias a la corriente del golfo, las aguas de los cayos albergan la mayor variedad de especies del Estado *(ver p. 295)*. Las excursiones organizadas son una opción perfecta para los novatos. Si desea llevarse a casa su captura, puede pedir que se la disequen. Las tiendas de aparejos y cebos le proporcionarán los nombres de los taxidermistas que hay en la zona.

Florida alberga miles de lagos, ríos y canales aptos para la pesca de agua dulce. En los ríos más largos, como el St. Johns, y en áreas como el lago Okeechobee *(ver p. 128)*, se puede alquilar una embarcación y contratar un guía. La pesca también está permitida en muchos parques naturales. En las zonas rurales, los campamentos ofrecen un alojamiento sencillo y cubren las necesidades básicas, aunque algunos sólo abren durante la temporada estival.

Para practicar este deporte tanto en el mar como en las aguas del interior se requiere un permiso cuyo precio oscila entre los 12 y los 30 dólares. El *Fishing Handbook* (Manual de pesca), que publica la **Florida Fish and Wildlife Conservation Commission,** contiene información sobre los cotos y los permisos. Además detalla las fechas y costes de inscripción, así como las normas y los premios de los concursos de pesca de Florida; uno de los más famosos es el Fishing Rodeo de Destin *(ver p. 36)*.

Si desea más información, puede recurrir al Department of Environmental Protection, o al Florida Game and Fresh Water Fish Commission *(ver p. 375)*.

Los pelícanos observan a los pescadores en un muelle de Cedar Key

La Intracoastal Waterway en Boca Ratón, en la Gold Coast

NÁUTICA

Los canales de Florida atraen a embarcaciones de toda índole, desde yates hasta esquifes de madera. Los más de 12.000 km de litoral y los 11.600 km² de aguas interiores convierten a este Estado en un paraíso de los amantes de la navegación. En Florida es tan normal tener barco como poseer coche: el Estado tiene inscritas más de 700.000 embarcaciones, sin contar con las 300.000 que llegan todos los años de otros lugares.

La Intracoastal Waterway, que se extiende por la costa oriental a lo largo de 800 km hasta el extremo más meridional de los cayos *(ver pp. 22-23),* es una frecuentada vía de navegación. Protegida del océano Atlántico por las islas del cordón litoral, la ruta discurre por ríos, riachuelos y canales dragados. En cuanto a la costa occidental, la zona más interesante para navegar es el punto en que la Intracoastal Waterway reaparece entre las islas de la Lee Island Coast *(ver pp. 278-279).*

La Okeechobee Waterway, que cruza transversalmente la península de Florida a lo largo de 217 km, es otra concurrida vía de navegación, sobre todo en verano. Partiendo de Stuart, recorre el canal St. Lucie, atraviesa el lago Okeechobee y llega hasta Sanibel Island a través del río Caloosahatchee.

Estos canales interiores, al igual que ocurre con muchos de los 166 ríos del Estado, son aptos para pequeñas embarcaciones o casas flotantes, muchas de las cuales cuentan con todas las comodidades, como aire acondicionado, microondas e, incluso, televisión. Las casas flotantes se pueden alquilar en diversos puertos como el de Sanford, en el río St. Johns *(ver p. 220).*

Florida cuenta con 1.250 puertos deportivos. Los de la costa suelen ofrecer unos servicios excelentes. Consulte el folleto *Florida Boating and Diving,* publicado por la **Florida Sports Foundation.**

Parques estatales de Florida

EXCURSIONES POR LA NATURALEZA

Las zonas protegidas de Florida van desde concurridas playas hasta lugares mucho más agrestes como los Everglades. Sus instalaciones y servicios también varían mucho, si bien la mayoría de los parques albergan un centro de atención al visitante donde se facilitan mapas e información. Algunos también organizan excursiones dirigidas por un guardabosques. La mejor época para explorar la naturaleza es el invierno, una vez desaparecidas las lluvias y los mosquitos estivales.

En el Estado existen más de 110 zonas protegidas, clasificadas como State Parks (parques estatales) y State Preserves (reservas estatales). Todas ellas cobran entrada y suelen abrir desde las 8.00 de la mañana hasta que cae la noche. El Department of Environmental Protection (DEP) publica una guía gratuita, *Florida State Parks,* que enumera todos los parques y sus instalaciones. También se puede consultar la página web www.floridastateparks.org

La información sobre los parques nacionales puede solicitarse al **National Park Service** de Georgia. Otros son privados, incluidos los dirigidos por la **Florida Audubon Society.**

La guía *Florida Trails,* publicada por la oficina de turismo nacional *(ver p. 379),* recoge una relación completa de los parques privados, estatales y nacionales. Como resultado del plan Florida Rails-to-Trails, las antiguas vías férreas han sido convertidas en senderos que se pueden recorrer a pie, en bicicleta, patinando o a caballo. Los mejores son el Tallahassee-St Marks Historic Railroad State Trail (26 km), situado al sur de Tallahassee, y el Gainesville-Hawthorne State Trail *(ver p. 223),* en el noreste. La Office of Greenways and Trails del DEP dispone de información sobre éstos y otros senderos.

Build a Field Trip ofrece excursiones por el Estado.

Sendero de madera del Everglades National Park

CICLISMO

En Florida hay muchísimo espacio donde pedalear, tanto en carretera como a campo traviesa. A ello contribuye que el terreno sea plano, lo que para los ciclistas más aguerridos puede resultar algo monótono. La ondulada campiña del Panhandle es la zona más agradecida de explorar en bicicleta, mientras que el noreste cuenta también con buenos senderos, como los de Paynes Prairie *(ver p. 223)*.

La **State Bicycle Office** o el Department of Environmental Protection le facilitarán cuanta información precise.

Canoas en el Blackwater River State Park

SENDERISMO

Puede que Florida no parezca un lugar ideal para el senderismo, pero la variedad de hábitats rompe la monotonía de la llanura del paisaje. La mayoría de los parques estatales tienen sendas que recorrer y, en la actualidad, existe el proyecto de crear el National Scenic Trail, una ruta que partirá de la Big Cypress National Preserve *(ver p. 284)*, en el sur de Florida, para terminar junto a Pensacola. Hasta ahora están terminados 880 km de los 2.080 previstos.

Infórmese en la **Florida Trail Association.**

EXCURSIONES EN CANOA

El Florida Canoe Trail System está compuesto por 36 rutas que recorren arroyos y ríos durante 1.520 km. Muchos parques son famosos por sus itinerarios de canoas, entre los que destacan los 160 km de la Wilderness Waterway, en el Everglades National Park *(ver pp. 286-291)*. Algunos de los mejores ríos, como el Blackwater *(ver p. 234)*, se encuentran en el norte, aunque el Hillsborough, en la costa del golfo, también es muy visitado *(ver pp. 263)*. Antes de partir compruebe siempre el nivel del agua, puesto que tanto un exceso como un defecto de nivel pueden resultar peligrosos.

Paseo a caballo por la campiña próxima a Ocala

RUTAS A CABALLO

El Ocala National Forest, situado en el noreste *(ver p. 221)*, cuenta con más de 160 km de sendas apropiadas para los caballos. En Florida hay además 15 parques con senderos hípicos, como Myakka River *(ver p. 274)*, Jonathan Dickinson *(ver p. 117)* y las Florida Caverns *(ver p. 239)*; alrededor de la mitad de ellos dispone de instalaciones para pernoctar. Infórmese con la ayuda del *Florida Horse Trail Directory*, publicado por el **Department of Agriculture and Consumer Services,** o en el Department of Environmental Protection.

INFORMACIÓN GENERAL

FUENTES DE INFORMACIÓN

Department of Environmental Protection (DEP)
3900 Commonwealth Blvd, Tallahassee, FL 32399.
Tel *(850) 245-2052.*

Florida Sports Foundation
Tallahassee, FL 32308.
Tel *(850) 488-8347.*
www.flasports.com

TENIS

Nick Bollettieri Tennis Academy
5500 34th St West, Bradenton, FL 34210.
Tel *(800) 872-6425.*
www.imgacademies.com

United States Tennis Association (Florida Section)
1280 SW 36th Ave, Pompano Beach, FL 33069.
Tel *(914) 696-7000.*

BUCEO Y SUBMARINISMO

Keys Association of Dive Operators (KADO)
PO Box 1717, Key West, FL 33040.
www.divekeys.com

PESCA

Florida Fish and Wildlife Conservation Commission
Tel *(850) 488-4676.*
Tel *(888) 347-4356.*
(licencias de pesca).
Tel *(888) 486-8356.*
(licencias de caza).
www.state.fl.us/fwc

EXCURSIONES POR LA NATURALEZA

Florida Audubon Society
Tel *(407) 539-5700.*
Tel *(305) 371-6399.*
www.audubonofflorida.org

Build a Field Trip
1925 NE 45th St, Suite 132, Fort Lauderdale, FL 33308.
Tel *(954) 772-7800.*

National Park Service (Southeast)
100 Alabama St SW, Atlanta, GA 30303.
Tel *(404) 562-3123.*

CICLISMO

State Bicycle Office
Dept of Transportation, 1211 Governor's Sq Blvd, Tallahassee, FL 32399.
Tel *(850) 245-1500.*

SENDERISMO

Florida Trail Association
PO Box 13708, Gainesville, FL 32604.
Tel *(352) 378-8823 o (800) 343-1882.*

RUTAS A CABALLO

Department of Agriculture and Consumer Services
Tel *(850) 487-3867.*
www.doacs.state.fl.us

BODAS EN FLORIDA

Además de un destino turístico enormemente popular, Florida está considerada uno de los lugares más deseados para casarse y pasar la luna de miel. El estupendo clima de este Estado resulta ideal para celebrar una boda, que puede ser desde una ceremonia sencilla hasta un gran espectáculo en un parque temático. Las bodas especiales son muy populares y sus organizadores hacer realidad cualquier deseo de la pareja, incluso una réplica del castillo de Cenicienta. Florida también es famosa por sus bodas singulares. Las parejas pueden darse el sí quiero jugando al golf, pescando, en la playa o en globo. Muchos organizadores locales ofrecen ceremonias que satisfacen cualquier fantasía y paquetes de luna de miel para todos los presupuestos.

Clásico ramo de novia

Romántica ceremonia en la playa

PAQUETES DE BODA

La mayoría de los complejos turísticos y hoteles de Florida ofrece una amplia gama de paquetes de boda y vacaciones para quienes se casan en el Estado.

El **Grand Bohemian Hotel,** en Orlando, organiza una boda de temática bohemia, cuya ceremonia se celebra en los jardines de la azotea. Los precios, incluida una noche en el hotel de inspiración *art déco*, oscilan de los 1.600 a más de 3.000 dólares. **The Inn on Fifth,** en Naples, ocupa un banco de los años treinta remodelado, del que se ha conservado la mayor parte de la arquitectura y decoración originales, como arañas cristal, escaleras con alfombras rojas y rejas de hierro forjado. La zona con piscina y cascadas de la azotea también resulta un espacio magnífico para una boda. El legendario **Biltmore Hotel,** en Coral Gables, ofrece diversos escenarios para las ceremonias, entre los que se incluyen desde un cenador con un estanque cubierto de rosas hasta el amplio salón de baile; sus paquetes cuestan a partir de 3.000 dólares.

Los atardeceres de Key West son maravillosos y casarse con uno de ellos como telón de fondo puede añadir más romanticismo a la ceremonia. El **Westin Key West Resort & Marina** y su complejo gemelo, **Westin Key Guest Cottages,** permiten esta posibilidad. Se puede celebrar la boda con el sol poniéndose al fondo, o en la playa de Sunset Key, una isla independiente situada a tres minutos en barca del Hilton. **Little Palm Island Resort & Spa,** junto a Little Torch Key, ofrece lo último en bodas tropicales. Los paquetes cuestan a partir de 1.500 dólares; no se incluye el alojamiento, pero se garantiza que la boda es la única que se celebra ese día.

PARQUES TEMÁTICOS

Una boda en **Walt Disney World® Resort** puede considerarse romántica, infantil o cursi, pero siempre es especial. Los paquetes cuestan a partir de 3.000 dólares, las bodas a medida ascienden a unos 7.500 dólares y las ceremonias multitudinarias pueden superar los 20.000 dólares. Se puede optar por una boda de cuento de hadas en Magic Kingdom® donde la novia llega en una carroza como Cenicienta, una ceremonia a modo de safari en Animal Kingdom® o el pabellón rural que se elija en Epcot®. Hay muchas otras opciones, cuyos detalles aparecen en la web oficial.

SeaWorld no sólo dispone de espacio para celebrar bodas, sino que aporta invitados. Las ceremonias tienen lugar entre delfines, pingüinos y un león marino que lleva el anillo.

Busch Gardens presta uno de sus exóticos hábitats como escenario nupcial.

Novia saliendo de la carroza de Cenicienta

CEREMONIAS AL AIRE LIBRE

Harry P. Leu Gardens *(ver p. 188),* situado cerca del centro de Orlando, es una frondosa finca hortícola de 20 hectáreas. Dispone de varios jardines para bodas rodeados de rosas y camelias. La rosaleda, el reloj floral y el jardín de mariposas son muy populares entre novios.

Historic Bok Sanctuary *(ver p. 193),* en Lake Wales, es uno de los puntos más elevados de Florida, además de un Monumento Histórico Nacional. Ofrece un romántico espacio con palmeras, flores y un carrillón de 57 campanas para las ceremonias.

OPCIONES INUSUALES

Las parejas que deseen celebrar una boda única tienen una amplia oferta. **Orlando Balloon Rides** ofrece bodas en globo que incluyen ceremonia en tierra firme, paseo en globo de una hora para dos y brindis con champán. El **Medieval Times Dinner & Tournament** ofrece la posibilidad de casarse con la Inglaterra del siglo XI como telón de fondo, mientras que las parejas aficionadas a las motos pueden hacerlo en **Orlando Harley-Davidson®.** La novia y el novio avanzan sobre Harleys seguidos por un desfile de motos. En **Daytona International Speedway,** la ceremonia tiene lugar en la meta del circuito e incluye una vuelta ganadora. Los aficionados a la aviación deben acudir al **Fantasy of Flight,** donde la ceremonia se celebra en un hangar lleno de aviones. ***Brevard Zoo*** ofrece sus Serengeti Pavilion, Flamingo Pond y Australian Aviary para bodas y recepciones.

Orange Blossom Balloons organiza bodas en globo

DETALLES DE LA BODA

La lista de organizadores de boda, servicios de cáterin y fotógrafos es interminable. La publicación gratuita ***Perfect Wedding Guide*** es un buen punto de partida. Las invitaciones se pueden encargar en imprentas y papelerías. Las tiendas de alta costura y los comercios de los grandes almacenes elegantes disponen de trajes de boda.

FORMALIDADES

Las licencias de boda se pueden conseguir en cualquier juzgado del Estado. La ***State of Florida Official Marriage Guide*** incluye las direcciones de todos. Los novios deben presentar un documento de identificación, por ejemplo el carné de conducir o el pasaporte. La licencia se emite en el momento de su solicitud y es válida inmediatamente hasta un periodo de 60 días. Las personas que residan fuera del Estado no necesitan hacerse ningún análisis de sangre ni pasar un periodo de espera. En caso de haberse casado anteriormente, se solicita la fecha de divorcio o de fallecimiento del cónyuge.

INFORMACIÓN GENERAL

BODAS

Biltmore Hotel
1200 Anastasia Ave, Coral Gables. ***Tel*** *(305) 445-1926.*

Grand Bohemian Hotel
325 S Orange Ave, Orlando.
Tel *(407) 313-9000.*

Little Palm Island Resort & Spa
28500 Overseas Hwy, Little Torch Key.
Tel *(305) 872-2524.*

The Inn on Fifth
699 5th Avenue S, Naples.
Tel *(888) 403-8778.*

Westin Key West Resort & Marina
245 Front St, Key West.
Tel *(305) 294-4000.* **www**.keywestsunsetweddings.com

Westin Key Guest Cottages
245 Front St, Key West.
Tel *(305) 294-4000.*
www. keywestsunsetweddings.com

PARQUES TEMÁTICOS

Busch Gardens
www.buschgardensgroupevents.com/fla/

SeaWorld
www.seaworldgroupevents.com

Walt Disney World® Resort
www.disneyweddings.com

CEREMONIAS AL AIRE LIBRE

Harry P. Leu Gardens
www.leugardens.org

Historic Bok Sanctuary
www.boksanctuary.org

OPCIONES INUSUALES

Brevard Zoo
8225 N. Wickham Rd, Melbourne.
Tel *(321) 254-9453.*
www.brevardzoo.com

Daytona International Speedway
1801 W International Speedway Blvd, Daytona Beach. ***Tel*** *(386) 253-7223.* **www**.daytonainternationalspeedway.com

Fantasy of Flight
1400 Broadway Blvd SE, Polk City. ***Tel*** *(863) 984-3500.* **www**.fantasyofflight.com

Medieval Times Dinner & Tournament
4510 W Irlo Bronson Hwy, Kissimmee.
Tel *(407) 396-1518.*
www.medievaltimes.com

Orlando Balloon Rides
7769 W. Irlo Bronson Hwy, Kissimmee. ***Tel*** *(407) 894-5040.* **www**.orlandoballoonrides.com

Orlando Harley-Davidson®
3770, 37th St, Orlando.
Tel *(877) 740-3770.*
www.orlandoharley.com

DETALLES DE LA BODA

Perfect Wedding Guide
www.pwg.com/florida/

FORMALIDADES

Florida Official Marriage Guide
www.stateofflorida.com

NO LIFE
GUARD
ON
DUTY

GUÍA ESENCIAL

INFORMACIÓN PRÁCTICA

Florida está perfectamente preparada para atender las necesidades de sus más de 40 millones de visitantes anuales. Se cuida muchísimo el ocio infantil, y las magníficas instalaciones hacen que viajar con los más pequeños sea todo un placer. La única queja que puede tener un niño es que la cola para ver a Mickey Mouse sea excesivamente larga o que el sol queme demasiado. Lo templado del clima hace que la mayoría de los norteamericanos consideren Florida un destino vacacional de invierno. En la temporada alta, de diciembre a abril, se disparan las tarifas de vuelos y hoteles, y se abarrotan las playas y los principales centros turísticos. Todo aquel que visite Walt Disney World y los demás parques temáticos en temporada alta debe estar preparado para guardar largas colas.

Sello del Estado de Florida

Oficina de turismo junto a la carretera, en Kissimmee

DOCUMENTACIÓN

Los ciudadanos españoles que deseen viajar a Estados Unidos por motivos de turismo o negocios durante un periodo inferior a 90 días no necesitan visado bajo las condiciones del Programa de Exención de Visado (Visa Waiver Program, VWP), en vigor desde 1991. Para solicitar la admisión en el país bajo este programa, se debe poseer un pasaporte válido, rellenar un formulario de solicitud facilitado por la compañía áerea (I-94W), solicitar la entrada por un periodo no superior a 90 días y sólo por motivos de turismo o negocios, estar en posesión de un billete de ida y vuelta expedido por una compañía que haya suscrito el acuerdo con el Servicio de Inmigración y Naturalización y llegar al país en dicha compañía, poseer pruebas de solvencia económica y renunciar al derecho de solicitar la revisión o recurrir la decisión del oficial de inmigración en cuanto a la admisión en Estados Unidos, o a impugnar cualquier medida de deportación que no esté basada en una solicitud de asilo. Los visitantes que solicitan la entrada bajo este programa no pueden prorrogar su estancia más de 90 días, no pueden modificar su condición de turista y está prohibido que trabajen o estudien.
Se puede obtener más información en www.uscis.gov.

Como consecuencia de los ataques terroristas del 11 de septiembre de 2001, la concesión de visados es complicada, por lo que se debe solicitar con bastante antelación.

A partir del 26 de octubre de 2004, los ciudadanos españoles que deseen visitar Estados Unidos deben estar en posesión del nuevo pasaporte electrónico, de lectura óptica.

FRANQUICIAS ADUANERAS

Para los viajeros mayores de 21 años que entran en EE UU, las franquicias aduaneras son: 1 litro de alcohol, obsequios por un valor máximo de 100 dólares y 200 cigarrillos, 100 puros (siempre que no sean cubanos) o 1,4 kg de tabaco. No se permite la entrada de productos cárnicos.

INFORMACIÓN TURÍSTICA

La mayoría de las grandes ciudades de Florida cuentan con un Convention and Visitors Bureau (CVB), donde le facilitarán folletos gratuitos.

Si desea informarse antes de emprender su viaje, contacte con Florida Tourism Corporation en EE UU, organismo que le proporcionará una relación de todas las oficinas de turismo del Estado. En España no hay oficina de turismo estadounidense, pero en la página web www.usatourist.com se ofrece información en español.

PRECIOS DE LAS ENTRADAS

Los museos, parques y demás lugares de interés cobran entrada. Su precio varía mucho, desde los dos dólares de un museo pequeño hasta los más de 60 dólares en Walt Disney.

A los niños, los estudiantes y las personas mayores se les realiza un descuento, mientras que los cupones descuento de los folletos que facilitan las oficinas de turismo pueden ser utilizados por cualquier persona. Con los que facilita el centro de información situado en International Drive, cerca de Orlando *(ver p. 190)*, se ahorrará muchísimo dinero.

Niño sentado en una sillita con forma de delfín, en Sea World

HORARIOS

Algunos lugares cierran una vez a la semana, normalmente los lunes, aunque la mayoría abre todos los días. Los parques estatales permanecen abiertos desde el amanecer hasta el anochecer y los temáticos amplían sus horarios en temporada alta. La mayor parte de los lugares de interés cierra los siguientes días festivos: Año Nuevo, Día de Acción de Gracias y Navidad *(ver p. 37).*

VIAJAR CON NIÑOS

Al ser un destino eminentemente familiar, Florida presta gran atención a las necesidades de los más pequeños. En los grandes parques temáticos alquilan sillitas *(strollers);* las compañías de alquiler de coches están obligadas a facilitar un asiento infantil homologado, y muchos restaurantes ofrecen menús especiales *(ver p. 333).* En los aviones, autobuses y trenes, los menores de 12 años pagan sólo la mitad de la tarifa ordinaria, e incluso menos si son muy pequeños.

La página 309 contiene información sobre los servicios hoteleros para niños y la 368, sobre el ocio infantil.

COSTUMBRES

En Florida se suele vestir informalmente, salvo en algunos restaurantes muy exclusivos *(ver p. 332).* En los bares de la costa aceptan los pantalones cortos y las camisetas. En las playas está prohibido beber alcohol y hacer *top less,* excepto en algunas como South Beach, en Miami.

No se puede fumar en los autobuses, trenes, taxis, restaurantes ni en edificios públicos.

Salvo que se incluya la propina en la cuenta (en fiestas o para grupos de seis o más personas), en los restaurantes se deja una propina de entre el 15% y el 20% del importe de la cuenta. Los taxistas esperan una gratificación similar. En cuanto a los botones de los hoteles, lo normal es darles un dólar por bulto.

VIAJEROS DISCAPACITADOS

Estados Unidos va por delante de otros países en lo que respecta a la ayuda a los discapacitados. La legislación exige que todos los edificios públicos tengan accesos para sillas de ruedas. En esta guía se indica si los diversos lugares cuentan con las instalaciones adecuadas, pero conviene llamar para pedir más información. En los parques naturales, algunos senderos admiten el paso de sillas de ruedas, aunque otras zonas resultan más inaccesibles.

Acceso para sillas de ruedas

Hay compañías de alquiler que disponen de automóviles especiales para minusválidos, y algunos autobuses tienen acceso para sillas de ruedas: busque la correspondiente pegatina en el parabrisas o junto a la puerta de entrada.

Mobility International ofrece consejos generales para viajeros discapacitados. La Florida Tourism Corporation publica una guía de servicios y Walt Disney World edita también su propio manual.

APARATOS ELÉCTRICOS

Para utilizar la corriente eléctrica, de 110-120 voltios, necesitará un transformador, además de un adaptador. Con todo, muchos hoteles disponen de enchufes que admiten maquinillas eléctricas de 110 y 220 voltios y, a menudo, sus habitaciones tienen secador de pelo.

INFORMACIÓN

REPRESENTACIONES DIPLOMÁTICAS

Embajada de EE UU
Serrano, 75, 28006 Madrid.
Tel *91 587 22 00.*
www.embusa.es

Consultas sobre visados
Tel *807 488 472 desde España (8.30-17.30 lu-vi).*

Asesoría Académica de la Comisión de Intercambio Cultural entre España y EE UU
Tel *91 319 11 26.*
www.fullbright.es

Consulado en Barcelona
Paseo Reina Elisenda de Montcada, 23, 0834 Barcelona.
Tel *93 280 22 27.*

Embajada de España
2375 Pennsylvania Avenue, Washington, D.C. 20037.
Tel *(202) 452-0100.*
www.spainemb.org

Consulado español en Florida
2655, Le Jeune, Suite 203, Coral Gables, Miami-Fla. 33134.
Tel *(305) 446-5511.*

OFICINAS DE TURISMO

Florida
Tel *(888) 735-2872.*
www.flausa.com
www.goflorida.com

VIAJEROS DISCAPACITADOS

Mobility International
PO Box 10767, Eugene, OR 97440.
Tel *(541) 343-1284.*

En el Columbia Restaurant de Tampa los clientes visten ropa informal

Seguridad personal y salud

La policía reaccionó con rapidez ante la publicidad dada a algunos asaltos a turistas acaecidos a principios de los años noventa. Las autoridades aprobaron más medidas de protección y sacaron a la luz una serie de directrices y consejos de seguridad para los visitantes. Desde entonces, los delitos han disminuido, aunque Miami es una de las ciudades con mayor índice de delincuencia del país. En las zonas urbanas, y también en carretera, conviene adoptar ciertas precauciones para evitar percances.

Agentes de policía patrullan por St. Augustine al estilo de Florida

SEGURIDAD CIUDADANA

Tres organismos se encargan de la seguridad: la policía municipal; los *sheriffs* (en las zonas rurales) y la Florida Highway Patrol, que se ocupa de los accidentes de tráfico y de todos los delitos cometidos fuera de las ciudades. La mayoría de las localidades turísticas posee un cuerpo de policía suficientemente numeroso, mientras que Miami y Orlando cuentan, además, con la Policía de Protección al Turista (TOP) recién creada.

SEGURIDAD PERSONAL

La mayoría de las ciudades de Florida, al igual que ocurre en el resto del mundo, tienen zonas peligrosas que conviene evitar. Los empleados de las oficinas de turismo o de los hoteles pueden facilitarle información al respecto. Los centros urbanos no son como los habituales en otras ciudades: se trata fundamentalmente de zonas de oficinas que por la noche están desiertas y, con frecuencia, resultan poco seguras.

Guarde los objetos de valor en la caja fuerte de su habitación, o bien deposítelos en recepción: muy pocos alojamientos garantizan la seguridad de las pertenencias guardadas en las habitaciones. Si alguien llama a su puerta alegando ser un empleado del hotel, quizás sea conveniente preguntar en recepción antes de abrir.

Cuando salga, lleve la menor cantidad de dinero posible, guarde el pasaporte separado de los cheques de viaje y deje siempre la llave de la habitación en la recepción del hotel. Si tiene la desgracia de que le atraquen, no oponga resistencia.

***Sheriff* rural, con el uniforme reglamentario, ante su coche-patrulla**

LA SEGURIDAD EN MIAMI

Aunque los turistas rara vez son las víctimas, Miami posee uno de los índices delictivos más altos de EE UU. Hay que evitar algunos barrios a toda costa, como Liberty City y Overtown, ambos situados entre el aeropuerto y el centro urbano. Más al norte, en Little Haiti y Opa-Locka, aunque interesantes de visitar, conviene actuar con cautela *(ver p. 91)*. Por las noches evite las zonas desiertas, incluidas las estaciones de trenes y autocares, y el centro urbano o *downtown*. Los lugares más seguros para salir por la noche son los de mayor animación, como Coconut Grove y South Beach, pero ni siquiera en ellos debe aventurarse por las calles secundarias (como el sur de la calle 5, en South Beach).

Además de las habituales patrullas policiales, la Policía de Protección al Turista de Miami cubre con atención la zona que rodea el aeropuerto, especialmente los alrededores de las compañías de alquiler de coches. Los empleados de éstas deben aconsejar a los conductores cuál es el mejor itinerario para llegar a la ciudad. En la página 390 figuran las precauciones que deben adoptar los conductores.

En caso de emergencia, llame al 911 y, si la ayuda que necesita no es inmediata, al **Miami-Dade Police Information.**

OBJETOS PERDIDOS

Aun cuando las probabilidades de recuperar los objetos robados son mínimas, debe notificarlo a la policía. Guarde una copia de la denuncia para poder reclamar a su compañía de seguros.

La mayoría de las tarjetas de crédito dispone de un número de teléfono gratuito donde denunciar los extravíos, y lo mismo ocurre con los cheques de viaje de American Express y Thomas Cook. Si pierde el pasaporte, póngase en contacto con su embajada o consulado sin dilación *(ver p. 379)*.

SEGUROS DE VIAJE

Es aconsejable contratar un seguro de viaje por un valor mínimo de un millón de dólares. Cerciórese de que la póliza cubra la muerte por accidente, la atención médica de urgencia, la cancelación del viaje y la pérdida del equipaje o la documentación. Aunque su compañía o agente de seguros habitual puede recomendarle una póliza adecuada, conviene preguntar en diversos lugares para contratar la oferta más ventajosa.

Ambulancia

Coche de bomberos de Orange County

ATENCIÓN MÉDICA

Las grandes ciudades de Florida y algunas localidades pequeñas disponen de ambulatorios médicos y dentales abiertos las 24 horas. Si la molestia no es muy grave, debería bastar con un *drugstore* (muchos de los cuales permanecen abiertos todo el día).

Los hospitales prestan asistencia de gran calidad. Las historias de médicos que hacen esperar a las víctimas de accidentes mientras regatean el coste de la consulta son, en su mayoría, falsas; con todo, proteja su póliza de seguro de posibles robos. Nada es gratis: una sencilla visita al doctor le puede costar más de 50 dólares. Los hospitales aceptan casi todas las tarjetas de crédito, al igual que la mayoría de médicos y dentistas. Si no dispone de un seguro, puede que tenga que pagar por adelantado.

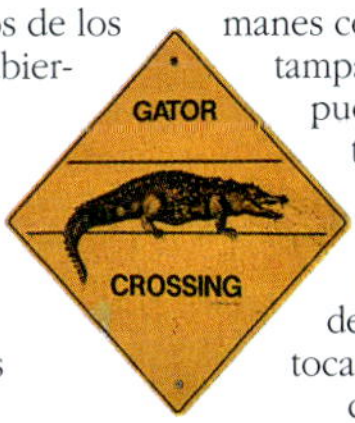

Presencia de caimanes

En caso de que le hayan recetado algún medicamento, pídale a su médico que le facilite una copia con el nombre genérico del producto por si necesitara comprar más.

PELIGROS DE LA NATURALEZA

Los huracanes, aunque infrecuentes, son devastadores *(ver pp. 26-27)*. Siga siempre los procedimientos de urgencia que difunden las emisoras de radio y televisión. Si desea informarse sobre un huracán inminente, puede llamar al **National Hurricane Center,** o bien a la línea abierta Hurricane Hotline. El peligro meteorológico que afecta a la mayoría de los turistas es el sol. Utilice una crema protectora de factor alto y cúbrase con un sombrero. Recuerde que el calor es un enemigo tan peligroso como el sol: beba mucho líquido para evitar la deshidratación.

Puede que Florida sea famosa por sus atracciones de creación humana, pero hay lugares donde la naturaleza continúa siendo indómita. Aunque los Everglades encierran un mayor peligro potencial que otras zonas, debe mantenerse alerta en todos los lugares. Los caimanes constituyen una estampa increíble, pero pueden atacar, así que trátelos con respeto. Cuídese también de las diversas serpientes venenosas de Florida. Es mejor no tocar la vegetación desconocida y apartarse de los líquenes que cuelgan de muchos árboles en el norte del Estado: a veces albergan unos ácaros que producen una incómoda irritación en la piel.

Las picaduras de insectos, incluidos los mosquitos, son tremendamente molestas entre junio y noviembre, sobre todo en las zonas húmedas del interior.

Las visitas a parques y reservas naturales pueden resultar incómodas si no lleva repelente de insectos.

Socorrista vigilando una playa del Panhandle

Las playas de Florida suelen estar vigiladas por socorristas; aun así, no pierda de vista a los niños pequeños. En algunos lugares la resaca resulta peligrosa.

URGENCIAS

Para emergencias que requieran la presencia de la policía, una ambulancia o los bomberos, llame al 911. La llamada es gratuita desde las cabinas públicas, y en las autopistas hay un teléfono cada kilómetro aproximadamente. Si le roban en la calle, acuda a la comisaría más próxima o llame al 911.

En caso de que necesite dinero urgentemente, pida a alguien que le haga una transferencia desde su banco hasta una entidad de Florida, o bien utilice el servicio **Moneygram,** una opción más cómoda ofrecida por American Express.

INFORMACIÓN

PÉRDIDA DE TARJETAS DE CRÉDITO Y CHEQUES DE VIAJE

American Express
Tel *(800) 528-4800 (tarjetas).*
Tel *(800) 221-7282 (cheques).*

Diners Club
Tel *(800) 234-6377.*

MasterCard
Tel *(800) 826-2181.*

VISA
Tel *(800) 336-8472.*

OTROS NÚMEROS DE URGENCIA

Todas las emergencias
Tel *911 para llamar a la policía, los bomberos o una ambulancia.*

Miami-Dade Police Information
Tel *(305) 595-6263.*

Moneygram
Tel *(800) 926-9400.*

National Hurricane Center
Tel *(305) 229-4470 mensaje grabado con detalles sobre huracanes.*

Bancos y moneda

El cambio de divisas se puede realizar en las principales sucursales bancarias de cualquier ciudad. Además, la mayoría de los aeropuertos dispone de cajeros de cambio. Para la comodidad de los residentes así como de los visitantes, los cajeros automáticos permiten transacciones las 24 horas del día. Lo mejor es llevar cheques de viaje en dólares y, si es posible, una o dos tarjetas de crédito.

BANCOS

Los bancos suelen abrir de 9.00 a 15.00 o 16.00 de lunes a viernes, aunque algunos tienen un horario más amplio. **Bank of America,** una de las principales entidades de Florida, ofrece cambio de divisas en todos sus establecimientos. En Miami tienen sucursales el **Banco Bilbao Vizcaya Argentaria (BBVA)** y el **Santander Central Hispano (BSCH).**

CHEQUES DE VIAJE

Los cheques de viaje son la mejor manera de llevar dinero encima, tanto por comodidad de uso como por seguridad (los extraviados o sustraídos son reembolsados). En muchas ocasiones se pueden utilizar como si fueran dinero en efectivo; los más generalizados son los de American Express. El cambio se lo facilitarán en metálico: en caso de que el cheque sea por un importe elevado, no lo firme hasta haber preguntado al dependiente si dispone de cambio.

Si desea canjearlos por dinero, acuda a un banco o una oficina de cambio. Infórmese de las comisiones antes de realizar la operación.

Todas las entidades bancarias hacen efectivos los cheques de viaje en dólares, pero los mejores tipos de cambio los fijan los grandes bancos urbanos o las oficinas de cambio privadas. Estas últimas no son habituales, aunque **American Express** y **Travelex** tienen delegaciones en Miami, Orlando y muchas ciudades del Estado.

Los cheques de viaje en otras monedas no le servirán en las tiendas, y únicamente algunos bancos y hoteles se los canjearán. Los expedidos por bancos extranjeros, como los Eurocheques, no le servirán para utilizarlos en Florida.

CAJEROS AUTOMÁTICOS

La mayoría de los bancos de Florida dispone de un cajero automático en el interior o en la fachada. De ellos podrá retirar billetes, normalmente de 20 dólares, con cargo a su cuenta bancaria.

Antes de salir de viaje, pregunte en su entidad qué red de cajeros aceptan su tarjeta de crédito, e infórmese del coste de cada operación realizada. No olvide tampoco aprenderse el código secreto de su tarjeta.

Uno de los muchos bancos con acceso desde el automóvil

Cajero automático

Las redes más extendidas son **Plus** y **Cirrus,** que aceptan VISA y MasterCard, además de diversas tarjetas de bancos estadounidenses.

Los cajeros le facilitarán dinero las 24 horas, pero tome precauciones si los utiliza en zonas poco concurridas, especialmente durante la noche.

TARJETAS DE CRÉDITO

Las tarjetas de crédito son tan habituales en la vida diaria de Florida como en el resto del país: todo aquél que no lleve una puede sentirse como un proscrito de la sociedad. Las más aceptadas son VISA, American Express, MasterCard y Diners Club.

Con las tarjetas, que le evitan tener que llevar encima grandes cantidades de dinero, se puede pagar todo, desde entradas para cualquier espectáculo hasta la cuenta del hotel. Las compañías de alquiler de coches también tienen la costumbre de pedirlas por motivos de seguridad; a veces, la única alternativa es pagar una elevada fianza en efectivo. Algunos hoteles adoptan esa misma práctica: por una noche de alojamiento pueden cargar una cantidad de hasta 200 o 300 dólares, que le será reintegrada automáticamente cuando liquide la cuenta, aunque no está de más recordárselo al recepcionista.

Las tarjetas de crédito resultan útiles en caso de urgencia: los hospitales aceptan casi todas. Con MasterCard y VISA puede retirar dinero en algunos bancos, además de hacerlo en los cajeros.

Monedas

Las monedas de EE UU, que aquí se muestran a tamaño real, son de 1 dólar, 1, 5, 10, 25 y 50 centavos. Cada una responde a un nombre popular: las de 1 centavo se llaman pennies; *las de 5,* nickels; *las de 10,* dimes, *y las de 25,* quarters. *Las nuevas monedas doradas de 1 dólar están en circulación, así como los* quarters, *que llevan una escena histórica en una cara.*

25 centavos
(quarter)

10 centavos
(dime)

5 centavos
(nickel)

un centavo
(penny)

INFORMACIÓN

Bank of America
Tel *(800) 299-2265.*

American Express
100 W Biscayne Blvd, Miami.
Tel *(305) 358-7350;* 7618 W Sand Lake Road, Orlando.
Tel *(407) 264-0104.*

Travelex
1303 SE 17th St, Fort Lauderdale.
Tel *(954) 766-7995;* 16000 Chamberlin Pkwy, Fort Myers.
Tel *(239) 561-2204.*

Cirrus
Tel *(800) 424-7787.*

Plus
Tel *(800) 843-7587.*

Billetes

La unidad monetaria de EE UU es el dólar. El dólar se compone de 100 centavos. Los billetes son de 1, 5, 10, 20, 50 y 100 dólares y todos son del mismo color. Los billetes se usaron por primera vez en 1862, cuando las monedas escaseaban y la guerra civil necesitaba financiación. Ya están en circulación los nuevos billetes de 10, 20 y 50 dólares con un sistema de seguridad contra la falsificación.

Moneda de 1 dólar, un *buck*

1 dólar

5 dólares

10 dólares

20 dólares

50 dólares

100 doláres

Comunicaciones

Sello de EE UU

Las comunicaciones dentro y fuera de Florida, ya sean por correo o por teléfono, no suelen causar problemas, lo que no quiere decir que el sistema postal de Estados Unidos sea el más rápido del mundo (al menos en lo que se refiere al correo nacional). En el campo de las telecomunicaciones, la competencia es mayor: Southern Bell es la compañía encargada de la mayoría de los teléfonos públicos aunque además existen otras empresas, por lo que merece la pena comparar los precios. Evite llamar desde la habitación del hotel, pues las tarifas suelen ser exorbitantes.

CÓMO UTILIZAR UN TELÉFONO PÚBLICO

1 Levante el auricular y espere la señal de llamar.

2 Introduzca las monedas necesarias.

3 Marque el número.

4 Si desiste de llamar o no se establece la conexión, puede recuperar su dinero tirando de la palanca de devolución de monedas.

5 Una vez establecida la comunicación, si la llamada dura más del tiempo permitido, la operadora le interrumpirá para pedirle que deposite más monedas. Los teléfonos públicos no devuelven cambio.

Monedas
Monedas aceptadas por los teléfonos públicos.

5 centavos

10 centavos

25 centavos

PREFIJOS TELEFÓNICOS

- Llamadas nacionales: marque el **1** seguido del prefijo del Estado y el número de 7 dígitos. Puesto que los prefijos de 3 dígitos abarcan grandes zonas, para algunas llamadas locales es preciso marcar también el **1.**
- Llamadas internacionales: marque el **011,** el prefijo del país (España, 34) y el número del abonado.
- Llamadas internacionales a través de operadora: **01.**
- Información telefónica internacional: marque el **00.**
- Llamadas nacionales a través de operadora: marque el **0.**
- Información sobre números locales: marque el **411.**
- Información de otros estados: marque el **1,** el prefijo correspondiente y el **555-1212.**
- Los prefijos **800** y **888** indican que la llamada es gratuita.
- **España Directo: ATT,** 1 800 247 72 46; **MCI,** 1 800 937 72 62; **SPRINT,** 1 800 67 64 003.

TELÉFONOS PÚBLICOS

Los teléfonos públicos están presentes en todas las ciudades; en el resto de las zonas, los encontrará sobre todo en gasolineras y tiendas.

Normalmente sólo admiten monedas. Para llamar al extranjero necesitará, como mínimo, disponer de 8 dólares en *quarters*. No obstante, cada vez hay más cabinas que aceptan tarjetas. Para conectar con el número deseado hay que llamar primero a uno gratuito.

Otra posibilidad es utilizar la tarjeta de crédito: basta con marcar (800) CALLATT, teclear el número de la tarjeta y esperar la señal.

Casi todas las cabinas públicas disponen de guías que indican las tarifas telefónicas.

Tarjetas telefónicas aceptadas en teléfonos públicos

TARIFAS TELEFÓNICAS

Merece la pena hacer uso de los números gratuitos (que llevan el prefijo 800, 888 u 877), muy frecuentes en EE UU. Otra posibilidad es el uso de la tarjeta telefónica, la opción más económica para llamadas internacionales.

En las llamadas locales realizadas desde un teléfono público, la tarifa mínima de 25 centavos le permitirá hablar durante unos tres minutos. En cuanto a las conferencias nacionales, el precio más barato (un 60% inferior al ordinario) rige de 19.00 a 8.00 los días laborables y los fines de semana (excepto de 17.00 a 23.00 los domingos).

La mayoría de las llamadas se pueden realizar sin la intervención de una operadora. Mediante el servicio **España Directo** es posible comunicar con España desde cualquier teléfono público o privado de EE UU a cobro revertido y sin ningún problema de idioma. La tarifa aplicable es independiente de la hora y resulta más económica que si se llama por el sistema de cobro revertido.

INTERNET

Actualmente, muchos viajeros llevan en su equipaje su ordenador portátil con la intención de enviar y recibir correo electrónico. Un número creciente de hoteles dispone ya de acceso a internet en sus habitaciones y es un servicio que no sólo se utiliza en los viajes de negocios. Para aquellos visitantes que no poseen ordenador, en Florida abundan los cibercafés, donde ofrecen una conexión rápida de internet y el pago se efectúa normalmente por una hora o media hora de utilización.

SERVICIOS POSTALES

El horario de las oficinas de correos es de 9.00 a 17.00 de lunes a viernes, aunque algunas abren también los sábados por la mañana. Los *drugstores* y los hoteles suelen vender sellos y en algunos grandes almacenes, así como en las estaciones de trenes o autobuses, hay máquinas expendedoras de timbre; con todo, sepa que los sellos adquiridos fuera de las oficinas de correos tienen un recargo.

Las cartas enviadas desde EE UU al extranjero por correo ordinario tardan varias semanas en llegar a su destino, así que conviene enviarlas por correo aéreo.

Buzón ordinario

Máquinas automáticas de prensa en una calle de Palm Beach

Todo el correo nacional es urgente y tarda entre uno y cinco días. Opciones más rápidas son el **Priority Mail,** que tarda dos o tres días, o el **Express Mail,** que se entrega al día siguiente en EE UU y en un plazo de dos o tres días en el resto de los países. Los buzones normales son azules, mientras que los Express y Priority son plateados y azules.

Muchos estadounidenses hacen uso de empresas privadas de transporte, como Federal Express, UPS o DHL, que garantizan la entrega en 24 horas. Algunas tiendas le enviarán sus compras por correo.

RADIO Y TELEVISIÓN

En Florida, la televisión es igual que en el resto de EE UU: en ella predominan los concursos, las comedias de enredo, los *magazines* y los seriales. Los canales por cable ofrecen una mayor variedad: ESPN está especializada en deportes, y la CNN, en noticias. El canal internacional de **Televisión Española** se difunde en Norteamérica a través del satélite Hispasat y de varios operadores de cable. Sintonice también los noticiarios en español de **Univisión**. A través del canal vía satélite **DirecTV** se pueden ver los partidos de la Liga Española de Fútbol.

En EE UU es posible sintonizar el servicio mundial de **Radio Exterior de España** (RNE) a través de onda corta, en distintas frecuencias de las bandas 16, 19, 31 y 49. Muchas emisoras locales del sur de Florida emiten en español.

PRENSA

Todas las grandes ciudades editan sus propios periódicos. En Florida el *Miami Herald* y *El Heraldo* tienen grandes tiradas. También, a través de internet, el viajero puede consultar las ediciones digitales de los principales periódicos españoles y sus diferentes suplementos: *El País* (www.elpais.com), *Abc* (www.abc.es) y *El Mundo* (www.elmundo.es). Asimismo sucede con el diario deportivo **As** (www.as.com) y con la revista *Claves de la Razón Práctica* y el *Anuario de El País* (estos dos últimos en www.progresa.es).

Dos de los diarios más leídos en Florida

LA HORA EN FLORIDA

La mayor parte de Florida pertenece al huso horario del este, Eastern Standard Time (EST). Sin embargo, la zona del Panhandle situada al oeste del río Apalachicola pertenece al Central Standard Time, una hora menos que en el resto del Estado. En la zona del EST hay una diferencia de seis horas de retraso con respecto a España.

LLEGADA Y DESPLAZAMIENTOS

American Airlines vuela a Florida desde todo el mundo

Florida está bien comunicada por vuelos procedentes de todo el mundo. Los principales aeropuertos del Estado se hallan en Miami, Orlando y Tampa, mientras que el creciente número de vuelos chárter está confiriendo cada vez más relevancia a otros aeropuertos. Si va a recorrer grandes distancias dentro de Florida, merece la pena el avión (el vuelo de Miami a Key West dura 40 minutos, mientras que en coche se invierten cuatro horas). Sin embargo, para moverse por el Estado se impone el automóvil, con el que se puede viajar por autopistas, autovías y carreteras secundarias. Los trenes y autocares son también una buena alternativa.

El interior del aeropuerto internacional de Orlando

LLEGADA EN AVIÓN

Las grandes compañías aéreas norteamericanas, incluidas **American Airlines, Continental, US Airways, Delta Air Lines** y **United Airlines,** disponen de numerosos vuelos nacionales a Orlando y Miami, así como a otros aeropuertos de Florida. La mayoría realiza conexiones directas desde el extranjero, pero normalmente hacen escala en un aeropuerto de EE UU.

Desde España, **Iberia** tiene vuelos diarios directos a Miami desde Madrid y Barcelona, mientras que **American Airlines** vuela cada día desde Madrid. Compañías europeas como **Air France, KLM** y **Lufthansa** también ofrecen un amplio abanico de viajes a Florida. Tras el atentado terrorista del 11-S las medidas de seguridad en los aeropuertos se han incrementado considerablemente, sobre todo para los vuelos directos a EE UU, por lo que conviene llegar con mucho tiempo antes de emprender el viaje.

En cuanto a los vuelos a los aeropuertos secundarios de Florida, lo normal es tener que llegar a otro Estado y conectar con un vuelo nacional.

Cada vez hay más vuelos chárter con destino a pequeñas ciudades turísticas como Palm Beach o Fort Myers. El aumento de vuelos chárter a Orlando ha sido impulsado por la modernización del cercano aeropuerto de Sanford.

Desde Madrid hasta Miami se invierten 9 horas y 30 minutos. La fuerza y dirección de los vientos condicionan la duración del vuelo transatlántico. Por ello, al regreso, los vientos soplan a favor y acortan el viaje en una hora.

TARIFAS AÉREAS

Los billetes de ida y vuelta más económicos suelen ser los de clase turista de los vuelos regulares (que hay que reservar con antelación). Debido a la competencia entre las agencias de viajes y las numerosas com-

AEROPUERTO	INFORMACIÓN	DISTANCIA A LA CIUDAD	TARIFA EN TAXI A LA CIUDAD	TARIFA DE AUTOBÚS A LA CIUDAD
Miami	***Tel*** (305) 876-7000	16 km a Miami Beach	30 $ a Miami Beach	8-15 $ a Miami Beach
Orlando	***Tel*** (407) 825-2352	28 km a Walt Disney World	40-45 $ a Walt Disney World	15 $ a Walt Disney World, o 1 $ en autobús lynx
Sanford	***Tel*** (407) 322-7771	64 km a Walt Disney World	90-110 $ a Walt Disney World	20-50 $ a Walt Disney World
Tampa	***Tel*** (813) 870-8700	9 km al centro	12-15 $ al centro	13 dólares al centro
Fort Lauderdale	***Tel*** (954) 359-1200	13 km a Fort Lauderdale, 48 km a Miami	20 $ a Fort Lauderdale, 100 $ a Miami	10 $ a Fort Lauderdale, 12 $ a Miami

Autobús al aeropuerto de Miami

pañías que vuelan a Florida, merece la pena solicitar varios precios. Busque también las tarifas promocionales y el chárter (viernes o sábado) que algunos mayoristas españoles fletan todos los veranos con destino a Nueva York.

Las tarifas pueden ser sorprendentemente baratas en temporada baja y, en general, obtendrá mejores precios si viaja entre semana. Por contra, la fuerte demanda de las épocas vacacionales dispara las tarifas a más del doble de lo habitual, sobre todo en Navidad. Un vuelo desde Madrid a Miami cuesta a partir de 500 €, pero en temporada alta puede rondar o sobrepasar los 1.000 €.

Tenga presente que, junto al billete transatlántico, las compañías aéreas (incluida Iberia) venden en España una serie de cupones para volar por EE UU a un precio económico.

OFERTAS

Las ofertas combinadas que alternan, por ejemplo, una semana en Orlando con otra en alguna población turística de la costa del golfo, son muy habituales. Las que ofrece Walt Disney World merecen la pena si va a quedarse allí todo el tiempo; consulte directamente con Disney o con su agencia de viajes.

AEROPUERTOS DE FLORIDA

Los aeropuertos internacionales de Florida disponen de mostradores de información, bancos, alquiler de coches y demás servicios. Para alquilar un automóvil quizás deba trasladarse en autobús (gratuito) hasta un punto de recogida próximo. Si se dirige al centro de una ciudad, pregunte por los *shuttle buses* o *limos,* que ofrecen un servicio de transporte "de puerta a puerta" desde el aeropuerto.

EL AEROPUERTO DE MIAMI

El aeropuerto internacional de Miami es uno de los que más tráfico aéreo tienen del mundo, por lo que pueden formarse grandes colas ante los mostradores de inmigración. Los centros de información turística se hallan a la salida de la aduana, y las empresas de alquiler de coches, taxis, *limos* y *shuttle buses* están en la planta inferior del vestíbulo. Compañías como **Shupe-Shuttle** disponen de un servicio de autobuses a los principales distritos de Miami las 24 horas del día. Los autobuses urbanos en teoría conectan con el aeropuerto, aunque no suelen ser puntuales.

AEROPUERTOS DE ORLANDO Y SANFORD

El aeropuerto internacional de Orlado está considerado como uno de los aeropuertos más cómodos del país. Los pasillos rodantes y el monorraíl automatizado facilitan el movimiento entre las dos terminales. Los centros multilingües de información turística, junto a los controles de seguridad, abren de 7.00 a 23.00. Muchos hoteles poseen sus propios autobuses y también hay otros de conexión con el aeropuerto; el **Mears Transportation Group** dispone de líneas hasta los principales destinos de la zona. Una forma más económica de viajar hasta International Drive o el centro de Orlando es el autobús Lynx *(ver p. 395),* que sale de la terminal A Side cada media hora. Ambos trayectos tienen una duración aproximada de 50 minutos.

El nuevo aeropuerto de Sanford es mucho más tranquilo que el de Orlando. Sus instalaciones están todavía en obras, pero a la salida del edificio de la terminal hay taxis y diversas compañías de alquiler de coches.

INFORMACIÓN

COMPAÑÍAS AÉREAS

Air France
Tel 902 20 70 90.
www.airfrance.es

American Airlines
Tel 902 011 737.
Tel 1-800-633-3711 (en español).
www.aa.com

Iberia
Tel 902 400 500 (España).
Tel (1800) 772-4642 (EE UU).
www.iberia.com

KLM
Tel 902 22 27 47.
www.klm.es

Lufthansa
Tel 902 220 101.
www.lufthansa.com

AUTOBUSES DEL AEROPUERTO

SuperShuttle
Tel (305) 871-2000.

Mears Transportation Group
Tel (407) 423-5566.

Monorraíl People Mover en el aeropuerto internacional de Orlando

Conducir en Florida

Conducir en Florida es una delicia. La mayoría de las autopistas tiene poco tráfico y los conductores suelen ser educados y prudentes. La gasolina es barata y las tarifas de alquiler de coches son las más bajas de EE UU.

En Orlando *(ver p. 395)* se puede prescindir del automóvil, pero en el resto de las localidades facilita mucho la vida. Las medidas de seguridad para prevenir los asaltos a viajeros en las carreteras se han incrementado considerablemente. Muchas áreas de descanso de las autopistas están ahora vigiladas día y noche, y en Miami *(ver p. 390)* han mejorado las señales indicadoras.

LLEGADA EN COCHE

Son numerosas las carreteras de entrada a Florida desde los estados colindantes de Georgia y Alabama. La ventaja de utilizar las autopistas es que, al llegar, el conductor se encuentra con unos centros de bienvenida, situados en las carreteras I-95, I-75, I-10 y US 231, donde le agasajarán con zumo de naranja natural e información.

LAS CARRETERAS DE FLORIDA

Florida cuenta con una excelente red de carreteras. Las más rápidas son las autopistas interestatales *(interstate highways)*, identificadas con números como I-10, I-75, etcétera, que suelen tener, como mínimo, seis carriles y áreas de descanso cada 100 km aproximadamente.

Las interestatales forman parte del sistema viario rápido al que sólo se puede acceder por determinados puntos. Otras vías rápidas *(expressways)* son las de peaje, como la Bee Line Expressway (entre Orlando y la Costa Espacial) y la Florida's Turnpike, que parte de la I-75 al noroeste de Orlando y llega hasta Florida City, al sur de Miami. El importe del peaje depende de la distancia recorrida; si realiza los 530 km de la Turnpike, por ejemplo, el viaje le costará unos 30 dólares. El peaje lo puede pagar en una de las cabinas atendidas por personal de la autopista o, si dispone del importe exacto y no necesita recibo, depositando las monedas en un cajetín que cuenta el dinero automáticamente.

Tenga presente que los conductores de Florida se cambian de carril con frecuencia. Para evitar problemas, circule por la derecha y conduzca con precaución al aproximarse a las salidas, que pueden estar situadas en ambos extremos de la calzada; la mayoría de los accidentes se producen en los giros a la izquierda.

Las autopistas nacionales *(US highways)* suelen constar de múltiples carriles, pero son más lentas y, a menudo, disfrutan de un paisaje menos bonito que las *expressways*, pues en sus márgenes abundan los moteles y las gasolineras. Las carreteras estatales y las rurales son más pequeñas y apropiadas para hacer turismo.

Peaje de la Florida's Turnpike en Boca Ratón

Autopista interestatal

Autopista nacional 1, dirección sur

Señales elevadas en el cruce de dos carreteras

Limitación de aparcamiento

Indicador de millas en los cayos

Límite de velocidad

Área de descanso de una interestatal

SEÑALES VIARIAS

La mayoría de las señales son claras y explícitas (si no las cumple, le pueden multar), y por regla general indican los números o nombres de las carreteras en vez de los lugares de destino. La categoría de las autopistas se sabe por la forma y el color de las señales que figuran en ellas.

CÓMO ORIENTARSE

Para conocer Florida en coche es fundamental tener un buen mapa de carreteras. El *Florida Transportation Map,* facilitado por la mayoría de los Convention and Visitors' Bureau y las oficinas de turismo de Florida en el extranjero, tiene una utilidad general: indica la situación de las áreas de descanso de las autopistas y contiene un plano de las principales ciudades. Sin embargo, si tiene previsto pasar bastante tiempo en una localidad, le interesa conseguir un callejero detallado. Los que proporcionan las oficinas de turismo no suelen servir para desplazarse en coche.

Orientarse en Florida resulta bastante fácil. Las carreteras que discurren entre este y oeste son las de los números pares, y las que circulan entre norte y sur, las de los impares. Las señales viarias, incluidos los indicadores de millas de los cayos *(ver p. 283)*, muestran cuál es la carretera por la que se circula, mientras que el nombre que figura en los cruces no es el de nuestra carretera, sino el de la vía que la atraviesa.

LÍMITES DE VELOCIDAD

En EE UU, LOS límites de velocidad los fija cada Estado. Los de Florida son los siguientes:
• 55-70 millas (90-105 km/h) en las autopistas.
• 20-30 millas (32-48 km/h) en las zonas residenciales.
• 15-20 millas por hora (24-32 km/h) en zonas escolares.

Los límites de velocidad pueden variar cada pocos kilómetros. En las interestatales le pueden multar si circula a menos de 40 millas por hora (64 km/h). La Florida Highway Patrol vigila el cumplimiento de los límites de velocidad y sus agentes imponen multas de hasta 150 dólares a los infractores.

Cruce de carreteras de Florida, en Tallahassee

ALQUILER DE COCHES

El precio de los coches de alquiler en Florida es reducido, y aún se puede rebajar más reservándolo y pagándolo antes de iniciar el viaje. Las ofertas de avión y automóvil pueden suponer un descuento superior al 50%, pero no se deje engañar por las que anuncian un coche de alquiler gratis, pues nunca incluyen los impuestos ni el seguro.

Patrulla de carreteras

Si prefiere esperar a llegar a Florida, suele ser más económico alquilarlo en el aeropuerto que en las ciudades. Para ello le bastará con un permiso de conducir, su pasaporte y una tarjeta de crédito. Si no dispone de tarjetas, tendrá que abonar una fianza en efectivo. La edad mínima exigida es de 21 años, pero los menores de 25 generalmente tienen que pagar un recargo.

Cerciórese de que el contrato de alquiler incluye un seguro denominado Collision Damage Waiver (CDW), conocido también como Loss Damage Waiver (LDW); de lo contrario, será usted responsable de los desperfectos que sufra el coche, aunque no haya tenido la culpa. Los contratos de alquiler incluyen un seguro a terceros, que no suele ser suficiente: le aconsejamos que contrate el más amplio (denominado seguro de responsabilidad adicional o complementario), que ofrece una cobertura de hasta un millón de dólares. Estos extras, más los impuestos, pueden añadir entre 35 y 40 dólares más a cada día de alquiler.

Algunas compañías imponen un recargo si el cliente entrega el vehículo en otra ciudad, y todas cobran la gasolina muy cara: si lo devuelve con el depósito vacío, la diferencia puede costarle hasta tres dólares por galón (3,8 litros).

La mayoría de las compañías de alquiler internacionales *(ver p. 391)* ofrece un buen surtido de vehículos, desde turismos hasta descapotables.

Hertz

Agencia de alquiler de coches

CONSEJOS PARA CONDUCTORES

• Circule por la derecha de la carretera.
• El uso del cinturón de seguridad es obligatorio para el conductor y los ocupantes, y los niños menores de tres años deben viajar en una silla infantil.
• Está permitido girar a la derecha con el semáforo en rojo salvo que haya una señal que indique lo contrario.
• La luz ámbar parpadeante en los cruces indica que se debe aminorar la marcha.
• En las carreteras de múltiples carriles, incluidas las autopistas interestatales, está permitido adelantar por los dos lados.
• Está prohibido cambiar de carril atravesando una doble línea amarilla o blanca.
• Si un autobús escolar se detiene en una carretera de dos sentidos, los coches que circulan en ambas direcciones deben pararse. Si se trata de una autopista con mediana, sólo deben detenerse quienes circulen en el mismo sentido que el autobús.
• Conducir bajo la influencia de bebidas alcohólicas es sancionado duramente con elevadas multas e incluso prisión.

Gasolinera en el rancho de Burt Reynolds, en la Treasure Coast

GASOLINA

La mayoría de los coches modernos de EE UU utilizan gasolina sin plomo *(unleaded)*. Hay tres categorías (regular, súper y *premium)*, además de gasóleo.

El combustible es muy barato, pero el precio varía mucho en función del lugar y el servicio. Sírvase usted mismo si no desea pagar un extra para que un empleado llene el depósito, compruebe el aceite y limpie el parabrisas de su coche.

Los precios incluyen los impuestos por galón (3,8 litros). En la mayoría de las gasolineras se puede pagar en efectivo, con tarjeta de crédito o con cheques de viaje, y puede usar la tarjeta para pagar en el surtidor sin necesidad de entrar en la estación de servicio. A veces exigen el pago por adelantado.

Si se tiene pensado viajar por carreteras secundarias, se debe llenar los depósitos de aceite, gasolina y agua, pues no se encuentran muchas gasolineras.

SEGURIDAD EN LA CONDUCCIÓN

Miami posee una pésima reputación por sus delitos contra los conductores, así que conviene adoptar precauciones. Para proteger a los extranjeros han introducido diversas medidas. Por ejemplo, la matrícula que identificaba los vehículos de alquiler ha sido retirada y, en Miami, han mejorado las señales de tráfico: el símbolo de un sol naranja guía a los conductores por las principales carreteras que unen la ciudad con el aeropuerto. Los siguientes consejos le valdrán para proteger su seguridad:

- Si llega a Florida al anochecer, recoja el coche de alquiler a la mañana siguiente para evitar conducir de noche por carreteras desconocidas.
- Ignore a cualquier peatón o conductor que trate de detenerle, por ejemplo, señalando un supuesto defecto en su coche o, con menos sutileza, embistiéndole por detrás.
- Lleve las puertas cerradas con pestillo, sobre todo en las ciudades.
- Si necesita consultar un mapa, no pare hasta llegar a una zona bien iluminada y, preferiblemente, concurrida.
- No tome atajos en las zonas urbanas. Circule por las vías principales.
- No deje bolsas de mano ni otros objetos de valor a la vista.
- Evite dormir en el coche junto a las autopistas, aunque algunas áreas de descanso están vigiladas.

Carteles para los visitantes de Miami

AVERÍAS

Si tiene una avería, apártese de la carretera, conecte los indicadoresde emergencia y espere a la policía. En las *expressways* puede utilizar los teléfonos de urgencias *(ver p. 381)*. Si viaja solo, puede contratar un teléfono móvil; la mayoría de las compañías de alquiler de coches los ofrecen a precios asequibles.

En su contrato de alquiler debe figurar un número para urgencias. En caso de que la avería sea grave, la compañía le facilitará otro automóvil. La **American Automobile Association** (AAA) dispone de vehículos de reparación para auxiliar a sus socios. También puede llamar a la policía o al número de emergencia de su tarjeta de crédito.

Ranura para monedas

Ranura para tarjetas de crédito

Impresión de ticket

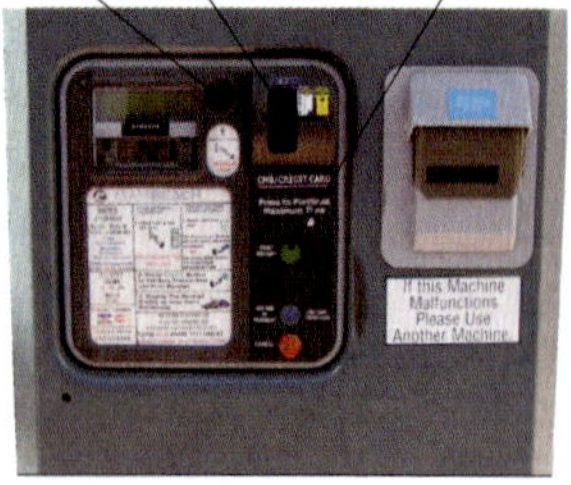

Parquímetro

APARCAMIENTO

Aparcar no suele plantear problemas en los parques temáticos y demás lugares de interés turístico, ni tampoco en los centros comerciales o los diversos barrios de la ciudades.

Donde sí puede tener dificultades es en las proximidades de las playas urbanas como, por ejemplo, en Fort Lauderdale o South Beach *(ver p. 394)*.

En las ciudades encontrará aparcamientos pequeños y de múltiples plantas, pero lo normal es hacer uso de los parquímetros. La tarifa por hora oscila entre 25 centavos y un dólar. Si se pasa de tiempo, se arriesga a que le impongan una multa considerable, encontrarse con un cepo o que el coche se lo haya llevado la grúa. Lea con atención las señales de aparcamiento, que suelen estar en los postes tele-

Tándems y bicicletas de alquiler en Palm Beach

fónicos, los semáforos o los bordillos. Está prohibido estacionar a menos de tres metros de una boca de incendios: es la forma más segura de que actúe la grúa.

Muchos hoteles y restaurantes disponen de aparcacoches, aunque generalmente cobran por este servicio.

BICICLETAS

La bicicleta es cada vez más popular *(ver p. 373)* pero,en general, no resulta práctica como medio de transporte. Circular por la mayoría de las ciudades puede resultar peligroso porque los conductores no están acostumbrados a compartir la calzada con los ciclistas.

Los lugares más apropiados para pedalear son las pequeñas ciudades o las localidades costeras como South Beach, Key West, Palm Beach o St. Augustine, donde no hay tanto tráfico. Se puede alquilar una bicicleta por 10 o 15 dólares diarios. Patinar también es una actividad muy practicada en las zonas vacacionales.

ALQUILER DE MOTOCICLETAS

Si desea circular por Florida en una Harley-Davidson, visite **Orlando Tours,** en Orlando. Harley-Davidson, en Fort Lauderdale y Miami, ofrece algunos modelos de motos para alquilar. El precio supera los 100 dólares por un día, más un depósito considerable. Si se reserva por anticipado se puede obtener algún descuento. La edad mínima exigida es de 21 años.

ALQUILER DE CARAVANAS

Las caravanas resultan magníficas para grupos o familias. Se pueden arrendar durante una semana desde 300 dólares. Los establecimientos de alquiler sonsorprendentemente escasos. El mayor de Estados Unidos es **Cruise America,** que cuenta con agencias en el extranjero. **RV Sales and Rentals** también ofrecen estos vehículos. Pregunte en España por las ofertas del mayorista **Expomundo.**

El transbordador de Mayport *(ver p. 209)* cruza el río St. Johns

INFORMACIÓN

ALQUILER DE COCHES

Alamo
Tel *(800) 462-5266.*
www.goalamo.com

Avis
Tel *(800) 230-4898.*
www.avis.com

Budget
Tel *(800) 527-0700*
www.budget.com

Dollar
Tel *(800) 800-4000.*
www.dollarcar.com

Enterprise
Tel *(800) 325-8007.*

Hertz
Tel *(800) 654-3131.*
www.hertz.com

Kemwell Car Rental
Tel *(800) 422-7737.*
www.kemwell.com

Thrifty
Tel *(800) 847-4389.*
www.thrifty.com

AVERÍAS

American Automobile Association (AAA)
1000 AAA Drive,
Heathrow, FL 32746.
Tel *(407) 444-7000*

AAA General Breakdown Assistance
Tel *(800) 222-4357.*
(Las compañías de alquiler disponen de un servicio de asistencia durante 24 horas).

ALQUILER DE MOTOS

Harley-Davidson
Tel *(954) 545 3200.*

Orlando Tours
Tel *(800) 303-5107.*

ALQUILER DE CARAVANAS

Cruise America
Tel *(800) 327-7799.*

RV Sales and Rentals
Tel *(407) 299-1917.*

Cómo desplazarse

Quienes visiten Florida dependiendo del transporte público verán bastante restringidos sus horizontes. La red ferroviaria es especialmente limitada, lo que deja a los autobuses Greyhound, que enlazan las poblaciones de mayor tamaño, como principal forma de transporte terrestre de larga distancia. Los lugares alejados de las principales zonas urbanas con frecuencia escaparán a quienes no dispongan de coche. Algunas líneas de autobuses locales son buenas, pero para hacer uso de ellas hace falta tiempo y flexibilidad. Dentro de las ciudades,el transporte público resulta bastante útil.

Estación de Tri-Rail, de estilo español, en West Palm Beach

LLEGADA EN TREN

La utilización del tren en EE UU es cada vez menor, aunque continúa habiendo enlaces entre las principales ciudades. La compañía nacional deferrocarriles de pasajeros, **Amtrak,** realiza trayectos en Florida desde sus costas oriental y occidental. Desde Nueva York hay tres trenes diarios. Los *Silver* tardan 25 horas y pasan por Washington, bajando por Jacksonville. Llegana Miami o Tampa. El *Palmetto* sigue la misma ruta pero tiene clase *business*.

El *Sunset Limited* recorre los 4.933 km que separan Los Ángeles de Sanford, próxima a Orlando, con paradas en Phoenix (Arizona) y Nueva Orleans (Luisiana).

Si desea viajar en tren y, además, llevarse su propio coche, el servicio Auto Train de Amtrak enlaza a diario Lorton, en Virginia, con Sanford en unas 18 horas.

Un vuelo barato puede resultar más económico que su correspondiente billete de ferrocarril.

CÓMO MOVERSE EN TREN

Los trenes de Amtrak sólo llegan a unas cuantas poblaciones de Florida (ver el mapa de las páginas 12-13). Exceptuando Tampa, la costa del golfo sólo está comunicada mediante los autocares de Amtrak, que enlazan Winter Haven, cerca de Orlando, con Fort Myers pasando por St. Petersburg y Sarasota, y que garantizan las conexiones con las líneas de Amtrak.

Los billetes de tren no pueden competir con los de los autobuses Greyhound, aunque el itinerario en ferrocarril resulta más relajado que en autocar. Si viaja de noche, puede elegir entre los asientos normales (pero reclinables) de la clase *coach* y un compartimento. Si tiene previsto realizar más de dos trayectos en tren quizás le convenga adquirir un abono, que permite realizar un número ilimitado de desplazamientos durante 15 o 30 días por todo EE UU. Los abonos se puede comprar en cualquier agencia española que disponga del manual de ventas de **Expomundo;** hayque adquirirlos antes de emprender viaje a Estados Unidos.

Florida sólo cuenta con otra compañía ferroviaria, **Tri-Rail,** que enlaza 15 estaciones entre el aeropuerto de Miami y West Palm Beach, incluidas Fort Lauderdale y Boca Ratón. Su frecuencia aproximada es deuna hora, y mayor los fines de semana. Los billetes de ida oscilan entre dos y seis dólares, y la conexión con las líneas de Metromover *(ver p. 394)* es gratuita.

Tri-Rail también ofrece trayectos turísticos con guía entre South Beach y Worth Avenue, así como viajes especiales a los grandes partidos del Orange Bowl Stadium, en Miami.

AUTOBUSES DE LARGO RECORRIDO

Los autocares **Greyhound** constituyen la forma más económica de viajar tanto desde otros estados como dentro de Florida. Hay líneas con pocas paradas intermedias, mientras que otras se detienen en numerosos puntos.

Algunos trayectos tienen *flag stops,* paradas de autobús para dejar o recoger pasajeros; pague directamente al conductor o, si prefiere reservar de antemano, acuda a la agencia de Greyhound más cercana, situada normalmente en una tienda u oficina de correos de la localidad.

Autocar Greyhound con destino a los cayos de Florida

Los abonos International Ameripass permiten viajar ilimitadamente durante determinados periodos de tiempo (5, 7, 15, 30 y 60 días), pero sólo le resultarán útiles si su itinerario va a ser muy movido. Los turistas extranjeros también deben saber que los bonos resultan más baratos si se adquieren en una agencia de viajes española. Consulte el manual de ventas de **Expomundo.**

AUTOBUSES URBANOS

Las líneas de autobús gestionadas por las autoridades municipales pueden resultar útiles para los desplazamientos cortos dentro de un mismo condado, pero no tienen la suficiente frecuencia para realizar viajes turísticos.Entre muchas de las ciudades del sureste de Florida se puede viajar enlazando varios autobuses municipales, pero eso le llevará mucho tiempo.

Más útiles resultan los autocares urbanos, y los denominados *shuttle buses* que comunican Orlando y Miami con sus respectivos aeropuertos *(ver p. 387)*. En EE UU, los autobuses no llevan cobrador, así que lleve siempre el dinero exacto, un billete o un *token* (ficha) para entregar al conductor.

TAXIS

Los taxis, también denominados *cabs*, abundan en los aeropuertos, las estaciones de trenes y autobuses y los principales hoteles. En el resto de los lugares no hay apenas paradas de taxis y éstos no suelen circular en busca depasajeros, así que lo mejor es solicitarlos por teléfono: los números figuran en las páginas amarillas. También puede pedir en el hotel que le consigan uno; el conserje o el botones no esperan recibir propina por esteservicio.

Si se dirige a un lugar poco conocido, le servirá de gran ayuda pedir que se lo marquen en un plano: no todos los taxistas conocen bien la ciudad. Lastarifas dependen de la carrera. En algunos taxis aceptan tarjetas de crédito, pero pregúntelo antes.

El coche de caballos es una agradable manera de conocer St. Augustine

Taxi de Key West pintado de rosa en lugar del habitual amarillo

TAXIS ACUÁTICOS

En varias ciudades (Jacksonville, Tampa y Fort Lauderdale) los taxis acuáticos añaden una nueva dimensión a los desplazamientos urbanos. Lostrayectos están pensados en general para los turistas, por lo que son bastante limitados, por ejemplo, para desplazarse de los hoteles a los restaurantes o tiendas.

Algunos tienen líneas regulares, como los que cruzan el río St. Johns en Jacksonville, mientras que otros, como los de Tampa, hay que pedirlos por teléfono. Las tarifas suelen oscilar entre 5 y 10 dólares, que se abonan a bordo.

TRANSPORTE PARA TURISTAS

Las principales localidades turísticas disponen de transportes especiales para los visitantes. Tallahassee, la capital de Florida, posee unos tranvías con asientos de madera y barandillas de latón. En Daytona Beach y Fort Lauderdale enlazan el centro de la ciudad con la playa.

Uno de los elementos característicos de Key West es el Conch Train, formado por vagones abiertos en sus laterales que son arrastrados por un vehículo todoterreno propulsado a butano.

St. Augustine cuenta con un tren parecido, así como coches de caballos, que también se pueden alquilar en el centro de Orlando.

INFORMACIÓN

El centro de una ciudad es su zona de oficinas, no el lugar donde la gente disfruta del tiempo libre. Las localidades grandes están urbanizadas formando una cuadrícula donde las calles se numeran comenzando en la confluencia de los dosprincipales ejes del centro urbano, como en Miami *(ver p. 395)*.

Los estadounidenses no suelen ir a pie a ningún sitio. En los pasosde peatones, obedezca las indicaciones *Walk* (puede cruzar), *Don't Walk* o *Wait* (no cruce).

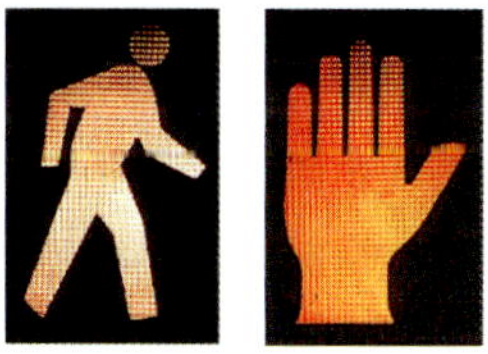

Indicaciones de los pasos de peatones

INFORMACIÓN

ABONOS DE TRANSPORTE

Ambassador-Expomundo
www.expo-mundo.com

TRENES

Amtrak
Tel *(800) 872-7245.*
www.amtrak.com

Tri-Rail
Tel *(800) 874-7245.*
www.tri-rail.com

AUTOCARES

Greyhound
Tel *(800) 229-9424.*
www.greyhound.com

Moverse por Miami

El transporte público de Miami lo gestiona la Miami-Dade Transit Agency, de la cual dependen los autobuses, la red de cercanías Metrorraíl y el tren elevado del centro, el Metromover. Este último es el más útil para visitar el centro. Sin embargo, no es fácil conocer todo Miami sin coche, salvo que le baste con South Beach. Utilice el medio de transporte que utilice, no olvide los consejos de seguridad de las páginas 380 y 390.

El Metromover rodea el centro de Miami

LLEGADA A MIAMI

Consulte en la página 386 la forma de salir del aeropuerto de Miami. Si llegaa la estación de **Amtrak** o a alguna de las estaciones de **Greyhound,** no hallará mostradores de alquiler de coches, pero sí numerosos taxis y algunos autobuses con destino al centro y a Miami Beach.

La I-95 atraviesa el centro urbano antes de unirse con la US 1, que continúa hacia el sur circunvalando Coral Gables. La Route A1A es una vía más lenta procedente del norte, aunque conduce directamente a South Beach. Desde el oeste, la US 41 cruza Little Havana para desembocar en la costa, donde enlaza con las principales carreteras que van de norte a sur.

Estación de Amtrak
8303 NW 37th Ave.
Tel *(305) 835-1222.*

Estaciones de Greyhound
Airport, 4111 NW 27th St.
Tel *(305) 871-1810.*
36 NE 10th St.
Tel *(305) 374-6160.*
Norte de Miami, NW calles 7th y 160th.
Tel *(305) 688-8645.*

METRORRAÍL Y METROMOVER

El Metrorraíl, una línea férrea de 34 km que une el extrarradio septentrional y meridional de Miami, no es muy útil para los turistas. Sinembargo, sí sirve para ir desde Coral Gables o Coconut Grove hasta el centro. Los trenes circulan a diario cada 10 minutos aproximadamente desde las 6.00 hasta lamedianoche.

En Hialeah se puede transbordar gratuitamente del Metrorraíl al Tri-Rail *(ver p. 392),* y de la estación Government Center (donde pueden facilitarle planos de los transportes e información sobre los trayectos de trenes) al Metromover.

El Metromover conecta el corazón de la ciudad con las zonas de oficinas de Brickell y Omni a través de dos líneas circulares elevadas. Aunque este transporte es poco utilizado por la gente de Miami, el Inner Loop es una buena manera de ver el centro urbano *(ver pp. 72-73).* Compruebe si tiene monedas para el torniquete de entrada a la estación.

Información de Miami-Dade Transit
Tel *(305) 770-3131.*

METROBÚS

La red Metrobús de Miami llega a la mayoría de los lugares de interés, pero la frecuencia de sus trayectos varía enormemente, quedando muy reducida los fines de semana. Muchas de las líneas convergen en Flagler Streety Government Center, en el centro, un buen lugar para tomar autobuses.

Parada del Metrobús

Hay trayectos rápidos *(express)* que cuestan aproximadamente el doble del billete ordinario. Si desea efectuar un transbordo, solicite un ticket gratuito *(free transfer)* en el primer autobús. Se paga al subir, así que tenga el cambio preparado.

TAXIS

A menudo, los taxis son la mejor manera de moverse por la noche incluso disponiendo de coche: en algunos lugares aparcar puede ser una tarea difícil.

Los taxis cobran unos dos dólares por milla; la carrera entre South Beach y Coconut Grove, por ejemplo, costará unos 15 dólares. No trate de detenerlos desde la acera *(ver p. 393);* lo mejor es pedirlos por teléfono. **Yellow Taxi** y **Central Cab** son de confianza.

Central Cab
Tel *(305) 532-5555.*

Yellow Taxi
Tel *(305) 888-8888.*

Estación de Metromover, con un plano de la red en la entrada

TAXIS ACUÁTICOS

Miami no dispone de taxis acuáticos, sin embargo existen empresas que organizan visitas guiadas en barco. Fort Lauderdale sí ofrece el servicio de estetipo de taxis. Esta ciudad también posee un autobús acuático, quecomunica Fort Lauderale con la zona marítima de Miami.

Water Taxi (Fort Lauderdale)
Tel *(954) 467-6677.*
www.watertaxi.com

Water Bus (Fort Lauderdale)
Tel *(954) 467-0008.*

MOVERSE EN COCHE

Conducir en Miami no resulta tan complicado como parece. Utilice Biscayne Bay como punto de referencia y no se perderá si circula por las principales calles.

Aparcar es fácil, pero en South Beach puede convertirse en una pesadilla, especialmente los fines de semana. Lleve monedas para los parquímetros, que funcionan de 9.00 a 21.00, y esté atento a las señales de la grúa. Puede utilizar los aparcamientos **Miami Parking Authority** y **Miami Beach Parking Department**.

Logotipo de los autobuses Lynx

Miami Beach Parking Department
Tel *(305) 673-7505.*

Miami Parking Authority
Tel *(305) 373-5969.*

LAS CALLES

Miami se encuentra dividida en cuatro partes por la confluencia de Miami Avenue y Flagler Street, en el centro. Las avenidas, que van de norte a sur, y las calles, de este a oeste, empiezan a numerarse en ese cruce. Las coordenadas NE, SE, NW (noroeste) y SW (suroeste) que anteceden a los nombres de las calles indican en quélado de los dos ejes principales se encuentran.

En Miami Beach, la calle más meridional es la 1 y, a medida que se avanza hacia el norte, la numeración es ascendente.

Moverse por las ciudades de Florida

En las localidades turísticas de más renombre, los tranvías y carruajes pensados para los turistas ofrecen una relajada forma de conocer la ciudad *(ver p. 393)*. En grandes poblaciones como Jacksonville y Tampa, y en la zona de Orlando, merece la pena familiarizarse con otros medios opcionales de transporte.

ORLANDO

En Orlando se puede sobrevivir sin coche mejor que en otras zonas gracias a los autobuses **Lynx,** que circulan hasta el aeropuerto, el centro de Orlando, International Drive y Walt Disney World. Si desea realizar un transbordo, solicítelo al subir al primer autobús.

Los microbuses I-Ride, también dependientes de Lynx, recorren International Drive entre Wet'n Wild y Sea World. Pasan cada 10 minutos de 7.00 a 24.00. Los abonos de transporte resultan económicos y evitan tener que llevar monedas. Se pueden solicitar en la estación de autobuses Lynx del centro de Orlando (cerca de la Church Street Station) y en los establecimientos Walgreens de International Drive. Los taxis abundan pero son caros. Los autobuses de línea particulares resultan mucho más asequibles, especialmente para el trayecto entre I Drive y Walt Disney World.

Autobuses Lynx
Tel *(407) 841-5969.*

JACKSONVILLE

Jacksonville está pensada sobre todo para el automovilista. La línea de monorraíl **Automated Skyway Express** (ASE) sólo recorre el centro; no obstante, está proyectado ampliarla.

Jacksonville también cuenta con **taxis acuáticos** que unen las riberas septentrional y meridional del río St. Johns. El servicio funciona de 10.00 a 11.00 y de 16.00 a 18.00.

Los taxis acuáticos de Jacksonville cruzan el río St Johns

Para el resto de los destinos deberá utilizar los autobuses de **Jacksonville Transit Authority,** cuya estación se encuentra en Kings Road, unas ocho manzanas al norte de Jacksonville Landing.

Automated Skyway Express
Tel *(904) 630-3181.*

SS Marine Taxi
Tel *(904) 733-7782.*

Jacksonville Transit Authority
Tel *(904) 630-3100.*

TAMPA

El centro de la localidad es bastante compacto pero para desplazarse hasta lugares turísticos como Busch Gardens deberá utilizar los autobuses HARTline *(ver p. 259)*, que salen de la estación de Marion Street y pasan aproximadamente cada media hora entre las 17.00 y las 20.00. También hay un autobús turístico a Ybor City.

Los taxis acuáticos de Tampa ofrecen un servicio discrecional con paradas en numerosos puntos de interés *(ver pp. 258-259)*.

Autobús turístico de Tampa

Índice general

D

E

P

S

T

U

V

W

X

Y

Z

Agradecimientos

El País Aguilar y Dorling Kindersley quieren dar las gracias a las personas que, con su ayuda, han contribuido a la elaboración de este libro.

Colaboradores principales

Richard Cawthorne es un periodista de viajes independiente especializado en Estados Unidos.

David Dick, licenciado por el University College de Londres, está especializado en historia de Estados Unidos.

Guy Mansell escribe artículos sobre viajes para diversos periódicos y revistas británicos, entre ellos *The Sunday Telegraph,* así como guías de viaje.

Fred Mawer, periodista de viajes que colabora habitualmente en el *Daily Telegraph* y el *Mail on Sunday,* es asimismo autor de media docena de guías y ha colaborado en algunos títulos de las *Guías Visuales*.

Emma Stanford ha viajado ampliamente por Florida y ha escrito varios libros y artículos sobre este Estado. Ha redactado guías para Berlitz, AA Publishing y Fodor's.

Phyllis Steinberg vive en Florida. Escribe sobre temas de gastronomía, viajes y sociedad para diversos periódicos y revistas de Florida y Estados Unidos.

Otros colaboradores y asesores

Frances y Fred Brown, Monique Damiano, Todd Jay Jonas, Marlena Spieler, David Stone.

Fotografías

Dave King, Ian O'Leary, Arvin Steinberg, Clive Streeter, James Stevenson.

Ilustraciones

Julian Baker, Joanna Cameron, Stephen Conlin, Gary Cross, Chris Forsey, Paul Guest, Stephen Gyapay, Ruth Lindsay, Maltings Partnership, Paul Weston.

Cartografía

Malcolm Porter, David Swain, Holly Syer and Neil Wilson at EMSLtd. (Dpto. Cartografía Digital), East Grinstead, UK; Alok Pathak, Kunal Singh.
Coordinadores: Emily Green, David Pugh.

Diseño y edición

Lesley Abravanel, Shahnaaz Bakshi, Vandana Bhagra, Louise Boulton, Sherry Collins, Cathy Day, Fay Franklin, Jo Gardner, Donald Greig, Emily Green, Vinod Harish, Leanne Hogbin, Kim Kemp, Desiree Kirke, Sam Merrell, Ella Milroy, Mary Ormandy, Helen Partington, Sangita Patel, Rada Radojicic, Mani Ramaswamy, Harvey de Roemer, Michael Sasser, Shailesh Sharma, Jonathan Shultz, Azeem Siddiqui, Asavari Singh, Michelle Snow, Arvin Steinberg, Phyllis Steinberg, Paul Steiner, Alka Thakur, Ingrid Vienings, Ros Walford, Michael Wise.

Ayudantes especiales

El País Aguilar y dorling Kindersley quieren dar las gracias a todas las oficinas regionales y locales de turismo de Florida por su inestimable ayuda. Nuestro especial agradecimiento asimismo a: Rachel Bell, Busch Gardens; Alison Sanders, Cámara de Comercio de Cedar Key Area; Marie Mayer, Collier County Historical Museum, Naples; Sr. y Sra. Charlie Shubert, Coombs House Inn, Apalachicola; Nick Robbins, Crystal River State Archaeological Site; Emily Hickey, Dali Museum, St Petersburg; Gary B van Voorhuis, Daytona International Speedway; James Laray, Everglades National Park; Sandra Barghini, Flagler Museum, Palm Beach; Ed Lane, Florida Geological Survey, Florida Department of Environmental Protection, Tallahassee; Dr. James Miller, Archaeological Research, Florida Department of State, Tallahassee; Florida Keys National Marine Sanctuary; Jody Norman, Florida State Archives; Damian O'Grady y Tanya Nigro, Florida Tourism Corporation, Londres; Larry Paarlberg, Goodwood Plantation, Tallahassee; Dawn Hugh, Historical Museum of Southern Florida; Ellen Donovan, Historical Society of Palm Beach County; Melissa Tomasso, Kennedy Space Center; Valerie Rivers, Marjorie Kinnan Rawlings State Historic Site, Cross Creek; Carmen Smythe, Micanopy County Historian; Bob McNeil y Philip Pollack, Museum of Florida History, Tallahassee; Frank Lepore y De Rappaport, National Hurricane Center, Miami; Coronel Denis J. Kiely, National Museum of Naval Aviation, Pensacola; Richard Brosnaham y Tom Muir, Historic Pensacola Preservation Board; Ringling Museum of Art, Sarasota; Ardythe Bromley-Rousseau, Salvors Inc, Sebastian; Arvin Steinberg; Wit Tuttell, Universal Studios; Holly Blount, Vizcaya, Miami; Melinda Crowther, Margaret Melia y Joyce Taylor, Walt Disney Attractions, Londres.

Permisos fotográficos

El País Aguilar y Dorling Kindersley quieren dar las gracias a las siguientes entidades por su amabilidad al conceder los permisos necesarios para fotografiar sus instituciones: The Barnacle Historic Site; © 1996 FL Cypress Gardens, Inc; todos los derechos reservados, reproducido con autorización; © Disney Enterprises, Inc; Dreher Park Zoo: The Zoo of the Palm Beaches; Fish and Wildlife Service, Department of the Interior; Florida Park Service; Harry P Leu Gardens, Orlando, FL; Key West Art and Historical Society: Lighthouse Museum y East Martello Museum; Metro-Dade Culture Center, Historical Museum of Southern Florida; Monkey Jungle Inc, Miami, FL; National Park Service, Department of Interior; Pinellas County Park Department; National Society of the Colonial Dames of America in the State of Florida;

Suncoast Seabird Sanctuary Inc, Indian Shores, FL; y a todos los demás museos, iglesias, hoteles, restaurantes, tiendas, galerías y lugares de interés, demasiado numerosos para darles las gracias uno por uno.

Créditos fotográficos

a = arriba; ai = arriba izquierda; aic = arriba izquierda centro; ac = arriba centro; adc = arriba derecha centro; ad = arriba derecha; cia = centro izquierda arriba; ca = centro arriba; cda = centro derecha arriba; ci = centro izquierda; c = centro; cd = centro derecha; ciab = centro izquierda abajo; cab = centro abajo; cdab = centro derecha abajo; abi = abajo izquierda; ab = abajo; abc = abajo centro; abci = abajo centro izquierda; abd = abajo derecha; d = detalle.

El País Aguilar y Dorling Kindersley quieren dar las gracias a las siguientes personas, compañías y pinacotecas por conceder el permiso para reproducir sus fotografías:

AFP: Stephen Jaffe-STF 53abd; AISA, Barcelona: 207b; Museo de América 44ci; © Disney Enterprises, Inc 150-151; Vidler 113a, 126a; Alamy Images: Ian Dagnall 276ab; Allsport/Getty Images, Brian Bahr 33cd; Scott Halleran 96a; Shaquille O'Neal/Christian Laettner 33cd; Steve Swope 33ab; Appleton Museum of Art, Ocala: Jeune Bergere *(Joven pastora),* William Adolphe Bouguereau (1825-1905), Francés. Óleo sobre lienzo 222a; Archive Photos, Nueva York: 49cia, 52ciab; Bert & Richard Morgan 118ab; Archivo de Indias, Sevilla: 42cab; Tony Arruza: 23cab, 26ciab, 38, 128a, 140ab, 290c, 297ab, 367a; Aunt Catfish Restaurant, Daytona Beach: Gerald Sprankel 333a; Avalon Hotel, Miami: 61ai.

www.barefootweddings.net: 374ci; Larry Benvenuti: 293cd; Biblioteca Nacional, Madrid: Códice Osuna 43cab; British Museum: 41a, 45cd; The Bridgeman Art Library, Londres: *Agony in the Garden (Cristo en el Huerto de los Olivos),* 1889 por Gauguin, Paul (1848-1903), Norton Gallery, Palm Beach 127a; Busch Entertainment CORP: 2-3, 108ab, 264ab, 265a, 265abd, 265ab. Reservados todos los derechos, Discovery Cove: 179c, 179ab.

Camera Press: Steve Benbow 166ab; John Carter: 21ab, 386c; Cortesía de Carnival Center for the Performing Arts: 96abi; Robin Hill 97ai; Cortesía de The Charleston Museum, Charleston, Carolina del Sur: retrato de Osceola 48ca; Robert Clayton: 54-55, 299a, 390ab, 392ab, 394ad, 394ab; Pat Clyne: 186a; Bruce Coleman, Londres: Atlantide SDF 294a; Erwin & Peggy Bauer 289abd; Raimund Cramm GDT 194cia; Jeff Foott Productions 25abi; © John Shaw 25ci; George McCarthy 25a; Library of Congress, LC-USF33-30491-M3 51cd; Corbis: 48a, 44-45c; Morton Beebe 334cia; Jonathan Blair 146a; Reuters 138; Cuban Club: © Burget Brothers, foto de cortesía de Tampa Hillsborough County Public Library 260ad; Culver Pictures, INC, Nueva York: 48ci, 51a, 55 (recuadro).

Museo Salvador Dalí, San Petersburgo: 256a; Todas las obras de Salvador Dalí © España, Fundación Gala-Salvador Dalí, DACS, Londres 2006, *Nature Morte Vivante* 256ca, *Niño enfermo* 256cab, *Cadaqués* 256ab, *Don Quijote y Sancho Panza* 257a, *Descubrimiento de América por Colón* 257ca, *Segador de la tarde-¡Esperanza!* (1940) 257cab; Salvador Dalí por Marc Lacroix 257ab; © International Speedway Corporation, Daytona: 218a, 219c, 219ab; Nascar 219cab; Disney Enterprises, Inc.: 142-143 todas; 144-145, 146, 152, 153, 160-161, 162, 163, 166a/ab, 168; 168-169 todas, 170-171 todas, 172-173 todas; 374ab; "The Twilight Zone™ es una marca registrada de CBS, Inc." 143abd; ©Lego 173abd; La Nouba™ por Cirque du Soleil®; David Dye, University of Memphis: South Florida Museum 40cd, 43cia.

Mary Evans Picture Library: 107 (recuadro); C Sheppard 9 (recuadro); ET Archive: Natural History Museum 45cia.

Mel Fisher Maritime Heritage Society, Key West, Fotografía por Dylan Kibler © 1993 42a; © Henry Morrison Flagler Museum, Palm Beach: 49a, 122ai, 124a, 125a, 125ca, 125cab; Archives 124ad, 125ab. The Flight Collection: Erik Simonsen 386a; Fontainebleau Hilton, Miami: 69ab.

Pet Gallagher: 20ab; Genesis Space Photo Library: NASA 198abi, 198abd, 199abi, 199abd, 200cab, 200c, 200ai; Giraudon, París: retrato de Bridgeman de sir Francis Drake, Olivier Isaac (1540-1596) 43cd; Laurus 39ab; The Granger Collection, Nueva York: 46ciab, 46cdab, 46a, 49cdab, 50ci, 50a; The Ronald Grant Archive: © King Feature Syndicated 180abi; Gulfstream Park Racetrack 96cr; G.WIZ., The Hands-On Science Museum: Sarah Lansky 269cd.

Robert Harding Picture Library: Liason 52-53c; © The Miami Herald: © Al Diaz 33ci, 126ab; Chuck Fadely &Art Gallery 92a; © Guzy 53cia; © Charlie Trainor 77cd; Henry Hird: 214ab; Division Historical Resources, State Department, Tallahassee: 41cdab, 114c; Cortesía de Hibel Museum of Art, Palm Beach, FL: *Brittany and Child*, óleo, yeso y pan de oro sobre seda, Edna Hibel 24¹/₂© x 20¹/₂© (1994) 121c; Historical Museum of Southern Florida, Miami: 50cab, 51ciab, 52c, 63ad, 74a, 285a.

IGFA (International Game Fish Association): 136tl; The Image Bank, Londres: 12ab, 21c, V. Chapman 50-51c; Images Colour Library: 17a, 51cda, 57ab, 286abd, 299ab; Index Stock Photography, Inc, Nueva York: 23ab, 34c, 34a, 36a, 36ab, 37c, 48a, 121ab, 181ab, 184c, 263a, 358c, 366c; © Bill Bachmann 24ci; © James

Blank 17ab, 282c; J. Christopher 27cd; © Henry Fichner 25cd; © Warren Flagler 53cda; Scott Kerrigan 295cd; Larry Lipsky 177abi, 291abd; Wendell Metzen 32a, 32ab, 194ca, 288a; © M Timothy O'Keefe 304-305; Jim Schwabel 18, 271a, 283a, 284a; Scott Smith, 96c; Steve Starr 26abd, 260abi; M. Still 291a; Randy Taylor 34ab; Indian Temple Mound: 40ci. KENNEDY SPACE CENTER © CENTRO PARA VISITANTES, Cabo Cañaveral: 196a, 197ca, 197cab, 198ad, 201c; Kissimmee ST. CLOUD CVB 192 ci; KOBAL COLLECTION: UNIVERSAL 181a; MIAMI WORLD JAI-ALAI: 33a; MICHAEL FINEMAN 137ab. Ken Laffal: 23a, 56ab, 109a, 117ab, 366a; FRANK LANE PICTURE LIBRARY: © Dembinsky 24abi, 293ab; © David Hosking 19ab, 24abd, 25abd, 194a, 288cd; Maslowski 116c; © Leonard Lee Rue 25cdab; LIGHTNER MUSEUM, St Augustine, FL: 49abi; LOWE ART MUSEUM: 83c; THE LYNN CONSERVATORY: 130ad.

BARRY MANSELL: 285c; MACMILLAN PUBLISHERS: Pan Books *Native Tongue* y *Tourist Season* Carl Hiassen 84ab; MARVEL ENTERTAINMENT GROUP, NY: Spider-Man TM y © 1996, Marvel Characters, Inc. Todos los derechos reservados 130a; FRED MAWER, Londres: 75a, 79a, 136ab, 141a, 192a, 196cab; MEDIEVAL TIMES DINNER AND TOURNAMENT: 191abd; MIAMI SEAQUARIUM: 91ab; JASON MITCHELL: 65cdab; MUSEUM OF ART, FORT LAUDERDALE: Big Bird with Child, Karel Appel (1972) © DACS, Londres 2006 132a; MUSEUM OF FINE ARTS, St. Petersburg: Poppy, Georgia O'Keeffe (1927) © ARS, NY and © DACS , Londres 2006 255a.

© NASA: 200ad, 201a; THE NATURE CONSERVANCY: Rich Franco Photography 192ab; Museo Naval, España: 28ci; PETER NEWARK'S PICTURES: American Pictures 45ciab; Historical Pictures 29cab; Military Pictures 47cab; THE NEW YORK PUBLIC LIBRARY: Colección de grabados, Miriam e Ira D Wallach División de Arte, Grabados y Fotografías, Fundaciones Astor, Lenox y Tilden 42-43c; JESSE NEWMAN ASSOCIATES: 119abd; GLENN VAN NIMWEGEN, Wyoming: 290ca, 291abi; MUSEOS Y GALERÍA DE ARTE DE NORTHAMPTON: 44a. NOOA National Hurricane Center, Miami 26-27, 27a.

THE OPIUM GROUP: Simon Hare Photography 97ab; ORANGE BLOSSOM BALLOONS: 375a; ORLANDO MUSEUM OF ART: the Gross Family Collection *The Conference* (d.) Edward Potthast (American, 1857–1927) 189ab; ORONOZ, Madrid: 42cab.

THE PALM BEACH POST, FL: © Allen Eyestone 53ciab; © Thomas Hart Shelby 118ci; © Greg Lovett 35c; © Loren Hosack 119abi, 122ab; © E.A. Kennedy III 22ab; © Mark Mirko 37ab; © Bob Shanley 198a; © Sherman Zent 35ab; PLANET EARTH PICTURES: 293a; Kurt Amsler 250a; Peter Gasson 25abi; © Brian Kenney 24cd, 24abi, 25cia, 194cda, 288ci, 286ail, 287ca, 289a, 289c, 289bi, David Maitland 24cda; Doug Perrine 292cd, 293a; Mike Potts 288ab; Nancy Sefton 292abi.

QUADRANT PICTURE LIBRARY: © Anthony R Dalton 53cdab. Mike Rastelli, Ocala: 275ab; Rex Features: © Sipa-Press 53a; Kevin Wisniewski 77a; THE JOHN AND MABLE RINGLING MUSEUM OF ART, Sarasota: 272ab; Legado de John Ringling, *La construcción de un palacio,* Piero di Cosimo (1515–1520) 271c, Abraham y Melquisedech, Peter Paul Rubens (c.1625) 271ab, Felipe IV, rey de España Diego Rodríguez de Silva y Velázquez, c.1625–1635 270cia; Giovanni Lunardi, 2002 272ci, 273ad, 273cd, 273abi, 273abd.

SEAWORLD ORLANDO: 5a, 118c, 176a, 176c, 177wda; SEMINOLE HARD ROCK HOTEL & CASINO: 137a; SMITHSONIAN INSTITUTION: Departamento de Antropología, catálogo nº 240915 40ciab; St. Augustine, PONTE VEDRA & THE BEACHES Vcv 210ab; FLORIDA STATE ARCHIVE, TALLAHASSEE: 45a, 47a, 47ca, 48ab, 51ca, 120abd, 123a, 219ca, 231ab, 261ab, 263a: MUSEUM OF FLORIDA HISTORY 51cdab, 115ab; TONY STONE IMAGES: DANIEL McCULLOCH 52a; STEPHEN KRASEMANN 280; RANDY WELLS 286c; SUPERSTOCK: 188a.

TAMPA THEATRE: 367ab; FLORIDA DEPARTMENT OF COMMERCE, DIVISION OF TOURISM: R Overton 41cda. © UNIVERSAL ORLANDO RESORT: 181a, 181abd, 182ab, 183a, 183ab, 184ci, 185a, 185ab.

© UNIVERSAL ORLANDO. Todos los derechos reservados: 181abi.

WARREN ASSOCIATES: 184ai, 185ci; Prof L GLENN WESTFALL, FL: 48-49; WEST FLORIDA HISTORIC PRESERVATION. Inc: 228cia; WET N' WILD: 186-187 todas; BILL WISSER, Miami: 67a; WOLFSONIAN FOUNDATION, MIAMI: Mitchell Wolfson, JR Collection 67ab; WORLD PICTURES: 166a; YBOR CITY CHAMBER COMMERCE 260ai.

Guardas delanteras: Todas fotografías especiales excepto CORBIS: Reuters cd; Tony Stone: Stephen Krasemann abd.

Cubierta: Delantera - DK Images: Dave King abi; Getty Images: Photographer's Choice/Mitchell Funk imagen principal. Trasera - DK Images: Max Alexander ai, ciab; StephenWhitehorn abi; Photolibrary.com: cia. Lomo: DK Images: Max Alexander ab; Getty Images: Photographer's Choice/ Mitchell Funk a.

Orlando y sus alrededores

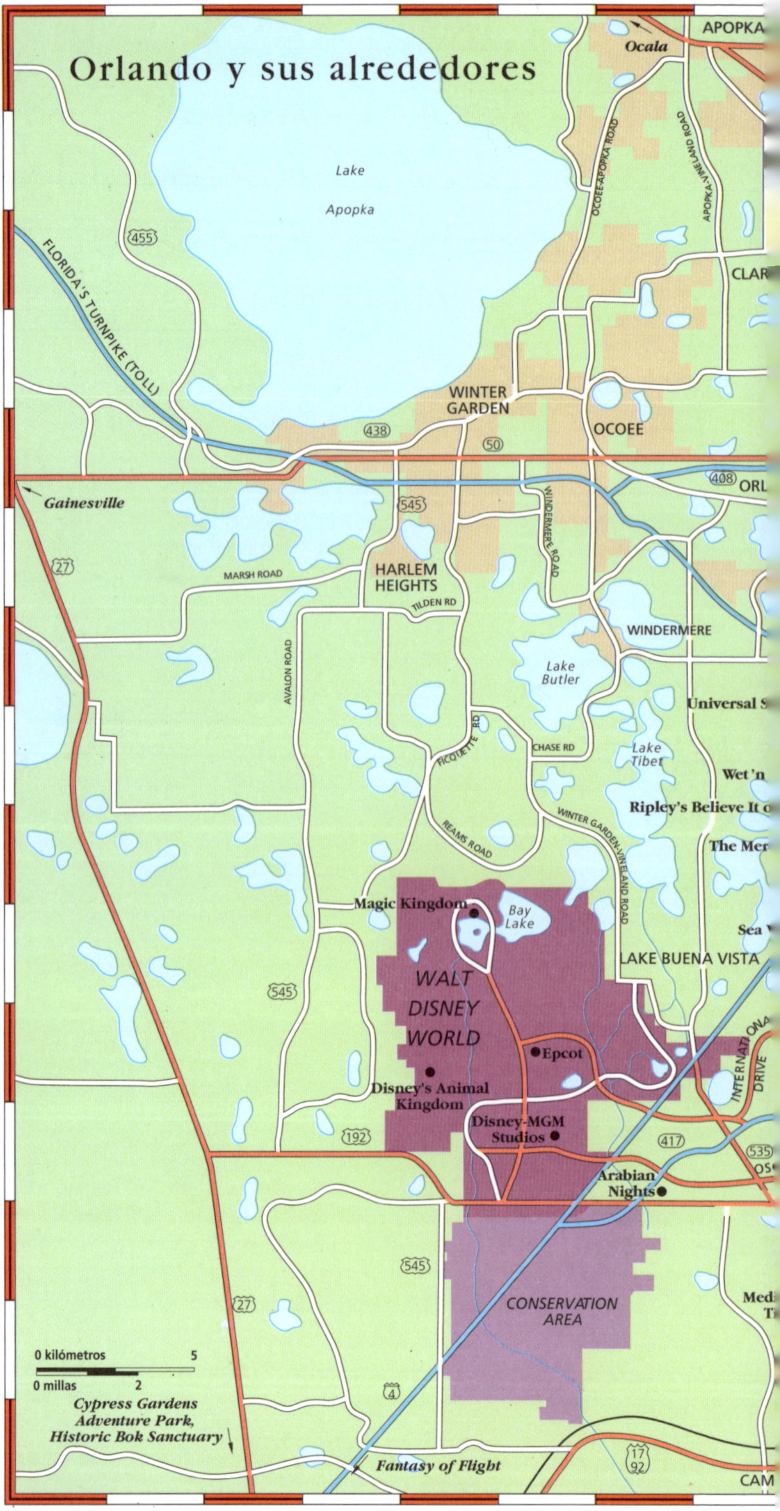